基督教中的无神论

[德]恩斯特·布洛赫 著
梦海 译

ATHEISMUS IM CHRISTENTUM

中国社会科学出版社

图字号:01-2011-7941

图书在版编目(CIP)数据

基督教中的无神论/(德)恩斯特·布洛赫著;梦海译.—北京:中国社会科学出版社,2017.12

(恩斯特·布洛赫选集)

书名原文:ATHEISMUS IM CHRISTENTUM

ISBN 978-7-5203-0902-8

Ⅰ.①基… Ⅱ.①恩…②梦… Ⅲ.①基督教—无神论—研究 Ⅳ.①B978

中国版本图书馆 CIP 数据核字(2017)第 220547 号

© Suhrkamp Verlag Frankfurt am Main 1968.

All rights reserved by and controlled through Suhrkamp Verlag Berlin.

出 版 人	赵剑英
责任编辑	田 文 徐沐熙
责任校对	庞雪玉
责任印制	戴 宽

出 版	中国社会科学出版社
社 址	北京鼓楼西大街甲 158 号
邮 编	100720
网 址	http://www.csspw.cn
发 行 部	010-84083685
门 市 部	010-84029450
经 销	新华书店及其他书店
印刷装订	北京君升印刷有限公司
版 次	2017 年 12 月第 1 版
印 次	2017 年 12 月第 1 次印刷
开 本	710×1000 1/16
印 张	27
插 页	2
字 数	442 千字
定 价	99.00 元

凡购买中国社会科学出版社图书,如有质量问题请与本社营销中心联系调换
电话:010-84083683

版权所有 侵权必究

基督教中的无神论
关于出走与王国的宗教

根据法兰克福/美因河畔，苏尔卡姆普出版社1968年版译出

ERNST BLOCH
ATHEISMUS
IM CHRISTENTUM

Zur Religion des Exodus und des Reichs

© Suhrkamp Verlag Frankfurt am Main 1968

本书简介

在《基督教中的无神论》中，恩斯特·布洛赫同时赋予了圣经研究以侦探式的启蒙深度和异端宗教的深度，特别是从启蒙精神和真正严肃郑重的无神论视角解读圣经文本，批判糟粕、吸取精华，努力发掘了"元宗教"这一"遗产中的宗教"。

恩斯特·布洛赫的代表作《希望的原理》（1959）一书获1967年德国图书业和平奖。这部《基督教中的无神论》（1968）是作者继代表作《希望的原理》出版10年之后推出的又一部划时代的作品。在这部作品中，作者同时赋予基督教以侦探式的启蒙深度和异端宗教的深度，特别是这一深度是通过启蒙精神、真正严肃、郑重的无神论而发掘出来的。

古希腊苏格拉底曾经受到控告，因为他"不敬诸神"。但是，历史上，尼禄首次把罗马原始基督徒称作不信神或恺撒的"无神论者"（Atheoi），而这一点今天也给无神论提供了另一种维度：一种十分不满的、开放的维度，在所有否定情形下，一种很少虚无主义特色或完全没有平庸特色的维度。凭借这一全新的维度，我们最终拥有了"希望"这一"潘多拉"盒子中最好的部分，即在从前信以为真的彼岸场所拥有了作为人的行为勇气的道德生活勇气以及没有超越者的超越运动——"普罗米修斯的虔诚场所"（prometheisch – frommen Platz）。

因此，以色列孩子们的咕哝远未结束；对"你们能知道善恶"（《创世记》3章22节）的承诺也远未结束；向下、向前，完全不向上的"人子"（最终他自身处于神性中）的定理也远未结束："这些事你们作在我这兄弟中一个最小的身上，就是作在我身上了。"（《马太福音》25章40节）简言之，在此从圣经批判中，从被压制的、被伪造的圣经文本中，产生出一道没有料想到的光，在人民的鸦片中间，希望文本恰恰是为人民准备的。在某一界限内，这个警句是正确的："在宗教中，最好的东西就是它造就持异论者。"换言之，"只有一个无神论者才能成为一个好的基督徒，反之，只有一个基督徒才能成为一个好的无神论者"。

恩斯特·布洛赫(Ernst Bloch,1885—1977)

献给阿道夫·洛韦

思想就意味着超越。

在宗教中，最好的东西就是它造就持异论者。

宗教乃是再结合，特别是与某种神秘的开始之神、创世主的返回联系；因此，被领会的出走的表白就成为"我乃我所是"，甚至成为人子的基督教和不再有任何宗教的末世。

只有一个无神论者才能成为一个好的基督徒，反之，只有一个基督徒才能成为一个好的无神论者。

具有决定性意义的是：没有超越者的一种超越运动。

"我们自身将成为第七日"（Dies septimus nos ipsi erimus.）。

（奥古斯丁）

目　　录

反抗与叛逆的基督教
　　——恩斯特·布洛赫《基督教中的无神论》中译本序 …………（1）

前言 ……………………………………………………………（1）

第一章　围绕边缘 ……………………………………………（1）
　　1. 只是寂静地 ………………………………………………（1）
　　2. 反抗芒刺 …………………………………………………（1）
　　3. 奴隶语言的视野 …………………………………………（2）
　　4. 兴登堡的髭须 ……………………………………………（4）
　　5. 这话横着走 ………………………………………………（6）

第二章　愤怒与愚蠢 …………………………………………（7）
　　6. 不再如此恭顺 ……………………………………………（7）
　　7. 从叹息到咕哝 ……………………………………………（7）
　　8. 拒绝与恶劣地去魅的人 …………………………………（9）
　　9. 圣经及其语言中奇异的遍及性 …………………………（12）
　　10. 反论：德国主教的最后通告 ……………………………（17）
　　11. 果然如此：为谁而作的圣经？ …………………………（25）

第三章　普罗米修斯也是一部神话 …………………………（28）
　　12. 自己高高跳起 ……………………………………………（28）
　　13. 从咕哝到抱怨 ……………………………………………（28）

14. "主渴望在黑暗中居住" ………………………………… (29)
15. 圣经中的相反原则：创世记和启示录（"看哪，这太好了"，"看哪，我把一切都更新了"）…………………………… (30)
16. 神话中的区分，反对布尔特曼单纯的灵魂休息，但同样反对奥托与卡尔·巴特去人性化的遮蔽者，包括普罗米修斯在内的一切神话都要求脱神话化吗？………………… (36)
17. 关于马克思主义与宗教的关系 ……………………………… (64)
18. 作为侦探式的圣经批判：被压迫文本中的红色导线与神正论的解除 ………………………………………………… (78)

第四章 关于耶和华想象中的出走，神正论的自我解除 ………… (94)

19. 迄今没有追随者 ……………………………………………… (94)
20. 一句闻所未闻的耶稣的话，完整的启程 ………………… (94)
21. 突围出来的古老图像；对于蛇的第一次观察 …………… (95)
22. 所有其他民族对静态神的图像的突破；对于出走之光（《出埃及记》13章21节）的第一次观察 ……………… (100)
23. 拿细耳人与先知，从宇宙道德预见中迁出的耶和华 …… (106)
24. 忍耐的界限，约伯或不是从神之中，而是从耶和华想象本身中出走，弥赛亚主义的敏锐性 ……………………… (132)

第五章 或恺撒或基督？ ………………………………………… (151)

25. 我们人类是多么沸腾的存在 ……………………………… (151)
26. 温和与"他的盛怒之光"（威廉·布拉克）……………… (152)
27. 投入耶和华之中的耶稣 …………………………………… (154)
28. 不是作为神子而是作为基督暗号的人子；"王国的秘密" …………………………………………………………… (175)
29. 人子的伟大也消失了，王国是"微小的" ………………… (186)
30. 人子的称号是末世论的，后来的"主—基督"称号仅仅是为了狂热崇拜 ………………………………………………… (192)
31. 无保留的基督中心特征，根据《约翰福音》17章，"福音的秘诀" …………………………………………………… (198)
32. 使徒保罗所谓十字架的忍耐，关于复活与生命的召唤 … (205)

33. 再论：尽管是殉道，但声称是神秘欲望的复活，升天，
   再临，甚至"同一性"也丝毫无损于护民官耶稣 ……… (213)
34. 对于蛇的第二次观察（参见第21章）：欧菲斯派 ……… (219)
35. 对"出走之光"的第二次观察（参见第22章）：马吉安，
   这个世界所没有的某个陌生神的消息 …………………… (227)

第六章 或逻各斯或宇宙？ ……………………………… (235)
36. 门前的呼唤 ………………………………………………… (235)
37. 俄耳甫斯与塞壬 …………………………………………… (236)
38. 迁出，斯多亚学派以及诺斯替派中的宇宙 …………… (238)
39. 星相神话以及圣经中附加的巴比伦—埃及的地球生活与
   星空图像 …………………………………………………… (243)
40. 按语：阿卡狄亚与乌托邦 ……………………………… (250)
41. 按语：崇高的一对，或者爱之中的月亮和太阳 ……… (261)
42. 再论逻各斯神话或人与精神：费尔巴哈的理论：
   神为什么是人？基督教神秘主义 ……………………… (277)
43. 在逻各斯神话中继续起作用的结果：圣灵降临节，"来吧，
   圣灵"，没有自然的王国形态 …………………………… (288)
44. 反论：星相神话属于此岸世界，斯宾诺莎的泛神论，"神
   或自然"中不可反驳的遗产，"王国"乌托邦中与基督教
   思想一道起作用的自然问题 …………………………… (299)
45. 并非并行，但令人惊异的特性：人类学和唯物论都闯入
   "神性超越者"而占据神的位置 ………………………… (307)

第七章 生命勇气的根源 ……………………………… (312)
46. 并非足够 …………………………………………………… (312)
47. 人在哪方面可以采取开放态度？ ……………………… (313)
48. 真正的启蒙既不会成为无聊陈腐的东西，也不会成为
   无背景的东西 ……………………………………………… (314)
49. 在诸如神本质一类的反击中，启蒙和无神论并不与
   "恶魔般的东西"相遇 …………………………………… (319)
50. 生命勇气中的道德因素和终极根源 …………………… (331)

51. 使死的勇气成为可能的根源或启程 ………………………（340）
52. 饥饿，"关于某事的梦""希望之神"，为了
    我们的事物 ……………………………………………………（350）
53. 结论：马克思与异化的解除 ………………………………（354）

附录一 "体系的时代终止了"
　　　　——与 A. 赖夫的谈话 ……………………………（362）

附录二　恩斯特·布洛赫年谱 ……………………………（372）

反抗与叛逆的基督教

——恩斯特·布洛赫《基督教中的无神论》中译本序

梦 海

在青年时代，恩斯特·布洛赫（Ernst Bloch，1885—1977）就十分关注圣经和基督教，并进行了别开生面、独树一帜的研究。例如，他的两部早期著作《乌托邦的精神》①（1918）、《作为革命神学家的托马斯·闵采尔》②（1921）就包含着对圣经和基督教的全新解读。

自1961年移居西德图宾根以后，布洛赫便以古稀之年着手出版自编《全集》16卷，然而，让学术思想界大吃一惊的是，1968年他以83岁高龄发表了另一部思维超前、风格迥异的新书：《基督教中的无神论：关于出走和王国的宗教》。此书一经问世，就引起学界巨大骚动，但首先不是在哲学家当中而是在神学家当中引起了轩然大波。布洛赫为这部书题词献给了他在美国流亡期间的朋友阿道夫·勒韦（Adolph Lowe，1893—1995）。

一 背景与反响

在美国流亡期间（1938—1948），布洛赫经常跟"宗教社会主义"代表人物新教神学家保罗·蒂里希热烈讨论圣经的注释问题。此外，移居西德后，在图宾根大学第一个学年里，布洛赫与图宾根神学家恩斯特·克瑟

---

① Vgl. E. Bloch, *Thomas Münzer als Theologe der Revolution*, Frankfurt/Main, Suhrkamp Verlag 1969.

② Vgl. E. Bloch, *Geist der Utopie. Bearbeitete Neuauflage in der Fassung Faksimile der Ausgabe von 1918*, Frankfurt/Main, Suhrkamp Verlag 1976.

曼、汉斯·昆和于尔根·莫尔特曼建立了密切联系，就圣经中的神学问题展开了深层次讨论。[1]

不过，时隔20年，布洛赫《基督教中的无神论》这本书的许多命题，特别是，他的如下主张："宗教中最好的东西就是招致持异论者"[2]，仍然在神学界引起了很大争议，众多基督徒及其教会将其视为一种"挑衅性"命题，即一位犹太哲学家立足于马克思主义传统对基督教教义所进行的一次激进攻击和思想大讨伐。显然，在基督教神学领域，布洛赫一试身手，大获成功，彻底扰乱了经常穿梭于教堂的、自鸣得意的教徒和抱残守缺、秉持保守价值观的官方神学家。

事实上，这部书的学术思想效应和社会效应是多方面的：第一，20世纪60年代，这部书直接影响了莫尔特曼的神学思维，促使其进一步奠定了希望神学的基础；第二，20世纪60年代末70年代初，这部书成为拉丁美洲"解放神学"运动的一个理论来源；第三，20世纪60年代末，这部书成为德国青年学生运动的精神象征，催生了O.内格特[3]的"旨在对抗没有希望的反抗的哲学"。

但是，这部书不单纯是神学专著，因为这部书不仅包含人的主体解放的可能性与界限，还进行了关于死后世界的哲学讨论。事实上，根据他自身的意图，他撰写这部书的目的就是为了一石激起千层浪，让昏睡不醒、执迷不悟的人们及早"醒悟"过来。确切地说，在形式上，让人们从"旧约"读物方面令人可疑的问题和"约伯的控告"（Anklagen Hiobs）之中醒悟过来。究其本质，这些问题都折射出人生困境和人的生存意义。例

---

[1] 在美国流亡十年期间，布洛赫所著《希望的原理》被誉为20世纪最伟大的著作。以此为基础，莫尔特曼（J. Moltmann）、潘能伯格（W. Pannenberg）、拉内（K. Rahner）、梅茨（J. Metz）等新教和天主教神学家们创立了"希望神学"（Theologie der Hoffnung）。关于莫尔特曼希望神学与布洛赫希望哲学的关系，参见卓新平《当代西方新教神学》，上海三联书店1998年版，第291—297页。

[2] E. Bloch, *Atheismus im Christentum. Zur Religion des Exodus und des Reichs*, Frankfurt/Main, Suhrkamp Verlag 1968, S. 15.

[3] 内格特（Oskar Reinhard Negt, 1934— ），德国社会哲学家，主要从事日常政治研究，20世纪60年代，他是德国工会和学生运动的领导人。主要著作有《社会学想象力和模范学习：论工人的教养理论》（1968）、《政治作为一种抗议：反独裁运动演讲与论文集》（1971）、《没有民主就没有社会主义：关于政治、历史和道德之间的关系》（1976）、《活劳动，征用时间：政治和文化方面的工作斗争》（1984）、《龙的标志的现代化：中国和欧洲的现代神话。旅行日记和思想实验》（1988）、《违抗命令的同时代人：方法和回忆》（1994）、《政治的人：民主作为生活的一种形式》（2010）等。

如，历史上，托马斯·闵采尔就通过重申圣经的革命内容以及《旧约》先知的叛逆表述严重扰乱了马丁·路德宗教改革的承诺。

布洛赫认为，"一个读了圣经而不做革命之梦的人是误读圣经的人"。因为，"圣经中的目标回响，那个颠覆性的激进之梦当然不是源自麻痹人的意志的鸦片，而是源自未来的警觉、光的维度，恰恰借助于这种维度，世界已经怀孕，得以怀孕"①。根据基督教圣经的颠覆性解释学，布洛赫从马克思主义宗教哲学视角重新解释了《约伯记》。他把约伯解释为既追随摩西又反对摩西的人。约伯是摩西的继承者，但他不是追随摩西的律法精神，而是追随摩西"出走埃及"的解放精神。进言之，摩西的出走并非源于出走本身，因此，现在布洛赫把约伯视为摩西的敌对者。在布洛赫看来，约伯是摩西的谋反者，进而把他规定为"希伯来的普罗米修斯"。约伯的出走超越"出走埃及"而走向"出走耶和华本身"。对于约伯来说，耶和华神已不再是他所仰望的"正义的理想"。这样，约伯的出走就表现为一种激进的叛逆行为。

那么，在《约伯记》最后部分中出现的神性存在究竟是谁？他绝不是为愤怒和拯救所缠身的恶魔，因为在他那里，人类的痛苦、甚至特有的拯救者的视野都是作为互不相称、互相矛盾的东西出现的。在很久以前，约伯就已经拒绝了宇宙恶魔："他用暴风折断我，无故地加增我的痛苦。"② 约伯但愿耶和华销声匿迹，以免他窒息而死。耶和华强调两个信条：一是世界没有人也能继续存在下去；二是世界与人无关。至少，这种教义与约伯所期待的弥赛亚主义的渴望毫不相干。在约伯那里，充分显示了"弥赛亚主义的异常的敏锐性"，这是对既定世界布局的极端反命题。对约伯的问题、绝望以及对另一个世界的希望等的答案是什么？答案就在**"与特有的善的良心结合在一起的那个报血仇者的王国之中。除此之外，在任何地方我们都发现不到相关答案"**③。

古往今来，耶稣一直被视为是"好事"的符号、"温柔"的标志，因为他向温柔的、和平的人祝福，传达爱的信息。然而，在布洛赫看来，事

---

① E. Bloch, *Atheismus im Christentum. Zur Religion des Exodus und des Reichs*, Frankfurt/Main, Suhrkamp Verlag 1968, S. 345.
② 《约伯记》9章17节。
③ E. Bloch, *Atheismus im Christentum. Zur Religion des Exodus und des Reichs*, Frankfurt/Main, Suhrkamp Verlag 1968, S. 159.

实恰恰相反，例如《马太福音》10 章 34 节中，耶稣所传达的却是最炽烈的革命火焰："不要以为我来是要把和平带到人间的，我带来的不是和平，而是利剑。"这种表述的意义不是指向内部，而是指向外部，即旨在冲破既定传统思维模式，摧毁全部现存体制，引导人类走向警醒和解放之路：

> 在耶稣那里，利剑犹如火焰。它不仅破坏一切，还净化一切。耶稣并非仅仅要焚毁当权者居住的王宫。耶稣的传教指向过去的全部时间。全部过去的"永恒时间"（alten Aeon）都应当消失掉。艰辛和负重的人的敌人正是富人。耶稣以极大的讽刺这样说道："富人进天国比骆驼穿针孔还难。"①

因此，阅读圣经绝不能忽略原始基督教中所蕴含的反体制要素和解放要素。同样，如果撇开末世论，就很难理解耶稣的道德教诲。归根结底，耶稣的《登山训众》②是对新天新地这一"末世"的期待："唯有忍耐到底，直至永恒时间撕得粉碎，必然有救。"③ 这是耶稣对《登山训众》诸事项的一项最严格的补充。"我对你们所说的话，也是对众人说：要警醒！"④

由此可见，一方面，布洛赫希望哲学否定昔日关于神的想象；另一方面，中介犹太—基督教弥赛亚主义传统。约伯对耶和华神的不信仰蜕变为对即将出现的作为"血的报复者"的信仰。约伯对未来的希望具有弥赛亚主义特征。布洛赫把这个弥赛亚解释为非耶和华的耶稣基督。由于布洛赫把耶和华神与耶稣基督存在对立起来，所以反对三位一体的神学。对耶和华神的旧信仰为对人的王国的新信仰所代替，使人子处于没有"神偶像王国的破晓"之中。换言之，人子不是处于创世记的开端，而是处于启示录的终结之中。人的王国是一个没有耶和华神而与人子耶稣一道生活的王国，所以所谓"信仰在其唯一意义上是对没有神的一神的弥赛亚王

---

① Ebd., SS. 170–171.
② 参见新约圣经《马太福音》，5—7 章。
③ 参见新约圣经《马可福音》，13 章 13 节。
④ 参见新约圣经《马可福音》，13 章 37 节。

国的信仰"①。

在基督教—保守派阵营的人们看来，所谓"扰乱性效应"（Stöend）还带有更深一层的社会阶级背景：这本书偏偏出自一个无神论的马克思主义哲学家手里，其基本命题与黑格尔、费尔巴哈或马克思一脉相承，而且出于自身党性义务，敢为天下先，毫无隐讳地拥护另一种平民百姓的圣经读物，旗帜鲜明地支持被压迫者的解放斗争，坚决反对资本主义，反对西德占统治地位的市民阶层——基督教社会的价值秩序。

古希腊苏格拉底曾经受到控告，因为他"不敬诸神"。但是，历史上，尼禄首次把罗马原始基督徒称作不信神或恺撒的"无神论者"（Atheoi），而这一点今天也给无神论提供了另一种维度：一种十分不满的、开放的维度，在所有否定情形下，一种很少虚无主义特色或完全没有平庸特色的维度。凭借这一全新的维度，最终我们得以拥有"希望"这一"潘多拉盒子"中最好的部分，即在从前信以为真的彼岸场所拥有了作为人的行动勇气的道德生活勇气、没有超越者的超越运动——"普罗米修斯的虔诚场所"（prometheisch‑frommen Platz）。

因此，在布洛赫看来，以色列孩子们的"咕哝"远未结束；对"你们能知道善恶"②的承诺也远未结束；向下、向前，完全不向上的"人子"（最终他自身处于神性中）的定理也远未结束："这些事你们作在我这兄弟中一个最小的身上，就是作在我身上了。"③ 简言之，在布洛赫的圣经批判过程中，从被压制的或被伪造的圣经文本中放射出一道没有料想到的光，这道光可以被视为毒害人民的鸦片中间的一个希望文本，它恰恰是为人民准备的。在某一界限内，他的这个警句是正确的："在宗教中，最好的东西就是它造就持异论者。"换言之，"只有一个无神论者才能成为一个好的基督徒，反之，只有一个基督徒才能成为一个好的无神论者"。

二　马克思主义与宗教

在《基督教中的无神论》中，布洛赫同时赋予了圣经研究以侦探式的启蒙深度和异端宗教的深度，特别是从启蒙精神和真正严肃、郑重的无

---

① E. Bloch, *Das Prinzip Hoffnung*, Frankfurt/Main, Suhrkamp Verlag 1959, S. 1413.
② 参见旧约圣经《创世记》3 章 22 节。
③ 参见新约圣经《马太福音》25 章 40 节。

神论视角解读圣经文本，批判糟粕、吸取精华，努力发掘了"元宗教"这一"遗产中的宗教"。

根据这一圣经解释学的方法论，在圣经批判研究中，布洛赫坚持马克思主义党性原则，严厉批判和拒斥圣经作为"主人意识形态"的反动一面。与此同时，布洛赫反对总是戴着意识形态的有色眼镜来观察圣经文本，将其随意脸谱化、标签化、定式化。事实上，他的圣经解释学的方法旨在如实地展示各种宗教疑难问题，尤其是从"异教"视角展示基督教"救世说"（Heilslehre）的疑难问题，努力继承圣经作为"农民暴动书"的抗议和叛逆的革命一面。

布洛赫圣经研究的根本意图是，在基督教宗教和宗教历史中揭示"无神论要素"（atheistische Elemente），即大多数神学家和基督教大教会作为"错误的解释"所拒斥的东西。事实上，作为世俗权力当局和利益集团的辩护者，大多数基督教神学家对圣经中的无神论因素个个三缄其口，唯恐避之不及。与此相反，布洛赫不仅通晓圣经文本，对圣经中的无神论大案奇案了如指掌，而且敢于说真话，敢于捅破窗户纸。他发现，在旧约圣经中，尤其在《约伯记》中，这种无神论因素显而易见，早已有迹可循：

> 约伯"满腹牢骚，充满了控告，而在这一控告中显现出人的所有困境、溃疡、痛苦、疾病和忧虑，在这无边无际、无休无止的指控中，他攥紧了拳头——一个共产主义拳头！"[①]

在此，作为鲜明的"无神论要素"，"反抗与叛逆"这一主题不是关涉神的创世计划或其他宗教，而是关涉"预言者本身篡夺父亲的职位并推翻他，借助于此，他说道：'我就是他'（Ich bin Er）"。布洛赫强调说，圣经中，子篡父位、取而代之的事例，就是"无神论要素，拯救要素，如果这里并不存在一个人想要拯救的某物，那么这些要素就毫无意义。但是，这东西只能是现存的世界。而且，所谓现存世界的创造者，不可能是拯救者本身。因此，耶稣基督就作为人子出现了"[②]。

[①] E. Bloch, *Die Welt bis zur Kenntlichkeit veraenderen* (1974), In: Arno Münster (Hrsg.): Tagträume vom aufrechten Gang. Seches Interviews mit Ernst Bloch, Frankfurt/Main 1977, S. 87.

[②] Ebd., S. 87.

显然，这是一种马克思主义的宗教哲学，但是，布洛赫的宗教观与费尔巴哈乃至马克思的宗教观有着本质上的区别：后者在"异化"（Entfremdung）动机下，把宗教现象理解为"人民的鸦片"[1]，进而把宗教视为反动势力、蒙昧主义和保守主义的堡垒；前者则根据一种反潮流的解释学表述了宗教意识的革命内容：穷人的自我解放与团结一致。在布洛赫看来，一种宗教上激发的革命意识具有各种不同的表现，在圣经中，例如在《约伯记》中，这些表现跃然纸上，是完全可证明的，然而，官方神学对此总是或多或少地守口如瓶，秘而不宣。

在某种程度上，布洛赫宁愿把"颠覆性的"（subversive）圣经读物视为某种进步性读物，[2] 例如他认为，17世纪巴鲁赫·斯宾诺莎[3]在《神学——政治论》中就已经作出了这种颠覆性尝试，在此，斯宾诺莎批判神学教义，反对政教合一，奠定了另类圣经读物的基础。其实，纵观圣经解释学，这种另类圣经读物的历史源远流长，16世纪托马斯·闵采尔奠定的左翼的革命神学著作以及20世纪保罗·蒂里希[4]存在主义文化神学著作都可视为这种颠覆性尝试。

根据恩格斯唯物主义就是"从世界本身说明世界"[5] 这一观点，他指出：

---

[1] 参见马克思《〈黑格尔法哲学批判〉导言》："宗教是被压迫生灵的叹息，是无情世界的心境，正像它是无精神活力的制度的精神一样。宗教是人民的鸦片。"载于《马克思恩格斯选集》第一卷，人民出版社1995年版，第2页。

[2] E. Bloch, *Atheismus im Christentum. Zur Religion des Exodus und des Reichs*, Frankfurt/Main, Suhrkamp Verlag 1968，S. 297f.

[3] 巴鲁赫·斯宾诺莎（Baruch de Spinoza, 1632—1677），荷兰哲学家，西方近代哲学史上重要的理性主义者、泛神论者。他的《神学政治论》，在圣经诠释历史上被誉为里程碑式的著作。他通过质疑圣经乃是真理标准与公众法律的来源，倡导思想、言说与著述的自由。他对圣经研究最具原创性的贡献，并不在于其探求真理所坚持的理性主义标准，而在于对圣经文本自身及其内容所进行的历史理解。

[4] 保罗·蒂里希称耶稣为"新存在"（newbeing），即全子，但他是迄今深度最深、广度最小的全子。耶稣既是神又是人，他具有神人二重性，他的神性不仅是一种潜能，而且是一种现实性。这意味着，耶稣从根本上解决了"存在"与"实存"的矛盾。"基督教就是以耶稣面貌出现的新事物、新存在、新实在的信息，耶稣正是因此才被叫作基督的"。人类存在的最根本的意义就是向"全人"的方向发展，也就是向"新造物""新存在""新人类"的方向发展。试比较布洛赫的耶稣观："耶稣是谁？耶稣不是神子而是人子。耶稣是背叛了神的人，是承诺这个世上肥沃土地的人，是完成了乌托邦的人。"（参见 E. 布洛赫《希望的原理》，法兰克福/美因，苏尔卡姆普出版社1959年版，第1454页。）从中，我们不难看出宗教有神论者蒂里希与宗教无神论者布洛赫的具体联系与区别。

[5] 参见恩格斯《自然辩证法》，人民出版社1971年版，第11页。

在所有所谓天国的上方都居住着作为主人的神：在此，他不仅从自然科学角度，也从意识形态角度一锤定音，做个了结（ad acta），设定了迄今持续着的人的"前历史"。借助于此，他把主人—仆人—关系、地上本身的他律（Heteronomie）统统加以合法化、神圣化。因此，颠覆性意识形态批判产生最后的格言：反对一切他律，从而也反对其必不可少的错觉，亦即全然自上而下的神权政治的错觉。与此同时，在许多人看来，所有宗教的作用以及普遍概念似乎都消耗殆尽、踪影全无。于是，在宗教中，仿佛并不存在任何红色，并且（此外，就像在所有庸俗马克思主义那里一样），其紫外线似乎充满了邪恶的红光。这样，宗教似乎就以神秘之圆告终了。在地上乃至宇宙的共和国中，并没有任何"父神—自我"，对于人来说，最高的本质是人，因而这一切宗教现象都只不过是某种被看清看透看破的反面。在任何宗教中，除了恶劣地去魅的东西或占统治地位的伪君子，并不存在任何与众不同地被命名的残余物。这样，宗教的真理仿佛就是自身的完全毁灭。[1]

按照布洛赫遗产的观点，基督教思想与无神论之间并非水火不容、不可嫁接。在此，所谓"无神论"与敌视基督教的反基督立场截然有别，不可混为一谈。例如，布洛赫把海克尔[2]的无神论称作一种"浅薄的唯物论"。无独有偶，现代物理学家甚至宣称，如果不存在灵魂，一切东西就都由化学的、生物学的符号构成。尼采等人则从人类中心主义视角批判神权政治，否定宗教的产生与存在的合理性，甚至不惜以否定宗教价值本身为代价。但是，在布洛赫看来，这是一种突破常态、挑战底线，超出宗教批判限度的态度。与此相对照，费尔巴哈却推崇一种"虔诚的无神论"[3]。虽然他一贯反对"绝对者"这一神性存在，但他肯定信仰的存在价值，虔诚地、隐匿地过了一生。

---

[1] E. Bloch, *Atheismus im Christentum. Zur Religion des Exodus und des Reichs*, Frankfurt/Main, Suhrkamp Verlag 1968, S. 20.

[2] 海克尔（Ernst Heinrich Philipp August Haeckel, 1834—1919），德国生物学家、博物学家、哲学家、艺术家，同时也是医生、教授。

[3] E. Bloch, *Atheismus im Christentum. Zur Religion des Exodus und des Reichs*, Frankfurt/Main, Suhrkamp Verlag 1968, SS. 278—284.

与此相关，值得注意的是，"无神论者"（hoi atheoi）一词最初被使用于罗马帝国。例如，当时，原始基督徒就是无神论者。因为他们不是信奉权力之神朱庇特，而是信奉一个拿撒勒出身的犹太人。这样看来，罗马皇帝十分准确地命名了基督徒——"无神论者"，耶稣自称是"人子"。耶稣之所以被尊奉为神性存在，是因为他度过了无与伦比的、有价值的人生，最后戏剧般地结束了自己的生命。

真正的宗教并不要求对神的盲目服从，相反，这种宗教允许与神单独对话。宗教性的显现不是靠教堂中的顶礼膜拜，而是靠内心深处对神性的省察。在此意义上，布洛赫把基督教思想的核心概括为对权力与金钱的拒斥乃至反抗。在犹太教——基督教思想中，自始至终回响着不朽、正义和末世论的呐喊。然而，自《摩西五经》之后，旧约圣经和新约圣经经历了无数次修订而被篡改，由于时间的湮没，使得它表面上锈迹斑斑，灵气大减，最终蜕变为统治阶级用以迷惑民众，维护现存体制的工具。由于这个缘故，耶和华神的"出走精神"（Exodus - Geist）日渐弱化直至失去锋芒，显现为一味施加刑罚和威胁的愤怒之神。同样，自使徒保罗之后，耶稣的末世论被教会用于说教、灌输和洗脑，最终蜕变为有关来世的各种说法和内在中心主义。但是，"真金不怕火炼"，圣经中所蕴含的革命造反精神，即反抗和叛逆的解放精神犹如无形的刚体，任何外在插入和删改都无法使它腐烂变质。

与此同时，布洛赫全面系统地批判了布尔特曼[1]、奥托[2]、巴特[3]等神

---

[1] 布尔特曼（Rudof Karl Bultmann，1884—1976），德国路德派神学家，曾在马堡大学从事新约圣经研究40余载，他用一种被称为"脱神话化"（demythology）的方法，将历史与信仰彻底地分割开来，认为基督被钉十字架乃是基督教信仰所需的唯一历史事实，进而强调不应从宇宙论视角而应从人类学视角探讨圣经，其追随者形成所谓的布尔特曼学派。他的主要著作有《耶稣》（1926）、《新约圣经的神学》3卷（1948—1953）等。

[2] 鲁道夫·奥托（Rudolf Otto，1869—1937），德国宗教学家、哲学家、基督教神学家，毕生致力于从新教视角阐明宗教世界观的科学特征。主要著作有《论神圣：关于神灵观念的非理性现象和它与理性的关系》《路德的圣灵观》《自然主义与宗教的世界观》《东西方神秘主义》《印度的恩典宗教与基督教》等。

[3] 卡尔·巴特（Kael Baeth，1886—1968），瑞士神学家，他认为神是"绝对的他者"。人只有通过完成自身的信仰，只有通过耶稣基督的启示行为才能把握到神。因此，任何试图缩小和消灭人与神之间的间距的做法都属罪恶行为。布洛赫把巴特的这种见解称作"屈从"，在他看来，基督徒不应试图俯伏在耶和华脚下，而应成为耶稣基督一样的"人神"而奋斗。

学理论①，其目的仅仅在于强调诸如普罗米修斯一类的"人神"（Menschengotte）思想。在此，我们势必追问耶稣是谁？耶稣并不是教会所歪曲的大权在握、生杀予夺、全知全能、至高无上的存在。相反，耶稣是一位"平民的护民官"（tribunus plebis），亦即民众领袖。② 耶稣是个穷人，有人把他推上了权力的宝座，可他拒绝了。在此意义上，耶稣是一种人的理想，即尚未形成的人的根本存在的拟人化和对象化：

> 同时，也存在像完整的他者一样为人所熟悉的东西，作为宗教阶层的标志，这东西从动物神（Tiergöttern）、唯一的权力神（Eine Machtgott）到救主神（Heilandsgott），无所不包、应有尽有。作为隐匿的人及其世界的意义投射，这本身是可理解的……因此，神显现为自身现实中尚未形成的人的本质的实体化的理念；他作为心灵的乌托邦隐德莱希显现，正如天国显现为心灵所想象的神的世界的乌托邦隐德莱希一样。③

在人的内心深处可以发现神的隐德莱希，特别是在艾克哈特的神观中，可以发现人神的普遍样态。神是活着的、运动的人。在此，我们可以进一步发现乌托邦"天国"的核心："在此—现在。"在末世论的范围中，正是人在百折不挠地寻找自身最后的故乡——"没有神的王国"。此时，神的思想合乎逻辑地发展为人神思想。在全知全能的神陷落之际，现代基督教徒所能依傍的只能是人神之中的无神论的反抗姿态。我们应当寻找隐蔽之人的最后居住地——家乡。为此，我们必须像马克思所强调的一样，"推翻一切使人受侮辱、受奴役、受遗弃、受蔑视的关系"④。

L. 费尔巴哈认为，在宗教中，人与自身相疏远，他首先把自身设定为有限的个体，然后把自身设定为不受限制的、神化的个体，即把自身设定为异化的、与自身对立的自身，与神相遇的自身。因此，费尔巴哈认

---

① E. Bloch, *Atheismus im Christentum. Zur Religion des Exodus und des Reichs*, Frankfurt/Main, Suhrkamp Verlag 1968, SS. 64—86.

② E. Bloch, *Atheismus im Christentum. Zur Religion des Exodus und des Reichs*, Frankfurt/Main, Suhrkamp Verlag 1968, SS. 226—231.

③ E. Bloch, *Das Prinzip Hoffnung*, Frankfurt/Main, Suhrkamp Verlag 1959, S. 1522f.

④ 参见《马克思恩格斯选集》第一卷，人民出版社 1995 年版，第 10 页。

为，必须抛弃下述两种概念：一是自我疏远的神概念；二是在实体化为彼岸世界的神的概念："在自然界和人以外不存在任何东西，我们的宗教幻想所创造出来的那些最高存在物只是我们自己的本质的虚幻反映。"① 透过"虚幻反映"（Rückspiegelung）这一愿望图像，马克思识破了发达市民阶层社会中的教会的意识形态功能。继费尔巴哈之后，马克思进一步从历史视角阐明了所谓普遍而不变的人的存在以及宗教情绪：人生活在不同的社会中，从而也生活在不同的"自我异化"中。

> 在市民阶层社会中，宗教是唯一强有力的社会形态，因其"有用性"（Tauglichkeit），在市民阶层社会中，天国的阴霾重新与欺骗性意识形态结合在一起。因此，马克思的宗教批判重新获取了启蒙运动的古老动能，这意味着对其全面的意识形态批判成为对教会的全面批判。在古代，由于带有故意和主观性特点，这种欺骗性意识形态无法持续下去，但是，在今天，由于带有客观性和社会强制性特点，这种特点却可以持续下去。②

这样，马克思第一次历史地揭示了市民阶层社会中宗教与阶级社会的内在联系，由此进一步揭穿了教会权力意识形态的实质。但是，近代启蒙主义者把宗教与教会视为等同，借反教会之名全盘否定宗教本身，这种"激进反宗教信仰形态"本身并没有成为世人的真正关注对象。

因此，布洛赫深入批判了把宗教无条件归结为"迷信"乃至"意识形态"的庸俗马克思主义者。马克思批判"宗教"是人民的鸦片，但是，他的宗教批判是出于冷静的经济分析和严密的逻辑推理，与18世纪庸俗唯物论对宗教的恶语辱骂和冷嘲热讽的批判不可同日而语。当然，马克思并不否认宗教的"迷信"和"意识形态"要素，但是，创造性的马克思主义者应当拯救宗教的肯定要素。在布洛赫看来，这种肯定要素正是圣经中萌动的被压迫、被剥削者的"叹息"和"反抗"。马克思主义的无神论不能仅仅沉湎于"庸俗的马克思主义"的陈词滥调，否则，

---

① 参见恩格斯《路德维希·费尔巴哈与德国古典哲学的终结》，载于《马克思恩格斯选集》，人民出版社1995年版，第222页。
② E. Bloch, *Atheismus im Christentum. Zur Religion des Exodus und des Reichs*, Frankfurt/Main, Suhrkamp Verlag 1968, S. 89.

马克思主义就会降低宗教批判的高度。在此，凸显出检验庸俗马克思主义与真正马克思主义的一块试金石：前者宣告"神死了"，由此，全盘背弃宗教；后者则在神消逝无踪的地方寻觅新的宗教功能。在布洛赫那里，这功能就是"寻找凭借抵抗的人类学的确实性"。用他的话来说，真正的马克思主义无神论除了否定"神"之外，还必须具有一种长远的战略眼光。

在此，布洛赫双管齐下，同时在两条战线上作战：一方面，他反对神权政治的——正统的宗教观点和实践，因为这种观点和实践剥夺人的自律性，以暴力方式强迫人们服从道德—宗教规则、规范和行为方式；另一方面，他反对凭借某种教条主义的无神论的"庸俗唯物主义"（Vulgärmaterialismus）和"庸俗马克思主义"（Vulgärmarxismus），过分简单地、绝对地排除和贬低一切宗教，因为持这种做法的人并没有设身处地认清宗教意识的全部特定表现中的"无神论"要素和革命要素。在这种情况下，布洛赫无疑会冒很大风险，那就是把自身特殊的宗教命题置于众目睽睽之下，成为众矢之的。不过，这样在风口浪尖上弄潮，布洛赫也如愿以偿，在噤若寒蝉、三缄其口的马克思主义内部，有力地触发了关于宗教的讨论，极大地充实和丰富了基督教的革命内容以及马克思主义与宗教的关系，从而第一次使马克思主义与基督教之间的对话成为可能。

在布洛赫看来，坚决推倒横亘在马克思主义与宗教之间的教条主义隔墙，这对于二者之间的开放对话是必不可少的前提条件，因为迄今正是这堵墙关闭了二者之间的所有对话之门，以至于彼此故步自封，不敢越雷池一步。有鉴于此，必须立足于一种人道主义地理解的、创新的马克思主义，以一种新的批判眼光看待基督教宗教、圣经和迄今一直曝光不足的、颠覆性的"基督教秘史"（Geheimgeschicht des Christentums）。旧约《出埃及记》告诉人们："人通过历史的政治斗争自己造就自己。"鉴于基督教中现存的"反抗与叛逆"这一革命趋势，马克思主义应当努力解除与宗教的反常的"痉挛关系"（Entkrampfung），重新审视自身对基督教宗教的传统态度，努力获取基督教中所蕴含的无神论要素和革命要素："使人从一切奴役下解放出来。"

在此意义上，"基督教是以出走（Exodux）为目标的宗教遗产，正因如此，我们对家乡（Heimat）提出了更好的要求"①。马克思主义之所以关注基督教中的革命趋势，是因为这一趋势并不是少数基督教信徒所经历的那种历史的否定成分，而是下层广大信徒和劳苦大众所经历的历史的肯定成分。因此，在反对资本主义剥削和社会不公正的尘世战斗中，这一趋势涉及马克思主义革命策略的一个重要原则，即团结一切可以团结的力量，争取一切可能的"同盟者"（Bundesgenossen），结成最广泛的统一战线，集中力量反对最主要的敌人即官方教会和当局。布洛赫旗帜鲜明地为"贫穷人的圣经"（Biblia pauperum）辩护：

> 恰恰由于这个缘故，在圣经中仍然存在反对上天及其教士之神（Priestergott）的决定性冲动，在此蕴含着反抗主教会、奋起造反的呼唤。"以战争建宫殿，以和平建茅舍"②，祭坛珠光宝气，穷人饥肠辘辘。③

无神论的历史功绩和现实价值在于，推动人们揭示了"神性的东西"以及君主乃至最高权力存在借以实体化的现实地形图。借助于此，无神论向人们明确指明了从中寓居的关于"神性的东西"的最后秘密，即纯粹的"人的秘密"（Menschengeheimnis）。这到底意味着什么？宗教的本真遗产是对尘世美好生活的渴望和憧憬。因此，"基督教以及以后的基督教思想中所剩下的正是我们人类应当追求的自由的王国"④。

在此，呈现出一种悖谬的逻辑：作为一个唯物主义者、马克思主义者和知名的无神论预言家，布洛赫力排众议，挺身为解放神学（Befreiungstheologie）辩护，要求世人不要仰望天空，而要注视脚下，关注人间制度的公平正义问题，例如，贫穷世袭化、经济资源集中在少数人手中以及种族歧视等问题。布洛赫《基督教中的无神论》一书在西欧毁誉参半，大

---

① E. Bloch, *Atheismus im Christentum. Zur Religion des Exodus und des Reichs*, Frankfurt/Main, Suhrkamp Verlag 1968, S. 218.

② 引文出自德国作家、革命家格奥尔格·毕希纳（Karl Georg Büchner, 1813—1837）的小册子：《黑森信使》（*Die hessische Landbote*），在此毕希纳辛辣地批判了黑森的统治者，大声疾呼："农民的汗水是贵族餐桌上的食盐。"

③ E. Bloch, *Atheismus im Christentum. Zur Religion des Exodus und des Reichs*, Frankfurt/Main, Suhrkamp Verlag 1968, S. 20.

④ Ebd., S. 327.

多数人怀着矛盾的心情接受他的命题。相比之下，此书在第三世界，尤其在大洋彼岸的秘鲁、尼加拉瓜、巴西解放神学的代表，例如在古斯塔沃·古铁雷兹（Gustavo Gutierrez）、埃内斯托·卡德纳尔（Ernesto Cardenal）、雷奥那多·博夫（Leonardo Boff）等人那里引起了强烈的共鸣和积极的响应。可谓"失之桑榆，收之东隅"，这是令布洛赫倍感欣慰的。①

三 从革命神学到解放神学

历史上，16世纪托马斯·闵采尔领导的德国农民战争，把宗教改革与社会变革有机结合起来，通过武装暴动，沉重地打击了天主教会和封建制度。根据原始基督教价值观和基督教末世论思想，他号召建立尘世的"千年天国"，其目标就是要恢复原始基督教会的本来面目，废除一切与它相冲突的制度，在整个德意志乃至在整个基督教世界实现人的解放。自托马斯·闵采尔之后，解放神学思想就开始深入人心，成为全欧洲范围内的共识，由此孕育了欧洲各国此起彼伏、连绵不断的宗教—政治解放运动，例如18世纪初法国"塞文山脉暴动"②。尤其是20世纪60年代，在世界性反资本主义浪潮中，拉美解放神学异军突起，人民运动风起云涌，拉美和其他第三世界地区建立了与官方天主教分庭抗礼的"贫穷人教会"（Ecclesia pauperum），有力地冲击了保守的天主教教会，弘扬了原始基督教中"穷人优先"的人道主义精神。

尽管解放神学引发的拉美波澜壮阔的人民革命运动遭到了梵蒂冈和哥伦比亚主教阿方索·洛佩斯·特鲁希略及达里奥·卡斯崔隆奥约斯领导的教会统治集团——拉丁美洲主教联合会的强烈反对，但是，这场运动却打动了当时拉美各国的领导人，受其启发，这些人开始注重现世实践，试图

---

① 1979年桑地诺民族解放阵线的胜利被视为将解放神学付诸社会实践所取得的一次重大成果。革命成功后，四名神职人员、六名教徒曾参与政府重要部门的工作，其中有文化部长、教育部长、外交部长等重要职务。1980年，桑解阵特地发表了"关于宗教问题的正式公报"，指出："一个宗教信徒同时也可以成为一名革命者，二者之间没有不可克服的矛盾。""教徒们已经成为我国革命历史的组成部分，这种结合达到了拉丁美洲（也许是世界上）任何一次革命运动从未达到的程度。这一事实为其他地方的基督徒开辟了参加革命的新的、更加诱人的可能性——不仅在为政权而斗争的阶段，而且在其后的建设新社会时期。"参见中国社会科学院拉丁美洲研究所编辑《桑地诺民族解放阵线全国领导委员会关于宗教问题的正式公报》，载于《拉美资料》（尼加拉瓜专辑），1989年增刊。

② "塞文山脉暴动"（der Revolte in den Cevenn），1702年，法国南部塞文山脉中的新教徒革命党人，为反抗路易十四的宗教迫害和虐待而举行的人民起义。

通过改变拉美原有的资本主义发展模式，为穷人探寻一条通向解放的现实道路，在此岸世界建立尘世天国即"穷人的王国"[①]。

事实上，布洛赫的神学政治立场与拉美解放神学代表的神学政治立场有着思想上的相通之处和精神上的一致之处：一方面表现在对"上天和当局的宗教"的拒斥和反对；另一方面表现在对"人的希望"的肯定和支持。数百年来，全部教会史都打上了"被上天和当局所蒙蔽的宗教"（Von Himmel und Obrigkeit verhängten Religion）的烙印，面对这种充满欺骗和压迫的宗教，布洛赫的马克思主义宗教哲学与拉美神学都意识到，唯有与更美好的新东西结合在一起的"人的希望"（menschliche Hoffnung）才是"对人同神的联系（reli-gio）这一压制性的、回归的倒退关系的最猛烈的批判"[②]。

作为一种新的"虔诚信仰"（Religiostät）的表达，人的希望同为穷人和被剥削者而斗争的马克思主义是紧密联系在一起的。布洛赫发现，在圣经故事中到处存在自相矛盾、前后不一致的东西。为此，在这部与教会圣经对着干的反潮流作品中，他提出了一个富有挑衅性的、既令保守的神学界大为光火又令正统的马克思主义大为难堪的公式：

[①] 解放神学诞生于拉丁美洲大陆，与古巴社会主义革命的成功不无精神联系。例如，古巴革命领导人菲德尔·卡斯特罗是一位坚定的马克思主义者，但他在宗教问题上并不是一个教条主义者，他很早就敏锐地觉察到了解放神学的重要性。1968 年 1 月，卡斯特罗在哈瓦那卓别林剧院的文化大会闭幕式上高度赞扬了解放神学："这真是历史的悖论。怎么在我们发现一些宗教人士转变成革命者的同时，却不得不承认一些马克思主义者正在转变成教会式的（保守）势力？"后来，卡斯特罗越来越关心这一运动。1969 年 1 月，他专门召开了纪念卡米洛·托雷斯神父的大会，并以托雷斯的名字命名了一所农村学校。1985 年，巴西多明我会教士弗雷·贝托发表了与卡斯特罗长达 23 小时的采访谈话录，这本题为《菲德尔与宗教》的书使人们全面了解了卡斯特罗对宗教的看法，在拉美和世界其他地方都引起了很大反响。在谈到解放神学的历史功绩时，卡斯特罗表示："解放神学意味着基督教重新找到了自己的根源，重新翻到了它自己最动人的、最富有吸引力的、最富有英雄气概的、最光荣的一页历史……这一重要性迫使拉丁美洲所有的左派意识到解放神学是我们时代所发生的最根本的伟大事件之一。"在同一本书中，卡斯特罗以诚恳、宽容的态度谈到了对宗教的看法，认为在马克思主义和基督教精神之间不存在任何矛盾。一个马克思主义者同时也可以是一个基督教徒，两者为信仰而牺牲的精神同样值得赞颂。在一个社会主义国家里，双方应该在建设尘世的问题上统一起来，把关系天国的矛盾放在一边。当然，在古巴，教会与政府之间也曾发生过严重的对立和冲突，后来得到缓解，卡斯特罗在书中也对此作了自我批评。参见索萨《拉丁美洲思想史述略》，云南人民出版社 2003 年版，第 285—316 页。

[②] E. Bloch, *Atheismus im Christentum. Zur Religion des Exodus und des Reichs*, Frankfurt/Main, Suhrkamp Verlag 1968, S. 23.

>只有一个好的基督徒才能成为一个无神论者，反之，只有一个无神论者才能成为一个好的基督徒。①

尽管这是一个悖谬的命题，但它却是历史上其他一切宗教创始者们所共有的命题：例如，摩西代表耶和华，佛陀代表非神的涅槃。但是，在他们那里，所谓"至善"（summum bonum）与可爱的神是同一个东西。例如，在有神论宗教中，诸先知传统就隶属于伊斯兰教，他们是神的权力、光辉和雄伟的宣告者。又如，耶稣和他之前的先知都对神进行过批评，而神本身也说过批评性的话，特别是在《旧约》中就有这种实例：在《耶利米哀歌》中说道："主，你是我们的敌人！主像仇敌一样摧毁以色列；他使以色列的堡垒、宫殿都成为废墟；他增加犹太人民的悲愁哀号！"②《旧约》中，一句闻所未闻的话！

这个世界并不完美，甚至连神自己也认为这个世界并不美好。例如，在《旧约》的《创世记》一章中，耶和华自责的那一段，在此，神后悔说，他创造了世界，而且想要创造一个新世界，以便让人忘掉以前的世界。他说道："神看见，一切都好。"③可是，世界并不好，因为神发现，人不再想念以前的世界，而且在《启示录》，即《约翰启示录》④ 中的结语中说道："月亮和太阳在他们所处的地方逃逸，而且一切归于毁灭"；剩下的只有天国的耶路撒冷和地狱，但是这个孤零零的天国耶路撒冷也不过是我们现在看到的这个丑陋的世界、宇宙而已。而且，对于解释这个世界中的"恶"而言，寻找所谓"蛇"这个替罪羊也是远远不够的。

然而，这个世纪的创造者，这个把我们领进这个世界的人子却不能从他那里把我们自身领出来。他本身确实属于世界，他的十字架之死并没有

---

① E. Bloch, *Atheismus im Christentum. Zur Religion des Exodus und des Reichs*, Frankfurt/Main, Suhrkamp Verlag 1968, S. 24.
② 参见旧约《耶利米哀歌》，2章5节。
③ 参见旧约《创世记》，1章1—25节。
④ 《启示录》（*Apokalupse*），《新约圣经》中收录的最后一个作品。据悉，作者系拔摩岛的约翰，即耶稣的门徒约翰。这部作品的主要内容是对未来的预警，包括对世界末日的预言：接二连三的大灾难，世界朝向毁灭发展的末日光景，并描述最后审判，重点放在耶稣的再来。全书以基督为中心，许多事物即以"7"这个完全的数目为一组，有系统、有次序地展现。书中对人与物的描绘均采用象征手法，读起来犹如一连串"谜语"。最后新天新地出现，万物更新，在基督的荣耀中，人类的痛苦、瑕疵全脱，胜利进入永恒之城："新天新地，永远的国。"

从他的世俗生活中夺走任何东西，而是对其崇敬感至多起到了一种消极作用。这一切尽在圣经之中。耶稣从不把自己称作"神之子"，只有他的门徒才这样称呼。布洛赫注意到，耶稣反复使用"人子"（Menschensohn）一词，达五十多次。对此，他的门徒感到大惑不解，因为"人子"（Menschensohn）这个词在《新约》希腊译本中是个十分生僻陌生的词（'ανος ανυροπον）。难怪，希腊人未能入其堂奥而得其真谛。然而，在阿拉米语中，"人子"则明明白白地写成"Bar Adam"，即"亚当之子"，意即不是"神之子"（Sohn Gottes）或"神子"（Gottessohn）。对此，耶稣语录为证："看见我的人，看见父亲。"

根据布洛赫的理解，耶稣的解放思想与普罗米修斯的反抗乃至痛苦一脉相承。耶稣的思想本质上可归结为一种基于末世论的人类解放思想。以往的宗教一边崇拜上面的神，一边与权力体系相勾结。与此相反，耶稣的思想关注尘世人间，与下层穷苦老百姓站在一起。作为人子，耶稣的思想不是植根于屈从权力的"再结合"（re-ligio）精神之中，而是植根于广大被压迫者的不满和反抗精神之中。

耶稣从未想成为"主"（Herr），然而，人们把人子想象为至高无上的主。在新约圣经中，传达福音的人不是"主耶稣"（Kyrios Christi）而是人子。他充满兄弟爱，通过"先现"（Vor-Schein）这一未来的提升，满腔热情地传达福音。这种传达方式具有自身独特的地形图，既不带有神权专制特点，也不带有神权政治特点。在此，作为葡萄枝的人子向自己同质的葡萄藤说话："你们是我的朋友。以后我不再称你们为仆人，因仆人不知道主人所作的事。"[①] 一方面，即将到来的人子必须将福音和盘托出；另一方面，只有在末世论的框架中，人子与耶稣的同一性才得到贯彻。由于这两面的原因，"人子"范畴充满着源源不绝的秘密，确切地说，里面充满着不断传送秘密的要素。耶稣是谁？"耶稣就是从启示录角度被揭穿的、升华了的人子"[②]。的确，语文文献学并没有扬弃这些秘密，最终，这些秘密无外乎位于"被隐蔽的人"（homo absconditus）本身之中。

这里所涉及的是《创世记》计划之外的要素，而这些要素与其他宗

[①] 《约翰福音》15章14节。

[②] E. Bloch, *Atheismus im Christentum. Zur Religion des Exodus und des Reichs*, Frankfurt/Main, Suhrkamp Verlag 1968, S. 208.

教毫不相干：先知本身篡权夺位，坐上了父亲的宝座，并将其打倒。这样，他就有理由说："我就是他。"这样，耶稣基督就作为人之子出现了。至此，圣经中的无神论要素昭然若揭，大白于天下：

> 因此，看上去世界是这个样子：如果我们本身不是根据法律去看世界自身，而且不是根据法律去看法律，那么对于这个世界而言，不仅没有耶稣基督，而且肯定没有其他宗教创始人或拉比宗教。换言之，同意宗教并不是同意这个世界上依旧存在的统治，即不是同意我们在天主教教义中重新发现的那种世俗化的、教皇化的罗马教廷的宗教，或者新教的侯国宗教，这一点在路德教中比在加尔文教中留下了更深刻的烙印。①

耶稣是不依赖于耶和华而存在的人子。换言之，耶稣是一个完全"反—主的"（A‐Kyrios）、"反—神的"（A‐Theos）的存在，是真正意义上追问"神为何成为人？"（Cur deus homo?）的存在。因此，布洛赫的这句话是站得住脚的，也是完全可理解的："只有一个无神论者才能成为一个正确的基督徒。"如果这句话并没有十分清楚地标明众神之间的现有区别，那么神耶稣也许只不过是众神当中的一个神而已。然而，耶稣不是神中神，而是人中人。因此，另一个命题翻转过来："只有一个基督徒才能成为一个好的无神论者，"把矛头径直对准无神论中的一切陈词滥调。这种基督徒要素必然蕴含于无神论之中，并且这种要素尚未寿终正寝、尚未感受殆尽、尚未思考殆尽。因此，"隐匿的人"（homo absconditus）不仅是真正信仰（基督教）的秘密，也是真正思想（马克思主义）的核心内容。②

15—16世纪，为什么圣经在德国、法国、英国、意大利风靡一时，并且在整个农民战争时期，成为人手一册的励志经典呢？因为除了圣经，其他任何一种宗教经典，都不能把农民战争如此加以意识形态化，使其成为自然的、合理的秩序。只有圣经才能把基督教中的反抗与叛逆主题加以具体化，使其成为锋芒所向、无坚不摧的利器。托马斯·闵采尔用旁注、

---

① E. Bloch, *Die Welt bis zur Kenntlichkeit veraenderen* (1974), S. 88.
② E. Bloch, *Atheismus im Christentum. Zur Religion des Exodus und des Reichs*, Frankfurt/Main, Suhrkamp Verlag 1968, SS. 344—348.

圣经引文把所有自己的叛逆言论、革命传道加以装饰,例如,他的传道和著作的边缘都是黑色的圣经引文。作为革命神学,他的著作的核心区蕴藏大量革命因素,例如,苦难与拯救、反抗与叛逆,希望与乌托邦等,这些革命要素从核心向外扩散,影响圣经边缘区的阶级结构和经济、社会文化结构:

> 在圣经中蕴藏着一种革命的爆炸力,一种空前的爆炸力。占统治地位的阶层和占统治地位的教会把这种爆炸力加以掩盖、改变或修饰。但是,在农民战争中,这一点却得到了十分准确的理解,针对庸俗唯物主义,针对每一个幻想的枯竭和营养不良,我大声地说:"只有一个基督徒才能成为一个好的无神论者。"①

这是一幅基督教宗教的新的幻景(Vision),它不仅解除了基督教中神权政治的羁绊,也预示了基督教中未来信仰的远景。对于布洛赫来说,这种新的基督教幻景不仅意味着修正作为"神子"的传统耶稣圣经(Jesus – Bildes),重新树立作为拒绝"主人"(Herr)的"人子"耶稣,而且严禁统治阶级和当局滥用耶稣的学说。② 与此同时,坚决拒斥由保罗首倡,后为马丁·路德"罪与恩宠"的学说所重新接纳的"十字架神学"③。布洛赫断然拒斥"十字架神学",虽然这种神学教义不乏某种讨论

---

① E. Bloch, *Die Welt bis zur Kenntlichkeit veraendern* (1974), SS. 88—89.

② R. Traub/ H. Wieser (Hrsg.), *Gespräche mit Ernst Bloch*, Frankfurt/Main, Suhrkamp Verlag 1975, S. 185.

③ "十字架神学"(theologia crucis),最早由马丁·路德采用,是特指他早期的改教神学。十字架神学不仅是指十字架的教义,更是指一种神学进路;此教义不仅以十字架为中心了解基督工作的核心,也以十字架为中心了解神学整体的核心。在这种神学中,十字架成了神的整个自我启示的核心,因此也成了神学的基础和中心。在十字架神学中,十字架成了明白整个神学方法论的钥匙。路德强调,"十字架是万物的准绳"(Crux probat omnia),因此,"只有十字架才是我们的神学"。现代德国神学家于尔根·莫尔特曼在《被钉在十字架上的神》中,根据路德的十字架神学思想,试图重建"十字架那种世俗的恐怖和无神的信念"。在他看来,耶稣之死不是神之死,而是在神之中的死,是属于神与神之间的事件,在三位一体的意义上,是神把神交于死地。因此,想要理解神的意义,就要从三位一体的历史来看:十字架正是神本于他的爱,圣父把圣子交于死地,圣父要忍受圣子的死,圣灵又以其坚强的爱把圣父与圣子相联起来,以致这种爱能下达人间。莫尔特曼如此重构他的十字架神学,他所依据的就是三位一体的神及神的可变性这两个教义,并且认为,惟其如此,现代神学才能在"人类受苦"的问题上,打通形而上学的有神论与无神论之间的隔阂,消除彼此之间的误会。

价值，但它归根结底是一种蛊惑人心、愚弄民众的信条。在漫长的历史进程中，这是统治阶级为了维护自身阶级利益而杜撰的教义，它恰恰从反面暴露了这种神学的现实本性与现实社会功能：

> 路德对那些有身份的人并没有讲这些，因为他们毕竟没有遭受多少罪。对大多数人来说，这些外表的痛苦是最可怕的，至少是最为具体的，因为他们无路可逃。现在的问题是，经历了极端反动的、保守复辟的、因循守旧的和试图掩人耳目的阶段之后，我们对"忍耐"一词早已厌倦……人们至少对源于十字架神学——道德的误解十分敏感，委婉一点地说，十字架神学道德与十字架神学道德之神学并不是一回事……再说，正是出于让奴隶们循规蹈矩——有别于斯多亚学派与亚里士多德学派，当然有别于斯多亚学派——这一动机，基督教才被推荐为帝国的宗教，因为它使得奴隶们接着忍受下去。①

耶稣毕生致力于"变化、新东西、拯救激情"等末世论命题，然而，针对耶稣的一系列革命性命题，保罗却反其道而行之，提出反命题："在上有权柄的，人人当顺服他……凡掌权的都是神所命的。"② 甚至保罗恶语中伤，将耶稣基督与奴隶主联系起来，例如："你们臣仆们……，你们亲主人所作的每件事情你们都要无条件地服从……无论你们做什么，你们都不要出于侍奉人之心，而要出于侍奉主人之心。"③ 这样，使徒保罗的"殉道说"（Opfertodlehre）最终倒退到遥远过去腓尼基人莫洛赫神的崇拜信仰中。

耶稣的所有"希望神学"（Theologie der Hoffnung）都始终致力于名列前茅的变化中的东西、新的东西。然而，由于使徒保罗一味趋炎附势、同流合污，使得耶稣末世论的愿望图像完全失去了革命锋芒。由此可见，保罗所有关于十字架说教的实质都是反对辩证法，维护现存体制。在他看来，"应当背负痛苦的十字架的不是当权的主人，而是一辈子做牛做马的

---

① E. Bloch, *Gespräch über die Kategorie "Novum"* (1965), In: Arno Münster (Hrsg.): Tagträume vom aufrechten Gang. Seches Interviews mit Ernst Bloch, Frankfurt/Main 1977, S.155.
② 参见新约圣经《罗马人书》13章1节。
③ 参见新约圣经《哥林多前书》3章22节。

农民"①。

与使徒保罗一唱一和，后期路德同样喋喋不休："痛苦，痛苦，十字架，十字架是基督徒的一部分。"从保罗主义到路德的全部十字架神学都竭力为"殉道说"辩护，并将"十字架的忍耐"（Geduld des Kreuzes）加以正当化。由于这一极其险恶的动机，圣经中所固有的颠覆性要素被大大弱化，并且由于"被牺牲的羔羊神话"（geopferten Lamm‑Mythos），这一革命因素最终被彻底中断了。

通过严厉批判保罗、路德的"殉道说""十字架的忍耐"，布洛赫深刻揭露了基督教信仰和原理的核心，例如，保罗—新教关于"罪""痛苦""忍耐"以及尘世和神权统治下的"屈服"等说教，由此不仅表明了他对官方基督教及其教条的批判广度，也表明了他百折不挠、英勇顽强的战斗姿态。正是以这种不妥协的基督教神学批判精神和战斗姿态，布洛赫把约伯和托马斯·闵采尔作为预言者的控告姿态加以现实化，并且为未来一代反潮流的基督徒高擎了解放神学的伟大旗帜。

四 元宗教："遗产中的宗教"

如前所述，1921 年，布洛赫发表名著《作为革命神学家的托马斯·闵采尔》，在此，他已经使用"革命神学"的用语。鉴于基督教神学整整过了 50 年之后才使用"革命神学"的用语，足见布洛赫大胆超前的理论勇气和创新的思维方式。在此书中，布洛赫率先把 16 世纪德国平民宗教改革家、德国农民战争领袖和革命传教士的托马斯·闵采尔誉为"革命神学家、卡尔·马克思的先驱"。

时隔整整 40 年，1961 年布洛赫移居西德后，一直在图宾根大学哲学系执教，期间，他积极倡导基督教与马克思主义的对话，力主从无神论和马克思主义视角解读基督教的真谛，1968 年发表了他的马克思主义宗教哲学著作《基督教中的无神论》。在这部创新的马克思主义宗教哲学中，他以侦探式的敏锐眼光和犀利的洞察力无情地揭露了被教士、拉比、僧侣集团掩盖的基督教中的反抗和叛逆精神。② 作为一个马克思主义者，布洛

---

① E. Bloch, *Atheismus im Christentum. Zur Religion des Exodus und des Reichs*, Frankfurt/Main, Suhrkamp Verlag 1968, S. 224.

② B. Frei, *Atheismus im Christentum von Ernst Bloch*, In: Erwin Lendvai [Mitarb.], Ernst Blochs Wirkung. Ein Arbeitsbuch zun 90. Geburtstag, Frankfurt/Main 1975, S. 130.

赫赞同马克思、恩格斯关于宗教作为市民阶层社会意识形态上层建筑的论断，就像马克思、恩格斯一样，布洛赫也拒斥造物主信仰，揭露神的信仰的"鸦片"作用。他之所以坚决否定造物主——神信仰，基于下述三点理由。

第一，"如果存在神就没有人的自由"。因此，必须否定旨在限制和剥夺人的自由和权利的神，必须戳穿耽于权力和金钱的基督教是"假基督教"。耶稣从未宣讲"主人神"（Herren Gott），他心目中的神不是作为创造主的神，而是"从耶和华自身出走"（Exodus aus Jahwe selbst）的神，即圣经的神、摩西的神。

第二，如果存在神就会妨碍人的拯救。因此，否定神的信仰，坚持无神论是人的拯救的必要前提。宗教的悖论在于，只有排除超越者自身（神）才能树立真正的宗教心性和希望。就像罗素、萨特等人一样，布洛赫坚信神的信仰是一种迷信，因为所谓创世主的神、统治世界的神纯属非科学的迷信。所谓"神"是特权阶级为了麻痹被统治阶级，维护自身的地位和利益而制造的一种"宗教装置"。

第三，如果存在神就会默认或纵容这个世界的悲惨境况。古往今来，神的信仰助长人间的邪恶、不平等和不公正："富人越富，穷人越穷。"不仅如此，如果存在神，"人就永远长不大"，因为他不是把自身的命运掌握在自己的手中，而总是无助地仰望天空，期待"上面的力量"。然而，正像"你会成为神一样的存在"一类的基督教福音一样，诸如超越的安慰、彼岸的天堂、来世的祝福等说教都是自欺欺人的鬼话，其实质是用彼岸世界的花言巧语来掩饰此岸世界的种种社会不幸和苦难。

总之，"神性理念的真理仅仅是王国的乌托邦。王国乌托邦的前提在于，天国中本来就没有或者从来就没有神，因此，没有神停留在高高的天国"①。布洛赫的无神论是"关于宗教之死的哲学"，在此意义上，他的无神论意味着"与宗教的决裂"。但是，在他的无神论中，"王国"（Reich）概念作为宗教的核心概念被保留下来。由于继承王国概念，虽然他的作为元宗教的无神论不是传统意义上的宗教，但也并不因此就简单地否定宗教。一方面，他以费尔巴哈、马克思的宗教批判理论揭露了基督教意识形态的虚假性、欺骗性；另一方面，他以百科全书式的知识，揭露了数世纪

---

① E. Bloch, *Das Prinzip Hoffnung*, Frankfurt/Main, Suhrkamp Verlag 1959, S.1514.

被教会隐蔽和歪曲的事实真相,指出圣经和基督教中所发现的本质价值:"人的反抗和造反精神。"在圣经中不是回荡着"从上到下"的神的声音,而是回荡着"从下到上"的反抗的声音。事实上,原始基督教是被剥削者、被压迫者的革命运动,其中恰恰蕴含着人的反抗和叛逆精神。基督教之所以导致人类心灵的崩溃,在于它贪恋权力,沉溺于金钱,因此基督徒若要洗心革面、脱胎换骨,它就必须打倒权力和金钱的化身,重新发现人的反抗和叛逆精神:

> 基督教是以"出走"(Exodux)为目标的宗教遗产,正因如此,我们对"家乡"(Heimat)提出了更好的要求。作为一种遁点,这种要求时常仅仅提供一种安慰性的逃避动机。然而,与其他的动机,即本身属于控制性的逃避动机相比,这种动机却赋予忍耐和期待的人们一种具体的方位感、一种未来的展望。无论是在内向性的死胡同中挥舞拳头,还是改头换面、乔装打扮,在来世的说教中飞跃现世,都不能实现上述基督教的解放目标。毋宁说,圣经所意欲的福音恰恰发生在我们这个世界之中,而且,福音的内容就处在这个世界的邪恶狡诈之中。①

"有希望的地方也有宗教,但是,有宗教的地方并非总是有希望"②。作为马克思主义哲学家,布洛赫恰恰在基督教思想中发现了乌托邦的希望,这无疑是一种巨大的讽刺。因为传统马克思主义者一向彻底否定基督教乃至其他一切宗教,把它们视为马克思主义者必须加以颠覆的一个又一个庞大的统治体制。"哪里有希望,哪里就有宗教",布洛赫的这一命题正确地把握住了宗教的本质价值:人可以通过宗教形成自身的本质愿望。因此,布洛赫虽然反对旨在再生产统治阶级意识形态的基督教,但他并不同意把宗教归结为迷信或荒谬邪说。用他的话来说:"我们可以抛弃宗教中的神正论这一邪恶特性,但我们不能因此而出卖宗教全体。"因为只有基督徒才能把"宗教意向"理念带到尘世,而只有无神论者才能把基督

---

① E. Bloch, *Atheismus im Christentum. Zur Religion des Exodus und des Reichs*, Frankfurt/Main, Suhrkamp Verlag 1968, S. 218.

② E. Bloch, *Atheismus im Christentum. Zur Religion des Exodus und des Reichs*, S. 346.

教中只可意会而不可言传的"希望内涵"揭示出来。

因此,"只有一个无神论者才能成为一个好的基督徒,只有一个基督徒才能成为一个好的无神论者"。现代人的课题不是在宗教与非宗教之间作出选择,而是在有神的宗教与无神的宗教之间作出选择。"神死了",从中,传统马克思主义看到的是虚无主义的一片废墟,而布洛赫看到的却是一片希望的原野。在神消逝无踪的宗教领域里,布洛赫发现了宗教的某种新的功能,即未来人类的理想和新家乡。

布洛赫是一个马克思主义者,但他不是全盘否定宗教遗产的传统马克思主义者。同样,布洛赫是一个无神论者,但他不是单纯否定神的浅薄的无神论者。布洛赫并不一概否定"宗教"(Religion)本身,因为他相信人可以通过宗教而形成本质愿望。布洛赫一再重复耶稣的话:"人不是光靠面包过活。"理由有三:第一,哪里有希望,哪里就有宗教;第二,人的生活与祈祷缺一不可,人总是祈祷今天比昨天好,明天比今天好;第三,宗教是植根于人身上的自由的才能,宗教中蕴藏着对于"何去何从"问题的解答,它促使人思考生活中尚未清偿的意义问题。这就是"元宗教"(Meta-Religion),它象征着一种"没有神的信仰",例如,弥赛亚信仰、乌托邦王国的信仰、更美好世界的信仰,新天新地的信仰等充满爆炸性的希望信仰。因此,所谓"元宗教"并非"非宗教",而是"遗产中的宗教"(Religion im Erbe),这意味着既与神的信仰决裂,又超越传统无神论去证实宗教的连续性。

作为一个创造性的马克思主义者,布洛赫在基督教中的发现了"希望"(Hoffnung)要素,这正是他对马克思主义文化遗产思想的创新所在。"哪里有希望,哪里就有宗教",他的这一命题是绝对有效的,因为这一命题包含着被压迫状态的一切国度都将得到解放这一信念。反之,"哪里有宗教,哪里就有希望"这一命题却值得高度警惕,因为这一命题渗透着宗教天国和权力当局所散布的意识形态的迷雾和恶臭。迄今与神的存在"再结合"(re-ligio)意义上的有神论宗教指向彼岸的"神的王国",然而,与希望"再结合"意义上的宗教无神论则指向此岸的人间王国,即"没有神的乌托邦王国"(ein utopisches Reich ohne Gott)。在此,宗教无神论不是显现业已完成的目标,而是显现直到现在才能够形成的承诺目标;不是显现可视的自然神,而是显现看不见的、正义的自然神和正义国度的自然神。

总之，宗教的实质是"再结合"，特别是与某种神秘的开始之神、创世主的返回联系。因此，被领会的"出走的信仰"（Exdus – Bekenntnis）就成为"我乃我所是"（Ich werde sein, der ich sein werde.），甚至成为人子的基督教和不再有任何宗教的末世。因此，作为一种"元宗教"，布洛赫宗教无神论（religiöser Atheismus）的根本目标是"进行没有超越者的超越活动"，创建一种既不同于有神论也不同于无神论的"没有神的王国"，即全面发展人的本性，全面实现人的自由，走向马克思意义上的"自然的人化和人的自然化"这一自由王国。① 换言之，这种宗教无神论不是信仰天国之神，而是信仰尘世人的理想；不是创立神的王国，而是创立"没有神的自由王国"②。

在这未来的自由王国中，我们可以想象各种永恒不变、尽善尽美的人间天堂图像："幸福、自由、没有异化的社会、黄金时代、奶和蜜涌流的国度、永恒女性、费德里奥的小号信号以及复活日出现的耶稣基督的形体等。"③ 但是，由于"非家乡"（Nicht – Heimat）这一陌生的现实，美好的憧憬也经常使人惘然若失、心烦意乱。正因如此，圣经中的目标回响，那个颠覆性的激进之梦当然不是源自麻痹人的意志的鸦片，而是源自未来的警觉以及光的维度，恰恰借助于这些维度，"世界已经怀孕，得以怀孕"。

结语："世界之梦"与"自由王国"

人总是追问生命的意义问题。例如，饥饿的意义是什么，死亡的"非意义"（Nicht – Sinn）是什么，凡此种种都不是通过所谓彼岸世界的安慰或抵消所能镇静的。相反，这些问题只能通过不知疲倦地研究不可贿赂的、不可操控的意识形成以及对乌托邦需要的真实传达才能找到最终解

---

① E. Bloch, *Das Prinzip Hoffnung*, Frankfurt/Main, Suhrkamp Verlag 1959, S. 1628.

② 在希伯来文中，神的名字的原文是：Ehyeh Asher Ehyeh，中文又译作"我乃我是者""我是我之所以是"等。但是，在布洛赫看来，这一神的名字的隐喻是"未来才知道我［神］是谁"。这样，所谓"神"意味着充满希望的人类的"未来"、人类的"理想"、人类"未知的家乡"。这正是布洛赫所构想的"乌托邦王国"，即"一个没有神的一神的弥赛亚王国"（ein messianisches Reich Gottes – ohne Gotte）的底蕴。Vgl. E. Bloch, *Das Prinzip Hoffnung*, Frankfurt/Main, Suhrkamp Verlag 1959, S. 1413.

③ E. Bloch, *Das Prinzip Hoffnung*, S. 1627.

答。这种解答不会出现于迄今总是为统治阶级辩护的意识形态中；相反，只能出现于道德上对终极乌托邦的不懈渴望和恒久期待中。

从"关于某事的梦"（Traum von einer Sache）和意识出发，布洛赫返回到马克思的"世界之梦"与"自由王国"。马克思曾经谈论过这种与众不同的梦，即作为未来而存在于当下本身的梦，亦即不可忽略的、萌芽状态下预告未来的梦。马克思的思维既不属于令人瘫痪的历史主义思维，也不属于轻率鲁莽的雅各宾派的思维。马克思这样写道："世界早就在梦想一种一旦认识便能真正掌握的东西了。那时就可以看出，问题并不在于给过去和未来之间划下一条不可逾越的鸿沟，而在于实现过去的思想。而且人们最后发现，人们不是在开始一件新的工作，而是在自觉地从事自己的旧工作。"①

但是，布洛赫打破沙锅问到底，把问题问到问题之外：

> 在这个"关于某事的梦"和意识中，最重要的问题是，通过"实践"（Praxis），让这种梦和意识付诸实现的东西，归根结底，在马克思那里，这东西就是预先认识到的自由王国。我们唯有直起腰杆，两腿笔挺地行走才能到达自由王国，但是，我们还必须与艰辛者和负重者以及被侮辱者和被蔑视者一道，在希望中获取必胜的力量和勇气才能到达自由王国。②

但是，在上述马克思关于"自由王国"的世界之梦的句子中，布洛赫发现了"具体的乌托邦"的一种悖论，即乌托邦的东西最终不是作为具体的东西而终止，而是作为现实的东西展现自身。因为按照事物变化之流（rebus fluentibus）观点，"关于某事的梦"属于事物本身中的客观而具体的部分，是在其发展过程中以及在其热切盼望的潜势中仍然悬而未决的事物。至此，布洛赫触及到了所谓"消失点"（Fluchtpunkt），即尚未获得的一般性的"引力"（Anziehungspunkt）。而"一般性"（Überhaupt）恰恰存在于类似过程的远景意义中。从前，从有神论角度看，这种一般性

---

① 马克思：《致卢格》（Marx, Brief an Ruge, 1843），MEW., Bd. 1（Berlin, 1976），S. 346. 中文译文参见《马克思恩格斯全集》第1卷，人民出版社1979年版，第418页。

② E. Bloch, *Atheismus im Christentum. Zur Religion des Exodus und des Reichs*, Frankfurt/Main, Suhrkamp Verlag 1968, S. 346.

与开端阿尔法（神）有关，但是，如今从无神论视角看，它与终极欧米茄（人）有关："被填满的瞬间""我们内在性的末世""我们匿名存在中的林中空地"等。

这样，在马克思意义上的"世界之梦"不是仰望天空，而是脚踏实地，用向下的目光取代向上的目光。于是，所有从前从宗教视角使用或高调命名的感情被一扫而光，席卷一空。例如，人们仅仅在牧师吟诵的"祷文"中，还仍然记起在神面前毕恭毕敬、在主面前顺从谦卑、在诸侯面前卑躬屈膝等没有骨气、讨好奉承的奴隶道德。进一步讲，作为一种奴性，即使是圣经中的"希望"这一最本真的情绪对我们也没有多大价值。因为在此希望造就仆人，希望对准来自上头的"神粮"（Manna）。然而，在末世论意义上，作为一种超越的情绪，希望恰恰能够提升自己，同时不会接受来自上头的施舍。

由此可见，"有希望的地方也有宗教，但是，有宗教的地方并非总是有希望"。因此，布洛赫强调："我们不可从意识形态角度抵押希望，而是要从下至上地依次构筑希望。"① 毫无疑问，圣经中存在部分神权政治因素，但是，对于纯洁的人的本性而言，圣经仍然带有开放的解答："永乐必归到他们的头上。"② 永恒的喜悦是指从深处（de profundis）明晰了的人性，尤其是指从乌托邦视角所透露的人性。在此，永恒的喜悦显然不是源自人的卑劣性，而是源自人的崇高深度。但是，源自人的深度的永恒喜悦与那种神权政治的陈腐意义截然不同，因为神权政治世界观仅仅注视根本不出现人的那个上头的天国。在此，毋宁说，永恒的喜悦与圣经的真正新东西的特征、字面上的"出走"以及"王国"有关。

通过希望，永恒的喜悦精确地孕育宗教的遗产，从而它并不随同神之死而消失。尽管在迄今业已形成的所有纯粹事实中，我们无法想象神，但是，我们可以致力于与希望相称的、作为存在特性的"某个未来神的想象"（Gottvorstellung ein Futurum）。这种对未来神的想象与所有其他神的图像完全不同，不可同日而语。重要的是，为了人的事物，为了我们的世界，进行一种"没有超越者的超越运动"。在"关于某事的梦"中，虽然没有神，但必定存在其希望的精髓。正是由于希望的缘故，这个世界才拥

---

① Ebd., S.347.
② 旧约圣经：《以赛亚书》51章11节。

有对前线、开放性、新东西、存在的最终质料、作为乌托邦的存在等的展望。因此,这种展望不是要求和感受任何旧世界的赞歌,而是讴歌和体验正相反对的新世界。在此,布洛赫援引尼采的诗篇《约里克·哥伦布》中的一段话,生动形象地描绘了作为伟大试验的全部人类历史:"我渴望那地方 / 而且我相信,我从今以后的航向和把手 / 大海在蔚蓝色的天空里敞开心扉 / 我的热那亚船乘风破浪,驶向那地方。"①

人是一个实验,世界也是一个实验,但这是一个史无前例的新人新世界的实验。为此,布洛赫重申了他在《乌托邦的精神》中的一段话:发现这件事,发现人的权利,为此,我们合乎规矩地生活,我们开辟令人振奋的人间正道。为了这件事,我们停留在组织里,抽出时间与之打交道。我们将渴望之屋建造在蓝天里。我们一边将渴望之屋建造在蓝天里,一边寻求真正的东西、现实的东西。在那纯粹事实消失无踪的地方,"新生活开始了"(incipit vita nova)②。再没有什么东西比"隐匿的人"(homo absconditus)及其实际秘密本身所承载的世界更切近、更遥远的了。例如,"怎么""为什么""为何"等就是这个世界所特有的现实问题。马克思创造性地用"自然的人化与人的自然化"这一自由王国的公式解答了这一现实问题。③ 然而,不仅在我们的内心及其对世界的认识中,而且在世界自身及其最独特的过程中,这些问题的深层部分都尚未得到解答,因此,我们翘首期待关于人与世界的"同一化"的最终解答:

  在圣经中,某种颠覆性的、末世论的、终极波涛汹涌澎湃,势不可挡,在海岸崭新的地方正在建设一座乌托邦王国。在奥古斯丁的下述句子中,同样蕴含着这种爆炸性的内容:"我们自身将成为第七

---

① 尼采的《约里克·哥伦布》(*Yorick Columbus*, 1884) 系一首未完成的诗,全文如下:"女朋友,他说道 / 不要相信任何享乐者 / 他经常凝视蓝天 / 为离得遥远的东西所诱惑 / 对我珍贵的是最陌生的东西 / 热那亚已经沉没而消失 / 心脏啊,保持冷静,手啊,紧握方向舵 / 我渴望那地方 / 而且我相信,我从今以后的航向和把手 / 大海在蔚蓝色的天空里敞开心扉 / 我的热那亚船乘风破浪,驶向那地方 / 一切东西新又新 / 那远处,时间与空间在闪耀 / 最美丽的某个怪物 / 永恒地向我微笑 / " Er. 尼采:《全集》第 11 卷 (Er. Nietzsche, *Sämtliche Werke, Kritische Studienausgabe*, Bd. 11, München, 2005),批判研究版,2005 年,第 63 页。

② E. Bloch, *Geist der Utopie* (1918), Frankfurt/Main, Suhrkamp Verlag 1976, S. 19.

③ E. Bloch, *Atheismus im Christentum. Zur Religion des Exodus und des Reichs*, Frankfurt/Main, Suhrkamp Verlag 1968, SS. 348—354.

日"（Dies septimus nos ipsi erimus.），这就是说，在我们的共同体以及自然中，我们将成为尚未发生的第七日。同样，借助于这种方式，恰恰通过这种特别富于爆炸性的方式，我们应当树立一种特别富于飞跃性的长远的哲学思维模式。如今测定我们时代深度的工作恰逢其时，正当其用。重要的是，这一三千年的特殊"先现"（Vor-Schein）①的逻辑终于摆脱了神，同样，这一逻辑也在宗教哲学上变得无遮无拦，一览无遗。当浮士德的不朽精神飞黄腾达时，宁可不接受天使的帮助。从圣经上看，这种不朽精神意味着我们这副揭开了的面貌，哲学上这就是神人同一化。②

总之，在布洛赫的宗教无神论中，无神论与具体的乌托邦是不可分割地结合在一起的："无神论是具体的乌托邦的前提，但是，具体的乌托邦同样是无神论的不可忽略的内涵。"③无神论与具体的乌托邦具有相同的根本行为，这就是，摧毁现存的权力取向的宗教，翻转异端的宗教希望，把头足倒立的人颠倒过来。具体的乌托邦乃是世界中潜在的趋势内容的哲学与实践。因此，在此所选定的合格的质料微乎其微，微不足道，以至于不具有任何自我异化。但是，在此最终选定的质料却像欧米茄一样硕大无朋，无与伦比，以便赋予大胆的乌托邦以一种真正意义上的遥远的可能性，即这个世界的一种意义，这是弥赛亚主义的"界限理念"（Grenz-idee）。但是，也正因此造成了一种人化的知性，从而带有某种内在的夸张特性，这正是人的解放作品的总体性。

---

① "先现"（Vor-Schein），布洛赫艺术哲学范畴，由 Vor 与 Schein 组合而成，字面意思是使某物显露出来，他用此概念标明各个艺术领域里的乌托邦因素。在他看来，所谓"艺术"是乌托邦意识的显现和尚未形成的现实的象征。在任何时候，艺术假象都不是单纯的假象，而是一种笼罩在各种图像中的某种东西，亦即意味着仅仅在各种图像中方可标明的持续驱动的某种东西。在这种持续不断的驱动中，艺术夸张乃至虚构故事描述令人感动的现存东西中本身徘徊不定的某种东西，并且描述有关现实东西的意味深长的预先显现。——译者
② Ebd.，S. 25.
③ Ebd.，S. 317.

前　言

从我们所处的情况出发开始讨论。反正我们之中的大部分都仅仅为人所利用，隶属于某物或为他人所推动。只要乔装打扮或能够讳莫如深、保持沉默的人就不只是胆小鬼和软弱无力的人。但是，我们不满意、不知足，而这种不满意使我们渴望"直路"（Aufrechter Gang）。不满是我们心中的优秀情感，随着时间的推移，这种情感不断成长壮大，而在年轻人那里，这是第一次被意识到的情感。一旦开始行走"直路"，人们就试图摆脱陈旧不堪的东西，与此同时，陈旧的东西依然坚韧顽强，并且心不在焉，继续得过且过。"直路"对未成年状态以及无目的状态感到不满，因此寻求真正的、稳固的立足点。进言之，空虚的压迫、令人窒息的空虚至少可以提供这种立足点。

过去的事情以及驻足于历史的东西已经够糟糕的了。在此，那些诱惑我们的东西最好三缄其口，只允许他们占有一席之地。德国人发动了两次谋杀和倒霉事件，为此，那些可爱而虔诚的人不应期待宗教的有价票证。[①] 人们对神的上面视线早已大大减退，"父神—自我"（Vater - Ich）几乎不再合乎他们的口味，尤其是高高的天国领域已不再吸引我们的眼球。今天最好的态度是敏锐地反对在我们之上正襟危坐的"主"（Herr）；如果现在仍由高高在上的主庄严立法，只会导致十分严重的后果。缝缝补补，破破烂烂，无论是下人的衣服还是绅士的制服最终都会被撕破掉。

深深吸引我们的对象不是上面存在，而是旨在形成某物的向前的存在（Vorwärt）。这东西来自下面，它使我们的历史无拘无束、清晰明白，并

[①] 在此，布洛赫暗示希特勒的第三帝国及其德国人的罪责。纳粹曾以克服失业之名极力扶持战争工业，以耶稣之名残酷迫害犹太人。——译者

且共同规定其意义。在市民阶层领导层中，向前的存在依然是不可能的，在那个依旧是半沙皇式的社会主义国家也是不可能的。谅必每一个共和政体化的当权者都口头上为人民服务，即在形式表现上（pro forma）为人民服务。然而，如今除了一些变得无害的国家之外，在这个世界上所有君主制都业已消失无踪，任何国家的首脑再也无法以某一天国之主的名义把自身的权力加以合法化。在此，尤其重要的是，在国家形态中"父神—自我"早已失去了又奏又唱、大事铺张（kling klang Gloria）的景象。君主让臣民仰望自己，使他们相信自己是最高的神性存在，从而在心理反应层面上、在意识形态层面上给统治者带来好处。在没有任何地上的王冠的地方，某个天上的王冠也会缺乏社会基础。不过，即使没有宗教需求，地上的王冠也给墨守成规的臣民制造一幅可信的天国的影像。这时君主犹如来自上天的、不可探究的最高旨意，而朝臣们更成为百依百顺的天使，只会争相堆砌赞美之词。一种特有的标志是，尤其在通常的道德层面上，异教徒所崇拜的至高的神与教会习以为常的神的居住地之间并无太大差别。血可以掩盖深层，夜可以遮蔽高处，拜占庭的灿烂荣光依然闪烁，最高的太阳犹如一个等级森严的君主国。①

此外，自然科学领域里流传的论点也对"父神—自我"提出了巨大的挑战。自从400年以来，宇宙本身就已经是一个独立自存的共和国。如果情况确实如此，根据自然科学的论点，宇宙依靠自身而存在，它既不由造物主创造，也不由某个天国的最高统治者操纵。这样，天上的最高处的神就失去了从前如此垂直的极点，或者充其量这种神自认为是尚未被发现的替代品，或者无可奈何地降低为以经验方式都无法证明的存在。今天神不再向实用中学②学生投掷惊心动魄的闪电，神也不再带给人们新的一天，瘟疫、饥荒、战争等厄运绝不是神施加于人的惩戒鞭。

对于所有实用中学学生而言，神的存在只不过是一粒尘埃而已，而这种尘埃同样不能在升华层面上加以谈论。存在主义思维抽丝剥茧，精细地

---

① 在此，布洛赫暗示，从意识形态方面看，各种宗教大同小异，君主恰恰把这种共同点用作维持自身权力的手段。由于这个缘故，通常人们对君主顶礼膜拜、歌功颂德，而掩盖其诸如杀人一类的反人类的野蛮行径。——译者

② 德国的"实用中学"（die Realschule），学程约五年至六年，以培养中等的工商业界、政府机关的实务人才为主。其课程以社会科学、自然科学和语言类为主，特别强调科目的实用性，其中必修部分有五类：外语（常为英文）；自然科学（数学、物理、化学与生物）；社会科学（历史、经济学与地理）；家政；音乐艺术。——译者

分析了神的权能，使神的存在失去了往者的魅力，据此，神的存在只不过是用以解释古老而有形的神的信仰的一种代用品而已。按其方式，神的存在仅仅使人想起充当替工的替代物：虽然它依旧拥有内向特征，但它的地位已经受到严重贬低和削弱，几乎只具有羞答答、难为情的价值。这样，就像孱弱的藤蔓缠绕细长的枝条爬行一样，神也失去了独立的上头这样的局面，从而对于向前的存在、对于我们来说，既没有任何勇气，也没有世界，更缺少任何新的东西。事实上，对此，市民世界越是通过"遵循先例"（quieta non movere）① 来制造各种丰盛的代用品，这个世界就越是疏远信仰。无论如何，借助于自然科学，这个所谓的现代世界图像变得一目了然，现代人再也不会无缘无故地继续点香拜神了。

如果有人不承认上述内容，他也许会冒冒失失，跌跌撞撞地提出所谓纯粹市民阶层信仰的明智理由。但是，对于中间人来说，信仰却变得很难，而这些停滞不前的人很容易受到马克思主义信仰的新的冲击。工人运动不仅接受了市民阶层从前的所作所为，而且公开否定了王冠和祭坛。不仅如此，工人运动还附加了某种特别新颖的启蒙内容，即一种最可行的、摆脱了意识形态的东西。因为工人运动首次关注自身的利害关系，即不再对这种利害关系的意识形态的雾化感兴趣，而恰恰是从自身的利害关系中摆脱意识形态的错觉。

尤其是，因为人们凭借侦探式的眼光觉察到，教会与统治阶级总是勾勾搭搭，沆瀣一气。一旦某个人惹恼当权者，后者就把"主牧师"（Herrenpfaffe）推上前台，让他以古老的先知身份"眨眼示意"。因此，教会不仅具有商业意义："人们一边说着圣经，一边意欲棉平布。"而且更具有最狡诈的、非实用的意义："对于人民而言，宗教必须得到保存。"在这种情况下，人们忍辱负重、疲惫不堪，不得不蒙受"十字架的忍耐"之苦。为此，对于他们来说，诸如上天的安慰，心及长期受到庇护的安慰等，不仅是纯粹内向的安慰，万不得已时也是画饼充饥的将来的安慰。

---

① quieta non movere，这句拉丁语又译作"尽量维持现状""一动不如一静"等。据传，这句拉丁箴言是英国辉格党领袖，第一位英国首相沃波尔（Robert Walpole, 1st Earl of Orford, 1676—1745）的信条，他对当时的党派斗争往往采取息事宁人的态度。——译者

在布莱希特的作品《马哈哥尼城的兴衰》①的最后一幕中，导演让两个小组即两个心脏和一个心灵并列行进。这两组各自拥有标语条幅：其一是，"关于天上财富的公正分配"；其二是，"关于地上财富的不公正分配"。因此，人们对上天的安慰作出了令人不愉快的回答："任何崇高的存在、任何神、任何皇帝、任何护民官都不能营救你们。"这句话十分清楚地补充了莫扎特歌剧《魔笛》中的结论，但是，这部作品涉及更一般的主题，即迷信及其受益者："太阳的光线驱逐黑夜，摧毁伪善者骗取了的权力。"

在全盛期，市民阶层的启蒙运动把自身的任务完成得如此出色，以至于古老的信仰凭借其口惠而实不至，几乎黔驴技穷，无处可骗，就是说，再也无法胡扯诸多虚构传说，从而所谓盲目信仰这一样态便归于土崩瓦解。从马克思主义视角看，在此附加的正是饶有兴趣的、分析的旨趣，即对那个权力意识形态持一种彻底的怀疑态度。马克思主义不想再放任迄今为止的"主一般"（Herren überhaupt）继续招摇撞骗并掩饰事实真相。因此，针对宗教，启蒙运动也应当进一步完善其批判功能。当然，这种批判不仅反对破烂不堪、老掉牙的迷信，而且遗憾的是，也反对庸俗马克思主义，即像雷鸣般轰响的先知，甚至反对诸如考茨基一类的马克思主义，因为考茨基对托马斯·闵采尔②全然不感兴趣，竟将他的千年王国的宗教愿

---

① 《马哈哥尼城的兴衰》（Aufstieg und Fall der Stadt Mahagonny，1930），由德国戏剧家布莱希特（Bertolt Brecht，1898—1956）创作，首演于1930年。剧情描写了阿拉斯加森林里的保尔等四个伐木工人跌宕起伏的遭遇：他们以为金钱能够带来幸福，便来到由既得利益者们创造的马哈哥尼城寻求欢乐，经历了诱惑、浮华、飓风和白日梦。最终，一个被撑死，一个被打死，一个背叛了兄弟，保尔则因为缺少金钱而被正义法庭判处死刑。布莱希特笔下的"马哈哥尼城"是一座永恒的灯红酒绿城市，剧中的种种情节，不免联想起资本主义社会日益严重的异化现实。——译者

② 托马斯·闵采尔（Thomas Müntzer，1490—1525），德国宗教改革的激进派领袖，也是德意志农民战争领袖。闵采尔号召用暴力实现社会变革，建立千年王国的理想社会。在神学上，他主张泛神论，个别地方接近无神论。在政治上，主张经过暴力革命建立没有私有制和阶级差别、由普通人掌权的社会。在《托马斯·莫尔及其乌托邦》（Thomas More und seine Utopie: mit einer historischen Einleitung，1888）一文中，卡尔·考茨基（Karl Kautsky，1854—1938）率先将托马斯·闵采尔的宗教愿望与社会改革方案生硬地割裂开来，造成了很大的迷惑性。与此相对照，在《作为革命神学家的托马斯·闵采尔》（Thomas Münzer als Theologe der Revolution，1921）一书中，布洛赫高度评价托马斯·闵采尔的革命神学，将其宗教渴望与千年王国理想视为他的革命神学的不可分割的组成部分。因此，布洛赫指责庸俗马克思主义者否定马克思思想的革命激情，即一味偏重马克思主义冷静的经济分析（"寒流"），而完全忽视马克思主义热烈的伦理分析（"暖流"）。然而，在庸俗马克思主义者看来，布洛赫"宗教无神论"的努力，即在基督教和社会主义中发现共同的乌托邦萌芽的尝试不啻为除邪消灾、逢凶化吉的神秘"咒术"。——译者

望称作所谓"启示录神秘主义的小尝试"。

但是，所有这一切的批判都指向一个目标：尽可能客观地、激进地描写艰辛者和负重者，即从经济的根本原因入手，摧毁统治阶级不可或缺的意识形态的幻象。这样，从阴暗混浊中，在彼岸世界中，试图打捞某物的欲望也就内在地被打破了。恩格斯说，唯物论就是"从世界本身说明世界"①。唯物论认为，迄今所有天国的上方都居住着作为主的神：在此，唯物论废除了主仆关系，将社会的异质性（Heteronomie）设定在地上，正本清源，虔诚地修正了人与人之间的关系。这样，一方面，由于自然科学；另一方面，由于意识形态批判，迄今持续着的天国领域就被设定为人的"前历史"阶段（ad acta）。

因此，一种颠覆性的意识形态批判产生下述最后的格言：反对一切异质性，从而也反对其必不可少的错觉，亦即全然自上而下的神权政治的错觉。与此同时，在许多人看来，所有宗教的作用以及普遍概念似乎都消耗殆尽、踪影全无。于是，在宗教中，仿佛并不存在任何红色，并且（此外，就像在所有庸俗马克思主义那里一样），其紫外线似乎充满了邪恶的红光。这样，宗教似乎就以神秘之圆告终了。在地上乃至宇宙的共和国中，并没有任何"父神—自我"。对于人来说，最高的本质是人，因而这一切宗教现象都只不过是某种被看清、看透、看破的反面。在宗教领域里，除了恶劣地去魅的东西或占统治地位的伪君子之外，并不存在任何被提名的残余物。这样，宗教的真理仿佛就是自身的完全毁灭。

不过，非同寻常的是，我们不应把孩子连同洗澡水一起泼掉。② 在吗哪③中，不仅剩下孩子，而且其意义多于游戏。同一个布莱希特十分厌恶牧师的遮遮掩掩、含含糊糊，可谓恨之入骨。当有人问及他最喜爱的读物时，他冷冷地答道："您会发笑，圣经。"他的这一答复十分轻蔑、令人惊讶，但是，对此只有这一类浅薄平庸的学者，即把"启蒙"

---

① 参见恩格斯《自然辩证法》，人民出版社1971年版，第11页。——译者
② 布洛赫认为，"我们可以抛弃宗教中的神正论这一邪恶特性，但我们不能因此而出卖宗教全体"。——译者
③ 吗哪（Manne/Manna），基督教《圣经》中记载的古以色列人经过旷野时获得的神赐食物，即神粮。——译者

（Aufklärung）与"假文明"（Aufkläricht）① 混为一谈的一部分学者才感到厚颜无耻、不胜惊讶。试想一下，布莱希特的作品中圣女约翰娜的痛苦生活以及响彻悲恸哭声的山谷合唱等情景②，这一切绝不意味着圣经中那种哄骗粗野无礼的民众的甜蜜催眠曲。他的剧作绝不意味着源于白鹳的众多虚构传说：这些传说或者说是白鹳带来婴儿③，或者说是白鹳拥有从天而降的吗哪，但两者都没有本质上的区别。而且，如果这些传说被径直作为实证主义事实（包括空坟墓）来讲述，它们还带有难以相信的复活史。④ 然而，在此重要的并不是这些故事的纯粹性，而是充满渴望的神秘以及纯然出于我们自身的未来的"人子—伸展"（Menschensohn - Extension）："让我永不陷于毁灭"（non omnis confundar）。

在这个世界上存在许多充满罪恶和欺压的各各他⑤，而没有所有复活和再生，也许就无法表明超越者是正确的。但是，即使没有任何至上而下的超越者，人们也能进行超越运动，通过这种没有超越者的超越运动，人们不是设定某一最现实的东西（ens realissimum），而是领悟到这样一个事实：所谓超越者压根就不存在，与其说它是预定的神圣存在，不如说它是迁移了的影像。

宙斯将普罗米修斯钉在岩石上，作为神，宙斯也像超越者中的神一样曾经默默地伫立着。宙斯给叛逆者钉钉子，时而像法利赛人的大祭司一样惩罚人⑥，时而又像菩萨一样大慈大悲、充满恩典。他的这一切行径都充满"异教"（heidisch）色彩，与圣经的实际内容——从反法利赛人视角，从基督教中心视角推倒偶像崇拜——大相径庭、格格不入。然而，在此期间，上流阶层和高级祭司参与编辑圣经文本，并且人们经常从传统的主教

---

① 在布洛赫看来，战斗的启蒙运动是历史的唯一可能的形式，但是，在当今世界中所谓的"启蒙运动"已变味，失去了本真的意义，因而他参照莱辛的用语，将其称作"启蒙的羞耻"（der Schams der Aufkläung），意即"假文明"（Aufklähricht）。——译者

② 这里援引的是布莱希特的剧作《屠宰场上的圣女约翰娜》（Die heilige Johanna der Schlachthöfe, 1930）。——译者

③ 在西方，有婴儿是白鹳带来的传说，因此有个习语叫作 Besuch vom Storch 就是指"婴儿诞生"。——译者

④ 参见新约圣经《马太福音》，28 章 1—10 节。——译者

⑤ 各各他（Golgatha），意思是骷髅之地，耶稣被钉死于此地。参见新约圣经《马太福音》，27 章 32—38 节。——译者

⑥ 根据《圣经》记载，当耶稣被当众审判行刑时，群众围观，群起呐喊，而法利赛人的大祭师为了置耶稣于死地，历数耶稣所谓"罪行"。——译者

会视角利用圣经文本，其结果，圣经不是传达以色列真正孩子们的不满和牢骚，而是为徭役、苦役摇旗呐喊、鸣锣开道。因此，在异教与圣经宗教之间依旧存在相互关联，至少还存在交叠重合。

可是，在圣经中到处都描写了可怜的蒙难者，例如，在权贵面前捂着肚子一头栽倒的乞丐。人们越发渴望超越这种阴暗的现实，起初这种渴望主要显现在单一神教中，而后这种渴望主要显现在唯一神教中。在鲜血飞溅的祭坛上，清一色用野兽替代从前类似莫洛赫神①所要求的献祭品。但是，原则上，颂扬耶和华神的寺院圆柱坚如磐石，比在大多数多神教文化中都更加不容置疑。

恰恰由于这个缘故，在圣经中仍然存在反对上天及其祭司之神（Priestergott）的决定性冲动，在此蕴含着反抗主教会、奋起造反的呼唤。"以战争建宫殿，以和平建茅舍"②，祭坛珠光宝气，穷人饥肠辘辘。连最早的先知阿摩司都禁不住说："我厌恶你们的节期，也不喜欢你们的严肃会……要使你们歌唱的声音远离我，因为我不听你们弹琴的响声……你们这些要吞吃穷乏人，使困苦人衰败的，当听我的话……好用银子买贫寒人，用一双鞋换穷乏人。"③ 总之，这"也"是圣经。

否则，在意大利、法国乃至德国革命期间，甚至在法国大革命90年前爆发的塞文山脉起义④期间，圣经岂能在最敏锐、最透彻意义上成为"贫穷人的圣经"（biblia pauperum）呢？托马斯·闵采尔与《出埃及记》中的"出走"（Auszug）打交道，甚至与不那么温和的耶稣打交道，以期着手发现革命福音的消息，但是，他并没有为了听到这方面的消息而与宙斯、朱庇特、普塔⑤乃至威茨利普茨利⑥打交道。

---

① 莫洛赫神（Moloch），是古代腓尼基人所信奉的火神，要求以儿童作为献祭品。——译者

② 引文出自德国作家、革命家格奥尔格·毕希纳（Karl Georg Büchner, 1813—1837）的小册子：《黑森信使》（Die hessische Landbote），在此毕希纳辛辣地批判了黑森的统治者，大声疾呼："农民的汗水是贵族餐桌上的食盐"。——译者

③ 《阿摩司书》，5章21节、23节，8章4节、6节。

④ 塞文山脉（Cevennes），法国南部朗基多克省的一个山区，1702—1705年在此爆发了农民起义，被称为"卡米扎尔"（"穿衬衫的人"）起义。——译者

⑤ 普塔（Puta），孟菲斯主神，在埃及众主神中，地位仅次于拉（Ra）和阿蒙（Amon）。——译者

⑥ 威茨利普茨利（Vitzliputzli），又称慧兹罗波罗西特利（Huitzilopochtli），古代墨西哥阿兹特克族的氏族神、战神和太阳神。——译者

作为宗教改革家，路德有理由把圣经的最后一部书《启示录》① 称作"雇佣兵头领的骗人口袋"。由此可见，这部书的内容与下述所作所为相去甚远："树立一个仁慈的主"，唠唠叨叨地宣讲"痛苦，痛苦，十字架，作为基督一部分的十字架"，但是，同样给勇敢的圣者设置一座天国的王冠。仿佛神自古有之，他不单纯是地上主的影像，而且还是少数"正义的"当权者的担保人。

尽管如此，圣经的内容并不因此就消耗殆尽。是的，无神论本身并不会给圣经无穷无尽的活力带来任何损害。恰恰相反，在双重意义上，无论那些抱残守缺的人，即无论坚守《圣经》中业已耗尽的部分的人们高兴与否，《圣经》都是一部取之不尽、用之不竭的原典。② 对于法老而言，也许对无神论的肯定态度是有益的，但是，圣经中的先知们——并没有想象的美丽花链——最激烈地反对双重意义上的法老。在此，任何陈腐的综合都是不可想象的，但是，必须重新占据最本真的宗教领域，为了"自由王国"（Reichs der Freiheit）的缘故，这个领域正好适合于从事第二次启蒙运动。③

我们必须最敏感地反对想象中的神，但是为了这种颠覆和超越运动，这方面恰恰不容许超越者。一种是永不陈腐的无神运动，它使我们得以从无神论立场解读圣经；另一种是悖谬的圣经异端思维，它使我们得以从事地上的无神运动。这两种运动都对我们大有裨益。前者带给我们信仰的深

---

① 《启示录》（Apokalypse），《新约圣经》的最后一部经文，作者是基督最初十二门徒之一的约翰，故又称《约翰启示录》。全书以基督为中心，许多事物都以"7"这个完全的数目为一组，有系统，有次序的展现。书中人、物描绘均用象征手法，读起来犹如"谜语"般扑朔迷离。最后新天新地出现，万物更新，在基督的荣耀中，人类的痛苦，瑕疵全脱，胜利进入永恒之城。信徒今天的患难只是黎明日出前极短暂的黑暗，因我们"在基督的患难，国度，忍耐里一同有份"。马丁·路德把《启示录》称作"所有雇佣兵头领的骗人口袋"，因为每个人都可以从中读出他正好想起的东西。在教会史上，持异论者一再援引《启示录》这部圣经最后的书，并且认为，只有借助于这部书才能破译圣经的全部秘密。——译者

② 在此，"双重意义上"是指政治权力和神的权力。在布洛赫看来，基督教思想的本质不是政治权力或神的权力，而是人子的反抗和造反，这种无神论见解与法老的无神论见解是截然有别的。——译者

③ 布洛赫认为，如果说第一次启蒙运动旨在揭示宗教权力与权力意识形态之间相互勾结的秘密，那么第二次宗教启蒙运动旨在从基督教中发现无神论的要素并利用这些要素。——译者

度（伊萨克·巴别尔①说过："陈词滥调"是反革命）；后者带给我们人化的知性（Verstand），而这种知性是与普罗米修斯的积极性、无神论的乌托邦特性紧密联系在一起的。这一点似乎比任何时候都更重要：如果没有这种相遇，人类建造现实之塔、巴比伦优秀之塔的努力就会部分地陷于野蛮，部分地陷于虚无主义。也许，这就是长期目标，如果善（Gute）不是近在咫尺，而是蕴藏于长期目标中就更是如此：人类所意欲的"向何"（Wohin）、"为何"（Wozu）以及依旧流行的"所有一般"（Überhaupt von allem）均未处于实验中。

重要的是，在宗教领域里恰恰不允许任何欺骗。因为这个领域里所意欲的东西比以往任何领域所意欲的都更广阔、更深远，所以我们无法轻而易举、安然无恙地把基础夷为平地。当然，如果是平庸肤浅的领域，那就另当别论。在此，我们必须从漠不关心、天真无邪的态度中醒悟过来，因为不问青红皂白，举起鞭子就打的行为，只会有助于蒙昧的人们乃至总是善于掩饰的人们。宗教问题本身纷繁复杂，如果把宗教领域里的一切问题、每一个问题都标明为迷信（Aberglaube），那么恰恰在此，圣经也会背上"迷信"之名，因为"即使"是圣经，它也同样以特别严厉的、爆炸性的口吻谈论人。

由此出发，这个句子是有效的：**思维就意味着超越**②，单凭束之高阁或盲目占有绝不能使思维继续维持下去；同样，单凭纯粹的、陈腐不堪的"冲洗水"（Abspülicht）③，也不能使思维继续维持下去。"冲洗水"这个词恰恰源自莱辛④，他用这个词代替真正的、按照上升之光命名的启蒙。

---

① 伊萨克·巴别尔（Isaak Babel，1894—1941），犹太裔俄罗斯作家，被誉为"苏俄时代的莫泊桑"。在国外，他卓越的写作技巧、别具一格的创作构思，使他的作品备受罗曼·罗兰、博尔赫斯等大家的推崇。但是，在自己的祖国，他的作品引起极大争议，被指责为"自然主义倾向太严重"，他的代表作《红色骑兵军》曾被列为禁书。1937年巴别尔蒙冤入狱，1941年被枪决于卢布扬诺夫监狱。——译者

② "思维就意味着超越"（Denken ist überschreiten）这是布洛赫的一句座右铭，他的另一句座右铭是："希望的原理"（Das Prinzip Hoffnung）。——译者

③ 马克思、恩格斯在《流亡中的大人物》一文中，也使用过"德国假文明的平淡无味的冲刷水"（seichter Abspülicht des deutschen Aufklärlcht）一语，参见《马克思恩格斯全集》第8卷，柏林，（卡尔）狄茨出版社1960年版，第306页。——译者

④ 莱辛（Gotthold Ephraim Lessing，1729—1781），德国启蒙运动时期剧作家、美学家、文艺批评家。主要剧作有《萨拉·萨姆逊小姐》《爱米丽雅·迦洛蒂》《智者纳旦》等，美学著作有《关于当代文学的通讯》《拉奥孔》《汉堡剧评》等。——译者

当然，莱辛是一位持异论者，但他从一开始就没有轻率地认为，在这个世界上，只存在人和自然这两种向度，而根本不存在"按照希望去理解"（Spero ut intelligam）这第三种向度。①

这样，在此这个句子同样是有效的：**在宗教中，最好的东西就是它造就持异论者**。然而，正如大多数人混淆黑格尔与海克尔一样，人们对持异论者所处的历史境况持一种漠不关心、麻木不仁的态度，尽管这种冷漠态度并不影响其崇高的地位和光辉的形象。

因此，当务之急是，根据古代以色列孩子们众所周知、避而不谈的满腹牢骚，对圣经进行深度分析，事实上，对圣经进行一番侦探式分析是必不可少的：即从其继续起作用的**持异论者史**（Ketzergeschichte）的视角，重新解读圣经。正如下面所述，我试图解读这部历史。在圣经这座宝藏中，这部历史违反所有圣经解释上的奴性、主意识形态、异质性的神话，从而导致这座没有铁锈和蛀虫的圣经宝藏不会被严重腐蚀或蛀坏。这座宝藏璀璨夺目、熠熠生辉，既不为莱辛的启蒙之光所腐蚀，也不为"或恺撒或基督？"（Aut Caesar aut Christus）这一口号所侵蚀。

这样，在这一点上，下述这个句子是有效的，它具有特别肯定的意义：**有希望的地方也有宗教**。因为这个句子意味着摆脱一切奴役国家的解放答案（Exoduslosung）。但是，与此相反，下述这个句子却是无效的：有宗教的地方也有希望。因为这个句子考虑到天国和当权者施加的宗教惩罚。迄今一切宗教都是一种压制的、退行的倒退联系，即与神相联系的"再结合"（re‑ligio）。但是，我们宁可从与更美好的新东西相联系的人的希望出发，而这种希望最强烈地批判与神"再结合"的宗教。

我们严厉批判在高处的、完备的上头存在，因为这种存在与永不满足的、自我创造的预先推定，与"没有超越者的超越运动"（Transzendieren ohne Transzenz）② 截然不同，不可同日而语。尽管这种超越运动经常受

---

① 这句话出自德国医生、生物学家、博物学家海克尔，意思是希望带来思想，希望带来行动，希望带来创造。海克尔（Ernst Häckel，1834—1919），倡导达尔文的进化论，致力于形态学、发生学、比较解剖学研究，率先启用"生态学"一词，主要著作有《自然创造史》《人类的发生或人的进化史》等。——译者

② "没有超越者的超越运动"，布洛赫宗教无神论用语。一方面，在超越既定生命的意义上，所谓"超越运动"与来世生命相关联；另一方面，在"没有超越者的超越运动"中，进行超越的人把自身的幸福转向现世，即死亡之前的尘世。布洛赫认为，一旦否定权力之神的存在，肯定人子的存在，就能实现没有神的人的王国。——译者

挫，但应当朝向绝不放弃的方向。正是在此意义上，超越运动本身具有充分的不变价值。在某种程度上，这种超越运动比《圣经》中实体化的宙斯、朱庇特、马杜克①乃至莫洛赫等主神更具坚实的立足点。在圣经中，我们同样可以发现这种颠覆性的、反静态的对立面——对此，只有冥顽不化的"神—学家们"（Theo - logen）②一直把基督教史的这种特征视为一种例外事项，这令我们大吃一惊、愤怒不已。在弥赛亚即救世主意义上，人们最终把人子指定为迄今称作神的那个神性存在，而在圣经中，这个新东西（das Neue）被证明是最强烈的异端邪说。

至此，我们考察了下述警句的可能性：**只有一个无神论者才能成为一个好的基督徒，反之，只有一个基督徒才能成为一个好的无神论者。**不然的话，人们又怎能把人子与神等量齐观呢？在晚期罗马时代的无神论命名中，在罗马时代被钉死在十字架的人们那里，我们都可以精确地发现这种异端特征。例如，尼禄③庭院上的首批基督教殉道者就被称作无神论者（Atheoi）。④ 这些基督徒在深渊中领悟了这样一个问题，那就是他们对神权政治的迷信感到极度厌倦，因而渴望其他不受神权制约的信仰。

对从前神的国债所许诺了的东西，无神论一向嗤之以鼻，并以某种空洞的"否"（Nicht）予以无聊地拒绝。但是，就无神论而言，绝不应对神的这种许诺感到厌倦，因为仅仅以其空洞的"否"来宣扬半吊子启蒙，势必会抬高荒谬绝伦、虚无缥缈的虚无主义。因此，可以将下述两种冷漠倾向作比较：一是对任何"向何""为何"、一般、末世（eschaton）、意义等缺乏火一般的激情；二是所谓对人乃至外在于人的世界毫无感情、冷若冰霜。

与此相比，圣经充满旨在"摇撼这个死亡世界之栏杆"的故事。从

---

① 马杜克（Marduk），古代巴比伦人的主神，原为巴比伦的太阳神。——译者
② 在此，布洛赫用"神—学家们"一词称呼"向所谓大权独揽的权威主义之神卑躬屈膝的神学家们"。——译者
③ 尼禄（Nero Claudius Drusus Germanicus，37—68），古罗马帝国的皇帝，公元54年—68年在位。他是罗马帝国朱里亚·克劳狄王朝的最后一任皇帝，通常被列为古罗马的暴君之一。——译者
④ 公元64年7月18日，罗马城内发生一起可怕的火灾，燃烧了整整9天。据塔西佗所记，这次大火是尼禄下令放的。尼禄为了消除群众对他的不满情绪，便找了一批替身的罪犯。他下令逮捕所谓纵火嫌疑犯。据说这些"嫌疑犯"是第一批受迫害的基督徒。尼禄对这些"罪犯"，施以最残酷的刑罚；他们或被蒙上兽皮，让群犬撕裂分噬；或被钉在十字架上，在天黑下来的时候，被点火燃烧，当作灯火，照明黑夜。——译者

神话上看，这些故事确定无疑。然而，时过境迁，众多起义被完全抑制或肆意伪造。人们反抗法老，反抗一个主——实在（Herrn-Hypotase），为人的价值、人的生成的印章而纷纷起义。在哀歌中，耶利米把亚扪、摩押和以东等国称作"我们的敌人"，以赛亚则召唤"新天新地"，以便人们再也不思考以前的事情。恰恰在当初蛇的传说中，难道不存在富于造反的、未清偿的呼唤："你们便和神一样知道善恶"（Eritis sicut dues, scientes bonum et malum）吗？从中，蕴含着旨在塑造历史的惊人内容，然而，对此祭司阶层枉费徒劳，极尽造谣中伤之能事。当权者则公开重新评价其内容，在他们说来，天国之蛇只不过是来自伊甸园的一种动物而已。难道后来荆棘丛中的神不是代表对此进行拯救的未来而是代表任何现在时吗？难道在所谓神的想象本身中，"我是自有永有者"（ich werde sein, der ich sein werde）① 这一表达不是蕴藏着某种惊心动魄的爆炸内容吗？

在《圣经》中，某种颠覆性的、末世论的终极汹涌澎湃，势不可当，在海岸崭新的地方正在建设一座乌托邦王国。在奥古斯丁的下述句子中，同样蕴含着这种爆炸性的内容："我们自身将成为第七日"（Dies septimus nos ipsi erimus），这就是说，在我们的共同体以及自然中，我们成为尚未发生的第七日。同样，借助于这种方式，恰恰通过这种特别富于爆炸性的方式，我们应当树立一种特别富于飞跃性的长远的哲学思维模式。如今测定我们时代深度的工作恰逢其时，正当其用。重要的是，这种三千年特殊"先现"（Vor-Schein）② 的逻辑终于摆脱了神，同样，这一逻辑也在宗教哲学上变得无遮无拦，一览无遗。当浮士德的不朽精神飞黄腾达时，宁可不接受天使的帮助。从圣经上看，这种不朽精神意味着我们这副揭开了的面貌，在哲学上这就是神人同一化。

---

① 这是神的名字，希伯来文原文是：Ehyeh Asher Ehyeh，中文又译作"我乃我是者""我是我之所以是"等。但是，在布洛赫看来，这一神的名字的隐喻是"未来才知道我〔神〕是谁"。这样，所谓"神"就意味着充满希望的人类的"未来"、人类的"理想"、人类"未知的家乡"。这正是布洛赫所构想的"乌托邦王国"，即"没有神的王国"（Reich ohne Gott）。——译者

② "先现"（Vor-Schein），布洛赫艺术哲学范畴，由Vor与Schein组合而成，字面意思是使某物显露出来，他用此概念标明各个艺术领域里的乌托邦因素。在他看来，所谓"艺术"是乌托邦意识的显现和尚未形成的现实的象征。在任何时候，艺术假象都不是单纯的假象，而是一种笼罩在各种图像中的某种东西，亦即意味着仅仅在各种图像中方可标明的持续驱动的某种东西。在这种持续不断的驱动中，艺术夸张乃至虚构故事恰恰描述令人感动的现存东西中本身徘徊不定的某种东西，并且描述有关现实东西的意味深长的预先显现。——译者

第一章

围绕边缘

1. 只是寂静地

那里，有人在默默反省。就像他认为的一样，这对他更好。然而，没有人觉察到这一点。他太过长久地停留在里面。于是，他经常刁难自己。

2. 反抗芒刺

单是悔恨并不能使人成熟。当一个人的良心受到打击时，他心率失调，心脏老是怦怦乱跳。于是，他仍然循规蹈矩、墨守成规，只是表面上略有不同而已。这样，声音仍然从外传来，甚至从上面传来，从而"那个在上面的存在"经常使我们疑惑不解地感到舒适自在。"你当顺从"，朝向下面的这一叫喊仅仅俯瞰下面，因而它与内面的太多要求格格不入。于是，看上去，对顺从的呼唤十分精确，并且企图达到乔装打扮甚至光彩照人的目的：例如，"勿贪图邻居的财富""现在犹太人也重新成为人"等华丽的辞藻。这样的言论使我们自发地抑制自身的行动，以至于瞻前顾后，束手束脚。在这种情况下，渗透我们的灵魂并向我们发话的正是一个外部替换了的"父神—自我"。就是说，在此，"父神—自我"俨然像国王呵斥臣下一般向我们说话。

但是，我们不可把这种真正击倒心灵的悔恨与纯然对准某个方向的"据说"（On‑dit）混为一谈。因为在后者中，通常只包含与当时的当权者相称的主的意向和旨趣。因此，为了守望真正的良心，倒不如倾听同命运、共患难的人们的声音。只有通过除掉养尊处优、作威作福的主，才能排除劳苦大众的艰难困苦。这首先要求我们成熟老练、胸有成竹，并且不是服务于自身的谦卑而是服务于自身的知性。①

然而，人们也经常以迂回婉转的方式说话，作为一种无奈之举，这种暗示很容易被理解，但并不能打动人。《好兵帅克》② 可以出现在任何时代，但值得注意且富于启发意义的是，他经常叨咕《圣经》典故。既然谁也不会从废话连篇的黄牛那里寻找深邃的思想，帅克也就不必忌讳口无遮拦，信口开河。嘴巴是必不可少的。因此，无论赶黄牛者的话是向内还是向外，黄牛们迟早都会听到他的话。特别是，一旦领悟其真实意图，黄牛就不再是黄牛了。

3. 奴隶语言的视野

顺从的人老是谈论一般人想从上面听到的话，这也是一种"奴隶语言"（Sklavensprache）。操这种语言的人向来都像蠕虫一样弯弯曲曲，像哈巴狗一样摇尾乞怜。不过，奴隶语言既不采取某种激进的形式，例如，一味奴颜婢膝、毫无掩饰，也不采取某种保守的形式，例如，瞻前顾后，谨小慎微。毋宁说，另一种奴隶语言格外引人注目：这种语言对主十分危险，所以在主面前往往戴上假面具。尽管这种语言理应得到深入研究，但是，迄今尚未得到十分严格的、所谓形式史上的研究。

事实上，奴隶语言也相当富于圣经批判精神和教育意义。奴隶语言不同于一般文本，因为这种语言不是从上面传下来并且事后被改变或补入，而是从下面传上去并且自愿戴上假面具。也许，奴隶语言的表达方式源于19世纪的俄国，作为一种宣传，这种语言是指在政治警察面前（仅仅在他们面前）蒙混过关，使其认不出自己的技巧。不言而喻，这事情本身

---

① 从上到下的神的纲领要求世人谦卑、忏悔。然而，在布洛赫看来，与其说世人信奉神、服从神，不如说世人信奉、服从诸如神父、祭司一类的神职人员。因此，在本书中，他特意引用了康德《什么是启蒙运动》（*Was ist Aufklärung? 1784*）一文中的名言："拿出勇气运用你自己的知性吧。"——译者

② 《好兵帅克》（*Der brave Soldat Schwejk*），捷克讽刺作家哈谢克（Jaroslav Hašek, 1883—1923）的一部长篇政治讽刺小说，全名《好兵帅克在第一次世界大战中的遭遇》。小说以普通士兵帅克在第一次世界大战中的经历为线索，深刻揭露了奥匈帝国统治者的凶残专横及其军队的腐朽堕落。特别是，作者以浓重的笔墨描写了神职人员卡兹、拉辛这两个荒唐可笑的"寄生虫"形象。——译者

由来已久，是的，这种语言是"陌生化"（迁移）的第一个独特形式。从伊索寓言到孟德斯鸠的《波斯人札记》一直贯穿着这种奇异的"表达"方式，后者试图利用波斯人的假面具向法国路易十五说话。① 这是最后的奴隶语言，如果有人在第三帝国时代撰写一部关于卡里古拉②的传记，那么每一个读者都会憋不住说出希特勒的名字。

在被许可的意义上，这是优秀的奴隶语言，在一个占统治地位的阶级社会中，在一片荒凉的世界上，它不仅让人轻声耳语自由，也让人梦想获得自由。进言之，这种语言造成某种特有的文献资料，它不仅作为纯粹的讽刺文学作品出现，也作为像帅克一样的政治性讽刺人物出现。这种讽刺表现了老奸巨猾、屡试不爽的讥讽特征，但使用这种讽刺并不需要受过专门训练的修辞学诀窍或讽刺知识。难道普通人应当从圣经中拾人牙慧，班门弄斧吗？事实上，在经常满腹牢骚、喃喃抱怨的地方，并无可资参照的学问知识可言。这类奴隶语言不仅出现在被许可的一般性普通读物中，也出现在神职人员对穷人百姓的传道中。

这类奴隶语言比比皆是，家喻户晓，从因手头拮据而打不满油壶的寡妇的不时诉苦到对巴尔牧师、财神牧师的回忆（从中，人们注视自身的形象或意欲自身的形象）中，到处都可发现这种语言的踪影。听到巴兰这个名字后，不再俯伏地面而是倾听神的话语的人，开始这样那样地想象各种含义。巴兰相信，该受诅咒的地方必有祝福。③ 诸如此类的故事善于利用奴隶语言，并且善于采取某种颠倒翻转的、指桑骂槐的形式，以便以祝福本地主的名义来反抗本地主。

就像在比喻中所谈论的一样，奴隶语言也经常指桑骂槐、含沙射影地表面上赞扬诸侯，骨子里夸耀作为见证的绞刑架。奴隶语言通过祝福来诅咒，然而后来，当那时的压迫方式归于消失时，这种技巧就不再为局外人

---

① 孟德斯鸠（Charles de Secondat, Baron de Montesquieu, 1689—1755），法国启蒙思想家、法哲学家，1721 年发表《波斯人札记》。在此，作者借两个波斯旅行者讽刺了路易十四的暴政，进而揭露和批判了霍布斯的政治理论，也从伊斯兰视角猛烈批判了罗马天主教教会。——译者

② 盖乌斯·恺撒·奥古斯都·日耳曼尼库斯（Gaius Caesar Augustus Germanicus, 12—41），罗马帝国第三任皇帝，被认为是罗马帝国早期的典型暴君。后世史学家常借他童年时的外号，称其为"卡里古拉"（Caligula），意为"小军靴"。——译者

③ 《民数记》，第 22 章。巴兰不听耶和华的话站在以色列人的敌人摩押一边，这时耶和华的天使变成驴子劝说巴兰，使其回心转意。——译者

理解了。在《格列佛游记》① 中，作者利用高超而隐蔽的陌生化手法淋漓尽致地抨击了当时的统治者，但是，时过境迁，这之后这部游记甚至变成了一部无害的、退出竞赛的（hors de concours）、一时的儿童书籍；奴隶易位了。

4. 兴登堡的髭须

穷人还不能大声说话，他们只好在一边小声嘟哝。与此相反，一无所有，想象中炫富的人却会大声嚷嚷，尤其是故弄玄虚、粉饰太平。这时，人们往往用一种陌生的、至少是用不属于穷人阶层的文笔来掩盖事实，其结果，现存的东西显得迥然不同，时而光彩照人，时而面目全非。

这方面，有点讨厌但富于寓意的例子是兴登堡②的髭须。当他想要竖起髭须时，上唇毛发却寥寥无几，因此，他就给髭须接上一绺颊须，使人误以为是向外梳理。这样就出现了一种代用品，也就是说，他万万没有料到，恰恰是用一种表面的、甚至用异国的样式花里胡哨地打扮了自己。

关于兴登堡的髭须就谈到这里。不过，当时德国人沉溺于一片面目全非的红色之中：在仍然仿造摇篮的地方，在没有梦的地方，在完全没有清醒梦的地方，即在变得一片空虚的地方，到处都装模作样地点缀着代用品，弄得眼花缭乱，一头雾水。对于眼前的东西、陈腐老套的东西，这种做法时而采取启蒙性的预先规定，时而采取坦率的盘货（保留）。

即使在失去多数的社民党人和基督徒当中，也禁不住这种诱感，那就是好坏不分、一概否定，亦即动辄借用时代精神的口气，确切地说，借用

---

① 《格列佛游记》（*Gulliver's Travels*），英国作家乔纳森·斯威夫特（Jonathan Swift，1667—1745）的代表作，作品运用讽刺影射的手法，反映了18世纪前半期英国的社会矛盾，揭露了当时统治集团的腐败和罪恶，并抨击了侵略战争和殖民主义的危害。——译者

② 兴登堡（Paul Ludwig Hans Anton von Beneckendorff und von Hindenburg，1847—1934），第一次世界大战期间德国元帅，魏玛共和国（1925—1934）第二任总统。在任期间，德国政治不稳定，经济萧条，1933年任命希特勒为总理，使之上台掌权。——译者

时代精神中酷似现代的口气。例如，布尔特曼①及其戈德斯堡②的追随者就持这种态度，并且其他人也随声附和布尔特曼，经常强调对所谓现代意识的无条件适应，这些人把他的话信以为真、奉为圭臬，从脱神话角度拼命解释圣经，就像剥洋葱一样，一层一层地剥，直到只剩下干巴巴、空洞无物的抽象东西。或者，这种仅仅"符合现状的"黄昏乃是微不足道的残余，是内在的双重光。而在这种朦胧之光中，他们再也分不清谁是客人，谁是服务员。

但是，也存在远为简单易用、深藏不露的符合时尚的东西：这东西分布很广，渗透各个领域，从教堂内的尝试性爵士音乐延伸到作为其极端形式的小型礼拜建筑物，甚至重新延伸到新式的、无害无损的那个带有可爱的小耶稣模样的动物。无论如何，这些现代要素无拘无束、没有范围，不啻进入两条战线之间的现代无人地带，因为这些要素既不包括任何陈述也不包括任何战线。为了伪装或代替自身的成长过程，人们不惜盗用并非生长于自身领域的陌生对象。然而，如此明目张胆地挪用陌生对象不只是出于"彼得一网一大群鱼"（Petri Fischzug）③这一不可思议的纯粹神迹的引诱。

对于下述这样一个特殊领域而言，情况也许完全不同或早已不同，在这个领域里，不仅富人一无所有，穷人也被剥夺了继承权，他们的一生完全被欺骗或掩盖，他们不得不重新解读其古老的**固有的**注册。在大都朝向红彤彤的发酵地方，特别是在朝向尚未真正获得胜利的地方，人们翘首以待，企盼新天新地的出现。这种期待就是一个历经饥肠辘辘空肚皮的饥者

---

① 布尔特曼（Rudof Karl Bultmann,1884—1976），德国路德派神学家，曾在马堡大学从事新约圣经研究40余载，他用一种被称为"脱神话"（demythology）的方法，将历史与信仰彻底地分割开来，认为基督被钉十字架乃是基督教信仰所需的唯一历史事实，进而强调不应从宇宙论视角而应从人类学视角探讨圣经，其追随者形成所谓的布尔特曼学派。他的主要著作有《耶稣》（1926）、《新约圣经的神学》3卷（1948—1953）等。在本书第16章，布洛赫全面系统地批判了布尔特曼的神学观点。——译者

② 戈德斯堡（Godesberg），德国波恩市南郊一地区，正式名称叫巴德·戈德斯堡（Bad Godesberg）。——译者

③ 渔夫彼得在湖上打鱼，整夜劳力并无收获，后依从耶稣指点，把船开到水深之处，下了网，于是，不可思议的事情发生了：他们竟然一口气圈住了一大群鱼，甚至多到这个地步，渔网都快要裂开了，以致他们不得不招呼另一只船上的同伙，帮忙把网拉上。网上来的鱼，装满了两只船，甚至船都要沉下去了。他和一切同在的人都惊讶这一网所打的鱼。惊讶之余，彼得决意不再打鱼而成为耶稣的门徒。参见新约圣经《路加福音》，5章1—10节。——译者

的期待，亦即渴望用一块微薄的面包聊以解馋、安抚胃肠的期待，尽管在百无聊赖的消费性社会中，至少解决掉了这种不可遏制的期待，也不必受到这种刻骨铭心的期待的刺激。期待不仅源自人的内部，也一再源自非有者（Nicht－Haben）的下面。归根结底，对于这些人来说，这种期待首先源于"为何"（Wozu），即至少从宗教视角所提出的那个终极问题。

我们不应不分青红皂白地抛弃这个"为何"，更不应丧失现实的箭与弓，进言之，不应给古老的滞销品刷上宇宙论意义上的"现代"色彩或掩盖其本来面貌；相反，我们应当重新试听那个"尚未"（Noch－nicht），即侧耳倾听同样蕴含于《圣经》的、本身并未中止的东西。我们高举火炬，披荆斩棘，穿过带有花园的灌木丛，开辟一条康庄大道。为此，我们首先区分精华与糟粕，然后深入钻研圣经文字，我们并非置身于外，也不是站在那些袖手旁观的人们一边。当然，这与上面不远处的类似偶像的东西有关，但是，与所谓的忍耐，即同样婉言相劝的十字架的忍耐毫无关系。

5. 这话横着走

历来被禁止的东西更加刺激我们的感官。我们越是不熟悉闭关自锁的东西，我们对它就越是感到好奇。那么，黑名单就具有被推荐的价值吗？有关问题仿佛适用于一切人的文本。反之，好奇心同样适合于十分显眼的存在，例如，人们对所谓"那里上面的存在"（die da oben）就抱有不可遏止的好奇。但是，一旦看上去这个十分显眼的存在（Herausstreichen）不再无拘无束，不再给人安慰，它就受到广泛质疑，以至于声名狼藉，使得自身形象受损。然而，迄今圣经从未成为怀疑的对象，也从未声名狼藉、威信扫地。无论在上流阶层还是在下层阶层，这一点均可见一斑。

不仅如此，如果迄今圣经仅仅考虑**民众**的话，也许它早就被法律禁止了。但是，获得高分的往往不是人民而是假托人民的代理人。因此，行之有效的东西是具有强大效力的推荐信、甚至具有约束力的协定一类的东西。到处都存在这种遮天蔽日、葱茏茂密的灌木丛。这绝不是我们借以逃避的场所。不然的话，我们就无法想象我们所能坚持的那条道路。

第二章

愤怒与愚蠢

6. 不再如此恭顺

没有人乐意从自身出发忍受痛苦。除非他根本没有受苦，而是卑躬屈膝，对受虐感到高兴。有的人为了心灵上的自我膨胀，仍然享受着残忍的鞭打，甚至当作不可避免的拷打。于是，他的受苦的眼神不仅是和解的，也是充满感激之情的。这种感激恰恰战战兢兢、诚惶诚恐地发生着。但是，"领袖，请奴役我们吧"，这种呼喊及其方式最终变得令人可疑。就是说，在别的什么地方不仅会出现领导人（Führer），而且会出现毫无怨言的盲从。然而，从中绝对看不出任何人性的东西，因为一个人并没有获得新生，而是沦为百依百顺的奴才。如今人们不再公开仰望自己的领导人，也几乎没有人会说："由于领导人的缘故，不仅会保全尊严，而且变得更好。"然而，对于真正更好的人来说，这话同样太拙劣、太愚蠢了。

7. 从叹息到咕哝

如果一个人不把自己看扁，他就显得很不虔诚。然而，对于所谓从上面赐予我们的礼物，我们并不顶礼膜拜、感恩戴德。这种跪拜的姿态以及感恩的情绪可以回溯到古老的奴隶制度的残余。显而易见，困难同样教我们不再祈祷，因为大部分困难不仅是我们这类人所造成的，也是由我们这类人予以克服的。

这期间，无论是造成这种困难的人还是承受这种困难的人，其来源尽人皆知、家喻户晓。虽然他们想用新的方式伪装自己，人为地隐姓埋名，但是，他们的场所昭然若揭，而且这个场所很入俗，充满了各种私欲。在这个场所中，由于居住着赤裸裸的血肉之躯，所以它并非绝对地高于我们；相反，对此，只要我们意欲，就完全可以支配。同样，这种状况可以通过我们而变得一目了然，而且只有通过我们才会受阻或发生翻转。

然而，在某事变得好起来的地方，只有几个人仍然采取真诚而端正的态度。如今究竟还有谁对恩赐之物感激涕零？作为纯粹鸟类民族（Geflügelvolk）的一员，他侧耳倾听来自伊甸园阵阵清脆悦耳的摇篮曲。鸡在喝水之前，总是仰望天空。因此，也有众多仁慈的鸡，对于这种通人性的鸡而言，纯粹的童谣并非纯粹的比喻式寓言，多亏早已准备好了拯救性的语言。尤其是，当人们一筹莫展，或者迷雾重重之际，遇见这种神秘的拯救语言。然而，上面的救星装聋作哑、充耳不闻，听不见这条路上大多数人们的呼救声音，而且，传达国王之令的骑士寥寥无几，更何况，国王当日风光不再，通常不再握有任何实质性的权力。在事情真相还不明不白的地方，不时也能听到这种呼救声，但也仅是挂在嘴边而已。从家庭层面上看，天父——自我的经验几乎业已完结，因此，这种经验的转义同样变得十分高远。今后，在绝大多数国家中，任何王冠都不再带有这方面的转义，即除非是单纯的替工，否则就不再用超尘世的、卖肉时添加的肉骨（Zuwage）来填满源自尘世的需要和解释的空缺。

教会已经奴役人们太久、太久了，这一点不仅适用于路德教会，也适用于保罗教会。一切教会当局都像神所希望的那样存在。众所周知，教会被称作人民的鸦片，但是一旦人们意识到这一点，他们实际上就会陷于一种阴森可怕的境况：某种幻想的破灭。因为这些人属于更优秀的圈子，他们具有与众不同的兴趣，以致不愿见风使舵、随波逐流。仅仅在此，但也恰恰在此，仿佛所有信以为真的魔术都比魔术本身更加令人惊异、更加神奇。酋长已成过去。在天国，树木已被伐光，经过这么多的厚重积淀之后，社会上、科学上发生了诸多重大事件。上司们一般乃是一群雇员，而这群人只有在下层社会中才能恢复理智。对他们来说，只需下跪求饶就已经足够了。更何况，对于井然有序的日常生活来说，半清醒状态的意识大有神益，甚至对于平庸的无关紧要的东西，这种状态的意识也不无益处。对此，只要需要的话，尽可把再也不可信的宗教迷雾抛之脑后、遗忘殆尽。

8. 拒绝与恶劣地去魅的人

并未摆脱困境

摆脱某物也意味着放松。尽管这可能是真诚地感受到的某种清洁的空虚，但最初仍然令人感到空虚。但是，此后旋即变得重要的是，放松状态何处去以及为何发生的问题。在我们这里，同样重要的是，当虚伪的东西真正结束之后，是否真正的要素本身也归于熄灭。假定就像一个半理智即恶劣地去魅的人一样，一个人生性匆匆忙忙，做事十分马虎粗心。不仅如此，他所拥有的另一半理智也不甚健全，对这种人而言，残缺不全的智力或者源于猿猴，或者源于把圣·弗兰茨与答尔丢夫①相混淆，分不清东西南北（假如他确实具有这两方面的智力障碍的话）。

于是，干脆出现一种直截了当、卑劣无耻的退堂鼓态度，而这种态度留下了长久悬而未决的空虚，即无力实现像启蒙运动中所渴望的那种超凡脱俗、一尘不染的圣洁境界。在此，半吊子启蒙显然无法坚持到底，尽管它不再带来旧日的虚伪。但是，这方面，这种启蒙能够把祭司阶层变成一群傻瓜，即一群乏味十足、呆头呆脑的傻瓜："最佳品的腐化乃是最恶劣的腐化"（Corruptio optimi pessima），并且，还会变成诸如纳粹所谓"血与土"一类的十分阴暗而危险的、可怕的代用品。

如果某个愚蠢的、精神错乱的乡村姑娘声称，在罗德斯（Lourdes）见到了圣母玛利亚，那么问题就非常简单。但是，同样简单且再平庸不过的是，一个乘坐宇宙飞船进入太空的人强调指出，他并未发现可爱的神的任何踪影。对于这种低水平的发言，甚至传统的、虔诚的人也会说道：他早就知道，神是不可视的。一句话，现今"假文明"只不过是现代虚伪而已，无论是上述乡村姑娘的说法还是宇航员的说法都是拙劣不堪、毫无价值的东西，因为两者对其素材都是完全陌生的。无论如何，对神的贫乏而狭隘的拒绝，尤其是对神的任意妄为的贬低，这种态度恰好与心不在焉的祈祷、陈腐的空头支票相匹配，反之亦然。它们只是表面上相互干扰或

---

① 答尔丢夫（Tartüff），法国戏剧家莫里哀（Moliere，1622—1673）的杰作《伪君子》（*Tartuffe ou L' Imposteur*，1664）中著名的伪君子。伪装圣洁的教会骗子答尔丢夫混进商人奥尔恭家，图谋勾引其妻子并夺取其家财，最后真相败露，锒铛入狱。剧作深刻揭露了教会的虚伪和丑恶，答尔丢夫也成为"伪君子"的代名词。——译者

相互排斥而已。

在此确实保存着栩栩如生、令人记忆犹新的伟大事件。教士阶层再也不能随心所欲地处置进行思维的人们。早在率直虔诚的情绪生锈之前，早在启蒙运动之前，在广大农民当中就到处流传着反对撒谎成性的祭司们的传单，这些传单无情地揭露了教会及其教士阶层对穷苦人们的卑鄙玷污和肆意欺骗。穷人尤其反对虐待者、敲诈勒索者为自身利益而滥用圣经语言。人想要成为成年，他庄严宣告，自己不再是一个表里不一、胡言乱语的人。

那些被击败的农民给明智的市民阶层让路。恰恰在市民阶层的启蒙精神中，人们觉察到了旨在成为一个成年的无往而不胜的使命。18世纪，尘世的、高傲的主与彼岸世界的奥林匹斯诸神结合在一起，而明智的市民阶层手牵着手，共同拒绝这种上下勾结、狼狈为奸的卑劣行径。借助这种反抗精神，法国市民阶层敢于利用自身特有的知性，他们不仅驱散了尘世高傲的主的幻象，同时也降低了其幽灵般的超自然的想象。当然，市民阶层革命压根就没有废除君主，其后果只是适时地催生了一支新的、经济上的成熟力量，借助于此，并不能完全废除富人与穷人之间的主仆关系。因此，对于人民群众而言，上面的宗教保持不变，古老的上面的统治神话依然如故，甚至这种神化也长期存在于基督教中。换言之，基督教成为一种国家宗教，在某种程度上，它适合于认可、至少适合于解释尘世的财产不公正分配以及超尘世的财产公正分配。

因此，主教会提出这样一个公式："你们忍气吞声、任劳任怨，在来世得到安慰吧。"在路德那里，所谓拯救（Heil）就是进入可怜的灵魂及其神的怀抱之中，而在教皇那里，拯救则被拖延到遥远的彼岸世界。可是，最迟在德国人那里，也出现了某种程度上并非圣经法西斯主义者的新的异教徒本身。例如，动物学家海克尔、作家伯尔舍[①]等人就倡导"森林就是我们的教会"，在这种倡导的背后，至少废除了事实上的奴隶道德、主压迫等现象。他们用包括自然选择在内的强者的权利来取代卿卿我我的恋爱说教，从而表明并不是所有的圣经教导都是可以被废除的。这样，暴

[①] 伯尔舍（Wilheim Bölsche, 1861—1939），德国作家，最初攻读哲学与美术史，后在柏林参加自然主义小组，积极倡导进化论，对世纪之交的唯物论运动产生了巨大影响。主要著作有《自然发展史》2卷（1894/1896）、《自然之中爱的生命》（1898/1902）等。——译者

君尼禄的火炬就像星火燎原般燃烧起来。

但是，撇开上述结果，在海克尔、伯尔舍以及森林教会之前，受过启蒙教育的知识庸人就已经表明，并非唯有信仰才使人变瞎。试想一下，"关于小修道院的真理以及使人民愚昧无知的寺院"，还有《摩西还是达尔文？》等半瓶醋论文①，诸如此类的一知半解、不求甚解的论文并没有使所谓自由思想家变得更加明亮，更没有使他们的思维变得更加开阔。但是，在这方面，尤其富于启发意义：即在反圣经化的世界中，这些知识庸人轻而易举地越过了斯堪的纳维亚的"冬至之火"②，因为这种节日风格并非传统的耶西③风格。那里，并没有任何清晰的支撑点，甚至没有任何精神感动乃至精神良知。这显然违反德国力量的神圣源泉，如果以为它源自反基督者，情况就更是如此。假如有人不是在前景中建造巨大的通天塔，而是在背景中树立弗兰茨·阿西西④，他就难以产生上述精神感动乃至精神良知。

卡尔·摩尔对尘世已经感到十分舒适惬意、无拘无束。然而，弗兰茨·阿西西却缺少这种尘世特性，他把尘世变成苍狼的时空，以至于在他那里，夕阳西沉，万物的轮廓变得朦胧恍惚，只是阵阵发出撕心裂肺、令人毛骨悚然的嗥叫罢了。他的行为不具有任何既定目标、目的和意义。的确，这也许是一种耻辱，因为这类效应追求虚假不实的启蒙，与古老的、真正的启蒙相距甚远，完全背离了旨在摆脱压迫和无知，"从咎由自取的未成年性中寻求出口"的启蒙精神。

但是，某种直截了当的反宗教态度，尤其是反基督教的去魅态度实际上无法避免腐朽的巫术。因为这种态度完全没有把摩西十诫，甚至也没有

---

① 在此，布洛赫指阿诺德·多德尔（Arnold Dodel，1843—1908）的论文：《摩西还是达尔文？一个教育问题》（1889）。在此，多德尔将达尔文的进化论进一步大众化，使其在德国普及开来。——译者

② 在此，布洛赫用"冬至之火"（Julfeuer）一词命名了斯堪的纳维亚的冬至节（Julfest）。这一天，人们在火炬下，翻穿熊皮，载歌载舞，此情此景令人联想起德国的狂欢节。——译者

③ 耶西（Jesse），旧约圣经中，以色列国王大卫之父，耶稣基督家谱上最早的一代祖先。——译者

④ 弗兰茨·阿西西（Franz von Assisi），德国戏剧家席勒（Friedrich Schiller，1759—1805）作品《强盗》中的反面人物，阴险毒辣，虚伪狡诈，被视为典型的恶的化身。他信奉庸俗唯物论，彻底否定神，为了独占父爱，他不惜陷害哥哥卡尔·摩尔。与弗兰茨·阿西西相对照，卡尔·摩尔是《强盗》中的正面人物，他纯洁阳光，富有正义感，爱读卢梭的文章，他为腐朽的社会环境所迫，加入强盗队伍，杀富济贫，对当时的封建社会、不合理的法律和虚伪宗教进行了全面抨击。——译者

把神的复仇性等霹雳惩罚考虑进去。尽管如此，更加确凿无疑的是这样一个事实：恰恰通过那个很少建立在启蒙基础上的教会，这种适用于最广泛暴行的工具才出现在这个世界上。为了自身信徒的肉体复活，教会禁止火葬，然而，通过宗教法庭的残酷火刑，教会却在火葬中做了开创性工作。此外，在对女巫处以火刑的过程中，教会还炮制了一条所谓进步原则。一句话，教会的纲领与圣经的精神完全背道而驰，但是它为了安慰邪恶的良心总是把圣经带在身旁。就是说，正是作为体制的教会阉割了圣经中的真理。因此，喊出这句话的人不是平庸的进化论者海克尔，而是虔诚的博爱主义者托尔斯泰①，后者坚决否定教会，用耶稣的话来对抗教会的纲领。因此，如果启蒙运动不是同样鄙视所谓健全的内容，即圣经所提及的合理的想法，那么它就是一种全面彻底的精神解放运动。是的，圣经本来就没有疏远启蒙精神，也正因如此，它才超越如此众多的国度、如此悠久的岁月而为亿万民众所理解，并且同时在思想、观念、意识等精神生活的各个领域唤起广泛而持久的吸引力。

9. 圣经及其语言中奇异的遍及性

那么，在圣经中，为什么这一遥远而冷僻的言谈从未使人感到厌烦呢？也许，多半是因为圣经中话里有话，在谈论传闻之外的东西。这些报告的内容时常纷繁复杂、充满矛盾，这是因为它们是由各种各样的原始资料汇集而成的，但是，就一般读者而言，其中如此牵强附会、令人难以置信的地方却无关紧要。

诸如"人子"一类的单词意味着某种模糊不清的概念，但是，如果一个赤裸裸地进入这个世界的读者遇见这种概念，他就很容易认为，诸如此类的东西理应理解为象征上天的陌生单词。通常这种在圣经中潜移默化、日渐滋长的东西本身并未受到无人居住地带的妨碍，事实上并未受到变得无法居住的蛮荒地带的妨碍。在那里，作为一种与人攀谈的语言，昨日圣经仍然询问我们一些令人好奇的问题，迄今为止还没有哪一种呼唤像圣经一样富于感召力，为广大群众所喜闻乐见。

---

① 列夫·托尔斯泰（Lev Tolstoy, 1819—1910），俄国文学家、作家和思想家，主要作品有《战争与和平》《安娜·卡列尼娜》《复活》等。——译者

圣经历史悠久、源远流长，它所传达的福音穿越无尽岁月，传遍了无数国度，仿佛它就是各民族切身经历的一部分，仿佛人们在生命的拐弯处与反叛的宁录①在一起，与作为客人的耶稣在一起。但是，通过自身特有的土著特征，使圣经语言和图像得到中介，而这种语言和图像富有魔力，从自身空间的或全然超越空间的遥远地方，一次次把浪迹天涯的游子召回家里。这方面，没有其他可媲美的实例，没有任何文献像圣经一样如此浸透土著情调，尽管它也不乏异国情调。甚至，因为圣经向人们传达福音太久，所以仿佛它与他们一道成长壮大了。这也不只是因为孩子们从小就受到了圣经的教育和陶冶。在孩子们的视野中，很早就出现了关于小矮人、韩塞尔和格雷特②的童话，他们对巴巴罗萨皇帝③的熟悉程度一点也不亚于对所罗门王④的熟悉程度。然而，在孩子们的幻想中，恰恰在单纯的幻想中，触动神经的更多是所罗门王的许多遥远而悠久的国王图像。

甚至圣经里的故事更是如此。这里的例子不胜枚举："井边的利百加"⑤"我是约瑟，你们的兄弟"，马厩里的婴儿耶稣以及直观而简洁的报告中的所有原型。从社会角度看，这一点首先有利于在占压倒性的平民中间广泛传播开来，然后，在圣经所报道的那个地方，即在农村周遭广泛传播开来，从中圣经生动地描写了拥有一个国度之后平民和农夫的生活情景。与此不同，大多数非圣经文献都渊源于骑士世界或祭司内部生活，的确，甚至在老子那里，在佛陀的教导中，也与自身的国度有着千丝万缕、不可割断的联系。从语言上看，圣经也正好描写了农民的、民主的生活景

---

① 根据圣经记载，宁录（Nimrod）是一场反叛的头领。《创世记》第10章描述说："他嗜猎逞强，总跟耶和华作对。"《圣经》还说："他是历史上第一个强人。"宁录是个好勇斗狠、性情强暴的人。洪水之后，他自封为王，成为人类历史上第一个统治者。——译者

② 韩塞尔和格雷特（Hansel and Gretel），德国童话作家格林兄弟创作的一部童话。——译者

③ 巴巴罗萨，神圣罗马皇帝（Barbarossa, 1155—1190），他的正式称谓是霍亨斯陶芬的德意志国王腓特烈一世，绰号为红胡子，因为他有一脸鲜红色的胡子。——译者

④ 据《圣经》记载，所罗门王（König Salomo, B. C. 960—B. C. 930），以色列王国的国王，在耶路撒冷作王四十年，是大卫和拔示巴的儿子，犹太人的智慧之王。相传著有《箴言》《所罗门智慧书》《雅歌》《传道书》等作品，同时对动物植物也有广泛研究。——译者

⑤ 在旧约《创世记》中，"井"（Brunnen）被视为爱情场所和女性象征物。《创世记》24章62—67节记载，一天傍晚，伊撒在井边遇到了一个年轻活泼而且美丽的姑娘，这个人就是后来成为他妻子的利百加。——译者

象，因此，当翻译圣经时，路德情不自禁地观察并学习当时德国的民间表达方法，他觉得聆听圣经言说就像聆听当地人说话，而且，圣经的内容并非仅仅涉及他们自己。①

不仅如此，两地的现状图像也十分相近：早期德国农村的面貌与伯利恒②的马厩相差无几，不言而喻，两地都一样下鹅毛大雪。对于黑人们而言，耶稣圣婴呈现为具有黑皮肤的救世主，而某个黑人摩西以圣歌发出且能够发出雷鸣般的吼叫："让我的人民走！"毫无疑问，在此也衬托出一种相知相遇的原型，例如，井边的利百加图像、约瑟在他的兄弟面前鉴别身份景象等都是一种压缩的基本图像，也就是说，这种图像和场景的意义并非仅限于圣经。这里只需要远古时代的人的图像，例如，在荷马的《奥德赛》中，令人回忆起娜乌西卡③细心照料奥德修斯的感人景象，在索福克勒斯剧作中，重新认出埃勒克特拉与俄瑞斯忒斯④姐弟热烈相逢的动人场景。尽管这是一种原型的投入，但这一点是可能的吗？即未经任何改写就能在最小的茅舍中发现奥德赛和索福克勒斯的空间吗？尽管并不具有"现实化"（Aktualisierungen）功能，但是，像让·季洛杜⑤的《安菲特律翁38》或让·谷克多⑥的《奥尔菲》等场景却充分表现了极其文学

---

① 马丁·路德以德国中部语言为基础，把《圣经》译成了华丽优美的散文，对德国的语言和文学产生了深远影响。——译者

② 伯利恒（白冷）（Bethlehem），耶稣降生地，也是基督教圣地，建有耶稣诞生教堂，地位仅次于耶路撒冷的圣墓教堂。此处又有犹太人先祖亚伯拉罕之嫡孙雅各的妻子拉结墓，故亦为犹太教圣地。——译者

③ 娜乌西卡（Nausikaa），荷马《奥德赛》中的人物，她是法埃亚科安岛（Phaeaceans）的国王阿尔喀诺俄斯的女儿，她在荷马《奥德赛》第六章中出场，她看到浑身是血，漂流到海岸边的奥德修斯，一点也不害怕，将他救了回来，亲手照料他的伤势。——译者

④ 埃勒克特拉（Elektra）与俄瑞斯忒斯（Orest），特洛伊战争中希腊联军统帅阿伽门农的女儿和儿子。——译者

⑤ 让·季洛杜（Jean Giraudoux，1882—1944），法国文学家、戏剧家，他的作品大都取材于人尽皆知的古老的神话传说、圣经故事。他笔下的人物往往追求绝对自我，自视为优雅人生的光辉象征。主要作品有《犹滴》（1931）、《插曲》（1933）、《特洛伊之战不会爆发》（1935）、《埃勒克特拉》（1937）、《沙伊奥的疯女人》（1945）等。《安菲特律翁38》（1929）是作者的一部喜剧作品，其数字"38"是对古代神话素材的第38次文学形象化。——译者

⑥ 让·谷克多（Jean Cocteau，1889—1963），法国作家、剧作家、导演，主要作品有小说《可怕的孩子们》《骗子汤姆》，戏剧作品有《人之声》《可怕的父母们》《双头鹰》等。1924—1929年期间，谷克多写出了舞台剧《奥尔菲》（Orphée），被视为他的伟大诗作之一，作为斯特拉文斯基清唱剧《俄狄浦斯情结》（Oedipus Rex）的剧本。在同名舞台剧电影《奥尔菲》（Orphée，1925）中，作者把他热爱的所有艺术元素，如神话、情节剧、幻想等统统整合到了一起，被视为他的电影生涯里最伟大的艺术成就，甚至是他艺术历程的巅峰。——译者

化的原型重复（Archetyp – Reprisen），并且，与简单的冲击性原始文本不同，托马斯·曼的《约瑟和他的兄弟们》所描写的事件错综复杂、跌宕起伏，细微之处充溢着极其丰富的精神思潮。

不仅如此，这种原型在其他宗教文献中也得以保留下来：可以说，老子的《道德经》、佛陀的教导，乃至巴比伦的《吉尔迦美什赞歌》[①] 也都像圣经一样经常思考"关于你的故事"（tua fabula）。殊不知，在寒风凛冽、大雪纷飞的冬夜里，一位居住在矿山里的女农民正在她的茅舍里潜心阅读圣经在遥远地面上的某处，是否也存在过某个具有悠久历史的小民族，而这个小民族不拘泥于内容及形式，只需编写这样一本"无处不在"（Ubiquität）的书呢？

在此，一个人阅读圣经无需像钻研古代经典一样倾其所有、殚精竭虑。对此，有一个十分简单且密切相关的证言，正好与圣经的语言有关。例如，黑贝尔[②]深刻了解到，这种语言不仅适合于居住在矿山里的女农民，也适合于《一个贵妇人的不眠之夜》。当黑贝尔笔下的贵妇人发现仆人与女仆私通后生下私生子时，她并没有惩罚他们，而是通过充满异议的《圣经》语言说道："我要补偿我带给你们的苦难，我要把你们承受的忧愁变得甘甜，我要把你们赋予孩子的怜悯回报给你们。"现在，贵妇人走来走去，不知所措，后来她终于亲近农民，因为农民最善于理解这种最遥远的语言类型，它比本地地主的文本好得多："人们不是认为他们在先知或《诗篇》中听到可爱的神的言谈吗？这是趋向善的、照料不幸的人的、扶起跌倒的人的一种情绪，即吸引与神一模一样的形象，从而也属于神的语言。"

然而，恰恰不是贵妇人而是革命农民爱不释手、如饥似渴地阅读圣经，正是千千万万的革命农民由于圣经的民主内容，从而正因这种革命语言，才使圣经成为与自身命运息息相关、须臾不可分离的基本书籍。这不

[①] 吉尔迦美什赞歌（Gilgamesch Lied），迄今已知的世界最古老的英雄史诗，作者不详，是一部关于苏美尔三大英雄之一的吉尔迦美什的赞歌。

[②] 弗里德里希·黑贝尔（Friedrich Hebbel, 1813—1863），德国剧作家，因现实主义悲剧而闻名。他尤其擅长揭示他笔下角色的复杂心理动机，特别是女性角色。他也创作喜剧、抒情诗，以及轻快的日记。黑贝尔的主要剧作有《犹滴》（1839）、《马利亚·玛格达莱娜》（1844）、《阿格妮斯·贝尔瑙厄》（1851）、《吉格斯和他的指环》（1856）、《尼贝龙根三部曲》（1862）等。——译者

仅仅是因为圣经所传达的爱,更因为它对阿哈布①、宁录(正如闵采尔所言,此人系"第一个以我的东西和你的东西战胜众人的""强悍的猎手")等发出的怒不可遏的吼声,不仅如此,还因为圣经记载了由于奴隶身份而逃出埃及的以色列人。"让我的人民走"②,正像闵采尔重申的那样,这句话是对一切被压迫者的呼唤,即对"团结一致、仁慈博爱的人民和信仰"的呼唤。当然,恰恰为了圣经的其他真理,这里总是保留着否定的背景,当然,主教会和敌视农民的路德也依据一种对自身而言同样不陌生的圣经。然而,他们所依据的是另一种圣经,从中除了出现被消灭的"可拉一伙"③外,并不出现任何怨言或抱怨声。路德同样用圣经上的话对反叛的农民呼唤:"苦难,苦难,十字架,十字架是基督的一部分。"他唠唠叨叨、没完没了,但在圣经语言中,这是保罗百分之百软弱无力的呼喊。否则,圣经就不会拥有双重功能:一方面是农民战争的暴动书;另一方面又是为特殊的"主意识形态"(Herren – Ideologie)辩护的书。像往常一样,圣经照旧极力赞美俯首帖耳、逆来顺受的行为,同时用空话许诺来世幸福和永生。

　　这样,事实上,圣经也扮演着某种强有力的角色,它从不对人民及其精神说出自己心里的话。在耶和华的形象中,也经常渗透着朱庇特和"恺撒神"(Gottcaesar)的形象,但在约伯那里,情形却恰恰相反。只是我们必须反对所有诸如此类的假文明,例如大胆妄言:"摩西还是达尔文"这种一二者中择其一的各种宗教问题业已穷尽枯竭,可暂且搁置一旁。此外,我们还必须反对一切含含糊糊、暧昧不清的矛盾心理:圣经同样是针对镇压者的反击,也正因为这样,打从伊甸园里有了邪恶的蛇起,这种反击就遭到镇压或被伪造。不过,这种反击也使得《圣经》广泛流行起来,并且能够引起深切的同情和共鸣。

----

　　① 阿哈布(Ahab, B. C. 875—B. C. 852),北国以色列第七位国王(B. C. 874—B. C. 852),敖默黎之子,不但同漆冬王厄特巴耳的女儿依则贝耳结婚,还容忍妻子敬拜巴耳邪神,甚至在撒玛黎雅为巴尔建筑庙宇,亲自顶礼膜拜,故背叛了耶和华神。参见旧约圣经,《列王纪上》,16章30—33节。——译者

　　② 此处,布洛赫用的是英语:Let my people go. ——译者

　　③ "可拉一伙"(Rotte Korah),在古语中是"以东人"的意思,它们不听摩西的话,起而反叛,后为耶和华所灭。参见旧约圣经《民数记》16章。另参见新约圣经《诗篇》137章7节:耶路撒冷遭难的日子,以东人说"拆毁、拆毁、拆到根基!耶和华啊,请你记住这仇!"因此,以东人是一个禁止侍奉神的部族。——译者

圣经内容传遍世界各地，尤其是有关传言不胫而走，就像在印度、阿拉伯国家——在那里，所有经典几乎都变成了匪夷所思、异想天开的童话——一样，圣经"同样地"变成了从远处传来的异域"童话"（Märchen）。的确，在此圣经与童话完完全全交融在一起，再也分不清彼此，以至于在相信"人起源于猿猴"的地方，人们把圣经视为"哄骗孩子和乳母的儿戏"。然而，在这种用意中，也不乏某种共同的东西，那就是，孩子和人民喜闻乐见的东西正是主牧师（Herrenpfaffen）们秘而不宣的东西。

10. 反论：德国主教的最后通告①

德国主教的最后通告给读者带来巨大的痛苦。也许，这封信的某些听者特别支持希特勒。不仅广大虔诚的劳动者，而且部分小市民阶层也感到某种冲击、击败和迫害。在他们当中，有些祭司和信徒是善良的，他们并不热衷于希特勒，而是悄然对他感到厌恶。政治上，他们站在左翼一边，也许，他们渴望没有罪责地生活下去。

然而，当希特勒准备就绪、蠢蠢欲动时，这些性情温和的人却装聋作哑、乖乖屈从。但是在人民德国中，"罗马天主教徒"（Römlinge）依然形迹可疑，甚至天主教礼拜也遭到了辱骂。此外，人们怀着深仇大恨，不论到底有否耶稣的"拯救"（Herliand），都很乐意预备一个德意志民族的教会。在这一途程中，很难强制驱使信仰天主教的农民和小市民阶层（至于基督教工会就更不用说了）的思想趋于一体化。他们的子女畏首畏尾、优柔寡断。因此，在中间阶层的天主教徒当中，反对纳粹的后备队同样具有某种道德的、精神的基础。然而，越发幼稚可笑的是，人们为佛朗哥的所谓"中立政策"欢呼雀跃②，甚至为希特勒与梵蒂冈匆忙的协定签约而欢欣鼓舞。此外，教会极度虚弱、不堪一击，它对纳粹的所有亵渎和

---

① 布洛赫早在1936年执笔本章，后收录于本书正文，在此作者重点探讨了纳粹政权的心理—精神动机，有关详尽分析可参见他的另一部著作：《这个时代的遗产》（1935/1962）。主教通告（Hirtenbrief），一般指主教发给信徒的公开信，内容涉及教会内部问题、灵魂拯救问题、时代问题等。——译者

② 1936年7月18日，佛朗哥在摩洛哥宣布起兵反抗共和国政府，叛乱正式爆发。此前佛朗哥已经同希特勒、墨索里尼秘密勾结，国内一些反对共和国政府并想恢复君主制的军官也群起响应，结果只用一个多月的时间，到了当年9月，叛军已经占领了全国2/3的领土，还企图夺取首都马德里。——译者

侵犯行为都逆来顺受，听天由命。对这一切迫害行为，教会一味忍气吞声、息事宁人，可是，这些行为极其阴险狠毒，其危害一点也不亚于为墨西哥、西班牙共产主义者的弥天大谎所欺骗的后果。纳粹处以天主教教团祭司千年监禁，残害其修道院院长，可这些伤天害理的事件只引起不痛不痒的抗议而已。一如教会头领忧心忡忡却能保持克制和冷静一样，又如针对苏联的尖锐批判有别于恶言咒骂一样。

现在，出现了德国主教的最后通告，这在教会上层也是十分稀罕的东西，恐怕明斯特主教加伦①也难以望其项背。听起来，这封通告出自天主教徒，如果报告没有搞错，那么就是把传道坛的党卫军音乐复杂化了。在这一点上，它与路德派牧师们的憎恨之歌毫无二致，这些牧师对其领袖更是忠心耿耿，肝胆相照。在主教通告中，教皇仍然是教父，就像他给他自身赦免一样。

在主教通告中，对穷人比以往任何时候都不怀好意，但对其主教也比以往任何时候都缺少辩护。主教通告不仅对能登大雅之堂的社会名流沉默不语，也对左翼核心残余三缄其口。看上去，这份通告的右翼背景十分明显，因为对右翼势力一味进行妥协。的确，在它背后有巴本②撑腰，这多么美妙，多么恰当！就像某种反常现象一样，民主的—社会的教会姿态无影无踪了。克特勒③倡导一种民主的、社会的教会，但是，梵蒂冈却宣告了它的终结。如果有人不高兴，他也许会认为，并非只有教皇一个人完全赞同法西斯主义、内外谋杀、西班牙的彩排、希特勒的反苏密谋等。然而，在通告中，再也找不到教会所谓著名的中庸态度以及对一切极端的厌恶，再也找不到和谐的伦理以及虔诚的规矩等，仿佛梵蒂冈与希特勒的匆忙签约已经不仅仅是借助于狡诈和诡计，而是借助于喜悦和爱。现在，通告连这样一种外貌也掩盖不住，那就是，迟钝的人仿佛为过分和气的希特

---

① 加伦（Clemens August Graf von Galen, 1878—1946），德国明斯特主教，任主教期间（1933—1939），加伦公开抵制希特勒惨绝人寰的民族社会主义，维护天主教正义立场、教会和人类的权益，深受民众爱戴，被赞誉为"明斯特的雄狮"。——译者

② 1933年希特勒上台，他之所以"稳操胜券"，部分得益于"天主教中间党"选票的支持。为了酬谢和安抚天主教人士，希特勒找到了天主教中间党一位保守人士巴本（Frasnz von Papen, 1879—1969）担任副总理，并在掌权不久，便与梵蒂冈展开商谈，终于在1933年7月20日与梵蒂冈签署协定。——译者

③ 克特勒（Wilhelm Ketteler, 1811—1877），德国神学家、政治家，曾任美因茨主教，主张教会应关注社会问题，出台雇佣工人的社会保障政策。——译者

勒、为延迟的东方战争而担心。主教通告警告在红色危险面前温和的纳粹，它唆使马克思主义的朋友希特勒从各个方面进行干预。然而，在主教信件中，人们听到："即使现在西班牙人屈服于布尔什维主义，欧洲的命运也不会万劫不复、永无翻身之日。不过，这会使人们对欧洲产生某种可怕的疑问。因此，我们的民族和祖国担负哪一种使命是不言而喻的。但愿我们的领导者借助于神来成就这一伟大而艰巨的工作，但是，这一伟业的完成还有赖于所有同伴坚定不移、忠实可靠的协作。"

这就是发给一个布满集中营和地下刑讯室、犹太人法律以及宰牲日的国度的教会核心劝告；这就是发给战争输出国的教会核心劝告。在做弥撒时，妇女不许袒胸露臂进入教堂，但是，赤裸裸的犹太人则可以尽情挖掘自身的坟墓。在德国，罗马基督教发现了最坚硬的绊脚石，这块绊脚石正是共产主义。主教通告对集中营禁闭室里直立的犹太人棺材压根就兴趣索然。本笃十五世①亲历过战争，这位最高尚、最纯洁的教皇形象曾一再宣称反对战争。但是，今天的法西斯政策和德国的天主教主教职务根本不再需要这种反战说教。相反，天主教主教对开赴战场的青年人预先且很乐意施以恩宠。不过，在德国教会中也曾规划过某种商行，例如所谓实物交易商行等。也许，教会的敌人把这一点理解为：仿佛人们给匪徒提供主祭坛，并且把基督教推荐为某种类似于白色禁卫军特优商品的东西。好像耶稣受难像意味着对抗人民战线（Volksfront）的一款机关枪。

在西班牙人那里，正如用圣像装扮法西斯的杀人车（Mordautos）一样，被枪杀的一千五百名工人唤起了感恩赞美诗。甚至一些善良的德国天主教徒也会因这一印象而感到羞耻，即主教通告大胆出租教堂，无奈赞美基督教，只不过是出于对利润原则的拙劣辩护。这是为第三帝国中的基督教——天主教信仰辩护。与这种辩护相适应，梵蒂冈同样对自身机构的顺利发展渐渐抱有期待，它请求"我们的领袖"保护作为同胞的罗马天主教会。因此，"面对西班牙人的暴行，第三种思维便作为特别合乎时代的东西应运而生：不是像基督教所教导的那样为神的信仰而斗争，而是这样一个无条件的认识，即这种信仰构成坚实的基础，在此基础上，可以构筑反对布尔什维主义的强大防护墙；不是为反对天主教信仰而战，而是为与天主教教会缔结和平及睦邻友好而战，即为战胜布尔什维主义的精神前提

---

① 本笃十五世（Benedict XV,1914—1922），前罗马天主教教皇。——译者

而战"。这也是主教通告对撒旦的答复，是其虔诚的信仰者、骄傲的殉道者的英雄气概。

奥古斯丁说过："跟彼列①及其王国没有任何和平可言。"然而，主教通告指的是另一种意思，那就是由梵蒂冈协定转为与法西斯主义的同一性。主教通告以这样一段对天主教徒的慷慨呼吁结束："坚忍不拔，持之以恒，通过一种有良知的天主教生活以及旨在保护国家、促进民族的力量，证明我们的神的宗教。"这样，这位牧师（有别于低级牧师，也有别于在高处的微不足道的若干怪人）也就把天主教与法西斯主义完全等量齐观。

这种现象只是暂时的现象吗？这种现象仅仅与现在的牧者相关吧！或者，就像猫重新落脚一样，这种现象重新展现祖先的过去吗？这是一个十分棘手的问题，因为我们不是罗森贝格②和"20世纪的殉道士"，所以，对此我们无法一一作出判断。自从君士坦丁大帝馈赠我们信仰以来，教会的世俗性就与剥削者的身份密切相连。只有在违反钱袋的地方，教会才有伸缩性。在此，私有财产作为一种"天赋人权"起作用。

同样，自中世纪（并且再次根据列奥13世通谕）以来，教会就依附于所谓的等级制国家。虽然教会承认法国大革命，但是，这之后，就像罗马天主教会所理解的一样，在教会看来，波旁王朝复辟乃是一种拯救宗教，甚至是一种拯救。诚然，诸如贝拉明③一类的17世纪耶稣会教徒曾经为暴君的杀人行为辩解，但是，他们只是为超然于所有其他暴政的宗教暴政进行辩护，作为一种权利，强调借助于人民的力量杀死暴政中的竞争者。

今天，罗马教廷与法西斯主义沆瀣一气，散发出某种心灵的亲和力，即所谓新中世纪的味道。它不仅散发出反民主世界的味道，还向独裁强迫世界以及最后的绝对君主制致意。作为 domini canes ［主的猎犬］、作为

---

① 彼列（Belial），希伯来语原意是无价值、无益，引申为邪恶的意思。《圣经》中，彼列是一个拥有凶恶势力的恶魔，有一个别名叫"世界的君主"。新约圣经《哥林多人后书》第六章记载，彼列是与基督相对立的"恶"的存在，还是"七宗罪"的渊源。——译者

② 罗森贝格（Alfred Rosenberg, 1893—1946），纳粹理论家，曾担任《人民观察家报》主编，战后被纽伦堡国际战争罪犯审判法庭判处死刑。此处泛指罗森贝格一类的纳粹追随者。——译者

③ 贝拉明（Robert Belarmin, 1542—1621），属于耶稣会教团的学者，出生于意大利，因批判教皇的世俗权利而被禁止出版书籍，后被驱逐出境。——译者

神的猎犬，多明我会修道士①属于第一个世界异端裁判所的审讯官，这一点并非毫无根据。在异端法官、教会焚烧女巫等方面，盖世太保身边不乏榜样。与此相反，托钵修会②——尽管首脑是圣弗朗西斯科——似乎与无赖革命连接在一起，落了个坏名声。教会简直无法忍受下述这种景象，即使是某种"消费—共产主义"（Konsumtions - Kommunismus）也远远超出修士会范围，并且，与"福音理事会"等教会模式不同，这种社会模式是以另一种方式被授予的。对诸如手淫一类的极度可怕的恶习，天堂和地狱不停顿地提出忏悔书。然而，教会对邻居大肆剥削和抢夺，这种野蛮行为非但不被视为滔天大罪，反倒被视为可原谅的区区小事。

在此，罗马教廷已经赐予了吸血鬼"幸福的彼岸"，即主教通告所提到的那种极乐世界。真实的彼岸仅仅留给了穷人，并借以安慰他们，鼓励他们坚持下去。这是众所周知的论据，不论是否具有现代要素，民主的天主教徒乃至天主教神学家都十分熟悉这一论据。换言之，与罗森贝格的论据不同，这一论据乃是用以区别真假黄金的试金石。但是，正因如此，由此出发，宗教的"假象动机"（Scheinmotiv）便落在这类强烈的、至少是燃烧的反共主义光芒上，亦即它所应得到的那种光芒上。

在希特勒上台前几年，左翼热衷于所谓"脱离宗教的宣传"（Gottlosenpropaganda）活动，但是策略上，这种宣传绝不是最明智的做法，而且，在理论上，这种宣传也缺乏一种可想象的深度。事实上，这种做法只会加强某种消极印象，使罗马教廷找到一个反对左翼的借口。因为人们一再重视两类尺度，一方面，用此测量纳粹的反基督教情绪；另一方面，用此测量布尔什维主义者的法西斯主义情绪。然而，并不是左翼敌视教会的

---

① 多明我会修道士（Dominikaner），因其创始人多明我（Dominic, 1170—1221）而命名，又因为多明我的谐音赢得"主的猎犬"（Domini Canes）的绰号，其标志便是一头口衔熊熊火炬的狗，他们的另一个称呼是黑衣僧团，这是由于多明我修道士个个身着黑色披风。多明我出生于西班牙贵族家庭，青年时代便投身于艰难的隐修生活，1216年，多明我会成立，其宗旨明确规定为"铲除异端，消灭邪恶，宣讲信仰，培养道德"。——译者

② 托钵修会（Bettelorden），天主教修会的一类。又称乞食修会，始于13世纪，由圣多明我和圣方济各创立。此类修会规定会士必须家贫，不置恒产，以托钵乞食为生。他们云游四方，活动在社会的各个阶层。初创时此类修会只有4个，15世纪后陆续增加为10个，即多明我会、方济各会、奥斯定会、加尔默罗会、三一会、梅塞德会（又名诺拉斯科会）、圣仆会、最小兄弟会、圣约翰医护会和条顿会。——译者

宣传造成了教会所谓布尔什维克的腐化堕落（奥丁①和纳粹的魔鬼化较之共产主义无神论者单纯的"非神"观点残忍卑劣得多），而是罗马教廷所意欲的阶级利益使然，即极力标榜资本主义社会，即便这种社会是"头上长角，脚下羊蹄的恶魔大叔"②。

"宗教是人民的鸦片"这句警句时常引起歧义，它以最异教的方式使一些"红衣基督徒们"（Purpurchristen）如醉如痴、兴奋不已。在"教育关税"（Erziehungszoll）条件下，毕竟艰辛者和负重者第一次快乐地松了一口气。然而，梵蒂冈最恶毒地攻击了苏联的布尔什维克，而对此罗森贝格却仅仅以客气的口吻抱怨而已。他极力标榜所谓"新异教"（Neuheidentums）的兽性，私下针对性地嘲弄"罗马的犹太教—伊特拉斯坎巫医"③。

根据纽伦堡犹太人法，通常一丝不苟的教义学者甚至对严重违反圣礼洗礼的现象也熟视无睹。对滥杀无辜以及一系列监禁，罗马教廷更是置若罔闻、视而不见，尽管德国的"实证基督教"恰恰渊源于此。一句话，梵蒂冈的对外政策仅仅对剥削阶级性命攸关的问题神经过敏，而对所有其他教会迫害现象一概袖手旁观。在此，这一严厉的警句同样有效："哪里有钱，哪里就有宗教"（ubi pecunia, ibi ecclesia.）。就此而言，灾难性的梵蒂冈对外政策不仅与今日纳粹指导方针相关联，也与其历史的、物质的基础，即教会第一次与主妥协以来所处的立足点相关联。同样，上层祭司与下层祭司之间的裂痕也由来已久，在农民战争中，在"主祭司"与"百姓神甫"（Leutpriester）之间早已显露出了这种裂痕。

主教的最后通告仅仅强调显而易见的东西："最佳的手段是畜养奴隶，并保持其愚蠢。"如果这不是言过其实，那就是宗教的敌人背后所议论它的东西。与此同时，罗马教廷赞不绝口地推荐赚钱的生意，可它却低

---

① 奥丁（Wuotan），古高地德语，意为"狂暴者"，北欧神话中阿斯神族的至高神，被视作诸神之王，也是死者之王、战神、权力之神、魔法之神等。——译者
② 参见旧约圣经《诗篇》109篇："愿你派个恶人辖制他，派个对头站在他右边。"这里的对应原文即撒旦（Satan）。希腊化时期，撒旦意义开始发生变化，在犹太文学作品中逐渐凝聚成了具体的狰狞形象，就是那个"头上长角，脚下羊蹄的恶魔大叔"。——译者
③ 指教皇庇护十一世（Pope Pius XI, 1857—1939），第257任教皇（1922—1939年在位）。1933年鉴于德国天主教徒的处境，他同纳粹政府签订协定，但该项协定不久被撕毁；1933—1936年，他对希特勒的第三帝国多次提出书面抗议；1938年意大利步纳粹德国的后尘，实行种族主义，他对意大利的态度发生转变。——译者

估了这门生意。纳粹绝不是富尔达①的主教以及梵蒂冈特派专员那样的诚实生意人。纳粹分子滥用福音，以便重新吓唬德国的天主教徒，并使其误入迷途。然而，他们对其代价仍然负有责任。因为为此主教通告加油鼓劲的东西只会使希特勒一个人获利。在主教通告中，并没有出身于拿撒勒②犹太人的任何扰乱性的附加物。

我们料想，众多德国虔信者现在究竟采取怎样的行动。虽然新教牧师接受了多得多的德国基督徒，但这种情况不是发生在占优势的上层之中，而是发生在占劣势的下层之中。也许，为了教导人们顺从当局，最忠实的路德派"帝国牧师"（Reichspfarrer）缪勒③根本就不需要任何主教通告。除了若干殉道者之外，老路德教大部分牧师早就与权力当局缔结了和约。这样，基督教精神就被忘得一干二净，位居天主教高位的牧师立场与教皇的立场也就趋于一致、同流合污了。尽管许多好的天主教徒参加过人民阵线④，但我们绝不期望这个时期廉价的文化斗争。

因此，我们本该让罗森贝格先生及其《20世纪的神话》听之任之，自取灭亡。他善于理解9世纪的《撒克逊人的刽子手》，并与威德金特⑤一道向人们暗示其中的寓意。但是，我们绝不应忘记把希特勒与基督相比较，把戈培尔⑥与弗朗茨·封·阿西西⑦相比较的那些同伴。我们绝不应忘记在人民阵线中战斗过的西班牙神职人员祭司。我们也绝不应忘记巴达霍斯⑧的一位牧师，面对将被枪杀的工人出身的士兵们，这位牧师勇敢地

---

① 富尔达（Fulda），地名，位于德国黑森州。——译者
② 拿撒勒（Nazareth），又译纳匝勒，是以色列北部城市，历史上位于加利利地区。自中世纪以来该地区大部分被阿拉伯基督徒占领。传说耶稣在该城附近的萨福利亚村度过青少年时期，是基督教圣城之一，有"圣母领报洞"与"约瑟的作坊"等圣地。——译者
③ 路德维希·缪勒（Ludwig Müller,1883—1945），德国神学家，1933年9月，在符腾堡召开的全国教会会议上被选为帝国主教。——译者
④ 人民阵线（Volksfront），19世纪30年代在法国、西班牙等地结成的左翼反法西斯联合阵线。最初社会党与共产党结成同盟，但受到罗马教廷和大资本家的影响以及英国的牵制，人民阵线于1938年解体，社会党与共产党也随即分道扬镳。——译者
⑤ 威德金特（Widukind,730—807），撒克逊公爵，为了传播基督教，曾与扩张领土的查理大帝开战。在此，布洛赫把罗森贝格与威德金特公爵进行比较。——译者
⑥ 保罗·约瑟夫·戈培尔（Paul Joseph Goebbels,1897—1945），纳粹党宣传部部长，纳粹德国国民教育与宣传部部长，被认为是"创造希特勒的人"。——译者
⑦ 弗朗茨·封·阿西西（Franz von Assisi,1181—1126），出生于意大利阿西西（Assisi），为方济各会创始人。——译者
⑧ 巴达霍斯（Badajoz），西班牙西南城市，巴达霍斯省首府。——译者

伸出双臂，用自己的身体保护了他们。我们也绝不应忘记科隆的一位牧师，他冒着生命危险，为五个被处决的共产党人诵读了安灵弥撒。就像许多其他同样的人一样，现在他在集中营里坐牢。这些基督教徒并不认同他们主教的政策，他们将这种政策与基督教所意指的精神疗养院、圣礼所施与的丰富灵感严格区别开来。在此，不言而喻，我们对这些人致以崇高的敬意，因为这些人在风云变幻的社会革命中，在最紧迫的灵魂拯救中，施行洗礼并分发圣餐，从中领悟圣礼的真谛。

如果罗马教会是由权力、神香和胡说等组成的单纯混合体，如果它像从前沙皇的俄罗斯东正教教会（Popenkirche）一样，充满贪婪、欺诈和无知，那么天主教组织就不会准备如此伤脑筋的圣礼仪式了。如果这样，主教通告就会是无人问津的稀罕之物了。伏尔泰已经坚信，他比教会活得更长久，而叔本华则写下了这样一段复杂棘手的句子：“过去的宗教宛如一片树林，在它后面可以集结整个军队。但是，在众多树木倒下之后，还剩下一棵灌木，在它后面隐藏着若干骗子。”① 然而，伏尔泰和叔本华都弄错了"事情的持续性"（Dauer der Sache），特别是后者还看错了宗教实体。因此，反法西斯运动不再参与这种错觉。在纯粹而阳光的人们那里，许多力量在起作用，天主教这一复杂的混合结构可从这些人当中吸取源源不断的力量，不仅如此，它还可从自身的古代组织中吸取伟大的艺术灵感，首先从不属于这个腐化堕落的世界的独立源泉中，吸取富于洞察力的、感觉敏锐的斯多亚学派的伦理思想。②

但是，上述所有内容都强调，今日教会正经历着历史上最危险、最背信弃义的时期。这是一则很有代表性的主教通告，其基本取向是坚信戈培尔污秽不堪的胡言乱语，完全容忍希特勒廉价的蛊惑煽动，浑然没有觉察到反对欧洲文化的实际阴谋。显而易见，主教通告不仅把真理与戈培尔、人性与戈林③、教养与希特勒联系起来，事实上，还与他们打成一片、同

---

① 参见叔本华《附录与补遗》（*Parerga and Paralipomena*, Kap. XV, Über Religion），第 15 章《关于宗教》，第 182 页。在此，叔本华认为，"一旦宗教的秘密得到解决，剩下的就是作为骗子和虚构的领域"。这一宗教观点不仅与费尔巴哈宗教人类学观点相对立，也与布洛赫本人的宗教遗产观点相对立。——译者

② 在此，布洛赫附带阐述了马克思主义关于宗教遗产问题的根本观点。虽然当今梵蒂冈政策与极右保守主义步调一致，但是不能因此就抛弃基督教的全部传统。——译者

③ 赫尔曼·威廉·戈林（Hermann Göring, 1893—1946），帝国元帅，纳粹德国的第二号要人，德国进行侵略战争的元凶之一。——译者

流合污。然而，他们像小天使一样一滴眼泪都不会流。主教通告促使人民阵线的善良天主教徒们一眼看穿梵蒂冈与基督教的、人道的良心之间的差异。通过自身的对外政策，梵蒂冈躲闪到黑夜以及没落一旁去。现在主教通告早已声名狼藉，迄今还从未有过像主教通告那样把教会政策的"脱离宗教运动"（Gottlosenbewegung）规定为如此邪恶的运动。

与其说反法西斯主义的天主教徒通过"防护墙"（Sicherungswall）提供反布尔什维主义的教会，毋宁说，这些教徒由于这堵墙而可以高枕无忧，自由自在。这堵墙之所以既不能吸引也不能迷惑这些教徒，是因为它与希特勒有着千丝万缕、难解难分的联系。主教通告用充满威胁的口吻写道："种瓜得瓜，种豆得豆。"你们应该认识到你们所作所为的结果。如今这句话意味着：我们必须认识到目前梵蒂冈和主教通告方面所酿成的恶果。最后，当然留下这样一个疑问：在第三帝国的所有讲坛上都涉及传教——新教的情况比天主教的情况更不言而喻——这怎么可能呢？

11. 果然如此：为谁而作的圣经？

如前所述，圣经对小人物们直截了当地说话。一切人都能听得见圣经的内容，以至于我们不得不赞扬圣经语言。迄今主牧师一直利用圣经到处胡作非为、恶贯满盈，这一切，大部分都可从圣经出发加以审判和批判。从圣经视角看，圣经能使这些人感到内疚，当然，这一点不只是适用于纳粹时代的主教通告。从前用于焚烧异教徒的木柴垛（其中，加尔文[①]也点燃过一次）也是不很光彩的基督教案例。从前英国、意大利、法国、德国农民战争的牧师们纷纷把圣经作为自身活动的基础，他们理直气壮地说道：他们表达了圣经中人民的真实声音。主牧师绝对没有听见过"阿哈和耶洗碧[②]给我滚开"这一类农民领袖的话，他宁愿以自身使命的名义说话，并且以神圣的口吻奉承圣经，即巴结关于神的恩宠。

然而，难道主牧师不会使用先知的愤怒吗？他不会居高临下，断章取

[①] 约翰·加尔文（John Calvin, 1509—1564），神学家、法国宗教改革家，西欧宗教改革家，基督教新教的重要派别加尔文教派的创始人，曾提出一项重要教义，即信徒"人人皆祭司"的观念。主要著作有《基督教要义》（1536/1559）等。——译者

[②] 耶洗碧（Jesabel），公元前9世纪以色列国王阿哈（Ahab）之妻，为一残忍淫荡的王后。参见旧约圣经《列王纪》上，16章29—31节。——译者

义，从圣经中选择一些别的与主息息相关的内容吗？难道他不会一边亵渎神明或一味虚伪地滥用圣经，一边擅自颠倒若干本文段落，对当局言听计从、俯首帖耳，使其为自己所用吗？因此，在圣经中，到处都可见到上述那种"遍及性"（überall）。尽管圣经论及"涉及你的故事"（De te fabula narratur）①，但圣经并非为一切阶级而存在的。尽管圣经横贯所有民族，但是在其既定形态中，绝不横贯一切阶级，毋宁说，从中围绕着二重要素：对于穷人而言，通常唤起某种恼怒；对于富人而言，并不总是唤起某种愚蠢。

当然，闵采尔乃是第一个利用圣经反抗当局权力的人。在他看来，圣经的真实轨迹在于，阿哈、耶洗碧以及宁录等人反抗当权者的内容。例如，宁录是第一个以我和你的名义战胜众人的人物，而在其他宗教文本中这是不可能发生的。然而，路德认为，在圣经中除了包含内向性因素之外，还包含外向性因素乃至揽权欺压百姓的当局，甚至圣经的某些段落似乎还包含着比莫洛赫文本（Molochtext）更惨无人道的血腥因素。是的，在此，路德借以观察民间表达方式的这个"遍及性"恰恰也是作为"遍及一切的主"而被鄙弃的东西。例如，他在暴民那里学到的表达方式只是"坛坛罐罐的嗡嗡作响"，而绝不是诸如"让我的人民走"这类摩西的妙言警句。今天，当圣经正变得如此乖巧听话之际，人们还能不惜一切代价，内在地、"本真地"、非神话地理解火花一般的圣经内涵吗？圣经的真谛在于从下向上喷发的火焰，而这种火焰将会默默无闻、原封不动地熄灭吗？或者，上面（Oben）、在那上面（Droben）也理所当然是"完全的他者"（Ganz - Andere），而乖乖听话的臣民却绝不能触动他。于是，在这种超自然的"完全的他者"那里，"上面"或"在那上面"便反过来重新发挥特别不可思议的作用，即一种强烈的抑制作用。圣经仿佛不是倾听民众的呼声，而是压制民众的呼声。

因此，毫无疑问，圣经中的伟大热情不仅是献给我的同胞当中的小人物，甚至也是献给有偏见的发牢骚者、抱怨者，甚至有时与此恰恰相反。然而，相比之下，圣经中恰恰蕴含着任何其他宗教书籍中都未曾出现过的独特内容：无以复加、忍无可忍的痛苦，对于出走和弥补（Gutmachen）、他变（Anderswerden）的不可遏制的期待。这种期待很少见之于谦卑的诗

---

① 语出古罗马诗人、批评家贺拉斯（Quintus Horatius Flaccus, B. C. 65—B. C. 8）。——译者

篇，而是多见之于叛逆的约伯以及诸如此类的人物。在此，只有不安宁的人才自始至终都是虔诚的人，同样，也只有在不安宁中保持不变的那种乌托邦的忠诚才长久地存在并深入人心。

第三章
普罗米修斯也是一部神话

12. 自己高高跳起

一个人不加咀嚼、不辨滋味，大口大口，狼吞虎咽。当放在他面前的食物索然无味时，他也食之泰然，毫无挑剔。另一个人则希望食物烹调得有滋有味、色香俱全，他并不害怕细嚼慢咽，仔细品尝，因为最终总是他自己付账。如果有人说，账单早就在高处拟好了的话，他就觉得既没有受到款待也没有受到尊重。正由于自身的权限微乎其微，提出的要求也就太多太多。

13. 从咕哝到抱怨

从外部受到威胁的人首先退回到他自身。对一切事物的恐惧（Angst）也都以这种方式使我们退回到我们自身，以致我们变得苍白无力，孤单寂寞。但是，恐惧本身只是一种不明确的情绪，与害怕（Furcht）不同，恐惧并没有使其成为战栗的、单个的、清楚的对象（Wovor）。人们越是为恐惧的云雾笼罩，他们就越是陷于瘫痪，这种云雾会变成如此灰蒙蒙的一片，以至于人们毛骨悚然、不寒而栗，从中，自我（Ich）束手无策、孤立无援地沉沦下去。然而，这种恐惧恰恰退回到没有自我的内向性中，这使人们变得孤苦伶仃、形单影只，甘愿承受即将来临的一切打击。这种情况无处不在，无时不有。在这种情况下，如果一个人只凭纯粹的内向性行动，他就会陷于一种单纯的盲目状态中。这种内向性使人惶恐不安，卑躬屈膝，于是，我们作为另一个自我溺死在其中。

因此，直到这时害怕才拥有自身的本真性。一旦与外部对象相遇，这种害怕也尽其本分地进行对抗。在神秘的存在面前，害怕（就像在恐惧中一样）也凭借某种清晰的自我，至少也会坚守阵地，保住自己的地位。当受到无情打击时，心胸就变得苦不堪言或虚弱无力；于是，充满痛苦的心胸至少会发出小声咕哝（Murren），这第一次发音是发自肺腑的声音，是借以完全脱离"投票者牧群"（Stimmvieh）的声音。诸如此类的咕哝也会完全停留在内心深处，可以说，这仅仅是某种声学上的挥拳相报，而且也不过是在口袋里握紧拳头而已。

咕哝同样会长久地停留在害怕之内，尤其是在对迫在眉睫的外部威胁、令人胆战心惊的雷鸣般的"上面"威胁一无所知的时候，情况更是如此。然而，在咕哝中，在圣经称为埋怨（Hadern）中，可以着手树立第一根精神支柱，挺起身子走路。但是，那些特别富于预感的人早已振作精神，倾听那尚未说出的**最后的**话，即人应该做什么，应该从事什么。

在圣经中，人们已经发现这两种初始姿态：其一是温柔的姿态，这种姿态总是像狗一样一味地朝着天上卑躬屈节、摇尾乞怜；其二是一种抗拒的姿态，这种姿态总是抗拒管束，好像这种管束大逆不道，绝对无法置之不理。毫无疑问，咕哝也会是恬不知耻或愚蠢透顶，然而，这比摇尾乞怜肯定更富于人性。这种做法总是有理，因为这正是一种向前的做法，比起蒙受主的仁爱聪明一点。

14. "主渴望在黑暗中居住"

有人对某事持有怀疑，因为彼此相处得不好。摇头这一初始姿态比沉思冥想的思想家更久远、更频繁。事实上，这种怀疑姿态总是先于这个人而发生，当我们期待过高，或者怀有不当期望时，这种期待的结局也就是偏颇的。无情责罚孩子的人是由于特别宠爱孩子，正因如此，他不惜把孩子打得鼻青脸肿。殴打的愤怒特别得体，因为对于被殴打的人来说，这种愤怒太高深莫测了，但这种正当性本身却不言而喻，即先行相信自己的做法是正确无误的。否则，面对原本如此命名的、如今还在**进行思维的人**的怀疑，"上面"的权威就危如累卵，岌岌可危了。在此，这种强烈的怀疑与极端的不信任是紧密联系在一起的。

可是，一个大变革的时代到来了，在这个时代，我们之上的巨人们不再占据宝座，特别是，我们不再受人欺骗。如果在其虔诚的、肯定的想法中，这个巨人是反人性的，他本身就会受到应有的审判。约瑟拥抱那些曾把他投入监狱的兄弟们，现在这些兄弟们在他的控制之下，但是，他不计前嫌，与兄弟们相认，这种宽以待人的态度与直到第四代还念念不忘的那个嫉妒成性的神的态度截然不同。① 耶和华因为所多玛城的邪恶而要毁灭该城，亚伯拉罕恳求耶和华，即便所多玛城里只有十个义人也不要毁灭它，耶和华自以为是地应允了，当然有悖于其他协定。这应当说是另外一回事。②

正因这个缘故，这另外一回事就是，在圣经本身中所强调的并不是俯首帖耳的宫廷侍从，而是敢作敢为的异端者。例如，约伯就不会再如此顺应地把自己的儿子当作献祭品。他并没有把虔诚的信仰与对命令、法律的盲目服从不加分别地混淆在一起。

15. 圣经中的相反原则：创世记和启示录（"看哪，这太好了"，"看哪，我把一切都更新了"）③

从"上面"劝说的东西必定是某种可支配的东西。这话仿佛是说给自己的孩子们的，最好的情况下，仿佛是说给需要监护的他自己的孩子们。这并不只是古代圣经中那般所设想的高高在上的主（Herr），事实上，神话固有谱系中的神性存在（Numen）既非特别神圣，亦非特别卑劣。在古代圣经中，除了耶和华神之外，还有其他的神，例如巴力④诸神，他们

---

① 参见旧约圣经《创世记》45章1—15节。——译者
② 参见旧约圣经《创世记》18章16—33节。——译者
③ 在本章中布洛赫强调如下要旨：耶稣的思想本质上可归结为一种基于末世论的人类解放思想。以往的宗教一边崇拜"上面"的神，一边与权力体系相勾结，与此相反，耶稣的思想关注尘世人间，与下层穷苦老百姓站在一起。作为人子，耶稣的思想不是植根于屈从权力的"再结合"（re‑ligio）精神之中，而是植根于广大被压迫者的不满和反抗精神之中。根据布洛赫的理解，耶稣的解放思想与普罗米修斯的反抗乃至痛苦一脉相承。——译者
④ 巴力（Baalm），Baal或Bel的复数形，女性则为Baalath，在闪语中意味着"领主""所有者"，当时与太阳神意思相等。后经演变，巴力跟"上帝"一样，所代表的就是"神"。巴力并非一个特有的神名，随着时间、地点不同，他所代表的是某一地方神，例如，巴比伦主神马杜克（Bel‑Marduk），腓尼基主神夏满叙（Baal Shamen）等。——译者

只是比耶和华虚弱些而已。以利亚①尽情嘲笑巴尔，也许他正在酣睡，也许在旅途中，因此他无法接受其献祭品。在此，尚不明确的只是，他是嘲笑巴尔祭司们的单纯的**妄想**（Wahn）还是仅仅视其为实在的神，从而嘲笑他是一个反对耶和华的无力的竞争性神祇。

然而，对于我们重要的是，神谱中的耶和华是如何从单纯的一个神（Einer）演变成唯一神（Einziger）的。进言之，他是如何从单纯的单一神（henotheistisch）被尊奉为唯一神（monotheistisch）的。正是由于这一变化，耶和华神的概念就由神谱中的一隅之神一跃而成为掌管一切人的主，亦即成为全世界的主和造物主（Schöpfer）。不过，耶和华的**造物主**这一特征可谓独一无二、绝无仅有，因为这种特征全然不见于其他民族的世界主宰之神，例如希腊的宙斯、巴比伦的马杜克等诸神中。正如旧约《诗篇》所述，在此这一特征起一种决定性的刹车作用，即阻止陶罐对陶工表示不满。② 不是陶罐埋怨陶工，而是六日内完毕作业（这之前，第三天、第四天、第五天创造了众多生命）的造物主如是说："看哪，这太好了。"

由上所见，我们难以同意下述假说：即在世人恶行猖獗的诺亚时代，主对他所创造的人后悔不已。在创世记与诺亚时代之间分明存在原罪，不仅如此，天国之蛇、替罪羊充分表明，主所创造的一切并非十全十美。相反，我们宁愿接受下述假说：世上一切并非都是按照造物主的意志所创造的。那就是说，自由是借助于蛇走进世界的，然而，自从人对神第一次拒不服从以及随之从天国被放逐到整个世界以来，这个世界上就发出了大声诅咒，而这种诅咒首先彻底减轻了世界造物主（还有蛇）的负担。无论如何，从现在起，这个造物主对自身所创世界的贫乏熟视无睹，不加干预。

神是世界的形象，但是，世界上的大部分宗教并不分享这一想象。不仅如此，在如此表达的观念中，对神的产品人们也并非那么称心如意、非

---

① 以利亚（Elia, Elias），圣经中的重要先知，生活在公元前9世纪，即以色列王国灵性衰微和反叛神性的时代。他常以神的旨意审判以色列，施行神迹，受到以色列王室逼迫。以利亚这个名字，意即"耶和华是神"。他忽然出现，不知从何处来，最后未经死亡就直接被神接去，故有人称为神或神的代表。——译者

② 参见旧约圣经《诗篇》80篇5节；《以赛亚书》45章9节。试比较庄子的话："今一以天地为大炉，以造化为大冶，恶乎往而不可哉！"——译者

常满意。在此，毋宁至高的神被尊奉为与地上的贵族相称，到处游手好闲、优哉游哉。因此，战争和统治原本与造物主的特征毫无相干，根据宙斯、马杜克、阿蒙①和雷②等神的想象，在这个世界上也绝不出现用以制作某物的黏土块。

也许，《创世记》的造物主（Demiurg）想象起源于古埃及中期王朝，这时期首都孟菲斯的人们已把那里的雕刻艺术之神普塔（Ptah）变成了埃及的王国之神。现在，造物主的工作不再是亵渎创造物，而是使其创造物完全独立于生产行为。在这件事上，不仅像雷或马杜克所表明的那样，而且像许多别的神所表明的那样，这个本来的统治者也很少丧失权力和支配的特性。是的，在古埃及，在绝对信奉占星术的巴比伦，当象征太阳的东西销声匿迹之后，造物主就通过创造这个太阳而爬上了太阳上方。根据《诗篇》记载，他把地球当作踏板向上攀援，在最高的天国上面，他作为超世界的存在重新头戴王冠、正襟危坐，同时，他成了唯一的存在，一个可视的存在之上的不可视的存在。

显然，下述说法越发前后不一致，漏洞百出：即这样一个创造万物的、全知全能的神的实体居然在世界的某个地方设定了贫穷（Elend），并且在某个世界上，这种贫穷多少赢得了位置。当主的固有民族定居迦南地方时，那里几乎并不拥有神所承诺的任何幸福。相反，围绕犹太人的是虎视眈眈、侵略成性的亚述人、梅德人（Meder）、波斯人，以致发生了"巴比伦囚禁"③事件，安提阿古伊彼凡尼污损圣殿事件④等。罗马人大举摧毁寺庙，几乎把耶路撒冷夷为平地，最终导致犹太人分散到其他各民族中。

---

① 阿蒙（Ammon），古埃及底比斯的主神，随着底比斯成为埃及首都，阿蒙成了全埃及的主神，代替了"拉神"的地位。——译者

② 雷（Re），古埃及太阳神、诸神之王、人类的创造者、国王法老的守护神。——译者

③ 巴比伦囚禁（die babylonische Gefangenschaft），指公元前598年和公元前587年，在犹大王国先后被征服之后，犹太人被大批掳往巴比伦的事件。第一次放逐可能发生在西元前597年约雅斤国王被废黜以后，或者是在公元前586年尼布甲尼撒二世摧毁耶路撒冷之后。公元前538年波斯居鲁士大帝征服巴比伦，并准许犹太人返回巴勒斯坦，但一些犹太人选择留在巴比伦，是为海外犹太人之始。被俘期间，尽管在外国领土上有异族文化的压力，但犹太人仍保持其民族精神和宗教信仰，同以西结等先知们一起保持信、爱、望。——译者

④ 安提阿古伊彼凡尼（Antiochus Epiphanes），叙利亚王，据记载，他曾占据耶路撒冷，在圣殿内筑造拜偶像的祭坛，为消灭犹太宗教，吩咐犹太人吃猪肉。犹太人遂起而反抗，三年后，犹大马加比率军以寡敌众，打败了叙利亚王，洁净并修复祭坛与圣殿，把他们重新献给了神。——译者

概言之，晚期古代世界的时代精神与过去迥然不同：人们纷纷逃避固有的世界，避开世界创造的行为，这种倾向侵入信奉创造主神的犹太民族的心坎里。这个曾经高喊"看哪，这太好了"的民族，如今突然追求寂静，一边呼喊"安静，安静"①，一边促进创业。这一时期，由于坚信斯多亚学派所谓的"神秘命运"（Heimarmene），人们终于把命运妖魔化，不仅排除了造物主的辅助地位，也勾销了某一原罪的所有事后辅助结构：现在邪恶的精灵居住在天底下，人们认为，地上世界并不是天上掉下来的世界，而是从一开始就为某个邪恶的世界灵魂所创造的。

因此，从这时起，二元论（Dualismus）就开始支配时代精神，在圣经中，这是以**创造**（Schöpfung）与**拯救**（Rettung）之名万万没有预料到的一种思维方式。这种二元论无非是自天国之蛇以来，圣经中潜伏的、被压迫的思维方式（在此，所谓"天国之蛇"并不是苹果中的蠕虫，而是与人的认识过失有关。）② 也就是说，在此弥赛亚之梦深入人心，更确切地说，弥赛亚并不是我们之上（über-uns）的那个造物主，也不是造物主—主神派遣的救世主，而纯然是我们面前的（Vor-uns）弥赛亚，一个"出走的"（Exodus）弥赛亚。他从庞大的埃及，从业已完成的世界本身的粗劣作品中迁出来，过红海，到西奈，建立自己的新家园。这样，我们的原则就不是从现存世界中引导性地抽出的东西，而是作为弥赛亚之梦导入现存世界中的东西。在一个更美好的世界中，在唯一真实的世界中，从而在基督教的信仰中，这一原则被称作没有贫穷和统治的永恒（mellon aion）。

虽然如此，问题取决于如何看待人，即人的价值是渺小还是伟大？如果人们是"堕落的"，以至于一半或全部腐烂透顶，那么他们甘愿无恶不作，误入歧途。根据马丁·路德的说法，自从蛇的毒液扩散以来，人的样式从青年时代起就已经变坏，甚至腐烂不堪，无可救药，因此人早就罪该万死，死有余辜。至少，天主教认为，道德上人的样式十分虚弱，所以，在此这种呼唤也是有效的："主啊，抬起马车。"③ 马车必须被抬起来，惟

---

① 在此，布洛赫所用"安静，安静"（Paue, Paue）一语源于"镇静、中止"（παύω）。
② 后面将提到，天国之蛇对亚当和夏娃的一番话："如果发现善恶有别，这样就跟神是一样了。"（Eritis sicut Deus, scientes bonum et malum.）这就是说，人有权违反造物主的法则，并超越这种法则。在此所谓最高的神不是指耶和华，而是指后面出现的基督。据此，布洛赫认为，关于天国之蛇的一番话中包含着一种弥赛亚的解放思想。——译者
③ 语出瑞士宗教改革家茨温利（Huldrych Zwingli, 1484—1531）的赞歌，全句为："主啊，抬起马车，免车斜行。"（Herr, nun heb den Wagen selb, Schelb wird sonst all unser Fahrt.）——译者

其如此，万物的创造主才能作为万有的拯救者闪亮登场。为此，恰恰需要替罪羊、姨母魔鬼，而这个魔鬼正是闯入普塔—耶和华惊异艺术品中的恶灵。但是，归根结底，现在"主啊，抬起马车"这句话同样诽谤被统称为历史的一切创造物的运动和思维运动，即诽谤人的历史以及人所创造的**历史**。

在奥古斯丁那里，历史具有末世论的救赎功能，他第一个强调指出，作为一种戏剧进程，历史范畴具有引起各种事件的行为以及解决问题的出发点。大部分古希腊历史学家都把具体的历史事件视为只是永恒反复的上升与下降过程①，但是，他不再把历史事件视为循环往复的升降过程，而是视为一个有始有终的过程。他宁愿通过圣经来解释历史，所谓历史就是富人、恶人以及神的王国之间的战斗，并且最终以神的王国的胜利而告终。

尽管奥古斯丁高度重视位于人心中的强有力的、能动的意志，然而，在这里并不发生任何实际的人的现实性，除非这种现实性绝对追随神的意志。在他说来，人的使命就是在历史中追随神的拯救行为，并为最后时代（通过教会）以及最后审判做准备。这样，在奥古斯丁那里，历史的目标就是，通过发现所有戏剧性的历史概念，通过辨明其所有启示性的终极目标，把救世主设定为地上时代中的一个转折点，以便在历史与王国创造之间进行一次**飞跃**（Sprung）。因此，他的历史观深深植根于一神论的绝对主义之中，拥有巨大的影响范围，尽管他把历史视为对"世界中神的国度"的一次朝圣，但是，这种历史观终归是地地道道的"反历史的"（a-historisch）历史观。这方面，奥古斯丁的观点与卡尔·巴特②的下述观点很近：巴特认为，对人而言，神的行为绝不是历史，而仅仅是"包装漏斗"，因此，神所历史地指明的方方面面都是虚假不实地呈现的。

即便如此，当奥古斯丁要拯救他的世界的时候，这个充满嫉妒心的造物主也没有让他见到来自人类历史本分的光亮。所谓亚伯拉罕、耶稣的**救世史**（Heilsgeschichte）全都是从上面规定的，否则，奥古斯丁也不至于

---

① 古希腊神话中，命运被描述为"俄尔浦斯的车轮"（orphisches Rad）。参见 E. 布洛赫《希望的原理》，法兰克福/美因，苏尔卡姆普出版社 1959 年版，第 1308 页。——译者

② 卡尔·巴特（Kael Baeth, 1886—1968），瑞士神学家，他认为，神是"绝对的他者"。人只有通过完成自身的信仰，只有通过耶稣基督的启示行为才能把握到神。因此，任何试图缩小和消灭人与神之间间距的做法都是罪恶行为。布洛赫把巴特的这种见解称作"屈从"，在他说来，基督徒不应试图俯伏在耶和华的脚下，而应成为耶稣基督一样的"人神"而奋斗。——译者

把这部历史视为一种无助的、误入歧途的朝圣。

综上所述，令人惊讶的是这样一些事项：作为造物主的神与作为救世主的神是同一个；由于替罪羊、破门而入的恶魔和魔鬼，作为造物主的神及其作业就大大减轻了自身的负担，如此等等。说到底，这一切都排除了普罗米修斯。是的，古代的造物主恰恰活动在**启示录特性**（Apokalyptischen）中，并且通过启示录特性中的飞跃确认自身。不过，这种启示录特性本身并不需要任何人的创造性及历史。

这种时间上的飞跃与启示录的内容完全相悖。换言之，这种飞跃与神就是救世主的等式完全不符，与"看哪，这太好了""看哪，我把一切都更新了"这类话语格格不入。这已经与在莫利亚山（Morija）上所见的主的不同面貌不一致①，这也与那个神的原则，即不仅拒斥破门而入的恶魔，而且反对所有旧的起源的原则相矛盾。因此，这恰恰与圣经内容的实际飞跃相矛盾："看哪，我造新天新地，从前的事不再纪念，也不再追想。"②"因为先前的天地已经过去了"③。

尽管如此，在此从有神论视角，也全盘取消了太古的东西。由于原罪、恶魔的闯入以及某一创造的单纯循环，面对堕落和闯入（Einbruch）的"原初状态"，激进地突然来临的新东西变得十分复杂，以至于不得不重新追溯过去的历史。在人之中，激进到来的新东西必须作为再生的东西脱颖而出，而在世界之中，这种新东西必须作为"神化"的东西呱呱落地，因此，同样必须重归昔日天国，重建自然。

当然，在此我们无需援引柏拉图的"回忆说"（Anamnesis）④以及"理念的永恒秩序"（ordo sempititernus idearum）也能说明下述观点："理念下面是新的"（Nil novi sub idea）。但是，因为一再回归作为拯救者的造物主，所以在此混合着"整合中的重建"（restitutio in intergrum），即某

---

① 据旧约圣经记载，所罗门王在耶路撒冷的莫利亚山为至上之主建造了一座宏伟神殿，名为"王之神殿"。原本这神殿应该由他的父亲大卫去建造，但是由于大卫杀人过多，因此便落到儿子的头上。——译者

② 旧约圣经：《以赛亚书》65章17节。

③ 新约圣经：《约翰启示录》21章4节。

④ 根据柏拉图的"回忆说"（Anamnesis），一切知识都是回忆。人在出生以前，灵魂中原本已经具有关于理念的知识，只是在灵魂和肉体结合而出生之时忘记了。因此，在人出生以后，必须经过回忆，才能记起从前灵魂中固有的知识。布洛赫认为，这种知识论的实质是把人的认识完全局限在"过去"，从而割断了人对未来视域的指向。——译者

种回归的服从，某种凭借服从的回归。虽然第六日作业连同天国（按照黑格尔的说法，这天国是这样一座公园，除了动物，任何人都无法停留①）最终在启示录中没有得到重建也罢。有鉴于此，在天国的最极端的梦的图像中，只有一个远离世界的天国的耶路撒冷仍作为美好的东西留了下来。

当然，这种宗教图像也是从上至下"闪击的"，但是，这是为这种人预备好的："就如新妇妆饰整齐，等候丈夫。"② 不过，路德之所以把圣经的最后一部书命名为"雇佣兵头领的骗人口袋"③ 并非没有理由。然而，圣经中所记载的末世论，甚至在自身中所描述的全部神话既不是内向的心灵奥秘，也不是不可企及的禁忌。进一步讲，这种末世论和神话与君主、世界之父、被指定的当局也没有直接的关系。相反，在所有"再结合""返回联系"（Rück‑verbindung）中包含着最强烈的不满情绪。从中所蕴含的降临思想（Adventistische）完全不具有所谓"理念的永恒秩序"（ordo sempititernus idearum）的特征。

16. 神话中的区分，反对布尔特曼单纯的灵魂休息，但同样反对奥托与卡尔·巴特去人性化的遮蔽者，包括普罗米修斯在内的一切神话都要求脱神话化吗？

（一）远离厚重的故事④

对于单调的、令人昏昏入睡的声音，人们很少大声说话。通过删繁就简、言简意赅，一些东西看似焕然一新，然而，我们却在另一方面变得头昏脑涨、不得要领。远离古老的故事（Mören），这是完全正确的，我们必须除去这些故事中的废话以及所谓当时粗鲁的幽灵，但是，我们不能一概否定古代传说中从上至下传下来的知识和消息。这种知识和消息始终像幽灵作祟一样阴森可怕，因此，人们仅仅内在地倾听，或者当作传说收

---

① 参见 G. W. Fr. 黑格尔《关于逻辑学与形而上学讲义》（*Vorlesung über Logik und Metaphysik*, ad §25, Heidelberg, 1817），25 节，海德堡 1817 年，第 40 页。——译者

② 新约圣经：《约翰启示录》，21 章 2 节。

③ 参见本书《前言》；另参见 M. 路德《约翰启示录序言》，WA. 第 5 卷，第 65 页。

④ 鉴于主题、动机等因素，在此布洛赫区分了童话与神话。童话与神话都承载着科学以前的想象，但是前者通常聚焦于个人、被统治阶级的勇气、知性和智慧，而后者通常聚焦于统治阶级用作意识形态的权威神的权能。——译者

回，但是，正因如此，其内容恰恰不该是"神话的"东西。

与此不同，人们把耶稣的"种种神迹"以及所谓"自愿被钉在十字架"①的假说说得头头是道、煞有介事：这两种假说都无把握地逆潮流而动，但是，这种谦卑地屈从既定命令的态度，想必具有相同程度的神话要素。由于此，这一点恰恰与关于存在的心灵生活的现代想象相抵触：按手礼是可能的，而空坟是不可能的。因此，也许我们有必要对古老的故事本身加以仔细辨别，以便恰好从中精确地洞悉神话因素。就神话般的人的行为而言，这种故事的寓言（Fabeln）是否合适？或者，是否由于对这种故事加以美化、压制而曲解了寓意？对于我们来说，作为寓言还在我们耳边回响的东西并非远在天涯、遥不可及吗？

想要辨别故事，首先要在流传下来的音色（Ton）之间进行区分。尽管音色同样属于非科学的传承，但是，古老的资产正是通过它而显现自身的面貌的。童话（Märchen）的音色是可以感觉到的，但是，民间传说（Sage）以及与其神话相关联的东西却是另外一回事。在童话中，音色向我们讲述离奇古怪的故事：于是，听者的热情就伴随着童话中的情节熊熊燃烧起来，什么样的力量也无法把它熄灭。其次，童话、传说和神话是由不同的社会**阶层**制作的。童话反映了平民的恳求，而传说和神话则反映了统治欲望。在前者中出现的是众多的孩子和穷人；而在后者中出现的是巫婆和巨人。勇敢的裁缝姑娘为寻求幸福出嫁巨人为寻找大王踏上途程宙斯对永恒的臣下愤怒地显示雷鸣闪电，这些故事之间存在鲜明的区别。尽管格林童话《巨人的玩具》十分亲切地描写了主人公，但他仍占有农奴，行使权力，在这一点上，这部童话更接近神话。与此相对照，由于具有变革和解放因素，所以安徒生的《丑小鸭》②不仅是一部最真实的童话，同时也是一部最美丽的童话。

当然，童话、传说乃至神话都充满着科学以前的想象，这是毋庸置疑

---

① 在本书中，布洛赫认为，耶稣被钉死在十字架上的传说是一种神学谬见。历史上的耶稣从未为洗刷世人罪恶而自愿被钉在了十字架上。——译者

② 丹麦作家（Hans Christian Andersen, 1805—1875）的作品。故事梗概如下：一只"丑小鸭"，事实上是一只美丽的天鹅，但因为它生在一个鸭场里，鸭子觉得它与自己不同，就认为它很"丑"。其他的动物，如鸡、狗、猫也随声附和，都鄙视他。它们都根据自己的审美标准对他评头论足。有天晚上它看见一群漂亮的大鸟从灌木林里飞出来。原来，这就是天鹅，后来天鹅发现这只"丑小鸭"是它们的同类，就向它游来，用嘴亲它。原来，"丑小鸭"自己也是一只美丽的天鹅，即使它生在养鸭场里也没有什么关系。——译者

的。然而，在目标和结局上，童话与神话截然不同：童话里的主人公总是凭借勇气和计谋攻坚克难，勇往直前，而传说和神话中主人公总是以权压人，仗势欺人。诚然，童话中也难免混合着神话因素，例如，关于小红帽①与狼的童话原是天上某个星星的神话，但是，这期间蜕变为众所周知的民间神话。与大多数神话不同，童话不再奢望来自神的知性，相反，它自发地利用自身的知性。

对此，我们从现代视角说明如下：许多童话中都充满着卓别林②式的幽默和智慧。因此，持反动解释的人认为，童话是"缩小的神话"，但这是不符合事实的。童话无需除魅的神话。传说带有封建主义倾向，神话带有专制政体倾向，与这种反动倾向不同，童话带有渴望拯救的倾向。是的，在童话中，神秘的因素正是通过其他亲和力而得到自救。其他类型的神秘因素表明**第三层重要内容**：在神秘因素本身中承载着科学以前的内容，但是，从中我们必须区分**支配世界的一巨人般的东西**与最小的反叛王宫的东西。

一些神话中，往往包含着重要的不合常规性，对此童话恰恰十分敏感，例如，关于天国之蛇的神话。在这部神话中，包含了普罗米修斯的一切叛逆因素，在这部神话中，甚至独一无二地（sui generis）反映了某种神话般的东西。的确，这部神话与宙斯神话有着决定性的差异：宙斯用云雾笼罩他的天空，而普罗米修斯这个叛逆之神却逃离了神的空间。特别是，在希腊戏剧中，我们发现人比他的神更好，在此，恰恰蕴含着普罗米修斯传说的主旨本身。

如果将上述一切全都作为神话"脱神话"，即不问青红皂白地全盘抛弃，那么圣经中的众多反潮流故事就会失去自身的意义。圣经的启蒙意义恰恰不在于模棱两可、朦胧不清的内容，而在于闪闪发亮、熠熠生辉的内容。试想天国之蛇③的故事：如果从宙斯的云雾，即另一类型的、重视异

---

① 小红帽是德国童话作家格林的童话《小红帽》中的人物。"小红帽"的故事版本多达一百多个。小红帽最早的结局是被邪恶的野狼吞噬。后来，在格林兄弟笔下，勇敢的猎人杀死大野狼，救出了小红帽。在晚近的版本中，小红帽又用剪刀剪破大野狼的肚皮，自己拯救了自己。在某些版本中，小红帽甚至成为充满情欲的性感女郎。——译者

② 卓别林（Charles Spencer Chaplin，1889—1977），英国喜剧演员及反战人士，后来成为一名非常出色的导演，尤其在好莱坞电影的早期和中期，他非常成功和活跃。他奠定了现代喜剧电影的基础，在无声电影时期，卓别林是最有才能和影响最大的人物之一。——译者

③ 关于"天国之蛇"，详见本书第34章。——译者

质性的神话上看，这个故事的内容就显得很不恰当。今天，鉴于自身的"生存"（Existenz），许多脱神话学者都热衷于把关于天国之蛇的故事解释成无害的、可爱的东西。即使是关于天国之蛇的故事纯属科学以前的神话，今天也一再被视为有效的：仿佛天国之蛇乃是理性这一女神的毛虫。

显然，这是一种反神话的怀疑，但是，对此，我们最后以第四点，即以完全不同于科学以前的方式提出批判。也就是说，鉴于一些神话的解释，尤其是**与古代自然视线有关的**占星术的解释，这种批判是可能的。毫无疑问，在古代神话和星相神话中，对自然的恐怖和无知占有显著比例，不仅如此，还到处充斥着各种胡说八道：从神圣的母牛、月亮角到以利亚的燃烧的战车，可谓无奇不有，令人啼笑皆非。

但是，在此我们发现与此截然相反的特征，即一种地地道道的**质的**（qualitative）自然观察方法。自然中的**质的因素**（qualitatives）亘古如斯、生生不息，不仅远远超出神话中的原始要素，也远远超出弗里德里希·席勒的《希腊诸神》①所刻画的特征。虽然自然的质的因素完全丧失了物理学上固有的对象和本来的家乡，但是，它依然活跃在关于自然美、自然崇高的"感情"（Gefühlen）之中，活跃在有关绘画和诗作所描画及陈述的图像中。在对质的特征感到极度陌生的现代物理学一旁，这些艺术作品的旧式空间至少向我们表明某种紧迫的问题。与布尔特曼相比，在《〈政治经济学批判〉导言》结尾中，马克思甚至更加和缓地说道："希腊神话不只是希腊艺术的武库，而且是它的土壤。"② 在神话中，缺少的正是与科学相关的东西。马克思认为，在神话中，"质的特征""形式"始终怀有自身的意图，但他不承认独立自主的神话记忆类型。我们既不要盲信古代的东西，也不要盲信始终从上至下地传达的所谓启示，但我们必须相信质的特征，亦即客观美在某一界限（a limine）内的可讨论性。

---

① 席勒的诗篇《希腊诸神》，1788 年首次发表在维兰德主编的《德意志信使》上。在这篇诗歌中，他认为，古希腊时代，美、真实、艺术以及自然浑然一体，人们快乐地生活并在神的恩宠下乐观地死去。这种乐观主义世界观受到德国考古学家、艺术学家温克尔曼（Johan Joachin Winckelmann,1717—1768）思想的强烈影响。——译者

② 参见马克思《〈政治经济学批判〉导言》，载《马克思恩格斯选集》第 2 卷，人民出版社 1972 年版，第 113 页。——译者

这样，根据十分古老的"一即全"（Hen kai Pan）的思想，开普勒①认为，存在一个十分压制美观的领域，即音乐般的宇宙论。与作为严密科学的自然科学领域不同，这种宇宙论从另一个侧面观察自然，即完全借助于毕达格拉斯②的神话回忆。由谢林③继往开来的浪漫主义自然哲学本身渊源于巴拉塞尔士④、伯麦⑤等的思想，在他看来，仿佛自然的神话图像，甚至原始的类似性也尚未消失殆尽。谢林的这种观点在巴德尔⑥那里有所不同地，在黑格尔⑦那里部分相似地推向了顶峰。自然中的神话图像有时十分可疑，但是，它有时像洞穴中的浮士德一样，有助于我们观察隐匿不见的火。

在这最后一点中，童话也表现出若干不同的神秘因素，即不在普罗米修斯⑧的英雄业绩中，而在伯麦所描述的俄耳甫斯⑨自然生命力的飒飒作响中显现的神秘因素："根源、痛苦、质"（Quell, Qual, Qualität）。在此，问题不在于想象中的谋杀，而在于通过光的神话的破坏、拯救等辩证法的

---

① 约翰尼斯·开普勒（Johanns Kepler, 1571—1630），德国天文学家，他发现了行星运动的三大定律，分别是轨道定律、面积定律和周期定律，为哥白尼的日心说提供了可靠证据。同时，他对光学、数学也作出了重要的贡献，被誉为现代实验光学的奠基人。——译者

② 毕达格拉斯（Pythagoras, B. C. 572—B. C. 497），古希腊哲学家、数学家和音乐理论家。——译者

③ 谢林（Friedrich Wilhelm Joseph von Schelling, 1775—1854），德国哲学家。——译者

④ 巴拉塞尔士（Philippus Aureolus Paracelsus, 1493—1541），瑞士炼金术家及医生。——译者

⑤ 雅可布·伯麦（Jakob Boehme, 1575—1624），多明我会神秘主义者和哲学家，他的学说是一种自然哲学与神秘主义的混合物，他被誉为当时最伟大的内在性文笔哲学家。此外，他还提出了"物质作为万物之原始母腹"的理论。主要著作有《神性存在的三条原则》（1619）、《心灵的四十个问题》（1620）、《伟大的神秘》（1623）等。——译者

⑥ 弗朗茨·巴德尔（Franz Xaver von Baader, 1765—1841），德国宗教哲学家，神学家、天主教平信徒，视野开阔，思想尤其广泛，包括神学、哲学、神秘学、宗教学、社会学、政治学、经济学，并将黑格尔思想与托马斯·阿奎那思想加以整合。自称其思想为"生命、爱、自由与祈祷的哲学"，有名言"我被（天主）思念，故我得以思想"（Cogitor [a Deo], ergo cogitans sum）。著有《思考的酵母》五册（*Fermenta cognitionis* I - V, 1822—1825）、《思辨信理神学》（*Dogmatica speculativa*, 1827—1828）等。——译者

⑦ 黑格尔（Georg Wilhelm Friedrich Hegel, 1770—1831），德国哲学家。——译者

⑧ 普罗米修斯（Prometheus），在希腊神话中，是泰坦神族的神明之一，名字的意思是"先见之明"（Voraussicht）。是地母盖娅与天父乌拉赫斯之子伊阿佩托斯和克吕墨涅的儿子。普罗米修斯教会了人类包括利用火在内的许多知识。——译者

⑨ 俄耳甫斯（Orphis），古希腊色雷斯地方的著名诗人与歌手，其父亲是太阳神和音乐之神阿波罗，母亲是司管文艺的缪斯女神卡利俄帕。这样的音乐艺术身世使他生来便具有非凡的音乐天才和艺术才能。——译者

同时性。实际上,神话中的神秘因素离迷信相距甚远。此外,"神—正论"(Theo‐dizee)、"神—学"(Theo‐logie)只是不合时宜地把假象"脱神话",这种做法就像"这里是罗陀斯,就在这里跳吧!"(Hic Rhodus, hic salta!①)一样,全盘否定过去,盲目寻找新东西。

此外,在有人纷乱无序地追逐某物的地方,我们必须特别冷静地区别一切。在下述意义上,我们必须保持冷静:我们不能断定所有的猫全都是黑的,我们也不能把一切童话都说成是无稽之谈。我们不能一概而论,不能无视在神话中推动一切光的要素。相反,对这一切我们恰恰应当采取区分的态度:对蒙昧主义要素应当连个手指头也不碰,但在神话中,我们也许发现(在语源学上,正确地理解为带来光的东西)"恶魔中带来光的东西"(Luzi‐ferisches)。有一次,连同其他一些人,歌德把尚未分化、悬而未决的自然称作"神秘的明朗之日"。在消除神话之后,这也可被视为个人主义的反社会、反宇宙残余。

对此,在《痕迹》一书的《仅仅敲就够了》中,我这样写道:"于是,我们感觉到人是尚未完成的,正因如此,不能半途而废。"② 对此,我在《这个时代的遗产》一书的《梦的假象,年集和通俗小说》中,进一步表述说:"童话在年集中得到阐明,尤其在从中标明反抗特征,与此相对照,神话源自童话,具有忍受命运的特征……但是,即使在神话中,也贯穿着人的战争以及对掠夺一切的主的胜利。"③ 在《文学论文集》一书的《破坏,通过光的神话的拯救》中,我进一步写道:

> 这类东西已经像童话一样收场,并且,这一切都是可能的,童话中的主人公克服无数艰难困苦,救出自己和心上人……但是,除了在奥林匹斯和乌云中的王冠之外,在古老的、神圣的、风靡一时的宙斯神话中,不也包含普罗米修斯要素吗?此外,在革命图像中,不也存在诸如在巴士底狱废墟上翩翩起舞一类的原型要素吗?这里强烈渗透着普罗米修斯反抗精神,这种精神重新回忆起古代黎明乃至明媚春天的神话,沐浴明媚灿烂的阳光,从而改变其职能……关于树木、河

---

① "罗陀斯"通译为"罗得岛",是一个靠近现今土耳其西南海岸的希腊属岛屿。此语出自《伊索寓言》中的故事:《说大话的人》。——译者
② E. 布洛赫:《痕迹》(*Spuren*,1959),第 160 页。
③ E. 布洛赫:《这个时代的遗产》(*Erbschaft dieser Zeit*,1962),第 182 页。

流、海洋、山脉等的体验决不是为电磁波的长度所能阐明的，文学作品和美术作品并不能把这种体验加以形象化，同样，哲学思维也无法将其穷尽耗竭。①

在《这个时代的遗产》一书的《物理学的相对论》中，我继续写道：

那么，在自然中也存在某种遗产问题吗？迄今自然概念形成于个别的历史连续性，这样，它就被划分为原始动物、魔力、质等若干等级。那么，在自然概念中，除了意识形态，还有什么东西被共同标明和传达吗？在某个地方，我们可以发现自然这一巨大趋势存在的某种动机吗？②

特别是，在《希望的原理》一书的《虔诚人性中神圣的东西》，我这样写道："王国作为宗教的核心概念保留下来，在占星术宗教中，作为结晶保留下来，在圣经中，凭借总体意向的突破，作为崇高保留下来。"③一句话，从前可通行的、化简的宗教国度仍然能够存在于作为勿忘草所具有的那种特性之中，这表明，只有凭借特殊的想象才能测定从前这个宗教国度，并且，这个领域是尚未完成的。

（二）布尔特曼的善的宗教密室，"现代人"④

因此，就童话、传说和神话而言，如果只有一种狭隘的思考方式是很不充分的。与宁静而有价值的小室相关，如果有人现在从中打招呼，我们会"啊"的一声说："本来就如此"。在这样的密室中，仿佛"灵魂上的帮助"（Seelsorge）并不需要那么多的空气，同样，仿佛只有在外部神话中空气才变得如此稀薄且压抑，以至于透不过气来。

简单地说，**布尔特曼**早就发表过富于特色的演讲，1941 年以后，他

---

① E. 布洛赫：《文学论文集》（*Literarische Aufsätze*，1965），第 345 页。
② E. 布洛赫：《这个时代的遗产》，第 294 页。
③ E. 布洛赫：《希望的原理》（Ernst Bloch，*Das Prinzip Hoffnung*，1959），第 1441 页。
④ 在此，布洛赫锐利地批判了布尔特曼的脱神话神学理论。在布洛赫看来，布尔特曼的末世论是建立在脱神话基础之上的，充其量是一种狭隘的哄劝灵魂的自我认识。——译者

标榜"脱神话"（Entmythologisierung），即与海德格尔①的存在主义一道，主张一种现代科学意识，因而他的**脱神话**理论与"曾经想过的东西"（Je-meinigen）这一现代基本精神状态是紧密结合在一起的。他的脱神话立场好比私人吸管，一味吮吸"曾经想过的东西"以及圣经中所提到的东西。据说，其中仅仅承载纯粹个人主义（既不包括社会的"人"，也不包括世界的"存在者"）因素。在今日部分基督徒身上，还残留着这种纯粹个人主义的、离群索居的因素。对于基督徒来说，肉体的、社会的和宇宙的一切东西都是"世界的"东西，即都是堕落为宗教世界的东西，为了圣洁的灵魂，我们无需担心这一切。

上述看法既缺乏积极进取的意识，也没有领悟到下述事实：圣经是在生存之中向着生存说话的。否则，圣经等于什么也没说，至多是"对某物"说些什么。如果圣经只是涉及某物，那它只应属于科学以前的东西、神话的东西。根据布尔特曼的观点，圣经充其量是科学上无意义的废话，无异于基督教世界不可理喻的垃圾。正如不纯洁的神话一样，所有"对象性的"（gegene）意识本身都是完全世俗的东西，从而与信仰的纯粹"现状的"（zuständlich）亲密性毫无共同之处；因此，像现代人一样，恰好是那些信教的人不相信圣书（不同于无世界的启示）中所有神秘的"陈述"。

布尔特曼这样写道："启示并不促成任何世界观知识，而只是言说。""那么，什么东西变得显而易见呢？只要根据教诲追问启示，就什么也没有。但是，只要人睁开眼睛，亲眼目睹，这一切就重新变得可理解了。""所谓启示可标明为对隐匿不见的东西的那种显现，这种启示对于人是绝对必要的、也是决定性的，借助于此，人能够实现'拯救'，即到达自身的本真性。"②

在另一本书里，布尔特曼还写道："在信仰中，提供（确切地说是制造）客观化思维的那种封闭的关联性得到废除。"③ 但是，在这方面，布尔特曼所谓"封闭的关联性"重又是神话，在他看来，仿佛压根就不存在某种叛逆的神话和末世论的神话。布尔特曼对所有神话中的这种爆炸性

---

① 海德格尔（Martin Heidegger，1889—1976），德国哲学家，20世纪存在哲学的创始人和主要代表之一。——译者
② R. 布尔特曼：《信仰与理解》（Glauben und Verstehen, III, 1960），第2、29、30页。
③ R. 布尔特曼：《福音传道与神话》（Kerygma und Mythos, II, 1952），第198页。

的火药一窍不通，对这些神话的基本内容一无所知，而仅仅满足于罗列关于"非世界的"乏味的世界言谈，即特别滑稽可笑地堆积"对某种非客观超越者的客观化描述"。

在这件事上，布尔特曼所提出的"脱神话"几乎抹杀了两个领域之间的本质距离：其一是，与猪猡为伍的不洁精灵；其二是，关于末世的"客观化"学说。尤其是，后者不仅包含着私人的内容，还包含着末世的—宇宙的启示论。在新约圣经中，同样充满着末世论的启示录的内容，但是，这种内容不仅是从过去所意欲的生存中说明现今所意欲的生存，而且是借助于纯粹爆炸性的"新的"永恒。换言之，新约圣经所涉及的不是世界危机，而是灵魂危机。

当然，布尔特曼并没有完全剔除末世论的因素，但是，他同样把这种因素理解成神话因素。换言之，他只是把这种末世论的因素从历史—宇宙的爆炸空间以及基督徒极端爆炸性地参与其中的革命内容中统统取回到孤独的心灵及其市民阶层的神之中。在此，布尔特曼利用了克尔凯郭尔的哲学观点，因为在他"瞬间与永恒"的观点里，确实存在克尔凯郭尔哲学理论的拱形地带。但是，布尔特曼并不利用将瞬间永恒连接在一起的"辩证神学"，而是极力标榜所谓与现在有关的末世论。因此，在他那里，所谓启示（Offenbarung）并非为了隐藏历史和世界的某种目的，而只是为了这个世界之末，彰显众所周知的本真性所唤起的自我理解。当然，在他那里，所谓自我理解本身也不是"黑暗"和"不可构造的瞬间问题"[①]中的自我理解，而是克尔凯郭尔生存哲学普通概念中的自我理解。

正是由于人是最切近自身的存在、最内在的内在者，所以**人不仅作为人性的东西**出现，而且是作为在一切事物中尚未中介的、驱动的—直接存在出现。事实上，这个在一切事物之中又在一切事物之下的"尚未持有的瞬间"包含着此在的全部秘密，更确切地说，它就是存在本身。正是因为这个缘故，"这里以及现在"（Hic et Nunc）不仅呈现基督的个人面貌，也反映所有存在者尚未解决的问题。无论如何，瞬间都不是仅仅为了劝说灵魂而提到的东西。所谓现在仅仅是传道所提到的一种末世论的现

---

① "经历过的瞬间黑暗"（Dunkel des gelebten Augenblicks）概念和"不可构造的黑暗问题"（unkostruierbaren Frage des Augenblicks）概念是布洛赫"尚未存在的存在论"的基本概念。这是伴随"尚未"的认识而出现的黑暗和追问。但是，在布洛赫那里，这种黑暗和追问并不指向存在主义的内在性，而是植根于世界和主体生命的具体变化。——译者

在，这种看法显然是站不住脚的。

恰恰相反，人无法用现金支付现在（Präsenz）所意向的东西。试想形而上学地所理解的试验定理："现金在微笑。"这个定理会被理解为道路宽广、前途无量，但不会通过诸如"耶和华是我的牧者，我必不至缺乏"① 一类的经文从生存论上简化为乏善可陈的东西。布尔特曼认为，通过"质的"瞬间所理解的东西始终是神的行为，是的，照他的话说：正是这种行为"把迄今交付给自身**固有的**事业的人们**从自身中解放出来**，以便学会在神的面前生活"。

但是，我们应当特别注意下面这段话。看上去，布尔特曼从迄今陌生的神话或外部的神话全面转入新的神话乃至"福音传道"（Kerygma），这样，恰恰在这里发现一种特别厚重的古代神话。在布尔特曼那里，这种神话既是全部"自我解释学"的前提，也是他的有关终结（Ende）观点的前提。也就是说，这种神话是关于原罪的异质的大神话学。据此，在"为了我们的神"（Deus pro nobis）出现之后，人们必须从自身得到解放：不言而喻，对从上至下的戒律拒不服从就是傲慢、罪孽和谬误。在耶稣追随者们看来，耶稣直至受难都**逆来顺受**，他的献身精神及其话语的精髓仍存留在我们心中。除非基督的福音传道本身也同样完全是从上降临到了我们头上，否则就无法相信上述说法。

布尔特曼这样写道："耶稣基督的话就是庄严的公告。"因此，尸体复活的信条是不可讨论的，但这一信条并非胡说八道，相反，在完全不同的意义上，它是可讨论的：即不是作为对立的，而是作为不对称的，因而作为"丑闻"和"悖论"，它是可讨论的。借助于此，布尔特曼甚至一反自己以前的个人主义立场以及"为了我们的解释学"，一路尾随，不断接近彻底地脱神话化的神学立场。他的这种立场不仅与鲁道夫·奥托②关于"完整的他者"的总体宗教超越者截然对立，也与卡尔·巴特"有保留的、打折扣的"（cum grano salis）神学理论大相径庭。布尔特曼之所以如此竭力地接近脱神话化的神学立场，是因为他对上部神的存在抱有经久不

---

① 参见旧约圣经《诗篇》23 篇 2 节。
② 鲁道夫·奥托（Rudolf Otto, 1869—1937），德国宗教学家，哲学家，基督教神学家，毕生致力于从新教视角阐明宗教世界观的科学特征。主要著作有《论神圣：关于神灵观念的非理性现象和它与理性的关系》《路德的圣灵观》《自然主义与宗教的世界观》《东西方神秘主义》《印度的恩典宗教与基督教》等。——译者

衰的热情。由于这个缘故，他相信，神的"审判""恩宠"以及我们无法摆脱的超越性力量就与大行其道的异质性神话一道成为"不可支配的"、不可抗拒的力量。

在此，布尔特曼特别重视自身理论的出发点："现状性"（Präsentischen），不过，虽然这一出发点如此富于内在性作用，但他也为此付出了高昂的代价。（尽管其中克尔凯郭尔宗教哲学的见解多于海德格尔个人主义的残渣余孽，但是，恰恰缺乏帕斯卡尔①"心的秩序"（ordre du coeur）这一严肃真诚的"主观性"。在此，我们无法遗漏**渴望巨大变化**的耶稣的一句话："我来，要把火丢在地上，倘若已经着起来，不也是我所愿意的吗？"②）

尽管如此，在布尔特曼那里，"邻近"，尤其是"瞬间"等因素引起了强烈的联想，以致构成其《神话与福音传道》的一个核心内容。布尔特曼对社会的激变视而不见，而且也不顾耶稣以外还有许多人具有忍受十字架的耐心这一事实。另外，在保留非基督教世界现状的情况下，进行所谓的"脱世界化"（Entweltlichung），这只能给现今名义上的基督徒们提供精神避难所，等于让他们有了一个辩解自身虔诚的借口。

（三）巴特的秘密陈列室与超越者的坚固城堡

通过大声谈论，我们可以使在固有的行为上留下的某种东西异乎寻常地渐渐消失掉。如果一个人不是虔诚地麻痹大意而是虔诚地战斗，那么，他作为"现代人"，就会觉得比古代人更好。由此可见，如果一个人不是完全从脱神话角度说话，从而重新隶属于古代神话，他就会马上听见谁是主，谁是奴隶了。但是，在后一种情况下，我们把眼光聚焦在自己身上，构筑一条泾渭分明的战线，实际上，在此所发生的事件带有充分的神学上的异质性。在前一种情况下，秉承从上至下的神话因素，仅仅把这种种因素加以偶像化而已。

这里涉及两个人物：其一是《完整的他者》（Das ganze Andre）一书的作者鲁道夫·奥托；其二是《〈罗马书〉研究》（Römerbriefs）一书中主张"绝对的超越者"的作者卡尔·巴特。在此，两人都挣脱了所有自

---

① 布莱兹·帕斯卡尔（Blaise Pascal,1623—1662），法国数学家、物理学家、哲学家。——译者

② 参见新约圣经《路加福音》12 章 49 节。

由主义神学和文化神学，但同样与"人道主义的"和存在主义的、能动的和末世论的思维方式相距甚远。试想这句话："神并不是为了认识的神"（Deus minime Deus pro nobis）。

在《神圣的东西》（Das Heilige, 1917/1958）中，奥托也追求过只有真正称得上是"虔诚的不寒而栗的东西"，但是，他完全离开了人及其要求。对他来说，神性的东西始终仅仅"再现"为自身此在、思维以及言论的不可逾越的界限，因此，它绝不能自主地停留在它自身中，也绝不能仅仅作为神性存在而被接受。在此，奥托不仅涉及圣经领域对神圣的东西的"感情"，而且涉及原始的宗教心理学和民俗学领域。这样，在十分广阔的领域里，纷纷出现了各种"令人不寒而栗的幽灵"，甚至到处都有各种偶像化的鬼魂在作祟。

由此，他难免遭到人们这样的责备：他"排除自身的道德动机"，漠不关心地描写某种神圣的东西。是的，在他那里，完全缺少呈现基督教形象的某种温柔的东西、特殊的光的东西。在此，我们发现一个缺陷，那就是不仅格外彰显非人的超越者，而且严格地筛选神话中显现的所有惊愕因素。于是，奥托所整理的异质神话中的其他禁忌就合乎逻辑地更加离经叛道、无法无天。换言之，与奥特雷库利（Otriculi）祭坛上带有"美丽的、浑圆的男人双颊"的宙斯偶像相比，他所探讨的原始偶像、日本祭坛上的愤怒、战争、复仇等偶像显得更奸诈狡猾，更充满背叛味道。

当然，与"来吧，主耶稣，我们的客人"的赞歌或弗拉·安吉利科[①]关于极乐天国的画相比，格吕内瓦尔德[②]关于耶稣受难的画更富于艺术表现力和感染力。实际上，未识之神（Theos agnostos）是不可认识的，然而，不久前，在奥托的"完整的他者"中，这个人所不可认识的神却得到了淋漓尽致的表现。当然，鉴于奥托的影响，他的见解本身并不是非理性的，相反，这种见解是完全可理解的。尤其是，他出于赶时髦而援引法西斯主义的"理性的毁灭"更是可理解的。无论如何，宗教现象都应该与神话中**令人不寒而栗的东西**密切相关，而这种颤栗恰恰与从天上吹到人间的惊愕之风息息相关，在圣经中亦复如此。这样，基督教的温柔宽厚就

[①] 弗拉·安吉利科（Fra Angelico, 1400—1455），意大利佛罗伦萨画派画家。——译者
[②] 马蒂亚斯·格吕内瓦尔德（Matthias Grünewald, 1470—1528），德国画家，晚期哥特艺术的大师，作品特点是充满了强烈的戏剧性和情感表现。1506—1515 年间，他在伊森海姆祭坛上所创作的《钉在十字架上的耶稣》被誉为基督教艺术中最富有感染力的作品之一。——译者

旋即被移入所谓"迷人的神秘"（mysterium fascinosum）这一异教徒的粗糙而荒凉的节庆中。进而言之，在此除了见之于古代雷神中的"令人畏惧的神秘"（mysterrium tremendum）之外，这种温柔宽厚也同样神秘地销声匿迹、无影无踪了。

由此，我们转向坚定的反法西斯主义者、精力充沛的基督教研究者卡尔·巴特，当然，巴特并没有过渡到与奥托的理论截然不同的"完整的他者"。但是，巴特重新致力于人与神之间的裂痕（Riß），甚至致力于没有迷人的、神秘的基督教研究。早期巴特的《〈罗马书〉研究》（1919）[①]一书就持这种观点，当然，此书后来至少没有从"新教文化"角度解释基督教，而是在人与上面存在、时间与永恒之间设置最陡峭的界限。因而，巴特违背自己的意愿，大肆创造美妙的天上世界。在此，他虽然没有完全消除人的行为及其影响，但是，由于追求某种和谐的缘故，他采取了一种论战姿态，从中，一切讨论内容都同时变得麻木不仁了。

值得注意的是，作为人的敌人和朋友，巴特谈不上从一开始就要把一切变得麻木不仁而毫无生气，相反，他"十分反动地"（re-aktionär）把国家和教会中的一切人的行为都规定为单纯的被造物，并以最极端的方式，把这一切被造物降低为与神的存在格格不入的东西。[②]他的下述句子简直不可逾越，竟然提出一种最富于异质性的结论："神性存在持续谈论世界中的一种'不'（Nein）。"在此，布尔特曼的"固有存在之中的自我理解"已不再有效，因为他把"不可支配的东西"骗取成可支配的东西，即根据流行的式样，千篇一律地计量一切。这里也不乏某种基础存在论的、十足的或带有辩证法混合物的东西，但是，我们不再知道谁是主人，谁是客人，什么是永恒以及什么是时间性的东西。

相反，在巴特那里，此岸与彼岸的相互关系完全是撕裂的。也就是

[①] 卡尔·巴特的《〈罗马书〉研究》集中体现了第一次世界大战后的信仰危机和对神的存在的理解。根据巴特的观点，使徒保罗神学的核心内容是"天与地、神与人、来世与尘世之间的无限的质的差异"。任何情况下，人都不能擅自利用神。归根结底，与神的话语相遇意味着有限与无限、时间与永恒之间泾渭分明、不可混同的区分。正是由于这个缘故，人只好承受无法排遣的心灵的冲击。——译者

[②] 在此，布洛赫之所以把巴特的神学称作一种"反动的"（re-aktionär）神学，是因为他的神学理论将天上世界与人的世界彻底区别开来。不仅如此，布洛赫还把巴特的神学称作一种"反革命的"神学，因为他忽略了从下至上的叛逆和反抗精神，即丧失了普罗米修斯的批判意识。——译者

说，自从路德失去他所提出的真实的命题以来，情况就是如此：对巴特来说，所谓"通过神的启示"并不是本真的话，因为人与神之间横亘着无限的质的差异。换言之，在被造物的固有行动与作为**唯一**自律性的神的行为之间有着一条不可逾越的鸿沟，鉴于这一巨大的差异，超越者感受不到任何乐趣。"但是，真正的神乃是一切对象性的匮乏根源，亦即法官、世界中的非存在等一切对象性的危象"①。由此出发，他把**危象**（Krisis）理解为神性存在"再临"（Parusie）的唯一空间，因此，恰恰在这里出现了巴特激进的句子："神表明他在世界中的永恒的否。"当然，由此出发，巴特也重复克尔凯郭尔的瞬间—战栗。在神与人之间，这种战栗是唯一的、但也是十分可怕的接触点，而这正是克尔凯郭尔的基本定理所在："某种幸福而愉快的意识，在神面前，人总是有错。"

否则，作为**基督**，神绝不会进入人、世界和历史之中，而且，在完全可视的瞬间里，神只会被理解为从上而下的雷击或"雷击弹坑"（这一图像并非像来自重炮的弹坑那样深不可测），在最好的情况下，神也不妨理解为交叉点。"在基督那里，世界历史的平面为神的现实的另一平面垂直地所切断"②。因此，在瞬间中，存在着某种多于侵害的东西。与原来的存在不同，在此，像正切线一样的东西与圆圈相接触。

因此，巴特对总体地被隐匿的神（Deus totaliter absconditus）的"亲近感"（Nähe）与马丁·路德所设想的神的隐匿特征紧密相关。在路德那里，神的这一特征意味着与没有任何愉悦的超越者处于一种理想的竞争关系中。在这方面，路德甚至把神设想得太过绝对，以至于将被隐匿的神（Deus absconditus）与被揭示的神（Deus revelatus）严格区分开来。前者是指**不愿**被人认知的神；后者是指借助于神的话而与我们来往的神。顺便说一句，虽然巴特不承认这种区分，然而，加以必要的更正（mutatis mutandis）之后，它比路德自身的思想有过之而无不及。路德几乎逐段地将"法则之恐惧"与"福音之爱"相互分离开来，而巴特比路德更引人注目，他反其道而行之，把这两者重新融合在一起。他之所以采取这种态度，也纯然为了在特定场所凸显最强有力的超越者的地位。

在路德看来，如果我们把法则以及宗教意识与博爱说教、爱的联盟区

---

① 卡尔·巴特：《〈罗马书〉研究》（*Der Römerbrief*, Ⅱ），第2卷，第57页。
② 卡尔·巴特：《演讲集》（*Ges. Vorträge*, Bd. 1），第1卷，第5页。

别开来，将有助于影响趋向异质性的反向运动。例如，由于这种区分，向我们清晰显现的就不是某种单纯地局限于福音书的运动，而是某种从阿摩司书途径三以赛亚（drei Jesaja）到安息日的主为止的多种多样的运动。换言之，这些运动不仅涉及诺斯替派①勃兴时期伟大的反向主义者马吉安②，还涉及被称作"13世纪以赛亚"的伟大的千年主义者约雅金·弗洛尔③。在此，耶和华所主张的"法则时代"与耶稣所主张的"爱的时代"（亦即"启示的时代"）被区分得截然有别，不可同日而语。

因此，在此巴特强调，必须使对神的屈从发展为爱的福音，事实上，他的这种说法也与上述内容密切相关。例如，他认为，"不是某种恶魔存在而是神性存在持续表明自身在世界中的'不'"。这样的话不仅与灵性追求正相反对，也与普罗米修斯精神完全背道而驰。他这样写道："宗教的现实就是从自身感受到的人的惊愕。"④

耶稣本身对于世界应当是一种肯定（Ja），这与路德面对神的怒火，把自己隐藏在基督这一母鸡的翅膀里如出一辙，并无多少新意。因为按照巴特的说法，即使世界是完全坠落的"神的创造物"，它也必须被理解为基于耶稣基督的神的作品。正因如此，这是神对世界的肯定、对善行的肯

---

① 诺斯替派（Gnosis），又译作"灵知派"，早期基督教的宗派哲学派别之一。诺斯替派的起源可追溯到基督教成立初期，甚至可能早于基督教。在希腊语中，"gnosis"意思是"知识"或"认识"。诺斯替派派系繁多，大都强调知识就是人的灵与属天灵体的内在联系，认为唯有凭借神秘特别的知识（gnosis），人才能被救赎。——译者

② 马吉安（Marcion, 110—160），早期基督教神学家，是第一个《新约》编辑者，自立马吉安派，也是第一个被基督教会判为异端的派别。他的主要著作有《反命题》（Antitheseis），但业已失传。马吉安是一个严格的"唯神主义"者，他宣称耶稣就是神，神借着耶稣启示他自己。他创建了一个与罗马教会相平行的教会组织，并且自封为主教。据《天主教百科全书》宣称，"马吉安分子是基督教有史以来最危险的敌人"。——译者

③ 约雅金·弗洛尔（Joachim de Fcore, 1130—1202），意大利神秘主义者、神学家、圣经注释者、历史哲学家。在天主论上，主张除了圣父、圣子、圣神三位外，还有第四个实体，即天主的性体，换言之，在天主内有相互有区别的"四个"面目，但为一体。在其《十弦琴的圣咏》（*Psalterium Decem Cordarum*, 1186）、《新旧约索引》（*Liber Concordiae Novi ac Veteris Testamenti*, 1191）、《末世录阐明》（*Exposition in Apocalipsim*, 1196）等书中，他以三位一体作为其基本神学原则，把整个人类历史视为整体人类救恩的过程：第一阶段属于天父，为结婚者的秩序，人类生活在旧约的法律之下；第二阶段属于天主子，为圣职人员的秩序，人类生活在耶稣基督新约恩宠中；第三个阶段为高峰的圣神时代（大约始于1260年）是隐修士的秩序，信徒自由地生活在圣神的氛围内。弗洛尔异端的、颠覆性的未来宗教思想为后代激进精神主义者、理想主义者及末世主义者所广泛认同和大力发挥。——译者

④ 卡尔·巴特：《〈罗马书〉研究》，1940年版，第252页。

定，对实现的肯定，进而也是对正当性的肯定。

由此出发，巴特把朦胧不清的东西，即仅仅显现为"空房子"（Hohlraum）的东西设定为末世论的信仰，从而，他最后把确定的法则解释为"非信仰"。然而，尤其值得注意的是，只有通过耶稣基督，我们才能赢得神对世界的肯定，并且，根据外在"结盟"，只有借助于耶稣基督，我们才能被赋予免罪符（现在也许有了和解）。就是说，只有借助于某种一向具有对立特征的类比**存在**（entis），我们才能阐明神与世界的相互关系。

神的"法则"外在于信仰，即外在于作为"福音形态"的信仰，特别是外在于诸如要求、决定、神的**某句**话的审判等。正因为这个理由，在世界中起支配作用的是与世界正相反对的东西，即唯一与"信任"（fidei）相似的东西，但是，这东西是对世界、对**末世**的肯定，从而被称作末世论（Eschatologie），借助于此，现在它以极端对立的方式与世界发生关联。但是，由于巴特仍然不是从与世界的某种关联中理解末世论，所以这种末世论既不能被理解为黑格尔所倡导的非连续性这一世界过程意义上的乌托邦产品，也不能被理解为奥古斯丁所主张的通过历史漫游的神的国度（Civitas Dei）的最终到达。恰恰相反，巴特的末世论毋宁把所有内在的超越行为加以居间调解："关于**现实**的终极历史，**任何**时候我们都可以说：这个终末临近了。"①

直到"飞跃时间的"的时间之末，巴特到处宣告战争，即把人的现实主义以及关于历史与人的思考统统纳入其讨伐对象，这种最极端的战争宣告反映了巴特特有的"主神话"（Herrenmythos）立场。根据他的观点，神居住的彼岸无异于禁忌，虽然人可以通过自身的体验和思维而获得一些东西，并且通过自身的文化、哲学以及作为精神财富的宗教而学到某些东西，但是这一切与神的启示的威严相比显得无比渺小，根本不值一提。为了证明这种观点，巴特不仅不合时宜地拾人牙慧，老调重弹，而且不惜动用奇谈怪论来补充自己的神学。

通常对头脑不起作用的东西容易渐渐熄灭。巴特号召我们不是停留在思维层面，而是停留在感情层面，以为那个彼岸会带给我们深厚的宗教感情。但是，在他那里，这种宗教感情绝不是柔弱不堪的，尤其是，这种感情不仅

---

① 卡尔·巴特：《死者的复活》（*Die Auferstehung der Toten*），第60页。

了解自己，也了解知性所接受的东西。巴特致力于让我们了解从纯粹彼岸招手示意的东西、不可踏进的东西（在此，与卡夫卡①的《城堡》《审判》等密切相关）。但是，他把这些东西变成玄之又玄、不可认识的对象。

那么，巴特对于这种永远不可知的东西又是如何陈述，乃至说出其深邃堂奥的呢？如果在世界中，神持续表明自己的"不"，在世界中，他又是如何被确定为最明确的存在的呢？鉴于人性东西与神性东西之间的裂口，巴特很可能援引耶和华神对以赛亚恼怒的那段句子（尽管以赛亚内心充满着对神的信任）。耶和华说："我的意念非同你们的意念，我的道路非同你们的道路。"② 但是，在《以赛亚书》中，同样援引了耶和华的话，那就是，天国与尘世之间存在遥不可及的巨大距离。因此，根据以赛亚的理解，神说给人的话同样与从天而降、滋润沃土的雨露大同小异。所以，上述内容恰恰与充满人心的神的话一脉相连："当重返我时，切勿空虚而归。"

但是，为了标明自身的激进神学立场出发，巴特本人就应当强调，作为独一无二的创造物，人必须首先摧毁一切生物性（Kreatürlichkeit）所具有的认识障碍。否则，他就无法如此规定神与人之间的一切界限，他也无法详尽地、精确地告知人们关于神性的**缺席**情况（göttlich – Abgewendeten）。是的，在《一个视灵者的梦》③ 中，康德一针见血地把情不自禁地封闭人的认识、用封闭性逻辑阐明超越者的神学家称作一个"天国的宠儿"。

巴特一以贯之，激情澎湃地把神性存在解释为最富于异质性的东西。然而，如果神性存在与尘世存在注定格格不入，这与古代失明的命运女神摩伊赖（Moira）还有什么分别吗？虽然摩伊赖别具匠心，高高在上，甚至支配无所不能的宙斯，但是，在神学上却无足轻重。这正是核心问题所在，可是，在神性存在与异质性存在之间，巴特作出如此荒谬绝伦、极尽美化之能事的区分，其标准何在？如果神性存在本身对世界中的存在如此厌倦，以至于不断地表明"不"，那么，撒旦的理念岂不是从头到脚都被规定为神的**敌手**吗？

---

① 弗兰兹·卡夫卡（Franz Kafka, 1883—1924），20世纪最有影响力的德语小说家，文笔明净而想象奇瑰，常采用寓言体，追求梦幻世界、怪诞的风格，崇尚强烈的情感、残酷的画面，背后的寓意高深莫测，悬而未决。大部分作品大都以遗著刊行。——译者

② 旧约圣经：《以赛亚书》55章8节。

③ 《一个视灵者的梦》（Träume eines Geistersehers, 1776），康德的哲学讽刺小论文。在此，康德锐利地批判了基于伊曼努尔·斯维东堡（Emanuel Swenborg, 1688—1772）心灵主义和克里斯蒂安·沃尔夫（Christian Wolff, 1679—1754）理性主义的形而上学。——译者

当然，巴特连篇累牍地把实体化的神话解释成富于启发性的教训。在他看来，最高的存在绝不进入人的眼睛、人的感官以及人的历史之中，因此，在最后审判前，人必须自我保护。在历史的终结之际，神这一最后的审判官将下达最后的判决，即被编入世界的末世论的开放之中。在巴特关于神性存在的想象中，甚至没有历史。所谓神性存在只不过是全然没有历史的存在，因而也就是没有任何新东西（Novum）的存在。然而，与静态存在不同，借助于这个新东西，一种过程孕育了崭新的世界。

因此，作为神话类型，巴特的所有神话理论全都是由反普罗米修斯因素构成的，这种理论丝毫也没有关于"新的永恒"（neu en Äon）、丝毫也没有关于最后事实（Eschaton）的作业过程、历史和自然场所。在这方面，再次有效的仅仅是"瞬间"而已，但是，即便是瞬间，也没有把它合理地理解为造成雷击的场所、付诸行动本身的实现场所。相反，在他那里，瞬间地地道道是一个反历史的提法，也就是说，瞬间不是约翰所意识到的那种"现在逼近的"（jetzt Nachgekommenen）意义，而是希腊语中所指称的"永在者"（Immerseinenden）。① 因此，与此相适应，巴特对有关终极历史的一切末世论一概不感兴趣："对于**现实的**终极历史，随时都可以说：这个终末临近了。"② 对此，神学家莫尔特曼说得很对："在基督教思维与以色列—基督教思维之间存在显著差异，在逻各斯与许诺之间，在神的显现与真理的启示录之间也存在明显的差异。今天，在许多领域里，人们都以多种方式揭示了这些差异。"③ 莫尔特曼继续写道：上述内容和类似方法论见之于《希望的原理》（Das Prinzip Hoffnung）中，它以《乌托邦的精神》（Geist der Utopie）为前提，并且生动地探讨了本书所涉及的**自然**问题。因此，莫尔特曼对"已知的希望"（docta spes）三缄其口，但他对"过分热衷于现在的末世论"却无法保持沉默：

> 痛苦是无所不包的，同样，宇宙的一切满足也是爆炸性的，正如末世论的快乐在"新天新地"里重新回响一样。换言之，虽然启示录是从宇宙论视角思考其末世论，但这并不是末世论的终点，而是末

---

① 在此，布洛赫指的是希腊语时间（Χρόνος）。——译者
② 根据巴特的观点，作为一种与历史无关的思维，末世论自始至终应被理解为一成不变的时间概念。由此可见，他所理解的末世论具有鲜明的静态性、非历史性特征。——译者
③ J. 莫尔特曼：《希望神学》（Theologie der Hoffnung, 1964），第 34 页。

世论的宇宙论或末世论的存在论的起点。对于这种宇宙论或存在论而言，存在成为历史性的存在，而宇宙对于启示录的过程是开放的。在宇宙末世论的未来范畴中，这一世界的历史化在神学上具有十分重要的意义，但是，通过这一历史化，末世论最终成为神学一般的宇宙视域。……新约也没有关闭这扇窗户，相反，新约超越既定的宇宙现实，向着宇宙的广度和自由敞开心扉。①

上述莫尔特曼的启示论的超越未免太过抽象，在此，也许反映了源于过分庞大的神学特色，就是说，神学领域总是像一座坚固的城堡一样不可企及，唯有凭借所谓的"十字架的忍耐"方可步入堂奥。不过，在此莫尔特曼所采取的每一个预先行动都形成鲜明对比，因为这些行动尤其反对巴特把历史解释成一堆无效的东西，对末世论持一种超然陌生的静态态度。在此，恰恰表现了与巴特"十字架的忍耐"正相反对的神学立场，实际上，这种忍耐不容许任何妥协和做戏，实际上，也不容许任何偶像的万能，最终，这不是非宗教地（irreligösen）告终，而是元宗教地（metareligösen）告终，从而在此准备再次辨认其复杂功能。

虽然巴特片面强调反理性的"感情"，但是，这与施莱尔马赫通常②所大力倡导的"新教文化"并非如出一辙。这期间，黑格尔撰文反驳了并非远离"十字架忍耐"的施莱尔马赫的下述神学立场：他完全脱离人类的立场，一味地适应异质性，即超越的绝对主义。然而，施莱尔马赫也把宗教界定为"对绝对存在的全然依存"，在此，所谓绝对存在（Absoluten）也是人"全然不可设想的世界的基础"。与此相对照，黑格尔不仅重视人的认识和思维辨明，而且针对施莱尔马赫这种纯粹的屈服情绪，附加说："最好的基督徒很可能是狗……但是，只有自由的精神才拥有自由，并且能够拥有自由。"③

由上所见，黑格尔完全否定"不可认识的神"（Theos Agnotos），而在这种神之中，特别居住着巴特的**主**，这正是他的这种"至上的神"

---

① J. 莫尔特曼：《希望神学》，1964 年版，第 124 页。
② 施莱尔马赫（Friedrich Schleiermacher, 1768—1834），德国新教哲学家，他的理论研究为现代解释学奠定了基础。作为浪漫主义理论家，他强调想象力、自然、神话、神秘的因素，强调人的活力。主要著作有《宗教讲演录》（1799）、《基督教信仰》（1821）等。——译者
③ 黑格尔，《选集 1832—1845》（Werke, 1832—1845, Bd. IX），第 8 卷，第 296 页。

(Theos Kyrios)①。如果在神之中又不居住着主或至上的神，情况会怎样呢？换言之，当像黑格尔一样否定"神中心主义"（Deität），从而使作为人的秘密的，即"隐匿的人"（homo absconditus）起另外一种作用，那么，这个作为完整的他者、本真的"隐匿存在"的神岂不就没有赢得真正的深度吗？如果是这样，神的存在与阴森森的迷信所宣扬的禁忌又有什么两样呢？如果是这样，正如像布尔特曼所追求的"现存的东西"一样，作为神学的研究对象，巴特所追求的神秘的东西就要付出高昂的代价，甚至要付出多余的代价。

虽然巴特关于异化的研究以及对未知的空间、异质性、超越者的分析等都是站不住脚的，但是，他的神学理论至少重新启迪了匿名存在（Inkognito）及其隐匿的神。此外，他的神学理论也从新教文化视角消除了情绪人类学。因此，我们能够把隐匿的神（Deus absconditus）辨认为对"隐匿的人"（homo absconditus）的拒绝：

> 同时，也存在像完整的他者一样为人所熟悉的东西，作为宗教阶层的标志，这东西从动物神（Tiergöttern）、唯一的权力神（Eine Machtgott）到救主神（Heilandsgott），无所不包、应有尽有。作为隐匿的人及其世界的意义投射，这本身是可理解的……因此，神显现为自身现实中尚未形成的人的本质的实体化的理念；他作为心灵的乌托邦隐德莱希显现，正如天国显现为心灵所想象的神的世界的乌托邦隐德莱希一样。②

当然，这段引文与改变其用途的要素以及神话学中作为原型的神概念发生关联，但是，它与拟人化的神概念乃至二重禁忌化的权力偶像毫无关系。恰恰相反，这种神概念与尚未清偿的神话相关联，作为截然不同的神概念，它不是与超越的—拟人化的神概念相关联，而是与进行超越活动的—乌托邦的神概念相关联。因此，这种神概念仅仅与颠覆性人道主义的爆发性神学相关联。

---

① 在希腊语中，"主"（Kyrios）和"神"（theos）二字是对至上神的通称。多神论的神秘教徒对所有的神祇都称作"主"，而基督徒则坚持一神论信仰，一般不轻易采用"主"的称呼。——译者
② E. 布洛赫：《希望的原理》（Ernst Bloch, *Das Prinzip Hoffnung*, 1959），第 1522 页。

不问青红皂白，彻底消除一切神话——这种态度在巴特的神学研究中卷土重来，死灰复燃。因此，巴特的神学研究与布尔特曼所革新的研究并无特别的不同。所有支配性的神话、这个优秀的法官及其作为审判席的权威奥林匹斯神以及不可视的、但永远正确的超越者——这一切特性正是巴特笔下的威严的诸王马赛克（而且，没有约伯，但也没有人子指向的天国）。

因此，马克思能够说："普罗米修斯是哲学日历中最高的圣者和殉道者。"① 但是，他在神话日历中也是最高尚的殉道者，就是说，在通过光来破坏和拯救神话的过程中，亦即最终在这里，普罗米修斯跳跃童话特性，超越现存的日子。因此，尚未解决的问题如下：如果这不应是诸如拜占庭一类的独有的蒙昧主义者，那么，就像一切神秘性（包括普罗米修斯中的一切神秘性）一样，这种普罗米修斯特性，因而在神话中所有末世论地意向的东西就都处于"新东西"（Novum）、人的现实性和历史的"终极物"（Ultimum）之中。

"让你的名字变得神圣"——这也不是宫廷朝臣和仆从们的祈祷，即不是异质性的"赞扬演说"（Panegyrisk）。确切地说，这是旨在废黜庞大的神，即非擎天柱、充其量是非存在的演说。在此，人们以不同的尺度和目标从事了如此之多的脱神化工作，以至于一有机会就把神话列为禁忌，对其加以某种否定。即使习以为常的东西涉及"服从"，我们最好也要聆听耶稣的如下话："看哪，我把一切都更新了。"② 我们决不能把耶稣发言中的亲近世界与妥协让步混为一谈，决不能把超越活动与超越者混为一谈。

（四）从阿尔贝特·施魏策尔记下并刹车以来：圣经中的末世论呐喊③

一旦人们超越了不平凡的东西，想必驻留很久。但是，一路晃晃悠悠，一切都所剩无几。于是，人们一再对这一点感到知足：耶稣可能是一个善人，他富于使命感，用自己的生活方式为我们作出了榜样，就像他爱

---

① 《马克思恩格斯全集》第 40 卷，人民出版社 1982 年版，第 190 页。——译者
② 新约圣经：《约翰启示录》21 章 5 节；《哥林多后书》5 章 7 节。——译者
③ 在此，布洛赫批判地探讨了基于自由主义立场的阿尔贝特·施魏策尔的末世论，从圣经体系批判视角，强调了圣经中的末世论思想、普罗米修斯的反抗精神等问题。——译者

过我们一样，我们也应当彼此相爱。这方面，人们不应互相冒犯，这话也许不无道理，但是，在漫长的主人与奴隶的关系中，势必冒犯对方，尤其是，在这种关系变得无法忍受的情况下，人们仍然掩盖事实真相，侈谈爱人如己。最重要的事情是，温柔的弟兄，并且与他一道安排生活，甚至奴隶们也拥护这种生活。因此，人们可以靠爱而存在，就是说，利用爱的谎言可以到处阿谀奉承，尔虞我诈。此外，大开空头支票，口惠而实不至，所以，惺惺作态，笑容可掬，看上去，比以前好多了。

"看哪，我将一切都更新了"①，耶稣的这句话无异于一种暴动言论。对于基督教教师，对于到处官僚化的教会机构来说，这无疑是令人颇为尴尬的话语。由于耶稣的革命性发言被涂上了一层自由主义的色彩，所以它被阉割为一种保守主义思维。"你们既作在我这弟兄中一个最小的身上，就是作在我身上了"②。托马斯·闵采尔和他的同志们是指向真正的爱的王国的人们，作为像耶稣一样的梦想家，他试图"立即"建立一个爱的国度。与此相适应，在基督教神学中，绝大多数人直到今天还对他进行最恶劣的攻击，在最好的情况下，也不过是噤若寒蝉、鸦雀无声。但是，从一开始就有一个事实显得越发奇怪，即在市民阶层神学的正中间，人们得以重新感受到了耶稣传道中的这个"立即"（Sogleich）。

试以约翰内斯·魏斯③、阿尔贝特·施魏策尔④为例，他们绝不是破坏者，但是他们却从所谓圣经诠释学视角作出了令人惊愕的新发现。施洗者约翰曾经说道："神的王国临近了。"但是，当时受过他的施洗的那些人们不仅被视为叛乱者，而且还被视为神圣的傻瓜。⑤ 当时，魏斯的耶稣学说已不是"历史的观点"，而是未来主义的观点。换言之，在自身身世

---

① 参见新约圣经《启示录》21 章 5 节。——译者
② 参见新约圣经《马太福音》25 章 40 节。——译者
③ 约翰内斯·魏斯（Johannes Weiß，1863—1914），德国哲学家，以新约圣经批判著称。1892 年发表了《关于神的王国的耶稣的传道》，指出耶稣的教诲反映了当时人们企盼神的王国快快到来的愿望。——译者
④ 阿尔贝特·施魏策尔（Albert Schweitzer，1875—1965），德国哲学家、神学家、医生、管风琴演奏家、社会活动家、人道主义者，1952 年诺贝尔和平奖得主。施魏策尔的著作众多，横跨众多领域且具有极高的专业性。主要著作有《康德的宗教哲学》（1899）、《巴赫论》（1905/1908）、《耶稣生平研究史》（1906）、《德法两国管风琴的制造与演奏风琴的技巧》（1906）、《原始森林的边缘》（1921）、《文明的哲学》（1923）、《非洲杂记》（1938）等。——译者
⑤ A. 施魏策尔：《关于神的王国的耶稣的传道》（*Die Predigt Jesus vom Reiche Gottes*，1892），1892 年版。

与典范上，耶稣"与这个世界毫无共同之处"，他的"一只脚已经踏进了未来的世界"。可是，魏斯恰恰不是从"未来主义"而是从末世论的视角抽出耶稣的双脚，将其重新移入自由主义的耶稣图像中。这样，魏斯的末世论就丧失了梦想者的气节。

现在我们着手探讨施魏策尔。一开始，他甚至特别致力于吸收大量文献书目，以期揭示当时耶稣的漫游及其传道背后所蕴含的末世论。例如，耶稣的登山宝训①就充分表现了他作为道德教师的面貌，但这仅仅是他的生平及其事业的次要方面。本质上，耶稣是传达天国即将来临的大使，是主的受膏者。因此，在此基于启示录的拯救者的神话、完全出走埃及的故事等最终显现为耶稣及其追随者的血肉。对此，施魏策尔写道："通过末世论将现代理念置入耶稣是绝对不可能的，相反，应当通过新约神学，把耶稣的末世论当作回返的生命重新领受。"② 在他的时代，施魏策尔甚至想到，在静态物理学与能量平衡当中，将出现一个极具爆炸性的、与神的王国的到来背道而驰的一面，即不仅是起于战争的灾难，而且是起于**宇宙论**的灾难。他预计这样的灾难发生在耶稣的时代，但最迟发生在他死后的时代。根据启示录，高高在上的天国的骑士预告阴森可怖的事情，在天国的灿烂光辉中，人们同样由于受到洗礼而欣喜若狂、如醉如痴。这样，在直接闯入天国之路或下一个路的拐弯处时，人们就能沐浴到天国的灿烂光辉。

诸如此类的内容带有极其非市民阶层的极端特色，鉴于迄今耶稣研究一致强调耶稣及其弟子们所做出的温柔变迁的一面，这些内容听起来愈发奇异。人们再次从解释学视角把末世论归结于祭司们的住所，而不是把它解释为约 1000 年，甚至 1525 年农民战争中人民大众对现实末世的期待情绪。这种倾向至少对新约知识产生了十分恶劣的影响。例如，系统神学家马丁·卡勒尔③这样说道：在末世时代"潮涌，堤溃"，此外，虽然从末世论角度觉察到原始基督教与基督教和市民阶层文化之间存在某种和谐的综合，但这种现象看来纯属"欺骗"，令人难以置信。

---

① 参见新约圣经《马太福音》5、6、7 章，1—23 节；《路加福音》6 章 17—46 节。——译者

② A. 施魏策尔：《从赖马鲁斯到弗雷德：耶稣生平研究历史》（*Von Reimarus zu Wred. Eine Geschichte der Leben – Jesu – Forschung*, 1906），1906 年。

③ 马丁·卡勒尔（Martin Kähler, 1835—1912），德国新教神学家，代表作有《19 世纪新教教义学的历史》（1962）等。——译者

对此，卡尔·巴特也曾表示："基督教并非不折不扣地标榜末世论，基督教思想并非不折不扣地与基督相关联。"① 但是，在魏斯和施魏策尔那里，由于自身市民阶层的正统神学立场，所以所谓新发现恰恰将其引回到反面，引回到一幅自由主义的耶稣图像，而这幅图像，一如过去，对其他中间教会民族大有裨益。

施魏策尔恰恰通过强调终极期待中超越一切的末世论，谈到了这个作为梦想家的耶稣。但是，当他发现终极时间（Endzeit）没有到来时，他就把所谓终极时间的时间固定本身视为"耶稣的错误"。在此，取而代之的是一种制动，换言之，基督教文化向基督教思想的新的退却。神学家卡泽曼②指出："这时出现的正是这样一个事实，即拯救历史的观察方式接替了原始基督教的末世论。"③

在《希望的神学》（1964）中，莫尔特曼通过"已知的希望"，同样论及巴特的末世论，其说法不无道理。根据他的说法，巴特也要坚持末世论，但他所持的末世论立场与施魏策尔大相径庭：在此巴特混淆了"末世论的东西"与"超世界的东西"，不是把前者想象为圣经中的未来概念，而是想象为希腊哲学中的存在概念。④ 也就是说，末世论思潮应当像一条截然不同的河流一样奔流向前，在滔滔流程中，它应当进一步包括业已发现的原始基督教的末世论信息（包括一切预言的根源在内）。末世论的信息（Botschaft）与朝向未来的时间乃至终末地形学（Topos）相关。在圣经中充满了关于拯救承诺的神话（Verheißungsmythos）。因此，即使市民阶层的神学并不支持这一维度，圣经也支持这一维度。

所以，我们不能足不出屋，仅仅在屋子周围徘徊。圣经中，到处都充满着寻求某物的哪哝。一个诚实的读者不会掩盖圣经中的这些内容，甚至（听起来更好些）不会走马观花，浮光掠影。"渴望—非有—已有"，这些都是最本真的圣经单词。甚至某些陈腐不堪的话，例如"节哀吧"也给我们带来几丝安慰，在圣经句子未被玷污的地方，这句话从未完全失去紧

---

① K. 巴特：《〈罗马书〉研究》，1921年版，第298页。
② E. 卡泽曼（Ernst Käsemann, 1906—1998），曾师从布尔特曼攻读神学，后来否定老师布尔特曼的立场，宣传原始基督教的重要性。在纳粹统治下，曾经召集抵抗组织并长期执教于图宾根大学。——译者
③ E. 卡泽曼：《诠注尝试》（*Exegetische Versuche* I, 1964），第一卷，1964年，第199页。
④ J. 莫尔特曼：《希望神学》，1964年，第32页。

张感。因此，圣经的风格催人奋进，奋发向上，因此，根据圣经风格，业已形成的东西与现存的东西之间的距离实在太大了。

《诗篇》中，满怀激情地这样写道："耶路撒冷啊，我若忘记你，情愿我的右手忘记技巧。"① 这句话不仅历经沧桑以至于如今面目皆非，而且，还通过那些想要保持其羊群的牧羊人阉割了它的改革精神和革命意义。这句话绝不单单意味着对过去的记忆，它反映了涅槃般的浴火重生，令人联想起多灾多难、起死回生的耶路撒冷。这样的耶路撒冷充满着希望的承诺，意味着人们并不甘心于现存的城市。人们不甘心忍饥挨饿，但也不甘心单纯的、可怜的安逸，至少不甘心永恒的瞬间姗姗来迟，尽管它迟早都会到来。一句话，在他们朝思暮想的城市中存在着更美好的永恒的世界。因此，这绝不是基督教的情绪安定或单纯的自我试验，但与基督教的慈善集市也很少有一致之处。

这方面，如果人们确实不需要如此充满悖谬内容的、末世轮的弯路，后来耶稣也就不会遭受罗马帝国的迫害。与此有关，在《不朽的人》中，切斯特顿②宁愿指出，原始基督教以后发生蜕变的教会令人可疑，其中充满了各种不和谐的因素（在此，他恰恰不是针对作为盎格鲁"邻居道德"的基督教，或针对伯纳德·肖③说这番话的）："那些诬陷基督徒纵火焚烧罗马，使之变成一片废墟的人是一群造谣诽谤者。但是，这伙人比现代人当中向我们讲述大道理的那些人更正确地领悟了基督教的本性。他们煞有介事地向我们讲述：基督教徒属于一种伦理共同体，因为他们曾向人们宣告，他们要对其邻居履行义务，或者，因为他们温和宽容，更容易招致轻蔑乃至被慢慢折磨而死。"

当然，皈依了天主教的切斯特顿十分厌恶暴力，离革命相距甚远，但是，他对原始基督教所谓危险的、现实的丑闻了如指掌。在此，我们抛开所有其他深渊以及圣经语词索引，仅限于回溯千年王国神秘主义者威廉·

---

① 旧约圣经：《诗篇》137篇5节。——译者
② 切斯特顿（Gilbert Keith Chesterton，1874—1936），英国作家、批评家，作品包括小说、短篇小说、诗歌、随笔、传记等，主要作品有《不朽的人》《堂吉诃德的归来》等。——译者
③ 乔治·伯纳德·肖（George Bernard Shaw，1856—1950），爱尔兰剧作家，1925年"因为作品具有理想主义和人道主义"而获诺贝尔文学奖，其喜剧作品《卖花女》（Pygmalion）因被好莱坞改编为卖座电影《窈窕淑女》（My Fair Lady）而家喻户晓。——译者

布拉克①恼人的诗句："暴动的精神从救世主猛扑下来，在法国的葡萄树中，光的愤怒寒气逼人、熠熠生辉。"

从不可减弱的末世论的"书面理解"上看，这一点毋庸置疑：在原始基督教中所爆发的革命思想光芒重现在布拉克、再洗礼派等的末世论思想中，而这种革命思想的光芒比布尔特曼、巴特、施魏策尔的种种"末世"更切近真正的超越活动。连同关于出走的记录（Exodus - Notierung）在内，圣经中到处充满着解放思想——从解释学上看，这种记录至少可以限定在新约上——例如，出走埃及以及比这早得多的以色列人的部族原型。从阿摩司②到但以理③，末世论精神以特有的方式（sui generis）一脉相承，渊远流传。即使在使徒保罗那里，这种精神也没有被完全消除掉。虽然先知们的声音很有分寸，但谛听者们仍然听得见深沉的末世论回响："在被先知们否定迄今救世基础的地方，我们应当使末世论的信息传遍每一个偏远的角落。"④

除了保守化的下层建筑，最终还剩下什么呢？大多数神学家——自梅兰希通⑤以来，他们就已经激烈地反对闵采尔的革命立场——为所谓社会使命而战，或者兜售市区革命锋芒的末世论。换言之，这方面，究竟是什么东西从方法论上引导神学家们轻而易举地完成这种反动使命呢？这里存在一种源于历史陌生类型的希腊存在—思维的联系，由于这种根深蒂固的希腊存在—思维模式，大部分神学家们完全无视圣经中的历史思维、承诺思维、新东西思维等。与古希腊思维体系不同，在基督教思维中，直到耶

---

① 威廉·布拉克（William Blake, 1757—1827），英国画家、诗人、心灵主义者，据传他8岁时目睹了一幅幻影，之后，他毕生都为寻找这幅幻影而奔走天涯海角。在他那里，艺术成了寻觅自身惊人幻影的手段。代表作有《天真之歌》（*Songs of Innocens*, 1789）、《经验之歌》（*Songs of Experience*, 1793/1794）等，但他在世时，几乎不为人所理解。——译者

② 阿摩司（Amos），天主教译作亚毛斯，是以色列人的先知，旧约圣经《阿摩司书》的作者，十二小先知之一。"阿摩司"在希伯来语的意思为"负荷"或"挑重担者"。有关阿摩司的生平只在《阿摩司书》内有所记载：他是犹大王国在伯利恒南方的乡村哥亚的牧人，又是修理桑树的农夫，但奉命到北方以色列王国传警告。参见旧约圣经《阿摩司书》1章1节，7章14节。——译者

③ 但以理（Daniel），圣经人物，据旧约圣经记载，他在狮穴中，承蒙神的恩典，竟没有被狮子吃掉，被视为神迹奇事。参见旧约圣经《但以理书》6章20节、22节。——译者

④ 拉德：《旧约神学》（*Theologie des Alten Testaments* II），第二卷，1960年，第131页。

⑤ 菲利普·梅兰希通（Philipp Melanchthon, 1497—1560），德国哲学家、文献学家、宗教改革家。作为马丁·路德的亲密盟友，梅兰希通站在路德的一边，对托马斯·闵采尔及其农民革命采取了极端的敌视态度。——译者

和华神，凭借未来概念，存在都被规定为一种开放的存在。例如，在德尔菲阿波罗神殿上的碑文说道："你在"（EI），与此相对照，耶和华神的想象是："我将照我所是的样子存在"（Eh'je ascher eh'je）①，这与摩西所目睹的那种燃烧的荆棘丛中的神的动态特征十分吻合。

因此，圣经中也存在某种独特的非感性因素，这就是所有古老的存在（antiken Gegenwart）都十分陌生的神的想象。由此呈现出"神的显现"（Epiphanie）与"启示录"之间的显著差异。② 进言之，由此呈现出两种真理论的差异：从柏拉图到黑格尔的真理的单纯"记忆说"（回忆，圆圈）与作为本身依然开放的"尚未存在的存在"（Noch-Nicht-Sein）③的真理的末世论之间的显著差异。但是，在圣经的目的、目标和意义中，后一种真理与植根于弥赛亚主义末世论的力量的那个本真的东西相适应，即与富于理性的存在有着最紧密地联系。

赫尔曼·柯亨④记录了这一内容，当然，他同样提倡一种与古代末世论相对立的、富于"理性内容的"末世论。在此，他的立论完全不是从福音神学学科出发的，但是，其中也不包含业已到来的弥赛亚和完全形成的神的显现：

> 从文化史上看，弥赛亚主义的提出是一个巨大的哑谜。一切民族都把黄金时代迁入过去，迁入太古时代。只有犹太民族才期待未来人类的发展。换言之，只有弥赛亚主义才主张人类历史的向上发展，而在其他民族那里，黄金时代被设定为向下发展。因此，通常把弥赛亚时代标明为黄金时代是一个巨大的错误，因为这种表现正好颠倒了思维的方向。过去与现在消失在未来的弥赛亚主义之中，唯有未来才能

---

① Eh'je ascher eh'je，这是耶和华神的特定称谓，亦可译作"我就是我，除此之外什么也不是。"参见旧约圣经《出埃及记》3 章 14 节、15 节。——译者

② 古代人们认为，神的形象见之于梦、奇迹或自然灾祸。通过这些事迹，神和动物的形象投射人的前意识。"神的显现"是古代文学的一大主题。——译者

③ 这是我们理解布洛赫末世论和存在论的核心概念：存在不是业已完成的、一成不变的东西，而是尚未形成的、指向未来的趋势—潜势。——译者

④ 赫尔曼·柯亨（Hermann Cohen, 1842—1918），出身于犹太家庭的德国哲学家，新康德主义马堡学派的创始人。他为把犹太信仰嫁接到德国哲学作出了贡献，本文所提《理性的宗教》在他死之后于 1919 年刊行。——译者

实现时间意识。①

柯亨指出,"我将照我所是的样子存在"是有效的,虽然他也完全排除了基督教福音书和启示录产生于犹太主义内部这一事实(马丁·布伯② 把柯亨的这种态度称作对拿撒勒人事件的迷信性羞怯)。无论如何,柯亨把弥赛亚要素视为比基督教神学更大的"道德理性",进而将其与耶稣的末世论区别开来。柯亨把后者视为所谓"神话般的感染",事实上,这是所有基督教"脱神话化"都无需付出的过分代价,也正因如此,圣经中的"非古代要素",即圣经末世论付出了沉重代价。

在此,进一步引以为戒的是,第一,现在从弥赛亚要素中,排除全部所意欲的神话敌视(Mythosfeindschaft)立场;第二,排除渴望弥赛亚的每个人(包括反耶和华的约伯)以及末世论中的所有**总体未来**。尽管如此,弥赛亚要素中的人、反叛者等也连同宇宙翻转,即新天新地一道属于神化要素的那个**另一侧面**,而这一侧面更属于理性,正如过去的愚蠢亚当不属于理性一样。

这样,重新表明这一结果,即蕴含在圣经注释中的这个反叛的人以及启示录的承诺神话对末世论有多么重要,不仅如此,**这种明亮的神话内容**也从反面决定性地照亮外在于圣经的神话要素、弥赛亚主义的隐秘要素等。因此,虽然弥赛亚主义的隐秘要素至少缺乏"自身的愤怒之光",但是,为了点燃革命火炬,也恰恰需要圣经中诸如"看哪,我把一切都更新了"一类的反叛口号。

众所周知,宙斯带给人类以毁灭性的大洪水,他狠心地将光带给人类的普罗米修斯钉在岩石上,让秃鹫们整日啄食他的身体,仿佛处以十字架的痛苦惩罚。在圣经中,也出现了众多反抗世界主人的人物。普罗米修斯反抗世界主人,为人类造反,盗天火以周济凡人,他比他的主神好得多。这就是说,尽管过去普罗必修神话长期没有站稳脚跟,但是,如今这部神话以完全不同于古希腊静态思维的面貌脱颖而出。如今这部神话变得完全可理解了,因为借助于新东西,末世论的动态要素闯入未来。进一步讲,

---

① H. 柯亨:《理性的宗教》(*Religion der Vernunft*,1919),第337页。——译者
② 马丁·布伯(Martin Buber,1878—1965),出身于奥地利犹太家庭的社会宗教哲学家、翻译家、教育家,他的研究工作主要集中于宗教有神论、人际关系和团体。主要著作有《你与我》(1923)等。——译者

这种动态性通过新东西而第一次获得了固有的远大视野,从而决定性地到达其乌托邦的维度。

有充分理由表明,在一切圣经解释学中,无论是新东西中的终极物(Ultimatum),还是为了我们的(pro nobis)末世内容都地理位置不佳,远离了核心乌托邦视域。但是,在真正的信仰者的心灵中,它们仍然带有奥林匹斯山的庄严神圣、雄伟壮丽。新的永恒世界的基督徒,越是把这个世界信奉为唯一的真正世界,这个世界就越是容易切近他们。

17. 关于马克思主义与宗教的关系

> 恐惧制造诸神。
> ——卢克莱修

> 没有任何惊吓
> 目光徐徐扫过
> 我们急切地向前
> 沉重而遥远地
> 悬挂着敬畏的外皮。[①]
> ——歌德

> 无神论是以扬弃宗教作为自己的中介的人道主义。[②]
> ——马克思

再没有一份最后通告像现在的主教最后通告那样,在背地里,把

[①] 语出歌德的诗篇《象征》,现试译该篇第二段、第三段的完整句子如下:未来使痛苦和/幸福徐徐/睁开眼睛/可是,并未惊恐/我们前行/沉重而遥远地/悬挂着敬畏的外皮/上面是/宁静休憩的群星/下面是/死寂的坟茔。参见 J - W. v. 歌德《诗选》(Gedichte, Ausgabe letzter Hand),斯图加特/图宾根,罗戈出版社 1827 年版,第 15 页。——译者

[②] 全段为:"无神论是以扬弃宗教作为自己的中介的人道主义,共产主义则是以扬弃私有财产作为自己的中介的人道主义。只有通过扬弃这种中介——但这种中介是一个必要的前提——积极地从自身开始的即积极的人道主义才能产生。"参见马克思《1844 年经济学哲学手稿》,人民出版社 1990 年版,第 112 页。——译者

教会政策的无神运动议论得如此邪恶透顶。①

——布洛赫

（一）不可忘记伪牧师

一个人很乐意抛弃心中被压抑的东西。但是，自古以来，人们就说，"贫穷教人祈祷"。这也是因为靠祈祷过活的人习惯于贫穷吗？一批束手无策，不知如何是好的羊群，纷纷聚集在照料备至的牧者那里。与襁褓里婴儿般稚嫩的小市民阶层不同，具有阶级意识的劳动者早就铭记着这一事实。然而，他们发现许多自命拯救的精神照料者却站在剥削和压迫他们的权力一边。

出自财富的权力，出自权力的财富是多么无害的和平，同时，这又是多么的无耻之极？来自四面八方的使徒们纷纷向佛朗哥②磕头祝福。为了赢得胜利，他们虔诚祈祷，祷告声响彻云霄，为了能像过去烧死异端者一样再次处决今天的犹太人，他们闭起眼睛，公然抱成一团，沆瀣一气。于是，人们越来越厉害地祈祷，大多数信奉路德的圣职法官都站在权力一边，他们甘心情愿、顺顺乖乖，这源出于权力。从很久以前，神权政治就遭受过许多失败，无论风雨飘摇，摇摇欲坠，还是固执己见，执迷不悟，这种神权合一的政治体制要么添枝加叶，无中生有，要么遮人耳目，掩盖真相，其结果，如今它已经风卷残云般消失殆尽了。

诚然，无论天主教教会还是基督教教会都仍然保留着某些诚实的要素，但是，在大多数情况下，二者曲意逢迎，忍气吞声，像猫一样绕圈子，害怕被触及要害。当东方阵营冥顽不化而对其有利时，它们便咄咄逼人，先声夺人，总是侥幸地摆脱困境。此外，在此也不乏某种被迫使然的事情，倒也聊胜于无了。在教会腐败和火刑等恶劣行径背后，也唤醒了若干真正的基督教形态。但是，日积月累、积重难返的东西却是另一种东西，而这种东西，通过单纯的教会喧闹是绝对无法克服的。就是说，信仰之源流向别处。归根结底，按其使命，一个伪牧师的职能就是不断地隐蔽或窒息这种信仰之源。

---

① E. 布洛赫：《德国主教的最后通告》，第 52 页。
② 弗朗西斯科·佛朗哥（Francisco Franco, 1892—1975），西班牙政治家、军事家、独裁者，西班牙大元帅，西班牙长枪党党魁。——译者

(二) 人民的鸦片，人们充分使用了它吗？[1]

由于让自己麻醉的欲望，所以人们注定受罚。人民的鸦片总是蒸发出一种迷人的香气，最终，全部信仰都散发出这种迷人的香味。如果教会本身不是密切关注占统治地位的权力一方，也许它就不会被抨击为与权力串通一气、狼狈为奸。当然，我们也不否认，中世纪盛期，为了占据最高统治权，教会与权力一方发生过激烈争论。

这涉及如何控制农奴即那些为工钱而劳作的人，毫无疑问，对他们进行精神麻醉有利于镇压他们。所以，依照自然科学见解并不能完全理解宗教批判。虽然马克思并没有进一步强化伏尔泰[2]"碾碎败类"（Ecrasez l'infame）的口号，但是，他重申了这一口号，并且撰写了相关文章。他之所以没有进一步强化对教会的批判，是因为他把教会连同国家辨认为所有其他不利现象的反映，即受到一定社会经济条件制约的、迟早都将消亡的暂时社会现象。因此，他潜心钻研经济领域里的深层问题。

但是，他强调了当时的资产阶级革命家，因为就像需要更换阶级社会的全部教会之神一样，也需要更换现存社会的全部神庙。无论是高尚的人还是低贱的人，无论是罪犯还是名人，无论是永远歌功颂德的仆人还是阿谀奉承的拍马屁者，统统一死百了，都停留在鸦片的天国里。然而，这时马克思重复诸如此类的话绝非偶然："没有神"，"神只不过是狡猾的祭司们的发明而已"。当然，后一句话是以一种虚假的事实为前提的：从古时克尔特人的巫师以来，所有早期祭司都具有伏尔泰的敏锐智慧，他们并不像一个18世纪的无神论者一样通达事理、追求更好的知识，而是胡说八道、废话连篇。

马克思并没有对这种非历史的天真幼稚发表言论。因为在法国启蒙主义时代的百科全书派与马克思之间隔着黑格尔和费尔巴哈。尤其是，后者最初致力于人的愿望理论，之后才致力于宗教的自我疏远以及基于人类学的异化理论：即宗教不是形成于欺骗，而是形成于不可识破的错觉。在宗教中，人与自身相疏远，他首先把自身设定为有限的个体，然后把自身设

---

[1] 在此，布洛赫深入批判了把宗教无条件归结为"迷信"乃至"意识形态"的庸俗马克思主义者。当然，马克思并不否认宗教的"迷信"和"意识形态"要素，但是，创造性的马克思主义者应当拯救宗教的肯定要素。在布洛赫看来，这种肯定要素正是圣经中萌动的被压迫、被剥削者的"叹息"和"反抗"。

[2] 伏尔泰（Voltaire, François – Marie Arouet, 1694—1778），法国启蒙时代思想家、哲学家、文学家，被称为"法兰西思想之父"。通过"碾碎败类"这一口号，他辛辣地批判了制度化的宗教、顽固的迷信内容和腐败的罗马天主教会。——译者

定为不受限制的、神化的个体，即把自身设定为异化的、与自身对立的自身、与神相遇的自身。与此同时，费而巴哈认为，必须抛弃下述两种概念：一是自我疏远的神概念；二是实体化为彼岸世界的神的概念："在自然界和人以外不存在任何东西，我们的宗教幻想所创造出来的那些最高存在物只是我们自己的本质的虚幻反映。"① 正是通过这种"虚幻反映"（Rückspiegelung），马克思最终理解并看穿了发达市民阶层社会中的教会的意识形态功能。继费尔巴哈之后，马克思也从历史视角解除、改变和具体化了所谓普遍而不变的人的存在以及宗教情绪：据此，人生活在不同的社会中，从而也就是生活在不同的自我异化中。

但是，借助于此，马克思的宗教批判重新获取了启蒙运动的古老动能，这意味着在市民阶层社会中，某种"有用性"（Tauglichkeit），即天国的阴霾重新与欺骗性意识形态结合在一起。在古代，由于带有故意和主观性特点，这种欺骗性意识形态无法持续下去，但是，在今天，由于带有客观性和社会强制性特点，它却可以持续下去。因此，马克思认为，现在宗教第一次历史地与阶级社会结合在一起了。这时，人们识破教会的权力意识形态，把宗教与教会几乎视为等同，从而获得源自启蒙主义时代的某种普遍性。其结果，只留下截然不同的东西，即完全反教会的社会信仰形态，当然，这种信仰形态并不能成为世人的真正关注对象。

但是，据此，顺理成章的是，宗教是唯一强有力的社会形态，而对其进行全面的意识形态批判被视为对教会的全面批判。由此出发，马克思主义批判"宗教"这一人民的鸦片，但是，与18世纪庸俗唯物论那种出于恶语辱骂和冷嘲热讽的批判不同，这种批判出于冷静的经济分析和严密的逻辑推理。庇乌斯十二世在位期间，这一标准严格检验了教会的固有本性②，因此马克思主义的无神论不能仅仅沉湎于庸俗的马克思主义，这一标准属于马克思主义宗教批判的高度。③ 因为市民阶层的无神论和庸俗马克思主义的无神论是一种陈词滥调。真正的马克思主义无神论除了否定神

---

① 这段话引自恩格斯《路德维希·费尔巴哈与德国古典哲学的终结》，载于《马克思恩格斯选集》，人民出版社1995年版，第222页。——译者

② 在庇乌斯十二世担任教皇期间（1939—1958），爆发了"二战"浩劫以及纳粹大肆屠杀犹太人等骇人听闻的历史事件。——译者

③ 应该说，这是检验庸俗马克思主义与真正马克思主义的一块试金石：前者宣告"神死了"，由此，背弃宗教；后者则在神消逝无踪的地方寻觅新的宗教功能。在布洛赫那里，这功能就是"寻找凭借抵抗的人类学的确实性"。——译者

之外，还必须具有一种长远的战略眼光。可以说，在宗教观点上，即使是破烂不堪的唯物主义的老生常谈也总是拥有其可资借鉴的含义。对待自我异化现象，马克思和费尔巴哈力图发现这种可资借鉴的含义。反之，当市民阶层通过否认诗性天使或无所不包的超越者来掩盖自身的阶级本质时，他们的深蕴只不过是表明通常意义上的含义，即为私有制辩护。

首先正是恐惧使人变得卑躬屈膝、唯命是从。但是，大多数信仰者也有一种根深蒂固的看法，那就是可从上面得到愿望的满足，从而把自身变成一个呼天喊地、苦苦哀求的请愿者。因此，第一个非宗教地板起面孔的人（因为这种傲慢无理的人恰恰属于请愿者之列）并非厚颜无耻，反而是富于人情面孔的人。唯物主义一向赋予人一种自由的角色。因为针对自上而下的压迫，唯物主义采取一种刚毅挺拔的态度。唯物主义带给人们知识（das Sapere aude），教人们反抗不可识破的、偶像化的命运。

所以，对宗教进行彬彬有礼的批判，这是叙事诗本身的要旨，例如，维吉尔①在下述诗句中，暗暗地赞扬了卢克莱修②：

> 祝福你，能够认识事物的本质的人
> 摆脱了忧愁，直面严峻的命运
> 为渴望的阿凯伦所陶醉，奋力伸脚的人。③

因此，正直的态度和求知意志构成伟大的宗教批判的基本内容。从中，高举宗教批判火炬的人不是瑟赛蒂兹④，而是普罗米修斯。的确，我们在这里不宜操之过急，不能像抽象地跳跃一切事项一样匆忙地跳跃宗教

---

① 维吉尔（Publius Vergilius Maro, B. C. 70—B. C. 19），古罗马伟大的史诗诗人。早期重要作品有田园抒情诗《牧歌》十首；第二部重要作品是他在公元前29年发表的4卷《农事诗》；晚年著有史诗《埃涅阿斯记》十二卷，语言严谨，画面动人，情节严肃，哀婉惆怅，富有戏剧性，为后世视为著作典范。——译者

② 卢克莱修（Titus Lucretius Carus, B. C. 99—B. C. 55），罗马共和国末期诗人和哲学家，以哲理长诗《物性论》（*De Rerum Natura*）著称于世。——译者

③ 在此，引自拉丁文 "Felix, qui potuit rerum cognoscere causas/Atque metus omnes et inexorabile fatum/Subjekt pedibus streptitumque Acherontis avari."参见维吉尔《杰奥尔吉克》2，第490页。本诗中，作者把卢克莱修比喻为大胆驶向漆黑而混浊的阿凯伦河的亡灵摆渡人卡伦（Charon）。——译者

④ 瑟赛蒂兹（Thersites），荷马史诗《伊利亚特》中的一名希腊士兵，他老是揭人所短，让人下不了台，以至于被视为煽动家或挑拨离间者。——译者

批判的各个阶段。不过，在如此坚韧的意识形态形式下，什么东西也无法代替"头脑与肢体的革命"（revolutio in capite et membris）。① 尤其是，今昔"宗教社会主义者"不思进取，无所作为，对未经处理的主教堂，仅仅满足于涂抹一层粉红色的涂料。在这种情况下，宗教批判更是无法代替体脑双重革命。

在此，年轻的马克思与其东拼西凑、敷衍塞责，毋宁用新的国家取而代之。据此，他警告人们注意国家—政治之外的内容："在这样的时代，模棱两可的智者们的观点同全体统帅们的观点是对立的。统帅们认为，裁减战斗部队，分散战斗力量并签订符合现实需要的和约，可以挽回损失，……而泰米斯托克利斯②在雅典城遭到毁灭的威胁时，却劝说雅典人完全抛弃这个城市，而在海上，即在另一个元素上建立新的雅典。"③

当然，现在人们都激烈反对迄今为止的主教会，因为在其中安放着所有迄今制度化的宗教这一人民的鸦片。这是一项重大的激进主义宗教批判。但是，在马克思论及宗教鸦片的地方以及展开宗教批判的地方，恰恰存在某种"别的元素"（anderes Element）。为了"建立一个新的雅典"，庸俗唯物主义者至少已经驶向那里，可是，半途搁浅，前功尽弃。因为在关于"人民的鸦片"这一真正的警句中包含着比庸俗唯物主义者所喜爱和忍受的东西更真实、更深邃的相互关联性。因此，庸俗唯物主义者同样把关于人民的鸦片的警句从相互关联性中完全割裂开来，从而使其失去了丰富深邃的内涵。

但是，在《〈黑格尔法哲学批判〉导言》中，马克思这样说道：

> 宗教把人的本质变成了幻想的现实性，因为人的本质没有真实的现实性。……宗教的苦难既是现实苦难的**表现**，又是对这种现实苦难的**抗议**。宗教是被压迫心灵的叹息，是无情世界的感情，正像它是无

---

① "头脑与肢体的革命"（revolutio in capite et membris），指12世纪以来，天主教会中特别注意修道院及教区的改革运动。尤其是到十五六世纪，这项运动通过特利腾大公会议（Council of Trent）而成为全罗马公教会的改革潮流。——译者

② 泰米斯托克利斯（Themistocles, B. C. 525—B. C. 459），雅典将军及政治家，曾在萨拉米斯一役中指挥雅典舰队击败薛西斯一世率领的波斯庞大舰队，后被放逐。——译者

③ 参见《马克思恩格斯全集》第40卷，人民出版社1982年版，第137页。——译者

精神活力的制度的精神一样。宗教是人民的鸦片。废除作为人民幻想的幸福的宗教，也就是要求实现人民的现实的幸福。要求抛弃关于自己处境的幻想，也就是抛弃那需要幻想的处境。宗教批判摘去了装饰在锁链上的那些虚幻的花朵，但并不是要人依旧带上这些没有任何乐趣任何慰藉的锁链，而是要人扔掉它们，伸手摘取真实的花朵。……对宗教的批判最后归结为人是人的最高本质这样一种学说，从而也归结为这样一种绝对命令：必须推翻那些使人成为受屈辱、被奴役、被遗弃和被蔑视的东西的一切社会关系。"①

由此可见，这正是与"叹息"和"抗议"的全部关联性，而仅仅在睡眼蒙胧、昏昏欲睡中，这种发自肺腑的叹息和抗议是绝对听不见的。因此，对于庸俗唯物主义者，马克思的宗教批判表明，在德国农民战争时期的传道中，包含着比"宗教外衣"（religiöses Mäntelchen）更多的、不同的某种东西。正如考茨基②后来所认为的那样，这种传道同样源于《圣经》，仿佛宗教并不只是"再结合"（re‑ligio）。反之，回眸历史，所谓教会之光（Kirchenlichter）几乎毫无例外地致力于埋葬自由，或者千方百计地阻止这个世界上出现神的孩子们的自由。无论愿意不愿意（nolens volens），如果一个教会不再完全暴露其复辟时期的意识形态面目，它就会直面马克思主义，对上述事实感到后悔并进行深刻反省。

与马克思有关，把宗教批判从所有未加区分的禁忌中解放出来，这是远远多于单纯的马克思主义宗教批判的东西。虽然我们不再断章取义、随意肢解，而是全面援引"人民的鸦片"这段警句，我们也做不出什么人间奇迹，至少最终会为脱意识形态的信教者、脱禁忌的非信教者敞开对话的大门。伏尔泰号召"碾碎败类"（Ecrasez l'infame），这句战斗的口号不仅要求根除教会的腐败无耻，进而也要求根除否定一切、冥顽不化的半吊子启蒙。

---

① 参见《马克思恩格斯选集》第 1 卷，人民出版社 1995 年版，第 1—10 页。——译者
② 卡尔·考茨基（Karl Kautsky，1854—1938），社会民主主义活动家，德国和国际工人运动理论家，第二国际领袖之一。——译者

（三）在桌前，人们从不同的视角阅读，作为普通教徒运动的神秘主义，农民战争的火焰，简化①

一个正直的人从不会有意识地掩盖事实真相，也从没有浑水摸鱼的冲动，但是，如果他在天国捕捞，他就不会那么虔诚。的确，作为一种宗教运动，神秘主义从 14 世纪起就风靡一时，深入人心，神秘主义一词源于"myein"，即"闭目"。但是，据此说来，失明的先知越发明澈地洞悉一切。至于全身痉挛、如醉如狂、口吐白沫等现象，仅仅是萨满巫师的迷惘亢奋状态，与神秘主义相距甚远。在**艾克哈特**②那里，我们最容易辨认精确意义上的神秘主义，事实上，这种神秘主义是在**理性**的高度上贯彻落实的。神秘主义产生于**哲学**的顶峰时期，是由古代后期的伟大思想家普罗提诺③创立的。当与理性相同的灵魂退回到自身的本质基础时，它就应当发生最高程度的纯化。普罗提诺把类似理性的灵魂所实行的最高的纯化视为"haplosis"④。不过，此时加以甄别而被排除的正是纵欲若狂中的着迷意识，也就是说，纯化是为了谋求更高水平上的光，而不是为了在痉挛、雾霾、血光中搁浅沉没。

普罗提诺和新柏拉图主义影响很大，其基本思想成为后来一切基督教神秘主义的根源和内容。当然，无论是狄奥尼索斯·阿雷帕吉塔⑤还是麦斯特·艾克哈特都为神秘主义运动添加了新内容。一个例外的情况是，现代社会主义者对艾克哈特的评价具有决定性意义，他们发现，艾克哈特用

---

① 在此，布洛赫揭示了神秘主义内在功能和意义：神秘主义的功能在于把彼岸世界的神性存在移入人的主体的内心世界中。例如，艾克哈特的神秘主义思想对激进胡斯派乃至闵采尔的影响很大，促成了一系列社会变革运动，最终成为马克思革命思想的重要遗产。——译者

② 麦斯特·艾克哈特（Meister Eckhart, 1260—1327），德意志神秘主义神学家、哲学家。——译者

③ 普罗提诺（Plotinus, 205—270），又译作柏罗丁，罗马帝国时代最伟大的哲学家，新柏拉图主义奠基人。——译者

④ 普罗提诺从"单纯 άπλόις"这一形容词中导出了"纯化 άπλόσις"概念。άπλόσις 指"心灵的净化"乃至"心灵的纯化"。灵魂通过信仰排除自身的不纯要素，普罗提诺将此后的纯化状态命名为 άπλόσις(haplosis)。——译者

⑤ 狄奥尼索斯·阿雷帕吉塔（Pseudo Dionysius Areopagita），希腊人，生活在 6 世纪，以圣经中的 Areopagita（阿勒约帕哥/亚略巴古）为笔名，因此后代称其为"伪狄奥修斯"（Pseudo-Dionysios）。在《论神秘神学》（*De mystica theologia*）等著作中将基督圣名与基督信仰加以整合，日后对托马斯·阿奎那的神哲学思想产生了很大影响。他的其他著作有《论神的名称》（*De divinis nominibus*）、《论天上的圣统》（*De coelesti hierarchia*）、《论教会的圣统》（*De ecclesiastica hierarchia*）等。——译者

德语表现了中世纪后期反教会的异端普通教徒运动。

　　追求灵魂与世界基础的统一、致力于德国式的"注视静观""急奔最初的纯洁性",凡此种种都是新柏拉图主义的遗产。但是,这些遗产由于超脱教会圣礼以及一切当局的束缚,所以在以后历史中产生了巨大效应。正因如此,艾克哈特的神秘主义也被谴责为异端。教皇在关于将他逐出教会的通谕中强调,他"在普通人面前发表演讲,竟然胡说什么使真正的信仰黯淡无光是最恰当不过的事情"。为此,教皇通谕宣称,"为了单纯的人的内心不致受到毒害",必须彻底根除神秘主义。

　　果不其然,与卡拉波雷塞修道院长**约雅金·弗洛尔**[①]一道,艾克哈特的神秘主义思想在以后的200年间唤起了波澜壮阔、轰轰烈烈的革命运动:其一是胡斯运动[②];其二是托马斯·闵采尔领导的德国农民战争。对这两起历史事件,思想界见仁见智,评价不一。但是,有一点很清楚,那就是神秘主义的雾霾对统治阶级并无益处。也许,人们像考茨基一样,对这种雾霾感到几丝惋惜。考茨基把托马斯·闵采尔完全贬低为"小市民阶层",进而把他领导的农民战争诋毁为"启示录神秘主义的若干小尝试"。但是,人们很难无条件地,即先验地把隐藏着胡斯和闵采尔的雾霾称作反革命行为。毋庸置疑,当神秘主义者把神置入人心时,他通过人类同盟这一奇异的悖论也假设了这样一个先决条件,即某一彼岸世界(而且移入自身内部的一个超越的世界里)在尘世中的实现可能性。

　　这仍然是一个真实的悖论。然而,神秘主义者们为了人的缘故,试图通过人废除当时占统治地位的"有关来世的各种说法"(Jenseiterei),这

[①] 早期基督教教父哲学家奥尔金(Origenes Adamantius,185—251)提出了关于圣经解读的三项原则,约雅金·弗洛尔将其进一步转变为历史哲学的时间概念,据此阐明了他的千年王国的三阶段说。根据布洛赫的理解,约雅金·弗洛尔最透彻地领会了启示录中弥赛亚思想的根本理念,尤其是,他的千年王国说在理论上照亮了闵采尔和再洗礼派等领导的农民革命运动的道路。——译者

[②] 胡斯运动(Hussites Movement),15世纪初,波希米亚宗教改革领袖扬·胡斯提出改革教会,反对教会敛财腐化,主张用捷克语举行仪式,教徒可领圣饼和圣酒等,由此掀起了15世纪早期捷克宗教改革运动。胡斯运动把反天主教与争取民族解放结合在一起,掀起了胡斯战争。胡斯运动主要有两大派,以农民、手工业者、城市贫民为主的激进的塔波尔派,以及代表中小贵族和上层市民阶层利益的温和的圣杯派。两派曾共同对敌,挫败了德国皇帝组织的十字军的五次进攻,最终圣杯派与教皇妥协,塔波尔派拒绝妥协,两派归于分裂。其根据地于1452年被攻陷,战争方告结束。胡斯运动的残余成员后来组成波希米亚弟兄会,成为一个长期活动的教派。——译者

又是一个悖论。使徒保罗说过，人们通过内心深处所发现的某种东西，既能克服死亡，又能克服这个世界上的一切痛苦。对保罗的这番话，艾克哈特在他的传道中附加了"永恒的诞生"："我在内心中觉察到某种东西，它补充我的理性中的缺陷。我确实感受到某物的存在，但是，我无法把握它究竟是什么。"

按照自身及其时代的状况，人们既可以把这段话中关于光的感觉获悉为最无意义的废话，也可以把它体验为最纯粹的真理。换言之，按照自身及其时代的状况，人们可以充分理解内在之光，也可以把它当作全然陌生的东西来接受。无论如何，有一点很清楚，那就是艾克哈特的传道并不意味着面对来世的人消灭尘世的人，从而也不意味着单纯的自我疏远的传统宗教观。艾克哈特很少或从未自视清高，以至于高呼"我的灵魂，我们的灵魂"（anima mea anima nostra）。事实上，后来的历史也证明，对于一切暴君而言，革命的再洗礼派的人们，还有艾克哈特以及陶勒[①]的弟子们是多么地伟大崇高，但又是多么令人讨厌的存在。

如果设想一个主体在统一的个人中寻找神性存在，那么他也就同时罢黜了彼岸的神性存在。如果一个农奴认真思考这一点，他就会毅然放弃自身极度悲惨的农奴身份。的确，自相矛盾的是，神秘主义者历经数百年才把超越者翻转过来，而同样历经数百年之后，费尔巴哈才奠定了这种转变的人类学基础。但是，后来这一人类学基础却为"无宗教的翻转"[②]所取代。

在《绿衣亨利》一书的最后一章中，现实主义者、大地之子哥特弗里德·凯勒[③]通过自由思想家伯爵讲述了这样一则异曲同工、殊途同归的故事：艾克哈特的弟子神秘主义者安格鲁斯·西里西亚[④]关于神的见解与

---

① 约翰内斯·陶勒（Johannes Tauler, 1300—1361），德国神秘主义者、牧师和天主教神学家。他在说教中，不断勉励人们进入内在的静谧："神应该对灵魂表达他的圣言，灵魂应该进入安静与安息的境界。"——译者

② 此处"无宗教的翻转"，指法西斯主义的到来。布洛赫把法西斯主义称作一种无宗教信仰的、反基督教的意识形态。——译者

③ 凯勒（Gottfried Keller, 1819—1981），瑞士德语作家，代表作是自传体长篇小说《绿衣亨利》（1850—1855；修订稿1879—1880）。他还写有多部中短篇小说集，中篇小说有《塞尔特维拉的人们》（1856）、《七个传说》（1877）、《苏黎世中篇小说集》（1877）；短篇小说有《乡村的罗密欧与朱丽叶》《三个正直的制梳匠》《人靠衣裳马靠鞍》《七君子的小旗子》等。——译者

④ 安格鲁斯·西里西亚（Angelus Silesius, 1624—1677），本名约翰·安格鲁斯·西里西亚（Johann Angelus Silesius），德国天主教神父和医生，神秘主义者和宗教诗人。——译者

无神论者路德维希·费尔巴哈关于神的见解有着惊人的一致之处。两人之间的"逻辑一致点"（Tertium comparationis）在于把神性存在从遥远的高处遣返到人的主体上来，即宗教的人类学化。虽然小说中不乏自相矛盾和若干夸张之处，但是，伯爵的下述一番话还是明白易懂的："这一切几乎完整地传达这样一种印象：假如善良的安格鲁斯今天生活在这个地方，并且仅仅改变外部命运的一些方面，强有力的神的观察者就成了我们时代的一个同样强有力的、生气勃勃的哲学家。"

凭借同样的权利，凯勒叙述了后神秘主义以及前费尔巴哈时期青年黑格尔的思想。青年黑格尔这样写道："神灵的客观性与人的苦役和腐败步调一致，并驾齐驱……。抛开过去的种种尝试，这一切在我们今天一仍其旧，毫无变化。作为人的财产，在天国被挥霍殆尽的珍宝至少应在理论上归还给人。"①

迄今，我们考察了一种宗教神秘主义，即宗教中闯入的神秘主义。庸俗唯物主义把这样的神秘主义本身萎缩为"凭心灵移动桌子"的骗术或无聊的废话，但这种态度并没有完整地领会神秘主义思想。诚然，艾克哈特的思想笼罩在一片神秘的雾霭中，令人不可捉摸。但是，如果他曾经一清二楚地描写了某物，我们也就不会把他命名为神秘主义者了。可是，如果神秘主义未曾出现在这个世界上，我们就不知道人的价值这一珍宝被出卖给了天国这一事实。由于神秘主义思想，我们得以第一次了解到关于人的自我异化的内容，这一认识既与教会超越者（Kirchentranszendenz）无关，也与抽象的宗教憎恨（Religionsfeindshchaft）无关。人的价值高于神的价值，这一点尤其对马克思产生了深远的影响，正是凭借神秘主义这一思想遗产，马克思才最终能够摘取"真实的花朵"。

（四）静态形而上学的终结，具体的乌托邦

在此，我们不想再使用形而上学这一声名狼藉的字眼。否则，它会引起错误的、充满混淆的意见，我们必须铲除这种纠结的意见，以免进行不必要的作业。而且，我们不能把新酒装进旧酒囊里，特别是，如果这酒囊古色古香、与众不同，属于超尘脱俗、无可替代的宝物就更当如此。

---

① 黑格尔：《基督教宗教的实证性》（Hegel, *Die Positivität der christlichen Religion*, 1800），1800 年。

但是，旧酒囊的时代已经过去了。看来，这个"形而上学"也是历史上的词汇，是的，它历经沧桑，早已锈迹斑斑。但是，它苟延残喘、回光返照。例如，像罗森贝格①一类的法西斯主义骗子，就在形而上学的招牌下贩卖劣等烧酒，而像今天的 C. G. 荣格②、克拉格斯③一类的法西斯主义捐助者则不惜出卖今日的稀世珍宝。不言而喻，形而上学好比废铜烂铁，陈芝麻烂谷子，其内容早已过时，全然没有可比性。食之无味，贻害无穷。

然而，形而上学的阴影及其业已形成的阴影却具有截然不同的形式，而且，形而上学至少已经僵化凝固，不惜放逐一切，任凭漂泊，并且，在其背后设圈套，让从上设定的东西成为坚实可靠的立足点。然而，由于它具有真实的"后设"（Meta）④特点，所以它给今天中所蕴含的明天牢牢地插上静态的门闩。形而上学无处不在，在那里，似乎"真正的存在"永远位于一切不安的背后，就是说，"一切被抛在月亮底下"（Omnia sub luna caduca），从而理念、实体，甚至物质都被理解为一成不变、业已完成的存在。

与此相反，新的哲学既是现实的"后设"，同时又不再是旧的形而上学。之所以如此，是因为在此对尚未显示的东西的形而上学关系是这样一种关系，即它丝毫也不容许"现存的东西"（όντως ον）乃至存在论中的东西（ontos on）。因此，所谓存在论是指在业已确定的背后已经秘密地拥有一切的学说。的确，形而上学也是存在论（无论是非实证主义还是其他被阉割的不可知论都不能清除这个领域），然而，这里所谓的形而上学只适用于"尚未存在的存在论"（Ontologie des Noch-Nicht-Seins），即

---

① 阿尔弗雷德·罗森贝格（Alfred Rosenberg, 1893—1946），第二次世界大战中纳粹德国中的一名重要成员，为纳粹党党内的思想领袖。作为纳粹党最早的成员之一，他曾担任纳粹刊物主编和德国在苏联东部占领区的政府局长，经常对党内成员发表演说，内容包括种族清洗、地缘政治、生存空间和纳粹主义等。——译者

② 荣格（Carl Gustav Jung, 1875—1961），瑞士心理学家，精神病科医生，受到弗洛伊德精神分析学的影响，奠定了分析心理学的基础。他的主要著作有《里比多的变迁和象征》（1912）、《心理学的类型》（1921）等。——译者

③ 路德维希·克拉格斯（Ludwig Klages, 1872—1956），德国心理学家和哲学家、性格学和现代笔迹学的创始人。——译者

④ "Meta"——语源自希腊文是 μετά，原意为"在……之后"（nach），这个字首见于亚里士多德的著作《形而上学》（Metaphysics），意即"物理学之后"（Nach Physik）。鉴于简明扼要起见，中文译作"后设"。

本质性的存在。因此，这种形而上学并非作为立足点有效，因为它不是一种"业已解决的（绝对的）形而上学"①。这样的王牌或结论——根据辩证法，根据没有历史的—宇宙的更年期的物质——完全缺乏真正的辩证唯物主义。因为辩证唯物主义的过程是一种仍然开放的东西，它仅仅是一种现实的可能性，而不是环绕业已决定的现实的可能性。

这种姗姗来迟的关于乌托邦、"仍然—乌托邦"（Noch-Utopie）的认识可被理解为本质之中的唯一本质的存在规定，进而可被理解为形而上学本身的核心主题。"尚未存在的存在论"不间断地产生与迄今为止的存在论完全不同的存在论，按照这种新的存在论，生存性与本质性都不再直接地按比例交互攀升。几乎与全部过去的固定的形而上学中的情形一样，一切事物的背后都隐藏着最现实的现存形而上学的特征，因此，过去的形而上学很难根据未来、趋势—潜势等范畴来描写自身的存在模式。

对所谓形而上学的克服再说一句：对此，不仅在实证主义者和被阉割的不可知论者那里，而且在海格尔那里，也都错误地宣布为自身的事业。海德格尔是极端无视过程的思想家，他要么罗列古董品，要么鹦鹉学舌，把"以前的存在"（des seyns von eh）规定为"存在的遗忘"，但他从未在可能性—存在中采取强有力的措施。②而且，令人惊讶的是，海德格尔竟然宣称，通过形而上学，在形而上学内部克服形而上学："首先由于形而上学本身，通过它自身而超过它自身的某种行为，仿佛形而上学的克服是可以想象的。"③

但是，所谓形而上学的克服，与其说是"首先"克服形而上学，不如说是首先"揭示"到目前为止的形而上学中所蕴藏的某些进步要素。后来，海德格尔得出另一种结论，即把"可能的东西"（das Mögliche）庸俗化，一边矫正，一边把它放逐掉：

> 地球上的朴实法则无非是在一切事物的产生和消灭的满足中，在

---

① 此处德文是 Metaphysik eines bereits Ab-suluten，试译作"业已解决的（绝对的）形而上学"。——译者

② 从亚里士多德的"可能性"概念中，布洛赫概括出与乌托邦概念有关的两个特性：其一是"可能性的存在"（δυναμε όν）；其二是"向着可能性的存在"（κατα τό δυνατόν）。在此，布洛赫强调后一特性。——译者

③ M. 海德格尔：《形而上学的克服：演讲与论文集》，1954年版，第179页。

定量化的（！）圆圈之中保持这种（可能性的克服）。一切事物都遵循自然的循环法则，但对此我们一无所知。桦树从不逾越自身的可能性。蜂群总是居住在自身的可能性之中。自由意志……才迫使地球逾越自身可能性中生成的那个圆圈。这样，这个圆圈不再是可能的东西，因而成了不可能的东西。[①]

显而易见，海德格尔这种形而上学的克服无非是清除"后设"（Meta）这一能够改变世界的一切形而上学（无独有偶，为了同一个改变世界的"后设"，柏拉图曾经旅行叙拉古三次，因为这里拥有比桦树和蜂群的可能内容更多的东西）。

海德格尔所谓"不再存在的形而上学"（Nicht – Mehr – Metaphysik）正是古老的、最恶劣的正统学说。这种形而上学一路沉沦为纳粹的"血与土地"（Blut und Boden），与这种"通过它自身而超过它自身"的形而上学相反，可能意义上的形而上学属于"尚为完备的"（das Nicht – Fertigsein）、尚为存在的存在论。在海德格尔那里，形而上学恰恰被平庸化为过时的、站不住脚的东西，其功能充其量是，单纯的回忆、单纯循环中的表面过程（尼采未曾预料到的）以及同一物的永恒回归。[②] 与此相对照，市民阶层的思维标明一种引人注目的形而上学，即一种根本无法理解的专门术语学转向。例如，弗里德里希·恩格斯主要不是把形而上学等同于"有关来世的各种说法"，而是等同于静态性，从而拒绝了形而上学。遗憾的是，在马克思主义者的通常用法中，辩证法不再是形而上学，不仅赫拉克利特、柏拉图，甚至伯麦的辩证法乃至黑格尔的"生气勃勃的辩证法的脉搏"都不再是形而上学。与此相对照，法国启蒙运动时期真正的非彼岸唯物主义者——只要他们停留在静态世界图像之中——却被称作马克思主义形而上学家。当然，在马克思主义本身中，今后还会存在机械的—僵死的宇宙概念。

因此，新酒不能装进旧酒囊中。辩证的—具体的乌托邦（dialektisch-konkrete Utopie）及其新东西的可能性"基质"不属于迄今所特有的单纯

---

① M. 海德格尔：《形而上学的克服：演讲与论文集》，第98页。
② 在《查拉图斯特拉如是说》（*Also sprach Zaratustra*）一书中，尼采把一切事物的本质视为同一物的永恒回归，由此强调关于一切事物本质的无意义性。在尼采看来，一切唯一神思想和特定历史意识只不过是一种虚假信仰和意识而已。——译者

"再结合"这一理性意义上的形而上学。但是，在马克思主义——作为从必然王国向自由王国的中介性飞跃——中蕴含着全部颠覆性的、非静态性的遗产。这种遗产在圣经中隐藏了太久太久，但它不与过去的"再结合"（Rückverbindung）打交道。毋宁说，这是从静态的东西中出走（Exodus）的遗产，是为自由的王国而打交道的充满各种抗议和原型的遗产。这是旨在消灭从中见不到人影的一切上层结构的遗产，既是借助于叛逆和超越活动，也是借助于超越活动的叛逆——同时也是没有超越者的超越活动。

只要最终还能以《共产党宣言》的视角阅读圣经，我们就会获得立竿见影、茅塞顿开之效应：任何无神论的盐都不会变味的，马克思主义中所蕴含的内容也会领悟到不会使盐自身变味的那个"后设"。①

18. 作为侦探式的圣经批判：被压迫文本中的红色导线与神正论的解除②

（一）

世界上并不存在恶劣地或不恰当地变化了的东西。细细阅读各种文献就会发现，很少有一部文学作品的草稿是原封不动、完好如初的。是的，我们可以把笨拙的人与工匠之间的差别理解为，两者如何涂抹和雕琢新生的柱型立像。的确，有时候许多东西都变坏。如果一件佳品，附加太多的笔墨，就会画蛇添足、弄巧成拙。因此，罗马人告诫说："见好就收。"

不过，在大多数情况下，通过删去乃至补充，我们可以辨别主题上的问题，与此相反，通过添加和删节使事实内容变得更加清楚明白。因此，归根结底，所谓最终版本才是正确的。这一点尤其表现在为教会所承认的正经上。当然，在这种情况下，如果我们细细品味，就会接触到作为预印本留下来的以前的文本。只要值得一试，尽可比较两种文本。只有少数作

---

① 参见新约圣经《马可福音》9 章 50 节："盐本是好的，若失了味，可用什么叫他再咸呢。你们里头应当有盐，彼此和睦。"——译者

② 在本章中，布洛赫从文献学视角阐明了圣经的润色、订正等问题。圣经历经沧桑，经由祭司阶层的编者们反复修订而成。圣经中的无数牵强附会之处表露出删节、修正、曲解等重大嫌疑。在圣经中，一方面，删节或修正了贱民暴动、弥赛亚先知的抗议等内容；另一方面，捏造或附加了严格的律法、祭司长的身份等内容。有鉴于此，布洛赫认为，与神正论不同，马克思主义必须侦探式地阅读圣经，以把握被压迫本文中潜伏的红色导线。——译者

家才惧怕做这种比较研究。

在通常情况下，尤其在涉及正当事情的情况下，以前好的要素未经删节，而且文本内容变化得比以前更好，叙述得更明确，而不是恰恰相反。所有这些都应说在前面，以便在变样的文本中，看出借以分离被歪曲的事实的尺度。在另一种情况下，这一标准显然很不合适，例如，在修订版中附加作者未及想到的以后的内容。离开人世的作者再也无法口头上传达给我们一切事实，但是，作为一种替代，他的遗稿会受到各种抑制和伪造。文本越是确实可靠，越是富于影响，不忠实的文本就越是泛滥成灾。这种事情越是大行其道，我们就越想听见九泉之下的人的声音。

（二）

从前仅仅以口头形式传承下来的文本大多保存完好。听众大都习惯于聆听忠实于原典的文本，这是一种不约而同的习惯。但是，在反复听讲同一故事的时候，即反复抄写同一内容，或者事后概括业已写下的文本时，这种对原典的忠实态度就改变了。这样，就出现变质的文本，而这种文本毫无意义，因为它前言不搭后语，经常与下段句子、下一页相矛盾。当然，如果一篇文章不是废话连篇，无的放矢，而是句句珠玑，甚至朗朗上口，那么这种文本就不只是摇篮上唱的儿歌了。于是，读者就不容易觉察到文本中的变质部分。造成这种污点多半由于下述两种原因：一是抄写者看错写错，或疏忽懒散所致；二是文本编辑所致，例如错误地弥补现存罅隙，或者不恰当地整理散乱的内容。这一切都属于人的错误，过分人性的错误，但不是伊丽莎白·福斯特－尼采所做的有意图的修正。①

但是，除此之外，就不存在其他伪造或捏造本文的理由吗？也许，无能的编辑者加害文本并无恶意，但这种行为本身并非无关紧要，否则，所有文本中都会存在被加害的诱惑。是的，除了出于编辑者的无能这一假面具之外，伪造文本还出于隐瞒编辑者自身的欺诈行为。伊丽莎白，还有科

---

① 伊丽莎白·福斯特－尼采（Ekizabeth Föster－Nietzsche），弗里德里希·尼采的妹妹，从1897年起管理尼采文献，并雇佣鲁道夫·斯泰纳（Rudolf Steiner）、彼得·加斯特（Peter Gast）等人编辑尼采遗著。问题是，她以巧妙的方法修改了哥哥尼采发给她的信件。特别是，1901—1906年，《权力意志》一书经加斯特等人无数次润色后发表，此书客观上也曾为纳粹所利用。但是，在此布洛赫指责她"有意图地修正"尼采文本，是专指尼采信件，还是包括他的其他作品尚不甚清楚。——译者

西玛①根据缜密的计划修正了文本，例如，有意识地压制或歪曲不适于另一种计划和事情的文本。

毋庸赘言，捏造文本源于一种诱惑，占统治地位的阶级社会强烈要求人们修饰文本，这一点同样适用于大量遗著，包括源于口头的作品或尚未完稿的作品。不言而喻，在格林兄弟童话中，或者在庇西特拉图②——他使后世了解到了荷马的叙事诗——的荷马选集和抄本中，并未呈现出这样的伪造或捏造现象。如果他过分抑制或着重强调荷马叙事诗的某一部分，对他个人或自身的统治有什么益处吗？

在《伊利亚特》中，瑟赛蒂兹是个另类，据文字流传，这个人物只不过是一个爱唠叨的人或充满憎恨的辱骂者，因为他总是严厉责备君主，并且发表各种反战言论。另外，在《奥德赛》抄本中，我们到处都能发现神话里未被理解的部分以及把不同内容捏合在一起的部分。例如，卡吕普索（Kalypso）是承诺永恒青春的死神，但在作品中，他却被命名为"隐匿之神"。叙事诗的前后序列，尤其是流传下来的叙事诗诸版本中，各个事件的上下连接十分可疑，敷衍搪塞现象更是比比皆是。因此，1795 年 F. A. 沃尔夫③率先出版了关于荷马叙事诗的批判作品。

一旦谈论"荷马作品的单纯抄写者"，人们就会注意到章节序列中所发生的颠三倒四、乱七八糟的现象。可是，相比之下，这方面亚里士多德的《形而上学》岂不是有过之而无不及吗？对这部伟大的哲学巨著，许多人进行了反复编纂，以至于其中的事实内容引起了一片混乱，令读者一头雾水，摸不着头绪。口传的荷马以及亚里士多德的残篇断简可谓错漏百出，防不胜防，如今有很多地方需要进行重新编校。但是，这些残篇中的错谬大都源于抄写时的粗心大意，论其性质，仅仅属于法穆卢斯·瓦格

---

① 科西玛（Cosima Wagner, 1897—1930），弗朗茨·李斯特之女，1870 年与歌剧作曲家瓦格纳再婚，丈夫去世后，经营拜伊洛特剧场，并修改了一部分乐谱。——译者

② 庇西特拉图（Peisistratus, B. C. 600—B. C. 527），古希腊雅典僭主。两次被放逐；制定过一系列奖励农工商的政策，例如大规模海外贸易、建设雅典、扶持文化等。——译者

③ 沃尔夫（F. A. Wolf, 1759—1824），德国考古学家、文献学家。在 1795 年发表的《荷马文学序论》（*Prologomena ad Horerum*）中，他指出了荷马叙事诗中存在的篡改、夸大、插入等编辑错谬问题。——译者

纳①"做一天和尚撞一天钟"的失误，而不属于墨菲斯特②的邪恶诡计。

但是，令人惊讶的是，在此也很少根据"对谁有利"（Cui bono）追问文本批判问题，即使在最著名的文本批判中，也几乎没有出现这种追问。因此，圣经文本批判恰恰引人深思，令人回味。尤其是，虽然在圣经文本中出现了各种纠结的疑难问题，出现了出自他人之手的有趣的添加部分，但是，这些问题和部分并非仅仅源于吊儿郎当地磨洋工，也不是源于下属的趋炎附势、唯命是从。正是这种疑难特征使得圣经文本批判具有令人神往的特别魅力以及大量扣人心弦的素材，使其成为所有语言学批判中最富于盛名的批判。

这样，这种批判同时需要放宽范围。而在现存文本中，这种批判一再寻觅那些殊异的、充满反叛意味的异类段落。在桌前，人们仍然阅读历经大范围编辑的文本，但是，其内容并不完全根除或遮盖圣经的根本内容。

（三）

在圣经中，我们到处都会发现讳莫如深、避而不谈的句子，我们知道，这究竟取决于什么。尽管圣经早就确立了自身的牢固地位，但在犹太教经师那里，未受干扰的圣经文本已经很久没有流通了。最早的圣经手稿出现在公元6世纪以后，而在库姆兰所发现的最早的手稿可上溯至公元1世纪以前。③鉴于这一文本只是在文句表达方式上略有不同，所以不值得我们大惊小怪，因为其内容和表达与自《以斯拉》和《尼希米》以后所认定的圣经相差无几。不过，库姆兰所发现的手稿是在有关以斯拉的正式圣经编辑数百年之后才出现的，所以，人们几乎注意不到与许久以来成为正经的那些文本不相吻合的原始资料。④

相比之下，以斯拉和尼希米本人生活在一个怎样的时代呢？特别是，以斯拉大约在公元前450年亡命波斯，后作为"耶路撒冷教会特别委员"返回故乡。当时仍然存在尚未形成法典的戒律，而这些律法是公元前5世

---

① 法穆卢斯·瓦格纳（Famulus Wagner），歌德《浮士德》中浮士德的助手。——译者
② 墨菲斯特（Mephisto），中世纪魔法师之神，与德国博士浮士德订约的魔神。——译者
③ 库姆兰（Qumran），原指公元前130年至公元70年期间的犹太人共同体，位于死海西北部的沙滩，在耶利哥南部约7英里、耶路撒冷东部约12英里处。1994年，在此考古学家发现了最原始的圣经，即公元前2世纪的《死海古卷》，被视为震惊世界的一大发现。——译者
④ 旧约圣经《以斯拉》共10章，《尼希米》共13章。一般认为，《以斯拉》和《尼希米》完成于公元前4世纪初；《约伯记》《诗篇》《约拿书》完成于350年左右。——译者

纪犹太民族在巴比伦过监禁生活时保存下来的。但是，犹太教经师以斯拉无视这些民众戒律，出于最纯粹的神权政治理念，开始推崇摩西时代以后所使用的古老的"犹太教祭司法典"。当他返回耶路撒冷时，他已经握有总督大权了。此后，发生了这样的事情："请文士以斯拉将耶和华籍摩西传给以色列人的律法书带来。"①

巴比伦监禁后，犹太人重建了教会国家，这时候，犹太人的各种文献开始起作用。但是，当时，除了圣经之外，以色列-犹太人的文献林林总总，因此经过校订的旧约及其"法的遵守"只占这些文献中的一小部分。那些圣经之外的文献含义很多、意味深长，但渐趋消失，因为它们与现存体制并不一致。例如，当时脍炙人口的民众故事哈加达②。除了犹太人的律法和教会法典之外，这些故事也经常载有关于先知的故事。

值得注意的是，当时的耶路撒冷教会特别委员以斯拉具有长久的影响，他手下的祭司们对旧约圣经文本总是犹豫不决，无所适从。例如，他们拿不准诸如《约伯记》，还有《传道书》以及《雅歌》等到底是不是"神圣的文献"，或者，拿不准读了这些书以后（用仪式化的学校语言表现的话），人是否"玷污了手"。这样，也就合乎逻辑地提高了以斯拉的地位，而以斯拉一向重视正统犹太教经师所强调的现存旧约形态。所有先行者都欣喜地树立自身的固有律法，但是，与此不同，以斯拉则无视或否定先知的发言。

实际上，只是从以斯拉和尼希米时代以来，标榜神权政治的一般学者才最终把圣经文本付诸尝试。以斯拉不仅删除了从法老出走的所有预言要素，也删除了耶和华想象中的所有渴望要素。最终，在官方圣经中，连以色列孩子们的喃喃抱怨也销声匿迹了。作为替代，添加的文本是注重文化和犯罪的发言，卑躬屈膝的奉承话，即神性超越者的偶像化。

事实上，正因为这种大肆校订或篡改，圣经才成为侦探式圣经批判的一个诱因和对象。就是说，在分辨虔诚人的歪曲和非虔诚人的歪曲中，我们必须追问这种歪曲究竟"对谁有利"，以便决定性地将那些颠覆性部分最终包括在圣经之中。因此，我们不应告发单纯败坏圣经的人，而应告发

---

① 旧约圣经：《尼希米》8章1节。
② 哈加达（Hagaada）在犹太教经典《塔木德》中，借以解释法律要点用的传奇轶事或寓言，主要涉及《出埃及记》的内容和图画。——译者

以反动方式对圣经断章取义、割裂歪曲的恶劣行为。无论如何，在圣经中断裂破碎处比比皆是、触目惊心。圣经既是一部千古传颂、广为传阅的书，又是承载着无数混沌迷离故事的文献。也许，在这世界上，再没有一部书像圣经一样紧张有趣，良莠不齐。

新出现的戒指不会孤零零地停留在那里，相反，以后它同样会与曾在的东西融合成圆形。那么，圣经到底是一部什么样的书呢？新约圣经不是关于耶稣生活的纪实，而是关于耶稣生活的第一次传教。以后的圣经批判变得曲折拖延，充满变数，因为这不是涉及律法，而是涉及使徒保罗事后整理的殉道神学，涉及保罗对耶稣形象的校订影响。因此，在此——虽然以完全不同的方式——重新教导"十字架的忍耐"这一礼法（Sichschicken），然而，耶稣从未谈及这类礼法，并且保罗本人也从未见过道成肉身的耶稣。

虽然《马可福音》的作者曾经利用过不再保存的耶稣语录，但是，就像在福音书中一样，这些语录大部分出于传道使命，并且为了建立共同体的生活，这些语录变得温文尔雅、不痛不痒。圣经中的断裂破碎一再披露这一点：即与"基督之死中的洗礼"不同，威武不屈的耶稣的话是这样铿锵有力、振聋发聩："我来，要把火丢在地上，倘若已经着起来，不也是我所愿意的吗？"[①]

这样，从文献学上看，福音书批判与古代以斯拉的编纂法典毫不相干。年代学的考察也充分表明这一点：使徒保罗的信在公元50年就已经写成，相对而言，三个福音书则撰写于公元70年，而《约翰福音》则在基督死后100年才有记载。这是确定无疑的，即古代原始资料与新约圣经并非一回事。事实上，公元382年教皇达玛斯一世[②]召集宗教会议，从制度上决定了新约圣经的规模和基本形式。说也奇怪，作为唯一的启示录，《约翰启示录》居然包含在新约圣经中。

但是，具有方向性的圣经批判始于1100年，直到现在这个批判依旧方兴未艾。以前的批判对象是旧约圣经，而后的批判对象是新约福音书。由于其**固有的**"冲击之石"（Steins des Anstoße）、即**教会自身固有的**建

[①] 新约圣经：《路加福音》12章49节。
[②] 达玛斯一世（Damasus I.，305—384），又称达修斯一世（Damasius I.），公元366—384年任罗马天主教教皇，后被册封为圣徒。——译者

筑、改建、发展建筑等，所以人们不想让一切任其僵化凝固，但是一切作业一再被拖延乃至搁置起来。此外，由于语文文献学家们对圣经的改编作业（不只是语文文献学家）持批判态度，所以在《创世记》《约伯记》等旧约圣经中，普罗米修斯和先知以赛亚的固有特性或多或少地得以保存下来。以赛亚反对"看哪，这太好了"，他让人们创造一个新的天和地，从而使人们不再想起过去。

在此，我们发现各种各样的差异和错谬，例如，语言叙述上的显著差异，年代学上的混乱不堪，不协调的平行报告、无法调和的事实矛盾等。不仅如此，从中还引人注目地插入了与《出埃及记》格格不入的埃及要素。这种内容蕴含着圣经文献**批判**所必须牢记的事项。就是说，应当密切注视对圣经进行多次审定的编辑者的社会任务。通过仔细考察文本，圣经批判者应当像侦探一样发现以往圣经编辑者的这种社会任务。例如，托马斯·闵采尔就通过敏锐地识破圣经中的插入和嫁接部分，将圣经的本真思想付诸自身的革命行动。

因此，侦探式地解读圣经的方法必定是**最积极的**方法，借助于此，不仅可以识破、拆除以斯拉添加在圣经上的种种生硬的律法外皮，还可以辨别、拯救圣经中深深掩埋的"平民要素"。幸亏这种要素部分被掩埋，否则，圣经真的会像任何其他宗教书一样沦为上层暴政和偶像化暴政辩护的工具书。恰恰相反，圣经是一部最革命的宗教书，而这种革命要素是绝对不可压制的。试考察"**人子—埃及国家**"之间的对比。这种对比鲜明地表现了敢教日月换新天的反命题。只要圣经关涉"人子与埃及国家"，我们在文本批判中就不应采取诸如荷马批判一样的中立态度。相反，这种文本批判毋宁赋予语文文献学一种革命目标："如果内在的精神不教导，谁也听不见神的话。"（Nemo audit verbum nisi spiritu libertatis intus docente.）①

（四）

这样，从微不足道的东西中，我们似乎发现令人惊愕不已的**蛛丝马迹**。一旦寄希望于小事情就会激发我们进一步的注意力。最早映入眼帘的是，明显的年代学上的矛盾，这一点从简单的事实中就能看得很清楚。例

---

① 这是马丁·路德喜爱引用的源自天主教教会的一句话。——译者

如，圣经有的段落记载大洪水持续了 540 天，圣经有的段落则记载持续了 150 天；亚伯拉罕向神表白，他太老不能生育，但是，撒莱死后，他再婚并儿孙满堂。来自太古贝都因人传说中的先祖们的说话方式跟流放后恪守律法的犹太人的说话方式一模一样。在《创世记》中，与约瑟不同，他的兄弟们对进餐戒律一无所知，如此等等。

此外，通过圣经批判，我们还可以揭穿圣经中所谓神圣而不符合事实的东西。越发值得注意的是，在中世纪犹太教经师注释者那里小心谨慎地开始的圣经批判。换言之，在此特别值得注意的是，不是旧约圣经中的那个以斯拉，而是另一个截然不同的以斯拉，即 12 世纪中叶的犹太学者伊本·以斯拉①。他枉费心机，试图解释《申命记》1 章 1—5 节、3 章 8 节、4 章 41—49 节中有关背信弃义的意义。在此，摩西"谈论约旦的另一边"，颁布各项法令，准备征服各国，可是，这时摩西尚未踏进迦南。但是，当时伊本·以斯拉注意到，当摩西记起并记录这一切时，迦南人曾在约旦的另一边。他继续写道："这里有个秘密，沉默者会理解这一点。"

但是，这种最终解放了的圣经批判属于人类敏锐思想的最令人激奋的范例。斯宾诺莎②创造性地揭示了伊本·以斯拉所暗示的秘密，这并非无缘无故、毫无根据。任何地方都没有比在这里更大胆地指明了人类知性的完全独立性，斯宾诺莎的著作《神正论》（1670）7—10 章已经得出了这样的结论：在编辑从《创世记》到《列王纪》的旧约圣经中，以斯拉祭司利用了许多不同的、相互矛盾的文献。圣经本身提及两个业已遗失的文献：《关于耶和华的战争书》（《申命记》21 章 14 节）与《律法创造者书》（《约书亚书》10 章 13 节；《撒母耳记》1 章 18 节）。后一本书撰写于公元前约 1000 年，即所罗门时代。

---

① 伊本·以斯拉（Ibn Ezra,1092—1167），犹太人出身的学者，1140 年离乡流浪，著有诗歌、天文学、哲学、医学方面的著作，对现今的圣经解释影响很大。他最早对《以赛亚书》的作者提出了疑问，指出《以赛亚书》第一部分（1—39 章）和第二部分（40—66 章）并非同一个作者。——译者

② 斯宾诺莎（Baruch de Spinoza,1632—1677），荷兰哲学家，近代泛神论的主要代表，与笛卡尔不同，主张唯一神思想。生前以磨镜片维持生计，由于吸入了大量的硒尘伤害了他的肺部，这与他的死因有直接关系。主要著作除了《神学政治论》之外，还有《伦理学》《政治论》等。——译者

像解剖身体一样解剖文本，这种圣经解读方式始于医生让·阿斯特律克①的重大发现。根据他的考证，摩西五经出自两个不同的作者，其立场十分殊异。他根据他们所使用的神的名字，把其中一个命名为"耶和华文献"；另一个命名为"伊洛欣文献"，从此以后，这些名字就留给了它们［阿斯特律克的书《关于摩西在完成自己第一本书时可能使用的原始报告的推测》（Conjecture sur les mémoires, dont il paroit que Moyse s'est servi pour composer le livre de la Genèse）发表于 1753 年］。

紧随斯宾诺莎的后尘，阿斯特律克奠定了语文文献学的圣经批判基础，按照他的见解，圣经各书的作者并非摩西所命名的祭司们，而恰恰是摩西本人。此外，继最悠久的圣经批评家伊本·以斯拉之后，另一位重要的圣经批评家是马修斯②神父。1574 年，在关于约书亚的一部解说中，他曾暗示祭司以斯拉及其尼希米被推测是旧约圣经的最后的、主要编辑者。

阿斯特律克的文献来源研究长期受到冷遇，直到 19 世纪，凭借下述两位神学家的研究，他的研究才时来运转，高奏凯旋：威尔豪森③和衮克尔。④ 威尔豪森大胆接受了许多先行者的棘手的遗产并进行了锐利的分析。⑤ 1901 年衮克尔发表了关于《创世记》的最成熟、最富于联系的研究成果。⑥ 在此威尔豪森一边流露出某种反犹主义倾向，一边附加指出了

---

① 让·阿斯特律克（Jean Astruc, 1684—1776），一个博学多闻的法国医生，1753 年出版了一本小书《推测》。在书中，他推测在希伯来语《旧约·创世记》中，神有两种称谓：其一称作"耶和华"（Jehovah）；其二称作"伊洛欣"（Elohim）。据此，摩西并没有将先在的两种文献统一起来。事实上，西奈山的神被命名为耶和华或伊洛欣，虽然两个都用希伯来语标明，但前一个特指契约之名，后一个泛指普遍之名。特别是伊洛欣是 Eloh 的复数形式，伊斯兰教的"安拉"也渊源于此。——译者

② 安德烈亚斯·马修斯（Andreas Masius, 1514—1573），天主教神父，人道主义者和欧洲第一个叙利亚语言文学学者。——译者

③ 尤利乌斯·威尔豪森（Julius Wellhausen, 1844—1918），德国神学家、圣经学者，他重视古代文本分析，1879 年发表了《以色列民族与犹太教历史》（Israelitische und Jüdische Geschichte），提出了著名的来源批判学说。不过，在《希望的原理》一书中，布洛赫批判了威尔豪森对犹太人所持的敌视态度，特别是，一味重视世俗史而忽视拯救史的研究倾向。参见 E. 布洛赫：《希望的原理》（Das Prinzip Hoffnung），法兰克福/美因，1959 年版。——译者

④ 赫尔曼·衮克尔（Hermann Gunkel, 1862—1932），德国新教圣经学者，他是"形式考据"研究经方法的创始人，这种方法通过分析法来诠释《圣经》。衮克尔的主要贡献在于，将该研究方法应用于解读旧约，其代表作为 1901 年的《创世记》注释和 1926—1928 年的诗篇注释文章。——译者

⑤ J. 威尔豪森：《以斯拉的历史》（Geschichte Israels, Bd. 1, 1878），第 1 卷，1878 年。

⑥ H. 衮克尔：《创世记》（Genesis, 1901），1901 年。

各种新的错误来源，即把圣经中出现的每个人都加以等式化的倾向。于是，耶和华文献与伊洛欣文献就重新被分裂为许多文献派别。甚至被命名为"S-来源"的、来自巴勒斯坦南部地区的一个非以色列作者率先推测出了这个地区最后的呐喊声。他甚至把天国之蛇和通天塔的故事也都归诸这个地区，似乎这个地区一向都属于耶和华文献。①

如果撇开上述假说，那么除了赞歌和可辨认的传说之外，构成圣经的四个主要部分是确定无疑的。《耶和华文献》《伊洛欣文献》《申命记法典》（Deteronomium）、《祭司法典》。第一，耶和华文献以口传形式撰写于公元前9世纪。第二，伊洛欣文献以口传形式撰写于公元前8世纪。这两部文献很可能是在履行祭司学校的任务中形成的。第三，申命记法典（摩西五经②）源于7世纪，其内容表明，与《耶利米书》有多层联系。与《申命记》《约书亚记》相比较，这部文献表现出显著的差异。在申命记法典中，特别明确地运用了华丽的、由多个复合句构成的长句，并且利用了丰富多彩的修辞学风格。第四，添加了祭司文献（特别是，《创世记》整个1章，换言之，正好是圣经表面上的开始部分）。这部文献形成于公元前约500年的巴比伦监禁期间，由掌管一切的最后编辑以斯拉传给后世。

最后，在圣经中，人们发现若干古代的赞歌和被肢解的文献残余。例如，《创世记》4章23节中，远古的贝都因人拉麦之歌；《士师记》5章2节以下的底波拉无可争辩的古代凯旋之歌；《创世记》32章24—31节中，雅各与某个神的斗争；《出埃及记》33章21—23节中，从背后，神的原始显现；《出埃及记》3章2—6节中，从荆棘里的火焰中显现的神的形象等。公元前7世纪，耶和华文献与伊洛欣文献首次融合成一体，这时候，由于祭司阶层的关心，圣经中被插入了众多句子。受其影响，《盟约之书》③和申命记法典中，也添加了各种不同的进餐戒律和井井有条的宗教仪式。关于这一编辑报告见之于《列王纪下》22章8节、22章2节。在

---

① 参见普法伊费尔《旧约圣经导论》（Introduction to the Old Testament, 1941），第159页。
② 摩西五经（Pentateuch），又称作摩西五书，是希伯来圣经最初的五部经典：《创世记》《出埃及记》《利未记》《民数记》《申命记》。——译者
③ 《盟约之书》（Das Bundesbuch），圣经文献，希伯来语作Sefer ha-Berit。《出埃及记》20章19—24节规定了犹太人的生活、仪式、庆祭等，从中可以看出，《盟约之书》的内容是后来添加的。——译者

神殿里，大祭司希勒家发现了所谓律法书，于是，约西亚便与民立约，开始使用新的犹太人教会大宪章。

但是，最后编辑人员的最终报告却排除了所有贱民的、预言的要素，把圣经的一切内容都从教会视角加以夸大和规范化。公元前 5 世纪中叶，祭司以斯拉从巴比伦回乡后便着手编纂圣经，圣经恰恰通过以斯拉才被广泛传播开来。正如前面提到的、记得起的全部要点表明，以斯拉手里握着神的律书，踌躇满志地从巴比伦回到了耶路撒冷[①]。随后，他在耶路撒冷的宗教会议上宣读了它。[②]

此外，在这个时期，圣经文字被替换，人们放弃古老的语音学字母表，开始选用作为阿拉米变体的正方形文字。这种变化也使阅读变得容易了。不过，在此我们必须补充说，后来亚历山大的七十士圣经译本大异其趣，尤其是有关叙述比今日现存的马所拉圣经文本更为简略。[③] 如此综合而成的文本被称作"摩西五经"，其中有关先知，特别是有关以赛亚的叙述包含了诸多插入和嫁接部分。

按照这种方式，也可以解释诸如《约伯记》一类的异端书籍何以被歪曲、何以陷于不可解决的尴尬境地。只有付出被插入和删节的代价，这类异端书籍方可被纳入正经中。对这种特别的编辑案例，美国闪米特语言与文学研究者 D. B. 麦克唐纳[④]有理由指出："假定歌德在完成浮士德之前就已经去世，那么第一部已经出版，第二部还杂乱无章，最后的大结局尚未落笔。于是，不加思考的编者就会好坏不分、东拼西凑，并以民众浮士德书籍的那种平庸的结局而告终。就《约伯记》的现代状况而言，与上述状况有异曲同工之处。"[⑤]

这方面，我们有必要想象一下下述最重要的问题：这个"不假思考

[①] 《以斯拉记》7 章 14 节。

[②] 《尼希米》8 章 1—8 节。

[③] 七十士译本（Septuagint），指公元前 3 世纪刊行的《希腊语摩西 5 经》，当时居住在亚历山大的 72 个犹太人用 72 天翻译了摩西五经，故得名"七十士译本"。与此相比较，《马所拉摩西五经》（*masoretischer Bibeltext*）以阿拉米文刊行于公元 1 世纪，今已遗失。公元 9 世纪，在巴勒斯坦太巴列附近发现了马所拉摩西五经的一部分抄本。——译者

[④] D. B. 麦克唐纳（Duncan Black B. Macdonald，1863—1943），美国的伊斯兰文化与宗教研究者，著有《伊斯兰神学、法以及立法理论的发展》（*Development of Muslin theology, jurisprudence and constitutional theory*, 2008）、《伊斯兰的侧面》（*Aspects of Islam*, 2007）。——译者

[⑤] 在民众书籍中，邪恶的浮士德在最后瞬间下地狱，而歌德的浮士德却在最后瞬间得到拯救。——译者

的"编辑并非那么无所用心,而是属于"公开法庭"(S. Officium Inquisitionis)的一员,他手握"关于纯洁信仰"(de puritate fiddei)的律法书。也许,他会这样对待一个所谓异端文本:如果这个文本不至于遭到谴责,它至少要剪掉那些扎手的荆刺,嫁接柔软的草藤。不言而喻,在神学上、政治上,许多被校订的圣经部分是无害的,例如对大洪水的持续时间、祖先的超强生育能力等只作了毫无新意、无关痛痒的改动。然而,《约伯书》、关于该隐的文本、关于雅各与"天使"的搏斗、关于天国之蛇的文本、关于通天塔建造的文本等并不是可有可无、无关紧要的。然而,教会对此进行肆意歪曲,甚至将其随心所欲地妖魔化。

此外,对于圣经中的破碎段落,圣经编辑人员一概熟视无睹,未曾采取任何修饰措施。例如,只要耶和华文献与伊洛欣文献探讨同一对象,那么对二者之间所呈现的相对无关紧要的部分,他们就一仍其旧,不加任何修饰处理。至少,我们觉察到下述方面:偶像崇拜的残余依然清晰可见,众多的多神教残余特别引人注目。除了伊洛欣使用复数形式之外,神与周边的诸神也交头接耳,窃窃私语(《创世记》1章26节;11章7节)。亚当被创造了两次,《创世记》第一章内容与第二章内容有所不同。在旧约圣经中,人们会不时发现在祭司法典中所删除的创造天地的故事片断。尤其是,在先知(《创世记》42章32节)那里,在《约伯书》(38章8—11节)中,可以发现与叛逆的大海有关的段落。耶和华文献对此感到十分诧异:在约瑟王宫的陌生来客当中,按照宗教仪式,约瑟兄弟们与埃及人分开,单独摆置一席(《创世记》43章32节)。虽然表面上这一切内容都出自摩西的口述,但是,显而易见,当时人们对犹太人的进餐法规很不熟悉。

《出埃及记》涉及神殿仪式,对此,耶利米以拒不承认的口吻说道:"我将你们列祖从埃及地领出来的那日,燔祭平安祭的事我并没有提说,也没有吩咐他们。"[①] 即使在这种反叛味较少的话中,我们也可到处发现诸如此类的众多自相矛盾的窘迫。通过最强烈的语文文献学批判,圣经批判说明如下问题:通过被毁损的书本内容,抛弃年代学上流传的排列顺序,尤其是,揭示被掩埋的或被涂抹的圣经的基本要素。

但是,更劳神的、更有价值的作业是,探寻**那个残余物,即宗教领域**

---

① 《出埃及记》8章22节。

里由于祭司们的反革命意图所隐蔽的东西，揭示长久被掩埋的东西。这东西宛如一座知之寥寥、被孤立隔绝的诸岛，然而，他们就像没落国度的山峰一样，在正确性的海洋中，拔地而起、高耸入云。例如，天国之蛇意味着环绕大西洋亚速尔群岛的茫茫大海。从该隐到弥赛亚思维中，各种各样的存在挥起自身的拳头反对耶和华的拳头，而这些存在与被奉为"以色列的医生"的耶和华相提并论、等量齐观。总之，如果没有对圣经批判的语文文献学利用，任何宗教哲学都是不可能的，至少那种革命的—乌托邦的宗教哲学概念是不可能的。

（五）

门敞开着，异端冲动总是为此操持。人民之中，避而不谈的弦外之音并非徒劳无益，因为这种低沉的声音对于后来的农民战争（不仅对于德国农民战争）大有裨益。不言而喻，在圣经中，经济—社会的不安宁是建立在意识形态冲突基础上的。在圣经中，诸如天国之蛇一类的故事很多，但是，与反对上面的神话映像相比，这方面的报告显得微不足道，简直少得可怜。

例如，以色列孩子们的政治抱怨以及起而反抗的"主"的愤怒，仅仅见之于《民数记》16 章中。但是，即使这一章也把人民起义解释为"可拉党叛逆"。并且，在关于可拉党的段落中，人民起义同样被完全掩盖了。此外，未经纠正的是，圣经奇怪地谈论所谓"共同体的最高贵的人"和"著名的人们"。当然，他们对摩西和亚伦十分愤慨，他们当中也有不少出身普通教徒的祭司。然而，他们重新呈现出上层祭司的面貌。作为打理神殿的人，利未人①诱发了一场宫廷政变。如果抛开结论和出发点，这一切都表明，在实际革命爆发之前，为祭司和主服务的神，即祭司之神的映像已经镇压了充满红色传奇色彩的人民起义。

当然，全部盗贼都被这个惊愕之神根除。在此，神不是一个掌管战争的统帅，而是一个令人胆战心惊的白色卫兵。通过以斯拉和尼希米的祭司文献，仿佛这个神被视为制造各种白色恐怖的神。对此，圣经这样描述说："倘若耶和华创作一件新事，使地开口把他们和一切属他们的都吞下

---

① 据旧约圣经记载，神把以色列人分为 12 个组别。其中，利未人负责打理神殿、教导祭司和百姓、唱诗歌和弹奏乐器等。——译者

去，叫他们活活地坠落阴间，你们就明白这些人是藐视耶和华了。……给以色列人作纪念，使亚伦（这是高级祭司）后裔之外的人，不得近前来，在耶和华面前烧香，免得他遭可拉和他一党所遭的。"①

因此，上述内容至少暗示关于政治反叛的一种隐秘的上层建筑。换言之，一方面，圣经对人民的政治反叛行为百般妖魔化；另一方面，圣经极力推荐祭司阶层的强化的或插入的祭礼神、独裁神。

在此，只有这样一种神的想象屡试不爽，那就是只有通过服从才能领悟天国之神。因此，在此正如黑格尔所言，所谓天国不啻"一座没有人的、只有动物居住的公园"。然而，在此同样不确定的是另一种神的想象，这也是祭司编辑中所无法略过的神的想象：它向犹太人庄严承诺，使他们摆脱奴役他们的国家埃及，穿过荒野，引向自由。然而，在存在方式中，这种神的想象从一开始就具有未来的特征，从中恰恰产生出另一神性存在。进言之，在任何情况下，这种神性存在都不会至上而下地制度化，从而不会持有双重意义上的现成的宗教。

真正的神的想象绝不出现在下述两种体系中：第一，犹太人出走埃及后，上溯到摩西时代的礼拜共同体；第二，为了通过祭司和礼拜来达到独一无二的理解能力，不惜一切代价，一味地提升超越者。其实，超越者并不一味地诉求罪和忏悔，更不把自己的被造物当作臣下任意处置。如果在占统治地位的礼拜共同体中，圣经从上至下一再地呈现出破裂变形的面貌，像火山一样严重威胁个人，那正是因为滥用、误用圣经而导致其面目全非所致。我们不应把圣经视为一部阴森可怖的书。事实上，我们应当把圣经里的话视为"从神那里获取灵感"的东西。因此，这些话只能从教理学（Apologetik）视角理解，在万不得已的情况下，把它理解为带有许多隐喻和象征意义的文献。因此，重要的压根就是，循序渐进地阅读可信任的文本，而不是区别性地追踪圣经中的真实的轴心：我们日益增长的"自我投入"（Selbsteinsetzung）不断进入我们面前的宗教秘密。

的确，在中世纪犹太教—基督教等圣经注释者中，圣经批判缺乏必要的张力和深度，在此不仅缺乏疏通文句、流畅全文的润色作业，也缺少意义深刻、思想丰富的注释。甚至出现了这种哭笑皆非的情况：对圣经批判一窍不通，以至于通过文本疑难的某种创造性的误解，使"一种了不起

---

① 《民数记》16章30节，17章4节。

的思辨"（eine epatante Spekulation）成为可能。

例如，《创世记》中描述说，亚当被创造了两次。① 斐洛②不理解这个故事出自两个不同的来源，便逐字逐句地接受并认可了圣经中的这一描述。于是，他把两个亚当分别视为地上的太古之人与天上的太古之人。后者后来成为人子，即救世主耶稣，这样，在逻辑上，斐洛绝不允许从神正论视角提升耶稣。

然而，在斐洛那里，这样的做法是打破常规的一种悖论：在批判地觉察断裂处时，由于**掩盖**或（在《出埃及记》中，这一点看得很清楚）**推理法**这一无法根除的颠覆性要素，可以一眼认出圣经中的非神正论的轴心。这样，显然存在一种地下的圣经，通过圣经文献批判，对其进行研究是可能的。地下的圣经重视现世，不求来世，它熠熠生辉，耀眼夺目，其光辉远远超过神正论照耀下的天国覆盖物，即异质之光。

"隐匿的人"的意蕴从"你就会像神一样"（Eritis sicut deus）一直延伸到人子。隐匿的人的最后居住地不是超越的天国的王冠，而是末世论的王国：它是现实的"穷人的圣经"（Biblia pauperum）。事实上，这一点也恰恰意味着反对巴尔，即在马克思意义上，"推翻那些使人成为受屈辱、被奴役、被遗弃和被蔑视的东西的一切社会关系"。在这方面，新旧约都呼唤宗教中排除了错觉要素的乌托邦，即人性的乌托邦宗教。或者，我们援引上述马克思的话，作出另一种表述："因此，在其现实性上，神显现为尚未形成的人的本质的拟人化的理想；神显现为乌托邦的隐德莱希。"③

因此，重要的并不是"脱神话化"，而是"脱神权政治化"（Ent-theokratisierung）。**脱神话化**全然不加区别普罗米修斯的反抗精神与巴尔"拜物教"的福音传道。与此相反，在圣经中，**脱神权政治化**却可以正确评价被拯救的文本。圣经也只有通过未来，即通过这个没有超越者的未来

---

① 参见《创世记》1章27节："神就照着自己的形象造人，乃是照着他的形象造男造女。"《创世记》2章7节："耶和华神用地上的尘土造人，将生气吹在他的鼻孔里，他就成了有灵的活人，名叫亚当。"——译者

② 斐洛·尤迪厄斯（Philo Judeaus, B. C. 15—A. C. 40），生于亚历山大城的犹太哲学家和政治家，亦称亚历山大里亚的斐洛。斐洛与耶稣是同时代的人物。斐洛的母语是希腊语，运用的是希腊语的《圣经》（七十士译本），他主张用揣测寓意的方法解释《圣经》。斐洛认为，《圣经》的希伯来语经卷（即旧约）与当时的希腊哲学和谐一致，故致力于使犹太教信仰哲学化。——译者

③ E. 布洛赫：《希望的原理》（Ernst Bloch, *Das Prinzip Hoffnung*, 1959），第1523页。

才能进行超越。必须根除移置到我们之上的存在，高高在上的、诸如宙斯一类的权威特性，同时必须捕捉所谓"固定的现在"（nunc stans）这一我们真实的瞬间，即我们面前潜在着的神的"被揭示的面貌"。

与此相关，真正意义上的圣经异端视觉（visio haeretica）就在于否定神正论，这一点恰恰存在于圣经内部。人民对暴政的尖锐的（或隐蔽的）反抗情绪就存在于圣经之中。这种情绪带有空前的**期待感**，实际上是对截然不同的东西的期待，这东西从未出现，但可以装满这个地球。高处雷鸣般的关于宙斯的神话学多半具有另一种与此完全不同的神的想象。在此，神对人一味地要求服从，即仅仅发挥其权威权能。与此相反，圣经坚持人的希望之神，坚持对完全的东西（Vollkommene）的期待，从而"等那完全的来到，这有限的必归于无有了"①。

通过对这一标记的视觉——通过迥然不同的圣经批判，即**通过**圣经的批判——可以发现两个不同类型的结果：其一是如前所述的为了人民的文献；其二是反人民的文献。这两个文献相互尖锐对立，因为人们一边思考地上和地下的问题，以便更加仔细地阅读圣经，这样，圣经就不会从教理学角度使一切信奉者失明变瞎。

在各个领域中，圣经中的这两种立场更加凸显了下述问题：在宁录的世界中，迄今人类从何处而来？在希望的王国中人应当指向什么？

---

① 《哥林多前书》13 章 10 节。

第四章

关于耶和华想象中的出走，
神正论的自我解除

19. 迄今没有追随者

一瞬间人们想要摆脱某物。圣经中写道"万事尽属虚空"①。压迫心灵的东西、令人反感的东西、催人启程的东西等都带有一种音调。因此，新颖的东西与以前的东西并非截然不同。随着时间的流逝，以前的东西一边倾听变得新颖的音调，一边退出历史的舞台。在这种情况下，这是与过去的东西相违的东西。在此，首次出现的以前的东西是忠实于事实的东西，对此，我们可以完全信任。如果不是这样，以前的东西就不会那么不稳定，不会停留在途中。

20. 一句闻所未闻的耶稣的话，完整的启程

我们必须检验过去存在过的东西。这种检验并不是为了过去的事情本身，也许，我们更习惯于揭开我们身后的事实。对过去事实的检验有效与否，取决于这些事实对我们面前的前进方向是否活生生地发生影响。如果向后相连的东西压根就是错误的，那么我们就必须剪断这条纽带。如果它从一开始就不真实，即它纯然是束缚人的精神桎梏，那么就更要彻底摧毁、消灭殆尽。

---

① 旧约圣经：《传道书》1章1节。——译者

具有典范意义的是，忠实的路得（Ruth）很少走回头路。她并未半途折回，相反，她自由地选择了自己的前进方向，然后，义无反顾，向那里走去。① 但是，在这一点上，即使耶稣很善良，他也还是选择了一条与自己的出身格格不入的生活道路。这有多么奇异，多么不合常理？作为亲生儿子，耶稣对父母和老家不是服从和眷恋，而是格外冷淡，甚至很不礼貌。他超越了血缘关系，向父母声明断绝家庭纽带。在他那里，家庭的重要性已不复存在。

古老的"父神—自我"被撕得粉碎。在此，人们好像新生的人一样，获得了某种新的灵感，于是，他们毅然离开父母，追随耶稣。"就伸手指着门徒说：'看哪，这些人就是我的母亲，我的弟兄。'"② 在此，到处燃烧着反叛的自我的烈焰。人们纷纷抛弃家产连同一切传统家庭概念追随耶稣。新的意义上的亲属仅仅是被选择的弟子们。对于耶稣及其弟子而言，所谓亲属概念具有全新的含义，因为他们的关系不再是被压迫的共同结合。当然，除了母亲和兄弟们的关系之外，在耶稣以前的漫长时间里，其他截然不同的东西也会变得完全陌生。由于自身的缘故，人们毫无畏惧地与父母诀别，从而与"腐朽堕落"的青年时代告别。

21. 突围出来的古老图像；对于蛇的第一次观察

已经成年的人不再允许别人支配自己。自古以来，新刺激来自下面，从这时起，它就反对陈规陋习，以使自己占据一席之地。在人之中，恰恰从一开始就存在各种各样的反抗倾向。即使在反复修订的文献中，这种反抗倾向也跃然纸上，所以这种倾向遭到各种辱骂。这样，反抗也因此停顿下来，否则刑罚就无用武之地。自古以来，所有严刑酷法都对人预先进行吓人的警告和威胁。

例如，从一开始天国之蛇被赋予可怕的警告，蛇是极富诱惑和唤醒作

---

① 以色列一个叫拿俄米的女人为了逃避灾荒，带着丈夫和两个儿子前往摩押地，在那里娶了两个当地女子为儿媳。一个名教俄珥巴，一个名叫路得。丈夫死后，拿俄米准备返回故乡，她劝两个儿媳留在摩押地。但是，路得来到了婆婆的国家。因为家里没有男人，婆媳生活甚苦，靠路得拾穗度日。由于路得品行好，她在财主波阿斯眼前蒙恩，被特许在他的田里种地维持生活。后来波阿斯被路得感动，按照传统礼仪，娶路得为妻。据家谱记载，路得是著名的以色列王大卫的曾祖母。——译者

② 《马太福音》12 章 49 节。

用的存在。蛇的形象千姿百态、变幻莫测，就此而言，它的显现从来都不简单。蛇带有剧毒，但是，盘绕在阿斯库拉普之杖①上的蛇却象征着治疗。此外，蛇还被视为深渊之龙，被誉为高空的雷鸣闪电。在很久以前，蛇使人类亚当和夏娃惨遭不幸，但是，亚伦用摩西之杖高擎王蛇，治愈了以色列子孙们的麻风病。②

蛇也没有说谎，他比田野里的一切活物都更加狡猾。至少在自身的许诺这一关键点上，蛇并没有欺骗我们。在蛇许诺亚当与神相似之后，耶和华望着亚当说道："那人已经与我们相似，能知道善恶。"③ 但是，首先，想要与神相似，并且想知道什么是善与恶，这究竟是怎样一种罪？鉴于文本内容，可以假定下述说法：后来的无数虔信者把无意成为与神相似这一亚当的逆反态度视为原罪。不仅如此，知道善与恶反正也不是人的形成本身。换言之，知道善与恶，并不意味着亚当和夏娃走出了他们依旧所隶属的那个赤裸裸的动物园。

在耶和华的刑罚（放逐，挥斧杀戮等）与人的罪恶之间，究竟存在多大误解？如果像耶和华文献的编者从前说得那样，人归根结底是"与神相似的存在"，关于善恶的人的认识就绝不会属于罪恶。除非原罪（就像后来一切上层的推卸过错者认为的那样）与被修订的文本如出一辙，在此就有必要首先把某人当作替罪羊，让他背负起天下的一切罪名。但是，在这个地方，自由的光辉十分隐蔽地照射在既定事实上。正因如此，在称作地下圣经的文本中，关于"原罪"的嫌疑和尴尬一直备受瞩目、惹人争议。

特别是，如下一些说法越发欲盖弥彰，疑团丛生：禁果长在智慧树上，它不是作为颠茄生长，而是让亚当和夏娃睁开眼睛，如此等等。"那棵树是可喜爱的，因为它使人有智慧"④。一句话，在地下圣经中，蛇一再标明的并不是空泛贫乏的、臣下的奴隶罪责，而是照亮下层人心明眼亮的秘密运动。

---

① 阿斯库拉普之杖（Stab des Aeskulap），又称为蛇杖，为希腊神话的医疗之神阿斯库拉普所执之杖。据《荷马史诗》记载，阿斯库拉普是一位伟大的、十全的医生，他手持一根盘绕着灵蛇的神杖，云游四方，治病救人。——译者
② 参见旧约圣经《出埃及记》9 章 16 节。——译者
③ 《创世记》3 章 22 节。
④ 《创世记》3 章 6 节。

因此，反抗之声此起彼伏，不绝于耳。尽管一再遭到无情的压制，但恰恰借助于此，被压迫者的声音重新变得无比重要。当然，首先在古代文本以及纷乱的文本中，这种反抗声音以不合礼仪的内容模糊不清地显现出来。尽管如此，对此可以斟酌情形（cum grano salis），酌情说明。蛇的精神存在于**雅各的搏斗**中，即存在河中浅滩上，雅各与那个挡路的男人摔跤这一看不透的故事中。① 那个男人打不过雅各，就将她的大腿窝掐了一下，而雅各也死死抓住那个人不放。双方摔跤到黎明。终于，他的对手由于黎明而想中断搏斗（在太古时代，掌管黑夜和地下的守护神一到黎明就消逝无踪），这时雅各突然意识到，河中浅滩上与自己交手的并不是单纯的人。

然而，雅各不想释放这个对手，他们彼此追问名字，根据魔法礼俗，所谓名字只是意味着赐予被命名的东西某种权力。守护神拒绝说出自己的名字，只是称作"一个神"，是的，后来的文本确定为神本身。在雅各那里，接踵而至的不是低声下气、百依百顺的祈祷，而是一种坚决的请求，对天国的一种强求。从中，人占据一个强有力的位置："你不给我祝福，我就不容你去。"甚至，这个神赐给雅各一个新的名字："以色列"（与神战斗的人），从而获得了语源学上的部落名字。② 从外部素材上来看，圣经中不乏掌管局部河流的地方神、惧怕黎明的夜的精灵等。但是，在后来的加工润色中，根据唯一神思想，这些地方神被并入到唯一的神性存在中。

但是，在圣经中，再次出现了与上述内容相似的段落：在《出埃及记》4 章 24—26 节中，耶和华想袭击并杀死摩西。在此我们发现了耶和华文献编辑者与伊洛欣文献编辑者之间的重大视觉差异。耶和华文献把《创世记》中的耶和华段落转移到《出埃及记》中的雅各段落上。此外，耶和华文献用耶和华所制造的天国故事进一步掩盖了伊洛欣文献的本质内容：与雅各搏斗的神和想要杀死摩西的神是一个纯粹的天使（从这方面看，耶和华文献并不完全靠谱），很明显，在此呈现出一种与反抗和叛逆这一革命路线的真实联系。

与单纯地挡路的地方神搏斗，这已经是一种革命行为。即使鉴于圣经

---

① 《创世记》32 章。
② 在《创世记》35 章 10 节，耶和华重申了这一点。

的外部情况，这种行为也不十分恰当，因为这是与源于魔鬼的恐惧的战斗。与耶和华的搏斗最终以胜利告终，雅各并没有受到任何处罚。就像约伯的战斗一样，这一战斗也大大拓展了人类极目远眺、纵览全局的视野。但是，这种战斗也有助于人类培养回眸过去的东西的能力，从而更加逼近蛇的精液所处的位置：巴别塔。①

然而，在此耶和华重新惩罚人。这是一次复仇，确切地说，是从伊甸园逐出亚当和夏娃之后追加的又一次缩小的额外报复。针对所谓"越发恶毒的人"的一次巨大惩罚，在数百年前，大洪水这场大灾难几乎灭绝了整个人类。这时，人的邪恶本性表现在另一方面，即塑造进步方面："建造一座城和塔，塔尖直抵天际，使我们名扬四海。"

实际上，除了传达圣经的结论之外，有时《哈加达》这一民间叙述传统也传达一种未经祭司校对和曲解的"人民的声音"。在这一民间传说传统与《米德拉什》②（并非总是一味点缀被渗透的文本）中，情况截然不同。在此，详细描写了巴别塔的建造过程："神无权为自己选择上部世界，而把下部世界留给我们。因此，我们想要建造一座塔，在塔尖上，建造一尊手握长剑的偶像。就像他想要与神进行战争一样。"③

在这种关联中，下述事实几乎是无关紧要的：即关于巴比伦建造的素材来源于巴比伦，来源于星相神话中的七层高架寺院。这座高架寺院存在于约公元前 900 年，即耶和华文献时期，是一座远未完成的建筑。作为"对人的傲慢—复仇"的反击，它被誉为古代建筑的一个范例。但是，"巴比伦思维"让人想入非非，渴望创造像神一样的丰功伟业。例如，在斯特拉堡大教堂前，年轻的歌德一边向大教堂建造者表达由衷的敬意，一边恰恰把神一样的创造欲与天国之蛇的忠告，即"形成欲"（Werdenwollen）和"存在欲"（Seinwollen）紧密联系起来。因此，由于人类语言上的极度混乱和迅速蔓延，在所有国度中都造成了神正论意义上的道德腐败

---

① 《创世记》11 章 1—9 节。

② 《米德拉什》（Midrasch），从犹太人巴比伦监禁起至公元 1200 年间所作的犹太法学博士的圣经注释。《米德拉什》的分为两种：《哈拉哈》（意为"规则"），讲解经文中的律法、教义、礼仪与行为规范等，说明律法如何应用在现实生活中，具有较高的权威性，文体庄重严谨。《哈加达》（意为"宣讲"），阐述经文的故事、寓意、逸事、传奇及奥秘的含义等，亦受尊重，但更有趣味性。《米德拉什》对于了解犹太教有重要的价值，它是犹太教的通俗性典籍。犹太教家庭的孩子从小就要学习《米德拉什》。——译者

③ 《创世记》38 章 7 节："犹大的长子珥在耶和华眼中看为恶，耶和华就叫他死了。"

和放荡邪恶。

　　的确,《哈加达》附加了极端颠覆性的段落,甚至在巴别塔原型中还附加了摩西之死。这种傲慢主张分明是错误的,但从中也反映出对来自上面的不公行为的强烈不满。这种场面与《申命记》34章片断中所描述的那种逆来顺受、苟且偷生的摩西的图像简直大相径庭,可谓不可同日而语。人吃智慧树上的果实并非徒劳无益,尽管建造每一座巴别塔都会把许多人推向死亡,也没有一个人能够通过巴别塔进入天国。但是,在《哈加达》讲述中,摩西拒绝死亡。他用自己特有的话责备耶和华:"在摩西五经中,你曾写道:在白天,即在日落之前应当向穷人支付工价。①但是,你为什么不给我的作品支付工价。"对此,耶和华再次斥责摩西,悉数其一桩桩罪恶,其中包括徒手杀死埃及工头的事件,仿佛这压根就不是从埃及解放出来的第一个反抗行为。

　　是的,迄今我们所考察的巴别塔是相对于其他上部(Oben)塔尖的另一个版本。在没有出现人的上部天国中,这样一个事实昭然若揭、不言自明:摩西必死无疑,以便以后他不被与神同等相待。耶和华派遣的死亡天使费了九牛二虎之力才把他制服。据信,摩西死后,天地、日月星辰长时间伤心欲绝、哀哭不已。耶和华亲自掩埋了摩西,以便没有人可以朝圣他的坟墓,而仅仅敬仰耶和华神。然而,这样一来整个世界都成了摩西的坟墓。②

　　在此,再没有一种传说比这种替换更加真实,即用一个人所暗示的东西替换耶和华的想象。当然,这是关于人神相像性神化所特有的一种替换性。幸运的是,编辑圣经的祭司阶层并未删去这种神话,后来,这种神话在"人子"范畴中取得了"第二神"(des zweiten Gotts)这一弥赛亚范畴的丰硕成果。这种作为人子的第二神与语言混乱、性情乖戾,动辄禁闭和泯灭人的真实面孔的耶和华形象迥然不同。"不要彼此说谎,因为你们已经脱去旧人和旧人的行为,穿上了新人,这新人在知识上渐渐更新,正如造他主的形象"③。也许,这番话与雅各搏斗中所意指的东西有关,但是,根据《出埃及记》,这番话肯定适合于恐怖之神耶和华自己也体验过的

---

① 《申命记》24章15节。
② 《申命记》34章6—8节。——译者
③ 新约圣经:《歌罗西书》3章9—10节。

"出走"这一自由精神。单是战斗还不能打造祝福,为此,我们还必须拥有与我们同行的、可变化的标记的帮助。

22. 所有其他民族对静态神的图像的突破;对于出走之光(《出埃及记》13 章 21 节)的第一次观察

但是,与从前的东西不同,与我们同行的东西本身必须能够想象某种内在的东西。无论是否仅仅反对一个上面的存在,面对本地之主,人们都像被烈火灼伤的孩子一样行动。为了安抚主,人们总是顺着他的心意说话,就像他命令的一样,人们不惜赴汤蹈火,在所不辞。神是隐匿的、过于自负的,因此神是无法二重性地被理解的。如果想从这种神那里得到庇护,就必须心照不宣地谋求神的好感。当饥荒或瘟疫蔓延时,抑或有时突然掉下施舍的面包时,人们就会对所交付的十一税①引以为荣、沾沾自喜。

在犹太教和基督教以外的所有祭礼中,都可以发现贡献祭品的仪式。但是,在圣经宗教中,这种献祭品早已有之。而且,不仅仅是出于抚慰的目的。尤其是,在《创世记》4 章有关该隐的传说中,虽拐弯抹角地谈及供物,但真假其实不难分辨。② 在该隐的传说中,就包含着一种不妥协的叛逆内容,它与另一种神,即跟通常的神截然不同的神相关联。不仅如此,在接受献祭品的神那里,也带有一种反叛特征:在自身形象中,表露出某种蔽而不明的断裂。因为我们应当忘却下述事实:当该隐拿地里的出产献作祭物时,亚伯则将他羊群中头生的羊和脂油献作祭物,而耶和华大发慈悲地只看中亚伯的供物。由此可见,他只喜欢沾染了鲜血的供物。

但是,急转直下,现在该隐双手沾满了鲜血,成了第一个杀人犯,而

---

① 十一税(Zehnten),古代以色列民族一种古老的捐献方法。据《旧约·创世记》第 14 章的记载,以色列人的祖先亚伯拉罕参加了五王对四王的战斗。当他胜利归来的时候,他将战争胜利所得的十分之一献给了当时的撒冷王兼祭司麦基洗德。后来,亚伯拉罕的孙子雅各效法他的祖父,也将自己收入的十分之一献给神以表虔诚。这项做法被沿袭下来,逐渐成为犹太律法,规定每年将地上长的,树上结的和牛羊牲畜等交付十分之一。——译者

② 关于该隐与亚伯的故事,神学上有各种解释。公元前 1 世纪,诺斯替派中出现了该隐派别,这一派将该隐奉为"认识的传达者"。布洛赫谨慎地指出,归根结底,该隐杀害其弟亚伯源于尚未被阐明的耶和华的意图。——译者

同一个耶和华（后来，他命令亚伯拉罕屠杀其亲生儿子）诅咒该隐。但是，后来他改头换面，表现得好像不是同一个神，即不是过去那个嗜杀成性，甚至攻击第四代人的神。耶和华不仅缓和了自己恶毒的诅咒，也废除了这种诅咒。对于该隐，耶和华不是剥夺一切权利并赶出原地，而是一反常态地颁布："凡杀该隐的，必遭报七倍。"所谓"杀该隐者必遭报七倍"恰好带有一种保护："谁也不能杀他。"虽然理由并不充分，但作为被描述并被诅咒为第一个杀人者，该隐却得以传宗接代、繁衍后裔。该隐的后裔是犹八，"从他那里产生出小提琴和笛子"。该隐的后裔土八"成了铜匠和铁匠"①。

在流传的文本中，巧妙地删去了该隐杀其兄弟的场面，在马所拉圣经（《创世记》4章8节）中，我们已经觉察到被删去的空白，在同上8节中就有删节的缺口："该隐与他兄弟说话……！（！）二人正在田间，该隐起来打他兄弟亚伯，把他杀了。"如前所述，由于该隐拿地里的出产献作祭物，所以招致嗜血成性的耶和华的盛怒。在此，这个与兄弟侃侃而谈的该隐与以前作为杀人犯的该隐很不相称。在一定程度上，这一点也前后不合拍，显然缺乏逻辑说服力：耶和华先是狂暴诅咒雅各，畅饮鲜血，然后，大发慈悲拯救雅各、宽恕雅各。在圣经中，我们极易发现神的这种变幻莫测的态度以及雅各的反复无常的行为。

在后期犹太教中，有一个该隐派别。这个派别恰恰在被省略的8节中觉察到了弦外之音，即由于这一超出文本范围的、颠倒是非的段落，恰恰使亚伯遭到不公正的待遇。由此出发，该隐派别吟诵这样的警句："这个世界上的主嗜血成性。"然而，他们（特别是，当亚伯拉罕拒绝将自己的儿子献作祭物时）却想象一个与耶和华神迥然不同的神，而且把他设想为一个更好的神。与此同时，他们并不感到意外，那个神的想象存在于不断增长的信仰领域里。由于这种神的想象，所以人不再被侵蚀。在圣经中，一再重复这种神的想象变化。例如，像莫洛赫神以及精灵一样，耶和华袭击摩西并想要杀掉他，因为他的儿子不流割礼之血，

---

① 土八该隐是该隐的后代，是铜匠和铁匠的祖师。亚当与妻同房生下亚伯、该隐，该隐打杀兄弟后受到神的逐赶，该隐与妻同房生了以诺，以诺生以拿，以拿生米户雅利，米户雅利生玛土撒拉，玛土撒拉生拉麦。拉麦娶妻有两位：亚大、洗拉。亚大生下雅八（住帐和畜牧始祖）、犹八（弹琴吹箫始祖），洗拉生下土八该隐和拿玛。参见《创世记》5章。——译者

令耶和华很恼火。① "流血"的比喻源远流长，使徒保罗索性把耶稣之死设想为最后的替罪羊之流血。尽管如此，被拒绝的以撒②的献祭品已经不再完全属于流血之列了。与对该隐的七次报复相比，这拒绝本身无疑是更明确的撤销。

起初，耶和华非常专横地试验亚伯拉罕，这是想要试验亚伯拉罕极度奴性的顺从，进而想要试验亚伯拉罕既要献出自己的知性，还要献出人的感情（正因为这个缘故，克尔凯郭尔把早已心胸坦荡、无所牵挂的亚伯拉罕赞扬为无条件信仰的范例："充满幸福意识"，"时刻站在神面前，怀着忏悔之心"③）。当然，在真正强大的神的杰作面前，亚伯拉罕经受住了严峻考验，耶和华神旋即放弃了自己的计划。在这期间，耶和华取了一只公羊献为燔祭，代替亚伯拉罕的儿子。然而，接踵而至的是，耶和华已经完全超出莫洛赫神的状态，好像获得了很高的觉醒意识状态："亚伯拉罕给神**注视**的那地方起名叫莫利亚。"④

如果抛开人的献祭品，公羊献祭品——尽管至少在先知那里，仍然保留为祭礼库存——在他们的纯粹耶和华视野中，不再那么合乎神的想象了。例如，在阿摩司等古老的伟大先知那里，由于目睹了燔祭公羊的烟雾以及神性愉悦，所以他们关于耶和华的具体想象显得栩栩如生、历历在目。这个另类的、重新意识到的神性存在——尽管这个存在还可从恩宠视角加以进一步规定——已经不再需要亚伯羊群中头生的羊，以撒的畜群及其血和脂油。《阿摩司》5 章 21—22 节这样写道："我厌恶你们的节期，也不喜悦你们的严肃会。你们虽然向我献燔祭和素祭，我却不悦纳，也不顾你们用肥畜献的平安祭。"

这与从羊群中头生的羊和十一税，甚至被屠杀的战俘相距甚远，甚至大相径庭。因为有规则地屠杀战俘献祭部落偶像，是为了满足超人的、非

---

① 《出埃及记》4 章 24—26 节。摩西在路上住宿的地方，耶和华遇见他，想要杀他。西坡拉（摩西之妻）就拿一块火石，割下他儿子的阳皮，丢在摩西脚前，说道："你真是我的血郎了。"这样，耶和华才放了他。西坡拉说："你因割礼就是血郎了。"——译者

② 以撒（Isaak），旧约圣经《创世记》中的人物，亚伯拉罕和妻子撒拉所生的唯一儿子，也是以扫和雅各的父亲。以撒在原文中的意为"喜笑"。早期基督教会认为，亚伯拉罕主动听从神的命令将以撒献作祭物是信心和顺服的榜样。——译者

③ 这段话见之于 S. 克尔凯郭尔 1843 年发表的哲学著作：《恐惧与战栗》(Furcht und Zittern)。——译者

④ 《创世记》22 章 14 节。

人的神性存在的好胜心和虚荣心。然而，主祭坛和接受人的态度渐渐发生变化，以致呈现出这种现象：在祭司们关于耶和华的想象中，人的变化欲望恰恰适合于某种可变化的、运动的神的欲望。巴门尼德①曾把高度世俗化的宙斯界定如下：他贯穿全部希腊神话史，坚如磐石，威力无边，掌管天体和人间的大小事务。古老的耶和华形象倒退到东方专制主义的暴君形象，然而，它具有丰富多彩、令人生畏的权力，静态地、垂直地压迫天地生灵。至少，与其他神不同，耶和华神具有某种变化的空间，显示出同行、漫游等特点。

正如我们所记起的目标、明确的动机一样，耶和华神最强大的实力出现在摩西的生平之中，即出现在耶稣面前。面对西奈山上烈火的幻影这一神的具体形象，摩西禁不住追问耶和华神的名字。在圣经中，我们全然觉察不到在黑暗中顶着王冠、正襟危坐的那个神。换句话说，摩西所遭遇的耶和华神并不是太古时代肆意妄为的"父神—自我"，其深蕴绝不是三言两语就能说清楚的。相反，在此不妨想象一下，在亚伯拉罕场景中，出现在摩利亚山上的神。在此，亚伯拉罕终于可以**看见**那个接受献祭品的恶灵的真面目，这时，摩利亚山左右摇晃，瞬间弯曲变形。因为现在他将自身的想象（再现）投入未来之中。换言之，将其想象投入到出走埃及乃至自身的期待维度之中。例如，在《出埃及记》3章12—14节中，耶和华说道："你将我的百姓从埃及领出来"，并回答亚伯拉罕说："我是自有永有的。"

虽然后来（无论愿意与否）人们把某种现实的出走投射进了这种意象中，但是，现在这种意象却给世界的君主们制造了诸多麻烦。因为耶和华的这种动态特征比该隐的叛逆特征，甚至比亚伯拉罕的牺牲特征都更富于二元论要素。在此，重要的是，迄今所有关于耶和华的想象本身都具有这种未来特征。换言之，人们把这种源于未来的出走理解为在神的思维之下可能的真正的存在模式，进而认为这种存在方式要比从前被插入的亚伯拉罕的承诺更好，更值得期待。

于是，旨在摆脱并反抗法老的"出走圣经"（Exodusbibel）就成为可

---

① 巴门尼德（Parmenides），古希腊哲学家，爱利亚学派创始人，活动于公元前6世纪末—前5世纪中叶以后，最重要的"前苏格拉底"哲学家之一。主要著作是用韵文写成的《论自然》，第一次提出了"思想与存在是同一的"命题，认为没有存在之外的思想，被思想的东西和思想的目标是同一的。——译者

能的了。作为大权独揽的耶和华本身，法老仅仅统治埃及，而不能治理迦南以及"新的天和新的地"。简言之，在摩利亚山上，反叛要素、先知要素以及弥赛亚要素等仍旧在半途上恍恍惚惚、若隐若现。但是，"我是自有永有"这句话已不再只是作为地下圣经起作用，而是作为金科玉律的活圣经起作用。犹太人有理由抱有诸多期望，直到对预先推定的东西了如指掌。他们对神谅必失望太多太多，以至于感到一种被出卖的难言苦楚，因此，祭司们最终承认，信仰的渴慕对象仅仅存在于未来之中。这样，"我是自有永有的"这句话的意义以及一个徘徊不定的最终目的地不仅存在于戈壁荒野之中，也存在于绵延不绝的时间之中。当然，耶和华对以色列的孩子们本身是唯一的、全新的神，尽管在《创世记》4章20节的插入部分中，神的名字显得前后脉络不清、孤立脱节。

在传说中，贝都因人的始祖就是神，在此意义上，神被称作厄尔（El）或莎达伊（Schaddai）。① 甚至《创世记》也并非始于单一神，而是始于基于唯一神复数形的"伊洛欣"（Elohim）。后来，耶和华的名字也与古代神的图像合并在一起。诸多神的名字业已表明，以色列人的神的想象历经沧桑、变化不定。耶和华本身是一个热情洋溢的、地地道道的唯一神，他特有的漫游特征以及对未来的开放性并非一味作秀，虚张声势。原来耶和华神渊源于基尼人的神，基尼人信奉耶和华是为了获得他们在西奈半岛上的丰美草场。语源上，"耶和华"的意思是"吹风者""嘘气者"，在此也许与当时西奈半岛上的暴风之神、火山之神相吻合。耶和（Jähe）意味着"不可预料的存在"。毫无疑问，他也是一个伴随滚滚烟雾和隆隆雷声的庄严而令人可怖的主。摩西逃出埃及，投入基尼人的怀抱，这时，他与那里的女子结婚。这位主也相当于西奈半岛上的火山之神，这个很久以前就渴望居住在所罗门神殿"幽暗之处"的主就是耶和华。② 更何况，他降临在现场："西奈全山冒烟，因为耶和华在火中降于山上，山的烟气上升，如烧窑一般，遍山大大地震动。"③

至此，我们探讨了神的特性表现为人的面貌的那些范例。而且，有朝一日，恰恰从神的"我是自有永有的"这一答复中，摩西领悟到了自己

---

① 在语源上，厄尔（El）具有"最高神"的意义。在《旧约圣经》中，这个名称出现230次之多，与"伊洛欣""莎达伊""耶和华"交替使用。——译者
② 《列王纪上》8章12节："耶和华曾说：他必住在幽暗之处。"
③ 《出埃及记》19章18节。

面前尚未确定的未来，而在耶和华想象本身中，自己面前这个尚未确定的未来是最本真的特征。这种未来完全不需要高耸入云的自然山脉，甚至也不需要我们头顶上的占星术的天体或彻底松弛的天国。所以，在这种未来中，除了反映出"我是自有永有的"这一十分本土化的特征，即人的边缘性特征之外，还反映出这一决定性的特征。摩西把耶和华的这句话作为一种象征来接受："**摆脱奴役状态的标志**"，即解放这一期待视域中的**旗帜**。一方面，神对现实施加难以承受的压力；另一方面，神雷声大作，风雨交加，使时间性导向和长远目标中的现实变化①成为可能。耶和华神的这种意向史无前例、绝无仅有。

摩西凭借恳求和内心告白实现了这种目标。然而，在如此幽暗的、威胁性的耶和华想象中，至少为白天的乌云、夜间的火柱留下了余地。这火柱预先照亮了以色列人**穿过荒野走向迦南的出走过程**。当然，由于插入部分的纯化作用，耶和华至少为后来突变成纯粹的征服之神保留了地盘。诚然，作为最初的地方神，耶和华照单接受燔祭、感恩献祭和纯粹的祭礼等，但是，这一点还不能与旨在强化道德的《盟约之书》相提并论。

正如后来所称呼的一样，圣经十诫命被拟人化为一位"以色列的医生"，宣讲十诫命的人失去往日风光，不再具有无限权限。相反，大权独揽的独裁者对奴仆般的追随者尽可指手画脚、颐指气使。由于这个缘故，在摆脱了索取各种献祭品和牺牲品的诸神之后，先知阿摩司慷慨激昂地这样写道："唯愿公平如大水滚滚，使公义如江河滔滔！"② 从人的理性出发，在对耶和华的名字进行大肆神圣化（Kiddusch‑Haschenm）之后，以撒依然言犹未尽，突然笔锋一转，针对耶和华神，即从前那个嗜血成性的火山之神、万军之神③，这样写道：他是"居住在以色列的圣者。"

在圣经所描写的神本质中，耶和华的性格特征借助于革命性造反，借助于人性的初始投入被鲜明地显现出来，而这种特性听起来完全不同于与人性格格不入的希腊神性。埃斯库罗斯将宙斯描述如下："宙斯正襟危坐、目光威严，他是所有发出喧响的事物的治理者，他严厉地判决天地间

---

① 参见埃斯库罗斯《波斯人》5（*Die Perser*, V），第828页。
② 《阿摩司书》5章24节。
③ 万军之神（Herr Zebaoth），最初见于《摩西五经》，后常见于圣经各卷的单词。原意是"军队"或"军群"，但是，在此是指以色列的军人还是天使的军人不甚清楚。该词常出现于《以西结书》《但以理书》《约翰启示录》中。——译者

一切。"但是，与此相反，令人奇异的是一个未来的神。例如，以赛亚曾以极度非现在的、极度乌托邦式的口吻说道：耶和华是"正义之海"。只有这一点才适于对耶和华神的实际赞扬。当然，迄今还存在完整而古老的宫廷服役，人们依旧笃信古老的神正论，然而，这种神学教义的使命无非是凭借神的权威来恐吓和震慑人。世上的君王都为"谋算"虚妄之事所压倒。这种针砭时弊的描述经常出现在《诗篇》①之中，甚至出现在先知的发言之中。然而，我们万万不能遗忘逃离法老及其统治下的埃及的那束出走之光（Exoduslicht），因为犹太人出走埃及绝不是历史上的一次孤立事件。于是，世界创造主耶和华的形象发生下述双重变化：一方面，作为世界主宰神的形象日渐淡化；另一方面，作为目标守护神及其变动不居的形象日渐显现。沙漠后面的应许之地越是蜕变成埃及似的模样，人们就越是渴望具有人情面孔的耶和华神。人们越是对**现存的**迦南失望，耶和华神就越是承诺某种尚未存在的东西。在最好的情况下，他的话也只有在未来才得到兑现。这样的承诺以前是闻所未闻的。

23. 拿细耳人与先知，从宇宙道德预见中迁出的耶和华②

现在犹太民族时来运转，再也不必为建造金字塔而拖曳沉重的砖瓦。但是，在应许之地，人们并没有得到奶与蜜，他们不得不通过战斗赢得这块土地。饥馑不仅没有绝迹，反倒不断扩大。他们40年后终于到达的地方原是一片寸草不生的贫瘠之地，费尽九牛二虎之力才勉强收获一点粮食。不仅如此，更为严峻的是，新的敌人如潮水般涌入，人们只好仅凭铁勺和长剑建造房屋。当生活安定下来时，民众承受的压迫并未减弱。埃及的总督只是更换了名称，仍然挥舞着权力的大棒，他们甚至掌管以色列的城市，征收各种苛捐杂税。因此，民众对其特有的新的上流阶层倍感失望，的确，他们的生存境况比在犹太人逃往埃及前的游牧生活时代变得更加恶劣。

随着以色列贝都因人的移居，在迦南开始形成了穷人阶层与富人阶层

---

① 参见《诗篇》卷一，第2篇《耶和华之受膏者为王》。——译者
② 在本章中，布洛赫探讨了拿细耳人基于原始基督教共同体的爱的共产主义；定居在迦南之地的犹太人的新的耶和华图像；阿摩司以后活动的先知们的愿望图像等。——译者

之间的断裂。这样,过去犹太民族所固有的部分原始共产主义体制和古老而简朴的部落生活就很快丧失殆尽了。在此,只有少数人过着富足的生活,无论何时何地,绝大部分人都穷困潦倒、忍饥挨饿。共同财产很快销声匿迹,代之而起的是私有财产。与私有财产一道,出现了众所周知的主人与奴隶之间的差异。债务人被债权人卖为奴隶。人们被迫把收获的谷物低价出售给大地主,而大地主把收缴的谷物高价出口海外,从而酿成了严重的家庭口粮短缺。

旧约圣经《士师记》热衷于宣扬英雄时代的传奇故事,许多方面掩盖了民众的贫困生活。但是,与此相反,在《列王纪上》和《列王纪下》中,却收录了关于民众贫困和饥馑的大量报告。例如,"以利亚就去,要使亚哈得见他。那时,撒马利亚有大饥荒"①。此外,还有这样的报告:《王在耶路撒冷使银子多如石头,香柏木多如高原的桑树》②。尽管父权家长制本身以及建立在邻里联系基础上的特定村庄共同体并没有绝迹,但是,在最广泛基础上的部落联系以及以共同财产为基础的共同体早已消失得无影无踪。

与此同时,犹太人关于耶和华神的想象也发生了变化。人们依然把耶和华神视为一个带来胜利的强大的神,借助于此,可以对抗从前主人们所信奉的被征服的巴尔神。然而,这一想象已经失去了原初贝都因人游牧民族的纯朴面貌,甚至失去了引领人们摆脱奴役的摩西的威严面貌。人们入乡随俗,跟其他部族的人通婚并从事贸易,手握权力的主人们不仅与迦南人来往,还与其诸神,特别是与本地的巴尔神接触。在此具有决定性意义的是,巴尔历来统治农田耕地和葡萄园,从而被尊奉为掌管肥沃丰饶的地方神。恰恰相反,在迦南,耶和华是一个十分陌生的神,他既不适于掌管葡萄树和桑树,也不适于掌管宫廷和家庭。耶和华只不过是将犹太人移向想象中的天国牧场的神而已。对于大地主来说,他并非一个重要的神,因为他的祝福完全外在于这个地区。

因此,"偶像崇拜"持续不断、方兴未艾。这种崇拜现象取决于经济信仰乃至魔力信仰:人们不是祈求耶和华而是祈求巴尔,因为祝福耕地的恰恰不是前者而是后者。自古以来,巴尔就是收获第一神,自古以来,每

---

① 《列王纪上》18 章 2 节。
② 《列王纪上》10 章 27 节。

逢收获感恩节，迦南人就想起巴尔，祭坛上为他供奉"兽角"，甚至以这种方式装饰耶和华神殿。① 尽管如此，犹太人依旧忠于耶和华。他们摧毁了示剑和伯特利②的巴尔圣物，将地上的收获视为"神的成长"，而巴尔的收获节成为以色列人的逾越节，即转变成诸如结茅节一类的节日。

耶和华神的这一坚忍特性和强大权能归功于人们对他的独一无二的胜利记忆，看上去他与胜利同在，进而与胜利紧密联系在一起。他不是任何掌管耕作的神，但是，在迦南他却是霹雳神，他君临高空，超然于所有巴尔神和君王之上。耶和华神也曾出现于十分悠久的、粗犷而强劲的底波拉之歌中，凭借这首歌，耶和华向背井离乡的人们传达强大的力量："以色列人选择新神。"③ 尽管如此，在民众中，耶和华却日益成为精神负担，认为耶和华神即使不能带给他们胜利，也应当让他们品尝一下胜利的果实。因此，人们疑虑重重，开始怀疑神的权能，认为耶和华也是如此出尔反尔、变化无常的神。当耶利米说下述一番话的时候，也许他就是为了指出耶和华这种由来已久、积重难返的特性：耶和华"犹如不想再涌出的水，犹如不可信任的一条流干的河道"④。

恰恰从贝都因人的悠久传统出发，现在涌现出了半游牧民时代的持反对意见者。这些人推崇反对阶级区分，反对巴尔神的耶和华神。这些人不是别人，正是**拿细耳人**⑤。在古老的宗教愿望图像中，他们无外乎宣讲一种新的宗教愿望图像：回归于**简单而共同的**生活，耶和华是**穷人的神**。拿细耳人与基尼族（Kenites）以及利甲族（Rechhabites）有着血族关系，摩西曾与那里的女子结婚，由于这个缘故，一部分以色列人移居到了迦南。⑥

但是，利甲族的人依然过着一种单纯的游牧生活，他们实行财产共

---

① 《阿摩司书》3 章 14 节。
② 示剑（Sichem），位于耶路撒冷以北约 35 里处，被以巴路山和基利心山环抱，据传，公元前 12 年被毁坏。"示剑"在原文中的意思是"肩膀"。伯特利（Bethel），古以色列的一个城市，约在耶路撒冷北方 10 英里。"伯特利"在原文中的意思是"神之家"。——译者
③ 《士师记》5 章 8 节。
④ 《耶利米》15 章 18 节。
⑤ 拿细耳人（Nasiräer），立誓在一段特定时间内或一生离俗的犹太人，是特别立誓禁戒并献身于神的人。耶和华对摩西说："晓谕以色列人说：无论男女许了特别的愿，就是拿细耳人的愿（拿细耳就是归主的意思），要离俗归耶和华。"参见《民数记》6 章 1—2 节。——译者
⑥ 《士师记》4 章 11 节。

有，没有主人与奴隶之别。无论是新的农耕文化还是迦南诸神都不能诱惑他们，他们始终坚守古老的祭礼，忠实于从西奈半岛传承下来的耶和华神。利甲族的人远离葡萄酒（顺便说一句，今日伊斯兰教保持了这种游牧民族的道德，并使其神圣化）。在耶利米时代，不仅把这种节制习惯，而且把利甲族人的游牧生活视为令耶和华特别喜悦的习惯和生活。[①]

利甲族的人对当时生活在特拉维夫（当时称作卡布亚，Capua）的人采取敌对态度。这个地方曾经是拿细耳人的幼儿园，拿细耳人称作拿细利特（Naziriten），意思是"分开者"（Abgesonderte）。尽管谈不上是一种宗教机构，但作为一个宗派，拿细耳人可追溯至摩西时代。[②] 这里记载了关于葡萄酒的内容，不过，即使有人饮葡萄酒，也未必被视为不法行为。拿细耳人的节欲生活尤其表现在，他们从不剃发，任由发绺长长。就像在参孙[③]神话中记起的一样[④]，拿细耳人认为，头发中隐藏着凭借任何驯化都不能根除的一股魔力。根据太古时代的风俗习惯，拿细耳人厌恶繁文缛节，清规戒律，奉行一种禁欲主义的、"反迦南主义的"（antikaanitischen）生活方式。通过全部圣经，拿细耳人的这种富于挑衅性的生活方式得以完整地保存下来。

参孙、撒母耳、以利亚都是拿细耳人："约翰穿骆驼毛的衣服，腰束皮带、吃的是蝗虫、野蜜。"[⑤] 但是，来自荒野的那个桀骜不驯的施洗约翰也是拿细耳人。[⑥] 而且，他的母亲在做胎梦时被告知："他在主面前将要为大，淡酒浓酒都不喝，从母腹里就被圣灵充满了。"[⑦] 在出生前，一个拿细耳人就已经得到神的某种启示，这在圣经中到处都有描述。在拿细耳人参孙、撒母耳、施洗约翰那里，这种启示同样有效。[⑧] 根据他们得到

[①] 《耶利米书》35章5—10节、18节以下。
[②] 《民数记》6章2—5节。
[③] 参孙（Simson），圣经《士师记》中的犹太人士师，生于前11世纪的以色列，玛挪亚的儿子，凭借上帝所赐的极大力气，徒手击杀雄狮，并只身与以色列的外敌非利士人争战周旋。非利士人让参孙的女人大利拉（也是非利士人）套出参孙神力的秘密，然后挖其双眼并因于监狱中使他受尽折磨。后来，参孙向上帝悔改，上帝再次赐予力量，参孙抱住神庙支柱，身体前倾，结果柱子及房子倒塌，压死了庙中的敌人，自己也牺牲了。——译者
[④] 《士师记》16章19节。
[⑤] 《士师记》13章5节；《撒母耳记上》1章11节；《列王纪上》1章8节。
[⑥] 《马可福音》1章6节。
[⑦] 《路加福音》1章15节。
[⑧] 《士师记》13章14节；《撒母耳记上》1章11节；《路加福音》1章13节。

的全部启示，任何富人都进不了天国。① 至于拿细耳人与后来出现的其他反财神派（Anti-Mammon）、埃斯纳派（Essären）以及伊便尼派（Ebioniten）② 是否有关联，不甚清楚。

有一点可以肯定：原始基督教的爱的共产主义并非渊源于《列王纪上》或《列王纪下》。事实上，这种共产主义可上溯至基尼族的以色列传统，换言之，这种共同体依据拿细耳人对游牧共同体乃至游牧共同体以前的原始共同体的无法磨灭的记忆。拿细耳人作为自然人来到人间。特别是，对现实不满的青年人居无定所，四处漂泊，一旦遇见来自**其他行列**的陌生人，他们就离开所居住的地方。在圣经中，早已把这种以色列人的苦行僧称作先知（nebiim）③。然而，这些人与后来的以色列人的先知毫无共同之处，例如，阿摩司就曾以冷嘲热讽的口吻写道，他拒绝与他们之中的任何一个人为伍。④ 后来的先知们认为，自己不是神的着了魔的人，而是神的使节。

但是，拿细耳人从来就对萨满巫师的耶和华一无所知。因为萨满巫师口吐白沫、手舞足蹈的行为与拿细耳人的信仰格格不入，毫无共通之处。追本溯源，这种狂呼乱叫的巴尔祭礼源自对感官刺激的寻求。例如，以利亚曾嬉笑巴尔的先知们畸形的丑恶行径：用刀自割四肢、自刺身体，直到鲜血横流。⑤ 他们在放荡纵欲的音乐中如醉如痴，神魂颠倒，成群结队地陷入预言性的狂乱之中。⑥ 当然，在这种可鄙的人物中，有些并不是为了巴尔而是为了耶和华而口吐白沫、狂呼乱叫。在此，巴尔信仰机构毫无例外是为"主祭坛"（Herren-Altäre）献祭，除此之外，甚至还为亚哈和耶洗别⑦等暴君献祭。

---

① 参见新约圣经《马太福音》20章24节："富人进天国比骆驼穿针孔还难。"——译者
② 伊便尼派（Ebioniten），Ebionaioi是贫穷的意思，故又称作"贫穷派"，犹太基督教的一支，被主流基督教视为异端。——译者
③ 希伯来语中，nebiim 原指先知，后来也指《众先知书》，即公元前750—500年出现的旧约先知书。——译者
④ 《阿摩司书》7章14节。
⑤ 《列王纪上》18章26—28节。
⑥ 《撒母耳记上》10章5节。
⑦ 亚哈（Ahab, B.C.875—B.C.853），古代中东国家北以色列王国的第八任君主。耶洗别（Isabel），亚哈之妻。在亚哈王在位年间，耶洗别大建崇拜异教神的庙宇，杀害神的众先知，迫害著名先知以利亚，并欲置之于死地。她为丈夫出谋划策，霸占平民财产，突出的事例是霸占拿伯德葡萄园。参见《列王纪下》。——译者

拿细耳人过着一种半游牧生活，最终与一些持有魔力的波西米亚人结成同盟。在圣经中，已提到作为先知小组的监管者撒母耳①，代表这一组的人不是别人，正是以利亚及其年轻的弟子以利沙。这样，最终发生了这样一个革命性转变，即从着了魔的、单纯的古代信仰向侧耳倾听的、调准方位的、充满希望的信仰转变。这种信仰模式的翻转导致拿细耳人的信仰与真正的语言之间的有机结合，即**社会传教与对新的耶和华及其日子的意愿的结合**。

撒母耳是约公元前1050年，即腓力斯人②的困难时期，政界一位掌权的士师，但他尚未走上国内政治舞台。然而，公元前850年，以利亚严重威胁亚哈王，并且尖锐地批判了耶洗别的专制统治，而以利沙则根除了整个专制主义王朝。人们深切地感受到，迦南并不是**荒野耶和华在背离以色列**时所宣告的那个迦南。耶和华神依旧是"出走之神"（der Gott des Auszugs），尽管他退回到游牧时代单纯的共同体中。

在布置节庆日和庆祝年活动时，犹太人甚至回忆起拿细耳人的影响以及农耕以前的原始共产主义。③ 尽管在此所谓原始共产主义并不是彻底颠覆现存体制，而仅限于某些层面的部分改革。人们要求共同享受生活，要求每7年、每50年不工作、不耕种，要求所有私有财产的相对化。在这个阶段，耶和华尚未完全脱离部落神这一古老的意向意象，就像在先知们那里一样，他仍然停留在宇宙论的道德天意（Vorsehung）之中。

然而，根据拿细耳人的传教，耶和华离弃了以色列人的阶级社会。因为他仅仅属于没有贫富差别的部落时代，在那个时代，人们纷纷抛弃声名狼藉的私有财产。看上去，耶和华正是以这种方式开脱了当时的所有谴责，即他并没有完全兑现对迦南的应许。事实上，背信弃义的仅仅是当时出现的财神崇拜者，因为迦南的腐败堕落不是根源于神，而是根源于盘剥人民的高利贷者。

但是，依旧令人疑惑不解的是，先祖们的风俗习惯并不能完全驱逐神。经济境况每况愈下，由于饥荒和强敌入侵，人们挣扎在死亡线上。这

---

① 《撒母耳记上》19章20节。
② 腓力斯人（Philister），1175年生活在地中海东岸的印欧种族，主要从事渔业生活。"巴勒斯坦"源自腓力斯（Philister）之名，但今日巴勒斯坦人却是犹太裔阿拉伯人。——译者
③ 《利未记》25章5—17节、23—54节："地永不可卖，因为地是我的，你们在我面前是旅客、是寄居的。在你们所得为业的全地，也要准人将地赎回。"

种危险完全不同于来自周边国家诸王的侵略危险。例如，在征服期间或在扫罗率领下，人们曾与这些君王开战过。歌利亚是怎样对抗亚述人的战车的？但是，在短暂的所罗门荣光之后，所罗门又是怎样对抗随之而来的千年之久的生活恐惧的？

因此，自阿摩司以后的新的先知们不得不与腐蚀心灵的财富作斗争，同时悲观地注视自己的国家纠缠于世界商业而不得抽身。通过这种拒腐蚀、反商业的斗争，他们相信，可以从一向瞧不起弱小国家的尼罗河、幼发拉底河诸列强那里拯救自己的土地，重建大国之梦。这些先知们的民主的、和平主义的基本意愿与拿细耳人的基本意愿有着某种亲缘关系，换言之，这种意愿部分地与拿细耳人对迦南主人荣光的憎恶结合在一起。这种意志先于道德先知的说教，因为它依据先知们的政治经济立场。在埃及与亚述之间的对决中，作为缓冲国，巴勒斯坦应当采取一种中立态度。在神的手心中，这地方必须稍安毋躁、耐心等待。因此，无论从内部还是从外部，巴勒斯坦都应当远离诸列强的经济结构，例如，金钱势力、大地产和奢侈经济等。

但是，在这种情况下，出现了强有力的**社会—道德**传教。正当人们对耶和华神的期待日渐落空时，这种新传教可谓适逢其时、振聋发聩，其效应远远超过了所有古老的狂妄成性、心醉神迷。这种新传教把耶和华设想为最富于人性的意志，而这种设想源远流长，是从阿摩司到以赛亚一以贯之的神的想象："学习行善，寻求公平，解救受欺压的，给孤儿申冤，为寡妇辨屈。"① 对于耶和华来说，剥削者和圈地者是一种骇人听闻的存在："他指望的是公平，谁知倒有暴虐，指望的是公义，谁知倒有冤声。祸哉！他们以房结房、以地连地，以致不留余地，只顾独占土地，任其荒芜，一棵树也不长。"②

这一切都是拿细耳人的遗产，尽管这种遗产通常显现为对先知时代乃至游牧时代的爱，用何西阿③的话来说，显现为以色列的孩提时代，即与

---

① 《以赛亚书》1章17节。
② 《以赛亚书》5章7节。
③ 何西阿（Hosea），旧约圣经里《何西阿书》一卷的作者，他是公元前8世纪的一位先知，父亲备利（Belee）亦是当时的一位先知。他依照神的话，娶了歌篾为妻，并育有数名子女。后来歌篾果然正如神所言，抛夫弃子私奔而去，但何西亚依然期待着她回来。后来歌篾的确重新回来。通过这件事，神预言，虽然以色列人会离弃神，但是，神依然指望他们回心转意。——译者

耶和华在一起的新娘时代。当然，私有财产并不像在拿细耳人那里一样一概受到拒斥，每个人都可以坐在自己的葡萄树或桑树下。正因如此，到头来不再存在任何奴隶，也不再存在日落前因过劳窒息而死的现象。"我必因邪恶刑罚世界，因罪孽刑罚恶人，是骄傲人的狂妄止息，制服强暴人的狂傲。我必使人比精金还少，使人比俄斐纯金更少"①。

这种神是完全可信赖的神，因为这种神截然不同于站在道貌岸然、助纣为虐的教会一边的人，而这种臭名昭著的教会通常位于世界上各式各样的第五大街上。但是，在托马斯·闵采尔的誓约国家中，神并不是人民的鸦片。"耶和华如此说：就是勇士所掳掠的。也可以夺回；强暴人所抢的，也可以解救。与你相争的，我必与他相争，我要拯救你的儿女。并且我必使那欺压你的吃自己的肉，也要以自己的血喝醉，好像喝甜酒一样。凡有血气的，必都知道我耶和华是你的救主，是你的救赎主，是雅各的大能者"②。

因此，这番话包含了先知传教的全部社会道德内容。通过**社会启示录**的颠覆性传教，最终这番话成为一触即发的爆炸物。虽然从外表上来看，这番话似乎利用了一种古代刑罚手段，即把罪与赎罪有机地结合起来。照此说来，邪恶必受惩罚或鞭打教育。但是，正义者不受任何惩罚，反倒转变成灿烂之光。在此，所有的人都获得其相应的赏罚，即使在迦南也不例外。

但是，这种传教并非停留在神的正义性这一自动装置上。换言之，这种传教并不是从上面自动发出的金科玉律、一言九鼎，尽管它无可辩驳，即使始于先知们的下述不可磨灭的最后发言也罢：**罪与赎罪的交换方式**。所以，人们联想起某人傲慢地代行报复，而这种报复被视为具有颠覆意味的暂时性中断。耶和华无需由先知来减轻罪责，他能够对迦南的不幸独自承担责任。后来，约伯的无可指摘的祭司朋友们有效地利用了这种机械动机。

针对战争造成的不幸，基甸③从一开始就提出了质疑。这是先知们经常提出的问题，后来这个问题的讨论在《约伯记》中达到了高潮："主

---

① 《以赛亚书》13 章 11 节。
② 《以赛亚书》52 章 25 节。
③ 基甸（Gideon），约阿施的儿子，关于基甸的故事载于《士师记》6 章 11 节—8 章 35 节。基甸将米甸族歼灭于约旦河以东，并且，他厌恶偶像崇拜，奉命毁坏了巴尔祭坛。——译者

啊,耶和华若与我们同在,我们何至遭遇这一切事呢?我们的列祖不是向我们说,耶和华领我们从埃及上来吗?他那样奇妙的作为在哪里呢?"①

对于这一质疑,耶利米作出了相应的回答,其根据纯然是罪与赎罪的等价关系。虽然他的回答带有正统色彩,但意味深长、耐人寻味:"……领你的百姓以色列出了埃及。将这地赐给他们,就是你向他们列祖起誓应许赐给他们流奶与蜜之地。他们进了这地得了为业,却不听从你的话,也不遵行你的律法。你一切所吩咐他们行的,他们一无所行,因此你使这一切的灾祸临到他们。"② 的确,这番话只不过是为耶和华辩护而已,即他把一切责任转嫁到人们身上,为神开脱罪责。此外,尽管人的自由作恶多端,但这番话使人永远长不大。

然而,关于罪与赎罪的传教仅仅构成社会启示录的一个出发点。在此,所谓神的决定是无法探究的,因此为一个没有适当罪恶的人赎罪,恰恰为十足的非预言性埋下了伏笔。是的,即使先知也能够推导出关于"隐匿之神"(dues absconditus)的完全不同的理念,而这样的理念并未特别有效地阻止关于某一主神(Herrgotte)的危险误解。相反,耶和华甚至可以这样说:"我的意念非同你们的意念,我的道路非同你们的道路。"③

与此相反,真正**特殊的预言特征**来源于未经呼唤的协同作用,即最后,特别是直到最后命运方面的自由道德性。这种协同作用所重申的命运的变化可能性已经将约拿与希腊女先知卡桑德拉区别开来。约拿向尼尼微城的居民宣告,该城在四十日内毁灭,但是,尼尼微城并未像他所预言的那样归于毁灭。④ 与此相对照,卡桑德拉⑤则正确地预见到了对阿特柔斯

---

① 《士师记》6 章 13 节。
② 《耶利米书》32 章 21—23 节。
③ 《以赛亚书》55 章 8 节。
④ 尼尼微城之所以免于毁灭,理由有二:一是该城居民真诚思过悔改;二是神顿生怜悯之心。参见《约拿书》4 章 9—11 节。——译者
⑤ 在希腊神话中,卡桑德拉(Kassandra)是特洛伊公主、先知,曾预言特洛伊的毁灭,但是被视为疯癫,身边的人都不相信她。根据卡桑德拉预见到的对阿特柔斯家族的诅咒,阿伽门农被妻子克吕泰墨斯特拉和她的姘夫埃吉斯托谋害,而阿伽门农的儿子俄瑞斯忒斯长大后杀死自己的母亲克吕泰墨斯特拉,为父报仇,受到复仇女神的迫害。然而,这一切可怕的诅咒都是命运之神预先安排的,任何强大的神都无法改变这一诅咒。——译者

家族的诅咒,在此,阿特柔斯家族在劫难逃,万劫不复。①

在圣经的新东西中,上述两者中的后者属于**道德上的对策传教**,但是,在下述警句中,这种传教就戛然中止了:"忏悔吧,天国即将来临。"在其他地方,几乎涉及魔法通神术:"所以你们当悔改归正,使你们的罪得以涂抹。这样,那安舒的日子就必从主面前来到。"② 先知们教导人们超然于命运之上的一种成年人的选择自由,他们教导人们一种决定性的力量。正因如此,先知们从不明确地谈论未来。对于他们来说,未来不是一种确定状态,而是一种假定状态,即一种无限可改变的、可抉择的状态。

因此,从卡桑德拉乃至静观的泰瑞西亚斯③到以赛亚之间存在一种巨大的飞跃。由于以赛亚信仰具有动态性、可变性,所以他的预言完全不同于所有其他信仰民族预言中的那种永恒被动的占卜者咒语。人至少还能选择自身的命运。在一切人之中都存在善良意志,这种意志不是根源于人的生物学发展,而是根源于人的道德发展。在关于神的想象中,神对人的承诺远远超出迦南之外,而这种承诺可以成为人改变命运的基础。

这样,耶和华神就完全摆脱了迄今巴尔信仰空间所接受的祭礼本身,而一跃成为一个非地方、超地域的神。在先知们那里,对耶和华的效劳行为由建立在道德基础上的祭礼仪式移入一种理智行为,即由地方烟雾祭坛礼仪移入重塑迦南的精神工作。虽然迦南尚未赋予我们这种工作,但是,在迦南到处存在这种工作。这方面,以色列人的选择是有效的,然而,他们出走埃及的行为恰恰大幅度展开了:"我岂不是领以色列人出埃及地,领非利士人出迦斐托,领亚兰人出吉珥吗?"④

根据所有先知们的预见,与此相关的耶和华神的祝福成为普天下共同的祝福。在以赛亚那里,西奈火山活生生的记忆传遍漫漫宇宙疆域中锡安山的每个角落。⑤"耶和华也必在锡安劝善,并各会众以上,使白日有烟

---

① 参见 E. 布洛赫《希望的原理》(Ernst Bloch, *Das Prinzip Hoffnung*, 1959),1959 年,第 1514 页。

② 新约圣经:《使徒行传》3 章 19 节以下。

③ 泰瑞西亚斯(Teiresias),希腊神话中底比斯的一个盲人先知,著名的千里眼。据说,因无意中窥见雅典娜出浴而被判失明。——译者

④ 《阿摩司书》9 章 7 节。

⑤ 锡安山(Berg Zion),耶路撒冷老城南部一座山的名称。这个名称经常被用来借指耶路撒冷全城和以色列全地,通常简称为"锡安"。——译者

云，黑夜有火焰的光，因为在全荣耀之上必有遮蔽"①。从业已到达的迦南，新的耶和华结束了那种居无定所、四处漂泊的漫游生活。如果说，迦南部分地域具有多种多样的意义，那么锡安山则是一个共同的人类世界：**耶和华成了实现一切民族正义的神性一元性**。

在此，迦南人的迁移性四处渗透，一直延伸到末世论的领域。也许耶和华的应许之地同样处于迁移之中，甚至耶和华本身也仍然处于某个未知的未来的地方。先知们的工作就是指明神从迦南走向未来，从先知阿摩司到先知但以理，这种工作从未中断。从前，人们启示录的初始意向十分单纯，即把耶和华神与迦南的种种灾难相提并论，但是，沧桑巨变，时过境迁，这一切都极为陈旧过时了。在解放之神中形成了一个完整的道德神，一个理想神（Idealgott），现在这个神的特性应当成为人的真正典范。

是的，这时耶和华图像开始发生华丽蜕变，甚至开始摆脱了令人惊愕的所谓"六日创世说"。这样，具有典型意味的是，在先知们那里，几乎不再提及造物主同样费力完成的作品。相反，先知们开始谈论耶和华的全新伟业："看哪，我要做一件新事，如今要发现，你们岂不知道吗？我必在旷野开道路，在沙漠开江河。"② 在第三以赛亚③那里，这个最后的"灵魂创造者"（creator spritus）差不多已经迁入某种尚未存在的东西、真正的第七创造日之中（在此，他依旧是那个耶和华吗？）："看哪，我造新天新地，从前的事不再被纪念，也不再追想。"④

这样，出走埃及，进入迦南这一历史事件便以终极启示录的阶段循环往复，重复着同一个生活轨迹。在此，往往用空话敷衍，流于形式，但也用神的图像本身中的宫廷政变来给人以真实的满足。现在，道德性赋予人们一种危险的尺度，人们借以胆敢测量神的道路，从而把神视为正义的同义词。所谓"极度的非理性支配（世界）"（ultima irratio regis）这句话如今不再充分了。耶和华被理解为道德理性的化身，在"出走之神"（Auszugsgott）之后，这是神学中的**第二个巨大的愿望图像**。甚至无神论也未

---

① 《以赛亚书》4章5节。
② 《以赛亚书》43章19节。
③ 旧约圣经《以赛亚书》由亚摩斯的儿子以赛亚执笔，但第三以赛亚（Tritojesaja）究竟是谁，已无从稽考。关于第三以赛亚著作的时代，被认为是圣殿落成以后所写，亦即自巴比伦返国时代，从56章至66章。——译者
④ 《以赛亚书》65章17节。

能完全抛弃这种愿望图像，因为与往常一样，这取决于对神的这种愿望图像是否也突然包括存在领域之上的理想领域。

在谈论自身的神的时候，以赛亚提到了未来的天国："他行审判不凭眼见，断是非也不凭耳闻；却要以公义审判贫穷人，以正直判断世上的谦卑人。"① 未来的天国把人塑造成成年人，因此，这里不再是由空虚的纯洁和无知组成的动物园。正义（Grechtigkeit）中止自古以来的神的审判。迄今那个高高在上的神不就是仅凭交换机制、罪刑相称、有罪赎罪，对正直诚实支付恰当的酬劳吗？尽管起初先知们的传教充满了对神的各种溢美之词，但是，随着时间的推移，这种赞美被描写为一种倏忽即逝的暂时现象。他们试图把命运（Fatum）这一神的旨意简化为神的判决，但他们并未成功，未能如愿以偿。因为在这个世界上到处都充满着非公正的痛苦，这与神的旨意这一宿命秩序大相径庭、判若两然。

尽管如此，人们还是坚持把罪责与赎罪的关系视为一种天经地义的等价物，从而源于对耶和华神的辩护的正义恰恰转变成反对耶和华神的武器。因为在这个世界上，这种等价物早已名存实亡，例如，当审判从上面打发的罪人时，当审判自以为是的罪人时，所谓最后的裁定经常错漏百出、张冠李戴、令人真假难辨。试比较彼岸的平等：让幸福安康的恶人感到难堪和恐惧，让不幸的善人感到安逸和慰藉。然而，在但以理以前的古代以色列中，从未提供这种平等的思维。因此，面对神的试验，约伯试验了自己的良心。当时，他对神施加于自身的、显得很不公平的命运作出了激烈的反抗。这无异于继续开拓出走（Exodus）②之路，因此，在先知们那里，约伯对神的抗议是一种新的预见。

（一）补充 I：可把自身试验为成熟的人

凭自己也能决定某物，但这姗姗来迟。法经常涉及未成年人，因为法一开始就这样呈现某物，并且它必须得到人们的遵守。根据法的规定，违反法律的人应当受到惩罚，反之，无条件服从戒律的人应当得到相应的报酬，或至少免遭惩罚性的不幸。

---

① 《以赛亚书》11 章 3—4 节。
② Exodus 一词原指古代以色列人迁出埃及，或指基督教圣经中的《出埃及记》。根据本书前后语境，译者试译作迁出、出走、解放等。

在高傲的父神—自我，即无外乎主（Herr）发号施令的地方，既不迫切需要善良信念，也不迫切需要善良见解，甚至压根就不需要这一切。有道是，主也创造"一种纯粹的心灵"，但这是后来才出现的一种请求，尽管这是任何人单凭自身都无法实现的请求，但是，这种请求本身已经唤起内在运动、后悔、转向等前提条件，以便祈求这种纯粹心灵。这是先知们凭良心听得见的声音。也许，这是我们内心深处可感触的声音，但它并非出于命令，因而我们也不能把它当作命令来接受。当然，无论外部的"惩戒鞭"（Zuchtrute）还是上面的惩罚都尚未完全销声匿迹。因为大领主们——阿摩司率先背离了这些大领主——除了信任自身固有的大棒之外，并不相信任何其他打击乐器。

但是，在先知们那里，惩戒鞭并非仅仅是用于某种实用目的，即不是以神为手段来显现自身。在此，通常耶和华神通过隐蔽自身的方法来惩罚成熟的人，亦即通过背离他们的方法来实施这种惩罚。这样，剩下的东西就是邪恶冲动，而先知们留神观望这种冲动。耶和华神同时具有善良冲动和邪恶冲动。就说善良冲动吧。尽管人们忠告政治上"保持安静"是值得期待的态度①，但是，从道德上来看，善良冲动却对邪恶的意义、特别是卑躬屈膝造成巨大冲击。从阿摩司到最后连以赛亚都异口同声地反对神的恶意，尤其是反对神的虚伪。先知们义愤填膺、怒不可遏，因为针对日益猖獗的空头支票、"肉体中的石心"② 以及犯罪行为等，神一味地要求人们默默祷告。就是说，先知们为内在后悔、立场转向及其结果而扼腕痛惜、哀叹不已。

先知们满怀懊悔，神情抑郁地揭示过去和未来。在他们看来，无论过去还是未来都取决于某种纯粹的人的力量，而这种力量的成长和更新不是凭借命令和仪式，而是凭借信念和品质。这样，在此人们总是不理解这样一个道理，那就是，是否这个经常被引证的神从对人大发雷霆出发，转而呼唤某种"转向"（Umkehr）③，或者，某一先知通过某种"升华了的"良心向同等的人们说话。这一点依然蔽而不明，有待进一步"去蔽"。但是，在此人们已从内部听得见对转向的呼唤，从而，这种呼唤从下向上传遍开

---

① 《以赛亚书》7章4节。
② 《以西结书》11章19节。
③ 圣经中的"转向"（Umkehr）就是"回转"的意思，即悔改认罪，信靠神。——译者

来。因此，先知们不是关注过去，不是呼唤那种在充满报复性的犹太神之下的旧生活，而是关注未来，呼唤立足现在、面向未来的新生活。虽然过去的先知们没有意识到，与人一起到来的东西会发生意想不到的软化。

（二）补充Ⅱ：接受的预言与积极的预言（卡桑德拉、以赛亚、约拿的试验案例），善良意志与反命运的愿望图像

一个预见可怕的未来的人，不只是战战兢兢、担惊受怕。事实上，这种预见也引起某种激烈的抱怨，仿佛这种不幸不是第一次到来，而是早已有之，于今尤烈。或者，在未来的命运面前，人的意志并未消失殆尽，即使看上去这种命运笼罩着整个世界也罢。在后一种情况下，其实命运无非是落在我们头上的不幸，直到数百年前，人们还认为，命运几乎像雷击一样，排他性地自上而下地遭送神的惩罚。与此相对照，虔信的预见者或先知则认为，即使没有进入如醉如痴、迷乱癫狂状态，也能仰望所谓神的第二张面孔。是的，并非只有圣经才传达神秘莫测的厄运。

但是，我们必须关注如下显著特点：古代异教徒的风格不是一味地向神请求什么，而是仅仅接受预言性的信息，而且，圣经的先知们以不同的视角探讨了各种各样的厄运进程。此外，通过圣经中所呼吁的命运转向，先知们揭示了人的道义上的认知形式，假定这种认知对人的厄运的影响。希腊女先知卡桑德拉的态度只不过是一种被动的怨言而已，这种逆来顺受的态度截然不同于以色列先知们的那种积极的春雷般的预言。

卡桑德拉正确地预言了各种历史事件：特洛伊的没落、阿特柔斯家族的命运等。在希腊，所谓"命运"（Schicksal）是一种不可避免的"必然命运"（Notwendige），从而对任何人都不呼吁困境转变（Not-wendenden）。对此，至少卡桑德拉无可奈何、听之任之。因此，她以这样的话结束："活着，这就够了"（Genug des Lebens）。就像在宣告灾祸的神谕宣示所里一样，一切都在劫难逃、万劫不复。与卡桑德拉有所不同，在此神谕是在秩序之外（ex institutione）出现的。人们不仅通过高瞻远瞩的阿波罗，还通过无可逃避的命运三女神之一阿特洛波斯[①]试图避免在劫难

[①] 阿特洛波斯（Atropos），古代希腊、罗马神话里的命运三女神之一。阿特洛波斯（Atropos）负责切断生命之线；克洛托（Clotho）纺织生命之线；拉克西斯（Lachesis）决定生命之线的长短。古希腊语 Ἄτροπος，字面意思是"必然的，不可避免的"，她在罗马神话中的对应者为摩尔塔（Morta），意为"死亡"。——译者

逃的厄运。在古希腊神话中，恰恰存在这种试图摆脱人的厄运的意志。例如，俄狄浦斯就属于这种情形，他应验了神谕所宣示的弑父娶母的不幸命运①，然而，这在圣经中是完全不可想象的。

圣经的先知们恰恰认为，人们可以改变自身的困境。据此，他们甚至觉得，人受到神的召唤和委任来改变人类的巨大命运。凭着这一信念，他们把道德魅力预言为第一权利。与此相反，卡桑德拉觉得，由于自身的天赋，她不仅得不到周围人们的赏识，反倒为人们的讥笑和诬蔑所击垮。甚至泰瑞西亚斯作出的预言也并非清一色的不幸事件，但是，关于他的口碑同样不佳。根据古代传说，他的天职并不取决于别人对他自身应有的评价。他从阿芙洛狄特女神那里获得了预言天赋，但是作为补偿，她让他双目失明，因为他窥见了她沐浴的场面。

相比之下，以赛亚通过不同的先知学派，通过不同的内心介入，开辟了一条新的预言之路：不是一味被动地接受来自上面的消息，而是通过道德反弹而积极投入未来的体验中。显然，在此以赛亚的语言理论正是这种纯粹的代言人理论（尽管在迈蒙尼德②的两种体系中，这种理论还表现得很微弱，但在托马斯·阿奎那的"灵魂注入"中，这种理论却得到了淋漓尽致的表现）。通过这种强烈的语言理论，以赛亚根除了圣经预言中的男性本性（Mannsnatur）图像，尤其是根除了耸人听闻的摩西的愤怒。如果以赛亚仅仅是耶和华的秘书，仅仅传达其命令，那么这种革命性转变就是万万不可能的。

总之，与古代先知们大不相同，希伯来先知们不是仅仅预言和传达宿命，而是指点旨在规避命运的现实方案。此外，他们还想方设法地贯彻其

---

① 俄狄浦斯（Oedipus），希腊神话中典型的悲剧命运人物，他是忒拜（Thebe）的国王拉伊奥斯（Laius）和王后约卡斯塔（Jocasta）的儿子，他在不知情的情况下，杀死了自己的父亲并娶了自己的母亲。——译者

② 迈蒙尼德（Maimonides,1135—1204），犹太哲学家，著有《解惑指引》《圣诫书》《密西那评述》等。在《解惑指引》中，他认为信仰哲学（犹太主义、基督教思想）的非决定性基于两种体系之间表面上的不可结合性。换言之，在信仰哲学中，对开放性真理的信念与亚里士多德理性范畴之间并不存在不可调和的对立。如果人们把神的话语接受为多样性的暗码，两种体系就能融为一体、浑然天成。后来，他的这一理论为托马斯·阿奎那所拒斥，但为麦斯特·艾克哈特所接受。——译者

积极性，即一边对金牛犊①咒骂如狂，一边寄希望于未来，相信将来人们能够改变自身的命运。这是与卡桑德拉正相反对的效应。由于这种逆反效应，所以在耶利米那里，在他的启示录的和平中，转向以后的荣耀显得熠熠生辉、灿烂夺目。与此相对照，在杞人忧天、悲观绝望的先知们那里，这种光辉如风中摇曳的烛光瞬间熄灭。

这种特性之所以如此引人注目，纯然是因为耶和华神的正义徘徊不定、误入歧途。这一点几乎使我们记起约伯对耶和华神的抱怨："将悦人耳目的，尽行杀戮，在锡安百姓的帐篷上，倒出他的愤怒像火一样。主如仇敌。"② 在耶和华固有的土地上，以色列人受到了死亡威胁，虽然这属于耶利米的时代，但已经部分地预示了后来层出不穷、司空见惯的大屠杀。

尽管如此，圣经先知们依然坚信，希望不可泯灭，希望恰恰完全投射在未来之中，那个可能的"出走"无条件地包含着一种能动的希望。在卡桑德拉那里，所谓预言无非是被物化的否定本身，这种预言对能动的希望一无所知。但是，自古以来，所有"翻转—宣告"（Wende – Verkündigung）都是假设性地发生的，也就是说，这种宣告是在特有的转向前提下，凭借自行决定的前提，凭借非此即彼、二者择一的选择而发生的。从阿摩司到最后先知但以理那里，这种翻转宣告都是假定性地发生的。但以理之所以是最后的先知，是因为正如迈蒙尼德所言，在一败涂地、全面没落的时代，预言的火花早已灰飞烟灭，人们陷于悲观绝望，不得不在流亡中结束生命。③

但是，在先知们的全盛时期，这一点具有决定性作用，那就是，他们所预示的未来的幻景并非虚无缥缈，并未耽于虚无缥缈的沉思冥想。因

---

① 旧约圣经记载，当摩西在西奈山上忙于接受《十诫》时，他留在山脚下的逃亡奴隶熔铸了一尊巨大的金牛犊异教雕塑。摩西回来后，他愤怒地摔碎了《十诫》石板。《出埃及记》解释说，摩西离开他们去攀登西奈山后，人们被孤独地留在贫瘠的沙漠荒野中，感到恐惧。金牛犊则能将他们引向某种力量，可平息他们的恐惧。在古埃及的文化中，牛犊象征着生产力和生殖力。埃及的孟菲斯城（Memphis）就有所谓的"亚皮斯"（Apis）牛犊崇拜，在赫利奥波利斯（Heliopolis）也有"奈未斯"（Mnevis）牛犊崇拜。显然，部分以色列人虽然已经誓言效忠耶和华，但是其潜意识中对埃及的宗教仪式和神祇还是难以割舍。——译者

② 《耶利米哀歌》2 章 4 节以下。

③ 迈蒙尼德：《迷途指津，第二卷》（Maimonides, *Der Führer der Verirrten*, *Meiner II*），第 246 页。

此，未来的命运是好是坏都尚未确定，也许，所有关于未来命运的预言，其意义都多于预言本身。因为作为反命运，正是可转变的命运构成圣经预言的愿望图像和意志图像。当然，在此并非与古代圣经毫无关系。在改动过的圣经中，耶和华时而像明君一样，流露出"令人感伤的柔和"，时而像暴君一样，施加无情的命运，时而又像一位法官一样当庭训诫、苛刻惩罚，凡此种种都与古代圣经一脉相承、丝丝相连。所多玛与蛾摩拉①的故事都反映这种内在的联系：一方面，这个故事暗示耶路撒冷经常处于被毁灭的威胁之中；另一方面，这个故事暗示只要有十个义士奋起反抗，就有扭转厄运的可能性。

作为独一无二的义士，挪亚的拯救也多少属于此例。尽管在此耶和华不考虑多余的转向，也不事先为人阻挡大洪水，而仅仅是把独一无二的义士作为例外。在希腊神话中，即使卡桑德拉拥有主动的、自主的选择能力，她也绝不会占据这种优先地位，例如，她绝对想象不到《以赛亚书》54章9节中挪亚的拯救，《阿摩司书》4章11节中所多玛与蛾摩拉的倾覆等故事。理由很简单，既然宙斯本身都无法管控希腊神话中的命运女神或必然性的原始力量，人就更谈不上使命运女神回心转意、改变初衷。反之，耶和华恰恰由于拥有唯一神的权力，甚至由于他在自身方面可测定的"正义"，所以即使是对其摩西以前的命运，他也不得不承担责任。鉴于情不自禁的同盟关系，这在道德上也是可讨论的。

（三）补充Ⅲ：为什么听起来先知总会是新的摩西

在此经常提出的东西是自古以来老生常谈的话题。阿摩司是一个大胆的人，他比谁都对富裕的敲诈勒索者万分恼火。但是，这是从第一个先知②到最后一个先知但以理一脉相承的遗产。例如，试想下述记载："我却降火在犹大，烧灭耶路撒冷的宫殿。……从而，让义人获得正当的银子，让穷人能买一双鞋子。当权者极力诽谤穷人，阻碍谦卑人的

---

① 据圣经记载，所多玛（Sodom）与蛾摩拉（Gomorrah）是摩押平原五城中的两个罪恶之城，因其居民罪恶深重，堕落到了无可救药的地步，所以遭到神的毁灭。参见《创世记》20—23章。——译者

② 据圣经记载，虽然亚伯拉罕也被称为神人、先知，但是圣经中第一个典范先知是摩西。——译者

道路。"①

以前，还从未有人胆敢放火烧灭现存体制。但是，此后但以理却提到没有耶和华的世界转变，谈到一个下起新雨的世界："看哪，有人像人子似地从天降到老人身边，并被带到他面前。这位老人赋予这个新人暴力、名誉以及王国，让所有民族、所有人和舌头都为这个新人效劳。这个新人的权柄永存无极，他的国度永不衰败。"② 这种文本之所以神秘莫测，是因为它率先用人子代替了耶和华神。回顾过去，这一内容支离破碎，残缺不全。尤其是，这一内容从未出现在《摩西五经》中，即使在先知们当中，也只有在《以西结书》1章26节中才有暗示性的表述。③

然而，以色列的先知们（他们当中，没有一个是用石头砸死的）总是出现在摩西的光环中。仿佛他们没有摩西就无法存在，因为并非在先知们那里首次出现道德戒律以及对于未来的承诺等。这使他们不得不顾及弥赛亚主义的悠久历史起源或千锤百炼的摩西末世论的深厚历史根源。唯其如此，先知们才能用外在于以色列的原始资料来代替摩西思想。正如"泛巴比伦时期"所尝试的一样，这种做法就是通过摩西以前古老的汉谟拉比法典④来接受对未来的承诺，将犹太教—基督教的弥赛亚主义与摩西以后源自波斯的弥赛亚主义乃至琐罗亚斯德⑤的未来回归学说有机地结合起来。但是，汉谟拉比法典以及以赛亚之后出现的波斯的弥赛亚主义缺乏一种中介：即缺少对无法律奴隶时代的回忆，缺少对朝着迦南大胆出走的事件的回忆。听起来，这不是对神的喧闹的尊崇，而是打碎锁链的爆炸行为。

由此可见，这是一种持续不断、独一无二的反响，先知们追本溯源，正是从历史人物摩西那里获得了这种经久不息的反响。实际上，摩西是这

---

① 《阿摩司书》2章5—7节。
② 《但以理书》4章13—14节："在他们头以上的苍穹之上游宝座的形象，仿佛蓝宝石，在宝座形象以上又仿佛人的形状。"
③ 《以西结书》1章26节。
④ 汉谟拉比法典（Gesetzbuch Hammurabis），古巴比伦第六代国王汉谟拉比颁布的一部法律，被认为是世界上最早的一部比较系统性的法典，约公元前1772年颁布。——译者
⑤ 琐罗亚斯德（Zoroaster, B.C. 628—B.C. 551），又译查拉图斯特拉，琐罗亚斯德教创始人，琐罗亚斯德教经典《波斯古经》中《迦泰》的作者。琐罗亚斯德宣称阿胡拉·马兹达是创造一切的神，因此他后来成为琐罗亚斯德教的最高神。该教延续了2500年，至今仍有众多信徒。——译者

样一个历史人物，在他身上既包含着巨大的分裂，又包含着伟大的飞跃。先知们严厉地告发业已形成的迦南，但与此同时，却甜蜜地回忆起某种东西，寄希望于某种新的东西。"他们期待一个新的大卫，一个新的出走，一个新的联盟，一座新的神的城市。因此，在此古老的思想为新的思想获得了一种典型的、预测的意义"①。

上述内容与祭司的祭礼宗教以及全部仪式性的清规戒律处于极端对立之中，而当时这种仪式性的戒律首先出现在教士及其社会统治阶层中。但是，如果没有摩西，先知们的道德和乌托邦就是不可能的。换言之，如果没有摩西，他们的思想恰恰就不会作为**爆炸性的东西**如雨后春笋般地出现。何西阿有理由把荒野时代称作"以色列的新娘时代"，其理由不仅在于当时的"主爱民"，而且在于摩西时代人们还根本没有意识到以色列人在迦南所遭受的巨大损害。

但是，处于半游牧生活状态的拿细耳宗派仍然保持着对"出走的鲜活记忆"（Exoduserinnerung），正是从这一宗派中出现了诸如以利亚一类的先知。以利亚重返荒野，那里曾经是人们与摩西缔结古老同盟的地方，并且那里不是后来被插入十诫的地方，而是摩西最终落实其本真思想的地方。的确，虽然十诫是占统治地位的教会行政机构后来插入的要旨，但是，这些要旨的大部分内容却成为以后先知们思维的前提条件。换言之，十诫不是加在人们头上的外部法律，而是把犹太人固结在一切的纲领。十诫纯然是从**二重方面**，并从**协同视角**与应许之神订立的约定。摩西强调，在道德上，出走的民族应当与脱离西奈半岛的神订约，并为此承担相应的义务。这以后，在先知们那里，这一耶和华神的声音依然不绝于耳。

因此，摩西五经（Septuaginta）也根据既成的先知们的说教，用联盟翻译了 b'rith 与 diathēkē②，意即神与人之间的相互约定。diathēkē 无异于"宪法"，因为神用语言表述了它，进而设定了作为其尺度的道德性。

---

① 冯·拉德:《旧约圣经神学》（v. Rad, *Theologie des Alten Testaments*, 1960, *II*），第二卷，1960 年，第 344 页。

② 在圣经中，神与被造物之间的关系常被表述为"盟约"，该词的希伯来原文是"b'rith"。希伯来语"diathēkē"源于"b'rith"，意思是神与民族之间的"联盟"。在圣经中，这种联盟关系被进一步规定为一种法律概念。与此相关，在语源上圣经（Testament）一词也与法律有关。换言之，在拉丁语中，testamentum 一词的意思是"与法相关的规定"。——译者

毫无疑问，这是一份巨大的遗产，是一份由摩西已经升华为神的理念的遗产。此外，在所多玛和蛾摩拉没落之前，也是关于所有道德亲近态度的遗产。

先知们持续不断地呼吁回到摩西那里。他们不仅向自己的民族呼吁，也向耶和华神呼吁。在此，尽管神与民族之间的联盟是完全可设想的，但绝不是通过召唤一种不可思议的、充满魔力的神的权能，而是通过遵守彼此之间的道德盟约。基于这一信念，先知们不知疲倦地恳求耶和华的理想回归自身。这种恳求首先见之于摩西的传统中，因此，很久以前先知们就把这一传统视为首创性业绩。"摩西便恳求耶和华他的神说：耶和华啊，你为什么向你的百姓发烈怒呢？这百姓是你用大力和大能的手从埃及地领出来的。为什么使埃及人议论说：'他领他们出去，是要降祸与他们，把他们杀在山中，将他们从地上除灭。'求你转意，不发你的烈怒；后悔，不降祸与你的百姓。求你记念你的仆人亚伯拉罕、以撒等。……于是耶和华后悔，不把所说的祸降与他的百姓"①。

由上所见，在摩西五经中，从这种转折—要求出发，也把摩西称作最伟大的先知："以后以色列中再没有兴起先知像摩西的；他是耶和华面对面所认识的。"② 此外，按照同一文本，摩西之所以被称为最伟大的先知，还因为嫉妒成性的耶和华神自己埋葬了摩西，据此，"到今日没有人知道他的坟墓"。摩西属于这样一个祖先，他不仅在先知们当中产生了持久深远的影响，而且为后代留下了一份借以改天换地的革命性遗产：**摩西**认识神，但是，神是面对面地认识**摩西**。因此，就像在亚伯拉罕献祭以撒的情况一样，几乎重演一次白内障（Starstechen），例如，在"摩利亚山上，主**注视着**准备献祭儿子的亚伯拉罕"。

在以后的时代中，最后一个先知仍然与摩西的这张脸面相联系。虽然在旧约圣经的先知们那里，情况有所不同，但在耶稣那里，他从一开始就被接受为等待救世主的先知。这是环绕脸面的**光辉**。当摩西从西奈山下来时，"以色列人看见摩西的面皮发光，摩西又用帕子蒙上脸，等到他进去与耶和华说话，又揭去帕子"③。当耶稣和弟子们一起登上高

---

① 《出埃及记》32 章 11—14 节。
② 《申命记》34 章 10 节。
③ 《出埃及记》34 章 35 节。

山时，摩西的光辉冉冉升起，照得耶稣容光焕发、神采奕奕："就在他们面前变了形象，脸面明亮如日头，衣裳洁白如光。忽然，有摩西、以利亚向他们显现，同耶稣说话。彼得对耶稣说：'主啊，我们在这里真好！你若愿意，我就在这里搭三座棚：一座为你，一座为摩西，一座为以利亚。'"①

在迄今流传的有关摩西文献中，到处都找不到宇宙层面上显现的本真的终极之光（Endlicht），同样，在先知们那里也很少出现关于光的故事。诚然，在第二以赛亚②（《以赛亚书》24章17—20节）中，这种光被阐明为世界没落的幻影，但这是后来的编辑者们插入的语句。自古以来，末世论的图示总是形成于空前巨大的灾难以及被挑选的人们的灿烂光辉之中，例如埃及-迦南、邪恶的埃及人溺死红海、犹太人进入被祝福的土地等；凡此种种，都预先强调了这种终极命运与前途的末世论特征。以赛亚说，迄今整个世界都将毁灭，人们不再思念过去的世界。在口头流传的摩西的话中，人们根本找不到以赛亚这种关于世界毁灭的发言。对于摩西而言，这充其量是大洪水的痕迹而已。

与摩西的情况不同，先知们确立了炸毁世界的计划（"新的天，新的地"），尽管这个新天新地是耶和华的作品，并且与以后《约伯记》中逃出耶和华本身的做法截然不同。但是，人们对现状极度不满，渴望冲破禁闭他们的铁栅栏，于是，他们想起了应许某物的摩西之神。虽然群情鼎沸、激情似火，但他们未能如愿以偿，甚至也没有实现耶和华在更美好的过去中所行使的神迹。大多数先知们感到，就像从前的摩西一样，他们也从未进入被祝福的土地，这样，他们越发从末世论视角看待耶和华神的应许之地。即使只是坐在无人惊愕的、平平常常的葡萄树下，他们也能够畅想关于未来的美好国度，在此，他们渴求以前流淌奶和蜜的土地。就像在《以赛亚书》48章18节中所描写的那样，耶和华神的公义如同地球上的大海一样填满大地。

---

① 《马太福音》17章2—4节。
② 在旧约圣经中，"第二以赛亚"（Deuterojesaja）是一个匿名者。他的活动时间为公元前550—539年巴比伦囚禁时期，他的话收录在《以赛亚书》40—50章。第二以赛亚被视为以赛亚学派成员。他的话可以归结为"慰劳我的民族"。在耶和华奴隶之歌中，他为根除世上的不当罪恶，自愿请命受苦。在旧约圣经中，这样的态度实属罕见。——译者

（四）补充Ⅳ："我相信神，但是我拒绝神的世界"（伊万·卡拉马佐夫[①]）；在先知们那里，这一警句的意义

在此，引人注目的是，先知们很少向后望去。在某种程度上，"第一天"（die ersten Tage），圣经正是以此开始了对宇宙的认识。第一天令人联想起摩西的时代以及以前时代的祖先历史，但是并不联想起创世记。无论如何，与圣经所记载的故事不同，第一天未必与创世记有什么直接联系。也许，与作为耶和华主义者的文献不同，那些最悠久的先知们，特别是作为祭司文献的伊洛欣祖先故事就预先提出了这一点，因此，他们对第一天要么不熟悉，要么尚未十分熟悉。

但是，上述情况并不适合于以后的先知们。耶和华的创始事迹是一个流传甚广的古老传说，即使没有《创世记》1章14节中的耶和华资料和祭司资料，这一传说也是完全可能的。但是，如前所述，这一点确定无疑，那就是造物主用声音创造了人，在此显然带有源自中王国时期的埃及雕塑神普塔的特征。[②] 此外，造物主还强调，上面悬浮着"充满神的精神"（Geist Gottes）的幽暗深处，令人联想起巴比伦创造传说中的太古水域。在深渊中，存在水妖，在深渊上面存在神的胜利者、神的照耀者。尤其是，在好多先知们那里，都出现了巴比伦神话中的深渊主题（例如，马杜克与巨龙提亚玛特[③]以及深渊中的混沌存在相联系），然而，耶和华主义者却全然没有接受这种主题。

因此，对于圣经中的创世报告，以后的先知们不是低声交谈，就是三缄其口，但这并不是由于他们不了解这个报告。与耶和华主义者和祭司所叙述的创始说不同，先知们讲述更多其他关于天地创造的内容。例如，以赛亚谈论杀死太古时代巨龙的故事。[④] 在先知以后出现的《约伯记》38章8—11节中，耶和华自命为大海的干涸者，从一开始就试图制服、包裹

[①] 伊万·卡拉马佐夫（Ivan Fyodorovich Karamazov），俄国作家陀思妥耶夫斯基的作品《卡拉马佐夫兄弟》中老卡拉马佐夫的次子。他是狂热的理性主义者，总是困惑于莫名感受到的苦楚。他也常被认为是卡拉马佐夫兄弟中最黑暗的一个。他在《反叛》（第五卷，第四章）中这样说道："我并非不接受神的存在，只是我谢绝了他的拯救。"——译者

[②] 参见本书第15章《圣经中的相反原则：创世记和启示录》。

[③] 提亚玛特（Tiamat），古巴比伦众神话中陆地的初始女神，常以象征人性黑暗面的巨龙之形现身，这条巨龙逝去之后，她的身体衍变为整个世界。——译者

[④] 《以赛亚书》51章9节："耶和华的膀臂啊，兴起！兴起！……从前砍碎拉哈伯、刺透大鱼的不是你吗？"

和限制一切时代的叛逆的大海。

尽管如此，令人奇怪的是，以后的先知们绝口不谈《创世记》，是的，对此他们几乎全都抱有反感情绪。的确，他们并非一概反对创造神的精神，但是，也许他们反对的是神对一个不充分的世界开端的创造激情。在先知们看来，神也没有很好地完成自己的作业，而且，赋予了人们一种与神性相反的特征。人同样是由神所创，但是，神却把人当作替罪羊推卸责任。耶和华神是世界的创造者，同时也是世界的统治者。但是，他反复胁迫人们，特别是胁迫他所选择的犹太民族，不断制作强大而无意义的拙劣作品。其结果，在先知们那里出现了一种背弃过去全部信仰的倾向，取而代之的是，一种终结行为（Zu – Enden – Machen），即末世论地终结以往"埃及""巴比伦"的悲惨现实。

因此，《以赛亚书》43章18节这样写道："你们不要记念从前的事，也不要思想古时的事。"先知们异口同声地尖锐批判了畸形成长的既定世界以及由于神的第一次承诺被抛弃而出现的迄今灾难。在此，虽然他们并不认为造物主（deus crator）无条件地容许这些灾难，但他们越发迫切地要求开启一个尚未丧失名誉的未来，并且必须遵守过去从未偿清的诺言。由于这个缘故，在稍后的同一文本（《以赛亚书》46章9节以下）中，叙述了表面上与前述内容完全相反的内容："你们要追念上古的事；因为我是神，……**我从起初指明末后的事**，……我的筹算必立定。"① 在此，恰恰包含着某种令人惊异、无比深邃的末世论内容，而这种内容已经不同于过去中现存的东西。乍看上去，末世论的内容似乎作为某种现存的东西指明过去的东西，但是，实际上这是从现存的东西中脱颖而出的指明未来的东西。

因此，现在具有决定性意义的是，我们必须坚持与**太初《创世记》相反**的内容。例如，《第三以赛亚》65章17节以及66章22节就特别强调了与人相关的内容："我所要造的新天新地，怎样在我面前长存，你们的后裔和你们的名字也必照样长存。"这显然是一番廉价的安慰话。迄今

---

① 《以赛亚书》43章说："你们不要记念从前的事"，而《以赛亚书》46章说："你们要追念上古的。"乍看上去，两者似乎相互矛盾，难以并存。但是，由于两者所指的"过去"内容不同，所以并不存在逻辑矛盾。前者意味着我们不必在意耶和华主义者和祭司奉为圭臬的《创世记》中的七天创世说；后者意味着我们应当重视《创世记》中隐蔽的无数其他文化要素，追念圣经中那些"被排除的、被隐蔽的以前的事项"。——译者

造物主所许诺的日子遥遥无期地拖延下去，为此，造物者与当权者和祭司组成个人联盟。然而，对此约伯率先表示严重怀疑。不过，作为"构造之神"（Deus salvator），现在耶和华预言自己的真面目。

但是，在此看上去一切都得到重新补偿，仿佛前述过去的第一灿烂的生活一去不复返。在勃拉姆斯的安魂曲中，作曲家用最赤裸裸的音乐表现了《以赛亚书》51章11节，其中所蕴含的悖谬内容并非没有理由："耶和华救赎的民必回归，歌唱来到锡安；永乐必归到他们的头上。"这样，在犹太教和基督教中就充满了救赎说的内容。从天国逐出后，对救赎的渴望就存在于《创世记》之中，尽管死亡是永恒的命运，从智天使①走向生命树的道路会"由于单纯劈砍的长剑"而被歪曲。

自古以来，所谓"先知"不是一味地回首过去而是展望未来的人。但是，他们的面貌经常为某种未来所吸引；未来本身植根于人的内心深处，但迄今人们从未深入探讨这种未来。因此，有理由认为，在过去中受到压制的不是诸如摩西一类的祖先故事，而是本真的原型，即传统的神话故事和史前时期的故事。仿佛这些故事既不是正确的起源，也不是**救济世界的要素**，而只不过是这个世界上的一种胡作非为而已。甚至原罪以前的"天国"也显得如此残缺不全、支离破碎，尽管它可能与"看哪，这太好了"这一神的叫喊相联系。在先知们的心目中，"新的锡安"绝非仅仅是想要重建过去的辉煌。所以，对耶和华创造行为的若干赞扬以及通过这种原型形成的东西（在旧约《诗篇》中，这些内容时常戛然中断）全都不规则地起作用。至少这些内容已历经沧桑，光芒不在，不再真实可信了。

虽然，先知们偶尔零星地提及关于创造的传说，但是，具有典型意义的是，这些传说大都涉及反叛内容。不过，在祭司作品的《创世记》中，这些内容根本没有出现。虽然第二以赛亚也按照外貌命名了那个睁大眼睛奠基大地、绷紧天穹的耶和华②，例如，他在《以赛亚》44章24节中，向以色列人这样介绍了耶和华："我耶和华是创造万物的，是独自铺张诸

---

① 智天使（Cherub, Cherubim），新教译作基路伯、天主教译作革鲁宾、东正教译作赫鲁宾，是超自然的生命个体，在旧约《创世记》和新约《启示录》中屡次被提及。在旧约中它被描述为有翅膀、服从神的天物。参见《创世记》3章24节："于是把他［亚当］赶出去了；又在伊甸园的东边安设基路伯和四面转动发火焰的剑，要把守生命树的道路。"——译者

② 《以赛亚书》48章13节："我手立了地的根基，我右手铺张诸天。"

天、铺开大地的。"然而，在数量和重量上，同时性、同质性和传统性这些造物主特征远远比不上新的《创世记》这一救主神（Rettergott）的另一侧面。

先知们意识到，尽管在第一《创世记》中目标主题受到很大压制，但救主神依然存在，由此产生了造物主神与救主神性存在之间的紧张对峙。在先知们那里，所谓创造与拯救之间的重合性听起来越来越刺耳、不舒服。由于拯救者的缘故，人们大幅度省略了造物主的创造功能，然而，人们对这种紧张关系的范围仍然缺乏充分的认识。尽管此时尚未引起神的功能破裂这一对抗性后果，但是，在《约伯记》中，拯救者与创造者这两种神的功能之间的对立开始变得表面化。甚至在更晚时期，根据摩尼教的二元论，马吉安区分了神的两种功能："我们的父神，造物主"蜕变为作为拯救者的耶稣基督与正相反对的敌人乃至魔鬼。

无论如何，在所有先知们那里，《创世记》世界都成了来自耶和华的沉重负担。虽然他们还没有摆脱他本身，但他们已经摆脱了当作永恒作品所赞扬的那个天国。"主为了人的神圣，毫无保留地显现自身的面目。"（iam homini religioso satis erat.）因此，伊万·卡拉马佐夫与阿辽沙的最后谈话不仅是约伯的回响，也是真正的以赛亚的回响："我并非不接受神，而是无法接受他所创造的世界。"①

但是，在第二以赛亚那里，听起来，创世与拯救之间的暴力分裂至少还处于一种冲突性的重合之中。据此，他不得不强调通常意义上的传统二重说法："其一，作为世界创造者的耶和华，其二，可以读作'赎出'以色列人的创造者。……但是，先知以赛亚却通过'以色列的创造'（der Erschaffung Israels）这句话思考一系列历史行为，而古老的出走传统（Exodustration）把这些历史行为归因于以色列的神。……犹太人关于赎出埃及的救世说孕育了某种未来新的创世记的典型和模式。"②

因此，不管怎么样，有一点是真实的，那就是在先知们看来，至少本质上埃及的创造停留在世界的创造上，正因如此，他们才有可能同时创造出一种承诺，即**从埃及出走**。从内容上来看，这种承诺与下述神秘语言格

---

① 《卡拉马佐夫兄弟》，皮珀尔，1959 年（*Die Brüder Karamasow*, Piper, 1959），第 382 页。
② 冯·拉德：《旧约圣经神学》（v. Rad, *Theologie des Alten Testaments*, 1960, *II*），第二卷，1960 年，第 251 页。

格不入，毫无共同之处，因为这种语言从一开始就试图通过魔力呼唤出某种乌托邦的东西，例如，**创造性的东西本身、尚未实现但最终会实现的东西**等。换言之，耶和华的语言并不是以外在于人的方式在空间中实现，而是在时间中实现，即克服所有历史的失望，在未来的"神的王国"中，创新所有开端和终末。

问题在于，这种奇迹般的语言（verbum mirificum）应当为创造和拯救奠定基础。因此，先知们就从世界创造中引出创造性的东西本身，并把它带入一种完全不同于《创世记》的、但最终是正确的承诺语言之中。但是，在此我们可以确信，在终极场所上，作品创作的创造语言与以色列的创造事业，即弥赛亚主义的世界拯救事业是紧密联系在一起的。作为某种拯救的治愈事业，这种事业位于未来的新的《创世记》之中。否则，先知们也不会为被创造的东西以及如此环绕我们的东西而极尽赞美、欢呼雀跃。在最好的情况下，作为一个比喻，这里将有光，就有了光，但本身离终极目的和末世事实相距甚远。因此，事实上，第三以赛亚绝不思念过去的《创世记》，而仅仅期待未来的"最后事实"。他这样大声呼喊："我因锡安必不静默，为耶路撒冷必不息声，直到他的公义如光辉发出，他的救恩如明灯发亮。……你必得新名的称呼。"[①]

与此同时，这个末世论的最后事实将继续存在下去，与此相关的最终目的与地上纯粹的和平王国相距不远，而在这个地方，每一个人都将平安舒适地坐在桑树下。然而，在此有必要重申的是，这种"平安舒适"与第一创世记及其空间是相对立的。如同所见，这种图像是革命性的、爆炸性的，尽管末世事实中所承载的**启示录内容**实际上在最后先知但以理那里才开始出现。[②] 从《叙利亚巴录启示录》[③]到《约翰启示

---

① 《以赛亚书》62章1节。
② 《但以理书》7—11章描述各种异象相继出现，其四大兽预示了巴比伦、玛代波斯、希腊和罗马四大帝国的相继兴替，又以第四兽头上长出十角预示罗马帝国分裂为十国，并在此基础上进一步启示了罗马帝国分裂后的新局面。在此，通过数的神秘主义、象征图像以及比喻，把世间万物统统引向假定性的未来时间，而这些末世内容在后来的《约翰启示录》中再次被提及。由于这个缘故，《但以理书》被认为与中世纪约雅金·弗洛尔的千年王国说有着思想上的相通之处，这绝不是偶然的。——译者
③ 《叙利亚巴录启示录》（Der syrischen Baruch‑Apocalypse），写于公元70年罗马人焚毁耶路撒冷第二圣殿之后的几十年。这些著作和早期的雅夫尼拉比学派的作品所处时代相同，反映了罗马人占领犹地亚（Judea）、焚毁耶路撒冷圣殿而带来的神学上和道德上的冲突及困惑。——译者

录》，启示录的内容一以贯之，源远流长，得到了持续的发展。就像先知们率先预示的一样，《巴录启示录》也公开地描写了世界的全面爆炸，两者一脉相承，绝对无法割裂。这标志着先知们焦急地等待末世事实中的启示内容，同时鲜明地反映了末世劝说中所出现的巨大的宇宙的一反宇宙的视域。

但是，在启示录的意义上，先知们的思想意识领先于末世论者，特别是在乌托邦气质上，这种思想意识更胜一筹，气势明显占上风。就此而言，先知们的思想与后来犹太人的智慧书迥然不同，因为在后者中，人们充其量与所谓末世事实中的霹雳闪电相联系。如果没有特殊的希伯来的［普罗米修斯的］"预先注视行为"（Promethie），就不会有先知们所预期的关于地上连同天上的革命性转向。

24. 忍耐的界限，约伯或不是从神之中，而是从耶和华想象本身中出走，弥赛亚主义的敏锐性[①]

（一）约伯废约

一个善良的男人总是正直地行动，并且无保留地信任别人。然而，到头来他被骗得很惨，于是，他突然张大眼睛，目视远方。约伯就感到自己处于这样一种境况，他极度怀疑，以致他否认神是一个正义之神。通常恶人得势，虔诚者倒霉，约伯在自身的生活中看透了这一点。他痛苦得难以名状，以至于激烈控告耶和华。这正是问题所在：他不再寻求自身不幸的罪责，不再寻求自身的弱点或罪责。他梦见，一个外部世界，即一个比可视的世界支配得更好的另一个世界。从此以后，他的问题就从未停止过：神到底在哪里？在此，也许痛苦很少使人变得高尚，但是，它使人变得正直和充满疑惑。

现在，他不仅完全疏忽了小声抱怨，而且知性也变得焦躁不安。在圣经中，以色列孩子们的咕哝是十分熟悉的，通过祭司文本，这种咕哝越发

---

① 在本章中，布洛赫强调了约伯人性的伟大和普罗米修斯大无畏的反抗精神。在某种意义上，约伯比耶和华更伟大。因为他渴望世界变成一个正义的空间。为此，他召唤"报血仇者"。具有悖谬意义的是，他的报复者既是耶和华又不是耶和华。因为按照约伯的想象，耶和华之中存在两种对立特征：其一是正义的耶和华；其二是愤怒的权威之神的耶和华。——译者

强烈地侵袭我们的内心。如此坚韧不拔、富于抵抗精神的书,即《约伯记》①却姗姗来迟,迟至公元前 500 年到公元前 400 年才问世。当然,关于约伯的故事框架出现得很早,由此形成了所谓民众书,主要传达撒旦的诱惑和大团圆。就像歌德起初想把浮士德写成木偶剧一样,约伯的作者也试图把自己的想法纳入民众书之中。关于约伯的民众书只包含在《约伯记》第一章及最后一章中,想必是十分悠久的文献。因为在 1 章 17 节中,迦勒底人以强盗式的贝都因人的身份出现(不过,很早以前,这个占星术民族就已经不再过游牧生活了)。

早在《约伯记》执笔 200 年前,先知以西结就提到了约伯的名字,例如《以西结书》14 章 14—20 节中,把约伯连同挪亚以及同样久远的但以理称作来自古代的众所周知的人物。令人奇怪的是,《约伯记》,特别是文学创作本身却是由拉比安置的。有些人说,约伯生活在亚伯拉罕时代,其他人甚至怀疑他是惧怕法老诸神的奴隶之一。这些内容在《出埃及记》9 章 20 节中被提及。显而易见,所有这一切都表明,约伯虽然虔诚笃信,但他是一个令人讨厌的人,因而他被视为一个非犹太人。

尽管如此,巴比伦的《塔木德》②令人惊讶地把摩西视为《约伯记》的作者。然而,约卡南(R. Jochanaan)和伊利泽尔(R. Elieser)认为,约伯是一个从巴比伦囚禁归来的犹太人。只是按照他们的这一解释,约伯

---

① 布洛赫认为,"一个读了圣经而不做革命之梦的人是误读圣经的人"。根据对基督教圣经的颠覆性解释学,布洛赫试图重新解释《约伯记》。他把约伯解释为既追随摩西又反对摩西的人。首先他把约伯解释为追随"出走埃及"这一摩西解放精神的摩西的继承者。但是,摩西的出走并非源自出走本身,因此,现在布洛赫把约伯视为摩西的敌对者。在布洛赫看来,约伯是摩西的谋反者,进而把他规定为"希伯来的普罗米修斯"。约伯的出走意味着超越"出走埃及"而走向"出走耶和华本身"。对于约伯来说,耶和华神已不再是他所仰望的"正义的理想"。这样,约伯的出走就表现为一种激进的叛逆行为。由此可见,一方面,布洛赫的希望哲学否定昔日关于神的想象;另一方面,布洛赫的希望哲学中介犹太–基督教弥赛亚主义传统。约伯对耶和华神的不信仰蜕变为对即将出现的作为"报血仇者"的信仰。约伯对未来的希望具有弥赛亚主义特征。布洛赫把这个弥赛亚解释为非耶和华的耶稣基督。由于布洛赫把耶和华神与耶稣基督存在对立起来,所以反对三位一体的神学。对耶和华神的旧信仰为对人的王国的新信仰所代替。人的王国是一个没有耶和华神而与人子耶稣一道生活的王国,所以所谓"信仰在其唯一意义上是对没有神的一神的弥赛亚王国的信仰"。参见 E. 布洛赫《希望的原理》,法兰克福/美因,苏尔卡姆普出版社 1959 年版,第 1413 页。——译者

② 《塔木德》(*Talmud*),流传 3300 多年的羊皮卷犹太教口传律法的汇编,仅次于《圣经》的典籍。主体部分成书于 2 世纪末—6 世纪初,为公元前 2 世纪—公元 5 世纪间犹太教有关律法条例、传统习俗、祭祀礼仪的论著和注疏的汇集。——译者

的身世才变得比较接近真实。这样，他们明确地确定了波斯王居鲁士①之后《约伯记》的写作年代：即公元前 530 年以后，一个惊人的早期"圣经批判"时期。此外，据信犹太教法典的原作者是摩西，但在那个时代，这部法典依然被视为一部危险的文献。毫无疑问，这部法典属于晚期犹太启蒙时代，但是，这个时代也是一个生活很不容易的时代。显然，这部法典之所以吸引一切犹太人，不仅仅是由于其怀疑主义或悲观主义特色。

《约伯记》的作者想必见过世面，阅历十分丰富。在旧约圣经中，他的语言最为丰富多彩，淋漓尽致地表现了与众不同、独具匠心的语言风格。例如，作者经常使用阿卡德语②、阿拉伯语词根，以令人惊异的广度细致入微地描写了自然观察。《约伯记》的新颖性在于采用了独特的对话体，尽管从犹太人的生活以及宗教对话中，也可直接把握到这种对话体。在此，对话不是通过对话双方的异议而进展，换言之，它不是通过诸如柏拉图式的共同对话而进展。相反，这种对话通过不断激化的对立内容来构筑进攻与防卫。

在《约伯记》中，防卫属于耶和华神，因为他的正义常以最尖锐的形式要求进行辩护。"恶人为何存活，享大寿数，势力强盛呢？"③ 为什么穷人忍饥挨饿？穷人之所以忍饥挨饿不是因为他们不敬神，而是因为富人榨取他们的血汗，强迫他们做苦役。"在那些人的围墙内造油、榨酒，自己还口渴。在多民的城内有人哎哼，受伤的人哀号；神却不理会那恶人的愚妄"④。

在约伯之前，若干先知们也进行过类似的反资本主义说教，但是，他们并没有控告纵容恶事的神。这样，从约伯开始，确认了"神义论"（Theodizee）的致命必然性：罪也是神的意义之一。希腊悲剧，尤其是《约伯记》意味着价值发生了巨大转变。换言之，在宗教领域内部，终于揭示了乌托邦的能力：一个人比神更好，比神表现得更优秀。约伯既没有退出祭礼，也没有脱离共同体，他只不过是攻击神而已。

---

① 居鲁士（Cyrus，B. C. 559—B. C. 530），古代波斯帝国的开国元勋，波斯皇帝，他所创建的国家疆域辽阔，从爱琴海到印度河，从尼罗河到高加索。古希腊史家称他为"波斯之父"，圣经中也称其为"波斯王"。——译者

② 阿卡德语（Akkadisch），指历史上居住在小亚细亚东部地区的犹太人的惯用语。这种语言受到苏美尔人的影响，公元年前 21 世纪归于消亡。——译者

③ 《约伯记》21 章 7 节。

④ 《约伯记》24 章 11 节。

最初抵制上述惊人事实的只是传统的过分伤感的论调，这显然妨碍了人们关注约伯其人其说中的新东西。三个朋友商量好，重复那种不真实的、毫无新意的陈词滥调，他们反驳约伯离经叛道、不通世情。然而，他们并不能使约伯沉默不语。三个朋友喋喋不休、鹦鹉学舌：一个是温和而庄严的提幔人以利法，另一个是平庸无奇的书亚人比勒达，再一个是粗暴无礼的拿玛人锁法。起初，这三个人还只是耐心地劝说约伯低头知错，但是，之后当约伯不屈不挠地控告耶和华时，他们就变得充满敌意，把约伯视为邪恶堕落的人。

约伯怒气冲冲，激烈抗拒神，发出激动的吼声。就是说，他的忍耐是有限的，因此，他怒不可遏，辛辣地批判传统的正义之神。约伯表明了自己的不幸、自己的溃疡、自己的孤寂："我就知道是神倾覆我，用网罗围绕我。我因委屈呼叫，却不蒙应允；我呼求，却不得公断。"① 更严重的是，他甚至连"正义"也翻云覆雨，玩弄于股掌之间。不管是谁，他见人就杀："不分善恶，动辄就杀人。"② 由于耶和华的缘故，暴君凭借其一切权力为所欲为，不负责任："若论力量，他真有能力；若论审判，谁能把他传唤到庭呢？"③

所谓"大宪章"（Die Magna Charta）的共同正义无效："他本不像我是人，使我可以回答他，有时我们同庭审判。我们中间没有听讼的人可以向我们两造按手。"④ 这样，可怕地出现了道德天命的先知之神与某种粗野的偶然或某种恶魔的现实之间的矛盾，迦南本身沦为埃及，只是变换了地名而已，而以色列重新陷于过去的悲惨状态之中。罪与罚、正义与拯救之间的关联性变得如此可疑，以致在《约伯记》以外，这种关联性再没有给人带来安慰。例如《诗篇》是一部令人绝望透顶的文学作品，以至于沦为信仰信条。

在这部作品的 88 篇中，甚至不再提及作为可能的悲惨题材的罪恶。相反，在 88 篇 11 节中，这部作品已经厌倦了耶和华神的种种承诺，一针见血，提出了真正的约伯问题："岂能在墓里书说你的慈爱吗？岂能在灭亡中述说你的信实吗？你的奇事岂能在幽暗里被知道吗？你的公义岂能在

---

① 《约伯记》19 章 6 节。
② 《约伯记》9 章 22 节。
③ 《约伯记》9 章 19 节。
④ 《约伯记》9 章 32 节。

忘记之地被知道吗？"传统宗教观把罪恶与不幸之间的关系理解为某种因果报应，即人的不幸是神对人的罪恶行为所施加的惩罚或惩戒鞭。然而，约伯却用下述毁灭性问题反驳了这种传统见解："鉴察人的主啊，我若有罪，于你何妨？为何以我当你的箭靶子，使我厌弃自己的性命？为何不赦免我的过犯，除掉我的罪孽？"①

但是，针对约伯的上述控告，三个朋友，即耶和华的辩护者们理屈词穷，无言以对，仅仅提出十分老套的罪与罚的报复教义，他们的耶和华就被笼罩在这些破绽百出的僵化教义之中。最后出现了一个叫以利户的青年人，他甚至强调，耶和华是一个否定的存在乃至敌人。是的，以利户仿佛是一个呼之欲出的暴君的先驱者。朋友们讲述的无非是从上而至的报复教义而已，尤其是，在此完全缺乏从前先知们为之心醉神迷的各项条件。例如，在命运之途上，作为道德的主观要素的暴力、选择与决断的全部深蕴意义、对世界的本真的共同支配等。从《阿摩司书》《以赛亚书》到《玛拉基书》，先知们都把这些条件作为人的基本权利托付给了人们。但是，在卑躬屈膝、阿谀奉承的四个信仰市侩②那里，这些权利要素荡然无存，自信毫无踪影。

然而，约伯的道德意识坚如磐石，凭借这一立足点，他足以反抗耶和华。借助于此，他不仅反抗令人可疑的法官耶和华，也反抗共同法官，即他的朋友们。如果他的道德意识还不足以对付他们，那么有效的是，神理应名副其实，不是惩罚人，而是拯救人。换言之，神随心所欲，司法擅断，卑劣地审判了从中没有任何意图的、被隐蔽的事实。

一个人可以超然于一切，甚至可以超越并照耀自己的神。这就是《约伯记》的逻辑，尽管在结尾部分流露出所谓顺从屈服的要素。令人惊异的是，在此约伯不仅激烈地控告耶和华，而且以最强有力的转变方式继续试验原始的出走范畴（die Urkategorie Auszugs）。以色列曾经出走埃及，耶和华神曾经出走以色列。现在照此方式，约伯出走耶和华。那么，他究竟向何而去？

自古以来，被折磨的人渴望摆脱折磨他的人。他为了不被打扰，主动

---

① 《约伯记》7章20节。

② "信仰市侩"（Glaubensspießer），在此，布洛赫借以讽刺那些生吞活剥、囫囵吞枣的教条主义的圣经解释者，这些人往往缺乏批判见解，在信仰行为中放弃自身所有的判断力。——译者

进攻折磨他的人。他无所顾忌，但也担惊受怕。例如，在所罗门的箴言中，这样写道："你所做的，要交托耶和华，你所谋的必成立。"① 但是，现在这样的警句不再可信了。约伯要求巨大的敌人耶和华说明理由："看哪，在这里有我画的押，愿全能者回答我。"② 耶和华以暴风雨回答他。他十分奇异地回答，即对提问重新用提问回应。他的回答就是 70 这一数字③。他的回答混入了许多粗野的描述，例如，孔雀、马、鹰、暴风、昴星团、野性襁褓中婴儿的海洋、乌云、巨兽④、海中怪兽等。

约伯批判现存世界，预见了一个更好的世界。作为回答，耶和华总是绕弯子、不着边际，即根据截然不同的、出自未中介的自然侧面以及此在的自然力来迂回地提供某种哑谜。虽然约伯得了麻风病，但这种回答与他的问题风马牛不相及，根本没有触及其控告的实质。在《约伯记》38 章 2 节中，耶和华抛出了第一个质问："如此缺乏智慧的那个人是谁？"这不啻是一个中学校长以吓唬人的口吻质问学生。在《约伯记》38 章 4 节中，耶和华抛出了第二个质问："我立大地根基的时候，你在哪里呢？"这不啻是一个激怒的君王训斥被打败的残兵败将。

接着是关于他的赞歌："那时星辰一同赞美我，所有神的儿女都朝着我齐声欢呼。"耶和华的质问成为世人的一个笑柄，尽管在这之前的《约伯记》7 章 17 节中就出现过约伯对耶和华的讥讽。在此，他这样喊道："人算什么，你竟看他为大，将他放在心上。"期间，约伯引用了《诗篇》8 篇 5 节中对造物主感恩戴德、顶礼膜拜的一句话。⑤ 然而，约伯引用这句话旨在反唇相讥，恶意讥诮自己的造物主。正是在这种纠缠不清、万般无奈的痛苦中，怀疑者形成了极其可贵的、尖刻的讥讽。换言之，由于反抗神，约伯遭受重罚，不得不过一种虫子般的生活。

在《约伯记》31 章、38 章中，分别讲述了约伯的作业和耶和华的作业，值得注意的是，在这两种作业之间存在一种奇特的修辞学上的平衡关系。在约伯的目录中，领先的、占优先地位的是道德，而在耶和华

---

① 《箴言》16 章 3 节。
② 《约伯记》31 章 35 节。
③ 七十士译本记载，约伯遭灾的时候，年纪是 70 岁。不过这个时间并不一定正确。——译者
④ 巨兽（Behemoth），在希伯来语中的意思是"动物"。《约伯记》40 章 15—24 节中提及该巨兽，旨在嘲讽对抗命运的约伯的热情。——译者
⑤ 《诗篇》8 篇 5 节："你叫他比天使微小一点，并赐他荣耀尊贵为冠冕。"——译者

的目录中，领先的、占优先地位的是自然。此外，耶和华的质问，即自然知识本身并不包含永恒性，亦即不包含其他作品所涉及的那些神的话。

约伯消失数百年后，通过普林尼①、普卢塔克②的努力，耶和华前置的那些自然奇迹已部分地成为习以为常的事迹。例如，亚历山大·洪堡就通过引用以利户的一番开场白，赞扬了关于气象的耶和华的权能："乌云密布、狂风呼啸的天气过程，由于不同的风向而聚散离合的云雾，灰蒙蒙的雾气的色彩游戏，冰雹的产生和发出隆隆声的雷声等，这一切都是借助于个别的直观来形象地描述的。在文学作品中，早就提示过我们今日物理学家以科学的表达方式所表述的众多问题。但是，这些问题不可能得到令人满意的解决。"③

可是，约伯的担忧并不是自然现象和气象，这里答非所问，双方缺乏恰当的连接。对于约伯的道德质问，耶和华仅仅给出物理性的答复，仿佛把对方视为智力贫乏的臣下，并用巨大的、黑暗而明智的宇宙给其以毁灭性的打击。此时，耶和华所提及的类似的自然图像无疑是独特和强有力的，但是，这种图像也给人一种十分的陌生感，因为这里渗透着所谓恶魔般的泛神论的强烈气息。④ 与《创世记》1 章中的表述不同，自然不再是大地或人类事件的单纯舞台，而是彰显神性高贵的外衣或暗码。因此，耶和华的作业不再是人类中心主义的作业。

于是，人的目的论被打破了，在人的目的论上矗立着茫茫苍穹和巨型雕像。根据《创世记》1 章 10 节、14 节，从前群星被视为大地的创造，但是，与此相矛盾，《约伯记》38 章 7 节却把群星拟人化为耶和华的赞扬者。在预言性的启示录中，先知们认为，在自然的没落背后，恰恰隐藏着那个对人的拯救的承诺。为了显示自己的威严和尊贵，耶和华牵强附会，拼命自圆其说，不惜选择动物世界本身中无意义的内容，例如，血腥野蛮的动物和畸形怪物。孔雀"不介意徒劳地工作，因为神把它造成愚笨的

---

① 普林尼（Gaius Plinius Secundus, 23—79），古罗马百科全书式的科学家、在历史学家、在天文学、气象学、地理学、矿物学、动物学、植物学诸领域均有非凡建树。——译者
② 普卢塔克（Plutach, 46—119），罗马帝国时期的传记作家、伦理学家，主要作品有《传记集》《道德论集》等。——译者
③ A. v. 洪堡：《宇宙》第三卷（Alexander v. Humboldt, *Kosmos*, Cotta, Ⅲ），第 35 页。
④ 在《诗篇》65 篇和 74 篇中，这一点预先或同时地得到了表现。

动物。"① "雏鹰也咂血,被杀的人在哪里,它也在哪里。"② 关于巨兽河马,耶和华这样议论说:"就是约旦河的水涨到它口边,也是安然。"③ 耶和华不是谈论人,而是谈论海上怪兽,即一种海上的龙形怪物,他这样说道:"地上无人可与它匹敌。它被造得无所畏惧,所向披靡。"④

关于巨兽于海怪的赞歌多半是以后的编辑们巧妙地插入《约伯记》之中的。不过,这些怪物十分准确地反映了耶和华的非人性精神,可谓惟妙惟肖、入木三分。耶和华凶神恶煞,高调放狠话,彻底摧毁了先知们关于各种道德的、理性的说教内容。归根结底,这些说教内容可归结为以奶与蜜为中心的预见。由于被一种炫耀性的异质性东西冲昏头脑,所以耶和华居然宣告说:"使雨将在无人之地,无人居住的旷野。"⑤ 在圣经中,这一切是最陌生的神显现(Theophanie),几乎在人们前面重新摆放另一种神,即与危险的西奈火山神毫无共同之处的一种神。

《约伯记》中的耶和华令人想起某种富于魔力的伊西斯⑥或诸如巴尔一类的自然神。甚至,令人目瞪口呆的是,作必要修改后(mutatis mutandis),让人想到数千年后斯宾诺莎的神。可以说,与耶和华语言不同,斯宾诺莎确信,神不具有任何与人相关的目的和意义。按照斯宾诺莎的理解,神不是按照人的特殊法则和意图,而是按其宇宙法则来管理自然("adeoque Deus non solius humani generis, sed totius naturae rationem habet")。但是,《约伯记》中的耶和华所缺乏的正是斯宾诺莎所意欲的理性以及理性的自给自足。然而,令人惊讶的是,神是超越存在,他是反目的论地行动的。因此,斯宾诺莎宗教观的最早资料源自《约伯记》的最后一章。当然,与诸如耶和华一类的神不同,斯宾诺莎的神所涉及的是那种完全摆脱了恶魔的、泛神论的神。在奥托看来,《约伯记》中的耶和华赋予人们一种严格挑选的、令人讨厌的、唤起虔诚心的图像。这种图像也

---

① 《约伯记》39 章 13 节。
② 《约伯记》39 章 30 节。
③ 《约伯记》40 章 23 节。
④ 《约伯记》41 章 24 节。
⑤ 《约伯记》38 章 26 节。
⑥ 伊西斯(Isis),在埃及语中叫作"阿赛特"(Aset),古埃及的母性与生育之神、九柱神之一;在希腊神话中掌管爱情与死亡的女神。——译者

令人想到《薄伽梵歌》① 中的第 11 首歌，在此，克利希那向阿朱那②显示关于死亡与复活的可怕的大旋流。然而，无论如何，耶和华并不能证明约伯有罪，也不能使约伯信服，相反，耶和华只不过是对他再次进行精神上、肉体上的无情打击而已。因为耶和华试图凭借先知以前的、甚至迦南以前的魔力，通过"从一个种到另一个种的转变"（metabasis eis allo genos），彻底摧毁约伯的反抗意志和造反精神。

看上去，《约伯记》的作者似乎通过诚实地解释众所周知的耶和华神的自然魔力，特别是通过从宇宙视角利用各种崇高的装置，得到心灵的巨大慰藉，让其心灵得到升华和解脱。与此相对照，约伯对以正义之神作幌子的现有的不公正似乎不太在意，好像无所谓似的。至少，《约伯记》的作者并不是那个把彼岸与此岸断绝开来的鲁道夫·奥托的先驱者，并且，与今日以神秘主义者作幌子的任意"血之夜爱好者"③ 毫无共同之处。尽管如此，绝望的主人公约伯依然具有反叛者的特征，如前所见，他是作为一个圣经的普罗米修斯闪亮出现的。

因此，《约伯记》40 章 4 节中，"我只好用手捂口"这句话是不正确的。最后的妥协场景与从前关于约伯拯救这一传统民众书的结局如出一辙：约伯与神和解。至此，用这一场景作为引子，转入另一个主题。或者，这一结局是作者附加的，以便能够无害地表现自己的异端邪说。在这方面，他的确是成功的。或者，关于雷雨与自然景象的描写就是后来被插入的。这不仅因为这部分语言风格与前述部分的语言风格迥异，也因为这部分富于诗意的暴力是令人难以想象的。否则，在《约伯记》的作者中，两个互不相容的思想在同时作祟：其一是，人的反叛因素；其二是，与人不相称的、外在于人的、宇宙的异质性要素（这是源自中心的不和，即使在伟大的作家当中，也很难在两者之间维持一种平衡关系）。

虽然情况很棘手，我们也不得不按照上述第一种意义来解释雷雨场景。这就是《约伯记》的作者千方百计地掩饰其异端邪说的蛛丝马迹，

---

① 《薄伽梵歌》（Bhagavad - Gita），字面意思是世尊（指黑天）之歌，也简称为神之歌，成书于公元前 5 世纪到公元前 2 世纪，是印度教的重要经典，叙述了印度两大史诗之一的《摩诃婆罗多》。——译者

② 克利希那（Krischna），古印度神话中的至尊人格首神（Bhagavad）；阿朱那（Ardjuna），印度古代梵文史诗《摩诃婆罗多》中的英雄。——译者

③ "血之夜爱好者"（Blutnacht - Freunde），此处指纳粹主义。——译者

因为他要想表现这种异端思想，首先就要隐蔽这种思想。从自然视角解释神的伟大性，这与《诗篇》的讲述是一脉相承的。并且，为了避开所谓的异端之嫌，民众书在这种伪装上进一步刺满绣花，使其星斗密布、耀眼夺目。在这一切当中，重要的、甚至起决定性作用的是，《约伯记》的作者很早以前就已经设定了**另一种解决方案，即一种从反叛的深度中纯粹地产生的解决方案**。

这种解决方案只是由于没有任何拯救的、败坏变味的本文句子，才变得蔽而不明。此外，由于路德的翻译所附加的基督教教会的和谐化设计，这种方案才消失了踪迹。然而，这种解决依旧方案一目了然，一清二楚，它带给我们盐一样透明剔透的意义。

在《拉丁语圣经》（Vulgata）和路德圣经中，约伯这样说道："我知道我的救赎主（redemptor）活着，末了必站立在地上。我这皮肉灭绝之后，我必在肉体之外得见神。我自己要见他，亲眼要看他，并不像外人。"这之后，许多新教神学和旧约圣经语文文献学家试图订正和补充败坏了的圣经原始文本。例如，1897年杜姆①发表了《约伯记注释》；贝托莱②追随他的后尘，也进行了类似的圣经注释研究。但是，在前述文本中，确凿无疑的传统希伯来语"戈埃尔"（goēl）并不能翻译成"救赎者"（Erlöser）。换言之，这个单词并不具有后来所接受的那种温和的意义。这也不具有正统犹太教作为救赎者耶和华的意义。因为"戈埃尔"指的是，对一个被杀害的人有义务进行复仇的最亲近的亲属和继承人。在古代，"戈埃尔"作为"戈埃尔哈德－达姆"（goēl had－dām）就是报血仇者。③ 这样，通过对不连贯的、毁坏的文本进行必要修复后，字面上，上述文本意思如下："我知道，我的复仇者活着，迟早（最终）出现（持存）在尘埃之上。在我的皮肤毁灭后，从我的肉体中，我将看见神。如

---

① 杜姆（Bernhard Duhm, 1847—1928），德国新教宗教学家、旧约圣经学家，致力于研究先知的著作，如《以色列的诸先知》（Israels Propheten, 1916）。另著有《神学的目标及方法》（Ziel und Methode der theologischen Wissenschaft, 1889）、《旧约的形成》（Entstehung des Alten Testaments, 1897）等。——译者

② 贝托莱（Alfred Bertholet, 1868—1951），瑞士新教旧约圣经学家、宗教学家，其研究方式为20世纪圣经批判学以及后来的宗教现象比较学铺平了道路。著有《以色列文化史》（Kulturgeschichte Israels, 1919）、《以色列人及犹太人对外邦人的态度》（Die Stellung der Israeliten und der Juden zu den Fremden, 1896）等。——译者

③ 《民数记》35章19节："报血仇的必亲自杀那故杀人的，一遇见就杀他。"

果我为了自己而看见（他），我的眼睛要看他，并不像外人。"① 这个文本迷离混沌，现经若干修订，试解如下："我知道，我的报血仇者活着，迟早都会出现在尘埃之上。证明我无罪的证者就在我身边，我将看见为我洗刷罪恶者，用自己的眼睛，目睹并非外人的那个人。"

当然，在后期希伯来语中，同样，在《约伯记》中"戈埃尔"意味着某种更普遍的东西，具有辩律师（Anwalt）的意义，但其前提是，在庄严的场合，这个词并不偏袒任何古代的意义。然而，这种削弱了的"戈埃尔"的意义与约伯的愤怒以及约伯对耶和华的控告是绝对不相符的。换言之，这与约伯的犯罪感以及前不久强烈的告发内容是绝对不相符的："地啊，不要遮盖我的血，不要阻挡我的哀求。现今，在天有我的见证，在上有我的中保。"②

这样，所有意义都针对报仇者，针对约伯的报仇者。他感到自己是一个被打死者，他的充满血的呼喊朝向天空。这个报血仇者是无名的、未知的，他追随并扬弃真正意义上的正义。不言而喻，在"预言"基督教时，人们仅仅把他视为救赎者，而没有把他视为报血仇者。但是，他所指的也不是作为园丁的山羊或作为被打死者敌人的律师。**寻找约伯的那个朋友，即亲属或报血仇者可能同约伯不一样。与约伯相反，他呼唤报血仇者**。紧接着，他再次攻击约伯，而在古文手抄本 31 章中，他把约伯歪曲成一个义人。在一以贯之的神权政治意义上，这种和谐化一再战胜了正义这一圣经的另类意义，尽管在从未败坏的文本中，它还显露出尚未变质的内容。因此，约伯及其明确的见解就这样持续不断地被颠倒歪曲，其结果必然是面目全非，失去了本色。正如在惊世骇俗的奥斯威辛之后有必要放弃神一样，约伯的正义之声也遭到了扼杀。但是，数千年之后，这三个朋友仍然有对抗改革家约伯这一光荣的少数的后继者。③

对此，v. 拉德指出："在声嘶力竭的呼唤中，约伯也向作为报血仇者的神（！）呼吁。他再次追溯远古的神的想象：神是一切生命的所有者。在生命由于某种暴力而受到威胁的地方，一个有直接利害关系的神摇摇欲

---

① A. 贝托莱：《旧约圣经理论》第二卷（*Biblische Theologie des Alten Testaments* Ⅱ, 1911），第 113 页。

② 《约伯记》16 章 18 节。

③ 约伯的朋友们是传统律法的盲从者，他们极力推崇当权者。在此，布洛赫把约伯朋友们的态度与纳粹的态度作比较，锐利地批判了神权政治家取向的权力中心主义。——译者

坠、危在旦夕。约伯很清楚这一点（！），正因如此，他针对神，越发严肃地向神呼吁（然而，在此并非同一个神）。""通过惊人的紧张斗争，神的图像使约伯心碎，伤心断肠。在 14 章中，这种威胁就已显露端倪，但是，在此约伯试图按照时间顺序分解这种迫在眉睫的威胁。当初愤怒之神掌管一切（那么，神对正义者也采取一种反对态度吗？）。""此后，掌管世界的是那个热爱自身被造物的神。但是，现在旨在保护被造物的传统之神与毁灭一切的神被严格区别开来。这种区分如此尖锐化，以致神的这两种特性形成一种并存局面。即使约伯意识到朋友们的神性存在是突然的、令人喜悦的神性存在，他也不会（！）删除神的敌人的现实。他依次向两个神郑重地呼吁，他知道，市民阶层之神、拯救之神反对神的敌人（虽然在永恒的同一性中，二者相互平行而不相互背离）。""他的事业就是引导胜利。在《约伯记》10 章 19 节、19 章 23 节这两段中，每个细心的读者都会发现这一事实（在 19 章 23 节中，恰恰出现了报血仇者）。""读者会感到，这两段是约伯斗争中的高潮部分。围绕着他，在任何段落都没有像在这里如此确信无疑，如此充满安慰。当然，按照文本，应当承认读者的这种确信本身以及三个朋友们的坚定立场。""但是，我们不能把这一点说成是解决方案，因为在此对话并未完结……；一个明确的标志是，这种令人慰藉的突破事件（！）""并未完结"（按照拉德的解释，这种突破已无需更多讨论）。[①]

约伯呼吁报血仇者，然而，这种复仇并不是遗忘血本身的愤怒的恶魔，相反，至少是最终出现的神性存在。那么，在《约伯记》最后部分中出现的神性存在究竟是谁？他绝不是被愤怒和拯救缠身的恶魔，因为在他那里，人类的痛苦、甚至特有的拯救者的视野都是作为互不相称、互相矛盾的东西出现的。在很久以前，约伯就已经拒绝了宇宙恶魔："他用暴风折断我，无故地增加我的痛苦。"[②] 约伯但愿耶和华销声匿迹，以免他窒息而死。耶和华强调两个信条：一是，世界没有人也能继续存在下去；二是，世界与人无关。至少，这种教义与约伯所期待的弥赛亚主义的渴望毫不相干。毋宁说，这个报血仇者跟"以色列新娘时期"出走的耶和华很亲近，不过，这个出走精神（Exodus-Geist）却与现存的创造和世界

[①] v. 拉德：《旧约神学》第一卷（*Theologie des Alten Testaments* Ⅰ, 1960），第 413 页。
[②] 《约伯记》9 章 17 节。

的支配毫无共同之处。

　　由此可见，在约伯那里，充分显示了弥赛亚主义的**异常的敏锐性**，这是对既定世界布局的极端反命题。对约伯的问题、绝望以及对另一个世界的希望等的答案是什么？答案就在**与特有的善的良心结合在一起的那个报血仇者的王国之中**。除此之外，在任何地方我们都发现不到相关答案。这正是约伯的作者一心一意所谋求的解决方案，而这种解决方案完全切断了耶和华的场景及其对自然的描写。因为在这种场景和描述中，人一无是处、一钱不值。"愿人得与神辩白，如同人与朋友辩白一样"①。无限渴望的"你"并不存在于命运的杂乱无章中，但也不存在于某种被预示的单纯的自然畏惧中。

　　（二）忍耐者或希伯来的普罗米修斯？即使耶和华被废除，约伯的问题也不会了结②

　　我们已知，约伯是一个义愤填膺、怒不可遏的人，但是，他被描写成一个忍气吞声、委曲求全的人。教会方面把约伯当作一个"怀疑神的牲畜"，将他重新送回马厩里。民众书压倒一切，战胜了《约伯记》的作者。教会方面把倔强的愤怒者替换为温顺的忍耐者。一开始，教会方面说道："主给了祝福，主接受了这种祝福。"但是，最后教会方面这样说道："此后，主赐给约伯更多的祝福。"这番话完全熄灭了《约伯记》中全部沸腾不息的核心内容。这样约伯最终成了忍耐的典范，斯宾格勒③称其为"阿拉伯的浮士德"，因为在现实中根本就不存在像约伯一样的人。他认为，如果是西方的浮士德，那么在"魔力灵魂中"，他早就已经放弃一切战斗，寓居在环绕教会的拱形穹顶之中了。

　　众所周知，在东方，事实上，反叛的约伯被视为他的反面，即顺从的约伯。例如，在众多骆驼的图片名称中，有个叫阿布·约伯（abu Eyyūb）的骆驼，这就是约伯父亲的名字。《古兰经》赞扬约伯，以便把他贬低为地地道道的忍耐者，此外别无其他，即把他说成是一个献身神的榜样。在

---

　　① 《约伯记》16 章 21 节。
　　② 在此，布洛赫一边批判地指出了关于约伯的流行误解；一边追踪考察了约伯无神论思想的蛛丝马迹。——译者
　　③ 斯宾格勒（Oswald Arnold Gottfried Spengler,1880—1936），德国历史学家、历史哲学家和历史形态学的开创人，著有《西方的没落》等。——译者

《古兰经》中，这种说法本身十分引人注目，例如，在《古兰经》9 章中，从极端寂静主义视角谈到他的最深远的角斗："没有什么比奔赴神更能逃避神的方法。"

对于正统犹太人来说，从表面上来看，神的忍耐者毕竟是恼人的事，但是，教会把他视为出类拔萃的人物，称其为值得表扬的被屈服者。正如我们注意到那样，至少在塔木德中，约伯被视为一个十分可疑的人："巴阿特"（ba'at），即"他愤怒"，这一表述是对他的一般判断。然而，根据《塔木德》中的一些段落，摩西本人撰写了《约伯记》。不过，根据哈加达的讲述，《约伯记》很可能是一部引起纠纷的书，或者是一部反抗耶和华的死亡天使的叛逆书。教会一再把约伯与他的三个朋友混淆起来，墨守成规、言之无物，就像为一切教权主义化提供嘴套。教会把约伯还原为浅薄的以利法，至少像民众书一样撤销一切混乱和歧义。这样，约伯就被用作"被审查的服从"的榜样。

然而，正是约伯这同一个人，把耶和华称作"杀人犯"。"完全人和恶人他都灭绝"[①]。约伯就像巨人一样挑战神。与希腊悲剧里的描写不同，约伯并没有直接地被描写成神化的英雄，相反，他利用自身的主体，全力以赴，投入反对神的战斗之中。总体上，约伯生活在一个价值颠倒、面目全非的世界里，由于可怕的生存体验，道德复仇的教义表明是一堆空洞的、无价值的东西。过去的先知们想要告诉人们一件事，那就是道德决断与命运之间的条件关联性。但是，由于约伯的三个朋友单纯的复仇教义论，这种条件关联性早已被淹没无踪。根据他们的机械教义论，人的行为受到神的赏罚是天经地义的事情。但是，现实并不表明是这个样子，现实也不表明善良的天命，相反，现实最终表明，耶和华是一个杀人不眨眼的刽子手。他腾云驾雾，呼风唤雨，不惜动用暴风雨来涂炭无数生灵，在他那里，人只不过是这个世界微不足道的一小部分。是的，耶和华正是用这种自然场景本身修正了天命的愿望图像，而约伯的朋友们则通过他制作了这幅愿望图像。

具有莫大讽刺意味的是，耶和华甚至对以利法也大声呵斥："我的怒气向你和你两个朋友发作，因为你们议论我不如我的仆人约伯说的是。"[②]

[①]《约伯记》9 章 22 节。
[②]《约伯记》42 章 7 节。

但是，在任何地方，这种从神的教训中吸取的"服从"（Ergebung）都不会成为一种快乐的消息。因为这种对神的服从只求纯粹的放弃，而不会给人以任何心灵的安慰。不仅如此，人类的未来也完全被阻断。就像一个处于森严秩序中的自然恶魔一样，在最后场景，耶和华也三缄其口，连一句关于弥赛亚主义的话也没说。在《约伯记》19 章 25 节中，他断然否定了所谓与自身有关的那个约伯的希望。因此，一切希望都不是根源于并建立在耶和华基础之上，而是根源于并建立在约伯自身的善良良心基础之上。换言之，一切希望都根源于寻求某个报血仇者的自身反叛行为。耶和华的显现以及他的话恰恰证明了约伯对神的正义抱有极端不信任感。就像无神论者相信道德而不相信神本身一样，约伯也相信自己的善良良心而不相信所谓正义之神的启示。

在关于耶和华情景的文学作品中，一些作者以最悖谬的异象描写了某种神的假象。例如让·保罗[①]就从这种悖谬的异象出发，为其代表作《巨人》附加了下述副标题："死的基督关于'神死了'这一崩溃世界建筑的言谈"。由此可见，人越是拒绝对神的无条件服从，他就越是确信臆想的"神正论"的反面。人从神之中完全迁出，幻想在尘埃上出现一个新世界。在约伯那里，这个世界也绝不意味着一个死后永生的世界，即事后一切都得到公正的评价和补偿的世界。在约伯的时代，犹太教还无法考察这种死后的世界，当时人们只是相信，人死后被运入地下，进入阴曹冥府。

约伯毋宁想要一个能够亲身感受到的、目睹的世界。在他说来，通过报血仇者，通过拨乱反正、洗刷不白之冤的人，这个活生生的世界是完全可以实现的。他认为，在人及其道德中，存在某种神与自然都无法割断的自我实现之路。当然，在此还缺乏许多通词，这正是通过不断增加的约伯的经验、约伯的思想，从目的论角度需要加以阐明的东西。此外，这里还缺少借以摆脱无可逃避的神正论的所有辩护和无罪证明。

在《约伯记》中，缺乏早有定论的"原罪"论。例如，此书中认为，由于亚当的错误以及恶魔的闯入，多少得以减轻了神创造世界的负担。在《约伯记》中，也缺乏早有定论的撒旦概念。然而，撒旦通常被理解为耶和华最可怕的替罪羊，这个概念可以承载此在的全部丑恶和恶行。在关于

[①] 让·保罗（Jean Paul, 1763—1825），德国小说家，其长篇小说《巨人》4 卷写作于 1800—1803 年间。——译者

约伯的民众书中，恶魔只不过是一个进行控告的天使，在最坏的情况下，它也不过是充满怀疑的嫉妒者。但是，在《约伯记》的文学创作中，对恶魔只字未提。在古代，也许恶魔被当作恶的诱惑者，但从未被当作恶的始作俑者。《列王纪上》21 章 1 节这样写道："撒旦对抗以色列，劝告大卫点民众人数。"甚至，在第一以赛亚那里，也可发现关于恶魔（Luzifer）的坠落题材："明亮之星，早晨之子啊！你何竟从天坠落！"① 后来，这种坠落题材被接受为撒旦论的理论基础。人们当场排他性地把恶魔题材与巴比伦王联系在一起。

也许，从自身反叛的深度出发，约伯已经回绝了耶和华所公然释放的所有这些神正论的谎言谬论。如果耶和华容忍撒旦，他就无法全知全能，也无法心地善良。在全知全能与善良并存的地方绝无恶魔立锥之地。如果神是全知全能者，无论以任何形态人格化，罪恶都无法渗透神的领域。当然，在《摩西五经》中，经常流露出被插入或改动的痕迹，有时难免带有明显的二元论特征。这是迄今从未发现的另类情况，但是，这种情况与约伯的异议并无太大的关系。因为几乎可以说，这里的对立不是善与恶之间、奥姆兹德与阿里曼②之间的对立，而是爱与冷漠之间的对立。

先知们固执于耶和华的地形学，往往把人的不幸说成正义父亲教育与考验的手段。此外，还有一种情况，那就是，由于自身的运行，耶和华容易避开人，于是，人们就遭到天灾人祸。对此，在较后的《申命记》31 章 17 节中，耶和华表述说："那时我的怒气必向你们发作，我也必离弃他们，掩面不顾他们，以致他们被吞灭，并有许多的祸患灾难临到他们。那日他们必说：'这些祸患临到我们，岂不是因我们的神不在我们中间吗？'"所以，在此看上去，祸患和困苦犹如特有本质，一旦神远离人，它就借助于神的逃遁而到处绽放。照此看来，好像人的不幸与困苦并非耶和华和某一地方神所想望的。这是被解放的命运，意味着人最终从神的漠不关心状态中解脱出来。正如《约伯记》最后部分中的自然恶魔一样，对人的切身关切，神总是超然冷漠、麻木不仁。因此在这一点上，所谓神的全能和善良同样被大打折扣。如果神不在场，埃及人、亚述人就给以色

---

① 《以赛亚记》14 章 12 节。
② 奥姆兹德（Ormuzd）与阿里曼（Ahriman），源自波斯摩尼教，分别象征善的原则与恶的原则。——译者

列人施加无数厄运。在这种情况下,命运就用自己构筑的旋暴风来威胁人。

先知们试图撇开原罪、撒旦等,直接用上述话题论证神正论。但是,在奥古斯丁那里,原罪、撒旦等继续起作用。他大量利用撒旦文献,并且注意到:原罪源于神的缺陷。就世界中的邪恶而言,神不是"作用动因"(causa efficience),而是"有缺陷的动因"(causa deficiens)。①

从神的逃遁出发,约伯的三个朋友标榜各种神正论,对此,约伯并未表现出十分愤慨。但是,在《约伯记》的最后部分,约伯凝视着自然恶魔愤愤不平,不过,此时他的愤怒并非仅仅出于神远离人而去。"世界的不幸在于耶和华的缺席",这种说法显然是有意逃避责任,绝不能成为神开脱罪名的借口。如果神是全知全能、心地善良的存在,他就不会漠不关心且身心俱疲。对待罪犯不应无动于衷,对于正义之人更不应麻木不仁。

自从约伯提出严酷的问题以来,"不诚实"(Unredlichkeit)便成为衡量一切神正论的依据。《约伯记》使得全能和至善的律师们纷纷运作起来,同时,它自始就阻止了所有传统的和谐化。② 假定一个人完全摆脱了关于造物主或正义之神耶和华的想象,压根就不相信所谓神的存在,那么对他来说,对神的辩护根本就不是问题。在他看来,这个问题纯然是一个宗教史的问题。法国启蒙运动谈到了关于神正论的最简单的解决方案,这就是:"主不再存在。"(que dieus n'existe pas.)

那么,在《约伯记》的结束部分,存在论意义上所附加的神的出现(Theophanie)总体上可被理解为道德无神论吗?如果是这样,关于神正论的一切问题就最终作用为没有自因(causa sui)的辩护。③ 是的,于是这一点显得很重要:如果我们废除了正襟危坐的神性存在,约伯的控告、他的全部叛逆行为就立刻失去了批判对象。那么,现在约伯的发言,即他的辛辣的质问本身真的与无神论有关吗?对舒适安逸的无神论者来说,

---

① 奥古斯丁把人的意志与自然区分开来。人的意志盲目地对抗创造的秩序和自然,为了排除并缓和人的意志,人必须遵循宗教和信仰,致力于灵魂的净化。——译者

② 这里所说的"和谐化"与下述天主教教义相关:"天上有神,地上有当权者和奴隶,重要的是,安分守己、各司其职。"这种"和谐化"极力掩盖社会对立和不平等,排斥竞争和革新,阻碍社会发展进步。例如,中世纪托马斯·阿奎那的"预定和谐说"总是对正义的社会改革持一种消极态度。——译者

③ 自因(causa sui),斯宾诺莎哲学用语。在《神学政治论》中,斯宾诺莎把神的存在命名为"自因",从而淡化了神对人的过分影响。——译者

《约伯记》无非是展现以往历史或心理学的范例，或者不言而喻，无非是展示富于诗意的文学范例吗？

残酷的自然仅仅显示为一幅对人毫无牵挂之情的、没有神的凶暴图像吗？在此在中，仅仅留下疾病、混乱、陌生和冷淡吗？在此在中，再也没有留下那个某物（Etwas），即没有留下被物化的或超越的神性存在的本质吗？对此，约伯说道："完全人和恶人他都灭绝。"① 那么，留下的仅仅是死亡吗？对此，约伯说出了惊人的、超时间的话："我若盼望阴间为我的房屋，若下榻在黑暗中，若对朽坏说：'你是我的父'；对虫说：'你是我的母亲姐妹'。这样，我的指望在哪里呢？我所指望的谁能看见呢？等到安息在尘土中，这指望必下到阴间的门闩那里了。"②

最终，留下的将是冷酷无情的茫茫宇宙，一个未经人的一系列目的所中介的荒凉宇宙。我们再也无须抱怨或控告，但是，至少留下巨大的疑问，令人惊愕的否定性惶惑。这里涉及从神正论视角所思考的某种东西，但是，现在这东西已成为一个在内在性意义上遭到破坏的问题。在此，既没有对超越的天国的辩护，也没有对至高的当局及其所关切的仁慈的迷信。

即使没有任何安慰和回报，人还要预先规划如此艰苦卓绝、充满挑战的梦吗？与人的欲望相反的、非人道地建立的那些作品还有用吗？在世界的核心中，意欲具体存在的乌托邦、尚未形成的东西的计划是一个相关物吗？试想一下，不幸蕴含着克服这种不幸的趋势，剥削蕴含着克服这种剥削的进步辩证法，可是，我们未必完全能够把握这种坚实的联系吗？试想一下，消灭剥削和压迫是一个十分漫长、十分艰难的过程，那么，唯物辩证法本身也未必表明就是正确的吧？如此长久地压迫人的那个必然王国从何而来？为什么迄今一次也没有出现过自由王国？为什么自由王国必须付出血的代价，通过必然性来排除障碍，开辟自身的道路？究竟是什么东西在推迟自由王国的出现？

在无神论那里，凡此种种问题恰恰都是剩下的事情。只要无神论不是无历史的、非现实的、非理性的乐观主义，那么它就需要面对这些问题。而且，"无历史的虚无主义"（geschichtsloser Nihilismus）同样与作为可笑的错觉制造者的人们结合在一起（尽管这种人本身属于现存世界），与我

---

① 《约伯记》9 章 22 节。
② 《约伯记》17 章 13—16 节。

们周围的死亡这一纯粹的陌生存在结合在一起。"无历史的虚无主义"与宇宙的蛇发女怪的非人存在结合在一起,从中,它一再把与人毫不相干的东西封闭隔绝起来。

这样,单凭从表面上的正义之神耶和华那里出走这一事实,约伯的问题并不能得到圆满的解答。而且,在令人目瞪口呆的雷雨风暴面前,在没有耶和华的世界的沉默面前,他的问题继续传送着、变化着。因此,关于神正论的最简单的解答不只是"主不再存在"。因为此后我们这方面浮现出毫无感情的、阴暗的、斑斓的世界过程,并且,在这个世界过程中,旋转着复杂棘手的末世论问题。最简单的解答是这样一种解答,即在这个世界中始终存在借以摆脱现状的出走之路,并且始终存在与愤怒结合在一起的、建立在新存在的具体可能性基础上的一种希望。这种希望是未来中的一个立足点。在世界过程中,我们的解决方案从未获得成功,但也绝没有被挫败。为了孕育未来,这种解决方案永不懈怠,一往无前。

通过辛辣的质问,约伯开始摆脱了恺撒式的耶和华想象,而这种想象的实质是,把人置于一切暴政的奴役之下。这样,约伯不仅对于上面的正义表示疑问,对于自然威严的新神话本身也表示疑问:**从耶和华出走这一事实并不仅仅意味着一种出走本身**。恰恰相反,这种出走意味着一种悖谬的叛逆行为,即不相信神却持有对神的信任。就是说,尽管他全盘否定一切神话学的物化,根源上终止从上而来的所有"主反映"(Herrenreflex),但他依然信任出走埃及的那个特殊的耶和华。

那么,《约伯记》中所谈的神究竟是谁呢?我们可从其结果中一窥真面目:约伯所面对的神不可一世、唯我独尊,笼罩在一片暴力和硕大无朋的氛围之中。他俨然作为法老从天而降,可谓蔚为壮观,然而,约伯并不相信他,虽然不乏虔诚。在讨论约伯时,我们除了谈到出走耶和华之外,尚未谈到最后人的话。这就是关于报血仇者乃至止血者的话。一句话,我们不应谈论"伟大之主"(Großherr),而应谈论人子本身。现在这话不再迁出伟大之主,而是本身毫无恐惧地移入被扬弃的天国。

第五章

或恺撒或基督？

25. 我们人类是多么沸腾的存在

我们自己到处都没有走出我们自身，我们就在那里。我们依然处在伸手不见五指的黑暗中，这不只是因为我们所处的周遭离我们太近，也不只是因为我们和一切事物所处的那个"现在"和"这里"太过直接。虽然我们并不像任何其他动物对待同类一样相互撕咬，但是，我们都冒险地躲藏起来。在我们之中，隐藏着太多的异质要素，但是，往往藏得很深，尚未流露出来。与其他生物不同，人是尚未完成的存在。因此，人是向前的、依然开放的存在。在世界过程的最前面，我们参加某种未来的事业。

这样，我们同时总是从头开始，在想象中发酵某物。虽然一切都处在流程之中，但是，我们所开始的事情必须着手去做，因为这事情压根还没有开始。此外，还因为出于人类的特性，我们总是直面一切人和一切事物，然而，我们关于"向何而去"（Wohin）的知识还很不够，迄今充其量只是查明了高度实验性的"为何"（Wozu）的问题。为此，无论成功与否，我们一定要走在前面，然而，我们的步履是多么的蹒跚跟跄、摇摇欲坠。因此，就像一艘航船一样，我们的前程需要一再被定位，以免触礁搁浅。

一旦自为化（Fürsichwerden）的目标清楚地映入眼帘，它就会成为人生的巨大动力。最后，全凭我们被揭开的面貌，古往今来，我们所有好事（guten Sache）的标志都是耶稣。耶稣的思想也同样尚未摆脱发酵过程，它也仍然在半路上。换言之，耶稣的思想与人结合在一起，停留在同时代的人之中。他是最温和的标志，但是，他的思想中同时蕴含着熊熊燃烧的、天翻地覆的、摧枯拉朽的革命火焰。

　　长久以来，一小撮人总是趋炎附势、混淆视听，卑劣地对待耶稣的福音。如果人们不是原原本本地领会耶稣的思想，而是断章取义，任意发挥，甚至将其用作哄孩子入睡的儿歌，就不会有任何实际效果。如果这个耶稣欣然命名我们的名字，为我们指明人的本真使命，他的思想将会准确地传给我们。这样的唤醒将会是静悄悄的，但是，它将持续地冲击我们的心灵，赋予我们新的思想意识。

26. 温和与"他的盛怒之光"（威廉·布拉克）

　　有人天生就像羔羊一样温、良、恭、俭、让。这些人容易也乐意卑躬屈膝、俯首帖耳，这是他们的本性使然。然而，耶稣从未向这些人传教。正如圣经所言，耶稣是强有力的人。就像温和的德国人认为的一样，至少他自己过得很释然，无所顾虑。尤其是，为了调教羊，狼不惜利用耶稣，因而羊成倍地增长。所谓羊的牧者到处都被描写成寂静的、极富耐心的人，仿佛他们命中注定就是这种人。

　　宗教创始人大都不流露热情，但是，他的内心却持有最强烈的激情："愤怒"（Zorn）。所以，面对寺庙里的那些改宗者，他愤然掀翻桌子，甚至在那种情况下，怒不可遏地挥舞鞭子。只是在涉及自身的寂静圈子的地方，耶稣才是一个有耐心的人。看来，他对自己的敌人一点也不喜欢。试想《登山训众》：它肯定不涉及由于基督的缘故而彼此反目的人的激动。作为狂热者，它仅仅忠告自己的门徒们。在《登山训众》中，耶稣带给温和的、和平的人们祝福，但是，这种祝福并非与斗争的日子有关，而是与"最后的日子"（das Ende der Tag）有关。根据曼达亚教派①施洗约翰的说教，耶稣相信最后即将来临的日子。因此，这种信念渊源于千年王国说，与天国的**立即**、**直接**来临有关。②

　　然而，关于导致这种王国的斗争，耶稣表达得十分刚烈强劲："不要以为我来是要把和平带到人间的，我带来的不是和平，而是利剑。"③ 这

---

①　曼达亚教派（Mandäers），作为重视洗礼的教派，公元 1 世纪盛行于巴勒斯坦、伊拉克等地。他们遵奉施洗约翰为改革者，把耶稣称作伪先知。——译者
②　《马太福音》5 章 3 节。
③　《马太福音》10 章 34 节。

种表达的意义完全不是指向内部,而是指向外部。耶稣打算彻底焚毁现存体制:"我来,要把火丢在地上,倘若已经着起来,不也是我所愿意的吗?"① 1789年,威廉·布莱克②关于法国大革命的下述诗句恰恰与耶稣的这番话紧密相关:"暴动精神为救世主所击中/在法国的葡萄树中,闪现出他的愤怒之光。"

在耶稣那里,利剑犹如火焰。它不仅破坏一切,还净化一切。耶稣并非仅仅要焚毁当权者居住的王宫。耶稣的传教指向过去的全部时间。全部过去的"永恒时间"(alten Aeon)都应当消失掉。艰辛和负重的人的敌人正是富人。耶稣以极大的讽刺口吻这样说道:"富人进天国比骆驼穿针孔还难。"③

然而,以后教会却为富人大大扩大了针孔,同时,使他们心目中的耶稣完全摆脱了暴动的视野。"温和宽容"(Mildigkeit),就是说,天主教会对不法分子宽容大度,一路开绿灯,以致在此耶稣原本怀有的愤怒尽遭歪曲,不受欢迎。即使是考茨基也仅仅识破了原始基督教中"宗教的外衣"而已,例如,他在《基督教的起源》④中,这样附加道:"几乎再没有像在基督教中那样,时髦的无产者阶级的憎恨达到了如此狂热的地步。"

与此截然不同的是,尽管切斯特顿⑤恰恰从"宗教的外衣"这一方面看问题,但他情不自禁地,因而也特别出色地阐明了耶稣爱的光辉,阐明了以后基督教关于纯粹的道德诚实及其改革。在《不朽的人》中,切斯特顿淋漓尽致地地表达了如下令人心酸的内容:

---

① 《路加福音》12章49节。
② 威廉·布莱克(William Blake,1757—1827),18世纪末19世纪初英国画家、诗人,主要诗作有《天真之歌》(1789)、《阿尔比昂女儿们的幻想》(1793)、《罗斯之歌》(1795)等。——译者
③ 《马太福音》20章24节。
④ 卡尔·考茨基的《基督教的起源》(Der Ursprung des Christentums)一书发表于1908年。在此书中,考茨基根据布鲁诺·鲍威尔的福音书批判,指出早期共产主义者的阶级憎恨与早期基督教的叛逆特征一脉相承。此外,在此书中,他还批判耶稣门徒中的马太是一个现存体制的拥护者。实际上,马太以马可福音为基础,倡导犹太教传统体制,而路加则以耶稣福音为基础,宣扬超越人种的四海同胞主义。——译者
⑤ 吉尔伯特·基思·切斯特顿(Gilbert Keith Chesterton,1874—1936),英国作家、文学评论者以及神学家。——译者

那些控告基督徒纵火罗马城，使之成为一片废墟的人是造谣中伤者。但是，他们对基督教本性的理解比我们现代人中的任何人都正确得多。现代人信口胡说，基督徒很早就形成了一种道德共同体，因为基督徒对人宣讲爱人如己的义务，受到各种迫害，逐渐被拷打至死，或者因为他们的温和宽容，他们容易遭到别人的侮辱和蔑视，如此云云。

对于原始基督教中所蕴含的这种颠覆性要素，我们绝不能视而不见、充耳不闻。为此，迄今为止的关于教会的见解必须加以相对化，教会对个人的统治和压迫必须终结。在原始基督教中，恰恰渗透着一种反抗汁液（Gegensaft），而这种汁液与虔诚者思维中的单纯的"牛奶"截然不同，与盲信者的烧香磕头、顶礼膜拜更是大相径庭。

耶稣想从嘴里吐出不冷不热的话，从意识形态上看，耶稣的话与我们迄今社会完全格格不入。至少，《登山训众》中每句话都是对末世的期待，确切地说，是准备就绪。因此，如果不考虑耶稣的启示录思想，我们就无法理解他的道德教诲。虽然在耶稣会乃至耶稣会传教中，《约翰启示录》始终占有重要地位，但是，在这之前耶稣的启示录思想就早已存在。"唯有忍耐到底，直至永恒时间被撕得粉碎的人，必然有救。"① 这是耶稣对《登山训众》诸事项的一项最严格的补充。"我对你们所说的话，也是对众人说：要警醒！"② 至少，这些内容在寂静主义立场上是完全不可理解的。的确，正如威廉·布莱克所说，因为这些内容是与不可否定的愤怒之中的光密切相关的。

27. 投入耶和华之中的耶稣

（一）为了迟早会来临的洗礼者

一味忍受痛苦的人，心虚气短，也就很难自立。当然，如果他属于反抗压迫的人，那就另当别论。在此，所谓"压迫"（Druck）不单纯是心灵的压迫。忍受痛苦的人以为，他能听到时来运转、苦尽甘来的声音，于

---

① 《马可福音》13 章 13 节。
② 《马可福音》13 章 37 节。

是，他凝视一扇门，翘首以待。身处时代转折之际，他必须奋力前行，转危为安，这时候情况尤其如此。施洗约翰①的时代就是这样一个大转折时代，这个时代似乎令人感到，迄今一切已经忍无可忍，再也无法照老样子继续生活下去了。人们必须悬崖勒马，彻底悔改。因为天国近在咫尺，所以这正是人们洗心革面、脱胎换骨的时候。

约旦河日夜奔腾不息，这里是人们受洗礼，净化心灵的地方，自古以来，约旦河不只是清洁肌肤的地方。但是，这时出现了一种特有的洗礼行为，这就是，受洗礼者不仅要做通常仪式性的洗身，还要为即将来临的世界保持清洁的身体和成熟的心灵。这样的态度前所未有，可谓破天荒第一次。施洗约翰想要凭借"直接的预取特性"（unmittelbar Vorherlaufenden Eigenschaft）——在迄今圣经中，任何人，甚至以利亚也未曾拥有过这种特性——成为即将来临的世界的信使。当然，他的使命多于一个当差的信使。这个宣告者并不了解他之后出现的更强有力的人本身，但是，按照他的说法，这个人不再以传统的水施洗，而是用火焰和新的精神施洗。因此，施洗约翰对耶稣提出了有失体统的、因而不可理解的质问："那将要来的是你吗？还是我们等候别人呢？"② 耶稣对不算作自身追随者的那个人这样说道："凡不因我跌倒的就有福了。"③

尽管如此，耶稣还是在施洗约翰那里受了洗礼。这表明年轻的耶稣很少把自己视为将要来临的弥赛亚。施洗约翰不仅是曾经生活在荒野里的人，据信也是深受曼达亚－波斯信仰影响的人。不仅如此，他也被视为很早就超越了民族血缘关系的人。施洗约翰把自己的神命名为："神能从这些石头中给亚伯拉罕兴起子孙。"④ 由于耶稣，另一个共同体凸显出来，但是，这个共同体并没有使亚伯拉罕的子孙快乐地兴起。

---

① 施洗约翰（Johannes der Täufer），是耶稣基督的表兄，在耶稣基督开始传福音之前于旷野向犹太人劝勉悔改，并为耶稣基督施洗。除此之外，他还是伊斯兰教的先知。据圣经记载，施洗约翰在约旦河中为人施洗礼，劝人悔改，是基督教的先行者，宣传犹太教需要改革，并预言神将要派遣重要的人物降生，要比自己重要千百倍，为耶稣宣讲教义打下了基础。据圣经记载，施洗约翰穿的是骆驼毛的衣服，吃的是蝗虫、野蜜，过着最简单的生活，表现出不为名位、势利所诱的淡泊心志。施洗约翰常常禁食，过着虔敬、圣洁的生活，以此印证所传的道理。参见《马可福音》1章4—6节。——译者
② 《马太福音》11章3节。
③ 《马太福音》11章6节。
④ 《马太福音》3章9节。

（二）作为害怕主的对策的福音，投身到耶和华的耶稣①

一个迟早都将出现的人，最终不得不曲直弯路，直抵目标。人们总是期待这样一个救世主，首先是上面的人，但什么也没有发生，然后是下面的人开始期待救世主。在犹太人之中，应当出现英雄，一个公使，但是，他有必要更好地履行自己的职责。如果世界不是冷酷无情、暗无天日，根本就不需要弥赛亚。直到正式出现之前，耶稣长久地犹豫不决。起初，他认为自己不过是施洗约翰的追随者而已，他觉得自己不洁净，故受了施洗约翰的洗礼。《马太福音》4 章 3—6 节叙述了试探人的故事，在此，耶稣确信，谁自命为神的儿子，谁就是魔鬼的儿子。

彼得第一个将耶稣称作基督，为此，他受到了严厉的斥责。② 过了 6 天，耶稣"变了形象"，这时人们听见从云彩里传来的声音。③ 通过"形象之变"，耶稣似乎领悟了自身弥赛亚使命的全部意识。这里很清楚，尽管这一使命温和从容，**但绝不意味着纯粹的内在特性**（inwendig）。所谓"内在特性"是在耶稣的使命归于失败后，人们在背后议论他的坏话。因为迁入耶路撒冷时，耶稣原原本本地接受了"和散那"（Hosianna）这一呼唤。可是，这一呼唤是民众对王的一种古老称呼。政治上，这一呼唤具有十分明确的意义：反对罗马。"那将来的我祖大卫是应当称颂的！高高在上，和散那！"④ "奉主命来的以色列的王是应当称颂的。"⑤ 在大祭司面前，耶稣供认自己是弥赛亚，但是，此时的"弥赛亚"并不具有纯粹内在的、抽象的标志意义，相反，具有从但以理以来所流传并期待的总体权力的标志意义。⑥

在彼拉多面前，耶稣接受了"犹太人的王"这一称号。在这一称号下，他被钉死在十字架上（对于暴乱者，罗马使用十字架惩罚）。耶稣并没有想成为犹太人所期待的弥赛亚，真的是这样吗？如果果真如此的话就无法理解，他为什么对自称弥赛亚还有所顾虑？而且他为何还克服了这一顾虑？他完全可以称自己是一个善人，一个灵魂照料者，古代先知的最高后继者

---

① 在此，布洛赫以新约圣经的四大福音为基础，简要论述了末世论者耶稣的末世论、社会改革意向、消灭了贫穷压迫的新的永恒时间等。——译者
② 《马可福音》8 章 33 节。
③ 《马可福音》9 章 1—7 节。
④ 《马可福音》11 章 10 节。
⑤ 《约翰福音》12 章 13 节。
⑥ 《马可福音》14 章 62 节。

等。他根本不需要来自天国的幻觉,所以他才敢说:赶紧跟从基督吧。

反犹主义—自由主义的神学家认为,耶稣最初是一个启蒙主义者,而后,他是一个有过失的、负有责任的人。这些神学家们以这种方式将耶稣从犹太人的弥赛亚之梦中移开。据说,犹太人的弥赛亚愿望图像与耶稣的政治末世论相距甚远。遗憾的是,这种立场始于勒南①的小说《耶稣传》。后来,霍尔茨曼②、威尔豪森③、哈那克④等人从学问视角进一步配制了这种反犹主义的自由主义立场,最终得出了所谓"基督的纯粹内在性"这一独一无二的结论。

在威尔豪森那里,最可鄙的见解再次与犹太人的王有关:

> 在他心目中所占据的那个王国并不是犹太人所渴望的王国。他指向另一个理想、一个更高的秩序,以此仅仅满足犹太人的希望和憧憬而已。只有在此意义上,他才称得上是一个弥赛亚。犹太人不应苦苦等待另一个人。耶稣并不是他们所想望的那个人,但他应该是可以满足其愿望内容的真正的人。就是说,在通常所理解的耶稣的话中,犹太人寻找他们真正所需的内容的意义。这样,耶稣并不是他们的弥赛亚,并且,他们也不盼望他。他的王国不是这个世界的王国,即耶稣用完全不同的某种东西取代了弥赛亚秩序。⑤

---

① 勒南(Ernest Renan,1823—1892),法国史学家、作家。1863 年发表《耶稣传》(*La Vie de Jésus*),即《基督教史》(1863—1883)第一卷,在此,他客观叙述了耶稣的生活、形象以及他的事迹。耶稣是凡人,但死后被神化。问题在于,勒南的反犹主义视角,例如,1862 年他在比较希伯来语与梵语时,这样写道:"在闪米特语中,惊人的单纯性萎缩人的大脑,使我们的任何精神成果都陷于失灵状态。"——译者

② 霍尔茨曼(H. J. Holtzmann,1832—1910),德国新教神学研究者,代表作有《对观福音书,它的根源与历史特征》(*The Synoptic Gospels: Their Origin and Historical Character*, Leipzig, 1863)等。——译者

③ 威尔豪森(Julius Wellhausen,1844—1918),德国基督新教圣经学家、圣经批判学家。著有《以色列史》二册(*Geschichte Israels I – II*,1878)、《旧约六书及旧约历史书的结构》(*Die Composition des Hexateuchs und der historischen Bücher des Alten Testaments*,1889)、《首三部(对观)福音导言》(*Einleitung in die drei ersten Evangelien*,1905)等。——译者

④ 哈那克(Adolf Harnack,1851—1930),德国新教神学家,教会史家。他追随马丁·路德的思想,认为新教载有改革与革命的内容,主要著作有《信条史》《最初三世纪中教会制度与教会法的起源和发展》《基督教的本质》《普鲁士科学院史》等。——译者

⑤ J. 威尔豪森:《以色列人和犹太人的历史》(*Israelitische und jüdische Geschichte*,1895),1895 年,第 349 页。

虽然耶稣的末世论是语文文献学上得到最好证明的一部分，但是，在上述神学家们那里，这一末世论特性却从福音书中机械地被割裂开来。按照他们的解释，耶稣宣告了一个所谓纯粹道德的神的王国，而这种神的王国完全外在于从但以理以来全部犹太人虔诚地生活于其中的那个启示录之梦。阿尔贝特·施魏策尔的一项功绩在于，在《弥赛亚思想与痛苦的秘密》（1901）中，他恰如其分地重申了末世论的价值，从而在某种程度上纠正了自由主义神学领域里的下述错误见解：耶稣将伦理学（作为忏悔、对王国的准备）纳入末世论中，但是，他并没有将末世论纳入伦理学中。正如在施魏策尔那里一样，末世论并不植根于政治的、大自然的现实中，而是仅仅植根于超自然的现实中，从而远离新的天国和**新的地球**。毕竟，在耶稣那里，**最重要的**是将要来临的王国，而不是爱。在他看来，正是从王国中产生爱。作为宇宙灾难，王国不是心理学的事件，而是旨在建设新耶路撒冷的宇宙事件。

耶稣特别注意到，不再存在关于"单纯的内在性"这一失败主义的时间，他全身心地生活在施洗约翰公开地、出色地预言的未来时代中："忏悔吧，天国即将来临。"在《马太福音》10章中，耶稣把自己的门徒成双成对地派往城邑，以便传播上述消息。他让他的门徒为弥赛亚的苦难做好准备。现在，这一巨大苦难就要来临，在这一苦难中，他们和其他被选定的人将受到严酷的迫害，也许会遇到死亡。他甚至也没有想到，如此接近他的世界尾声正预示着新世界的出现，届时，幸存者以及出走者都将回到他的身边："以色列的城邑你们还没有走遍，人子就到了。"①

甚至"我们的父"（Vaterunser）也与日益迫近的末世苦难直接相关。在伪造的圣经译本中，仅仅包含诸如祈祷一类的纯粹内在性。"不要把我们引入诱惑，相反，把我们从邪恶中拯救出来吧。"在此，"诱惑"（Peirasmos）并不意味着个人诱惑导致罪恶，而是意味着天崩地裂的祸患、末世论的苦难，即到了末日，由于反基督徒，基督徒将受到迫害。基督徒应当摆脱这种迫害，这种苦难应该很快过去。因为新的永恒时间将会呱呱落地，但是，它并没有自身的时间破晓，甚至很长一段时间内还容许反革命行为。

因此，毫无疑问，耶稣坚信，他是日益迫近的那个永恒时间的传送

---

① 《马太福音》10章23节。

者。但是，这种信念只是在十字架上才离弃了他。在备受死亡折磨的最可怕瞬间，他的痛苦比任何一个人所经历的痛苦都更强烈，于是，在他那里，爆发出最具体的、绝望的呼喊："我的神，你为什么离弃我？"这句话仅仅呼唤这样一个人，他认为，他的事业作为具体的、可操作的东西已经消失无踪。这句话既不呼唤单纯的心灵引导者，也不呼唤基于纯粹情绪的天国之王。拿细耳人和过去的先知们所倡导的**社会**冲动告知了艰辛负重者的悲惨消息。鉴于这一历史使命，耶稣绝不渴望死亡，或寻求死亡中的极度安慰。"因为他教训他们，正像有权柄的人。不像他们的文士。"① 因此，耶稣更不是一个沉湎于单纯灵魂情调的升华了的基督，更不是耽于所谓单纯的永恒信念和精神的基督。

在《马太福音》11 章 25—30 节中，耶稣的话激荡着政治—宗教的呼唤，这呼唤最明确无误地表明了弥赛亚王的宝座，最后一句掷地有声，不啻是一份布告："因为我的轭是容易的，我的担子是轻省的。"在此，所谓"轭"绝不意味着十字架，而且在此所谓"担子"也绝不柔和轻松，因而它并不发出任何福音。主观上，耶稣把自身视为传统意义上的弥赛亚；客观上，耶稣至少不是在虚假不实的内在性中逃避工作的人，或者，不是在绝对超越的天国中安营扎寨的人。恰恰相反，耶稣宣告了作为迦南的拯救。耶稣拒绝软弱、平庸和丧失，一心试图成就神许诺给犹太人祖先的东西。他把迦南视为无价之宝，将其置于自身拯救思想的核心。"人为神的国撇下房屋，或是妻子、弟兄、父母、儿女，没有在今世不得百倍，在来世不得永生的。"

在单纯的弥赛亚期待中，就已经存在足够多的内在性（Innerlichkeit），不仅如此，在天上天国图像的信仰中，这种内在性也绰绰有余。但是，迫切需要救世主和福音的地方正是地球。如果有人怀疑在十字架灾难出现之前，耶稣是否想作为真正的救世主出现，那么这种怀疑就会由于**耶稣的话，即福音自身**而顷刻间烟消云散。耶稣甚至也不鄙视作为医学奇迹创造者的活动。在下述普世意义上，耶稣使用福音的话，通过神的王国，奇迹般地拯救全部地球上的空间。②

耶稣派门徒把自己的所见所闻告诉了监牢里的拿细耳人施洗约翰，但

---

① 《马太福音》7 章 29 节。
② 《马太福音》1 章 15 节。

是，下述这一点却很少具有内向性特点："就是瞎子看见，瘸子行走，长大麻风的洁净，聋子听见，死人复活，穷人有福音传给他们。"① 在新约圣经的某些段落中，耶稣就像传授遗言一样谈论福音②，但这显然是事后插入的改动部分。所以，耶稣的话本身绝不是以后所流传的话，绝不是诸如《约翰福音书》一类的福音。如果重新界定《约翰福音书》的实质和意义，它只不过是"十字架以后"（post crucem）具有某种精神内容的"传教语言的单纯抽象"而已。

但是，与此相反，在耶稣的时代，关于福音的话恰恰作为宗教的、政治的语言，即关于具体不幸的终结，关于具体幸福的开端的语言，风行一时、如雷贯耳。当时，不仅被压迫的犹太人，其他东方民族也都怀有某种希望和基督降临感。甚至他们的压迫者，酒足饭饱、骄奢淫逸的罗马人也把福音的话作为和平的话使用。换言之，在罗马统治阶层中，福音被视为具有女巫般神奇形式的公开的幸运字眼（这一背景衬托出了罗马共和国最后世纪的荒凉而不安定的氛围）。

众所周知，维吉尔的《牧歌集》③ 第四首描写了与奥古斯都相关的神性王子的预言："在时代统一下，恢宏地诞生新的秩序……土星神的统治正在回归。"（Magnus ab integro saeclorum nascitur ordo... redeunt Saturnia regna.）④ 就是说，土星所主宰的黄金时代正在回归，而这一点在此恰恰意味着与福音的内容一脉相承、毫无二致。

在小亚细亚普里内（Prine）坐落着一座祭坛石碑，上面的碑文大肆

---

① 《马太福音》11章5节。

② 《马太福音》13章10节；14章9节。

③ 维吉尔的《牧歌集》是一部以乡间生活为题材的田园诗集，其形式受到了西西里诗人忒奥克里托斯的希腊诗《诗画》（Idylls）的很大影响。《牧歌集》共由10首诗组成，其中最著名的是第四首。在这首诗中，维吉尔做了很多先知式的预言。根据奥古斯都第二任妻子斯克里波利娅妊娠事实，他预言一个孩童的降临会带来人类的黄金时代，会减免人类的罪恶。这个阿波罗神谕式的预言被许多人用不同的方式加以理解。奥古斯都把这个预言理解为自己神性的证明，而后世的基督徒则认为维吉尔预言了基督的诞生。——译者

④ 这段诗句全文如下："现在童贞女呈现出自己的芳容。与她一起登场的是土星的统治。在高空中下降的新人。那孩子最终治理天下。他将终结堕落的铁的时代。带给现世灿烂的黄金时代。"迄今铁的时代是由木星神，即朱庇特主宰的铁的时代，朱庇特把父亲土星神萨杜恩监禁于地下，篡夺了他的权力宝座。其结果，产生了法、语言和时间。但是，有朝一日土星神将恢复原来的权力，从而将迎来新的黄金时代。届时，世界再也无需法，时间归于无效，语言也变成多余。为此，从木星到土星的历史性变轨是必不可少的。天文学的轨道转变是古代人的基本思想意识，后来为卢梭和德国启蒙主义用作革命概念。——译者

赞扬奥古斯都的生日,在黄金时代意义上,将这个日子规定为这个世界"福音"(evangelia)的开端。此外,"福音"一词也渗透到巴勒斯坦,深入到这样一个世界,它为好消息的传播提供了比以往任何时候都更多的空间。换言之,福音作为**一种对所有其他国度必不可少的政治—社会的幸运字眼**而深入人心,家喻户晓。这样"福音"一词便完整无损地与"奥拉姆—哈—沙洛姆"(Olam - ha - Schalom)结合起来,即与先知们传统弥赛亚主义的和平王国结合起来。如果没有这一过程,基督教福音就绝不会与单纯的内在性或彼岸性结合在一起。为此,教会必然以传教语言作出一般的重新解释,然而,耶稣从未这样做过。是的,罗马的基督徒在地下墓穴中坚持和平主义的二元论,渴望一种超越的幻想,但他们从未与尼禄及其帝国缔结和平。如果他们容忍和接受罗马体制,他们就不会被抛给野兽活活吞噬。

因此,基督冲动并不是以宗教幻想使人麻痹瘫痪的冲动。特别是,基督冲动赋予16世纪德国农民战争以强大的革命灵感,从而成为千年王国说的实践动机。在本原上,福音与推翻现实是一致的。"日期满了,神的国近了!"① 总之,弥赛亚和福音意味着这样一个事实:耶稣从未把自己的使命理解为内在中心主义的,即来世主义的使命。

至少,基督的这两句充满圣灵外表的话与2000多年来的基督教传统并不矛盾,事实上,它早已成了无害的东西,也成了为人所需的东西。他的这句话指的是,**内在的王国和不属于这个世界的王国**。耶稣从未主张:"神的国就在你们心里"②,如果正确地翻译这段话,意思是这样的:"神的国与你们在一起。"(ἐντός ὑμῶν.)确切地说,神居住的地方不是人的内面,而是许多人形成"内在合一"的地方。此外,耶稣的这话并不是冲着门徒,而是指向追随者,即指向法利赛人。因此,对于他们的"神的国几时来到"这一诱惑性问题,他回答说:神的国在空间上临近,它存在于真正信仰它的人们的共同体之中。

耶稣同样没有像路德的下述译文那样回答问题:"神的国就在你们的心里。"路德之所以这样翻译耶稣的话,也许是为了更加对照性地(a contrario)标明非现世的纯粹情绪。路德继续说道:"神的国绝不与

---

① 《马可福音》1章15节。
② 《路加福音》17章21节。

外在举动一起来到。"然而，如果直译的话，耶稣毋宁宣称："神的国并不是作为可观察的东西来到"（meta paratērēseōs）。在此，"可观察性"（paratērēseōs）这一术语是医生路加所提出的，但是，在希腊时代的教养语言中，这个词属于天文学、医学术语，并不涉及内在性，而仅仅譬喻性地涉及天文学预兆或医学征兆。

因此，耶稣所意欲和宣传的并不是那种宁静的可观察性，而是独一无二的突然飞跃，即总体转变的**突然爆发**。在他的忠实信徒中，他谈论王国像火山般爆发。不是见风使舵，见机行事，不是追寻天文学情形下延宕蹉跎的预兆，而是未雨绸缪，防患于未然，一诺千金，践约守信。换言之，为连同与内在性几乎无关的启示录在内的新王国的突如其来做好万全准备，以免措手不及，甚至惊慌失措。

耶稣继续说道："我的国不属这世界。"在语法上，这句在彼拉多面前说过的话是不会被误解的（ἡ βασιλεία ἡ ἐμὴ οὐκ ἔστιν ἐκ τοῦ κόσμου τούτου.）①。然而，这句话仅仅见之于《约翰福音》中，而这部书在很大程度上反映了使徒保罗所持的非历史性观点。正因如此，这句话被用来实现某种明显的目的。这句话用作如下目的，即在异教徒审判前，基督徒可以援引师傅的话证明自己无罪：基督和基督徒丝毫也不意味着谋反罪。因此，较之其他福音主义者，约翰对犹太教大祭司审案过程的叙述更加漏洞百出、自相矛盾。但是，他连篇累牍，不厌其烦，把罗马当局的审判场景叙述得十分详尽。一方面，他的陈述对犹太人十分不利；另一方面，他的陈述对彼拉多十分有利。据信，罗马的高官们赋予了这样一种先例，彼拉多三次宣告耶稣无罪，他查不出耶稣有什么罪，多次想要释放他。约翰之所以特别利用审判场景，是为了让耶稣直接发言。实际上，耶稣的话咬文嚼字、矫揉造作，其实是无害的，在此之际，他的话甚至有助于开脱责任。然而，约翰很少从耶稣所表明的其他话语中引用同样的话语，而是一味地从共同体的需要中，从减轻共同体的负担中片面地引用他的话语。所以，约翰的题材不是基督学，而是法庭辩护。②

耶稣果真在彼拉多面前说过这种充满失败主义的话吗？他果真在罗马

---

① 直译希腊原文如下："我的国总体上不因这个世界而占有秩序。"——译者

② 试比较下述文献：约翰·鲍威尔：《约翰福音注释》（Joh. Bauer, *Kommentar zum Johannes-Evanelium*, 1925），1925年。

审判官面前表现如此奇异的狂热者的姿态吗？按照罗马人的尺度，耶稣几乎是可笑而无害的吗？如果真的是这样，这显然与耶稣的勇气相矛盾，甚至与他的尊严相矛盾。然而，这与基督教共同体的成员并不矛盾，因为面对严酷的审判，这话有助于他们借故开脱自己，推卸责任（鉴于当时殉道者的渴望尚未爆发出来）。由于这个缘故，他们不仅强调了犹太人的"邪恶"（Bosheit），也强调了彼拉多的优雅风度，特别是，在耶稣死后的年代，清楚地表露出某种"巴结讨好之意"（captatio benevolentiae）。

《约翰福音》中耶稣的话是否拯救了尼禄统治下的任何基督徒大可怀疑，但是，有一点很肯定，那就是，当彼拉多和尼禄本身皈依基督徒时，最终这句话促使基督教的世俗要求完全松懈荒废。与约翰的意图相反，现在这个怪异的句子，即"我的国不属这世界"，不仅被解释为对世界蒙难者的辩护，也被解释为对世界之主的辩护。但是，耶稣说这句话不可能包含进一步的涵义，因为在这个世界与那个世界之间，耶稣哪儿都没有以这种方式设定过二元论：即好像这两个世界互相平行，互不干扰，而且好像根据互不侵犯条约，那个世界可以独立自存、无所依附。这个世界必定死在那个世界面前，因此，现世受到来世的审判。但是，正像施洗约翰宣告基督一样："他手里拿着簸箕，要扬净他的场，把麦子收在仓里，把糠用不灭的火烧尽了。"①

除了他对审判场景中的插入和改动之外，他对"这个世界"（diese Welt）的表述也到处呈现为"那个世界"（Jene Welt）。在他那里，完全缺乏不在现场的无罪证明。原来，"这个世界"与"当下的永恒时间"（gegenwärtigen Äon）意义相同，而"那个时间"与"未来的更好时间"（künftigen bessern Äon），即与"来世"（mellon aion）意义相同。作为具有未来世界时期的时间，这后一时间与现在持存的时间**正相反对**。因此，在《马太福音》12 章 32 节、24 章 3 节所意欲的仅仅是末世论的紧张对峙，而不是地理学上与这里"固定的此岸"相距遥远的那里"固定的彼岸"。在这个世界上，唯一真实的东西是旧世界的没落，于是，在那个更好的永恒时间中，这个新世界本身才最终与世界末日一道突然来临。这种新的王国不应为死人祝福，而应为已经聚集在这里生活的人们祝福。为

---

① 《路加福音》3 章 17 节。

此，并不需要任何死亡和死后的彼岸。①

《马太福音》22 章 21 节，有一段关于税钱的谈话："恺撒的物当归恺撒，神的物当归神。"不过，这句话同样不支持彼拉多面前呈现的失败主义。诚然，这句话为后来的保罗，特别是为后来的奉行妥协让步的基督徒所滥用，从而完全变了味。关于税钱的谈话表现出某种漠不关心的态度，但是，确切地说，这种态度是一种真正的末世论态度：因为只是由于王国已经逼近，这里大权独揽、独断专行的恺撒才成为无关紧要的存在。如果我们忽视耶稣的末世论这一彼拉多面前最肯定的传教，上述超然漠视、了无牵挂就会具有某种绝对特性。从而，他的末世论传教将同耶稣的所有其他言论一道陷入一种无条件的、冷嘲热讽的、极度危险的万念俱灰之中。

"现在这世界接受审判，这世界的王要被赶出去。"② 这样，就为天与地的永恒时间创造地盘，从而为这里的（Hier）最真实的新天新地创造地盘。使徒保罗，甚至马吉安也都尖锐地强调了超越者基督，但是，这个超越者不应理解为纯粹超尘世的诱骗。因为他无坚不摧、所向披靡，他将在摧毁旧世界的过程中，树立新世界。人子并不停留在某种完全不同的东西中，在经历十字架灾难之后，在死而复生之后，耶稣从天驾云降临。他不是漫不经心、冷眼旁观，而是"以巨大的能力和荣耀"降临。③ 这种降临完全可以理解为"朝向新大地的旅行"。打个比方，就像打扮得花枝招展的新娘一样，在启示录的最后瞬间，飘然抵达新天地，即天国的耶路撒冷。由于基督的降临，陈旧的、腐朽的大地重获千载难逢的绝佳机会。是的，由于这个缘故，在基督徒看来，如此迫近的天国已**不再需要任何暴力**。

与此相适应，特别值得一提的是耶稣的《登山训众》，在这篇传道中，耶稣在把"无暴力"称作无比的幸福之后，旋即强调，这种无暴力是以天国的到来为前提的。就是说，在此，重要的并非或并非仅仅是民众应得的惩罚，而是在天国出现之前，论证下述"理由"（Denn）：当最终到来最后的时间时，无论使用任何暴力，还是把变节者赶出没落的寺院都

---

① 《马太福音》16 章 28 节；《路加福音》21 章 32 节。
② 《约翰福音》12 章 31 节。
③ 《路加福音》21 章 27 节。

被宣布为是多余的。

但是，暴力革命提升下层人的价值，降低上层人的价值。**启示录者**耶稣坚信，在**自然**中也贯彻一种暴力革命，在某种程度上，这种革命通过宇宙灾难这一超级武器代替人本身的某种暴乱。这样的革命绝不是对敌人本身的最后的爱。尽管这是对绝佳机会的自发信任（尺度完整了，时间充满了），但是，没有哪一种和平会与彼列（Belial）及其王国在一起。

在可怕的灾难面前、坐以待毙、束手就擒的人的态度总是与施加于**某个人本身**的不公平有关。在可怕的灾难面前，人们往往逆来顺受、听天由命，但是，这种忍耐截然不同于对**虚弱的、卑微的其他人**所遭受的不公平忍气吞声、委曲求全。对地上的弊端不加抵抗，一味地姑息迁就，这种态度悠闲自在、流行甚广，至少适用于独往独来、无所牵挂的天国。毋宁说，从耶稣口中吐出的关于"心情"（Lauen）的惊人之语是适当的。

耶稣传言中的核心思想是爱，即"爱佳泊"（Agapē）①，这是创造物在道德上必须加以推动的最顽强的悖论。但是，这种爱可以理解为无所不包的人类之爱以及对迄今闻所未闻的所有攻击倾向的全面逆转。爱的唯一空间存在于耶稣的传教中，存在于尚存的社会现实中以及基督快要降临的出走之光中。当然，降临本身的**内容**——这正是基督降临的原因所在——必须是"爱佳泊"，即必须拥有神的子孙以及仅凭基督后继者的行为所达到的和平王国。

然而，这种现象数不胜数：上述背景并非不期而至，好像基督的降临近在咫尺；这关系到人们为末世而斗争的危机，即关系到分化、决断等问题。在此，耶稣的传教比迄今所有先知们基于弥赛亚主义理念的和平王国（Olam–ha–Schalom）都更加坚固和强大。于是，在此关于敌人的爱就已经变得不值得一提。与此相关，这里呈现出一番令人惊讶的关于宗教战争的话，要知道，这显然不是后来被插入和改动的："不要以为我来是要把和平带到人间的，我带来的不是和平，而是利剑。"②"弃绝我、不领受我话的人，有审判他的，就是我所讲的道在末日要审判他。"③

---

① 希腊人将爱划分为三个层次，即 philos、eros 和 agapē。Philos 的爱是指个人的喜欢、个人的关系，或自然情绪上的喜好；eros 的爱是指肉体的爱欲、性关系或情爱。agapē 是无条件和不改变的爱。圣经中，"Agapē"一词指的是神对世人的爱："神爱世人，甚至将他的独生子赐给他们，叫一切信他的，不至灭亡，反得永生。"参见《约翰福音》3章16节。——译者
② 《马太福音》10章34节。
③ 《约翰福音》12章48节。

在这种情况下,耶稣表现出叛逆和大异教徒的面貌。在**降临以外**的领域里,耶稣一再强调下述斗争,即这个世界与将其取而代之的那个世界之间的斗争。在此,所谓"那个世界"是指在当下世界的中间,像狂风巨浪一样,具有突发风暴潮的能力。与此相关,耶稣强调战争、迫害以及被选择人们的伟大的坚韧精神。① **这个永恒实践与未来的永恒时间突然来往,在地球的空间中相互重叠在一起**。这样耶稣就被罗马人审判为叛乱者,而大祭司和法利赛人就有理由惧怕受到民众爱戴的这个男人。② 在耶稣看来,从以斯拉、尼希米以来僵死不变的、以祭司为中心的全部神权政治和律法宗教已经腐烂透顶,以至于必须加以根除。

对于罗马人和大祭司而言,这样一个作为叛乱者的耶稣是极其危险的。针对他及其末世论的激进主义,他们形成了利益共同体,但是,这种利益共同体未必是从犹太上层和罗马压迫者的误解中完成的。在世人心目中,不是一个无害的狂热者被钉在了十字架上,而是一个以基督降临思想为基础,重估现存世界的人被钉在了十字架上。对他们来说,这种处刑对于一个信仰没有压迫和主神(Herengotte)的另类来说是一个巨大的范例。祭司们只是表面上援引说,耶稣自称是神子,即自称是弥赛亚。因此,他既然嘲弄神,就应当"依法"③ 被处以死刑。④ 因为在耶稣出生前的一百年里,从哈斯蒙尼王朝末期以来,就存在好多狂热者,他们纷纷冒充弥赛亚⑤,但在他们身上什么也没有发生过。

同样,耶稣死后,也出现过反抗罗马哈德良皇帝的犹太英雄巴尔·科赫巴起义⑥。语源上,他的名字的意思是"星之子"(Sternensohn),像拉

---

① 《马可福音》13 章 8 节以下。
② 《路加福音》19 章 48 节。
③ 《利未记》24 章 16 节。
④ 《约翰福音》19 章 7 节。
⑤ 指公元前 165 年至公元前 37 年巴勒斯坦的哈斯蒙尼王国,其最后一任国王是马塔提斯·尼安蒂戈努斯。——译者
⑥ 西蒙·巴尔·科赫巴起义(Simon Bar Kochbach,? —135),公元 132—135 年罗马帝国犹太行省的一次叛乱事件。叛乱者犹太人由巴尔·科赫巴起义,曾经在犹太行省的部分地区建立起一个以色列国并维持达两年之久。罗马帝国的哈德良帝派 6 万至 12 万人的兵力镇压,135 年攻占叛乱者最后一个要塞贝塔。根据有关记载,有 58 万犹太人被杀,50 个设防城镇及 985 个村落被摧毁,也有众多罗马人战死。叛乱过后,哈德良废除犹太行省,把它与叙利亚行省合并,成立新的叙利亚巴勒斯坦行省。——译者

比阿基巴①一样，他被授予弥赛亚这一权威圣职。但是，巴尔·科赫巴在绝望的深渊中战斗，为了守卫犹地亚，他与富人、穷人和祭司们一起战斗。他是反抗罗马的叛逆者。然而，他为了保存家乡的传统世界以及祭司们的神正论而战斗。这样，他受到了祭司们的祝福，获得了无与伦比的、伟大的弥赛亚头衔。在此，他与耶稣不同，他并没有亵渎神灵。

相比之下，耶稣并没有为了至少能被考量为弥赛亚而采取任何和平的态度，相反，他的"神子—王国"（Menschensohn - Reich）与一再介入人的生活并宣布自身为合法的**主**—耶和华相距甚远，万不可混为一谈。这个耶和华**并不是**引导人们出走埃及的那个耶和华。因此，人子弥赛亚也不是为誓死捍卫或浪漫重建大卫及其主神王国而战斗的弥赛亚。不，他完全置身于一个新的，即自始至终末世论地翻转的"出走"（Exodus）之中——**神之中作为人来思考**。

（三）福音中的道德与末世论的阐明②

即使存在最好的事情，我们也不能把它付诸实行。当两项中的一项看似贬值时，或者，至少某事仅仅激发人的意志而缺乏原动力时，尤其如此。有些事情本可一蹴而就，马到成功，但是，有些人偏偏迈着四方步，拖拖拉拉，磨洋工，甚至半途而废，草草收场。众所周知，与这种磨洋工类型形成尖锐对立的正是耶稣道德与拯救传教中的实际情况。如果容许关于内心转变的时间，那么在神的国度到来以前的倏忽瞬间里，耶稣就会占有与此相称的空间吗？

十诫是为了地上的恒久生活而准备的，尽管它绝不带给人们安逸舒适。人们无法无天，丧尽天良，比偷盗、作伪证，甚至杀人行为有过之而无不及。"爱人如己"这一诫命早在《利未记》19章18节中就有记载。对此，耶稣并没有把它宣告为自身的传教，而是宣告为律法和先知的户枢。③ 这一诫命同样是在持久的现实状况中设定的。利己主义被设定为一个尺度，同时也被视为对这一尺度的节制，因为人们爱护邻居，首先是为

---

① 拉比阿基巴（Rabbi Akiba ben Joseph,50—135），出身贫寒的希伯来圣经学者，毕生致力于推动经文统一运动，经文考据成就卓著，后被誉为犹太教最伟大的学者。——译者
② 在此，布洛赫阐述了耶稣末世论中的革命思想以及原始基督教的本质特征。紧接着，布洛赫指出，耶稣死后基督教共同体在多大程度上背离了耶稣的革命思想。——译者
③ 《马太福音》22章40节。

了爱护他们自己。

但是，他的山上训众诫命被赋予了某一时代、某一场所以及某一社会的关联性乃至非社会的关联性吗？"不要与恶人作对。有人打你的右脸，连左脸也转过来由他打；有人想要告你，要拿你的里衣，连外衣也由他拿去；有求你的，就给他；有向你借贷的，不可推辞。"① 在此，耶稣仅仅想起现存世界中的某种现实吗？这种劝告会纵容其遵从者违法犯罪，因为这种劝告不仅容忍他们的不公平行为，也会加害于他们的兄弟姐妹。因此，这种不抵抗邪恶的态度，即反对长剑，一味采取消极劝告的态度将导致殉道，从而与以后的进行过程相关联吗？

在耶稣的传教中，经常引人注目的是经济上的单纯性。他以这种单纯性论述劳动与饮食的过程，比方说，原野上盛开的百合花从未劳苦，天上的飞鸟，也不种，也不收，也不积蓄在仓里。② 其结果，耶路撒冷很快陷于贫困，为此，使徒保罗不得不在哥林多、罗马为耶路撒冷共同体乞求。在早期基督教时代，有一位拉比的伟大的话被证明是可靠的："人们得到拯救比获得营养容易。"关于职业道德立场，耶稣时常以有关不公平管家的罕见譬喻加以说明。③ 看上去，耶稣建议人们以私吞办法结交朋友，以不当的黄金结交朋友，但是，事实上他的建议说明下述两条道理：无论是为自身的生计操心不已，还是渴望在黄金世界中排除所有道德区分，都是十分愚蠢的想法，因为世界的本质即将归于没落。

因此，耶稣传教的所有其他内容均与末世论相关。根据末世论这个词，通过末世论这个词，耶稣最终作为主导性的宗教创始人出现了。"日期满了，神的国近了！你们当悔改，信福音。"④ 这样，实际上世界无关紧要了，这样，《登山训众》的令人难以置信的规则就与一个长久的、一个地球上的重大行为有关。在宗教创始者那里，所谓"恺撒的物当归恺撒，神的物当归神"并没有任何二元论的意义，然而，通过保罗和路德，耶稣的这句非常重要的话却完全变了味道。⑤ 在耶稣看来，信仰与权力绝

---

① 参见《马太福音》5 章 40 节以下。——译者
② 《马太福音》6 章 25—28 节。
③ 《路加福音》1—9 节。
④ 《马可福音》1 章 15 节。
⑤ 问题并不在于"宗教与权力无关"这一命题，其实保罗和路德也都主张"神权与政权分离"。但是，他们沆瀣一气，同流合污，宣扬宗教与权力平分秋色，各得其所。这种通过私下磋商把世俗权力瓜分一空的行为，最终势力必成为压迫社会弱势阶层的手段。——译者

不是二重簿记。恺撒的世界并不重要，重要的是神的永恒国度。就像在小客栈里美美地过一夜一样，恺撒世界的光辉毫无实质内容可言，因为次日早晨天空重新破晓，昨夜的记忆早已湮没在滚滚红尘之中。

对于耶稣来说，具有决定性意义的是对千年王国的真正忠告。"把你们拥有的所有钱财都周济穷人"，"以这种方式从主观上、客观上摆脱诸王的势力范围"，因为从末世论立场上看，这种势力范围微不足道，转瞬即逝。由此可见，福音**并不涉及任何社会内容，主要也不涉及某一道德内容**。归根结底，这是一种末世论的解救："神国的福音，因我奉差原是为此。"①

在加利利首次传教时，耶稣就已经以末世论的希望为基础。这种末世论的希望（就像殉道和关于复活的思考一样）并非由后来的福音主义者附加于耶稣的话里。相反，在新约圣经中，这种希望是哲学上得到最充分证明的部分。在所有那些内容中只有末世论得到了显现，它构成了耶稣传教中相对有说服力的方面；除此之外，那些没有得到显现的内容则已经被融入到了他"把钱财周济穷人"的忠告中，这个有关博爱的传教呈现为能够在人世践行的形式，而且也是为了爱自身的缘故。

当然，在耶稣的传教中出现各种思想的交融之处，并且时常伴随着各种棘手的关系，正因如此，我们不得不面对双重问题。尤其是，在耶稣的传教中，我们不得不面对现在与未来、现世与来世之间交相辉映的意图和熠熠生辉的内涵。例如，尼德兰画家就把二重照明带入了他们的画中，这样一来，一个对象就同时为烛光和月光所照耀。人们无一例外地想要在福音书中发现这种二重的、绝对无法一致的照明：其一是具有社会意义的福音书；其二是具有末世论意义的福音书。

在《弥赛亚思想与痛苦的秘密》（1901）中，施魏策尔深入探究了这个问题，他甚至谈到了普遍的"过渡伦理学"（Interims - Ethik）。就是说，作为"超伦理"（Über - Moral），天国本身处于善恶的彼岸。然而，事实上，在此总体的末世论照明适用于长时间得不到实施的山上训众，在个别的特殊情况下，也同样适用于耶稣出于经济上冷漠态度的忠告。因此，这种照明适用于原野上百合花的譬喻，但是，它并不适用于施魏策尔所谓道德照明的总体相对化。因为耶稣指定的爱的说教旨在为其王国道德

---

① 《路加福音》4 章 43 节。

作准备，并使其与这种王国道德相匹配。不仅如此，在其最深邃的部分，末世论的总体照明已经参与了末世论的王国内容。

甚至耶稣有时赋予这个世界一种规定，而这个规定比所有摩西以及塔木德的规定都更为严格。《马可福音》10 章 2—12 节中的离婚禁令就是一例。这种冷酷无情越是与世隔绝，一定程度上就越是执着于这个世界。鉴于他的后继者，耶稣并不承认这样一种家庭纽带。因为在天国中取消了性别差异，因此男婚女嫁也就失去了意义。[1]

然而，在耶稣那里，**纯粹的社会—道德传教**仅仅具有这种意义，即为了实践行为的缘故，为了兄弟本身的缘故，全神贯注地思考兄弟们的思想品质。这正是耶稣爱的传教的真谛。这一传教涉及面极其深远，但是，在下述直观形象的、完全内在地可实现的警句中，它却达到了思想的顶峰："这些事你们作在我这兄弟中一个最小的身上，就是作在我身上了。"[2] 耶稣关于爱的传教（从单纯的神的爱转变为对艰辛者和负重者的爱）具有本质意义，那就是，与《登山训众》不同，这种爱的传教承载着漫长期限内完全可实现的内容。

在早期基督教的小型原始共同体中，在一切生活都依存于捐赠分配的爱的共产主义中，兄弟善良之梦是可实施的，也是有益的。正是在这种共同体中，存在其基督道德的核心，这种道德可简称为炽热的怜悯，同时表现为阳刚之气。原始基督教共同体与创造物实行最彻底的决裂，这时基督徒们意识到，他们并不是短命的、整天以泪洗面的怪物。这种共同体也与世俗世界实行决裂，尽管那时尚未使用圣油（Schmieröl），但它容不得人们的经济差异。财富被视为敌对的东西，福音仅仅朝向艰辛者和负重者，而富有的青年人负有使命，将自身的所有财产都变卖，为共同体分配其进款。[3]

为了与自身创造物决裂，早期原始基督徒不仅履行单纯的"精神治愈"（medicina mentis）这一形式任务，而且履行明确的内容义务，即"贫困"（Besitzlosigkeit）这一内容伦理学。当然，这里不是论及价值生产，而是论及一种理想。在天国没有到来的数百年间，使徒们锲而不舍地

---

[1] 《马可福音》12 章 19—25 节。
[2] 《马太福音》25 章 40 节。
[3] 《马太福音》10 章 21 节。

宣扬这种理想，即爱的共产主义："那许多信的人都是一心一意的，没有一人说他的东西有一样是自己的，都是大家公用。"①

贫穷本身受到了如此普遍的赞誉。但是，对于王国而言，即使是这种赞誉也应当具有一种**独立的、内在价值的功能关系**。确切地说：兄弟之爱乃是王国的基本条件和降临方式。因此，这种兄弟之爱也就成了**世界性的规范**。耶稣的众多譬喻都探讨了这方面的内容。照他说来，舍弃自身的财产成为一种财宝，而这种财宝是人们在天国所能获得的、没有任何虫蛀的财宝。②

但是，同样重要的是，耶稣已经描写了兄弟之情。虽然在这个世界中，这种爱的萌芽王国微乎其微，不值一提，但它并不妨碍另一个世界的凝缩作品的形成。所以，在此某种最后状态的要素就处于此在本身之中，但是，这种状态既不像《登山训众》中那样要求"通过爱来破坏主体"的那种可怕要素，也不要求对社会状况漠不关心、麻木不仁的那种冷漠要素。当然，为了迎接这种王国的来临，兄弟之爱有待日臻成熟，纵深拓宽，最终，它被视为一种降临场所，不过，它的有效期限也是十分短暂的。于是，即使是兄弟共同体（Brüdergemeinde），仿佛也在业已被遗弃的空间中，茫然地、漫无目的地四处飘荡。

从乌托邦视角来看，兄弟共同体属于王国，并且聚焦于王国。但是，共同体与王国的关系好比种子与树的关系。但是，树不仅指明更伟大的爱，也指明不可想象的、另一种爱的特性。也就是说："你们要变卖所有的周济人，为自己预备永不坏的钱囊，用不尽的财宝在天上，就是贼不能近、虫不能蛀的地方。……你们腰里要束腰带，灯也要点着。自己好像仆人等候主人从婚姻的筵席回来。他来到叩门，就立刻给他开门。"③ 在此，也许并不能单独地明确显示出最终有规律地显现的道德末世论的功能。

然而，在耶稣那里，从一开始就具有显著的末世论特征。"如果以极端的方式考察，这一评价对于耶稣是适当的：只要耶稣的出现是末世论事件，他就具有地地道道的末世论特征。"④ 在此，活生生的人的道德特征

---

① 《使徒行传》4 章 32 节。
② 《路加福音》12 章 33 节。
③ 《路加福音》12 章 33—36 节。
④ K. 克瑟曼：《诠注尝试与沉思》1—2（Käsemann, *Exegetische Versuche und Besinnungen* 1/2, Göttingen, 1967），哥廷根 1967 年，第 199—200 页。

显然退到次要的位置，但是，对于思考这种转变的历史学家们而言，耶稣转变与传教中永恒的启示录之间的关联性依然是必不可少的，也是富于启发性的。尤其是，在诠注如此惊人地所意欲的道德与王国关系的作业中，这种启示录的关联性是绝对不可免除的。因此，这对于**历史地**、忠实地诠注耶稣的传教及其原始基督教共同体同样是绝对必要的。"末世论的思想世界是崇高的精神世界，在这个世界中，新约圣经的男人们就像在自己的家一样。"① 但是，即使像家一样，天国也完全不是安逸舒适的地方，作为渴望的领域，天国仅仅是根据《登山训众》的道德祝福所能建立的失望或命运的对象。在天国，地老天荒、亘古如斯的时间远远超过世界末日。

耶稣的弟子们兄弟般节衣缩食，忍饥挨饿，但是，事物的进程并没有发生变化。他们不再向穷人劝说爱，尽管在像以前那种十分微小的纽带中，他们曾经热衷于此道，但那是例外情况。在寺院内，人们谈论根据爱的原则进行分配，但是，在寺院的帷幔外，任何东西都不平均分配。在人们看来，王国并非已经临近，而是变得遥遥无期。人们推测，世界破晓承诺一个短暂期限，这使得人们在很大程度上淡泊世俗行为，不与世俗同流合污。但是，如果这个期限遥遥无期、远若天涯，那么，就根本无法持续地实施和推进王国的伟大事业。

最终，人们涂掉了世界破晓的期限，于是，在经济上、道德上，尤其在社会上出现了若干真空地带。"恺撒的物当归恺撒"，原来耶稣的这一忠告包含着对诸王的极度冷漠乃至极度轻蔑之意，但是，现在如果从关爱艰辛者和负重者的视角看，这一忠告就变得十分危险了。因为对世界不加区分"一刀切"的态度意味着让一切都保持现状。

在保罗那里，这种一仍其旧、保持现状的态度表现得尤为明显，而这种态度导致他对过去的东西一概保持沉默。面对奴隶制，保罗从容不迫、心安理得（至少斯多亚学派的学者慷慨陈词，激烈抨击了奴隶制度），甚至保罗警告奴隶们要对其主人服服帖帖、深信不疑。富人本身得到了全面宽恕，当他们提供救济时，他们就得到升入天国的保证："捐得乐意的人

---

① E. 施陶费尔:《新约圣经神学》（Stauffer, *Theologie des Neuen Testaments*, 1948），斯图加特1948年，第6页。

是神所喜爱的。"① 这话听起来，与耶稣的话格格不入："富人进天国比骆驼穿针孔还难。"在罗马市民阶层（civis Romanus）保罗那里，完全缺乏这种与国家的紧张对峙感，无论在国家革命意义上，还是在道德意义上，保罗都站在现存体制一边。根据保罗的说法，基督徒按照神的意志行事，这与现存国家完全不相抵触。但是，并不能因此就说，在保罗那里道德性已退居次要地位。

事实上，路德的"唯信学说"（Sola – Fides – Lehre）也植根于使徒保罗的说教。② 对此，托马斯·闵采尔后来讥讽说："以基督之名豪饮赊账酒。"在使徒保罗看来，任何人的努力都无法改变世界的存在和灭亡，这是用一种非常奇特的混合观点把暂时性与不变性混为一谈。但是，按照耶稣的承诺，暂时性属于我们所处的世界，而不变性则属于恶魔统治的世界（只要这个世界存续下去，情况就是如此）。那时，对基督教的迫害就在眼前，保罗试图通过诸王与神之间的二元论化险为夷，平息迫在眼前的危难。与使徒保罗相比，后来的奥古斯丁则对现存体制持有强烈的批判态度。他自始至终注视着神的国家（civitas Dei）与尘世国家（civitas terrena）之间的尖锐对立关系。与奥古斯丁相比，诸如克里索斯托③一类的教父们对现存体制的批评显得平静得多，在君士坦丁大帝之后，他们还赞扬具有社会义务内容的爱的共产主义。

然而，这合乎逻辑地提升了保罗的末世论传教和意义，推进了王国的传教，当然，他的所谓王国是一个**人死后**滞留的王国，即彼岸空间。在此，保罗甚至想象把世界与神之间的二元论带入耶稣本身之中，即从中耶稣复活为另一个人，把尘世转变为爱的事业。这恰恰意味着下述反命题："我们若指望基督只在今生有指望，就算比众人更可怜。但基督已经从死里复活，成了睡了之人初熟的果子。"④ 不仅如此，所有基督教的在场都不是"通过观察而是通过信仰"而发生的转变，或者，仅仅借助于间接

---

① 《哥林多后书》9 章 7 节。
② 保罗的思想可归结为下述命题："唯基督、唯信仰、唯恩宠、唯圣经。"（Solus Christus, sola fides, sola gratia, sola scriptura.）——译者
③ 克里索斯托（Saint John Chrysostom, 347？—407），又称"金口约翰"，有非凡的讲道才能，397 年出任君士坦丁堡宗主教，因批评堕落腐败触怒宫廷，于 403 年被放逐，死于黑海之滨。——译者
④ 《哥林多前书》15 章 19 节。

的方式，即"在幽暗的话语中，对着镜子观看"而发生的变化。①

按照使徒保罗的说法，基督教的生活本质上就是对基督揭秘（Enthüllung）的等待。借助于此，保罗用"被动的等待"代替了"积极的等待"；从而，在基督教中位居首要地位的是忍耐心理学以及对十字架殉道的正当化。当然，殉道神学（Opfertod-Theologie）不仅来源于保罗，也来源于训练有素的希望—奥秘（Hoffnung-Mysterium），即人们对复活的强烈渴望。通过强调有关复活的神秘图像，开始消除了支配当下永恒时间的那些实力。换言之，通过重新解释复活，开始了某种新的创造的黎明。然而，这种末世论已不再是关于"王国日益迫近"这一耶稣的末世论思想，相反，这压根是一种希望的末世论，是永远怀念希望的末世论。就此而言，保罗的末世论本身具有某种社会危险性，即通过希望激发意志，唤起出走或闯入新王国的意志。这种意志激发（Willens-Erregung）流行甚广，贯穿于从孟他努派②到再洗礼派，并且超越这些教派而得到了验证和践行。人们再也不想被动地信仰神，再也不想信任无结果的信仰。

但是，使徒保罗的保守主义却严重抑制了自身特有的末世论的源泉：即凭借拯救的再现。基督教共同体现在就应当预先再现拯救（此后，奥古斯丁以特殊的方式并出于相似的理由，已经将千年亡国之梦补充到现存教会的生活中）。这样，不仅具有爱的共产主义特色的道德福音显著衰退，最终保罗自己所标明的关于基督复活的新末世论也全面衰退。"成了！"③这句后来被插入的、十字架上基督的最后一句话似乎来得正合适，然而，实际上掩盖和淡化了尚在期待中的末世论的未来。"悬挂着十字架的地方，存在着最后的复活"（Crux locuta est, resurrectio finita est）：所有进一步的故事都形成于剩下的尘世苦海，从而向前的"启示录的东西"（Apo-kalyptische）④完全被阻断，因为在字义上，它被理解为某种业已实现的东西应该实际地显露出来。换言之，在存在者当中，最清楚明了的

---

① 《哥林多前书》13章12节。

② 孟他努派（Montanist），孟他努原为异教祭司，后改信基督，他抗议教会太过世俗化，并尝试去回复其本来的地位。——译者

③ 参见《约翰福音》19章30节。——译者

④ "启示录的东西"（Apo-kalyptische），在希腊语源学上，具有"揭开盖子"之意。——译者

东西尚未获得成功,按照概念定义和效果(per definitionem et per effetum),被视为弥赛亚的那个人尚未实际地到来。

尽管如此,原始的福音,即耶稣的福音恰恰统一于自身积极的、开放的片断之中。从道德层面上看,福音承载着对艰辛者和负重者的爱;从末世论层面上看,福音是对称作我们"被揭示的面貌"的那种东西的希望。

28. 不是作为神子而是作为基督暗号的人子;"王国的秘密"

天国近在咫尺,这话听起来再简单不过。听起来这句话似曾相识,但在某种情况下,觉得十分可疑。在后一种情况下,人们既可憎恨自己,也可把对人类的憎恨加以正当化,从而人们会考虑到从基督教视角将这种憎恨遮盖起来。于是,人的意志,即出于自身的力量而改善生活的意愿就一下子变得十分空洞、傲慢,至少显得徒劳无益。充其量,这样一幅毫无疑义的人的图像表现了人的温良驯服的特征,在最坏的情况下,甚至会把人视为一种软弱无力、不堪一击的存在。

人们通常期待上面的力量,以便将此作为不思进取、安于现状的借口。那些趁火打劫的人则火中取栗,日子过得有滋有味。众所周知,亚当从天国坠落,于是,在他身上并通过他自己,一种拙劣作品或多或少地成为可能了。但是,现在如果圣经把人说成离天国甚远,甚至比其他任何地方都更遥远,情况会怎样呢?

但是,圣经包含着十分奇异的话:人子(Menschensohn)。在耶稣那里,这是弥赛亚的特有称号,但这不仅仅是从上下达的称号。正因如此,与神子(Gottessohn)称号相比,这个称号显得谦逊或无力。但是,事实上,人子这个称号是很高的,甚至是最高的称号,它意味着天国离人们极其遥远。耶稣的力量和形态是克服一切的力量和形态。"人子"($υιός\ του\ ανθρώπου$)这个词源于人们字面翻译闪米特语中的表达方式,该词在阿拉米语表现为"巴·恩阿什"(bar enâsch)、希伯来语则为"本·阿丹"(Ben adham)。在此,巴·恩阿什、本·阿丹压根就意味着"某人"或"某个人"。

威尔豪森再次以反犹主义的口吻为这样一种观点辩护:"人子"($υτό\varsigma\ ανθρώπου$)属于希腊语的含糊字眼,而德语的"人子"一词是一个空洞的夸张言辞。正因为这个理由,使徒保罗回避了"人子"这一野蛮的表达方式。因为对于非闪米特人而言,这个词是完全不可理解的。但是,在新约圣经中,人子一词几乎只作为耶稣本人的自我陈述而出现,作为受难的、赴死的,但尤其作为胜利的、回归的存在出现。① 尽管这些文字的真实性值得怀疑,但是并没有受到指责,仿佛是后来从复活节之后的启示录(der nachösterlichen Apokalyptik)中选取后附加的。不过,对此克瑟曼、布尔特曼的态度并不一致。但是,在《但以理书》中,就可以发现"人子"一词的奇特表达方式,尽管在此并不包括弥赛亚思想的关联性。此外,毫无疑问,启示录的声音恰恰已经回荡在巴比伦囚禁以前犹太人的生活之中,作为特别的人性,人子十分接近于复活节之前的基督(vorösterlichen Christus)。

事实上,我们也可从闪米特语中得知"人子"一词的确切用意。在旧约圣经《但以理书》7 章 13 节的有关段落中,首次使用了"人子"一词。在此,这个词蕴含着异乎寻常、巨大的力量。人子本·阿丹最终意味着**天上的太初之人**(des himmlischen Urmenschen)的儿子,即神性存在的阿丹。但是,在此这个儿子并不是阿丹直接产生的形态,而是从中显现的那个本质形态。然而,在保罗那里,完全缺乏这个人子的巨大力量及其语言表述,因为肉体化的阿丹之子完全覆盖了这种力量。不过,保罗详细地说明了这一点:在他看来,绝不缺乏天上的太初之人。按照保罗的说法,耶稣不是通过肉化而来的第一人,相反,这个人是亚当,即在自身本质本身之中的第一个、另类的、精神性的亚当。"……另一个人是出于天。"②

至于"先存的太初之人"(Präexistenten Urmenschen)范畴已经见之于旧约圣经《约伯记》中。在此,以利法质问道:"你岂是头一个被生的人吗?你受造在诸山之先吗?"③ 因此,他假定在世界之前被造的一个人,讥笑约伯不可能是这个人。但是,在《以结西书》中,这个范畴就像岩浆一样沸腾不息:"你,人子",耶和华喊道,表面上指的是推罗王,但实际上是明白无误地嘲弄天上的亚当。④ "你无所不备,智慧充足,全然美丽。在你受造之日,鼓声阵阵,烟雾缭绕。你是自我扩张、自我隐蔽的

---

① 《马可福音》8 章 38 节。
② 《哥林多前书》15 章 47 节。
③ 《约伯记》15 章 7 节。
④ 推罗(Tyrus),古代腓基尼人居住的一座岛屿城市,与今日黎巴嫩城市推罗并无关系。——译者

基路伯；我将你安置在神的圣山上；你在发光如火的宝石中间往来。"①基路伯是在神与荣光面前闪闪发光的至高天使，他具有完备的知识。与用黏土制造的愚钝的亚当相比，看上去这个亚当真的是与众不同的亚当。

但是，从**末世论视角**考察，如上所说，人子一词首次出现在先知但以理之中："我在夜间的异象中观看，见有一位像人子的，驾着天云而来，被领到亘古常在者面前，得了权柄、荣耀、国度，使各方、各国、各族的人都侍奉他。"② 在这段话中，人子形态、人子不可能是以色列人民（如《以赛亚》中受难的神的奴隶）。因为他驾着天云而来。毋宁说，在他后面隐藏着天上的太初之人，现在他终于浮出水面，作为一个神秘的亚当，发展成为末世论的救世主形态。这样，令人称奇的具有神性"智慧"的实体就是这个呼之欲出的人子。作为一个完整的本质，这种神性实体从神那里溢出。但是，这个实体不可从二元论角度理解，因为从一开始它就处于一种独立自主的人格发展状态。"智慧"（Weisheit）甚至不在神的旁边，相反，纯然处在人们当中："智慧在道旁高处的顶上。"③

在《箴言》8 章 22 节中，所罗门这样说道："在耶和华造化的起头，在太初创造万物之先，就有了我。从亘古，从太初，未有世界以前，我已被立。没有深渊，没有大水的泉源，我已出生。"这样，拟人化的智慧与神之旁的天上太初之人紧密相关，但是，它也与斐洛和《约翰福音》中的**逻各斯**（Logos）有着最明确的联系。尤其是，作为几乎摆脱了神的东西，智慧是与人子范畴一脉相承的先存（präexistence）场所。

即使所有这些原始资料都渊源于"耶稣复活后"（nachösterlich），它们也是十分新鲜而充满灵性的。但是，这些原始资料并非一定出自前巴比伦流放时期的犹太教。④ 公元前 570 年，以西结在巴比伦过着流放生活，而《约伯书》以及所罗门的《箴言》撰写于公元前 400 年，即在巴比伦流放之后才执笔的。《但以理书》撰写于公元前 160 年，纯属旧约圣经的

---

① 《以西结书》28 章 13 节。
② 《但以理书》7 章 13 节。
③ 《箴言》8 章 2 节。
④ 巴比伦流放时期，指公元前 586—538 年犹太人在巴比伦的囚禁生活。尼布甲尼撒二世摧毁耶路撒冷之后，将大批犹太人掳往巴比伦，其中有先知但以理和以西结。犹太人被流放期间，为了保持自身的民族特性，犹太先知们深入研究犹太教。由于这个缘故，今天人们把巴比伦流放时期视为犹太教的鼎盛时期。——译者

最后文献。甚至前述《以西结书》28 章 12—14 节中的一段话，很可能也是假的。因为这段话大有后来被插入之嫌。或许，正因如此，在推罗王与亚当智天使之间呈现出一幅奇异的混合图像。

因为古代犹太教中并不包含某一天上太初之人的内容，而且这一概念的出现也十分突兀蹊跷，所以人们纷纷推测最初的神子图像必有某种外在于犹太人的根源。甚至人们已经这样记下了神子图像：根据赖岑施泰因[①]的观点，天上太初之人的神话来源于古代波斯，而这种神话直到犹太宗派所期待的未来基督之日才变得众所周知、家喻户晓。[②] 在巴比伦流放以前，即在耶稣出生以前，说不定以色列人就认识先存的亚当。换言之，关于亚当的思想纯粹是从伊朗引进的。

尽管如此，圣经中这一点说得很肯定：大卫的弥赛亚正是耶稣，从而这个弥赛亚就被等同于人子。从后期犹太教中，人们恰恰通过"天上太初之人学说"（die himmlische Urmenchen‑Lehre），将弥赛亚图像加以特别地放大，并且高价兜售。大卫的弥赛亚图像完全没有在超越空间中，即在这个世界的彼岸中休息，然而，它却从大宇宙乃至复合宇宙角度大肆扩展开来。启示录设置了与古代大卫壮丽图像截然不同的场景，设置了新的天、新的地。由于大卫的单纯幼芽已不再适合于这一维度，它就扩大为人的形态中那个先存的本质存在。这样，在几何学的启示录图像中，人的形态与末世论的场景十分相称。

尤其是，**在内容上**，与末世论场景十分相称的东西是**由来已久的**耶和华的"**反像**"（Gegenbild）：即来源于蛇、该隐、约伯的血仇者等家族中的反像。这样，在基督时期，人们获得了太初之人的维度，这之后，《创世记》所描写的亚当的二重显现就开始变得很重要。然而，在《创世记》编辑后期，这种二重性却得不到如实的说明。"神就照着自己的形象造人，乃是照着他的形象造男造女。"[③] **祭司文献**也这样附和着。与此相对

[①] 理查德·赖岑施泰因（Richard Reitzenstein, 1861—1931），德国宗教历史学家、古代语言学家，主要致力于阐明伊朗文化与古代文化之间的相关性，代表作有《希腊时代的神秘宗教》（*Die hellenistischen Mysterienreligionen*, 3. Auflage, Leipzig 1927（Nachdruck Stuttgart, 1973）等。——译者

[②] 赖岑施泰因：《伊朗的神秘救赎》（*Das iranische Erlösungsmysterium*, 1921），1921 年，第 117 页；另参见克拉格林《人与人子》（Kraelung, *Anthropos and Son of Man*, 1927），纽约，1927 年。——译者

[③] 《创世记》1 章 27 节。

照，**耶和华文献**则被置入《创世记》2章4节之中，导入了截然不同的亚当创造过程。在此，亚当绝不是与神相像者："神用地上的尘土造人，将生气吹在他鼻孔里，他就成了有灵的活人。"①

耶和华文献比祭司文献悠久得多②，但是，祭司文献所修订的原始资料就像前者的原始资料一样悠久。区别仅仅在于祭司文献是在巴比伦流放以后编辑整理的，是由以西结、以斯拉、尼希米等人创作的作品。只是有一点并不清楚，那就是，在叙述古代传说中，圣经编辑者们究竟在多大程度上，将新的素材导入了具体情况和特定情况中。具体而言，在祭司文献中，"相像者—亚当"（Ebenbild - Adam）、"光辉—亚当"（Glanz - Adam）等很可能是在巴比伦流放以后，先知们从伊朗引进的。但是，这些说法是大可怀疑的，因为祭司文献中的这段话根本不是被插入的。在此，就像具有神的形态的天上太初之人一样，耶和华的唯一性和崇高性等也一仍其旧，没有丝毫变动。因此，在此一种极富颠覆性的古老神话在起作用。也许，这种神话同样来源于伊朗和古代伊朗。但是，并不能因此就像从前的伯塞特③一样断言，这是"以色列思想世界中闻所未闻的、全新的东西"④。

这里的问题并不是祭司文献是否被插入了神的相像者图像，而是这样一个问题，即为什么这一文献没有远离或诽谤这个相像者。这个问题等于天国之蛇的话："你们便和神一样。"因此，在圣经中，关于天国亚当的学说（作为人的原型）同样属于大西洋上耸立的亚速尔群岛。就是说，在圣经中，反对神正论传统的颠覆性要素丧失殆尽，然而，关于天国亚当的故事依然像山峰一样屹立在其中。

在晚期犹太教时代，人们随时都会注意到，亚当的二重性故事特别意味深长，耐人寻味。一部分人倾向于把这一故事与弥赛亚的人子区别开来，而另一部分人则倾向于把这一故事与弥赛亚的人子联系起来。因此，如今在后一部分人那里，**人子 = 弥赛亚**，而这一等式**直到耶稣那里，才获**

---

① 《创世记》2章7节。

② 如前所述，耶和华文献出现于公元前9世纪，祭司文献则记述于巴比伦流放时期。——译者

③ 威廉·伯塞特（Wilhelm Bosset, 1865—1920），德国新教神学家，早期主要研究犹太主义原始基督教，后期主要研究希腊文化和东方文化对犹太教及基督教的思想的影响。——译者

④ 威廉·伯塞特：《新约时代中犹太教的宗教》（*Die Religion des Judentums in neutestamentlichen Zeitalter*, 1903），1903年，第251页。

得了完全突破性的联系。耶稣死后约 20 年,斐洛的代表作《寓意解经法 Ⅰ,12》①还不能从圣经角度解释亚当的二重性,所以这本书试图从思辨角度先行解释《创世记》的内容。在与亚当有关的充满矛盾的《创世记》文本中,斐洛令人震惊地很快识破了基督教的秘密。在首创相像者亚当那里,他一眼就看出了天国的亚当或太初之人本身的秘密。在此,斐洛认为,虽然亚当还不是弥赛亚,但是,由于亚当决定性地出生于天国,所以他十分接近于神的形态。

不仅如此,斐洛的"弥赛亚—逻各斯"(Messias – Logos)也不是"神性存在的复制品"(如果没有这种弥赛亚—逻各斯,《约翰福音》以及保罗书信中作为"逻辑"开端的基督图像是完全不可想象的)。这个神性存在就是"首次出生的儿子"。他是把人与神灵联系在一起的"高级祭司",他是"作为不可视的神的寓所的可视的神"。这一切都已经预备了"**人子**"**这一特有的、基督教的**称号,但是,同样将耶稣基督与天国的亚当有机地联系起来。在此,对于人子的现存问题具有决定性意义的是《约翰福音》3 章 13 节:"除了从天降下仍旧在天的人子,没有人升过天。"尤其是,《约翰福音》17 章 5 节:"父啊,现在求你使我同你享荣耀,就是未有世界以先我同你所有的荣耀。"

如前所述,保罗本身未曾使用"人子"这一措辞,但是,在其书信内容中,他意欲某种十分明确的东西,即意欲某种背景性的东西:从但以理以来,从《创世记》1 章 27 节以来,按照神的形象所创造的太初之人亚当。因此,在《哥林多前书》1 章 15 节中,保罗这样论及了耶稣与亚当之间的关系:"他具有与不可视的神同一的形象,是在一切被造物中头一个出生的人。"在《哥林多前书》15 章 47—49 节中,他又这样写道:"头一个人是出于地,乃属土。第二个人是出于天。那属土的怎样,凡属土的也就怎样;属天的怎样,凡属天的也就怎样。我们既有属土的形状,将来也必有属天的形状。"

当然,在保罗那里,第一个人并非斐洛所说的那个亚当,而是"自然生命所创的虚弱的亚当"。可是,基督不是"最初的亚当存在"(Protos),而是"最后的亚当存在"(Eschatos):"末后的亚当在精神性生命

---

① 斐洛的代表作《寓意解经法》(*Legum allegoriae*),共 3 卷,是关于旧约圣经《创世记》2 章、3 章的解说。——译者

中所创造。"① 但是，保罗这个所谓"最后的亚当存在"实际上是斐洛的"最初的亚当存在"或"天国人的形象"。因为保罗将虚弱不堪的亚当的原罪以及一切人的罪恶都重新转回到"原初光辉"（Urglanz）的本身之中。最后的亚当从黏土团中解放出来，被重构为神的相像者，借助于此，他到处都退回到那个虚弱无力的亚当的背后："在亚当那里众人都死了。照样，在基督里众人也都要复活。"②

与此相并行，在《罗马书》5 章 11—20 节中，出现了关于这种创造的再整理。罪恶、死亡、律法，凡此种种都属于软弱无力的亚当在尘世中必须遵守的秩序。与此相对照，正义、生命、恩宠，凡此种种都是与神相像的亚当在天国里必须遵守的秩序。在此，占统治地位的是，通常建立在旧的启示录基础上的下述前提：在"复原"（Apokatastasis）意义上，末世相反地重复史前时代的各种事件。作为一种弥补，这种复原正是对**弥赛亚主义**具有决定性意义的东西。与这种弥赛亚主义一道，一种新的、从未谛听的、闻所未闻的激情持续发酵，永无止息。按照保罗的说法，此时这种弥补精确地制造新的东西、最终击中光的相像者的东西、神的形态等。

在《彼得前书》1 章 20 节中，耶稣作为太初之人再现："基督在创世以前是预先被神知道的，却在这末世才为你们显现。"耶稣乃是肉化的太初之人，他与神齐肩并立，随后作为神的王国的王位继承要求者出现。作为尘世之前的人的实体，基督存在与他的追随者们一道，在世界之后还会继续得以保存。耶稣基督将接受神的王国本身的遗产，并把它变为一种人的财富。

这是末世论的大宇宙—元宇宙图像，从中设置了大卫之子。这种大宇宙乃至元宇宙最终成为"**巨人**"（Markanthropos），即伟大的人本身："直等到我们众人在真道上同归于一，认识神的儿子，得以长大成人，满有基督长成的身量。"③ 作为一个新世界的尺度，这个基督的尺度不再适用于一个旧世界，即与人的本性格格不入的、不可捉摸的那个耶和华的世界。对此，约伯的朋友还会说道："主的智慧高于天，你还能作什么？深于阴间，你还能知道什么？"④ 这样的话语包含着对人的极度蔑视和对神的不

---

① 《哥林多前书》15 章 45 节。
② 《哥林多前书》15 章 22 节。
③ 《以弗所书》4 章 13 节。
④ 《约伯记》11 章 8 节。

可知论，对此，《以弗所书》的作者作出了坚决的回应，其根据是，对"巨人"的高度信任以及从中显现的人性的恰当尺度乃至基督的内在秘密。"能以和众圣徒一同明白基督的爱是何等长阔高深。"① 归根结底，唤起信仰的东西是人的伟大，即他的秘密，**无论向前还是向后，这种秘密都与人相距甚远**。

毫无疑问，人们对由黏土创造的人并不感到安慰。作为回归的亚当，耶稣理所当然地被想象为第一个相像者。是的，存在关于人子的第二条路线，即使这条路线沿着耶稣而过也罢。在这种情况下，暗示某种十分奇特的富于乌托邦意义的教训：人子原型被转移到耶稣，确切地说，转移到摩西自身之中的基督。

犹太人的图画小说集《哈加达》千方百计地将太初先知们先存化。雅各在夜的幻影中，看见天使在梯子上上去下来②，原来是摩西和亚伦。在"摩西升天"之际，太初先知们的提升达到了顶点，这种怪诞不经的内容见之于公元1世纪的伪经之中。③ 这本书以十分明晰的笔触，毫不含糊地将摩西等同于"天国的亚当"。在《哈加达》1章12节中，摩西对耶和华这样说道："因为主为了自身的法则（其他版本是为了自己的人民）创造了世界，但是，在世界开始之际，主所创造的头生子并没有显现出来……因此，主发现并选定了我，从世界开始之际，主就为此作准备，即让我成为一切团体的调解人。"摩西一如往日的威严显现在他告别世界之际，耶和华说给他的一番话中："所有死者都按其大小得到地上的坟墓，但是你的坟墓从日出的地方延伸到日落的地方，从南部边境直抵北部边境：全世界都是你的坟墓。"④ 在此，摩西是内在于世界的太初之人，而用耶和华的话来说，这个内在世界之人乃是庄严地被载入世界史册的太初之人。

然而，另一部早期的伪经文献认为，摩西压根就不具有任何自然本性，甚至不再具有必不可少的肉体化。在公元前2世纪用埃塞俄比亚语保

---

① 《以弗所书》3章18节。
② 《创世记》28章12节。
③ E. 考茨施编：《旧约的伪经及伪书》第二卷（*Die Apokryphen und Pseudoepigraphen des A. T.*, von Emil Kautzsch, 1900, II），1900年，第311页。
④ 《哈加达》11章8节。

存的《以诺书》①中，以诺就像大卫一样，注视有形有状的太初之人，而这个太初之人就是很久以前生活在天国的先存的存在。但是，在公元前1世纪刊行的晚期插图故事中，这个太初之人接任了弥赛亚这一显赫职务。于是，天国的亚当成了传达者，即新的永恒时间的传达者。他与人的神圣目标，即与尚未实现的创世记的第一个永恒时间相协调。此外，人子的表达方式也不再消失于犹太教的启示录之中。天国的亚当活跃在《以诺书》《以斯拉书》4章以及《巴录启示录书》②中。

如今，在犹太教经师的文献中，尤其在晚期犹太人的神秘文献中，太初之人的图像（Urmensch – Bild）栩栩如生、节节攀升，达到了登峰造极的地步。太初之人被等同于最悠久的、最后的人的光辉（Mensch – Glanz）。但是，对亚当-弥赛亚的自我崇拜与对耶和华的绝对崇拜几乎无关。因为这个时期人的图腾信仰比基督教信仰具有更强烈的影响。在《塔木德》中，第一个亚当被描写为一个巨人，他的身高可以装满天和地。

甚至犹太神秘主义文献卡巴拉也把"亚当卡蒙"（Adam Kadmon）③教导为本真的世界秘密以及解释这一秘密的钥匙。作为卡巴拉的核心文

---

① 以诺（Henoch），亚当第三个儿子塞特的子孙，雅列之子，诺亚的曾祖父，与该隐的儿子以诺同名，见之于《创世记》5章。以诺被视为人类史上连同肉身升天的三人之一，另外两人是以色列动乱时代的先知以利亚和基督耶稣。《以诺书》（Henochbuch）被基督教列为一部亵渎神的旨意的伪经，吸收各个时代的末世论内容，成书于公元前3世纪。基督教与犹太教学者认为，在《以诺书》中，记载了以诺在与神同行的三百年中所见到的许多异象与启示。《以诺书》描写了以诺被逐出天国的过程以及天国与地狱的内容。特别是第21章收录了对地狱的可怕描写，这对于后来的基督教独断论以及犹太教末世论的发展产生了巨大影响。《以诺书》用埃塞俄比亚语、斯拉夫语、希伯来语等文字写成，但保存最完整的当属埃塞俄比亚语文本。——译者

② 《巴录启示录书》（Baruchapokalypse），原文为希伯来文，约写于公元前100—50年间，现存希腊文本亦称《希腊文巴录启示书》（Die griechische Apokalypse des Baruch），共17章。全书系一封假托先知耶利米的书记巴录之名，写给被掳去巴比伦众民的公开信，记录了巴录被带上五层天的神奇经历，书的内容与《以诺二书》有类似之处，时期也大抵相同。内容包括为民族痛悔的祷文，一篇歌颂智慧的诗歌和哀叹当前灾难、预示将来拯救的预言。——译者

③ 在希伯来语中，"亚当卡蒙"（Adam Kadmon）的意思是"根源人"。根据卡巴拉和《哈加达》的描写，尘世人早已丧失了原本处在神之旁的亚当卡蒙的三个特点：智慧、荣光和无名。亚当卡蒙被解释为"生命之树"这一卡巴拉神秘主义的核心象征，这一点不仅被用作为小宇宙的人的心理，也被用作为大宇宙的宇宙地图。卡巴拉主义由10个数字（Sephirot）组成，而这些数字与作为22个节点的道路相连接。生命之树形成为三个柱子，具体划分为同感（2，4，7）、坚韧感（3，5，8）和均衡感（1，6，9，10）。——译者

献,《苏哈尔》①这样写道:"人的形态是天上地上一切事物的原始图像。因此,他选择神圣的父亲(神)为自身特有的形式。"亚当卡蒙既是大宇宙,也是神的模式。卡巴拉划分为 10 个数字(Sephirot),就是说,划分为 10 个灿烂的神性属性,使其完全从解剖学角度分配到亚当卡蒙的形态上。现在卡巴拉把这些神性属性分发给全然属于某个"巨人"的那个"大宇宙"。例如,"王冠""智慧""知性"担当原始形态的头颅和脖子;"美丽"担当胸部;"爱"掌管右臂;"正义"担当左臂;"基础"担当生殖器官;"强力"担当左腿;"光辉"担当右腿;"王国"担当脚,如此等等。

此外,卡巴拉还利用离奇古怪的语文文献学,把自身的亚当卡蒙作为存在开端的替代品置入圣经本身中。《创世记》1 章 27 节中记录了第一个亚当的创造过程,他是第六天之末被创造的。圣经以这样的话开头:"起初神创造世界"(bereschith bara elohim)。但是,一旦元音发生变化,这个"深奥的"句子就变成另外的句子:"他创造公绵羊,他创造伊洛欣(神性暴力)"(bara schithbara slohin)。于是,这个"他"创造唯一神(Ainsoph),创造原始虚无,一边创造某物,一边发出光芒。但是,**公绵羊**(schith/Widder)代表亚当卡蒙,而伊洛欣代表十个数字,即**亚当卡蒙**的世界肉体的区域范畴。

这一切故事都纯粹是想象,但是,它们都引人注目地反对虚无中软弱无力的亚当以及用黏土制造的亚当。换言之,这些故事都反对正统意义上的耶和华创世说,反对所谓人只不过是深渊下面的蠕虫的说教。在这种背景下,非人性的东西,确切地说,无法探究根底的东西就是独一无二的"唯一神"、作为虚无的某物、孤零零的神圣的原始虚无,而在这种原始根源的黑暗中,亚当卡蒙丧失了自身的头部。关于亚当卡蒙的理论经常吸收新柏拉图主义和圣经的词汇及素材,因为它与前者的流溢说体系以及后者的《创世记》(源自卡巴拉神秘教义)②有着千丝万缕的联系。

---

① 苏哈尔(Sohar),语源上具有光辉之意,《苏哈尔》(der Sohar),又名《光辉之书》(Buch des Glanzes),卡巴拉的重要组成部分,13 世纪首次被发现于西班牙,共 5 卷,主要内容包括:创世的秘密、生命之谜、个人乃至全宇宙人类的命运预知术、改变命运的秘法、收藏在圣经内的秘密、神与魔鬼的奥秘等。——译者

② 卡巴拉神秘教义出现于大约 5000 年前,即当人类开始追问其存在的意义时;《圣经》本身显示《希伯来圣经》从摩西带领以色列人出埃及时开始撰写,直到耶稣降生前大约 500 年完成,前后经历大约 1000 年左右。——译者

但是，在此重要的是，亚当卡蒙的理论特别接近于**激进的拜蛇派**（这个教派的追随者是唤醒梦中亚当的、崇拜天国之蛇的教徒）的"人—逻各斯理论"（Anthropos – Logos – Lehre），就是说，这一教派以蛇与人的关系重现了这一理论。最终，这一教派也把蛇的精神描写为"巨人"，确切地说：这个巨人处于被阻挡的、被掩盖的世界的天国中。甚至，天国之蛇——太初之人也是天国的俄刻阿洛斯[①]或约旦河。对此，圣经这样描写道："有河从伊甸园流出来滋润那园子，从那里分为四道。"[②] 另外，那个河的源头的伊甸园是巨人的头脑，它为天穹所紧紧环绕，仿佛人的皮肤和衣服紧紧围绕人的身体。用人的身体表现天国，这是令人惊异的想象。人的形态本身就是幸福国度、天上乐园，这个乐园离神的王冠**十分遥远**，从而它被合并到太初之人当中。

虽然亚当卡蒙是栖息在神之中的宇宙，但是，这个宇宙却是**现在这个宇宙的永恒时间被废除之后剩下来的**那个宇宙。现在的世界接受自身不属于其中的某个空间。一旦现在的世界发生了真正的改变，其形态就是古代弥赛亚主义大宇宙的人。这一惊人的、人的形态的希望思维重新贯穿于卡巴拉神秘教义中，但是，这种思维不仅是生命之后的凯旋学说。而且还是尘世之后的凯旋学说。就此而言，它从启示录视角把诺斯替派的复活与现世有机地结合起来。

最重要的诺斯替主义者瓦伦提努[③]这样传教说："从一开始，你们就不死，因此成为永恒生命的孩子吧。必须把死亡分配给你们，用尽死亡，直到使其溶解。这样，死亡就在你们之中，并通过你们而死灭。因为**如果你们溶解自身未被溶解的那个宇宙，你们就支配被创造的世界，支配所有倏忽即逝的东西**。"[④] 通过这一过程，不但现今世界会发生改变，而且代

[①] 俄刻阿洛斯（Okeanos），希腊神话中的海洋之神，"海洋"（Ozean）一词渊源于此。——译者

[②] 《创世记》2章10节。

[③] 瓦伦提努（Valentinus, 100—153），诺斯替派领导者之一，早年曾参选教皇失败，受当时罗马基督教正统派的排挤。他认为，从神散发出一系列的东西，包括第一个四对（First Ogdoad，四组），并将人区分为三类：第一类是属肉体的人，他们是陷于自然与肉体中的不信者（hylics）；第二类是属魂人，是靠心智生活的一般基督徒（psychics）；第三类则是属灵人，也就是诺斯替派信徒（pneumatics）。——译者

[④] 瓦伦提努：《亚历山大的克莱门特讲述，基座Ⅳ》（Valentinus, *Überliefert durch Clemens von Alexandria, Stromata* Ⅳ），第13页、第89页。

替这个世界的创世者原理和维护者原理也会发生改变。于是，"人的神性拟人化"（Menschen – Hypostase）就合并到新的天和新的地中去了（如此而已，岂有他哉）。在这种人的神秘主义中，就像神的崇高特性不断消失殆尽一样，古老的天赋图像也日渐遗忘殆尽。这种人的神秘主义也拥有最优美的、最持久的祈祷形式，即旨在克服任何无神论的祈祷形式。

在一部伪造的《夏娃福音》①中，就存在那种无神的祈祷。在此，祈祷者渴求作为与人子合一的最富于人性的神秘结合（Unio mystica）："我是你，你是我。我就在你常在的那个地方。我已经在一切生命体中播下了种子。无论你来自何方，只有你愿意，你都能收获我。但是，当你收获我的时候，你也收获了你自己。"这种你我合一的最崇高的信任关系乃是伪造的《夏娃福音》中一个脍炙人口的警句。② 这种信任关系格外亲密生动，但其中并不包含所谓"天父—我们的"祈祷，有的只是与一种"未被认识的人"（Anthropos Agnotos）的完全协调一致，而这种人应是从被遗忘、被分散的宗教图像中经过收集之后留下来的唯一本质。由此可见，在这一宗教运动中，对同一性的渴望恰恰再现为"巨人"，而这个巨人不再作为世界的形象而是作为王国的形象再现。

29. 人子的伟大也消失了，王国是"微小的"③

但是，如何才能使这样大幅延伸了的"巨人"本身出现在眼前呢？任何人，甚至任何生物都属于自身特定的大小（Maße），在此它对我们已经习以为常。与对无生命的素材所持态度不同，我们对自身特定的大小充满信任。例如，一座丘陵看上去像一座山峦，一座山可以直冲云霄，以至于成为一座日渐雄伟挺拔的山脉。但是，这一点并不适用于"巨人"亚当。如果像犹太学者们所仰慕的那样，亚当果真高大得足以装满天和地，那么他就不是一个人而是一个怪物了。熟悉人性的东西（Vertraut – Hu-

---

① 此处《夏娃福音》（Eva – Evangelium）指1896年，一个德国学者在埃及开罗集市上发现的用科普特语撰写的抹大拉的玛利亚福音，现收藏于柏林博物馆。——译者

② 参见 P. 文德兰《希腊罗马文化，第二卷》（Paul Wendland, Die hellenistisch – römische Kultur, 1912, II），第298页。

③ 在考察宗教的本质时，重要的并不是形态的大小而是意向的强度。据此，布洛赫试图把基督教的动态功能解释为基督教神秘主义。渴望人子的心灵就像星星之火一样燃烧，这火焰虽然微小，但它植根于"巨人"这一动态能量的基础中。——译者

mane）可以忍受向上攀缘提升，也可以忍受九霄之外的天国之旅，但是，它无法忍受漫无边际地扩展某一宇宙的、天国的大小。

其结果，关于"巨人"的思维完全走向自身的极端反面：走向一种星相神话。于是，星相神话不仅闯入迷信世界中，也闯入大宇宙与小宇宙的著名等式中。例如，斯多亚学派率先系统地考察了这种等式。但是，追本溯源，这种等式根源于关于"巨人"的思维。人是小型的世界，世界是大型的人。然而，为了宇宙的缘故，这种类推肆意取消了人的基础。在巴拉塞尔士那里，人是宇宙暴力的"精髓"，他包含了高度凝缩的一切事物的本质。但是，借助于此，这种同质的世界主人不也是世界的单纯镜子吗？

小宇宙学说与巨人理念一脉相通、息息相关。但是，在此很能说明问题的是，这种学说不是出现在高度信任人的文艺复兴时代，而是出现在昔日重视宇宙存在的时代里。例如，希腊化时期的斯多亚学派凝神专注于世界虔诚，而后巴拉塞尔士、列奥纳多·达·芬奇等则凝神专注于人的存在。由于自身焕然一新的大宇宙的巨大维度，小宇宙的大宇宙范围得以重新获得那个硕大无朋的、怪物般的存在。于是，作为原始精神，这种存在对浮士德这样说道："它等同于它所理解的精神，但并不等同于自身。"

另一方面，值得注意的是，尽管关于巨人的理念归于没落，但是，肯定不像在宇宙地形学中那样重现在系统迷信之中，这一点尤其在斯维东堡①那里得到了确证。在《一个视灵者的梦》②中，康德以令人震惊的口吻大肆嘲讽了这位魔术家的见解和面貌。斯维东堡狂热地到处寻求世界空间中的"巨人"，对此，康德讽刺说，极富教益，很有特色。之所以极富教益，是因为斯维东堡不仅十分冷静，而且也显示了人的尺度的本能，而这种神秘的本能本身就是抵抗内向性的**世界巨像**（Weltkolossus）。在尖刻嘲笑斯维东堡的心灵理论和精神理论（这些理论已经是一种宇宙结构学理论）之后，康德继续写道：

---

① 斯维东堡（Emanuel Swedenborg，1688—1772），瑞典哲学家、宗教作家、神秘主义者和心灵学家，他所追求的集团灵魂共同体使人联想起卡尔·古斯塔夫·荣格的集团无意识。——译者

② 康德的《一个视灵者的梦》（Träume eines Geistersehers, erläutert durch Träume der Metaphysik）发表于1766年。在此，康德不仅批判了斯维东堡关于灵魂及其运动的观点，也批判了克里斯蒂安·沃尔夫的僵死知性观点。——译者

这样一来，各种各样的力量和能力构成灵魂或内在的人所拥有的那种统一……。并且，将构成这样一种社会性，即表明某个巨人本身特异性的社会性。特别是，在这样的阴影图像中，一个视灵者能够看见特定场所以及表面四肢中的一切精神。这种精神的日常工作与某一精神躯体的特性十分相称。但是，社会性以及这一切非可视存在的全部世界最终都重新显现在最伟大的人的特异性之中。①

我们已经注意到，康德对斯维东堡的嘲弄并非毫无瑕疵、无懈可击，而且，这种嘲笑也仅仅关涉他自己的立场。这不仅是因为他刚好援引了这段话，也因为他所援引的正是斯维东堡的巨人理念。在康德的表述中，这一作为巨人的理念重新显现出来。只要这个巨人同时具有宇宙特性，康德就按其形式和幻想，把他理解为庞大的宇宙存在。实际上，这种康德式的讥讽十分幼稚可笑，就像在一个端坐的处女面前描画一幅完整大陆的图像，而这正是星相神话。这是用梦的图像制成的宇宙图像：在整个世界中仅仅设定人的面貌。在此，再次出现一种宇宙怪物。斯维东堡就这样赋予既定宇宙巨人以人的特性。

当然，斯维东堡最终放弃了所谓巨人装满空间，甚至装满宇宙空间的立场。他毋宁认为，巨人由灵魂或精神这一单纯的关系组成。因此，在这一点上，斯维东堡从宇宙视角扩大了人的图像风景，即在人子图像中描绘了一条巨人的出口。虽然他的立场类似于宇宙结构学，但是，他为重建巨人图像开辟了道路。**由单纯的社会性组成的亚当卡蒙图像甚至是对另一个、现世以后的巨人理念的回忆：即对基督肉体和王国的回忆。**

对基督肉体和王国而言，康德的这种讥讽是无效的，而且这种讥讽也与此毫不相干。因为社会性原本就显现在某一伟人乃至最伟大的人的特性之中，而且，这一点反复出现在具有神秘主义背景的康德的伦理学之中。在康德那里，社会性是思维世界中市民阶层的固有本性。按其道德特性生活的人们就属于这个世界的成员。因此，从人类的道德、宗教关系上看，思维世界的人本身就具有思维的人的形态。唯当把巨人的形态图像理解为这种终极关系的乌托邦时，这种图像才能重新获得自身的真诚性。这样，我们就能排除宇宙怪物的联想，超然于斯维东堡的"巨人"理论所显示

---

① I. 康德：《选集》，第二卷（I. Kant, *Werke* II, 1867），哈滕斯坦，1867 年版，第 327 页。

的那种无益的、无聊的狂热以及空洞的类比。

在此，巨人形态是一个目的图像。在亚当卡蒙之名下，犹太学者们十分认真地思考了作为始末的阿尔法与欧米茄。他们之所以思考作为开端的阿尔法，是为了注视贯穿于整个创造过程的**最后的欧米茄**。归根结底，巨人是世界之末的首脑，是未来王国的雏形。在此意义上，伟大的人道主义富于幻觉和生命力，它完全有理由继续存活在基督教思辨之中，但是，这种思辨已不再以宇宙为中心，而是以人的信任为基础。

所以，巴德尔①这样写道：

> 在头脑中居住着形成一切肢体的精神。按照保罗的说法，每个精神都作为单个肢体发送给我们，这种精神就是形体理念，据此，每个肢体都借助于头脑和其他肢体而得以形成和成长。正如《以弗所书》4章13节所言，如果时代就像我们众人一样长大成人，那么，在未来作为人子的神的儿子就能装满被创造的宇宙全体，并且会这样继续存在下去。就是说，一旦人的巨大肉体以及所有肢体都为头脑所充满，从而肉体完全为精神所扩散，人子就能实现上述预定目标。②

这样，人子并不像世界一样变大，而只是像世界的"精髓"一样变大，或者像所需的"一者"（Das Eine）一样变大。

但是，在我们的内心深处，上述内容进一步化为另一种宁静的伟大性。作为孩子的耶稣并未占据太多位置，然而，他却赋予信仰者一种凌驾一切、至高无上的印象。我们不可遏止地接近人子，从中可以感受到一种难以割舍的亲密性。即使没有雷鸣闪电般的权威，我们也能切身体会到这种亲密性。虽然这里横亘着未经测量的广袤空间，但这绝不是不可测度的空间。在王国并不包含奇形巨兽，也不包含龙形怪物。这是人子统治的国

---

① 巴德尔（Franz Xaver von Baader, 1765—1841），德国宗教哲学家，神学家、天主教平信徒，视野开阔，思想涉猎尤其广泛，包括神学、哲学、神秘学、宗教学、社会学、政治学、经济学等，并将黑格尔思想与托马斯·阿奎那思想加以整合。自称其思想为"生命、爱、自由与祈祷的哲学"，有名言"我被（天主）思念，故我得以思想"（Cogitor ［a Deo］, ergo cogitans sum）。著有《思考的酵母》五册（Fermenta cognitionis Ⅰ－Ⅴ, 1822—1825）、《思辨信理神学》（Dogmatica speculativa, 1827—1828）等。——译者

② 巴德尔：《选集》，第4卷（Baader, Werke, Ⅳ, Leipzig, 1851/60），莱比锡，1851/60，第352页。

度，在此，最后的巨人并不与现存世界及其扩张的世界相互竞争。

这种总体地被设想的人子停留在"邻近"（Nähe）的尺度之中。正因如此，虽然他停留在但又不停留在这个现存世界之内**现存既定的**人的尺度之中。这一点最终表明了希腊诸神所谓人神同形论与新约圣经中人神（Menschengott）之间的显著差异。古代希腊人根据自然主义形态，仅仅接受既定的人，他们把这种人规定为关于肉体化的守护神的框架。他们甚至没有以其最起码的超越的表达方式接受既定的人，与此相对照，神被理解为十分华丽的人类动物（Menschentier），亦即美丽的、有限的、一目了然的存在。由于"自然性"，宗教性动物图像的从前秘密就最终消失无踪了。这样，如今依然神秘莫测的、唯一的希腊神的图像就是美杜莎。①

甚至古代耶稣的图像也被打上了自然主义的烙印。例如，俄耳甫斯这样善良的牧者的面貌，或者留着胡子的基督的面貌等很可能都仿造了菲迪亚斯②雕像中年轻化的宙斯的形象。但是，这些复制品并不反映基督思维的肉体及其头部意义上所呈现的人本主义的特征。这些复制品并没有想到神秘的太初之人中意味深长的"人性"（Humanum）特征，也很少意识到作为宇宙巨像的亚当卡蒙的人之为人的品格。但是，与此相比较，基督的人性特征受到了更彻底的无视和轻蔑。

就宗教类型而言，所有关于神人同形论的古典的、古典主义的思维图像都缺乏一种人性特征。古代人不仅对这种特性十分陌生，而且也完全意识不到这种特性。换言之，在古代**神人同形论**中，完全缺乏"未被认识的人"（Anthropos agnostos）这一开放的尺度。由于这个缘故，借以准确测量人子及其最后空间的所有思维图像都外在于古代神人同形论的地盘。例如，这一点特别突出地表现在黑格尔关于人子的思维图像中。尤其是，黑格尔认为，作为基督教思想核心的人性概念是从长期的诸神统治过程中一点一滴获得的。"在这一切历史中，人们终于意识到了并且他们确实意识到了这样一个真相：神的理念赋予人们一种确信，即人是直接的、现存

---

① 美杜莎（Medusa），希腊神话中的蛇发女妖，从前她是一位很艳丽的美女，但由于过度自大和自信，竟站在雅典娜面前高声大喊自己比神都美丽，于是，她就旋即被变成了一个令人生畏的女妖。——译者

② 菲迪亚斯（Phidias, B. C. 480—B. C. 430），古希腊的雕刻家、画家和建筑师，被公认为最伟大的古典雕刻家。其著名作品为"世界七大奇迹"之一的宙斯巨像和帕特农神殿的雅典娜巨像，两者虽然都早已被毁，不过有许多古代复制品传世。——译者

的神。"①

尽管如此，在人子中，主体谋求某种被物化的固定物，从而总是拒收或取消自身自我意识中的神的理念。因为黑格尔的宗教主体同样不具有人的秘密边缘，所以，它同样安居于现存的人、现存的共同体、现存的世界的尺度之中。实际上，他关于神的理念并未摆脱等级森严、井然有序的天父信仰。在黑格尔的早期神学作品中，许多语句都深刻而真实地表述了被异化的客观神。"时代精神在神的客观性中显现出来。时代精神不是根据某一尺度通向无限性，而是渡过我们为之陌生的世界，虽然我们未曾参与这个世界的某个区域，但是，在此我们会乞求我们深深埋入其中、魔术般地卷入其中。这样一来，人自身就成为一个非我，他的神性就成为另一个非我。"②

但是，黑格尔从异化中召回的自我和自为存在（Fürsichsein）本身就是一个被物化的固定物（Fixum），其中带有自身的历史、封闭性和对象性。黑格尔的人性，即"实质性意志的王国"（Reich des substantiellen Willens）最终在国家中堕落下去。黑格尔的宗教并没有解救人性，甚至连一次都没有识破人性的本质。其结果，在约伯的叛逆、人子理念以及人性认识等宗教领域里，他的古典人道主义同样远远落伍了。其结果，"也许人比神更好"这一核心思维就被抛诸脑后了。于是，基督教实际上沦为关于人子的美丽的、一目了然的宗教。就像在黑格尔那里一样，所谓宗教永远是"人与神的和解意识"。

与此相反，在众所周知的人的尺度中，沸腾的王国宗教并不召回神性存在，但也不无条件地与神和解。恰恰相反，人子及其空间具有**前所未有的人**的特征。这种王国宗教几乎与现存的主体形态南辕北辙，背道而驰。这就像人子及其空间与现存宇宙的巨大尺度分道扬镳、各奔前程一样。进言之，"未被认识的人"与耶和华理念中那种恶劣的不可测量性毫不相干。相反，在此油然产生一种宁静的、秘密的伟大性。是的，与神秘主义者的想象不同，巨人是微小的存在。充满悖论意味的是，正是这个微小的存在（Kleinheit）能够把人子变成巨人。

当然，这个微小的存在并不是与每一个巨大的存在正相反对、格格不

---

① 黑格尔：《选集》（Hegel, *Werke* Ⅻ, 1832），1832 年，第 253 页。
② 参见海姆《黑格尔及其时代》（Rudolf Haym, *Hegel und seine Zeit*），第 481 页。

入的存在，相反，它是一个十分切近、深入人心的存在。对于一者（Ein-en）这一存在的本质而言，这是必不可少的存在。这是**被填满的瞬间的微小存在**，作为"神秘合一"（Unio mystica），它预先显现在宗教领域里。这种瞬间随时随地都保存着所有人性要素，或者在"现在和在此"（Jetzt und Hier）中保存着开放的现实。在基督教神秘主义者中，对上述微小存在的宗教延伸恰恰意味着王国。这个王国正是约伯所注视的报血仇者之后的大地，第二以赛亚的宛如奇迹般的大地。"耶和华救赎的民必回归，歌唱来到锡安；永乐必归到他们的头上。"①

永恒的和平正是这种东西。这里面凝结着所有基督教的神秘愿望，而这些愿望不再附带着外在的、巨大的对象性，不再为令人陌生的东西所缠绕。这里面已经根除了耶和华想象中那种专制的伟大意义，但是，在出走之神名义下所设想的耶和华的精神却获得了一种没有神的、一种人的效应。就耶和华神而言，在此留下了一种根本未完结的、本身就无法解决的问题。据此，无论从形式上还是从内容上看，人子所插入的谜语都是取而代之，即夺取耶和华的地位而由自己代替。然而，根据人子最本真的愿望诉求，他与耶和华的关系是没有得到完全解决的关系，是一种尚未得到充分解决的结论。

30. 人子的称号是末世论的，后来的"主—基督"称号仅仅是为了狂热崇拜②

一切与教会的意图不合拍的东西统统被置之度外，使其变成安全无害的东西，就像过往云烟般消失无踪。这样，圣经中好些棘手的警句就大事化小，小事化无。例如，王国以及骆驼与针孔的比喻就不再是讨论的对象。尤其是，耶稣自称是"人子"，这句话却使人感到格外陌生异样。耶稣从未想成为主，然而，人们把人子想象为至高无上的主。"人子"这个词在阿拉米语中原先的意思再简单不过了，那就是"用两腿走路"；然而，这个词后来却被赋予了太多的引申意义。

---

① 《以赛亚》51 章 11 节。
② 在本章中，布洛赫阐释了人子之中蕴含的革命末世论，拒斥了作为主乃至世界支配者的耶稣图像。所谓"主"乃至"至高神"的理念与耶稣的思想毫不相干，究其本源，这只不过是在教会传播过程中导入的一种蜕变的基督教权威主义理念而已。——译者

实际上，威尔豪森认为，在阿拉米语惯用法中，人子的表达方式不外乎是表明每一个单个人（与作为属的人相区别）。例如，在我们的语言中，家畜一词就带有属的意义。当我们标明属的一部分，或者标明家畜的一部分时，我们就用单个的或若干家畜等表达方式。根据威尔豪森的观点，这种惯用法绝不适用于耶稣的称号。正是在希腊语翻译中，人们把人子错译成"正是那个人的儿子"（υιός του ανθρώπου），从此就像面具人诵念摄魂符咒一样，这个词唤起了许多假说，惹上了许多纠缠不清的麻烦。[①] 这样，人子就不再如此讨厌地、独立地与"神子""主"相互竞争，以至于人们很容易相信是天上的神把"神子"派往了人间。然而，如上指出，在阿拉米语中，人子用语绝不是流行用语，毋宁大都呈现在古代的诗作中。因此，人子能够拥有非同寻常的术语意义。在《但以理》7章13节中强调了人子的意义，但是，这种意义恰恰不是涉及单纯语法学上的问题，而是涉及围绕人子图像的思辨问题。

"人子"一词就以这种方式以讹传讹，越传越错。由于这个缘故，这一点尚未得到明确阐明，那就是，人子这一表达方式来源于耶稣最深远的立场，即耶稣的内在自豪感。人子不是源自弟子们的虚构或传播。因为不是弟子们称作耶稣为人子，而是耶稣自己自称是人子。在他那里，任何称呼都没有像人子的称呼一样如此频繁。无论如何，在此具有决定性意义的是，人子里面带有"人"这一核心单词，并且，在其表达方式中带有惊人的"新东西"（Novum）、"被隐蔽的东西"（Absconditum），即从中标示了另一条路线：与司空见惯的那种专制的、所谓合法的"神子"称号截然不同的另一种基督地形图。

所谓"神子"一词源远流长，从宙斯的无数私生子一直延伸到亚历山大的新埃及的神子。相比之下，人子除了部分地在巴勒斯坦原始基督教共同体中被使用过之外，其他任何地方都未曾使用。当然，不可否认，各种外国思潮对人子概念产生过这样那样的影响。例如，斐洛的中介者——逻各斯——概念是建立在耶和华所创的"第一个亚当"基础上的，于是，这一概念就从"天国太初之人"出发，从族谱学视角汇入保罗的思想以及

---

① 如果耶稣被称作"正是那个人的儿子"，我们就会不由自主地联想起约瑟。鉴于《约翰福音》作者全部消除了所谓处女马利亚受孕诞生耶稣的传说，"正是那个人的儿子"这一译法实属引起巨大误解的误译。——译者

启示录之中。①

然而，这里所强调的重点不是神用黏土所创的第二个亚当，而是天国的太初之人。的确，如同在保罗书信里一样，斐洛的作品中也出现了关于"第一个高级祭司"麦基洗德②的传说。这个传说混合着亚当图像，但其特点几乎与耶和华神无关。③ 这一切故事都出于另一条路线。在《希伯来书》中，麦基洗德成了耶稣的先行者，尽管它不是耶稣的酷似者，但是，恰恰惊人地显示出"第一个亚当"的面貌。是的，土生土长的耶稣仍然重申了作为自己祖先的麦基洗德的特征："他无父、无母、无族谱、无生之始、无命之终，乃是与神的儿子相似"（正因为如此，这个人子不是普通的造物，不是因耶和华而生成，而是具有创始的起源）。这种人子仍然是"永恒的祭司"④。

在斐洛那里，并没有出现提醒麦基洗德以及后来耶稣的人，即不同于圣父的人。但是，斐洛在自己的文献中，用类似的方法区分了被创造的东西、"富于表情的东西"、耶和华之中逻各斯一类的东西。这种区分有助于阐明在世界创造之前那个先存的天国太初之人，对后来的保罗产生了深远影响。照此说来，一方面，生产性的逻各斯是停留在自身之中的神性智慧；另一方面，这种逻各斯又是从神性特性中走出来的东西。这是一个独立的摹写，由于他首次诞生但尚未出现，所以他是非本真的儿子。斐洛称其为："走出来的逻各斯"（λόγος προφορικός）。这不亚于一个"中介者"（Mittler）。就是说，"走出来的逻各斯"没有超越者，作为太初之人，这个逻各斯属于世界之中的固有人性，并且看护这种人性。

---

① 《哥林多前书》15章47节："头一个人是出于地，乃属土；第二个是出于天。"——译者

② 麦基洗德（Melchizedek），撒冷的国王及祭司。麦基洗德的身世，一直是个谜，但他在圣经中的使命是十分显要的：第一，麦基洗德是基督的预表，即先行者；第二，麦基洗德被称为祭司，比亚伦及其子孙为祭司更早。他不是以色列人，也不在摩西律法之下。所以他作为祭司不需要根据利未人有关祭司的条例；第三，利未人为祭司是世袭的，麦基洗德为祭司是根据个人的资格。利未人为祭司是接受从祖宗传下来的一切，麦基洗德作为祭司是直接从神那里接受指示的。耶稣得以为大祭司也是根据麦基洗德为祭司的资格，不是根据利未人的世袭，因为耶稣按肉体说不是利未支派人，而是犹大支派的后裔；第四，麦基洗德迎接亚伯拉罕之后，圣经不再提他，没有人知道他何时结束作为祭司的职业，所以希伯来书作者称他"是长远为祭司"，即成为永远的大祭司。——译者

③ 《创世记》14章18节。

④ 《希伯来书》7章3节。

当然，在斐洛的"中介者"称号中，同样缺乏人子概念。例如，后来只有耶稣自称是人子，而他的弟子们从未以此称呼基督。为此所需的中介正是启示录。这意味着：作为人子，"走出来的东西"能够意欲再临这个世界的基督。这一点绝不是依据前宇宙的思维，而是完全依据但以理末世论的预见。只有从启示录上看，处于再临中的基督才完全是积极的存在，因而变得一览无余、可视透明了。在末世之外，人子一类的全部称呼只不过是耶稣所意欲的"自我称谓"（Selbstbezeichnung）而已。在耶稣那里，这个自我称谓表现得如此强烈、频繁，以至于所有其他称谓都几乎消失殆尽。这恰恰表明，耶稣作为人子多半肩负着末世论的神圣使命。

这种情况恰好出现在启示录文献中，例如在埃塞俄比亚语的《以诺书》中，人子被描写为先存的天国存在。但是，在这部文献中，与斐洛的理论不同，人子并未参与世界的创造。之所以如此，是因为只有到了最后审判，即一个新的天、新的地形成之时，世界创造才会得到积极的实施和推进。

当然，我们将会看到，实际上**占主导地位**的启示录内容是从人子原型这一新诞生的人的近邻中引出的。然而，这种启示录的内容与我们一同生活的人子息息相关，因此，在性格特征上，它与源自晚期希腊时代的那个从上头穿过的"主基督"（Kyrios Christi）相距甚远。一方面，即将到来的人子必须将福音和盘托出；另一方面，只有在末世论的框架中，人子与耶稣的同一性才能够得到贯彻。由于这两方面的原因，如同我们所见，"人子"范畴充满着源源不绝的秘密，确切地说，里面充满着不断传送秘密的要素。的确，语文文献学并没有扬弃这些秘密，归根结底，这些秘密位于"被隐蔽的人"（homo absconditus）本身之中。

这样，就像黑暗一样，提升我们价值的东西也停留在我么那里。所谓"**主耶稣**"（Herrn Jesus）这一称号还从未出现过。"主"（Herr）通常意味着诸如君王一类的高高在上的、特别是可视的人物。在原始基督教共同体中，虽然人子被命名为唯一的"至高无上者"，但是，人们并未把耶稣称作性格上与此截然相反的"主基督"。神学家博塞特恰恰通过区分"人子"与"主"这两个称号，生动地描画了两类不同性质的耶稣图像，这是他的划时代的理论的贡献。① 他指出，在巴勒斯坦原始基督教共同体的耶稣图像与重视祭礼的古希腊语风中的基督教耶稣图像之间存在明显差异，说明二者本质上是两类不同的图像。博塞特认为，在较晚执笔的《约翰福音》以及被划分为三段落的《约翰书》中，也完全缺乏"主基督"这一称号，或者作者有意识地避开了这一称号。

在新约圣经中，传达福音的人不是"主耶稣"而是人子。他充满兄弟之爱，通过"先现"（Vor-Schein）这一未来的提升，满腔热情地传达福音。这种传达方式具有自身独特的地形图，既不带有神权专制特点，也不带有神权政治特点。在此，作为葡萄枝的人子向与自己同质的葡萄藤说话："你们是我的朋友。以后我不再称你们为仆人，因仆人不知道主人所做的事。"② 据此，约翰文献把虔诚者们如此切近地领到耶稣的身旁。"就像庆典一样，《约翰福音》和《约翰书》——也许在此存在着针对保罗思想的一种潜在的对立面——拒绝基督的奴隶的称号，从而公开地避开了'主'（κύριος）这一称号。"③

毫无疑问，耶稣就是从启示录角度被揭穿的、升华了的人子，而在福音书中，他全然被设想为审判官。他处在圣父的荣耀里，为众天使所围绕。④ 这纯然是一幅令人生畏的景象，但这种景象不是源于古希腊语风乃至拜占庭文化的基督教共同体，而是源于巴勒斯坦的原始基督教共同体。然而，重要的是，耶稣反对这个被插入的王座图像，即使这个图像提升了其人子本身的价值，但他也绝不会倾慕"讴歌胜利的巨大的神"（Dominus maximus triumphans）的图像。相反，打个比方说，基督至少是一个牧者，他把绵羊与山羊分开。⑤ 尤其是，在日益破晓的启示录视野中，基督好比一只羔羊，在天国的耶路撒冷里，这只羔羊充当独一无二的灯光。⑥

在初始性的"敬拜神教堂"（Kult-gott-Kirche）、"主的体现形式"（Kyrios-Hypostase）中，人们不仅明确识别了"主耶稣"，也明确识别了他作为人子的先验性。作为**神秘的、唯一神秘的人性**的先验性，人子就带

---

① W. 博塞特：《主耶稣》（W. Bousset, *Kyrios Christos*, 5th edition, 1965），1965 年，第 5 版。
② 《约翰福音》15 章 14 节。
③ W. 博塞特：《主耶稣》，第 155 页。
④ 《马太福音》16 章 17 节、25 节、37 节。
⑤ 《马太福音》25 章 31 节。
⑥ 《约翰启示录》21 章 23 节。

着这种尚未明确的意义来到人们中间。据此，他从未教导人们："我与父原为一"。相反，他教导人们："你们既作在我这弟兄中一个最小的身上，就是作在我身上了。"因此，对"主"的顶礼膜拜只是出现在晚期古希腊语风的基督教中。是的，这时人们不是寻找流行的、即将到来的人子的形态，而是强调类似大将军的、作为仪式神崇拜的主耶稣。

这样一来，作为人子形态的耶稣就停留在穷人那里，他们从内部，特别是从外部激烈反对完全无视人的所有上面的当权者。此外，出于善良意志、共同体生活、完整的精神、自由的精神等，异端修道士们格外重视人子。例如，托马斯·闵采尔及其在阿尔施泰特关于人子精神的传教，还有，但以理以及关于真实耶稣图像的石头的发言，遗憾的是，建筑师们把这块石头扔到人家找不到的地方。但是，主耶稣对这样一些人来得正合适，这些人像服兵役一样经营基督教共同体，像崇拜英雄一样开始崇拜耶稣。于是，他们忠实于作为更富于世俗色彩的支配者的耶稣，特别是对"当局"忠心耿耿，而在保罗及其弟子们看来，这当局同样是"神的"当局。

对此，博塞特这样写道：

> 很久以来，人们就已经指出了这种类似性，即基督的主礼拜具有罗马皇帝崇拜的特点。……在这种氛围下，安蒂奥基亚[①]地区的基督教和其他带有古希腊语风的原始基督教共同体的基督教得以形成和成长。在这种环境中，年轻的基督教宗教被塑造为基督祭礼，并且在这种环境中，人们把耶稣推上主导地位，进而接受了"主"（κυριος）这一概括性套语。……"虽有称为神的，或在天，或在地，就如那许多的神，许多的主。然而我们只有一位神，就是父，就是耶稣基督。"（《哥林多前书》8章5节）通过这些话，使徒保罗自身把这全部的关联性当作金科玉律盖上了自己的图章……主祭礼、礼拜仪式以及圣礼，凡此种种礼仪都成了原始基督教末世论基本情调的最危险的、最意味深长的敌人。一旦这一套繁文缛节日臻完善，原始基督教末世论中所蕴含的全部令人心潮澎湃的热情都将付诸东流。但是，这一点可从教

[①] 安蒂奥基亚（Antiochia），古代叙利亚的一座城市，现位于土耳其南部。罗马时代，该地区居民约50万，在基督教发展史上占有重要地位。使徒保罗最初在该城教堂传教，4世纪中叶，基督教在这个城市站稳脚跟。——译者

会的发展过程中得到理解：人子被遗忘殆尽，并且作为未被理解的象形文字停留在福音书中。在未来，人子只存在于当下主的祭礼中。①

未来的基督教属于类似教会的当局。与此有关的只是对主耶稣的顶礼膜拜，而不是原始基督教共同体中人们所重视的人子的精神。人子被视为未来的、渐渐出现的"更美好的永恒时间"。然而，从基督教出现以来，如果别无其他，在其主耶稣崇拜中，至少这个人子成为一个不断被隐藏的、像魔术一样消失了的绊脚石。通过推开或挤走人子，用官方神的儿子接替其位置。即使如此，在官方儿子的神话中，也不是渗透着作为"主"的权威，而是渗透着作为人子的精神。

"神是实在的人"（Deus homo facus est），这是源自圣经耶和华出走精神的圣经的最后措辞，因而也会改变从启示录信仰视角所相信的末日。正如《哥林多后书》3 章 18 节所言，在末日审判的凯旋之日，我们众人得以看见完全不同的耶和华神的"被揭开的脸"，即与我们一样的、作为人子的脸。总之，如果说过去的末世论预言了神的到来，那么基督教的末世论则预言了基督的出现和再临（Parusie）。归根结底，这是圣经中最典型的话，由此出发，我们所理解的人不是反对神正论的人子，而是压根就与神正论的地形图无关的人子。人子中最切近的深度很少与祭礼仪式相一致。然而，东方其他地区的异教徒们一再把耶稣提升为"主"，甚至根据拜占庭的宫廷神学，把耶稣提升为"至上神"（Pantokrator）。② 这种图像完全有违于耶稣的本真精神。

31. 无保留的基督中心特征，根据《约翰福音》17 章，"福音的秘诀"③

一个穷人喜欢谈论穷人们，而穷人们并不因此受到干扰。由于此，耶

---

① W. 博塞特：《主耶稣》（*Kyrios Christos*），第 91、99、103 页。
② 拜占庭人将复活的耶稣视为"至上神"。基督常见于拜占庭艺术中，在此，他左手握着掌管生命的圣经，右手做祝福的手势，表情令人敬畏。——译者
③ 在本章中，布洛赫逐一阐明了《约翰福音》中"基督的亲密性""圣灵的精神"以及降临的意义等。公元前 70 年执笔的《马可福音》可从"加利利"视角理解；公元前 80 年执笔的《马太福音》可从"犹太化"视角理解；公元前 90 年执笔的《路加福音》可从"世界化"视角理解；公元前 100 年执笔的《约翰福音》可从"普遍化"视角理解。——译者

稣不是为穷人所不信任的主人，而是穷人中的普通一员。但是，作为人子，他不知道，他在哪里下榻。因此，按照原来的崇拜方式，后世对耶稣的记忆也总是尊其为主，并且顺水推舟，赋予其如此的荣耀。所以说，我们对耶稣的敬畏不只是出于词源上的原因。

这一点尤其表现在第四福音书中，从内容上看，这部最晚执笔的《约翰福音》距原始基督教共同体最远。如果这部文献确实不是出自保罗之手，那么确切地说，其作者的文献依据仅仅是保罗道听途说的关于耶稣的传闻。特别是，诺斯替主义者经常对原本就已经充满思辨味道的文本"补充了"各种神秘内容（例如，从第二章起，几乎得到完整保存的奇迹故事就表明这一点）。

然而，在此新约福音批判与旧约圣经批判的性质截然不同。《祭司文献》①附加了许多妥协内容，以求与现行体制步调一致，相比之下，在新约圣经中却很少出现这种趋炎附势、同流合污的现象。但是，当作者执笔《约翰福音》之际，尚未形成任何祭司教会，尽管当时原始基督教共同体已经开始向祭礼共同体过渡，并且在保罗的影响下，早期基督教教会开始缓和其激进的觉醒态度，谋求与现存世界的相对和平。

不过，一个特有的、令人惊讶的事实是，在如此风靡古希腊语风的早期基督教中，"主"（Kyrios）一词居然付之阙如，或者几乎销声匿迹。此外，正如在《约翰福音》15章14节所指出的一样，谈话对方不是被称作"奴隶"，而是被称作"朋友"。再则："在约翰文献中蕴含着独特的基督教神秘主义，而这种神秘主义非常切近地把虔诚者们带到耶稣的身旁。这样，他们就十分**隆重地**——也许，在此存在着反对保罗的潜在对立面——拒绝基督的奴隶这一称号，从而也就公开地避开了'主'这一称号。"②

《约翰福音》17章主要探讨了基督的"荣耀"（Herrlichkeit）。在此，占据最高位置的并不是一个吞噬一切的、不可亲近的至高无上的"主"，即某一专制王朝的神子。恰恰相反，在第四福音书中（尽管在所有福音书中出现最晚）中，不仅照旧保留了源自巴勒斯坦原始基督教共同体的"人子"一词，而且，通过宗教仪式的分发礼物，显著促进了追随者与基

---

① 《祭司文献》（*Priesterkodex*），据传，公元前445年以斯拉返乡耶路撒冷，撰写了这部文献，详细内容参见本书第18章。——译者

② W. 博塞特：《主耶稣》，第155页。

督的交往。确切地说（expressiv verbis），在此不是礼拜神而是神子给自己的追随者分发饮料和食物。①

当然，无论在神子称号中还是在埃及中王朝时期法老关于耶和华父亲的称号中，都响彻这种关于"主"的可能回响和共鸣。因为这种表达方式悖谬地表现了没有神子的顺势主义。但是，单凭这一点，我们还不能否定《约翰福音》所极力标榜的"非神正论的特征"（Nicht-Thokratische）。至少，在《约翰福音》17章中，淋漓尽致地表达了耶稣这位宗教创始人的告别演说：力倡基督中心论，反对神正论。因此，我们完全有理由把这一章称作《福音的秘诀》。

在密释学（Hermetisch）意义上，基督教形态的创始人强有力地传授了福音。基督并没有死，他只是向世人告别了而已。因此，他没有经历太多十字架上的痛苦，而他的话却被悄悄地载入了《圣经》。耶稣的遗言本身"并未被理解"，然而在17章中，它却提供了作为"弟子教训的秘密"。② 在此，耶稣作为未被创造的太初之人说话，谈论实际上无需创造他的那个父："现在求你使我同你享荣耀，就是未有世界以先我同你所有的荣耀。"③

在此，作为一个未被创造的太初之人，作为人子，他指定自己为被创造者的主人。当然这里也不乏超然淡定的套语，那就是，耶稣把自己视为极其普通的神的使节。因为差遣耶稣到世上的"父"（Vater）这个套语"既不是仅仅存在于我们福音中的东西，也不是唯一典型的基督学套语。根据《约翰福音》1章6节，所谓'从神那里差来'也适用于施洗约翰，'差遣'首先意味着'授予全权'。根据犹太教经师的基本原则，所谓使节乃是差遣者的代表，至少被等同于收件人。因此，在福音中，这个套语尽可用另一种套语来替换：'差我来的父'这一套语总是带着另一种套语，即'与父的同一性'，而后一种套语总是赋予前一种套语特殊的基督学意义。"④

此外，"我与父原为一"这一公式压根就是基督的核心特征，而它恰恰构成最神秘的福音的核心内容。在《约翰福音》16章15节中，再次强

---

① 《约翰福音》6章53节。
② H. 卡斯曼：《耶稣的最后意愿》（Käsemann, *Jesu letzter Wille*, 1966），1966年，第17页。
③ 《约翰福音》17章5节。
④ H. 卡斯曼：《耶稣的最后意愿》，第25页。

调了这一核心内容:"凡父所有的,都是我的。"这种本质同质性(Homousie)是无与伦比的。在**这一**终点上,父与耶稣**相等**。在此,如果所谓"相等"(Gleichheit)不是与父相等,因而不是与创世者相等,那么与**神的什么理念**相等呢?毫无疑问,在世界中显现创造者的意义,在这一传统意义上,耶稣同父亲一道召唤世界创造者。在《约翰福音》的有些地方,同样把所有捐赠者的特性重新交还给父亲,基督本身将这一点视为自身最本真的特性,现在这些特性如雨后春笋般涌现出来:光、真理、生命以及天国的面包和水。

在永恒的耶和华那里,反正缺少复活。尽管如此,这种表面上的"返回寻址"和"神义论"(仿佛约伯压根就不曾存在)已经表明只不过是一种掩人耳目的背景,只不过是公开的遮羞布而已。因为耶稣孑然一身,踽踽独行,亦即他**初来乍到**就宣称,他是光和生命。当然,在《约翰福音》中,由于强调世界起源的特征(Protologischen),强调世界开端的**初始**之光,所以末世论的特征似乎退居次要地位。然而,那里的逻各斯("开始就有话,话在神那里,神就是话")就意味着与被创造的世界完全不同的阿尔法,因此,最终逻各斯通过基督出现在另一个世界之中。

由上所见,《约翰福音》作者并没有将末世论的特征一路追溯到现存世界的原始创造者(或者,诺斯替主义意义上的流溢者)那里。恰恰相反,他们绷紧与**第一**创世记相关联的世界起源之绳,竭力主张这样一些别开生面、耳目一新的内容:太初之光的质子(Proton)恰恰通过基督的逻各斯构成**第二**创世记的末世(Eschaton)。然而,问题在于,黑暗存在并未理解这种原始之光。

这样,真正的创造者成为基督的逻各斯,而这种逻各斯则按照自身的形象创造新的生物、新的人。所以,"这个世界的诸侯"极度憎恨基督:"因为他们不属世界,正如我不属世界一样。"① 可见,在《约翰福音》中,通过区分"圣灵的创造者"(Veni creator spritus)与"创造者的主"(Deus creator)设定了双方的二元论。这样,神子的逻各斯开始与神的逻各斯区别开来。在《约翰福音》17 章中,耶稣的告别演说完全缺乏遁世者的、纯粹超越的、反宇宙的、涅槃式的逃避动机,借助于此,耶稣的逻

---

① 《约翰福音》17 章 14 节。

各斯开始与神的逻各斯区别开来。更令人惊愕的是，耶稣说要把自己的弟子们从假想的"现世诸侯"的隶属关系中解救出来。正如世界本身没有被耗尽穷竭一样，耶稣的告别演说也恰恰是朝着派往历史现场的弟子们说的话，即朝着将会出现于这个世界现场（虽然不是在永恒时间中）的圣灵说的话。

尽管如此，在基督遗言这一告别演说中还是笼罩着一种特有的二元论①，而这种二元论一再涉及上述**神的理念**，即对于"父亲"，耶稣究竟是否具有本质同质性。这样，我们就根据所有前述内容，最终达到第四福音"**当家权**"中的**决定性**要点以及旨在**反对**所**有主神理念**（Herrgott - Idee）的极其重大的要点。在遗言中，我们可以倾听下述意义，即与人子有关的另一种神显现（Theophanie）。

在《约翰福音》中，所有这些段落都涉及这样一个事实，那就是神对异教徒来说是尚未认识的神："他们不认识那差我来的。"②"他们这样行，是因未曾认识父，也未曾认识我。"③"因为创立世界以前，你已经爱我了。公义的父啊，世人未曾认识你，我却认识你，这些人也知道你差了我来。我已将你的名指示他们，还要指示他们，使你所爱的爱在他们里面，我也在他们里面。"④

尽管如此，在此重要的是，重新命名了迄今犹太人一无所知的"出走—名字"（Exodus - Namens），即正义之父。当然，这一名子与先知们和约伯所言"我将照我所是的样子存在"这句话中所意欲的东西并非正相反对、格格不入（比如，摩尼教追随者马吉安就把父亲之名与先知们所渴望的东西解释成正相反对的东西）。也就是说，在可视透明意义上，尽管主—神形象并不等于偶像，但是，所有这类形象都仍然射中"主"（Kyrie）的靶心。

虽然耶稣的弟子们并不否认这个古老的"神性拟人化统治"（Herrschafts - Hypostase）的现实，但是他们迄今未被认识的、无意义的对策图像并不能完全接近艰辛者和负重者、被蔑视者和被侮辱者。正如在

---

① 在此，所谓二元论是指由于区分"主的专权之神"与"基督正义父亲之神"而产生的关于两种实体的思维。——译者
② 《约翰福音》15 章 21 节。
③ 《约翰福音》16 章 3 节。
④ 《约翰福音》17 章 24—26 节。

主祷文"我们在天上的父亲"中所显示的一样,人们恰恰赋予神的名字以一种神圣的意义。但是,在此,被神圣化的名字绝不意味着到处流行的赞扬语,而是意味着可用作实际拯救力量的完全不同的名字。在此,被用作手段的神性特征的尺度不再被理解为神正论意义上的旧的、嫉妒成性的神。恰恰相反,这个尺度与我们心中的基督形态和善相关联,从而把这种意义上的神进一步确定为一种行为模范。"宽免我们的罪债,**犹如我们也宽免得罪我们的人**。"

因此,在"本质同质性"(Homousie)意义上,甚至在"协助"(Beistands)意义上,说到底,一种神圣化的名字与基督完全相等。这个名字最终也可标明为与基督的最后意志相称的圣灵(Parakleten),而这个圣灵正是"反对现世诸侯"的存在。只要基督再临尚未兑现,"真理的精神"就应由基督来创造,而不应由古代宗教机构所宣称的"对主的畏惧"来创造。圣灵所讲的东西应是耶稣揭示的东西,即命和光,而不应是神权政治或天上父亲可爱的"恩宠宝座"恩赐的东西。"我还有好些事要告诉你们,但你们现在担当不了。只等真理的圣灵来了,他要引导你们明白一切的真理,因为他不是凭自己说的,乃是把他所听见的都说出来,并要把将来的事告诉你们。他要荣耀我,因为他要将受于我的告诉你们。凡父所有的,**都是我的**,所以我说,他要将受于我的告诉你们。"①

除了"我的东西"之外,并没有神。这是死了的基督从世界的建筑物上下来说出的惊世骇俗的话。不可否认,波斯思想,甚至早期摩尼教思想对第四福音的核心段落发生过深远影响,例如,"真理的精神"很可能是琐罗亚斯德教中的沃胡·曼诺②,即末日中出现的琐罗亚斯德。也就是说,从圣灵视角所讲的那个真理精神的插入语并非一种**伪造的**插入,而是一种**入木三分的**插入,即深入到以前神的名字本身的神圣化(神子的内容)之中。

正是真理的精神本身后来规定了《第三福音》的异端神秘主义。作

---

① 《约翰福音》16 章 12—15 节。
② 沃胡·曼诺(Vohu Mano),古伊朗的古老神灵,在琐罗亚斯德改革之前就存在,虽然琐罗亚斯德反对一切古老神灵,但这并不妨碍将他引入神话体系,他是一切有益动物的统治者,代表着优秀的思维或善良的灵魂。——译者

为从奥利金到①约雅金·弗洛尔一脉相承的思想，第三福音奠定了末世论的基础：经过圣父、圣子时代走向圣灵时代。以前的神正论一味关注从不出现人的上头，对此基督的插入（Einsatz Christi）不啻"半路杀出个程咬金"，产生了广泛深远的影响。至少，人"真正地"出现了——正如另一种圣经套语清楚地表明这种特殊的基督学的知识光辉一样——"带着被揭开的面孔"出现了。人子的谜语及其插入就以这种方式成为宝贵的思想财富，然而，在一种实体化的"父的天国"中，这种财富却尽遭廉价抛售，并被带入一种仍然充满密释学维度的人性之中。

因此，"被揭开的面孔"不仅仅是末世论的人性，而且是"揭开盖子的"（apo-kalyptisch），亦即是揭露某物的人性。这意味着不断地意欲我们自身的同一性，而作为人子的**王国**，这种统一性**无处**不在、无时不有。过去人们相信，耶和华的日子达到了时间之末，但是在第四福音中，这个日子恰恰被确定为基督的再临。由此可见，基督是不依赖于耶和华而存在的人子。换言之，基督是一个完全"反—主的"（A-Kyrios）、"反—神的"（A-Theos）存在，是真正意义上追问"神为何成为人？（Cur deus homo?）"的存在。据此，基督意味着另一段话："神性理念的真理仅仅是王国的乌托邦。王国乌托邦的前提在于，天国中本来就没有或者从来就没有神，因此，没有神停留在高高的天国。"② 通过自己的告别演说，耶稣留给了弟子们神秘的教训。他的话令人联想起奥古斯丁的句子："我们自身将成为第七日。"（Dies septimus nos ipsi erimus.）这句话被理解为最终想要成为外部的东西的内在性，并且预见了能够成为内在的东西的外在性。这无非是我们最切近而又最遥远的目标，即通过持续不断的交换所能获得的界限理想。因此，最切近的目标不是盲的，最遥远的目标不是空的。

基督教是以"出走"（Exodux）为目标的宗教遗产，正因如此，我们对"家乡"（Heimat）提出了更好的要求。作为一种遁点，这种要求时常仅仅提供一种安慰性的逃避动机。然而，与其他的动机，即本身属于控制性的逃避动机相比，这种动机却赋予忍耐和期待的人们一种具体的方位

---

① 奥利金（Origenes, 185—254），基督教亚历山大学派神学教父，著有《论原理》《反赛尔索》等。——译者

② E. 布洛赫：《希望的原理》（Ernst Bloch, *Das Prinzip Hoffnung*, 1959），1959年，第1514页。

感、一种未来的展望。无论是在内向性的死胡同中挥舞拳头,还是改头换面、乔装打扮,在来世的说教中飞跃现世,都不能实现上述基督教的解放目标。毋宁说,圣经所意欲的福音恰恰发生在我们这个世界之中,而且,福音的内容就处在这个世界的邪恶狡诈之中。

32. 使徒保罗所谓十字架的忍耐,关于复活与生命的召唤①

当所有事情如此悲惨地结束时,耶稣的弟子们也就销声匿迹了。十字架上被钉死并不是什么特别的事件,也不是什么引人注目的事件。普通的罪犯每天都被钉死在十字架上,不被视为人的无数奴隶也经常被吊死在可怕的树上。据传,从前耶稣的弟子们是原野上可信赖的牧者,但是,他们把福音理解为某种别的东西。

历史上的耶稣同样未曾期待这种十字架之死,尽管在客西马尼园被捕遇难前,他度过了焦急难耐的不眠之夜。正当赴死时,他感到自己被遗弃。但是,他在死前使弟子们确信,天国即将来临,所以,他至少把他自己当作例外。新的摩西没有想到会死在迦南的门槛上,更没有想到作为带着福音的弥赛亚死去。因此,弟子们不可能不明白这样一个事实,那就是这位国王敌不过绞架,而这个生命的赋予者则敌不过死亡。众所周知,耶稣曾经行医治病,创造过许多医学奇迹,知道这些奇迹的人们多半感到纳闷:一个能使瞎子复明、死者复生的人为什么不能行使奇迹,使自己免遭在十字架上被钉死呢?但是,对于基督之死,人们不仅抱有许多不切实际的愿望,而且制造了一大堆悖论:人们不仅从极端恐惧中,而且也在这种毁灭中,制造最高意义上的胜利。

彼得曾经三次不认生前的、不可反驳的耶稣。同一个迦百农出身的彼得起初号召人们"实践基督的精神",后来他却怕得要死,万念俱灰,疏远了恩师耶稣。但是,当彼得意识到遇难后的耶稣再也不会复活其肉身时,他就为之感到骄傲,他将作为殉道士而被钉死在十字架上。彼得赴死

---

① 在本章中,布洛赫揭露了使徒保罗传教的实质:为了所谓教会的繁荣,不惜鸣锣开道、摇旗呐喊,极力宣扬十字架的忍耐。作为来世理论和内向性学说,一方面,这种说教把耶稣末世论的革命思想转变为拥护现存体系的、反动的信仰体系;另一方面,十字架的忍耐被用来宣扬基督教信仰是"要背十字架的信仰",所以要忍耐世界上各种各样的压迫、苦难和死亡。——译者

后，无数基督徒步他的后尘，大义凛然、视死如归。① 的确，人们谈到了空墓，还有，附近一个穿着白衣服的年轻人（在《路加福音》和《约翰福音》中，记述为两个人）。后来弟子们在以马忤斯目睹了复活的耶稣，而后在提比利亚湖畔再次见到了耶稣。②

然而，当时对幽灵的信仰十分普遍，人们认为，幽灵的存在是不言而喻的事情。那么，鬼魂或幽灵的存在是否仅限于某种特别的东西，或者仅仅受制于神呢？在其他幽灵显现（这时，人们信以为真）时，难道这些幽灵们就会撤销死亡吗？幽灵仅仅出现在唯一者的一次性的、唯一理所当然的复活之日，即耶稣基督被钉在十字架上的那一天吗？简言之，为了与自身的死亡打交道，一个人必须是神的儿子吗？进言之，这种最后的可怕之死就是自身弥赛亚主义的强有力证明吗？对于怀疑神的托马斯·阿奎那来说，后来所谓唯一者的复活学说依然是十分陌生的。无论如何，人们并没有目睹这一极度奇异的事件，人们只是在经历了可怕的灾难之后才会设想这种无法测度的复活说。

甚至"殉道说"（Opfertodlehre）也同样错综复杂，充满自相矛盾。反正这个学说是彼得死后数十年，由保罗首次提出来的。按照这一学说，耶稣是为了拯救世界而自愿赴死的。③ 事实上，最初的弟子们不愿原原本

---

① 耶稣被钉十字架以后，彼得重返故乡重操旧业。他曾因梦想理想社会而追随了耶稣，他相信他所追随的这个出色的领导者能把以色列人从罗马的统治下解放出来。他认为，耶稣是从神那里来的人，具有卓越口才和超然的能力，但是，这个领导者还没开始解放运动就被罗马士兵钉死在十字架上，而且是被同族人告发的，他无法理解所发生的一切。至于彼得究竟是怎么死的，圣经中并无详细记载。根据初期教会的史料记载，彼得是在主死后64年倒钉十字架而死。据说彼得被处死前，曾对刑史提出如下要求："请把我倒过来钉在十字架上，我的主曾为我竖在十字架上，我不配像他一样受死。"彼得殉道之后，被葬在罗马城的地下墓室里，据信他的墓室位于今日梵蒂冈小教堂的圣坛底下。——译者

② 以马忤斯（Emaos），位于耶路撒冷附近，耶稣弟子革流巴的故乡。根据路加报告，革流巴和另一个年轻人在复活星期日前往以马忤斯，在此，他们神奇地遇见了复活的拿撒勒人耶稣。——译者

③ 使徒保罗（Paulus,3—67），原名扫罗（Saul），因家乡为大数，所以根据当时的习俗也被称为大数的扫罗（Saul of Tarsus），悔改信主后改名为保罗。保罗是外邦人的使徒，一生中至少进行了三次漫长的宣教之旅，足迹遍至小亚细亚、希腊、意大利各地，他在外邦人中建立了许多教会，影响深远，因而被历史学家公认为是对早期教会发展贡献最大的使徒。尽管新约的大部分内容是保罗和他的门徒写的，但是，布洛赫认为，保罗既没有见过耶稣，也没有听过耶稣的演讲，他对耶稣的思想多有歪曲、阉割和篡改之处。在本书中，布洛赫所保罗的十封书信通常称作"使徒的教训"（Apostolikon）。在执笔三篇对观福音和《约翰福音》之前，这些书信业已完成。因此，从时间顺序上看，《加拉太书》相当于最初的《新约圣经》。——译者

本地接受耶稣之死。他们相信，死了的耶稣将借助于不断增强的影响力得以复生。他们充满激情地说道：“**基督的灵魂绝不会寂灭，他的希望绝不会使我们归于毁灭。**"据此，与一个毁灭的单纯的英雄不同，耶稣的最后日子恰恰会成为开始之日，即作为一个深远的新的开始之日。

当然，对于未曾实际接触过耶稣的人们来说，这种想法转瞬即逝，并且，在他们那里，对耶稣的虔诚感也没有像最初的弟子们那样强烈而执着。这样，最终必须召唤关于死亡的特有的**神学**（Theologie）：不是强调幽灵的显现，而是强调殉道，从而所强调的是，旨在还债的殉道者之死。借助于此，人们辩证地获得了复活节这一惊人的意义。

保罗已经超出原始基督教的框架，开始强烈地使用充满悖论表现的措辞，而这种措辞对外邦传道是必不可少的：耶稣被钉死在十字架上，正因如此，他是真正的弥赛亚。很久以前，《旧约圣经》就这样写道："被绞死的人受到神的诅咒。"① 但是，保罗却以完全相反的口吻宣传道："基督为了我们受到诅咒，从而把我们从律法的诅咒中解救出来。"② 并且，"钉在十字架上的这位耶稣，神已经立他为主、为基督了。"③ 总之，重要的不再是"生命""变化""教导"（正如对弟子们显现的一样），要紧的也不再是赋予耶和华思想以人子思想（正如在祭司正统教义中出现的一样）。相反，如今重要的是，救世主仅仅在各各他并通过各各他而出现，甚至得以第一次出生。

为此，犹太人内部经常引用《第二以赛亚》中所记载的摩西以后的某一段落④，这个与众不同的段落似乎抢先预示了耶稣被行刑的各各他场所："真的，他诚然担当我们的忧患，背负我们的痛苦。……所以，我要使他与位大的同份，与强盛的均分掳物；因为他将命倾倒，以至于死，他也被列在罪犯之中。他却担当多人的罪，又为罪犯代求。"⑤ 当然，这段话所涉及的语境不是弥赛亚而是**以色列**。当时，以色列的生存深受外敌威胁，而从现在起，又处在苛捐杂税和徭役的重压之下，更是怨声载道，痛

---

① 《申命记》21 章 23 节。
② 《加拉太书》3 章 10 节。
③ 《使徒行传》2 章 36 节。
④ 作为复数，"第二以赛亚"这一称谓也可能指一个学派。第二以赛亚记述了《以赛亚书》40 章—66 章，不过，迄今并不清楚 55 章—66 章究竟出自何人之手。——译者
⑤ 《以赛亚书》53 章 2—12 节。

苦不堪。由此出发，至少后来的保罗有可能发现了与痛苦的弥赛亚相关的图像，例如，被扔进深坑里的约瑟儿子的图像。① 这幅图像与高奏凯歌的、作为大卫之子的弥赛亚的图像截然有别，不可同日而语。但是，具有决定性意义的是，在保罗的殉道说中，恰恰汇入了非犹太教的各种各样的原始资料（无怪乎，哈纳克把使徒保罗的思想不是称作基督的福音，而是称作关于基督的福音）。② 在此，之所以从一开始就强调所谓基督殉道而死，其主要动机在于：正如后来的马吉安主义者所断言的那样，尽管父神（Gottvater）没有亲手杀死耶稣，但他却如此冷酷无情地抛弃了无辜的儿子。

然而，使徒保罗千方百计、挖空心思，试图使"父神"免遭任何这种背叛性的诽谤乃至充满魔鬼理论色彩的指摘。很久以来，犹太人就把耶和华视为不可究明的旨意或不可审查的神圣意志。因此，约伯的朋友们极力抬高这种旨意或意志，试图替耶和华洗刷各种嫌疑。然而，对于后期的犹太人，特别是对异邦基督徒来说，神的这种旨意或意志已不再充分和有效了。这样，虽然保罗并没有容忍各各他的悲剧，但他不得不反复强调耶稣的最后时刻，从而首先提供的是一种人所独有的罪恶。保罗就这样以巧妙的方式，将道德上有罪的人与有罪的罪人等量齐观。于是，保罗不仅把罪恶算在罗马强制法的账上，也大大减轻了父神的罪责。迄今，没有慈悲的正义之神把罪恶算在罪人身上，要求他们为此偿债，然而，根据保罗的殉道说，基督不仅以其无辜之血偿了债，甚至还通过多余的功绩，为教会管理聚积了一笔宝贵的恩宠财富。

进一步讲，在保罗的《使徒的教训》中，存在另一种关于十字架之死的原始资料。相对而言，这个资料不具有很强的律法—逻辑特色，重点聚焦于带有东方—古希腊语风的异邦世界。在此，关于十字架之死的传播者改变了模样，神话学意义上的特殊的宗教仪式变得很容易为人理解，即众所周知的祭礼仪式占统治地位，人死后向唯一神祭拜。与实施强制法的罗马宗教仪式不同，这里的宗教仪式带有完全不同的共鸣基础，提供了"每年死而复活之神"（Jahrgottes）的最原始的异教徒原型。例如，阿提

---

① 约瑟被扔进深坑里的故事，详见于《创世记》37 章。——译者
② 鲁道夫·冯·哈纳克（Rudolf von Harnack，1850—1930），德国基督教教会史家。在此，布洛赫可能参照了哈纳克的著作《马吉安：关于陌生神的福音》（*Marcion, das Evangelium vom fremden Gott*），莱比锡，1921/1924 年。——译者

斯—阿多尼斯（Attis - Adonis）①、巴比伦的塔木兹（Tammuz）等植物神，虽然这些神完全不具有代表自身的内在满足，但是，它们在秋天死去，以便来年初重新苏醒过来。异邦人并不惧怕地底下的、停留于阴间冥府中的神，甚至也不惧怕具有代表性的耶稣受难日礼拜仪式。甚至在别具一格的复活节祭礼中，他们发出一阵阵"阿提斯复活了"的欢呼声。今天这种祭礼仪式依旧发出强烈鸣响，例如，人们把"神秘之春"（Ver sacrum）加以世俗化，并赋予别具一格的解释，即"自然无意识地庆祝基督教的奥秘"。

继阿提斯—阿多尼斯祭礼之后，又出现了旨在呈现均衡的基督祭礼。这种祭礼绝不是"巴比伦的"狄俄尼索斯奥秘。但是，人们相信，就像支离破碎的诸神战胜严寒而再生一样，基督也是神圣的生命，他具有复活的能力，能够征服死亡，死而复生。综上所述，在异教徒的神话中，就已经孕育了使徒保罗关于死亡与复活的辩证法，可以说，在此正是"夜点"（Nachtpunkt）这一最坚韧的否定和突破预制成了灿烂之光和雷鸣般的轰响。如果不是这样，在**栩栩如生的**、无异于"光和生命"的耶稣的魅力消失之后，就不会有人从神话视角凝神拯救十字架。

当然，根据保罗的说法，正是圣父收取了耶稣的殉道本身，即作为被屠宰的神的羔羊，基督之死是必不可少的条件（conditio sine qua non）。实际上，保罗把基督之死理解为借方对神的一种偿付。然而，在所有关于东方的"年度复活之神—日历神—神话"（Jahrgott - Kalendergott - Mythos）中，并不包含这种借贷—偿还的解释，究其本源，这类说法纯属保罗特有的思想。但是，在此重要的既不是使徒保罗的特有思想，也不是关于植物神和年度复活之神的神话影响。相反，在此重要的是，背后催生罗马通用强制法的那个最深层根源。就是说，殉道说的最终来源不仅血迹斑斑，而且特别浸透着古代要素：杀戮活人向**莫洛赫**献祭。这种**人祭**（Menschenopfer）祭礼来源于一种最古老的祭神方式，但很久以前就已经销声匿迹了。当然，这种仪式完全违背基督教的特性。为了这个血腥代价，保罗确立了新的本文，即传道本文：不是"耶稣虽被行刑在十字架

---

① 阿提斯与阿多尼斯，希腊神话和弗里吉亚神话中的人物。阿提斯是水精娜拉以杏树种子生下的存在，阿多尼斯是希腊神话中掌管每年植物死而复生的美神，渴慕女神阿佛洛狄特，两者都被视为死与复活的象征。——译者

上,但他仍然是弥赛亚",而是"由于耶稣被行刑在十字架上,所以他是弥赛亚"。

因此,显而易见,羔羊本是很温顺的动物,但是,作为神的祭品,人们十分粗暴地屠宰了它。关于羔羊,人们相信可怕的偶像,认为只有通过血的施洗,才能平息神的恼怒。这意味着向极度野蛮的时代倒退,而这种倒退以令人惊愕的庞大中介显现。更令人惊愕的是,所谓基督之名的神圣化竟以这种方式倒退到野蛮的神的图像之中。当时,迦南土地上的偏僻地区存在各种古老的祭礼习俗,但这些习俗并没有像传染病一样感染犹太人。在迦南人那里,每逢国家危亡之际,诸王就把自己的亲生儿子祭献给神,这种祭礼同样适用于腓基尼人。但是,对于犹太人来说,也许,腓基尼人的莫洛赫是十分陌生的回忆,不过,至少耶稣援引过莫洛赫。甚至在耶稣前700年就已经存在动物燔祭(Tieropfer),最悠久的先知阿摩司就曾经令人印象深刻地抨击过这种献燔祭。① 此后,何西阿这样说道:"我喜爱善良,不喜爱祭祀;喜爱认识神,胜于燔祭。"② 在《马太福音》9章13节中,马太再次援引了何西阿的这番话。

从以撒断然拒绝把人作为祭品燔祭以来,所谓"人祭"仪式很可能是后来被插入的。在礼拜仪式中,以神圣化之名用人献燔祭是完全有违于善良良知的。当亚伯拉罕不是用儿子而是用一只公羊献燔祭时,耶和华应允了他。"亚伯拉罕给那地方起名叫主看。直到今日还说:'在那山上,主眺望一切。'"③ 然而,保罗却一味强调各各他的殉道,将这座山连同所有先知们的预言一笔勾销了。的确,正如耶弗④的女儿及其命运⑤所表明的一样,用人献燔祭这种现象有着悠久的历史,但是,这种现象并没有形成为基督教的普遍礼拜仪式。虽然恶魔被排挤掉了,但是,作为应有的代价,人们必须进贡其鲜血。

---

① 《阿摩司书》5章22节。
② 《何西阿书》6章6节。
③ 《创世记》22章14节。
④ 耶弗(Japhtah)曾任以色列士师6年之久。之前,他进攻亚扪人凯旋而归,路上,他许愿说,无论什么人,先从自家门出来迎接他,他就把那个人献给神为燔祭,不巧,第一个出来迎接他的是他所钟爱的独生女,他万分纠结,进退两难。后来,耶弗的女儿毅然决然兑现其父的承诺献身给了神。上述内容令人联想起希腊神话中,作为战争牺牲品的阿伽门农的长女伊菲革涅亚(Iphigeneia)的传说。——译者
⑤ 《士师记》11章30—40节。

由上所见，在保罗的罗马强制法—神学背后隐藏着早已被遗忘殆尽的奇异的天国的庆典，例如，至少不再作为神祭拜的食人肉者的祭礼。在赎罪意义上，耶稣接受了自我殉道，根据使徒保罗的观点，一定程度上，这是无可逃避的天意，除了接受别无他法。由于这个缘故，马吉安这位保罗的一贯赞扬者不无理由地把这个殉道说翻转为一种耶和华信仰。照他说来，虽然耶稣是殉道而死的，但是作为一个殉道者，他"从一开始就是某个杀人者"，即因世界的罪恶而牺牲的人。奥利金既是一个异端者又是一个教父。他的下述观点同样不无理由，至少应该引起注意，那就是，不是把耶和华视为或标明为各各他悲剧的罪魁祸首和赎金支付者。使徒保罗认为，在"神的意志必然发生"之后，耶稣通过最后的晚餐，把自己的肉和血献给了弟兄们。这种说法与"神子的爱"多么的不同，相距何其遥远？与此相对照，一个毫不留情的信仰者则认为冤有头，债有主，血债要用血来偿。不仅如此，他也绝不会悲天悯怜，假惺惺地抚摸被送上屠宰场的一只羔羊。

因此，不言而喻，使徒保罗冷酷地宣扬这种殉道说，其实质是为十字架辩护并使其正当化，然而，这种做法并未触及本真的复活神话（Auferstehungsmythos）。因为这种神话及其神秘愿望同样没有照亮殉道者之死的本真意义。人们无法相信一个活生生的基督会如此孤寂而可怕地死去，正是这种心有不甘的感觉唤起了他们对复活信仰的强烈渴望。

对于人们来说，"耶稣依然活在光与生命之中"这一复活信念本身就具有滋养身体、陶冶心灵的充分营养，因为在这一信念中，人们正是通过基督教形态本身确立复活的标志。与此相反，保罗的殉道说则具有这样一种动机和效果，那就是，上头的主把肉体、生命和血占为己有，而人堕入远离尘世的阴曹地府，终于获得死亡的安慰和复活。现在我们终于明白，使徒保罗的殉道说最终倒退到遥远的过去腓尼基人对于莫洛赫神的祭拜信仰中，或者确切地说，这种学说劝人自觉地倒退到政治上、意识形态上早已人道化的耶和华想象的背后去。

从保罗主义到路德的宗教观，这种殉道说的**动机**一脉相承、一以贯之，而且其影响远远超出了原有范围。由于这一险恶动机，圣经中所固有的颠覆性要素都被大大弱化，并且由于被牺牲的羔羊神话，这一革命因素最终被彻底中断了。与此相对照，教会认可的强制教义是保罗宣扬的所谓**"十字架的忍耐"**（Geduld des Kreuzes），对于被压迫者来说，这种忍耐成了很值得推荐的劝告，而对于压迫者来说，这种忍耐却带来了极度的舒适和方便感。总之，这种忍耐要求**绝对无条件地服从**作为神的存在的**当局**。耶稣的所有"希望神学"（Theologie der Hoffunung）都始终致力于名列前茅的变化中的东西、新的东西。然而，使徒保罗通过称心如意的被动性，一味地趋炎附势、同流合污，恰恰使十字架前后耶稣的惊人愿望图像完全失去了革命的锋芒。

在保罗那里，所有关于十字架的言论都与图谋叛逆的那个自我毫不相干。这些说教的实质是反对辩证法，维护现存体制。因此，后期路德就这样喋喋不休："痛苦，痛苦，十字架，十字架是基督徒的一部分。"在他看来，应当背负痛苦的十字架的不是大权独揽的主人，而是一辈子做牛做马的农民。简言之，如果没有耶稣的牺牲以及耶和华的衰退，"背上十字架吧！"这一保罗的政治宣言就会全部失去意义和基本依据。

然而，基督习以为常的**转变**、**新东西**、**拯救激情**等正是十字架说教的强有力的反命题，因为这些命题恰恰要求与单纯的"类似法的东西"（Gesetzhaft）本身正相反对的东西。但是，对此，使徒保罗反其道而行之："在上有权柄的，人人当顺服他。……凡掌权的都是神所命的。"① 甚至保罗将耶稣基督与奴隶主联系起来，简直是恶语中伤，忍无可忍。"你们臣仆们……你们亲主人所做的每件事情你们都要无条件地服从。……无论你们做什么，你们都不要出于侍奉人之心，而要出于侍奉主人之心。"②

如果基督的再临始终处于缺席状态，信仰者对十字架的忍耐就会变得徒劳无益。然而，耶稣并非总是被视为十字架上受难的男人或莫洛赫神的牺牲者。使徒保罗同样通过赋予地上的耶稣以灿烂光辉，强有力地强调了作为永生存在的耶稣的鲜明意象。就像一位算计精明的会计师一样，这个异教徒的使徒保罗经过一番深思熟虑之后，终于树立了十字架的忍耐说。尽管这种祭拜仪式也接受了植物神的神话，但是，它不仅仅是对基督之死的祭礼，而是能够使基督的信徒笑傲死亡，视死如归的施洗。

这样，使徒保罗就从受膏的耶稣的"生命与光"（Phōs kai Zoē）出

---

① 《罗马人书》13章1节。
② 《哥林多前书》3章22节。

发,为信仰者创造了地盘,即创造了以公设主义方式,体验一种从未存在过的愿望、从未感受过的神秘福音的地盘:"我们若靠基督只在今生有指望,就算比众人更可怜。但基督已经从死里复活,成为睡了之人……。死既是因一人而来,死人复活也是因一人而来。在亚当里众人都死了;照样,在基督里众人也都要复活。"①

对于艰辛者和负重者反抗悲惨的生活而言,也许使徒保罗的这番话无所裨益,尤其是对于摆脱不只是从前的亚当负有责任的人类的悲惨生活无所裨益。然而,保罗的话试图召唤人类内心深处尚未被理解的东西。死亡享受治外法权。对于保罗的话,死亡之颚(die Kiefer des Tods)仿佛不负任何责任。这种"反死亡神秘主义"(Anti-Todmystik)不只是与被钉死在十字架上的具体死亡方式相关。由此出发,保罗的基督最终对当时首次出现的、盛行于古典时代晚期的**虚无主义恐惧心理**产生了深远影响。我们从中看见了一个杰出的护民官(Tribun)的形象,在这个人类并没有自治权的现实世界里,他反对死亡这一最顽固的反乌托邦因素。

33. 再论:尽管是殉道,但声称是神秘欲望的复活,升天,再临,甚至"同一性"也丝毫无损于护民官耶稣

自古以来,善的东西就继续存在下去,而且绝不会被人遗忘。在一切事物的后面都存在着善的东西,例如,在耶稣的《登山训众》中,善的东西,即王国临近了。这样,就出现三种显现,作为不可视的东西,这些显现适用于没有出现或尚未出现的王国,人们相信,耶稣去了那里。换言之,这些显现是指尘世和来世的三种神秘事件:第一是复活;第二是升天;第三是再临。

根据第一种说法,耶稣被行刑后**复活**(Auferstehung),但是这无助于基督摆脱十字架。但是,正如人人所期待的一样,通过复活耶稣得以摆脱坟墓。植物神的复活属于纯粹外在地或普遍地发生的升天,与此不同,以后基督的复活被视为不言而喻的事实。"复活节"(Ostern)一词就来源于植物神。然而,作为在睡梦中唤醒的那个特别引人注目的头生子,耶稣

---

① 《哥林多前书》15 章 19—22 节。

不是神，而是与我们完全一样的人。是的，通过最后的晚餐，他已经第一次赋予我们永生（Athanasie）这一药品（Pharmakon）。

不过，现在凸显出**第二个神秘愿望**，即**升天**（Himmelfahrt）。通过升天，基督显示出主以及人子的特征，从而他至少急剧地远离人的共同体。因此，仿佛从上下降某种高尚化的升华，仿佛耶稣像超人赫拉克勒斯①一样处于一座超高星座中。诸福音书本身并没有详细描述这种升天。《马太福音》16章19节、《路加福音》24章51节只是简短地报告了基督的天国之旅。与此相比，关于福音的传说却得到了较为详细的描述。直到《使徒行传》1章9—11节，弟子们才详细报告了基督的云上旅行，在此，云彩就像天国的支撑结构一样把基督接去，他怎样往天上去，他还要怎样归来。耶稣的旅行就这样圆满结束，他坐在宝座上与门徒一道活跃地旅行四十天之久，人们几近相信，一个天国的共同体复活了。

除了赫拉克勒斯之外，关于天国旅行的传说也见之于旧约圣经中。据旧约圣经记载，以利亚从先知伊利沙②分离开来，乘着燃烧的战车和吞吐烈火的骏马去了天国。③不过，以利亚乘坐太阳神的战车升天，这一点具有太阳王朝的特色和印象，而且，在地球上升向太阳的英雄到处都丧失掉自身的本来面貌。

在一定程度上，耶稣的升天显现与中世纪中期的"基督空白说"（Ausgespartheit Christi）十分吻合，此后，这种说法便作为所谓的"幻影说"（Doketismus）出现。这是一种古老的学说，按照这种学说，基督只具有一种假肉体，在被钉在十字架之前，他就已经离开了它。就像幼虫破壳而出一样，基督也摆脱了死亡的桎梏。当时，宛如身穿洁白衣服的精灵一般，基督纯洁无瑕的灵魂神不知鬼不觉、悄悄地离开了肉体。

正如我们觉察到的，上述所有援引福音书的奇异段落都与捉拿耶稣的故事有关："有一个少年人，赤身披着一块抹布，跟随耶稣，众人就捉拿

---

① 赫拉克勒斯（Heracles），希腊神话中最伟大的英雄，又名海格力斯，相当于罗马神话中的赫丘利（Hercules），是宙斯与阿尔克墨涅之子。他神勇无比，完成了十二项英雄伟绩，被升为武仙座。此外他还参加了阿尔果斯远征，帮助伊阿宋寻觅金羊毛，解救了普罗米修斯等。——译者

② 伊利沙（Elisa），公元前9世纪活动在以色列北部的先知，他是以利亚的合法继承者。以利亚与《创世记》10章4节中雅完的儿子同名。——译者

③ 《列王纪下》2章11节。

他。他却丢了抹布,赤身逃走了。"① 按照幻影说,这个少年人就是真实的耶稣基督。因此,耶稣本人并没有受到法庭审判,从而也没有被钉死在十字架上。在基督的升天方面,持幻影说的人们更加强调非人的"精神论"(Pneumatismus),而这种态度最终导致取消肉体的转变以及人子的完全可辨性。

当然,在基督教信仰者的意识中,即使通过如此敏感的基督升天,最终也无法摆脱"非主"(Nicht-Herr)的形象。在信仰者那里,这种形象显现为完全从精神维度上升的崇高存在,凭借**上头空间**的特别激情,信仰者能够意识到这种存在。最终,基督升天仅仅是一个背景:整体上,升天的基督本质不是被理解为一种高尚化的存在,而是被理解为一种**闯入上头**的存在。据此,合乎逻辑地出现了耶稣的下述警句:"我与父原为一。"从字面上看,基督升天就是通过天国之旅回家。在此,压根就包含"篡夺神性存在"(usurpierendem)的意义。在此,人子不仅恰恰贯彻关于人子的神话,也恰恰贯彻关于"正义父神"的王座神话:一位护民官现在坐在王座上,并且废除了神的权柄。

甚至在使徒保罗看来,基督天国之旅后,也因获得天国尊严而成了一个亚当。保罗正是利用这个范畴来看待天国的亚当的:"地上头一个人亚当属于地,其他的人属于天。"② 而且,在这个人之中仍旧保持着人的特征,即这个人从一开始就是平民的护民官(tribunus plebis)。

基督图像停留在人类学层面上,在新约圣经的一些段落中,这一点恰恰得到了淋漓尽致的表现。例如,在《希伯来书》中,作者最富于思辨性地探讨了关于天国之旅的神话。如果说,诸福音书"忽略"了天国之旅,《希伯来书》则从一开始就把基督的天国之旅置于核心位置:"因为基督并不是进了人手所造的圣所(这不过是真圣所的影像),乃是进了天堂,如今为我们显在神面前。"③ 据此,尽管在《希伯来书》中附加了千万的天使,但迄今万众景仰、众望所归的神的"神圣"已转入"天国的

---

① 《马可福音》14章51节。按照主流解经学家的观点,这个少年人就是年轻时的马可本人。故事的梗概是,由于当局捉拿耶稣基督,曾经聚集在耶稣身边的那些门徒纷纷作鸟兽散。只有这个少年,即使披着破烂抹布,也要追随耶稣,最后被追击得连身上这块抹布也丢掉了。——译者

② 《哥林多前书》15章47节。

③ 《希伯来书》9章24节。

耶路撒冷"。①

在此，基督本身参与天国之旅，但这并不表明某一伟大之主摆脱了平民身份而飞黄腾达，鲤鱼跳龙门。相反，基督升天是一幅最激动人心、惹人注目的图像，它源自人心深处汹涌澎湃、激情飞扬的希望。例如，"锚"这一原型就源自希望："我们有这希望，如同灵魂的锚，又坚固、又牢靠，且通入幔内。作先锋的耶稣就为我们进入幔内。"②

至此，我们探讨了基督升天的另一侧面，即在第二神秘愿望中所蕴含的作为平民领袖的护民官以及所意欲的解放。此外，在使徒保罗的书信中，还包含着（虽然也是片段性的）这种表面上把耶稣的人格加以高尚化的倾向。对此，在《以弗所书》中这样描述说："他升上高天的时候，掳掠了仇敌，将各样的恩赐赏给人。"③ 在此，耶稣认为，应当践行被归咎于耶和华战车的那种事情。④ 担任护民官职务的耶稣显得更加醒目耀眼，即他的职责更重大，使命更神圣，但这种职务并不是耶和华想象中日益膨胀的职务，也不是耶和华绝对权力宝座上那种统管万有、为所欲为的权柄。

很久以来，正像人们委婉地把天上的诸王加以神化一样，人们也热衷于把神升华拔高，让神圣的光环覆盖其上。例如，《出埃及记》15 章 29 节这样写道："因为我耶和华是医治你的一生。"又如，《以赛亚书》49 章 26 节这样写道："我耶和华是你的救主。"尽管耶和华神是独一无二的"出走象征"（Exodus–Symbols），但他同样拥有实体化的、难以企及的气势威严，就此而言，耶和华的图像并不是十分坚实牢固的。但是，我们还可以证明另一方面，归根结底，天国之旅的动机表明，耶和华把被收监的人们解放出来。这不仅显示了犹太人占有土地的意义，也显示了基督代表人的共同体而占据最高领域。

就像迦南本身一样，犹太人占有迦南地产也是真实的。然而，全部天国之旅的神话却包含篡夺一切东西的含义，这本身就是一种实体化的神秘

---

① 《希伯来书》12 章 22 节："你们乃是来到锡安山、永生神的城邑，就是天上的耶路撒冷。那里有千万的天使。"
② 《以弗所书》4 章 8 节。
③ 《希伯来书》6 章 19 节。
④ 《诗篇》68 章 18 节以下："你已经升上高天掳掠仇敌；你在人间，就是在悖逆的人坚守了供献，叫耶和华神可以与你们同住。"

愿望。宗教总是包含着某种特殊的童话愿望领域，因此，人们很难指明实际事实与虚构杜撰之间的明确差异。但是，基督的天国之旅意味着反抗高高在上的耶和华，篡夺其权力宝座。这种虚构的篡夺神话不是通过自身的虚构内容而是通过人子获得自身的意义。其结果，"我与父原为一"的一致性，把耶稣领入一种如此长久地为人仰慕的超越者之中。

进一步讲，现在从人们所信仰的高天（Hoch-Droben）中出现了与**再临**有关的**第三种**神秘愿望：通过这一末世事实，耶稣所篡夺的高天不再显现为单纯的上头。人们不仅目送那个没有主的欲望的基督离去，也翘首期待他重新降临。人们并没有忘记，基督会从遥远的高天再临，否则，他们就不会想象这个耶稣基督会回归他们。当然，在此，耶稣看上去跟《登山训众》中的耶稣大有不同。在此，他在约伯的意义上，即作为报血仇者出现。基督的降临仅仅对艰辛者和负重者、被侮辱者和被蔑视者而言才显得温和可亲。对于他们来说，基督再临简直是巴望不得的事情。对于这些穷苦百姓，基督这个主作为新郎以及聪明的处女的形象显现，但是，对于优柔寡断者、对于压迫者而言，他之所以出现，却是旨在口诛笔伐，严加斥责。

当然，在再临的情况下，并非呈现清一色崭新的东西。因为如果基督再临，其结果会把与迄今权力和秩序截然不同的东西混入其中。例如，卑劣的人变为高尚的人，高贵的人丧失身份。但是，尤其重要的是，忠实的基督徒们把再临者单纯地视为一个王者的大天使米迦勒。[①] 尽管他们把基督的降临视为一种闯入行为，但这仿佛不是一幅基督的蜕变图像，而是一幅"主的威严统治图像"，"因为主必亲自从天降临，有呼叫的声音，和天使长的声音，又有神的号吹响。那在基督里死了的人必先复活。以后我们这活着还存留的人必和他们一同被提到云里，空中与住主相遇。这样，我们就要和主永远同在"[②]。

至此，我们了解到，伴随喧天的锣鼓声，大天使米迦勒率领千军万马

[①] 米迦勒（Michael），耶和华神的首席战士，天界天使团的领导者。在基督教文化中，米迦勒一夜之间歼灭进犯耶路撒冷的十五万亚述大军、阻止亚伯拉罕将独子献祭、在焚烧的荆棘中召唤摩西率领希伯来人出埃及、捕获囚禁千年的古龙撒旦。米迦勒践行人类的创造并与反对者撒旦战斗，其威力与大魔王并驾齐驱。在《死海文书》的《光之子与暗之子之战》中，米迦勒以天国副君、光之君主的身份率领天使军团，与黑暗支配者伯列的黑暗军团进行决战。——译者

[②] 《帖撒罗尼迦前书》4章16节。

返回人的世界的壮观再临场景。然而，恰恰在再临的情况下，重新显示出人子所特有的存在方式。在此，人子就像高亢嘹亮的乐器一样发出最响亮的声音："看哪，我站在门外叩门；若有听见我声音就开门的，我要进到他那里去，我与他、他与我一同坐席。"① 可见，再临仿佛来客，尤其是对被压迫者来说，再临犹如爱一样的东西。对于作恶者来说，基督再临意味着面对惩罚的法庭，但对于被解放者来说，基督再临意味着拯救。上述内容与雅可布·伯麦基督中心论的解释十分吻合。按照伯麦的解释，这是启示录中所揭示的同一的光，它对于邪恶者显现为恼怒，对于被压迫者则显现为结婚。归根结底，再临应被描写为与升天完全相反的运动。换言之，基督降临可被理解为基督升天的唯一果实。在此，所谓果实是这样一种东西，即通过基督再临，天国由神的私人空间转变为人的城市："新的耶路撒冷"。与升天运动相反，再临属于这种运动，即这个新的城市恰恰作为天国的城市转移到地上的人们那里。显然，这是完全基于人类中心主义的新的天国和地球："就如新妇妆饰整齐，等候丈夫。"②

的确，以这种方式，最终耶稣与圣父的同一性（Homousie）图像完全融为一体。换言之，耶稣不仅并入了圣子的新天新地，也吞并了属于圣父的以前的太阳界和月亮界。"那城内又不用日月光照，因有神的荣耀光照，又有羔羊为城的光。"③ 这样，羔羊的灯光与神的荣耀的灯光归于完全一致。因此，基督的这一图像完全不同于从不显现为救世主的宗教创始人的摩西乃至穆罕默德。基督不是标榜与神的类似性，即同一性，而是直到最后才欢呼雀跃，焕发出与神的一致性，即同一性。

阿里安教派认为，基督是与神相似的存在。④ 但是，仅仅凭借这种相

---

① 《约翰启示录》3 章 20 节。
② 《约翰启示录》21 章 2 节。
③ 《约翰启示录》21 章 23 节。
④ 阿里安教派（Arianer），阿里乌斯（Arius, 250—336）的信徒，他们认为基督是上帝创造的，而不是三位一体，其基本前提是，耶稣不是神而是人。这派主要观点可归结为以下三点："第一，只有圣父才是神，只有神永恒、贤明和不知变化；第二，神不能直接创造世界，所谓世界创造要借助于所谓逻各斯这一中介；第三，神子从一开始就存在并且与神相似。"亚历山大的主教阿塔那修（Athanasius, 298—375）起而反对这些论点，提出了如下命题："基督不是与神相似的存在，而是与神同一的存在。"由于时至今日阿里乌斯文献均已遗失，以致学界很难公正辨明阿里乌斯与阿塔那修之间的立场差异。——译者

似性，人子自身还不能投入到圣父的领地。就是说，单是这种相似性还不能主张作为灯光的羔羊图像以及作为神的荣耀本身所照亮的城市。据此，在尼凯亚①宗教会议上，基督教正统派严厉谴责了阿里安教派学说，并将阿塔那修教派关于基督与圣父统一性的学说宣布为正统教义。从此，作为宗教创始人，基督被认定为最富于革命性的类型，就是说，宗教创始人作为神性存在再临这一学说成了基督教的正统学说。于是，人子范畴不可避免地被载入神秘莫测、不可言状的愿望奥秘范畴。因此，人们相信，即使神死了，基督的冲动也能存活下来。

34. 对于蛇的第二次观察（参见第 21 章）：欧菲斯派②

这是迄今我们所记起的一个十分大胆的宗教冲击。它直接与宣称我们身份的东西相关联，而这一身份原来被隐藏在特殊的服装中，即蛇的服装之中。此外，当初从伊甸园逐出的这个蛇引诱青年人，发现了几个弟子。尽管这则故事总是遭到歪曲，但是，我们不应忘记我们的宗教信念与蛇的内在联系。耶稣死后，通过欧菲斯派（Ophis，蛇），人们重新接受了蛇。尤其是，公元 3 世纪，基督教的诺斯替派创立了欧菲斯派，即拜蛇教。

欧菲斯派（我们今天只能从同时代人的对手那里了解其看法）如此狂热崇拜神，以至于这个教派不惜从母权制时代或更久远的太古宗教礼拜中接受了蛇。在许多宗教中都存在崇拜蛇的风俗，起初蛇带有肯定的标志，但后来多半带有否定的标志。这样的特性并非仅仅凸显在圣经宗教中。蛇是位于神秘地下深处的具有二重意义的动物，从那里，一方面，它吐出有毒的气体；另一方面，它带给人们健康的拯救之泉。因此，很久以来，人们就把地下深渊视为梦、预言、火山和宝物的空间。这样看来，从

---

① 尼凯亚（Nikäa），今日法国南部海港与游览胜地尼斯（Nice）。——译者

② 欧菲斯派（Ophiten），又称拜蛇教，是基督教初期东欧的一个异端教派，罗马帝国分裂成东西两个帝国时，因受到正统派的压制而消亡。在本章中，布洛赫重申，欧菲斯派标榜不属于诺斯替派范畴的否定现存体制的反抗神学。例如，欧菲斯派认为，自身所崇拜的天国之蛇等于理性这一女神的幼虫。蛇不仅是孕育一切生命的原则，同时也是具有炸毁世界的巨大力量的理性。该教派认为，蛇象征"从无知中解放"，因而把蛇当作理性的使者来崇拜。"认识善恶，你们就会成为神一样的存在。"因此，该教派从一开始就浸透着一股旨在破坏现存体制的革命造反精神。——译者

一开始蛇就不是简单的动物。蛇既是有毒的基本动物，同时也是带给拯救的神奇动物（Äskulapschlange）。例如，在希腊神话中，阿斯库拉普之蛇是掌管火山爆发、永恒的年轻以及革新的神。一方面，蛇属于深渊中的诸如许德拉①、皮同②、堤丰③一类的存在；另一方面，蛇也经常为天神所征服。赫拉克勒斯击败许德拉，阿波罗击败皮同之后，在其凹处建造了德尔斐神庙。英雄齐格弗里德④和米迦勒各自征服了"深渊之龙"。但是，蛇同时也是霹雳之神，即天国的火焰。乌赖乌斯⑤也属于上部领域里的神，它标志着古埃及王冠上的王蛇和太阳。

与圣经中所体现的传统内容不同，欧菲斯派特别热衷于蛇，但是，这个教派的人们剥掉了自身偶像的虚假要素，努力寻找其他超尘世的本质。换言之，欧菲斯派以最惊人的联系方式，把最古老的宗教祭礼，即纯自然的神话祭礼与宗教反叛联系起来。这样，他们就把自身所崇拜的蛇与天国之蛇视为等同了。对此，希波吕托斯⑥这样写道：

  这个蛇乃是摩西所援引的力量。杖变成一条蛇。……这个包罗万象的蛇乃是夏娃的明智逻辑。这正是伊甸园的神秘所在。这也是赋予该隐的标志，任何发现该隐的人都杀不了他。蛇是该隐。这个世界的神并没有接受牺牲者该隐，但是，神接受了血污的牺牲者亚伯，因为这个世界的主对鲜血喜悦。在大希律王⑦时代，末日蛇以一个人的形态出现。……因此，如果没有蛇这一人子，任何人都得不到拯救，任何人都升不了天。……耶稣的相像者是摩西在荒野中建造的青铜之

---

① 许德拉（Hydra），希腊神话中厄喀德那（Echinda）和堤丰（Typhon）所生的九头蛇，身躯硕大无比，性情十分凶残，生有九个脑袋，其中八个头可以杀死，而第九个头，即中间直立的一个却是杀不死的。——译者

② 皮同（Python），希腊神话中居住于德尔斐的巨蟒，后被阿波罗杀死，并在其占据的地方建起了自己的神庙。——译者

③ 堤丰（Typhon），希腊神话中象征风暴的妖魔或巨人，该词在希腊语（Τυφῶν/Τυφάων）中，意为"暴风"或"冒烟者"。——译者

④ 齐格弗里德（Siegfried），北欧神话中杀死巨龙的英雄。——译者

⑤ 乌赖乌斯（Uräus），古埃及神圣的毒蛇，古埃及帝王头饰上的神蛇标志。——译者

⑥ 希波吕托斯（Hippolytos, 170—235），罗马教会历史叙述家。作为圣依勒纳（Irenaeus）主教的弟子，与当时流行的诺斯替派、千年王国说、阿里乌斯教派展开了激烈论战，主要著作有《但以理》《启示录》注释等。现存文献只有古代斯拉夫文译本。——译者

⑦ 大希律王（Herod the Great, B.C. 74—B.C. 4），犹太国王，罗马帝国犹太行省的从属王。——译者

蛇。这正是《约翰福音书》3 章 14 节文字的意义。正像在荒野中摩西将蛇视为崇高的存在一样，人子也应当被视为崇高的存在。……耶稣所创造的是生命。①

按照欧菲斯派的解释，创世记的蛇不仅仅是孕育一切生命的原则，同时也是炸毁世界的理性。天国之蛇教会第一个人亚当和夏娃摘吃智慧果。不仅如此，在智慧树上已经悬挂着"理性女神的幼虫"。"你们便和神一样知道善恶"，这意味着亚当和夏娃将走出单纯的动物园，因此，也许不想成为和神一样的存在的态度才是他们的实际原罪。

但是，对第一个人发泄怒气的不是别的存在，而是创造了这个世界的单纯低级神德穆革。② 然而，在经过编辑的圣经中，蛇持有与原始魔女一样的属性，在黑暗中，它像撒旦一样造孽多端、作恶成性。蛇是带给光的动物，蛇永不休息。这些警句如实地显现了圣经中被删节的所有颠覆性的段落。

这一点与欧菲斯派所援引的下述文本相称：在荒野中，摩西竖立起青铜蛇，让人们注视它，以便以色列的孩子们能够得到拯救。③ 直到耶稣也依然强调，作为这种拯救的象征，蛇绝不是终身爬行在地上的动物。蛇的精液想要像神一样存在，它不仅在个人那里颠覆性地起作用，而且在圣经所蕴含的普罗米修斯特性中也颠覆性的起作用。圣经的普罗米修斯特性恰恰显现在和神一样创造一切的欲望中，而这种特性与巴别塔神话中所意欲的东西十分一致。这个耶和华神再也无法容忍人们建造通天塔，因此，他对这种冒犯行为施以严厉惩罚。换言之，他通过这个世界上的所有国家，分别赋予人们以不同的语言和土地。由此重见蛇的显著象征，即不可遗忘的拯救之蛇正是摩西在荒野中竖起的救世主蛇。直到希西家④王时期，救世主象征才在以色列国中达到了顶峰："他终于打碎了摩西所造的铜蛇，

---

① H. 莱泽冈：《确定》，第 5 卷，《诺斯替派》（Hans Leisegang, *Elench*, Ⅴ, *Die Gnosis*, 1941），1941 年，第 147 页。

② 德穆革（Demiurge），诺斯替派称之为低级神，此派认为正是由于他的无知，才创造了这个错漏百出的世界。因此，"无知"是低级世界的第一存在因。——译者

③ 《民数记》21 章 8—9 节。

④ 希西家（Hiskia, ?—B.C.697），以色列王，曾致力于把以色列人从亚述人中解放出来。——译者

因为到那时以色列人仍向铜蛇烧香。人们叫铜蛇为铜块（Nechustan）"①，这就是黄铜制造的东西。

人们打碎铜蛇的事件发生于公元前7世纪前后，而过了700年之后，《约翰福音》书将欧菲斯派如此强调的那个蛇的比喻归于耶稣身上："摩西在旷野怎样举蛇，人子也必须被举起来。"② 按照欧菲斯派的说法，从此，出现了一种惊人的混淆现象，即把基督的十字架之死与被诅咒的天国之蛇视为等同。因为天国之蛇使第一个人亚当和夏娃"睁开了眼睛"。正像他们应当遭到造物主德穆革的怒骂一样，耶稣这个救世主之蛇也被钉在了另一棵树上，即十字树干上。

但是，令人惊愕的是，耶稣的再现说（Wiedererscheinung）渊源于波斯神话，即与最终显现的第三琐罗亚斯德相联系。基督的未来再临以"霹雳之蛇"（Blitzeschlange）的形态出现。"在午夜，主突然降临。"于是，他最终战胜这样一个极端邪恶的世界，即被德穆革变成了一片废墟的那个世界。显而易见，在此，这种神话惊人地造就了一种无可比拟的叛逆神话（Rebellionsmythos）。

在"你们便和神一样知道善恶"这句话中，不仅包含着强大的反抗力量以及凭借蛇的语言的独特价值重估，也包含着最顽强的抗拒精神。基于纯粹神正论的注释，神正论者认为，基督仅仅是精神性的（pneumatisch）存在。然而，如前所述，人们难以置信地将基督与太古之蛇相提并论、等量齐观。因此，对于耶稣的再临，我们绝不能抛开政治领域，单纯从精神视角去理解。欧菲斯派对十字架的意义作出了截然不同、耳目一新的解释：十字架不是儿子献给善良父亲的祭品，而是这个世界的恶魔。欧菲斯派又一次踩灭了指向出口的光亮，而且踩灭得更加彻底。

至此，我们考察了欧菲斯派的奇异学说，这个学派后来并非一帆风顺。像其他异端教派一样，只是因为奇谈怪论、想入非非，欧菲斯派也被驱逐了。欧菲斯派的传统不仅留下了特殊的空白，而且也被涂满了一层浓重的诺斯替派的神秘色彩。这完全是为了掩盖欧菲斯派单刀直入的、实质性的、充满危险性的反叛倾向。

---

① 《列王纪下》18章4节。
② 《约翰福音》3章14节。

从一开始，欧菲斯派就难以置信地把蛇与耶稣视为等同，甚至，难以置信地让蛇以亵渎神灵的面目出现。因此，先是教父，而后教会史家把这个教派的教徒们渲染为所有异端教派中最邪恶的异教徒。他们带着十分厌恶的情绪，将欧菲斯派教徒视为一群傻瓜，不过，他们通常耸耸肩，做出一幅不屑一顾的样子。然而，更珍贵的是欧菲斯派的冲击本身：只因亚当和夏娃摘吃了智慧树上的果子，就应予以可怕的严惩，直至被逐出伊甸园吗？不言而喻，人们不是在非基督神学中，而是在犹太教的拉比神学中意识到了这一点。

虽然把基督当作蛇来看待，也许来得正合适，然而，即使不考虑天国之蛇与基督的同一，也存在所谓的"原罪"这一**棘手问题**。而且，这个问题首先存在于旧约中。事实上，这个问题是由基督教斯多亚学派的犹太教神学径直提出来的。例如，这方面，当首推迈蒙尼德。正是他向我们富于启发性地解释了失传已久的欧菲斯派文献中的疑难问题。尽管他的解释通俗易懂，看法大体正确，但还算不上是十分完备的"解答"。尽管如此，他毕竟是一位思想家，而且肯定不是人云亦云的复述者。对此，他这样开始论述：①

> 几年前，有个学者向我提出了这样一个重要的问题，而这个问题很值得我们特别重视。……提问者说道：从单纯的圣经原文中，似乎出现下述论点：在创造主的最初意图中就包含关于人的想法。换言之，像所有其他生物一样，人起初也不持有理性和思维能力，也不会区分善与恶。但是，当人拒不服从时，他的不服从就带给他巨大的代价。归根结底，在任何情况下，人都无权占有完满性。……但是，这一点无外乎一如某人所言：因为一个人犯罪，并且特别严重地亵渎神灵，所以，他后来转变成一个更好的被造物。即一个人由于对神不虔敬，所以作为星星而被置于天国中。

但是，在此有一个问题被隐瞒了起来，那就是，对于人的不虔敬，神究竟施以怎样一种重罚。无论如何，迈蒙尼德把这种处罚作为一种后

---

① 迈蒙尼德：《迷途指津，第二卷》（Maimonides, *Der Führer der Verirrten*, Meiner II），第 30 页。

果，即把它界定为除了"不服从"就绝对不能到达的后果。按照"提问者的"说法，最初耶和华把亚当和夏娃创造为动物，后来由于不服从，他们才成为人。对于这个（也许，由他自身设定的）提问者，理所当然，迈蒙尼德试图为"人的创造者"辩护。换言之，他发表如下意见：尽管耶和华早就赋予了亚当以理性，但是，后来从天国坠落的那个人恰恰丧失了非感观的、非情感的理性。就是说，理性并不使价值判断变得阴暗混浊。

"因此"，在此迈蒙尼德得出了下述结论（他的表达十分隐晦。与他相比，提问者有点呆板，但却变得越来越思维敏锐、目标明确）。"因此，人们这样说道：'你们通过认识善与恶会成为和神一样。'但是，人们绝不会说：'你们通过认识或领悟真与假会成为和神一样。'在无条件的东西（即不是单纯的意见，而是认识的对象）条件下，根本不存在善与恶，而仅仅存在真与假。"因此，在迈蒙尼德那里，这一纠缠不清的提问方法，甚至十分尖锐的提问方法也同样栩栩如生，充满悬念。后来，托马斯·阿奎那进一步利用和发挥了这一提问方法。在某种意义上可以说，在他们那里，欧菲斯派的学说似乎继续流传发酵，因为这种学说拒绝为禁止人的认识的行为进行无条件的辩护。①

当然，在这方面，问题的提法比隐晦的回答、迂回的回答持久得多。就是说，从欧菲斯派视角界定为蛇的东西，确实能够适当地回答提问者的问题。那时，欧菲斯派教徒为传统而斗争，在其传统中汲取灵感，激发生命活力，直到6世纪欧菲斯派教徒还都坚守自身的信仰传统，就是遭到各种迫害，他们也初衷不改，在所不惜。

公元530年，查士丁尼颁布了一道反欧菲斯派法令。在此试想一下，关于德穆革陌生神的福音传道者马吉安的情形。根据公元450年泰奥多雷特②主教的报告，即使不包括马吉安本人，后来很长时间内马吉安主义者也崇拜属于智慧树的那个反抗世界创造主的天国之蛇。据说，举行神秘祭

---

① 在此，重要的是，善与恶、真与假分属不同的领域。这一区分后来成为托马斯·阿奎那思想的基础，据此，他阐明了基督教思想与亚里士多德思想的内在联系以及关于人的认识的根本问题。——译者

② 泰奥多雷特（Theodoret，393—460），居鲁士的主教、教会史家，主要侧重神学问题，著有一部5卷本异端史，其中包含许多关于诺斯替派的文献资料。——译者

礼时，他们通常把一只铜蛇用作象征物。① 在中世纪后期，这种铜蛇的花样纹饰不仅刻印在圣餐高脚杯上，也刻印在圣殿骑士团②教堂充满东方神秘色彩的装饰物中。

　　顺便说一句，伟大的东方学家哈默尔—普格施塔尔③一向对圣殿骑士团员持敌视态度。但是，有一天在这个奇异骑士团收藏圣人遗物的匣子里，他意外发现了奥利金所描述的"欧菲斯标志"。在排除了"出走"精神的耶和华与更美好的蛇的精神之间，这个标志恰恰形成了一条富于对比性的世界线。甚至在一些宗派色彩很浓的巴洛克圣经中，也配有各种别有风味的插图，这些插图引人注目地、精确地显示了被保存下来的欧菲斯派文献的内在关联性：悬挂在古代寺院前庭上的铜蛇意味着被钉死在十字架上的基督。换言之，作为智慧树，各各他的十字架体现着被钉在树上的蛇的面貌。在长篇小说《后裔》9卷2章中，魔术师《麦林》的作者伊默尔曼④甚至宣称，在古老的图林根墓地中，发现了欧菲斯派的标志（当然，问题在于，伊默尔曼并没有深入考察尼安德尔⑤的教会史，也没有唤醒当时最强烈的欧菲斯派的记忆）。

　　那时黑格尔起到了很大的影响，尽管他没有像隐晦的欧菲斯派一样在

---

① A. 哈纳克：《马吉安：关于陌生神的福音》（Adolf Harnack, *Marcion, das Evangelium vom fremden Gott*, 1924），莱比锡，1924年，第169页。

② 圣殿骑士团（Templerorden）全称是"基督和所罗门圣殿的贫苦骑士团"，成立于约1120年。圣殿骑士团的徽章为双人骑单马图像，象征他们早期的贫困。圣殿骑士团的首领称为宗师、大团长或总团长，是以选举产生的终生职位。大团长直接对教皇负责，不受国王和各地主教控制。团员分骑士、军士、农夫、神父四个阶层。其成员称为"圣殿骑士"，特征是白色长袍上绘有红色十字，口号是"神的旨意"。——译者

③ 哈默尔—普格施塔尔（Josef von Hammer - Purgstan, 1774—1856），奥地利东方学家，著有《金帐汗国史》（1840）、《伊利汗国史》（1842）等。此外，1812年他将《哈菲兹西东诗集》（Diwan des Hafis）译成德文，对歌德刊行《西东诗集》（West - östlicher Divan, 1819）产生了决定性影响。

④ 伊默尔曼（Karl Leberecht Immermann, 1796—1840），德国小说家、戏剧家。他的创作包括剧本和小说，主要作品有《提罗尔的悲剧》（1828）、《麦林》（1832）、《后裔》（1836）以及长篇小说《闵希豪生》（1838）等。他的作品大都以马格德堡为背景，艺术手法和内容上都别开生面。但是，由于他的作品执着于单纯的信仰和美丽的虔诚，其主人公大都在深刻的宗教冲突和内心困惑中苦苦挣扎。——译者

⑤ 尼安德尔（Johann August Wilhelm Neander, 1789—1850），德国新教神学家、教会史家。在6卷本代表作《基督教信仰与教会史纲》（1826）中，尼安德尔把教会历史规定为"信仰的历史"乃至"用语言证明基督教神性力量的历史"。他是"唤醒神学"（Erweckungstheologie）的先驱，其真谛是"虔诚之心铸造神学家"（Pectus est quod facit theologum）。——译者

重新解释天国时把蛇等同于基督，因为在他看来，把蛇视为基督本身无疑是教会史上最离奇的说法。黑格尔并没有为"原始状态"中的人的相同性所吸引，相反，他的思维还处于半封建状态。但是，更重要的是，他并没有出于可辩解的理由而赞美"原始状态"。对亚当的创造者来说，令他心满意足的莫过于理性的酣睡不醒。正因如此，黑格尔向诱惑者蛇致以如下地下的问候："这天国是这样一座公园，除了动物，任何人都无法停留。"① 进言之，黑格尔对亚当摘吃智慧果的决定这样评论说："因此，我们可以说，亚当从这种愚蠢中走了出来。就是说，由于摘吃智慧果，尤其走进了智慧之光。从此，亚当找出了善与恶。"②

当我们考察关于欧菲斯派思想时，几乎完全依赖于隐秘的报告，尤其依赖于伊雷纳乌斯③隐秘的报告。正因如此，我们绝不能忘记所谓"原罪"以及极度异端的原始声音。关于天国之蛇的讨论本身就是一个巨大的曲线。试想一下，从众多动物崇拜到智慧树上的塞壬④乃至基督——天使之路。进一步讲，这条道路经过基督——恶魔，最终到达了启示录思想意义上的第三蛇或霹雳之蛇。就像早期诺斯替派的思想一样，这故事中的虚幻因素也过于庞大，但是，这其中伟大的东西乃是通过所有杂乱而始终令人信服的光的意志（Lichtwillen）。因此，我们有必要重申，远远超出神话史而渗透更深意义的东西，不是作为欧菲斯派的"图表"而是作为暗码传达给我们的东西。天国之蛇是女神理性的幼虫。幸亏，革命历史中存在若干理性，人们经常注视这一作为理性的暗码，他们不再感到这东西离奇古怪而是感到理所当然。

---

① G. W. Fr. 黑格尔：《选集》第 9 卷（*Werke* IX），第 413 页。

② G. W. Fr. 黑格尔：《选集》第 11 卷（*Werke* XI），第 194 页以下；另参见 E. 布洛赫《主体——客体：对黑格尔的解释》（E. Bloch, *Subjekt - Objekt, Erläuterungen zu Hegel*, 1962），1962 年，第 331 页。

③ 伊雷纳乌斯（Irenäus, 135—202），里昂主教，被推崇为圣者和最早的组织神学家。伊雷纳乌斯神学的核心是神的一元性。据此，他反对诺斯替派的神性二元论，即把神划分为至上神与下级神德穆革。他认为，神既是世界的唯一创造者，也是世界的唯一掌管者。由此出发，他进一步从一元论视角解释救赎史：一切历史事件都是神的人类计划的一部分。人起初被创造为一种未成熟状态，有段时间内，人处于被放置状态。但是，神相信，有朝一日，人臻于完成，最终会像神一样十全十美。——译者

④ 塞壬（Siren），希腊神话中人首鸟身的女怪物，经常飞降在海中礁石或船舶之上，又被称为海妖或美人鸟。根据《奥德赛》中的描写，塞壬女妖们居住在西西里岛附近海域的一座遍地是白骨的岛屿上，她们用自己天籁般的歌喉使得过往的水手倾听失神，导致航船触礁沉没。——译者

35. 对"出走之光"的第二次观察（参见第 22 章）：马吉安，这个世界所没有的某个陌生神的消息①

至此，我们想起了另一种大胆的宗教冲击，那就是马吉安的学说。虽然他的学说并没有强调欧菲斯派关于蛇的思想，但是，这种学说具有强烈的诱惑力，吸引了众多的信徒。约公元 150 年左右，马吉安主要活动在罗马。他是一个十分尖刻的基督徒，他尖锐地对抗世界的"法则"及其创造主，提出了与之针锋相对的反口号。

马吉安的书叫《反命题》（Antitheseis），早已失传，但是，在他的对手的引文中，保存了这部书的部分内容。这部书针对这个世界上所有关于欣欣向荣的生命以及腐化堕落的生命，针对肉体的幸福安康，但也同时针对肉体的死亡。在马吉安看来，由于生物所信仰的创造主，由于我们肉体的"父亲"，世界上的一切都面目全非，畸形生长。这些畸形生长物残忍、"公正"和冷酷无情。②

在梵蒂冈美术馆，长长的画廊通向图书馆和雕塑品陈列馆，在此，人们可以发现数百段铭文。这些铭文大都源自早期基督教地下墓穴，其中有一段铭文出自马吉安精神（在此，也许离约伯的精神相距不远）。有幅浮雕显示高举的手，从前臂上看是一位姑娘。虽然姑娘指向上头，但完全不是在准备祈祷。因为在这幅浮雕下，记载着三段虽不灵活却目标明确的诗句："姑娘反抗笃信了 30 年之久的（献给了自己一切的）神，他以这种

---

① 在本章中，布洛赫通过分析马吉安陌生神的底蕴，衬托出心理末世论的中介概念："家乡"。家乡是远处蓝天般的东西，即"尚未存在任何东西的空间"。在马吉安那里，基督起初是不触及这个世界的、尚未被认识的存在，但他终归是引导人们奔向家乡的引导者。只有通过基督的"逃避"和"绑架"动机，人才能到达远处宛如蔚蓝的天空般的家乡，后来，马吉安主义者歪曲了马吉安的立场，提出了旨在否定一切历史性和肉体性的所谓"基督幻影说"（der Doketismus）。——译者

② 如上指出，马吉安是被罗马教会指控的第一个异端者。马吉安不承认造物主，因为邪恶的神不是用美丽的素材创造了世界，而是用卑鄙龌龊的东西创造了世界。"我们出生在尿与粪之间。"（inter urinas et faecas nascimur.）正因如此，德穆革才掌管这个世界的痛苦和不幸。如果说，旧约圣经中的耶和华是掌管法则和审判的邪恶神，新约圣经中的耶稣则是掌管爱的善良神。耶稣是把人从法则之神的支配下解放出来的存在。只有相信爱的善良神，人才能得救。由此可见，在马吉安那里，最重要的是《旧约》与《新约》之间无法弥合的断裂：《旧约》中的神有太多的人性弱点，且是"公义"、残暴的报复性的神，是与《新约》中耶稣所启示的那位隐藏、施恩典、乐意赦免，慈爱的神是截然对立的。——译者

方式高擎自己的手，与普洛科普进行谈话。普罗克鲁斯。"（Procope, levo manus contra deum qui me innocentem puellam sustullit quae vixit annos XX, pos. Proclus.）

在这段碑文中，普洛科普很可能是姑娘的未婚夫，而普罗克鲁斯也许是姑娘的父亲或哥哥，或者家庭里的其他一员。姑娘死后，他在她生前所参与的教派地区立下了这块墓碑。根据地下墓穴来看，虽然这个教派信奉基督教，但像马吉安主义者一样，它也强烈**反抗**掌管生命与死亡的主。碑铭没再说明任何异教徒的行星神，换言之，作为掌管邪恶命运（作为"非个人的命运 Heimarmenē"决定了的东西）的摄政官，行星神（Planetengötter）的面貌几乎没有表现在姑娘的碑铭中。在此，确切地说，"反抗神"（contra deum）意味着反抗一个单一的、一个直接地作为唯一神而寓居的神。因此，这其中隐藏着十分普遍的情调，即聚集在地下墓穴中的人们的一种共同信念。这些人普遍认同和追随马吉安主义中这样一种深入人心的立场和态度：反抗神＝反抗作为世界图像乃至世界之主的耶和华。

马吉安是这样一个人，他赋予所谓反命题以全部基督教的意义，进而把它用作反抗神的口号。从迄今封闭僵化的犹太教的圣经框架中，他试图激进地把耶稣带出来。但是，应该强调的是，这绝不意味着马吉安对尘世抱有某种对立情绪，并对犹太人持一种敌视立场。事实上，他把犹太人使徒保罗尊奉为自己的师傅。不过，马吉安认为，耶稣与圣经中出现的耶和华毫无共同之处。

马吉安不仅以基督的福音来对抗旧约圣经，而且把旧约圣经视为绝对异类的东西。因此，在此与旧约圣经的决裂导致这样一种结果：从基督福音中无可比拟地显现的那种飞跃出发，大踏步进入一个崭新的未知世界中。这样，只是从马吉安开始才产生并凸显出一种新约圣经一般的概念。马吉安到那种处都嗅到了旧约圣经"旧袋子"上一股很浓的发霉味，因此之故，他仅仅采纳了保罗的朋友路加的书信以及十封得以保存下来的保罗书信，他把这些书信当作"装了新酒的新袋子"而视为圣经中的正经。

总体上看，马吉安完全背离了旧约圣经中关于耶和华的全部内容（在此，他以纯粹恶魔化的面目出现）以及令他十分讨厌的先知们的内容。甚至他把施洗者约翰的施洗也一笔勾销，以免被视为"以利亚的回归"。但是，与此相对照，他加盟保罗越来越明显，在保罗方面，他强调一系列反命题，特别是对过去的既定法则持一种敌视态度。这样，虽然使徒保罗并没有否定作为世界创造主的耶和华，但他反驳了世界的统治者，更确切地说，否定了作为世界立法者的耶和华。作为耶稣的信徒，保罗认为，在"法"与"福音""诫命道德"与"自由""正义"与"恩宠"之间存在可怕的裂口，对此，至少耶稣不会将两者混为一谈，视为同义词。

但是，马吉安认为，邪恶的世界创造者不想错过世界统治者的角色，因此，他大大超出了使徒保罗的活动范围，全面考察了古代波斯宗教，相当激烈地批判了自身时代死灰复燃的古波斯宗教的**二元论**。在马吉安看来，如果说阿里曼（Ahriman）是创造和消解世界的邪恶原则，那么奥姆兹德（Ormuzd）则是创造和消解世界的善良原则。在此，马吉安不仅考察了邪恶的世界统治者和邪恶的世界创造者，也考察了波斯的神话内容，而这些内容不久也出现在摩尼教和摩尼神话中，甚至还出现在奥古斯丁"尘世国家"（civitas terrena）与"神的国家"（civitas Dei）之间的长期斗争中。无论如何，波斯二元论压根就把邪恶的阿里曼设定为对抗善的唯一极性。受其影响，在诫命与福音之间，马吉安鲜明地凸显了使徒保罗的反命题。于是，基督的福音与耶和华神的律法就处于不可调和的地步，因而也就显现为某种激进的新东西。

然而，严格地讲，保罗并没有全盘抛弃旧约圣经的律法。在他看来，作为监督官（paidagogos），旧约律法相对尊重基督教。[①] 尤其是，保罗很少或从未用下级神德穆革侵犯至高神。当然，保罗并非没有涉及德穆革，例如在《哥林多后书》4章4节中，就谈到了"不信之人"：**这个世界的神使他们瞎了眼**，以至于他们看不见来自（真正）神的（唯一）基督荣耀福音的明亮之光。[②]

然而，马吉安借助于使徒保罗显著地细化了来自波斯而后为诺斯替派所发展的二元论，尤其是，他将纯粹耶和华的原则还原为某种邪恶的东西。按照马吉安的观点，非福音神并非绝对是邪恶神，而是下级神，即履行作为**残忍的、冷酷的**正义神的职能。然而，基督并不因此就与下级神等

[①] 《加拉太书》3章24节："这样，律法是我们训蒙的师傅，引我们到基督那里，使我们因信称义。"——译者

[②] 《哥林多后书》4章4节："此等不信之人被这世界的神弄瞎了心眼，不叫基督荣耀福音的光照着他们。基督本是神的像。"——译者

量齐观。因为**基督在这个世界上是完全陌生的存在，是这个世界上完全无辜的神**。换言之，在此基督显现为"与这个世界的神相对立"（contra deum huius mundi）的存在。①

因此，马吉安的规定也超越了某种"未识之神"（Theos Agnotos）所具有的相似性和萌芽性。因为使徒保罗在雅典传教时，曾经谈及这种纯粹的未识之神②，当时雅典人曾经为了这个所不认识的神建造了一座祭坛。当然，这种"未识之神"也可能被解释成与迄今所有存在完全异样的存在。但是，在马吉安看来，这种未识之神压根就属于坑蒙拐骗的存在，因而绝不是什么拯救之神。换言之，未识之神是有关肉体、权力、星星以及掌管星星的神，他并不直接拯救人。

毫无疑问，马吉安对未识之神的看法也不乏偏颇之处。在他看来，这个未识之神欢呼雀跃，不惜以隐秘面貌诱骗人，甚至用自身的传说把人引向家乡，然而，他的这种极端的出走精神压根就敌视世界，从经验上看，这种精神本身就是阴暗而龌龊的。尽管如此，不可否认，旧约圣经中所描写的出走埃及这一伟大原型，不仅把犹太人从监禁状态中解放出来，而且使犹太人通过肉体特征和现世特征得以获得最佳状态。然而，马吉安割断了历史传统，完全排除了这些特征。他挥手告别了这个喧嚣的、实在的现实世界，而仅仅追寻纯灵魂的、纯逻辑的东西。换言之，马吉安凭借自身的禁欲苦行态度，追寻这种虚无缥缈的神话思维，拒绝眼前任何实质性的国度，即便这个国度是流奶和蜜的国度也罢。

根据这种纯粹灵魂的"幻影说"，马吉安主义者主张基督从未以人的肉体复活。真正的基督甚至连一次也没有在肉体中诞生过。因此，照马吉安说来，一旦人们纠缠于基督的肉体，关于崭新的、完全陌生的神的消息就不能带给人们任何冲击性的**纯洁性**。总之，在此马吉安主义者也持有一种强烈的抽象态度和浅薄的苦行态度，即持有与马吉安关于神的整体陌生性这一基本规定背道而驰的态度，从而仅仅表现出完全背弃这个世界中的人的面貌。

与那些追随者们不同，马吉安认真思考了未识之神终将完全复归于

---

① 哈纳克：《马吉安：关于陌生神的福音》（*Marcion, das Evangelium vom fremden Gott*），莱比锡，1924 年，第 106 页。
② 《使徒行传》17 章 23 节。

人。因为为了自身的缘故，信仰者超越性地渴望陌生的空间，本身就意味着回归与自身完全同一的家乡。来自陌生地方的某个姑娘应当比从前更好地捆扎本地的鲜花。不仅如此，任何陌生的统治者都不应仅仅以这种方式使人焦虑不安，例如，一边制造极度恐惧感，一边展示新的权柄。确切地说，马吉安认为，通过基督，这个世界上将出现一个从未听说、从未见过却十分亲切而又熟悉的东西（之所以这样，是因在此这东西从未出现过），即家乡。

虽然马吉安的立场深深植根于十分阴暗的禁欲主义，但在他那里，基督却带有十分浓厚的感性色彩，他仿佛是一首主题鲜明的音乐，鬼使神差，把信神者诱拐到某个陌生的地方。这令人联想起迦太基主教德尔图良[①]的观点：基督把属于善良之神的、渴望逃跑的一切被造物从其虚假的父亲之屋中抢掠过来。基督把新娘带到另一个地方——就像在所有神秘主义中一样，这一工作与僵死不变的禁欲主义无关，确切地说，在此这项工作一点也不亚于众所周知的光与生命。

恰恰在此，马吉安的思想缺乏大众喜闻乐见的那种经验宣传能力。然而，鉴于前述"诱拐"和"劫掠"，马吉安援引了保罗的话："眼睛未曾看见，耳朵未曾听见，人心也未曾想到的东西（其中包括绝对地期待过的东西），神都为爱你的人们准备好了。"[②] 这种**接受的陌生性**（empfangend Fremde）、未曾听见的东西、唯有通过基督一般方可预感的东西，凡此种种都传达"自由""恩宠"以及"归乡"的意义。马吉安所奉行的反"命题"、反"法则"、反"世界创造者"、反"正义"，如此等等均可从上述语境中得到合理的解释。我们首先应该抛弃所谓世界创造以及这个创造之主（Deus creator）。唯其如此，我们才能通过出走精神，凭借最终到达的福音，宣布新天新地的到期："极限反对不啻是最后的创造。"（ultima Antithesis est creatoris finis.）

尽管如此，世界上最令人惊愕的是惊愕本身，即划破万里长空的闪电，而且，这是具有完整性**飞跃**的闪电。因为它彻底毁灭迄今所发生的一切有价值的东西。在邪恶中，一以贯之的只能是驱赶并推动邪恶的东西。

[①] 德尔图良（Tertullianus, 150—230），迦太基教会主教，早期基督教著名的神学家和哲学家，著有《护教篇》《论灵魂》《论异端无权成立》等。他主张神从无创造世界，精神永恒、灵魂不死，强调禁欲苦行和严规教会。——译者

[②] 《哥林多前书》2章9节。

对马吉安来说,这一点适用于直到耶稣的全部历史。按照他的说法,耶稣以前的历史并不包含任何中介。在此之后,耶稣出生在零年,意味着新的时间的开始。那个新的纪元看似已经处于历史性的时间之中。但是,根据马吉安的解释,零年与被设定为内在历史的时间截然不同,所以标志着整体性地发生的单纯"计数开端"(Zählungs‐Anfängen),例如,罗马的"从都市开始"(ab urbe condita)的标记法。但是,具有悖谬意味的是,这种所谓崭新的开端"也"令人联想起雅各宾派作为革命日历的"零年"。从全部《旧约圣经》的历史时间中,雅各宾派揭露了纯粹诸侯和修士们的欺骗时间。但是,马吉安强调不可比拟的东西,即新的宗教地形图,他借助于全新的东西来拒斥自身新东西之前的所有历史的中介。马吉安不仅拒斥凭借行为和作品进行中介,也拒斥凭借某种业已发生的预感和承诺进行中介。不论通过先知的预言还是通过欧菲斯派的天国之蛇,任何地方都不能驾驭基督教消息的不可预料性。在此,在突然显现的拯救面前,任何历史性都归于无效。换言之,在"**虚假的**历史认识"(historice gratis)之前,就已经存在"恩宠的授予"(data gratia)了。

因此,飞跃意识正是通过马吉安而首次出现在世界中的,而这种意识至少可以针对所有接受者说话。历史不具有拯救,拯救也不具有历史。由于其绝对化,这样的句子听起来并不真实,但是,意味深长的是他的下述警告:用自身的解毒剂消解所有同样绝对化的历史的中介链条,而且,唯其如此,才能消解诸如"被钉上钉子的存在""活的肉体""历史的十字架"一类的无稽之谈。

马吉安就以这种方式不是提供向后的总体决定论,而是提供向前的自由思维,即以这种夸张的自由思维反对同样夸张的预定说。然而,新的东西不应在其中介中丧失飞跃(Sprung),因为就像"未曾预见的东西"(Imprévu)一样,在此所谓"飞跃"属于美妙神奇的奇迹。在马吉安那里,借助于此,恰恰打开了带给我们客观惊讶的辽阔深度(如果没有这种辽阔深度,单纯的**历史性**飞跃就是形式上的飞跃)。这正是一种我们所陌生的深度,而且这正是一种完全**陌生**的内容,或者从中包含着后来作为家乡为我们所熟悉的内容。

马吉安所谓"陌生神"(der fremde Gott)是指对世界完全无辜、未受世界玷污的神,是对世界充满怜悯的神。只有通过基督,并且只有通过依然隐蔽在基督中的福音,这个陌生神才能与世界接触。这个陌生神依旧隐蔽在基督福音中,而这种超越的"隐匿特征"(Absconditum)应该就是从其遥远的地方唯一令人豁然开朗、顿开茅塞的东西。因为在此业已可说的东西只是歪曲了的东西。因此,在他的《反命题》中,马吉安开门见山地说道:"(除了喜悦),我们对福音什么也不能说,什么也不能想,也不能把它与其他任何东西相比较。哦,它是关于奇迹的奇迹、狂喜、权力和惊讶。"①

根据马吉安的观点,在基督出生以前,不仅仅是人们,甚至人们所崇敬的创造主也都全然(toto)没有意识到这个分离了的陌生神。上述马吉安的那些警句强烈排斥二元论,恰恰击中了《使徒行传》中圣父—基督关系的实质。试想遥远天际的全景蓝色,再没有什么东西比这更适合于基督之爱的精神。实际上,遥远天际的蓝色(Fernblau)同时赋予这种陌生性以最深切的信任感:"家乡是尚无人存在的地方。"②

马吉安的上述比喻巧妙地把"逃跑"动机与"诱拐"动机结合起来。从一开始,人就渴望突围和摆脱自己所出生的那个狭窄而压抑的状态。与此相反,陌生存在想要摆脱迄今完全陌生的空间而来到人的世界,进而从"被揭示的面貌"中诱拐信仰者。换言之,陌生神把我们引向对我们自身而言是唯一心灵相通、亲密无间的陌生世界中。在此逃跑动机与诱拐动机结合得如此珠联璧合、天衣无缝,以至于这种结合在迄今宗教形式中绝无仅有,举世无双。

毫无疑问,从**政治的**、历史的视角看,迄今全部无中介的东西、绝对新的东西、绝对陌生的东西等全都是雅各宾主义的胡言乱语。然而,另一方面,从**救赎论**和末世论视角看,这些东西听起来却具有原始基督教的意义。之所以如此,是因为马吉安所接触的东西正是深深扎根于我们之中的渴望空间和期待空间,而这种愿望空间有助于我们相信尚未到来的东西正向我们缓步走来。在此,可显示的东西绝不是历史性的中介,但是,某种程度上可以说,这是心理学的、**末世论的**中介。

此外,还要附加一点,那就是,在基督教消息中可接触到的最强烈的信任和最强烈的喜悦。马吉安完全陶醉于那个"迥然不同的东西"

---

① A. 哈纳克:《马吉安:关于陌生神的福音》(Adolf Harnack, *Marcion, das Evangelium vom fremden Gott*, 1924),莱比锡,1924 年,第 118 页。

② 显而易见,布洛赫从马吉安的"家乡"概念中发现了关于乌托邦终极居所的动机。——译者

(Ganz-Andere),但是,这种目光不可能是让人发呆、化为乌有的那种蛇发女怪的目光。因为在他那里,真正的喜悦应该把人带回梦寐以求的家乡。在这种不可遏止的喜悦中,甚至促使旨在超越的最强烈要素也摆脱所有超越者的异质性,从而使其变成一种对我们最切近的、明白易懂的东西。人子从未在他上头供奉任何神,因而也从未供奉任何陌生神,特别是,人子对人怀有充满恩宠的爱。不过,按照马吉安的基督教幻想,所谓基督教的"上头"(Oben)只能被理解为回到"没有的地方"(Atopos)的信号之光。

第六章

或逻各斯或宇宙？

36. 门前的呼唤

存在某个内面（Innen），在此逗留并孵化某物。沉思行为聚精会神，心无旁骛，经常像母鸡孵化鸡雏一样。然而，真正的深思熟虑，老谋深算，即从中旨在寻找某物的行为也是门前的一种呼唤。试想一下，这门既把我们引向外面，也把我们从外面引入。在此，就像门前呼唤所关涉的东西一样，外面（Draußen）也引诱我们走向户外，或者焦急地等待着敲开门扉。这样，就像我们的内面一样，外面也依旧处于一潭死水般的静态之中，但是，外面并非仅仅作为对象性的东西存在，也并非与我们毫不相干。

事实上，外面与我们关系很大，涉及方方面面。只有在这个领域里，自我照料才有些价值。那么，这个仿佛自行编织的人的内面的内容究竟来自何处？如果自身得不到满足，人的内面是否需要外向性的东西，并且是否屏住呼吸倾听这东西，最终在外向性特征中形成自身？如果不是，内向性东西就不是敞开的东西，相反，仅仅是坐在火炉旁犹豫不决，其行动也不过如此。打个比方说，孤独的灵魂或美丽的灵魂往往以陌生者的名义豪饮赊账酒。人的灵魂就这样自以为是，把自己给物化了。但是，内在之光不久就会成为一缕依稀可辨的灯火，并且从基督教视角看，这其中反正有许多未经尝试的小裂缝。这不仅是人们以尝试性广度自我照料的原因，也是人们坚持和保存微弱灯火的原因。否则，内在行动至少会变成这样一种追问：某物何以在那里？

37. 俄耳甫斯与塞壬

如此特有的东西以上述内外方式通知我们,这时候,只在外面的一些地方需要自身特有的东西。只有少数人想要反抗事物的进程,或者,他们能够反抗事务的进程。在此,所谓事物的进程是指无需人的介入而继续运行下去。从自我魔力中,这种进程适量地接受能量,并将其化为己有。人们想起著名的俄耳甫斯传说,特别是把他视为正义歌手。当然,他迫使听众听他纵情歌唱,并通过自身优美的声音(ad notam),让听众接受他的所思所想。

然而,在传说中,即使是外面也仅仅改变了个别的东西而已。换言之,按照各自情况,在此到处都响彻着旨在坚持现存秩序的某种固有意志的反对声音。在传说中,作为自我的俄耳甫斯的声音惊天地、泣鬼神,野兽、树木、河流都靠近他的身旁,倾听他的声音。凭借悦耳的歌声,俄尔甫斯赋予一切生命以寂静和安宁,并且早已融化了挡住他前行的一切存在。俄耳甫斯只有凭借歌声才能逼近毫不动摇的地下世界。复仇诸女神为他的凄婉歌声所感动,甚至伊克西翁[①]的旋轮也停止了转动。通过爱人俄耳甫斯的救助,欧律狄克最终摆脱冥府,重新回到了人间。

塞壬拥有漆黑的、敌视人类的魔力,但是,俄耳甫斯拥有对抗这种魔力的白色魔力。俄耳甫斯的歌唱恰恰反驳了塞壬的声音,封住了它们的嘴巴,从而使它们纷纷坠入大海。在海上,塞壬歌唱令人陶醉的诱惑之歌,一旦船员被这歌声诱惑,就被其爪子紧紧抓住,撕得粉碎直至死亡。由于阿波罗对俄耳甫斯的歌唱推崇备至,赞赏有加,也就注定了塞壬被放逐、被反驳的命运。

不过,后来俄耳甫斯拥有了一堆狂乱的女人,他们为失去了的欧律狄克而大声抱怨俄耳甫斯,而他已经无法像反驳塞壬一样反驳这些狂乱的女人们。于是,像从前的狄俄尼索斯一样,他被狂乱女人们撕得支离破碎,这样,他旋即丧失了突破一切人的歌唱,以致被视为狄俄尼索斯式的放荡纵欲的生命之神。在他身上交替出现两种性格:一方面,他是宁静的、抚慰的,甚至突破一切的存在;另一方面,他又是狂乱的、陶醉的,甚至浑

[①] 伊克西翁(Ixion),希腊神话中的拉庇泰王,他因鲁莽追求天后赫拉的爱,而被宙斯缚在地狱永不停转的车轮上受罚。——译者

浑噩噩的自然进程。尽管在附加的神话中，作为被撕碎的存在，俄耳甫斯与欧律狄克破镜重圆，彼此重新结合在一起，但此时已人事皆非，地下世界充满了泪水，一下子变得像坟茔般寂静。这地方与狄俄尼索斯的场所迥然不同，简直判若天渊。

然而，在附加的神话中，包含着两点重要内容：一是狂乱的女人们愤愤不平，对失去了的欧律狄克感到由衷悲叹；二是俄耳甫斯绝不是放荡不羁的歌手，他由于口诛笔伐、据理力争才被狂乱的女人们撕得粉碎。这不啻是新的塞壬的命运，例如，就像在古代世界之腹中，人们处于歌唱着的逻各斯之旁。

然而，由于突破古代重重障碍，这种意志变得无坚不摧、所向无敌。可以说，人们之所以建立俄耳甫斯教派，尊奉其为传奇大师，是因为他具有从冥府返回现世的能力。总的来说，人们对俄耳甫斯顶礼膜拜，使其神圣化，主要是出于摆脱自身不确定的生活以及对终有一死的恐惧。在古代希腊，这种谋求拯救的逃避和谋求逃避的拯救是十分陌生的，因为当时的希腊生活特别重视肉体和现世的要素。俄耳甫斯教派具有双重陌生特点：一方面，从狄俄尼索斯的陶醉声出发，放荡纵欲，耽于感官快乐；另一方面，从苦行主义出发，放弃肉体及其此岸世界，即放弃从中希腊世界得以经久不变的本土特征。

但是，俄耳甫斯教派将肉体（soma）与坟墓（sēma）视为等同，赋予四肢残缺不全的陶醉之神以炸毁肉体坟墓的纽带权利。在俄耳甫斯看来，止住伊克西翁之轮实属必要，因为作为我们的出生之轮，这只轮子一再掌管着新的肉体的诞生。由于塞壬的作用，轮子不再停转，但是，从世界中引领出来的一切东西并非都是反宇宙地发生的。通过尊奉俄耳甫斯，人们逃脱这个世界本身，而这个世界也至少在自身上头重新接受光。例如，人们总是在转义的意义上理解太阳，但它总是以某种"异教"的方式存在。尽管如此，对于富于此岸感的希腊世界而言，俄耳甫斯教派所谓"肉体与坟墓"同一的说教仍然带有十足的陌生肉体的特征。这比柏拉图的理念说有过之而无不及。同样由于这个缘故，柏拉图不仅很少谈及阿波罗的基础，也很少谈及对俄耳甫斯的神化现象。通过理念及其观看，柏拉图甚至试图离弃现世。这样，理念——直到肮脏的理念，甚至作为光的理念——就通过将世界二元化而重新包含"天国的"领域。

在此，不难发现，在柏拉图之前，俄耳甫斯教派就已经率先试验了诺斯替派思想。诺斯替派出现于晚期希腊，从一开始它就认为，世界是一座监牢。诺斯替主义者把世界视为"必须离开的空间"，为此，一遍又一遍地呼唤："安静地，安静地"（paute，paute）。面对世界进程，这呼唤旨在终止伊克西翁之轮的转动。

然而，也正因如此，具有巨大爆炸力的话长久地回响在茫茫宇宙中，它绝不会悄然消失在反宇宙的空虚之中。相反，我们恰恰在此发现高度重视现世的希腊文化的残余。是的，正如我们即将看到的一样，这种文化残余就是源远流长的，即东方异教徒的宗教遗产，亦即占星术遗产。按照这一悠久的宗教遗产，人的精神很久以前就在诸如外部自然的"周遭"一类的魔力中加热取暖，获取必要能量，并且，精神由此不仅不想飘然而去，而且能够恬然栖息其中。

38. 迁出，斯多亚学派以及诺斯替派中的宇宙[①]

长久以来，只是出于自身的缘故，人的单纯内面就从不利的外部环境中迁出来。因为一旦人的内面停留在私人层面，它就立即收手，背过身去，与外面保持距离，甚至几乎放弃所有活动。因此，这样一来，人们就很少过问外部事务，这方面，不仅存在倡导及时行乐的伊壁鸠鲁的享乐主义，也存在劝告人们过隐匿生活的斯多亚学派。当然，这种劝告原来也不全都是斯多亚学派的被动态度，例如，这个学派也劝告人们不要定居，或不可定居在超出自身能力的现实的近处。但是，这种劝告并不是孤零零地出现，而是经常与谋求宁静情绪的诡计一同出现。

在此，"诡计"（List）并不意味着"移居圣山的人们"（secessio plebis in montem sacrum）体验到的那种豁然开朗的顿悟，但也不意味着斯多亚学派哲学家意义上，蜗居一隅，孤陋寡闻的苦行行为，而是意味着一种听天由命、处之泰然的生活态度，即渴望一种大智若愚、深藏若虚的人生境界。表面上看，斯多亚学派主张完全的"迁出"（Auszug），直到完整地包容世界。例如，在这个学派中，甚至是对宫廷权力阿谀逢迎的人都会齐

[①] 在本章中，布洛赫探讨了斯多亚学派和诺斯替派中的"宇宙"观。斯多亚学派追求内面和宇宙的合一，诺斯替派则从基督教立场追求指向天国的灵魂欲望。从后者中可以看出，基督教吸取了星相神话的要素，但是，基督教不是全盘接受星相神话而是从中辨别索取。基督教诺斯替主义者相信，可以剔除占星术中所谓的命运信仰，进而排除邪恶的恶灵。——译者

声说道:"这个世界上,存在各种各样的事物,与其合作不如与其斗争,这样,我们更加清楚地认识到他们的存在价值。"

但是,与此不同,至少斯多亚学派智者所真正意欲的逻各斯却包含着重要的问题意识。即逻各斯把产生自身的那个世界彻底孤立起来,与它不再来往。换言之,逻各斯渴望通过彻底抛弃世界而重新与世界趋于一致。斯多亚学派智者所追求的世界是"未变质的"世界、作为"自然的"世界、纯粹从泛神论视角思考的"宙斯的城市"。这时,斯多亚学派智者完全踏上了直路,因为这条直路不仅清除了干扰心灵的内外因素,而且——最后——在世界本身中发现了纯粹个体之外的逻各斯,并与这个世界融为一体、打成一片。

在斯多亚学派智者那里,直到创建由人管理的世界国家都贯穿着这种世界思想。在创建过程中,世界国家是一个无拘无束、水到渠成的过程,因而,这种过程始终遵循"对自然正确性本身的模仿"(imitatio naturae rectae)。在这种对世界的信任中,斯多亚学派强调,人类的直路(Der aufrechte Gang)① 不应通过断裂,而应通过提升,通过人的"自然化"(Naturalisierung)而日臻完善。就是说,必须凭借自由的人及其百折不挠的意志,努力克服充满干扰和紊乱的世界。但是,这一点之所以可能,不是因为人们脱离了这个世界的本性,而是因为人们更加深入真正的世界存在、世界之中的存在以及自然完满性的内在机能中。

斯多亚学派智者认为,他们所理解的"自由"与他们所理解的世界中的"必然"应当协调一致。因此,斯多亚学派声称,自由与命运、宿命以及"为命运所决定的东西"(Heimarmenē)② 是完全一致的,并且这种一致将在更深层次上发生作用。但是,这个学派断言,这种一致不是作为干扰相对立,而是作为引导相对立,即"愿意的人,命运领着走;不愿意的人,命运拖着走。"(volentem ducunt fata, nolentem trahunt.)③ 因此,在此我们发现,俄耳甫斯的歌唱几乎没有脱离斯多亚学派关于宇宙和谐论的范围。所以,这里所涉及的正是**逻各斯**,它以自身方式显示自给自

---

① Der aufrechte Gang,布洛赫法哲学术语,中文也可译作"正直的步伐""直行道"等。——译者

② 在斯多亚学派那里,所谓作为灵魂的主导部分,Heimarmenē 指的是理性。在孕育世界万物的意义上,理性与"种子逻各斯"是一致的。因为作为"灵魂的微光",被播下的种子逻各斯本身就是世界的法则。进言之,种子逻各斯是参与一切事物,孕育一切事物的能量。——译者

③ 语出古罗马斯多亚学派著名哲学家塞内卡(Lucius Annaeus Seneca, B. C. 4—A. D. 65)。——译者

足，强烈渴望与**宇宙**的进程和姿态整齐划一、步调一致。这样，人的灵魂最终与掌管万物的"灵魂"（Pneuma）一道显现，而这种弥漫宇宙的灵气被特别应用于现存的、内在的、无彼岸的世界之中。斯多亚学派认为，在变得无拘无束的人之中，"为命运所决定的东西"恰恰通过世界得以走上直路，从而这种在所难免的东西应该成为"种子逻各斯"（Logos spermatikos）乃至生产性理性本身的一部分，并且，作为这种逻各斯和理性的一部分而保持不变。

现在，我们进一步考察诺斯替派神秘直观中的宇宙。周围的东西越是表现恶劣，人们的迁出愿望就越是剧烈。人们越是感到自身的命运令人窒息、充满敌意，情况就越是如此。尽管人无法抗拒命运，但人们相信，人能够与命运同归于尽。在此，人们感到自己就像被囚禁在监狱中的存在一样。灵魂就像渴望被诱惑的少女一样闪烁不定。就像情窦初开的少女一样，人的灵魂恨不得摆脱可怕的肉体、素材以及国家等空间，远走高飞，飞到一个没有喧嚣、无所牵挂的地方。巫婆应当给人的灵魂指点这样一条路。

人应当训练死亡。诺斯提主义者把死亡本身视为一种上升现象，即使死亡给人带来巨大的心理威胁，其情形宛如诞生于地下世界中也罢。世界是由上升的、回归的灵魂测定的，但是，这样的世界又在行星的、本真的宇宙高度中形成独特的空间。然而，这种空间与斯多亚学派哲学家所主张的"宙斯的城市"截然不同，不可同日而语。相反，在此这种空间受制于作为邪恶"执政官"的、宇宙统治者的"行星精灵"（Planetengeister），而这种精灵再也不像在斯多亚学派那里一样履行"友善的命运"之使命。

这样，这期间灵魂出色地切断肉体的束缚，但这时的灵魂还必须办理一张"天国旅行"通行证，以便安然无恙地经过邪恶的、行星的世界统治者。就是说，这个统治者是宇宙中造成毁坏的邪恶存在，是"为命运所决定的东西"的来源。因此，这一切内容本身不仅与黑暗一道成为星相神话（Astralmythos），也与敌视人的立场一道成为星相神话，其结果，这些内容完全缺少像斯多亚学派那种善良的自然概念以及"自然的人化"，从而邪恶的行星统治者再也不占有斯多亚学派意义上的宇宙地盘。"不仅在行星中，而且在恒星中也都存在黄道十二宫，而在其中的十二星座被视为趋向没落的恶魔。所有天上的星星都是魔鬼的巨齿獠牙，全部宇宙都是由暴政统治的世界。太阳、月亮以及星星全都是灾难性的命运领域,是'为命运所决定的东西'的领域。因此,这个领域的统治者只能是魔鬼。"①

所以,诺斯替主义者一边呼喊"安静地,安静地",一边试图停止命运必然性的进程。这种立场一直贯穿到使徒保罗,例如,他渴望"摇撼这个死亡世界的栅条",甚至通过下述书信表达了他与诺斯替派天体恶魔以及邪恶敌国的字面关系:"因我们并不是与属血气的争战,乃是与那些执政的、掌权的、管辖这幽暗世界的,以及天空属灵气的恶魔(**宇宙的统治者**)争战。"②

关于邪恶统治者的思想也延伸到奥古斯丁。从基督教诺斯替派所标榜的耶稣立场出发,面对一群邪恶的执政官们,他把头转过去,以便他们再也看不见人。"基督教之所以胜过异教哲学,是因为它放逐了天国底下的邪恶精灵,并且从他们那里,把灵魂解放出来"(《神之城》,10章)。因此,这是从诺斯替派视角举目远眺、遥望天国,暗示着与这个世界告别。在此,自然似乎通过内外超越者而被完全炸毁。

然而——真正到了最后——诺斯替派也无法离弃古老的地球地形图以及天国地形图。因为恰恰作为至高无上的攀升,诺斯替派才无法离弃这种地形图。因为灵魂的提升意味着诺斯替派逻各斯的上升行为。在此,在进化论上,尤其在流溢理论上,这种行为处于一种极度陶醉的入迷状态,至少这种行为被编入极其神秘的自然范畴之中。从诺斯替主义者瓦伦提努到雅可布·伯麦和弗朗茨·巴德尔都致力于把灵魂的上升行为与自然神话嫁接起来,从而产生了广泛而深远的效应。甚至更加不可思议的是,将灵魂的上升行为与"神圣物理学"(Physica sacra)嫁接起来,其效应远远超过斯多亚学派关于最高的世界虔诚及其宙斯本性的学说。

然而,月亮和太阳并非仅仅从恶魔角度被理解为从世界中脱落下来的灵魂之光,而是被理解为挖泥船一类的存在,即挖掘有益于人的东西,并把这种东西打捞上来。诺斯替派坚信"流溢说",即月亮和太阳是从原始之光溢入世界中的,据此,该派特别重视男女两性所具有的自然要素。在这种情况下,月亮和太阳同时被理解为回返原始之光的路

---

① E. 布洛赫:《希望的原理》(Ernst Bloch, *Das Prinzip Hoffnung*, 1959),1959 年,第 1315 页。
② 《以弗所书》6 章 12 节。

标。作为男女两性，太阳和月亮总是在"朔望"（Syzygien），即日全食或月全食的瞬间成双配对，而这个瞬间正是赋予这个世界以光亮的阶段。尤其是，瓦伦提努详尽地阐明了原始之光的下降过程和发展过程：原始之光首先经过一种光谱效果以及范畴效果的下降，然后再经过一种发展（进化）过程。

天国的能量"上去下来"，上接苍穹，下接大地，具有许多类似古老圣经乃至古老巴比伦宗教所描述的神奇要素。从"雅各的梦"① 到普罗提诺的"理念照耀"（Ideenstrahlungen）都把这种能量解释为一种弥漫宇宙、贯穿世界的永恒能量。

但是，诺斯替派的固有特性尤其表现在"朔望"时期太阳和月亮的结合交配行为之中。根据这一理念，在每一个小组中，都特别强调雌雄同体的盛大婚礼：**迄今所意欲的上去下来的逻辑之梯从未从肉体和自然视角得到恰当的规定**，不仅如此，也从未恰当地规定太阳和月亮的结合交配这一感官范畴和情绪范畴。在瓦伦提努那里，理念配对就以这种方式形成从第一到第八的小组：第一小组为"静止（die sigē）和深渊（der bythos）"；第二小组为"精神和真理"；第三小组为"逻各斯和生命力"。如此继续推进到第八小组，即最后小组，在此，光直接出现在黑暗中，但是，它并没有理解这种黑暗，而是一头栽进其中。但是，在此希望也应当是以太和光。按其本性，以太和光向前延伸，并且，以和解的姿态维持与纯粹地下世界的紧张关系。

月亮和太阳以这种方式向我们展现一幅迷人的景色，并且，在此神秘地笼罩着依旧受到如此诅咒的"为命运所决定的东西"。尽管不乏"鼓起勇气来"（Sursum corda）这一心潮澎湃的激情，但月亮和太阳也许正因此最终摆脱不了星相神话的框框。虽然星相神话一直致力于超宇宙中换位变性的东西，但是，这种神话却重新接受了比斯多亚学派更庞大的宇宙图像。星相神话的舞台始终停留在远古关于月亮和太阳的思维一旁，驻足守望，不舍不弃，片刻也未曾离开这个场所。正因为这个缘故，看上去，一个全新的春天只因星相地形图而熠熠生辉，而完全看不出它是沐浴内在之光而成长起来的东西。

---

① 《创世记》28 章 22 节："［雅各］梦见一个梯子立在地上，梯子的头顶着天，有神的使者在梯子上，上去下来。"

39. 星相神话以及圣经中附加的巴比伦—埃及的地球生活与星空图像①

包括人类走过的道路，通向外部的所有道路到底进展了多久？就像协助人的东西一样，损害人的东西也大都不是人本身。回眸以往历史，人很少积极介入天然的外部世界及其进程，使其改变特性进而改弦易辙。例如，人们并不畏惧雷鸣闪电，遇上歉收并没有祈风求雨。在贫乏的年代，他们很少向任何人献殷勤；在丰饶的年代，人们更是无所傍依、独往独来。于是，人在"全体"（Pan）中，精疲力竭，消耗殆尽。进言之，"全体"这个巨大的存在不仅令人窒息，而且更像游荡的幽灵般令人毛骨悚然。这种庞然存在越发猛烈地吮吸世界，而在这个世界之中，人压根就无法昂起自己的头去反抗外部世界。

太古时期，人们无一例外地运用魔法，但这种魔法与上述的"全体"存在并不矛盾，而且，远古时期所谓万物皆有灵的"泛灵论"与这种存在也不矛盾。如果没有惊人的精灵出手协助召唤或驱逐鬼神者，恐怕任何魔力权柄都将一事无成。例如，为了召唤这种吓人的精灵，在举行祭礼时，原始人用动物面具或恶灵面具蒙住脸，而不是蒙住头。当然，举行这种祭礼的地方，到处都需要人的助手，即萨满教巫师或僧人。然而，甚至尊奉月亮或太阳等的伟大的自然神话宗教——即使是以母权制或父权制为基础的共同体——也从未表明本真的、公认的、个人的宗教创始人。甚至在尊奉自然神的埃及宗教或巴比伦国家自然宗教中，连创建这些宗教的人的名字都不甚明了。显然，这些宗教是与摩西、穆罕默德，尤其是耶稣的宗教截然不同的另类宗教。

此外，如果追问是谁"创建了"欧洲的"异教"宗教，会更令我们狼狈不堪，因为这种追问几乎是无意义的。这表明，如果一旦假定自然神话信仰中的原始代言人，人的特性就在"全体"这一古代世界的图像中

---

① 在本章中，布洛赫阐明了宇宙与逻各斯的相互关系。例如，重视星相神话的巴比伦文化部分地影响了重视逻各斯神话的基督教文化。根据布洛赫的观点，就像自然与人不是相互对立的范畴一样，星相神话与逻各斯神话也不是非此即彼、二者择一对象。自然与人总是取长补短、相辅相成。——译者

消耗殆尽。例如，在这种情况下，人的特性至多是洞穴中悄悄细语的埃尔达①，诸如太阳巨人一类的吉尔伽美什②以及最终只不过是作为月神的真理记录者托特。③ 无论如何，在太初的自然宗教中，创建该宗教的人的名字完全是多余的。但是，更重要的是，在自然神话中存在母权与父权的区别，前者主要支配地球和月亮，后者主要支配太阳。人类学家巴霍芬发现了自然崇拜中所特有的**女性的、母权的方式**。在象征意义上，这种方式不是确立并崇尚诸如宽广、高地、白天、太阳等标志，而是确立并崇尚诸如狭窄、洞穴、黑夜、盖娅月神（Gäa - Luna）等标志。迄今这些特征依然回响在保留下来的"地上的"（chthonisch）祭礼中。进一步讲，我们无法忽略安提戈涅"类似子宫的"（uterushaft）虔诚，尤其是无法忽略卡碧尼④、阿斯塔特⑤、伊西斯、德墨特尔⑥等女神直至一轮初月上马利亚闪耀的女性光辉。⑦

与此相对照，在自然崇拜中，**女性的、母权的方式**确立并崇尚太阳标志，即把太阳视为支配宇宙的最高标志。太阳既是浩瀚无边的广度，又是宇宙万物的结构。在天空中，太阳引导光的下降和上升，并且按照一座巨塔模式掌管众行星。太阳首先成为代替洞穴的那个梯形金字塔的尺度，然后，太阳成为按照严格几何学秩序建造的那个金字塔的尺度。巴比伦，尤其是埃及的庙宇之路正是模仿太阳轮修筑的。特别是，庙宇设计者是按照星相宇宙轨道精心布置庙宇尺度和形态的。否则，这些庙宇就不能成为太阳神的"家"。

在迦勒底地区，教会的半球形屋顶都是通过模拟天体半球形而形成

---

① 埃尔达（Erda），理查德·瓦格纳歌剧《尼伯龙根的指环》中的智慧女神。——译者

② 吉尔伽美什（Gilgamesh），古代乌鲁克的国王，这个王国现今位于伊拉克境内。——译者

③ 托特（Thoth），古埃及神话中的智慧之神，同时也是月亮、数学、医药之神，负责守护文艺和书记的工作。相传他是古埃及文字的发明者。——译者

④ 卡碧尼（Kybele），希腊神话中主宰丰收、预言、治疗的女神。——译者

⑤ 阿斯塔特（Astarte），希腊神话中斑斓与豪情的仙女。——译者

⑥ 德墨特尔（Demeter），希腊神话中的大地和丰收女神，也是正义女神。她是宙斯的姐姐，掌管农业的女神，给予大地生机，教授人类耕种。——译者

⑦ 关于卡碧尼、阿斯塔特、伊西斯、德墨特尔等拟在第41章《崇高的一对，或爱之中的月亮和太阳》中详加讨论。

的，例如，装饰成行星状的帕特农神殿乃至哈吉亚·索菲亚教堂①等建筑，都从基督教视角展现了突破苍穹、直冲云霄的雄姿丽影。就像神居住的地方一样，所有这类建筑都"模仿天空"（imitatio coeli），但是，这种模仿可追溯到古代的、特别是"异教徒的"星相神话。这些建筑尤其反映了母权制社会以后，人们对太阳优先地位的展望。在此，完整的外面支配一切。一切空间都从以前的母权主义洞穴向高空奋力伸展。虽然盖娅②与尤拉诺斯③在一起，但最终尤拉诺斯居高临下。

这样的星相神话因素不仅延伸到斯多亚学派和诺斯替派，也十分悖谬地延伸到圣经的出走神话，即渗透到从自然中摆脱出来的圣经本身的逻各斯神话。无论如何，星相神话严重遮蔽了逻各斯神话，使其变得困难重重、进退两难，甚至根本无法偿清自身内容。也许正是这个缘故，从《约伯书》到《启示录》，基督教的逻各斯神话一直处于非人的空间中，即处于一种神秘的空间中，但是，恰恰由于这种神秘性，这种神话才具有未完结的属性。

在此我们有必要特别关注一件习以为常的东西，那是来自迦南土地的陌生的东西，基于辽阔而高远的视域，它后来被纳入"神圣的"文献中。众所周知，在以色列人到达之前，迦南是古代巴比伦的殖民地，当地人们崇拜土地神和行星。因此，信奉耶和华的以色列人不得不与信奉巴力神的当地人进行长期斗争。同样，不可小觑的是，远远多于"肉锅"（Fleischtöpfe）的埃及宗教，例如，用黏土制成的创造主普塔的影响。的确，在小亚细亚地区，对圣经影响最深的当首推巴比伦。问题在于，关于19世纪新发现的相关文献过分夸大了这种影响，例如，德利兹赫④、温克勒⑤、耶雷米

---

① 哈吉亚·索菲亚大教堂（Hagia Sophia），位于土耳其伊斯坦布尔，是一座拜占庭式的教堂。335年由君士坦丁大帝首建，532年查士丁尼一世续建，1453年被奥斯曼帝国占领，改建成伊斯兰教的清真寺。作为一座有着近一千五百年悠久历史的宗教建筑，该教堂气势磅礴、风格奇异，因其巨大的圆顶被誉为一幢"改变了建筑史"的拜占庭式建筑典范。——译者

② 盖娅（Gäa），大地女神，紧随夜之女神出现的神，世界的缔造者之一，创造了大地，海洋和天空。——译者

③ 尤拉诺斯（Uranus），天之神，盖娅的长子和丈夫，第一任神王，后被他的儿子克罗诺斯推翻。——译者

④ 德利兹赫（Friedrich Delitzsch, 1850—1922），德国神学家、亚述学家，代表作为《巴比伦世界创造的叙事诗》（Das babylonische Weltschöpfungsepos, Leipzig, 1896）等。——译者

⑤ 温克勒（Hugo Winckler, 1863—1913），德国考古学家、东方语言学家，代表作为《巴比伦与亚洲历史》（Die babylonische Weltschöpfun, Leipzig, 1907）等。——译者

亚斯①等人制造了"巴别—圣经"② 这一错综复杂的理论。据此，这些人不仅认为十诫命、以前的原罪、大洪水、巴别塔建造等主要渊源于巴比伦传说素材，而且以色列的大族长、约瑟的故事以及（虽然很少星相神话因素）摩西的故事等也都渊源于巴比伦传说素材。

但是，根据阿图尔·德鲁斯③《基督的神话》一书，耶稣最终成了近东地区的植物神或一年神。耶稣的生命进程与日历上的变化过程，即与黄道带的还原过程相一致。此外，通过利用多种对比，恰恰提出了这类匪夷所思的问题：拿破仑果真存在过吗？作为讽刺滑稽作品，这部书完全否定基督确有其人。照此说来，拿破仑的生平同样来源于实用性传说：拿破仑等于阿波罗；拿破仑的母亲莱蒂齐娅等于女神勒达；④ 拿破仑的出生地科西嘉岛等于克里特岛；拿破仑12个内廷大臣等于围绕拿破仑—阿波罗—太阳神—轨道的十二星座；他被流放的圣赫勒拿岛等于太阳下落的西方。

这种模仿滑稽作品不乏启发意义，这种作品也有权回忆早已被遗忘的巴别—圣经情节，而这种情节作为圣经的重要部分无疑受到星相神话的深远影响。尽管如此，我们也绝不能把圣经视为非历史的、甚至没有独特起源的东西。阿尔弗雷德·耶雷米亚斯也没有把源自"泛巴比伦"（Panbabylon）视为圣经千真万确的内容，例如，他把迦南的神话要素视为"装饰物"，并把这种附加物与世纪历史进程及其圣经的其他意义严格区分开来。虽然泛巴比伦主义者"完全"从源于古代闪米特人的"新月"（hilal）名称中获得了哈利路亚（hallelujah），如此等等。然而，这种相似名

---

① 耶雷米亚斯（Alfred Jeremias, 1864—1935），德国宗教史学家、东方学家，1891年将《吉尔伽美什叙事诗》译成德文，代表作为《古代东方与旧约全书》（Alter Orient und Alttestamentler, Leipzig, 1905）等。——译者

② 1902年德利兹赫在柏林举行的《巴别—圣经》（Babel - Bibel）讲演，引发了一场大论争。他从亚述的宗教事实出发，谈到圣经的起源，认为圣经（《旧约全书》）的思想，是源自亚述的"巴别"（亚述、巴比伦神话），而决不是源自"天启"。这场论争从旧约的巴别—圣经扩展到新约的核心问题——"基督"，即抹杀掉他作为历史人物的存在，而认为他只不过是根据亚述神话编造出来的虚构人物，这便是德利兹赫一派的"基督抹杀论"。——译者

③ 阿图尔·德鲁斯（Arthur Drews, 1865—1935），德国哲学家、作家，卡尔斯鲁厄大学教授，主张一元论，认为耶稣生平是诺斯替教徒的伪造。他的代表作《基督的神话》（Die Christus, Jena 1911），在德国学界鲜有问津，但在英美学界曾风靡一时。——译者

④ 勒达（Leda），希腊神话中，斯巴达（Sparta）王后。——译者

称纯属偶然，只不过是单纯的文字游戏罢了。与此相对照，耶雷米亚斯这样写道："对于全部素材的历史性而言，故事中所附着的神话动机并不能证明任何东西。……在这种语境中，对于诸如参孙一类的人物而言，其故事只包含纯粹神话内容"（他的头发被视为光线，从而赋予他巨大力量①），"而且，他的名字本身就是展示自身（星相的）神话特征的证据（参孙等于小太阳）"，"与历史基础并非毫不相干。"②

在此，我们可以附加这样一个事实：在席勒的作品《威廉·退尔》中，关于退尔与盖斯勒的故事生动地展现了悠久的斯堪的纳维亚的太阳传说，而这个传说也适用于瑞士民族英雄与邪恶的总督。如果没有这两个历史性人物以及瑞士伟大的民族起义，这部作品就不会引起如此巨大的反响。尽管如此，在这部作品中，被迫以箭射落少年头上苹果的故事仅仅相当于星相神话题材，而邪恶的总督盖斯勒相当于想要杀死年轻的太阳的北欧芬里斯狼乃至冬日巨人。这是不容争辩的相似性题材，在圣经中，这种题材同样重新寻觅到两个决定性事项。这与嗜血成性、大杀平民的埃及法老以及试图把伯利恒的孩子们统统杀光的希律王一脉相承、十分吻合。

但是，圣经中也不乏以地球为素材的神话，而这种神话与太阳的神秘紧密地交错在一起，例如关于被扔进深坑的约瑟的故事；关于腓尼基阿提斯的故事；关于巴比伦塔木兹③的故事（希腊化的阿多尼斯）；基督死亡与复活祭礼中，关于死而复生的植物神以及太阳一年神的故事等。在盖娅神话以及星相神话"日历神"（Kalendergotts）的循环轨道中，"冬季坑"（Wintergrube）和"复活节日"（Ostertag）乃是相互纠结在一起的命运。例如，一年神在仲秋时节沉入地下世界，初春时节浮出大地，重现生命。这方面的节日庆典，最鲜明地出现在巴比伦的塔木兹节中。

最终，每年冬天、每年春天，自然都固定不变地庆祝其永恒的循环，

---

① 参孙（Simson），传说中以色列的英雄，在许多文学作品中均有描写，其英雄业绩记载在旧约圣经《士师记》12—16章。——译者

② 阿尔弗雷德·耶雷米亚斯：《古代东方之光中的旧约圣经》（*Alter Testament im Lichte des alten Orients*, Leipzig, 1906），莱比锡1906年，第73页。

③ 塔木兹（Tammuz），意为"生命的儿子"，巴比伦和腓尼基人亦奉其为万物生育之神。——译者

甚至为了**新的东西**，自然为一种**更鲜活的**星相神话观点所打断和划分。就是说，一切东西都通过**黄道带的图像**序列而被划分，其中，第 3000 年的太阳拥有其改变的春分点。但是，比这更重要的是这样一种说法：即为了与自身相称的改变的世界时间（即永恒时间），黄道带进程必须拥有某种意义。我们暂且不理会下述暗示：通过拿破仑的 12 个大臣和阿波罗传奇，暗示十二星宿至少可以横跨某种东西；暗示雅各的 12 个儿子；甚至暗示天国耶路撒冷的 12 个城门和 12 个基石。① 然而，巴比伦文献，即过分巴比伦化的发掘物有权认为，在圣经信仰中，黄道带神话作为新的"永恒时间"的标志乃至居住标志得以重现。大约从 3000 年起，日历就与指向春分的太阳地点不再吻合。即随着时间的推移，日历移入金牛座标志，而这个"圣牛"（Apisstier）让人联想起埃及和巴比伦所崇拜的"金犊"。②

在基督诞生之际，春分点决定性地转变为随之而来的黄道十二宫的牡羊座，进入羊羔，即"羊"（arnion）的区域，从而这个小羊获得胜利。就是说，至此基督所出生的羊的标志属于当时的宇宙配置图，确切地说，象征着柔和温存。对于当时的意识而言，这种标志也具有某种星相神话的意义和"起源"。星相神化特征包含全部非圣经的节日，同时也至少浸染了圣经也内容，例如，圣诞节、二至点、复活节以及自然的"神圣之春"（ver sacrum）等都交错配合在一起。这样，近东阳历宗教对基督教节日产生了深远影响，即这种宗教的人的路线与灵魂路线被置于地上和天上的循环之中。

所有这一切内容都与圣诞节和复活节相关，对此，至少可以作出比较简单的解释。此外，这些内容还直截了当地包含灵魂的、更高层次的解释，例如，自然的变化乃是尾随所有基督事件而出现的现象。换言之，在基督的诞生、死亡和复活这一全部过程结束之后，自然终于一道庆祝我们脚下的"无意识的基督教的神秘思想"。否则，如果在一切迷信以及不可思维的怪念头中，不与巨大的、被拒绝的"自然"的范畴一道思维，我们就完全无法想象与此截然相反的影响，即星相神化对圣经的巨大而深远

---

① 《启示录》22 章 12 节："有高大的墙，有十二个门，门上有十二位天使，门上又写着以色列十二个支派的名字。"

② 众所周知，过了春分之后（通常 4 月初），人们迎来复活节，正在这期间牡羊座转变为金牛座。——译者

的影响。

自然的"环绕"（Umfassung）绝不能被贬低为无意识的前阶段，即一种毫无独创性的人的无意识的前阶段。难道当人们利用自然构筑了自身的固有领域之后，自然的内容就只不过是关于人工物的秕糠，或充其量是原材料吗？与此同时，人的作品将自身所制造的、生产的、提取的东西当作环绕的东西，进而将其地形图仅仅当作精神、心灵，并重新拥有自为的精神吗？自古以来，自然就不是沉默无语的世外桃源，作为小宇宙和大宇宙的载体，"自然界的复活"（Retourner à la nature）与人类至上主义相矛盾相对立，即与下述过分高傲的、绝对化的思维方式相矛盾："就像使唤自己的**臣民**一样，人随意利用地球"。否则，难道终将归于虚无的外面乃至物质的东西就无法独立自存吗？

按照启示录的记载，假设太阳、月亮和星星等外部存在占据一种与自身不相称的位置，那么，这些外部存在就丝毫也不会坚守这种地形图的临界迹象，既丧失自身的精神空间，同时也丧失自身的客观空间吗？这是最后的问题，那就是从前的星相神话附加物决定性地汇入圣经逻各斯的人的自我理解中。于是，我们得以记住星相神话要素与圣经逻各斯要素的内在一致性。因此，我们不仅要从历史视角认清这种内在一致性，也要从形而上学视角认清这种内在一致性。

所以，"或逻各斯或宇宙"（Aut logos aut kosmos）这一命题并不径直意味着诸如下述非此即彼的反命题："或恺撒或基督"（Aut Caesar aut Christus）。可见，"或逻各斯或宇宙"这一命题并不绝对地排除这样一种可能性，即宇宙是指定给我们的、可变化的、另一种世界的可能性。自然与某种仍然可记起的、可内在化的东西在一起。换言之，一方面，自然意味着某种令人瑟瑟发抖的阴冷地带或令人毛骨悚然的发讯站；另一方面，自然意味着某种酝酿中的寂静状态或进一步拓展的伟大性。这表明，人的内面世界与自然的生命在质上是同一的。古代人就认为，他们与既定的自然生命是同源生命，在自身位置上，他们热情讴歌地球乐园，在太阳与月亮相配合的朔望视点上，他们结成伟大而崇高的一对。总之，太阳与月亮的结合是"异教徒的诱惑"。这一点并不是摇撼圣经体系本身，而只是部分地改变圣经内容并赋予新的惊人的意义。

40. 按语：阿卡狄亚与乌托邦①

1

有时我们也会渴望单薄而柔和的东西。但是，并非有意如此，因为对愿望的实际投入恰恰因人而异、各不相同。因此，单纯的愿望经常而广泛地出现在人的生活之中，有的人没有努力的意愿，但心中却长久地抱有期待。于是，他也会轻易地期待幸福自动地落入自己的怀抱中。是的，正因如此，愿望才会显得特别地美丽迷人。

2

显然，在这种愿望中蕴含着某种天真烂漫的特征。而且，在人们的脑海中，也经常浮现出关于更美好事物的宁静图像，而这种情况与某种被动的愿望有关，例如，儿童般的天真愿望尤其乐意接受礼物，并对此喜爱有加，赞不绝口。但是，在现实中，如此梦寐以求的东西大都是匮乏的东西，因此，人们必须通过坚强的意志和知性，奋力争取和构筑这些东西。无论如何，这类渴望材料已经在那里，它们未必由于我们而**改变自身的面貌**。

3

因此，在阿卡狄亚圆满成熟的东西总是带有某种柔和温存的特征。在那里，万物翠绿，鲜花怒放，所到之处都配制了舒适安逸的床。这地方既不需要艰苦奋斗，也不需要任何恼人的劳作。这样，从一开始，本真的古代之梦就活在一种圆满和谐的状态之中，其中既没有成功，也没有挫败。**阿卡狄亚**——它是一个绝对温柔的风景乃至共同体。从一开始，这个地方就与田园般的、现存的、简单幸福有关，而远离诸如狼一类的残忍本性。相反，在同样友好的自然山谷中，聚集着同一方向的特性，例如，温暖、安全感、快活、无辜等，相沿成习、蔚然成风，呈现

---

① 在本章中，布洛赫阐明了阿卡狄亚与乌托邦之间的相互关系。阿卡狄亚（Arcadia），古希腊地名，风景优美，居民多以牧羊为主，风俗淳朴，文学上泛指乐土、世外桃源。根据布洛赫的观点，不应把阿卡狄亚理解为关于（被动浪漫主义者指向过去的憧憬）黄金时代的盲目记忆，而应把它理解为对于新世界的一个修正范例。

出一派欣欣向荣的景象。

这种田园风景被描述为乡村牧歌风格并非没有理由。自泰奥克里托斯①的牧歌作品以来，或者在伊壁鸠鲁贵族犬儒学派的田园模仿作品中，田园作品大都带有这种纯粹的牧歌特色。例如，关于黄金时代传说热衷于某种阿卡狄亚作用的文本，后来甚至圣经的天国图像即这个原始花园（Urgarten）也热衷于失乐园。甚至文艺复兴时期的人工花园、洛可可风格的花园以及后来的英国花园也都明显带有"从你的绿荫中出来"这一特征，例如亨德尔在他的《广板》②中就热情讴歌了这一特征。

在某种程度上，这里也固结着某种人工要素本身，但是，自泰奥克里托斯以来，越过所有现存的矫揉造作、装模作样，阿卡狄亚风格总是使人想起不是凭借旷野的漫游，而是通过恒久的暗示很快敞开对某一田园牧歌式场地的感情。在这种场地中，不仅存在牧者的游戏，也恰恰存在重要的居高临下的鸟瞰图。试想一下，莫扎特《费加罗的婚礼》最后一幕中的高耸花园，那地方超尘脱俗，不为日常世界的任何粗糙呼吸所侵入，这地方明月如盘、群星闪烁，在纹丝不动的山顶之间熠熠生辉、璀璨夺目。"长庚星如此友好地凝视我们的爱"，周围环绕着温柔的隐蔽、花的芳香、夏夜的沉思、宁静的喜悦等，诗情画意，美不胜收。

此外，克洛普斯托克③在一首《颂歌》中，这样描写道："玫瑰花环间微风徐徐，顿时我们周围变成了乐土仙境。"这时，由于人们所谋求的是天国之风，所以热情本身总是温柔而纯粹的。这是永不堕落的阿卡狄亚风景，也是永不陷落的维纳斯山。④这样，在西方文学中，阿卡狄亚既没

---

① 泰奥克里托斯（Theocritos, B. C. 310—B. C. 250），希腊诗人，作品大都失传，除了32个警句外，还有《田园诗》。这部诗以西西里牧歌为基础，讴歌了甜美的自然风光，语言生气勃勃，意境超然洒脱，对后世影响深远。后来，维吉尔在撰写《田园诗》时，将泰奥克里托斯的文学视为典范。——译者

② 这首《广板》（Large）又叫《绿叶青葱》，出自德国作曲家亨德尔（Georg Friedrich Händel, 1685—1754）的歌剧《塞尔斯》，是亚哈随鲁王的一个咏叹调，虽然这部爱情歌剧上演并不成功，但这首《广板》后来却广为传唱和演奏。——译者

③ 克洛普斯托克（Friedrich Gottlieb Klopstock, 1724—1803），德国诗人，狂飙运动先驱者之一。主要作品有《颂歌》（1771），以友情、恋爱、祖国为主题，洋溢着炽烈的青春气息和自然感情，出版后，在青年一代中引起强烈反响。——译者

④ 维纳斯山（Venusberg），一译维纳斯堡或金星山，神话山区，位于哥达和爱森纳赫之间，在德国诗歌中常用作庆祝爱神的节日名称。——译者

有被解释成完满的"塞特拉"图像①,也没有被解释成塔索②所描述的阿尔米达(Armida)的魔力花园。因此,阿卡狄亚不是笼罩在夏天沉闷紧张的气氛中,而是笼罩在春天友善与和平的情调中。但是,这种花园承载着全新的尘世内容,但绝不涉及纯洁美丽的天使,也不涉及从古代视角聚焦的天国的彼岸幸福或视为乐土仙境的天国形态。

在格鲁克③的歌剧音乐中,阿卡狄亚恰恰以扣人心弦的形象浮现在凝望着仙境乐土的人的心目中:"多么纯洁的天空覆盖这个场所/一缕温柔的光线照射我的目光。"这是绝对无法沉没的灿烂自然图像。在此,天国的诸形态也追问男人和女人,因为爱的温柔是阿卡狄亚的主要成分。此外,这里也蕴含着卢梭格外关注的此岸世界的图像,而这种图像无疑静悄悄地反抗诸如"非自然""矫揉造作"一类的压迫。尤其是,一股暖人心房的友情气氛慢慢地散布到长长的、辽阔的狭长地带,在此,它永远被称作阿卡狄亚。

4

听起来,原来阿卡狄亚所指的地方绝非美丽动人。原来阿卡狄亚指的是伯罗奔尼撒一个很不显眼的草地和山区。直到公元前42年,维吉尔才称这个地方是令人喜悦、极度幸福的地带。历史学家波利比乌斯④出身于阿卡狄亚,他对自己的家乡一往情深,以至于把这个地方描写得天花乱坠,美若仙境,正是他对其家乡的过分美化感染了后来维吉尔的这种赞美冲动。在有关作品中,波利比乌斯把居住在阿卡狄亚的牧者提

---

① 塞特拉(Cytheria),即阿芙洛狄特(维纳斯)岛,在代表作《塞特拉岛朝圣》(*Pilgrimage to Cythera*)中,法国洛可可风格画家华托(Jean - Antoine Watteau,1684—1721)生动描画了对爱情的渴望以及对幸福的追求。——译者

② 塔索(Torquato Tasso,1544—1595),意大利诗人,文艺复兴运动晚期的代表人物。他的叙事诗《解放了的耶路撒冷》(*La Gerusalemme liberta*, 1575),以其曲折而感人的笔调描写了十字军骑士里那尔多与富于魔力的美丽姑娘阿尔米达之间的不幸爱情故事,可歌可泣,历来为人所称颂,许多作曲家曾经以此为基础创作歌剧。——译者

③ 格鲁克(Christoph Willibald von Gluck,1714—1787),德国作曲家,古典音乐时期的歌剧改革者。他早期的歌剧承袭意大利风格,后期作品深受启蒙运动的影响,歌剧创作朝向简单,并呼应真实社会的概念。较之巴洛克时期的华丽歌剧形式,这种简朴的风格可谓一大革命性转变。——译者

④ 波利比乌斯(Polybios,B. C. 204—B. C. 122),古罗马历史学家,本是希腊人,晚年才成为罗马公民。著有历史学巨著《罗马帝国的崛起》。——译者

升为十分优秀的人,并把他们规定为自然的、明朗快活的、沉溺于歌唱的人。

事实上,在遇见宁芙仙子席琳克丝(Syrinx)时,牧羊神"潘"(Pan)第一个发明和吹奏了笛子,在此,我们可以感受到某种动人的神话爱情场所。因此,当维吉尔撰写田园诗以及牧歌时,他有意识地把阿卡狄亚与富于田园风景的原始土地联系起来。但是,按照席勒的观点,在早期文艺复兴时期,这种古代富于"伤感情调"的田园诗,即"寻找自然的"阿卡狄亚文学已经旧貌换新颜,以全新的面貌出现。例如,那不勒斯出身的作家桑纳扎罗①撰写了牧者小说,明白无误地将其冠以"阿卡狄亚"的标题之后,他一发不可收拾,发表了大量这方面的作品。

但是,通过绘画作品,没有诗的行为的风景本身却得到了出色而形象的表现。试想一下,以阿卡狄亚为主题的普桑②的两幅画。这两幅画带有矫揉造作的风格主义倾向,却恰恰以阴郁的视角描写了自然中的灭亡现象,但是,这两幅画从最优美的和平感出发,在"抓住当下"的氛围中间,显示出一种极度忧郁的逆反情调。因为在阿卡狄亚图像上旋即显示出一具死者的头颅,它位于十分陌生的、隐秘的另一口石棺上面。那上面写着这样的碑文:"我也在阿卡狄亚"(Et in Arcadia Ego)。

此后,席勒在诗篇《断念》③中,似乎重新补充了古代的阿卡狄亚音乐。在此,他一边谈论石棺,一边将"短暂的生命"(vita brevis)搁置一旁,而把"长久的艺术"(ars longa)拉了出来。通过把这句拉丁语箴言译成"我也在阿卡狄亚",他试图指出下述事实:虽然艺术家的"自我"

---

① 桑纳扎罗(Jacopo Sannazaro,1456—1530),意大利作家,代表作为1504年出版的田园小说《阿卡狄亚》,对欧洲文学中田园诗和田园小说体裁的发展起到很大的推动作用。——译者

② 普桑(Nicolas Poussin,1594—1665),17世纪法国古典主义绘画的奠基人,被誉为"法兰西绘画之父"。普桑以《阿卡狄亚的牧者》为题画了两幅画。1630年发表的第一幅画中出现三个牧人和一个女人,他们意外地与石棺的墓碑相遇,墓碑上写有死神的碑文,看着墓碑,三个男人显得惊愕不已,而那个女人却显得从容不迫。第二幅画具有几何学特征,画中人物令人联想起一种非现实的、具有悲凉情调的牧歌。——译者

③ 席勒的诗篇《断念》(Resignation)首次发表在1786年《塔利亚》(Thalia)杂志上。这篇带有"一个想象"的副标题的诗作探讨了死者"灵魂"与"永恒"之间的论争。死者要求永恒补偿它生前未曾享受的荣华富贵,这时候,永恒对死者说,一个抛弃世俗的享乐而选择信仰的存在理当在永恒中贫寒地生活。——译者

(Ego)带有明显的过去时特征，但是，同样总是带有古代阿卡狄亚音乐的从属关系。另一方面，在第二次逗留罗马期间，歌德的自我不仅拒斥矫揉造作的风格主义，而且为一个真正的"阿卡狄亚人的聚会"所接受。他们恰恰把古典主义的健康状态、单纯性以及远离极端的中庸态度崇拜为阿卡狄亚，甚至把这一切当作偶像敬仰不已。在此，可尊敬的牧羊人聚集在矫揉造作的"全体性"的静止状态中。"这样，他们转入空旷的野外，乡下的花园周围。是的，罗马本身称心如意、心满意足，在围墙的紧紧环绕下，被划分成大小不等的区域。由此，人们也获益匪浅，深有体会。因为他们不仅可以接近自然，呼吸新鲜空气，还可以预见诗作艺术的原始精神。"①

现在我们再次撇开阿卡狄亚内容中的讽刺意义以及引人注目的范畴，返回到与普桑的作品无关的自由的空气或带着泥土芳香的自然。在《意大利之旅》的最初版本中，歌德把阿卡狄亚图像上的"我也在阿卡狄亚"这一铭文设定为一种全新的构思，即对虔诚世界动机的全新构思。就像有人置身于阿卡狄亚一样，诗人自身的生存也被置身于意大利的节庆本身中。因此，歌德将"我也在阿卡狄亚"从石棺上的死者头颅完全移开，断然将它与活着的艺术家联系起来。这样，阿卡狄亚已不再是从前的伯罗奔尼撒区域，而是纯粹诗意的理想区域。具体而言，歌德的阿卡狄亚乃是"作为意大利的伟大希腊"。

如果这里是由黄道带主管，那么上述歌德的阿卡狄亚标志就是转义的双生子。为了这种阿卡狄亚，希腊人卡斯托给罗马人帕勒克祝福。② 关于作为阿卡狄亚的意大利，阿尔菲耶里③说过的一段话很贴切。他认为，阿

---

① 这段文字作者引自歌德：《意大利之旅》(Johann Wolfgang Goethe, *Italienische Reise* 1786—1788. Von Johann Wolfgang Goethe, München, Hirmer Verlag, 1960.)，慕尼黑，木属出版社 1960 年。——译者

② 在希腊罗马神话中，卡斯托 (Caster) 和帕勒克 (Pollux) 是天神宙斯 (Zeus) 与凡人斯巴达 (Sparta) 的王后勒达 (Leda) 纠缠不清后生下的两个双胞胎儿子。这两个双生子统称为狄奥斯库里 (Dioscuri)。——译者

③ 阿尔菲耶里 (Vittorio Alfieri, 1749—1803)，意大利剧作家，共发表 22 部悲剧作品，代表作是《克利奥帕特拉》(1771)。他的作品大多取材于古代历史、神话和圣经故事。在《腓力》《老布鲁图斯》《小布鲁图斯》《维吉尼娅》中，宣扬启蒙主义精神，反映出民族复兴运动时期意大利人民对自由、民主的向往。《扫罗》《弥拉》则流露了作者贵族自由派的思想。阿尔菲耶里的作品遵循古典主义准则，但注入了启蒙思想，激情澎湃，人物性格特征鲜明，台词用优美的韵文写成，对意大利悲剧的改革作出了重要贡献。——译者

卡狄亚是好地方，那里作为植物的人最繁荣昌盛。用歌德的话来说，阿卡狄亚本身就是欣欣向荣、健康而健全的地方，是不以任何疾病存在为前提条件的地方。在通常意义上，也许这种疾病存在是健康的，因为或许健康首先与这种疾病状态相联系。

在《意大利之旅》以及其他许多作品发表很久以后，阿卡狄亚在歌德的《浮士德》第二部中恢复了本来的面貌。就是说，通过主人公浮士德和希腊女人海伦娜这一题材，浮士德重返伯罗奔尼撒，亦即曾经是海伦娜家乡的地方。尽管迄今这地方是人的生存进行超越并把握超越者的地方，但作为家乡同时也是浮士德与海伦娜唯一值得相遇的地方："坚固的城堡不应将你限制！/阿卡狄亚的永恒青春力量/也不能使我们流连忘返，/而被限定在斯巴达旁边。/被引诱来居住在洞天福地，/你隐遁到最愉快的命运中去！/**王室的宝座化为园亭一片**/我们的幸福自由得和阿卡狄亚一般！"[1]

在上述引文中最后两行明白无误地表达了一种对**非强制**性生活的强烈共鸣，即对超越者所赠予的**无拘无束**生活的共鸣。在此，所谓"非强制的生活"不仅始终意味着歌德关于古代生活方式的信条，也始终意味着南部丰富多彩的生活、有益于机体健康发展的自然淳朴的生活。用歌德的话来说："一切生气勃勃的东西都是一种珍贵的东西、真实的东西和现存的东西。"在这里，并不排除现存幸福与纯真无邪的性欲快感之间的和谐一致，换言之，在无拘无束的生命的节庆中，永不缺乏诸如"赫尔塞贝尔格"[2]一类的浪漫风流名山。

现在，我们重归意大利的空间。虽然实属罕见，但若干作家试图把阿卡狄亚的美丽图像与狄俄尼索斯的狂热世界有机结合起来。在海因泽[3]的长篇小说《阿尔丁海洛与幸福岛》（1789）中，人不仅可以作为植物欣欣向荣，也可以作为生命体兴旺发达。"生活越来越深入，节日越来越神圣，人们的眼眶充满了快乐的泪花……**不断持续的春天**，大海和陆地充满

---

[1] 歌德：《浮士德》第三部（Goethe, Faust Ⅲ），9566—9573 行。
[2] 赫尔塞贝尔格（Hörselberg），指位于德国图林根地区东南的一座山。理查德·瓦格纳在歌剧《汤豪舍》（Tannhäuser, 1845）中，把赫尔塞贝尔格山描写为像维纳斯山一样好色纵欲、浪漫风流的山。——译者
[3] 海因泽（Johann Jakob Wilhelm Heinse, 1746—1803），德国作家、诗人，他的书信体乌托邦小说《阿尔丁海洛与幸福岛》（1789）对德国浪漫主义文学创作产生了深远影响。——译者

了妩媚的美和丰硕的果实，幸福安康永驻人间。"①

因此，这种热情好客乃至盛情款待肯定有别于歌德所谓可尊敬的"阿卡狄亚人的聚会"。也许，海因泽逐渐陶醉入迷，忘乎所以，不知不觉深陷于原始的、温柔的伯罗奔尼撒风景之中。然而，古代主宰森林畜牧的"潘"（Pan）已经在摇篮里歌唱过这种初始的、诱人的风景。的确，从维吉尔到歌德的历代作家从未渴望、祈求一种没有任何国家的生活。特别是，他们从未憧憬一种排除国家的艺术。尽管如此，值得注意的是，卢梭主义的这样一种企图总是萦绕于怀：当当权者把餐桌搁置一旁时，人们就在十分友好的场所，已经铺设了丰盛的餐桌。至此，我们探讨了关于意味深长的田园诗和文学作品，这些文学作品暗示我们的生活可以多么轻快而安宁。特别是，在自然疗法这一最宽广的意义上，我们完全可以信任这些作家们向我们热心建议的那块心灵的永恒飞地。

5

但是，重要的是这样一种潜移默化的作用，那就是，这种被祝福的土地并非仅仅在文学作品中起作用。与意大利相比较，阿卡狄亚是十分讨人喜欢的地方，但是，不言而喻，在当地农民心目中，阿卡狄亚并不像幸运的访客想象的那样呈现一派宁静祥和的田园牧歌景象。虽然阿卡狄亚的实际空间大打折扣、缩水很多，但由于其固有的原型图像作为装饰持续不断地驻进**社会乌托邦的**领域，恰恰在此，阿卡狄亚不仅带有恒久的文学标志，也呈现出自身特有的社会乌托邦标志。例如，人们通常把阿卡狄亚图像与社会乌托邦图像严格区别开来，认为前者的基本特征是被动性和盲目性，而后者的基本特征是有意识的意志和计划性思维。

应当承认，与社会乌托邦不同，阿卡狄亚不仅是一种充满游戏特征的、被动性占主导地位的图像，也是完全脱离社会的静态图像。但是，同样不可否认，阿卡狄亚图像从一开始就作为社会乌托邦的**生产**模式而起作用。因为在阿卡狄亚图像中，经常包含着极其抽象但却总是意欲改善社会的内在构成因素。与此同时，一切社会乌托邦也都长期受到纯粹阿卡狄亚

---

① 引文见之于 W. 海因泽：《阿尔丁海洛与幸福岛》（*Ardinghello und die glückseligen Inseln*, Kritische Ausgabe, M. L. Bäumer, Stuttgart, 1975），批判版, M. L. 鲍伊默尔, 斯图加特 1975 年, 第 350 页。——译者

图像，即"南部国家—母亲自然原型"（Südland – Mutter – Natur – Archetypen）的影响。一方面，阿卡狄亚图像使人松弛缓和；另一方面，它又催人产生新的不安和忧虑。

因此，从一开始，更美好的地方就已经是新鲜有趣、引人入胜的地方。这方面，尤其是，别开生面，有趣逗乐的面貌一同起作用。尽管这些故事总体上不乏夸张的成分，但是，它们精镂细雕、刻画入微，自始至终着力描写了"极乐乡"（Schlaffenland）。① 在那里，红烧鸽子飞进嘴里，河流里泛滥着葡萄酒，从社会视角看，诸如此类的故事也都意欲阿卡狄亚的美好图像。这样的描写表达了旨在降低物价、改善民生的愿望，的确，也表达了旨在通过降低物价促成一个美好社会的愿望，在这个社会里不仅不存在任何物价，人们也不必为获取某物而费力辛苦。因此，为了获得生活必需品，人们已经不必劳神费力、受苦受累，一切东西本身都已作为礼物而被赠与，所有陌生者都被当作客人盛情款待，并竭诚满足其各种愿望和需要。

显而易见，作为社会乌托邦的古老形态，阿卡狄亚尤其对以后社会乌托邦的**地形图**（Topos）产生了深远影响。这一点具体表现在下述事实之中：社会乌托邦的地形图位于某种**现存的空间**或**遥远的空间**中，但并不位于某种**变化中的时间**之中。换言之，当我们从社会角度进行考察时，社会乌托邦离"这里"（Hier）很遥远，但离"现在"（Jetzt）并不遥远。例如，以丰饶的南部国家为例，可以说，所有故事都绘声绘色地描述了代用品，至少描述了作为我们**所必须生产的**社会代用品乃至填补物。

从希腊化时期瑟俄彭珀斯②的社会乌托邦以来，这种美丽丰饶的社会就已经见之于伊安布劳斯③的《太阳岛》（Sonneninsel）中。太阳岛仅仅

---

① "极乐乡"，德国传说中的理想国度，汉斯·萨克斯（Hans Sachs, 1494—1576）、塞巴斯蒂安·布兰特（Sebastian Brant, 1458—1521）、格林兄弟、埃利希·凯斯特纳（Erich Kästner, 1899—1974）等作家都在其文学作品中将这一主题形象化。——译者

② 瑟俄彭珀斯（Theopompus, B. C. 380—B. C. 315），古希腊历史学家和雄辩家。——译者

③ 伊安布劳斯（Iambulos），关于一位古希腊商人和乌托邦的小说作品。字义上，伊安布劳斯这个名字拼起来就是乌托邦旅行小说。他的生平和作品大都失传，仅在狄奥多罗斯·西库鲁斯的《历史库》中有片断表述（Diod. 2, 55—60）。据伊安布劳斯描述，他是一个商人，在从南阿拉伯到埃塞俄比亚的路上被劫持。在印度洋向东航行中，他抵达一个不知名的孤岛。这座乌托邦之岛气候宜人，物产十分丰饶。岛上居民各显超人的智慧，尤其是拥有分裂的舌头，他们可以在同一时间举行两次交谈。在这个岛上，伊安布劳斯度过七年之后被驱逐，因为他没有被进一步定罪，所以他最终越过印度和波斯回到了希腊。——译者

在**地理学**上无限遥远，但在**未来视点**上绝不遥远。此外，文艺复兴时期，托马斯·莫尔提出了"没有的地方"，即"乌托邦"（U‑topie），该词意味着仅仅利用海上旅行，以便迂回曲折地表现现存社会图像。100 年后，这一特征在康帕内拉的《太阳城》中得到了重现，尽管这部作品相对缺乏阿卡狄亚的亲密性。社会乌托邦到处都被描写为《幸福岛》，至少被描写为南部美丽富饶的海岸，几乎像在一幅诱人绘画中的旅行广告里一样。确切地说，就像在高更①天国般的塔西提图画里一样；更确切地说，就像在天国之光的寓所里一样。

直到 18 世纪末 19 世纪初，社会乌托邦才开始移入未来的时间，即未来的某一视点中。对此，梅西耶的《2240 年》（*L'An 2240*）②以及傅立叶的《新的工业世界》（*Le nouveau monde industriel*）起到了决定性作用。在此，恰好"匠人"（homo faber）正式报到出场，而这种人并不是地上宠儿，而是建构变化了的社会关系的人，即像渴望新事物一样渴望创造新事物。的确，所谓"渴望新事物"（rerum novarum cupitus）这一表述本身陈腐老套，这句话原本是恺撒对原始高卢人说的话，但是，后来为创造历史的罗马人所沿袭使用。③

当然更不用说，在维吉尔，甚至在整个圣经中，社会乌托邦确有很大的不同，因为在此转移的并不是某个场所，而是未来的视点。最终，流淌着奶和蜜的国度就迁移到未来的视点之中，即转移到末世论的爆炸之中。在圣经之外，维吉尔的《田园诗》第 4 卷也受到了这种未来预见的影响；

---

① 高更（Paul Gauguin，1848—1903），法国后印象派画家、雕塑家、陶艺家及版画家，与塞尚、梵·高合称后印象派三杰。他的画作充满大胆的色彩，采用色彩平涂的技法，注重和谐而不强调对比。1891—1893 年，高更前往南太平洋的塔希提岛，在那里创作了《在沙滩上的大溪地女人》《两位塔希提妇女》等一系列充满原始、神秘、未开发的纯真情调的塔希提杰作，他的其他主要作品有《传道后的幻觉》《不列塔尼牧人》《黄色的基督》《我们从哪里来？我们是谁？我们往哪里去？》《我们朝拜马利亚》等。——译者

② 梅西耶（Louis Sébastien Mercier，1740—1814），法国政治激进主义者、作家和记者，在法国大革命期间相当活跃。他在未来幻想小说《2240 年，一个似有若无的梦》（1771）中，以梦幻为中介，进入他所构想的未来理想世界。主人公不满当时现状，沉沉睡去，在 2240 年醒来，发现巴黎成为了一座由理性主义者和共和阵线所共同管理的乌托邦城市。在那里，市民阶层们和平共处；天主教会已经被废除，为理性的自然神教所取代，同样被废除的还有奴隶制和殖民制；学校课程不再传授过时的希腊语和拉丁语，而是传授代数和物理学。他所目睹的一切都焕然一新，与 18 世纪晚期的"古老国度"法国截然不同。——译者

③ 恺撒是在《关于高卢战争》（*De Bello Gallico*）中这样表述的，但原文是"novarum rerum cupitus"。——译者

在圣经之内，首先是奥古斯丁，尤其是中世纪盛期的约雅金·弗洛尔受到了这种预见的强烈影响。在约雅金那里，迦南的真实葡萄恰恰被设定为**历史的欧米茄**①。

与此同时，这样的逻各斯并不是需要重新创造的对象，而是先天流传下来的对象，所以它并不能完全废除纯粹地形学的空间特征。无论如何，对于教会来说，这种未来的拯救国度重新再现于遥远的空间中，尽管这种国度还处在尚未准备好的彼岸的一个完成了的空间中。当进一步观察实际的社会障碍时，我们就会发现，在产业革命之前，人们固有的生产力并非总是绰绰有余。正因如此，从前的人们完全无视遥远的现存性，根本不会想象大胆的乌托邦。因此，在业已存在的遥远的现实中，人们将这个被指定给我们的"飞地—存在"（Enklave-Sein）接受为完全不可企及的盖娅领域。

当然，在产业革命以前出现的愿望图像中，也始终存在古希腊伊洛西斯城节庆。当时人们最崇拜的对象是"令人喜悦的世界之母"德墨特尔、伟大母亲以及拥有与自己的孩子一样欲望的卡碧尼等。由于这个缘故，有些人认为，应把阿卡狄亚图像中可获取的一系列重要品格，例如更美好世界的幸福、纯真无邪、宁静和友善等一并纳入**构成性的**社会乌托邦之中。这种主张无异于劝告人们，在创造更美好的生活中，放弃殊死斗争和不懈努力，一开始就追求个人的安全感。因此，阿卡狄亚不仅使我们松弛和感动，也劝勉我们关注作为"友善"（Freundlichkeit）这一乌托邦的飞地本身。

但是，就此而言，阿卡狄亚已经不是赢得乌托邦的恰当手段。试想一下，在盖斯勒一类的邪恶总督统治下，按照事物的固定状态（rebus sic stantibus）就能成就某种阿卡狄亚的**事业**吗？然而，同样不可否认，在**果实和目标图像**中，阿卡狄亚要素的涵义远远多于路上的那份劝告。因为阿卡狄亚乃是对更美好世界所蕴含的更深层次模式的一个**校正因素**（Korrektiv）。由于这种校正，现在阿卡狄亚图像可以是一幅"仿佛"（Als-ob）图像。这样，待革命胜利后，阿卡狄亚图像就可以被视为人们能够

---

① 欧米茄（Omega），希腊文最后一个字母 Ω 的发音，意思是"最后意味着最初，结束亦是开始"，即承前启后、继往开来。——译者

享受的果实。据此,《幸福岛》中梦幻般的风景,卢梭《新爱洛依丝》①中的恍惚风景或"友好"等均可理解为正义的校正。一如布莱希特所言:"也许我们的生活太快活、和平。"② 强大的"健康本身"先于一切人为要素,因此,我们必须敏锐而有力地确定阿卡狄亚。

6

此外,在阿卡狄亚与乌托邦之间,通常存在着将两者相互区别开来的要素。在前者那里,守护羊群的牧者出现;在后者那里,制造某物的匠人出现。牧者主要从事采集和耕作,匠人主要制作未曾有过的东西,他是超越业已存在的东西而营造某种新的东西的人。然而,进一步讲,阿卡狄亚与乌托邦并不意味着**仅仅**在所谓"成长的东西"与"构成的东西"之间做出二者择一。例如,在海德格尔的《田间小路》,或者泰奥多尔·莱辛③的《精神之旁地球的没落》以及路德维希·克拉格斯的《作为心灵反对者的精神》之间,压根就没有什么东西可供我们选择。④

阿卡狄亚图像原本就不是市侩的幸福。追随法西斯主义的哲学家们甚至把阿卡狄亚图像解释为"血与土地",这是对这一美好图像的极其卑鄙无耻的歪曲。按照这种解释,对乌托邦构成的抉择只会导致另一种腐化堕

---

① 让·雅克·卢梭的《新爱洛依丝》(1761)是一部书信体小说。在这部小说中,市民阶层出身的家庭教师圣·普乐爱上了贵族女学生朱丽。但是,由于父亲的百般阻挠,她被迫嫁给了贵族德·伏勒玛,膝下育有三个子女。后来,她遇见圣·普乐,告白了对他的忠贞爱情,但是,由于社会偏见和阶级差异,两人的姻缘终告破灭。为了重构中世纪法国哲学家彼得·阿伯拉尔(Pierre Abélard,1079—1142)的深厚爱情,卢梭特意把这部作品冠以《新爱洛依丝》的标题,在小说中,惊人的自然风景以及感人的情感激浪后来对歌德影响很大,催生了他的《少年维特的烦恼》(1774)。——译者

② 引文出自布莱希特的戏剧作品《马哈哥尼城的兴衰》(1927)。——译者

③ 泰奥多尔·莱辛(Theodor Lessing,1872—1933),德国犹太裔哲学家、政治评论家,1933 年 8 月因纳粹冲锋队枪击后遗症而死亡。——译者

④ 根据布洛赫的观点,这些人的文化悲观主义孕育了一种"反动的怀疑主义",即把阿卡狄亚盲目地憧憬为灿烂地消失了的过去生活。例如,在死前,海德格尔把自己的著作命名为"不是作品而是过程"。他把世上的一切东西(艺术作品、思维等)都称作"田间小路"(Feldwegen)。在他那里,把自身的存在论当作过程来追述无异于推翻自己的理论。泰奥多尔·莱辛在其著作《精神之旁地球的没落》(Der Untergang der Erde an Geist,1930)中认为,所谓历史就是"赋予无意义的东西以意义",由此否定了基于精神努力的历史发展自身。同样,克拉格斯把"以某物为目标的意志"解释为权力意志,就此而言,他是尼采、叔本华以及海德格尔等文化批判主义传统的追随者。"文化批判主义"的共同特征是聚焦于过去的视角,即盲目憧憬"曾经的美好过去"。——译者

落，而这种变质使得重建某一世界的精神陷于空虚、冷酷以及矫揉造作之中。但事实恰恰相反，正如我们已经注意到的，作为一种校正因素，阿卡狄亚图像告诫我们千万不要忘记更美好的生活。恰恰通过重建世界的意志、追求蓝色的蓝骑士以及将阿卡狄亚图像构成具体现实的渴望，这种更美好的生活才能够美梦成真，如愿以偿。这种意志、努力和渴望来源于人的内在本性，其作用一点也不亚于作为反对过分有计划的、作无谓牺牲的社会乌托邦的校正因素。但是，这一点恰恰适用于阿卡狄亚自身所固有的和平及人性。

在重建世界的途程上，阿卡狄亚要素即使受到挫折、丧失目标，它也能按照事物的变化状态（rebus sic fluentibus）继续成长壮大。因此，在二重意义上，许多思想幽灵仍在外面游荡徘徊：其一是，自然地被意欲的关于自由的思想；其二是，在幸福的天国地带下，合乎自然的关于自由的空间的思想。这方面，人们相信，人在天国可以像一棵草一样活得很舒适，然而，在现实中，这种匪夷所思的思维从未得到清偿。即使从阿波罗瞭望台登高望远、极目远眺，情况也是如此。这种最富于自然特色的人的显现与阿卡狄亚品位高度一致，尽管这种图像与基督教的图像毫无关系。

41. 按语：崇高的一对，或者爱之中的月亮和太阳[①]

1

当两人相爱时，最初彼此分开，把对方视为他人。但是，两人之间总是卿卿我我，窃窃私语。而且，接吻搂抱，翻云覆雨，发生某个事件。这种爱抚不仅把两人结合在一起，也把两人合二为一，他们的身心以闻所未闻的方式融为一体。只要从无序受孕中产生某种结果，这种结合就会显现特别奇异的巨大图像。于是，在个别的现象和案例中，仍然多于单纯的

---

① 在本章中，布洛赫提到了太阳与月亮之间的宇宙配对传说。男人（家长）与女人（娼妇）配对属于异教徒的婚礼仪式，是建立在古代巴比伦星相传说基础上的。这种传统最初流行于诺斯替派的灵知主义（西门·马古斯）之中，而后又流行于犹太教卡巴拉思想（萨巴特·泽维）之中。与此相对照，基督教由于强调"基督身体"（男性）与"共同体"（女性）之间的婚礼，所以抛弃了太阳与月亮之间的宇宙配对。这样宇宙的尺度和目标就转变为基督教的尺度和目标。——译者

"我与你"的东西,就闪亮登场,多彩照人。因此,看起来爱的行为也多于所谓通常的婚姻,即婚姻自身以及生儿育女,但是,显而易见,这种爱的行为也是为了他人。于是,每一个人都多姿多彩、大大方方地献身于"彼此相爱"(Füreinander)这一爱情行为中。不言而喻,男女的结合发生在极其崇高的层面上。

2

但是,从一开始,我们就不是以十分高尚的方式觉察爱情,而是以非常普通的方式询问爱情。例如,有个青年人迷上了一个姑娘,他巴望自己心仪的姑娘瞧他一眼。的确,这多半源于虚荣心,但是,这种被凸显的愿望难道不正是渴望被**注视**的一种图像吗?尤其是,从中不正是殷切期望对方的严肃与温柔,可以说,从中不正是反映出男性坚强与女性优雅的相互补充、相得益彰吗?在始终具有不朽意义的通俗小说中,这种情形屡见不鲜,忍俊不禁。例如,理查德·沃斯的小说《两个人》① 就生动描写了男女主人公阴差阳错、破镜难圆的爱情故事,而其他强盗作品照例探讨了抛弃自身存在的女人,即头领与强盗新妇的惊险艳情故事。

具有典型意义的是,作为特有的一对绝配,一跃成为昔日报纸的经典短语:王子及其高贵的夫人莅临我们的城市。她充满仁慈,他精力充沛,宛如月亮和太阳降入尘世。显然,在这幅伉俪图像中,十分古老的、像后光一样的特性与后者同时存在。虽然统治阶级从意识形态角度,从阶级利益角度利用这种灿烂特性,有效地为其统治地位服务,但是,这种特性绝不因此就消耗殆尽。至少在那里并不消耗殆尽,在此,人们认为,关于"崇高一对的意象"(die Hoch-Paar-Imago)绝不仅仅是一个围绕"精细的人"(feine Personen)的图像。相反,在此起作用的东西不仅是社会的上层建筑,也是自身的上层建筑,即原型—天文学的、知识渊博的上层建筑。这方面,有许多神话故事为证,我们将指明这一点。阿卡狄亚图像

---

① 理查德·沃斯(Richard Voss,1851—1918),德国戏剧家和小说家。他的小说《两个人》(Zwei Menschen)发表于1911年,后被搬上银幕。17岁的主人公罗库斯是南部小镇提洛尔的贵族,他爱上了一名叫朱迪特的美丽姑娘。但是,罗库斯的母亲希望儿子成为神甫。一次朝圣旅行后,朱迪特不幸死亡。这时候发生一件怪事,罗库斯也在旅行罗马的途中死亡,但接受电刺激后,他再生为修道士保罗。另一方面,朱迪特丧失信仰。她远离人群和基督教,在家乡的深山老林中建立了城堡。罗库斯想给朱迪特传达神的消息,使她恢复信仰,但最终以双方不可调和的对立而告终。——译者

及其意象触及了友善的地球、善德女神①、大地之母②等；崇高的一对意象无外乎想象尘世之爱中月亮与太阳的相遇、结合以及兴旺发达。

3

这样，按字面意思，围绕两人发生某种上升事件，即向上拉的事件。无论如何，在宇宙中承载着女人与男人的要素，几乎可以说，这一观点外在于基督教世界观的基础。例如，月亮（与盖娅一道）显现为母权制偶像，而太阳则显现为父权制偶像。月亮标榜矜持内敛的情感以及隐蔽之夜的特征，后者则标榜排山倒海的力量以及光彩夺目的白昼特征。诚然，真实的月亮与真实的太阳并不同时出现在真实的天上。然而，在我们的心目中，作为厄洛斯图像，月亮与太阳总是形影相随、难解难分。

关于月亮与太阳的伟大爱情，歌德在《西东诗集》③中这样赞颂道："太阳走近了！绚丽之光！初月紧紧搂抱太阳。/是谁会把这一对结合在一起？/如何才能说明这种哑谜？/如何？"土耳其"日月教团"（Sonnen-Mond-Orden）保存了富于魔力的日月纹章，在此，天上的月亮和太阳与自身在场的双重光辉联系在一起：太阳代表潇洒帅气的男人哈台姆（Hatem），月亮代表婀娜多姿的苏莱卡（Suleika）。显然，从东方文明的源泉中，歌德记起了这个神奇的一对："苏丹法力无边，神通广大，他能促成世界上至高的一对情侣喜结连理"，进而能够把一切情侣带入天上的婚礼中。因为在巴比伦星相神话中恰恰存在一种"神圣的婚礼"，在这种情况下，苏丹被视为太阳神本身。

巴比伦人深信，至高的白日祭礼神巴尔—马杜克与美丽的伊什塔尔—萨巴尼特（Ishtar - Sarpanit）④喜结连理，鸳鸯戏水。这样，神圣的婚礼被命名为"一个联结"（hieros Gamos）⑤，巴比伦人把这一婚礼当作新年

---

① 善德女神（Bona Dea），古罗马宗教所尊崇的女神，亦作法乌娜（Fauna）。——译者
② 大地之母（Magna Mater），罗马神话中的万神之母，又称地母神或大母神，地位相当于希腊神话中的盖娅。——译者
③ 《西东诗集》（*Westöstlicher Divan*），歌德晚年受波斯诗人狄万·哈菲兹（Divan Hafez, 1325—1390）的启迪而写下的一系列诗歌，发表于1827年。——译者
④ 伊什塔尔（Ishtar），巴比伦神话中的自然与丰收女神，名字的意思是"星辰"，在苏美尔神话里，被称为印娜娜；萨巴尼特（Sarpanit），马杜克的姐妹兼配偶，地球女神、纳布之母。——译者
⑤ 在希腊语中，hieros Gamos 的意思是"圣婚"或"对立双方的结合"。——译者

特别的节日来庆祝。甚至艾琉西斯①的祭司们举行神秘仪式,象征性地展示宙斯与德墨特尔女神的婚礼,也许这种仪式也是从这种东方神圣婚礼沿袭而来。在晚期罗马的"城市以及世界"中,这种渊源于巴比伦的神秘仪式重新恢复了无尽活力和生机。例如,从前任叙利亚巴尔祭司的皇帝埃拉伽巴路斯②与迦太基月神的女祭司坦尼特(Tannit)就举行了一场极富象征意义的盛大婚礼。这样,他以同样的方式,使迦太基月神与自己的太阳神结婚。这种信仰纯属一种装饰行为,无非是想把自己的统治正当化,但是,在此我们可以看见某种星相神话的复制品。在此,他们仿效古代巴比伦节日,也把这个节日葡萄酒和汗水表达为带给地球特别福祉的甘甜汁液。

  崇高的一对出现于**古代**东方文明,但其中同时带有异教徒的重要因素(例如,在《浮士德》中,就有诸如"纯洁的月亮脾气怪僻"这一类的诗句)③。后来,赞美崇高一对的仪式继续繁荣发展。在埃及的土地上,安东尼与克利奥帕特拉④之间的爱情热烈真挚,充满了传奇色彩。当初,安东尼偕妻子奥塔维娅⑤来到雅典,雅典市民阶层毫不介意,报以热烈的掌声,向他致敬和喝彩,他们把他迎接为新的狄俄尼索斯,使他与不属于月神的雅典城市女神结婚。按照罗马的习俗,安东尼要求 1000 泰伦特的嫁妆。雅典人从帕特农神殿索求钱,支付了这笔嫁妆金。然而,后来当他转

---

  ① 艾琉西斯(Eleusis),希腊东部的一座古代城市,位于雅典附近,是艾琉西斯秘密仪式的所在地。——译者
  ② 埃拉伽巴路斯(Elagabalus,203—222),罗马帝国塞维鲁王朝的皇帝,他是罗马帝国建立以来,第一位出身于东方叙利亚的皇帝。——译者
  ③ 引文诗句见之于歌德:《浮士德》第 2 部(Goethe, Faust Ⅱ, Saal des Thrones V. 4959),4959 行。——译者
  ④ 马克·安东尼(Marcus Antonius, B. C. 83—B. C. 30),古罗马政治家和军事家,恺撒最重要的部将和军队指挥官。恺撒被刺后,安东尼与屋大维和雷必达一起组成了后三头同盟。公元前 33 年后三头同盟分裂,公元前 30 年内战失败的马克·安东尼与埃及女王克利奥帕特拉七世一同自杀身亡。克利奥帕特拉(Kleopatra, B. C. 69—B. C. 30),古埃及克罗狄斯·托勒密王朝的最后一任女法老,史称克利奥帕特拉七世(Cleopatra Ⅶ),她的美貌征服了安东尼,两人在塔尔苏斯同居长达 12 年之久,而克利奥帕特拉也给安东尼生育了 3 个子女。——译者
  ⑤ 奥塔维娅(Octavia),屋大维的姐姐,公元前 39 年奥塔维娅嫁与安东尼为妻。但是,安东尼迷恋埃及女王克利奥帕特拉七世,并在公元前 36 年和她结婚,赠送给她大片土地为领地。安东尼的举动遭到屋大维和罗马人的唾弃。公元前 32 年,屋大维率领大军声讨安东尼。公元前 30 年,亚克提姆一役(Battle of Actium),安东尼大败,逃回埃及。屋大维穷追不舍,公元前 30 年,屋大维进入埃及亚历山大城,安东尼和克利奥帕特拉先后自杀。——译者

向克利奥帕特拉并与她一同生活时，他就不得不为"崇高的一对"的神话付出自己的生命。现在他们像伊西斯①和奥西里斯②一样生活，在埃及神话中，伊西斯是月神；在晚期埃及社会里，奥西里斯日益替代原初的太阳神。在这种情况下，他们的爱情故事同样反映了"沉没的太阳"与"初升的太阳"这一近东星相神话。现在，安东尼和克利奥帕特拉不仅被崇拜为奥西里斯和伊西斯，他们自己也相亲相爱、互敬互爱。他们的孩子被命名为赫利俄斯③和赛琳娜④，就清楚地表明了这一点。

最后，克利奥帕特拉被一只蛇咬死，而蛇正是月神伊斯塔尔—伊西斯所看护的动物。例如，在西顿（Sidon）⑤地区，人们发现了伊斯塔尔女神雕像，而在女神胸脯上画有一只蛇。实际上，历史上的克利奥帕特拉曾死于这个月神。就是说，她试图与奥西里斯—安东尼一道亲眼见证滞留于苍穹的伊斯塔尔—伊西斯神话。后来莎士比亚把他们的结合命名为"双生子星座"。⑥ 安东尼与克利奥帕特拉的故事表现出浓厚的专制王朝特征，但是，文学上，月亮—太阳这一古老主题并没有耗竭殆尽。初月和太阳同时显现某种"绚丽的光辉"，这几乎沐浴了东方所有爱的形象。月亮和太阳的二重性质融为一体，浑然天成，从而在世界自身之中，在世界自身之上，双重之光交相生辉、相得益彰。归根结底，这种图像乃是基督教文化以前以及基督教文化以外的一种恋爱乌托邦和恍惚神话。

4

但是，现在从人们当中出现一对男女，由此造成重大后果和影响。这种场景甚至凸现在圣经土地上。例如，来自撒玛利亚的西门·马古斯，他这个人物相当于遇见希腊海伦娜的浮士德的原型。西门·马古斯是耶稣同时代的人，不过，他的生平只在《使徒行传》8章9—23节中作了简要介

---

① 伊西斯（Isis），埃及神话中的守护死者的女神，九柱神之一，亦为生命与健康之神。是奥西里斯之妻，荷鲁斯之母，奈芙提斯的姐妹。——译者
② 奥西里斯（Osiris），埃及神话中的冥王，九柱神之一，是古埃及最重要的神祇之一。奥西里斯最初是大地神和植物神，后来成为阴间的最高统治者，永恒生命的象征。——译者
③ 赫利俄斯（Helios），希腊神话中代表太阳神。——译者
④ 赛琳娜（Selina），希腊神话中代表满月的月亮女神。——译者
⑤ 西顿（Sidon），古代近东的一座城市，今日在黎巴嫩境内。——译者
⑥ 莎士比亚（William Shakespeare，1564—1616），文艺复兴时期英国作家和戏剧家，他的名剧《安东尼与克利奥帕特拉》执笔于1607年，出版于1623年。——译者

绍。他是炼金术者、魔术师和骗子。最终，在恺撒、尼禄面前，他为了证明自己是同耶稣一样的神而在空中纵身跳跃，其结果，摔得粉身碎骨。

但是，除了这种竞争激烈的故事之外，不可否认，实际上正是历史人物西门·马古斯执笔撰写了最初的诺斯替派作品《伟大的启示》（*megalē opophasis*）。① 不仅如此，这位魔术师的转变与传说还恰恰显示了作为崇高的一对这一原型的**最深奥的**化身。在此，从一开始，西门·马古斯就以捐助者的面目出现，即作为一个寻求者寻找失去了的人的原始的男性与女性根源。因此，他声称，他不是作为神子，而是作为圣父自身来到地球上。换言之，有朝一日，圣父与作为自己的女儿、自己的恋人的"第二个人"（zweiten Person）成为一个人。第二个人意味着善良牧者所看护的迷失的羔羊，并且也意味着"智慧"（Sophia）。

西门·马古斯自称是**太初之神、太初之人以及神的女儿本身的圣父**。按照他的说法，雅典人几乎把智慧等同于雅典娜女神。根据希腊神话，雅典娜的出生神秘莫测，令人咋舌，她是作为"概念"（Ennoia）而从宙斯的脑袋中蹦出来的。② 索菲亚（智慧）就是以这种方式出生的第二神性存在。但是，这个索菲亚拒绝与其圣父近亲乱伦并举行联姻，相反，她注视她下面更卑劣的领域。这个领域是恶魔居住的地方，而索菲亚被这些恶魔强行掳走。就是说，群魔为她沉鱼落雁、闭月羞花的美貌倾倒，于是绑架了她。就像后来海伦娜被劫持到特洛伊一样，索菲亚不仅被劫持，也重演了像变化无常的月亮女神一样的命运。在制服索菲亚之后，恶魔们把她隐藏在世界最下面的领域，让她在女性身体中变化不定地体现自己的分身肢体。但是，即使索菲亚给女人传达神秘之美，她也不是给所有女性传达这种神秘之美。虽然特洛伊的海伦娜，还有推罗的海伦娜都曾沐浴索菲亚之美，但是，所有骄傲的女王以及伊利昂③的女人都被排除在外，即使索菲亚再神秘美丽，他们也沾不上光。

----

① 西门·马古斯关于诺斯替派作品《伟大的启示》（*megalē opophasis*）现在大都已经失传，部分散见于希波吕托斯（Hippolytos, 170—235）的著述中。——译者

② 据希腊神话记载，宙斯头颅受孕后，几经治疗均无果，只好要求火神赫斐斯托斯打开他的头颅。结果，令奥林匹亚诸神惊讶的是，一位体态婀娜、披坚执锐的女神从裂开的头颅中走了出来，光彩照人，仪态万方。据说她有宙斯一般的力量，如果加上与生俱来的神盾埃吉斯的力量，她的实力就超过了奥林匹斯的所有神。她是最聪明的女神，是智慧与力量的完美结合。她就是智慧与知识女神雅典娜，也是雅典的守护神。——译者

③ 伊利昂（Ilion），古代特洛伊城的希腊语名。——译者

在此期间，作为巨大的原始力量（megalē dynamis），祖先太初之神变得十分孤独落寞，女儿索菲亚被劫持后，他毅然离开了自身所居住的高地。为了找寻失去了的女儿兼恋人，他变化不定地体现为各种肉体形态，漫无目标地飘游在世界各地。西门·马古斯向自己的弟子们宣告自身最后的化身，即肉体化的图像。换言之，神的最后的具体形象出现在撒玛利亚的西门·马古斯身上，于是，在推罗地区旨在寻找自身面貌的努力就宣告结束了。因为在此正好发生了最极端的相遇瞬间：他在最隐蔽的地方发现了伊娜依娅—索菲亚（Ennoia - Sophia）① 的具体面貌。原来索菲亚在一家海员妓院当了妓女，她的名字叫推罗的海伦娜，她受尽了各种屈辱和痛苦。然而，现在时来运转，她可以再次摆脱这一切的屈辱和痛苦。

毫无疑问，通过这种相遇的瞬间，西门·马古斯指出了传说中最强有力的原型瞬间，即"再认识"（Anagnorisis）② 这一失去的东西之间的重逢瞬间。在传说中，这种瞬间十分罕见，例如，在圣经中，当约瑟与其兄弟们重逢时，描写了这种瞬间，约瑟十分突然地、惊异地发现，他竟然与过去曾经想要打死他的兄弟们相遇了。此外，在希腊索福克勒斯的作品中，描写了埃莱克特拉与厄瑞斯特的重逢瞬间，但是，这种瞬间不是重新团聚而是重新发现。

实际上，正是天主教教会的教父依勒纳勉强报道了西门·马古斯所想象的关于崇高的一对以及推罗的海伦娜的遭遇。③ 进一步讲，关于推罗的海伦娜沦落风尘一事，除了与伊娜依娅—索菲亚有关之外，也与伟大的月亮—星相神话传统有关。就像天主教神学家默勒④所言："根据卢吉安（Lukian）的《叙利亚的女神4》（De dea syra 4）记载，那个生活在叙利亚、腓尼基等地的女神阿斯塔特叫塞勒涅（Seleneia）。侍奉阿斯塔特的妇女和处女，不仅通过出卖肉体来维持生活，而且相传，塞勒涅本身也在推

---

① 伊娜依娅—索菲亚（Ennoia - Sophia），伊娜依娅，对神的意念和形象的称谓；索菲亚，对神性中会堕落的部分的称谓。——译者

② "再认识"（Anagnorisis），又译作"回忆"，在希腊古典文献中，指某一瞬间主人公对自身和对方的一种回忆性认识。例如，在索福克勒斯的悲剧《俄狄浦斯王》中，亚里士多德发现了这种再认识的瞬间，即主人公俄狄浦斯意识到自己就是杀死父亲的凶手。亚里士多德认为，从这种再认识中，产生一种"同情感"和"恐怖感"。

③ 依勒纳：《反异端》（Adversus haereses, cap. 2），第2章。

④ 默勒（Johan Adam Möhler，1796—1838），天主教神学家、天主教司铎、德国教会历史学家，著有《教会史》3卷等。——译者

罗卖春达 10 年之久。"①

但是,除了接受本来的"再认识"传说之外,西门·马古斯还同时接受了一幅变幻莫测的塞勒涅—海伦娜图像。神与舞伎以星相神话的方式发生关系。现在,两者一起拉扯西门·马古斯与毫不忏悔的抹大拉的马利亚,促使他们自由地结合在一起。就像太阳和月亮贯穿罗马全境一样,他们的灵肉融为一体,不分你我。崇高的一对男情女愿,并不带有任何专制王朝的特征,所以,西门主义者不久便结成祭礼共同体,开始崇拜太阳与月亮的结合。然而,这种崇拜却受到了天主教神父最猛烈的声讨与批判,其结果,西门主义者无奈归于没落。

但是,值得注意的是,有件事情比这种结局产生了更强烈、更持久的影响:西门·马古斯被证明是浮士德神话中最悠久的原始人物。此外,虽然海伦娜仅仅被理解为特洛伊的人物,但是,在1857年首次公开的浮士德文献中,她已经属于令人印象深刻的西门·马古斯—浮士德。换言之,海伦娜之所以能够与浮士德嫁接,全在于西门·马古斯的缘故。在《浮士德》中,歌德让浮士德—海伦娜的局面出现在斯巴达王宫里,但是,在西门·马古斯那里,这两个人物的邂逅局面要早得多。

然而,对于被描写得如此伟大而典范的爱的一对,**基督教**化的世界本身却完全不屑一顾,嗤之以鼻,同样,在这个世界中,星相神话所意欲的,或者成为历史背景的崇高的一对很少或完全没有相称的位置。尽管崇高的一对这一日月框架继续存在,但是,人们不再讴歌这类幸福而甜蜜的爱情。诚然,《罗密欧与朱丽叶》②《保罗与弗兰切斯卡·达·里米尼》③

---

① A. 希尔根费尔德:《原始基督教的异教徒史》(Adolf Hilgenfeld, *Die Ketzergeschichte des Urchristentums*, 1963), 1963 年, 第 174 页。

② 《罗密欧与朱丽叶》(*Romeo und Julia*, 1595), 莎士比亚早期创作的著名悲剧。悲剧的冲突是罗密欧与朱丽叶的恋情与两个家族间的仇恨和对立, 它表现了自由的爱情与封建势力之间尖锐的矛盾冲突。全剧诗意盎然, 热情充沛, 洋溢着浓郁的浪漫气息和喜剧氛围。其艺术风格与作家早期创作的大多数喜剧相一致, 被誉为抒情悲剧。——译者

③ 《保罗与弗兰切斯卡》(*Paolo und Francesca*), 西方爱情故事, 以其独特的魅力吸引着众多艺术家的目光。拉文纳的贵族基多出于政治动机, 将女儿弗兰切斯卡许配给了里米尼领主之子——丑陋、跛足的乔凡尼·马拉泰斯塔。马氏自知丑陋, 特派弟弟保罗前往与弗兰切丝卡见面, 弗兰切丝卡以为自己的未婚夫就是保罗, 深深地爱上了他。婚后, 她与乔凡尼毫无感情, 暗中仍然与保罗幽会。乔凡尼闻知此事后, 在妒恨中将妻子与保罗杀死。在文学领域中, 对保罗和弗兰切斯卡的描绘最杰出、影响最深远的当属但丁(Dante)的《神曲》。古典主义画家安格尔(Ingres) 的画作《保罗和弗兰切斯卡》(*Paolo et Francesca*), 灵感来自但丁的诗歌。——译者

《特里斯坦与伊索尔德》① 一类命运多舛的一对超越者的爱情以及诸如《阿伯拉尔与爱洛依丝》② 一类的真实悲剧爱情乃至近代《维特与绿蒂》③之间的爱情,可谓惊天地、泣鬼神,但这类故事已经不具有类似世界或宇宙的背景。

更加令人惊愕的是,在基督教异教徒教派中,甚至也不举行"圣玛利亚"④ 与神圣的灵魂(Spritus sanctus)层面上的性化(Sexualisierung)仪式。当然,在玛利亚那里,清楚地保持着伊斯塔尔—伊西斯图像,而在耶稣那里,仍然保持着这种远古的太阳神图像。玛利亚不是坐在一轮满月上而是默默地**站在**形状如钩的初月上,而猛地跳起的耶稣手中**仅仅**握着一面太阳旗。玛利亚不是基督的女儿而是基督的母亲,她代表失去的那一半而与太初之神即神人重新结婚。

11世纪,在布拉班特地区,一个叫坦契尔姆⑤的修道士与某个农村的处女不期而遇。在他眼里,这位处女宛如仙女下凡,不啻圣母玛利亚降入尘世,他毫不迟疑,当即与她公开结婚。其结果,他触犯了天主教

---

① 《特里斯坦与伊索尔德》(Tristan und Isolde),西方家喻户晓的爱情悲剧,其传说虽源自爱尔兰,却是由法国中世纪游吟诗人在传唱过程中形成的文字。故事描写了中世纪群雄角逐时期,头脑敏捷、魅力十足的骑士特里斯坦与神秘美丽而善良的爱尔兰女子伊索尔德的感人爱情故事。据此,理查德·瓦格纳创作一部结构严谨的同名三幕剧,1865年6月10日首演于慕尼黑皇家宫廷与国家剧院,大获成功,好评如潮。——译者

② 《阿伯拉尔与爱洛依丝》(Abälard und Heloise),1115年,阿伯拉尔(Pierre Abelard,1079—1142)任巴黎圣母院神学教师,受到学生的热烈拥戴。巴黎圣母院主教菲尔贝尔安排阿伯拉尔担任他才貌双全的侄女爱洛依丝(1101—1164)的导师。阿伯拉尔与爱洛依丝相爱,而且后来一起私奔。爱洛依丝生下儿子阿斯特莱伯斯之后,与阿伯拉尔结婚。然而,他们的关系惹怒了菲尔贝尔,他雇用了一帮恶棍袭击并阉割了阿伯拉尔。1118年,爱洛依丝被送进圣阿尔让特伊的女修道院做了修女,阿伯拉尔成为巴黎郊区圣丹尼斯修道院的修士。阿伯拉尔和爱洛依丝之间的情书幸存了下来,并且已经成为文学上的经典。——译者

③ 《维特与绿蒂》(Werther und Lotte),歌德作品《少年维特的烦恼》中男女主人公,取材于歌德自己的一段生活经历,描写了主人公维特与绿蒂之间的爱情悲剧,作品提出要有作为一个人的权利,体现了欧洲一代青年人的孤独和痛苦。——译者

④ "圣玛利亚"(ave maria),又译"万福玛利亚""圣母颂",原指基督宗教对耶稣的母亲圣母玛利亚表示尊敬和赞美的一首歌,是基督教最经典的歌曲之一。其歌词最早是由罗马教廷于1545年起召开的特洛特会议上确定的,但目前为止,ave maria 已经发展为拥有许多不同的演奏版本,其中以舒伯特和巴赫的圣母颂最为出名。——译者

⑤ 坦契尔姆(Tanchelm),11世纪在尼德兰地区流浪传教的传教士,他因宣扬与天主教教规相违的说教,被斥责为异端,1112年被囚禁于科隆教堂。——译者

教规，被基督教界斥责为异端。此外，就像莎乐美与施洗约翰[①]的相逢一样，弥赛亚耶稣与抹大拉的玛利亚的相逢也仅仅见之于伪经，即《埃及福音》中[②]。但是，这种相逢绝不应理解为对神灵的无耻亵渎和冒犯，而应理解为出于第一和第二之光的渴望，即对天上魔幻爱情的能动反映。

5

但是，在17世纪笛卡尔活动的年代里，巴尔与阿斯塔特终于在天上相遇相知，双双坠入了爱河。这则故事不是被保存在基督教地区的传统中，而是被保存在东方地区的巴比伦传统中。在此，伊斯塔特是指天上的某个犹太姑娘萨拉（Sara），而巴尔是指假先知萨巴泰·泽维。[③]

这位姑娘是在街头被发现的，经施洗后，她被带到女修道院。当长大出落成亭亭少女时，见习修女萨拉作了一个奇异的梦，这个梦依稀展现了她童年不堪回首的记忆和更多别的事情。他的父亲的亡灵出现在梦中，他告诉她，他是在一次犹太人大屠杀中被打死的，他还告诉她，她被选定为不久将会出现的那个弥赛亚的妻子。萨拉对这个梦坚信不疑，随即逃出波兰的修女院，沿着梦所指定的路，开始踏上了漫漫找寻之路。按照父亲亡灵的话，她必须见到萨巴泰·泽维，但是，就像推罗的海伦娜一样，为了见到萨巴泰·泽维，她必须夜宿妓院。当时，这个确信自己是弥赛亚的男人正停留在开罗的宫廷中，萨拉坚信，她必须与他举行所谓天国的婚礼。

1666年，两人举行了这种天国的婚礼，而这一年已被萨巴泰·泽维

[①] 莎乐美与施洗约翰（Salome und Jochanaan），据《圣经》记载，莎乐美是古巴比伦国王希律王和其兄弟腓力的妻子所生的女儿。她的美无与伦比，巴比伦国王愿用半壁江山换取莎乐美一舞。据记载，她爱上了先知施洗者约翰，但遭到他的断然拒绝，于是，她跟母亲合谋杀死了施洗者约翰。据此，理查德·瓦格纳创作了歌剧《莎乐美》（*Salome*, 1903），于1905年首演，因其故事情节骇人听闻以及煽动过分的情欲，这部歌剧引起很大争议，但仍取得了巨大的成功，被视为他在歌剧史上的一部巅峰之作。——译者

[②] 《埃及福音》（*Ägyperevangelium*），1945年在拿戈玛第发现的62篇文献中的一部。它用科普特语写成，带有"伟大而不可视之灵的圣书"这一副标题。这部文献被推测为希腊原典的翻译。此书中，塞特（Set）作为天国的亚当之子，本身就是无坚不摧的强大之光，它转世成为耶稣基督，将人类从邪恶的监牢中解放出来。——译者

[③] 萨巴泰·泽维（Sabbatai Zewi, 1626—1676），犹太神秘主义者，生于今天的土耳其，曾经自称是弥赛亚。——译者

宣布为启示录年。在此，这个弥赛亚所发布的布告似曾相识，令人联想起西门·马古斯曾经把自身称作肉体化的圣父。在这份布告上，他签字说："我是你的神，是把你从埃及领出来的主。"假弥赛亚果真迎娶了新娘，但结局很惨。当然，他的所作所为令巴洛克时代所有犹太人兴奋不已。土耳其苏丹抓捕他之后，让他二者择一：要么悬梁自尽，要么皈依伊斯兰教。后来，萨巴泰·泽维沦为苏丹宫殿里的守门人，默默无闻，了此残生。

但是，崇高的一对原型源远流长，代代相传，这种原型再一次发生在后来的犹太人之中。此外，这种原型引人注目地被装饰成苏拉米特与所罗门①、所罗门与萨巴女王②之间的男女爱情。虽然当时也不乏忠于萨巴泰·泽维的人，但是，关于古代恋爱神话的犹太教内在形态以及启示形态依然新颖别致，充满诗意和想象，被视为百听不厌的恋爱题材。这样，在还不到 100 年的时间里，在德国得以重现一个二重意义上的弥赛亚，而且，不少人相信他、追随他，此人就是雅可布·弗兰克。③ 像西门·马古斯一

---

① 苏拉米特与所罗门（Sulanith und Salomo），苏拉米特是典型的犹太女性的名字。在旧约圣经的《雅歌》里，苏拉米特是犹太国王所罗门的新娘。当时，所罗门王已有六十名王后与八十名妃嫔。但是，这些都不是因为爱情而结的婚，而只不过是为了增进国家之间的友好而联的姻。让所罗门怦然心动，感受到真正爱情的是没有任何显赫背景的苏拉米特。在郊外的葡萄园中，所罗门偶遇婀娜多姿的苏拉米特，一见钟情，体验了真正的爱情，于是，热情歌颂道："我的佳偶，你甚美丽！你甚美丽！你的眼在帕子内好像鸽子眼；你的头发如同山羊群，卧在基列山旁；你的牙齿如新剪毛的一群母羊，洗净上来，个个都有双生，没有一只丧掉子的；你的唇好像一条朱红线；你的嘴也秀美；你的两太阳，在帕子内如同一块石榴；你的颈项好像大卫建造收藏军器的高台，其上悬挂一千盾牌，都是勇士的藤牌；你的两乳，好像百合花中吃草的一对小鹿，就是母鹿双生的。我要往没药山和乳香冈去，直等到天起凉风，日影飞去的时候回来。我的佳偶，你全然美丽！毫无瑕疵！我的新妇，求你与我一同离开黎巴嫩，与我一同离开黎巴嫩。从亚玛拿顶，从示尼珥与黑门顶，从有狮子的洞，从有豹子的山，往下观看。我妹子，我新妇，你夺了我的心；你用眼一看，用你项上的一条金链，夺了我的心。我妹子，我新妇，你的爱情何其美；你的爱情比酒更美，你膏油的香气胜过一切香品。我新妇，你的嘴唇滴蜜，好像蜂房滴蜜；你的舌下有蜜有奶，你衣服的香气如黎巴嫩的香气。我妹子，我新妇，乃是关锁的园，禁闭的井，封闭的泉源。你园内所种的结了石榴，有佳美的果子，并凤仙花与哪哒树。有哪哒和番红花，菖蒲和桂树，并各样乳香木、没药、沉香，与一切上等的果品。你是园中的泉、活水的井、从黎巴嫩流下来的溪水。北风啊，兴起！南风啊，吹来！吹在我的园内，使其中的香气发出来。愿我的良人进入自己园里，吃他佳美的果子。"（《雅歌》4 章 1—16 节）——译者

② 所罗门与萨巴女王（Salomo und Königin von Saba），据圣经记载，萨巴女王是阿拉伯美丽的象征，以色列犹太国王所罗门则是智慧的化身。他们相互爱慕，心有灵犀，但后因宗教和政治的原因而不得不分离。——译者

③ 雅可布·弗兰克（Jacob Frank, 1726—1791），原为犹太商人，1755 年旅行奥斯曼帝国后，在波兰自称是弥赛亚。他的追随者脱离犹太教，创建了弗兰克主义教派，这是一个准犹太教、准基督教的新宗教。——译者

样，作为所谓的弥赛亚，他也声称自己拥有"伟大的力量"（megalē opophasis）。他奸淫亲生女儿后，把她当作夫人藏在哈瑙地区的宫廷里。就是说，雅可布·弗兰克把自己当作第一神，把女儿兼夫人当作第二神，并且让人们对此深信无疑。拿骚（Nasao）公爵成了他的弟子，这样，弗兰克主义教派就开始迅速发展，风靡一时，直到19世纪，在波兰仍可发现这个教派的踪影。令人惊讶的是，弗兰克教派的人们从未阅读过浮士德—海伦娜的故事以及伪经福音。

是的，信奉基督教的欧洲人无需熟知关于崇高的一对原型的唯一其他显现，尽管这一原型曾经深深浸染过具有东方传统的共济会秘密团体。试想莫扎特《魔笛》中的下述诗句："男人和女人，女人和男人，一路朝着神性伸展。"帕米娜是夜之女王所生的女儿，塔米诺是萨拉斯特罗（Sarastros）城的太阳圆周及其赐福联盟所生的儿子。在此，在灿烂的太阳包厢开启以后，日月结合这一神话就响彻为最优美、最人性的声音。

此后，歌德令人惊讶地，但以十分平常的方式执笔《魔笛》第二部，试图把它压缩成小歌剧。① 在此，帕米娜与塔米诺举行盛大婚礼，这情形分明使人联想起《浮士德》第三部中西门·马古斯与海伦娜之间的结合。结婚意味着生儿育女。帕米娜与塔米诺生育了"格尼乌斯"，海伦娜与浮士德生育了"欧福里翁"（Euphorion）。他们双双升入高高的天空，然后坠落，摔成粉碎。

但是，借助于此，在模仿东方神话的童话故事中，莫扎特和歌德的帕米纳—塔米诺有所保留，而在马古斯浮士德和海伦娜的故事中却没有这些浪漫内容：在那个遥远的年月，海伦娜被视为妹妹或妻子的时候，新月与太阳就构成了描写爱情上恒久相遇的比喻。

6

就崇高的一对而言，仿佛总有某种东西，即与我们人的本性无关的东西在起作用。那么，在人的存在之外，一对虔诚笃信的个体又是怎样一种情况呢？在此，首先应当明确的是月亮和太阳的基本特征，因为在崇高的

---

① 贝多芬、黑格尔、赫尔德尔以及歌德等都高度赞扬莫扎特的《魔笛》，歌德曾想执笔这部作品的第二部，但未能完成。《魔笛》第二部最终由彼得·温特（Peter Winter, 1754—1825）完成。——译者

一对中，彼此结合在一起的东西完全不是人的因素。从宇宙视角如此奠定的内在联系而言，最显著的崇高一对特征是日月二元性，而这种二元性恰恰见之于西门·马古斯与海伦娜的相遇中。对此，我们可以依据诺斯替派以及晚期卡巴拉主义的"溢出说"（Emanationslehren）加以进一步说明。因为诸"溢出"范畴意味着，从一个"太一"出发，通过持续浇铸，光形成全部世界，然后，光下沉坠入黑暗中。

光的这种运动本身充分表明了"男女两性的结合"。如上所述，这一点恰恰触及了纯粹男女两性之间被序列化的图像范畴，即天地之间的"阴茎—阴道—对应物"（Penis – Vagina – Entsprechungen）。在诺斯替派那里，这种关于泛光图像的范畴称作"永旺"（Äon），而在卡巴拉主义那里，这种关于泛光图像的范畴称作"塞皮罗特"（Sephirot）。[①] 这些范畴总是成双搭对地、前后并列地被编排开来，例如，月亮与太阳的二元性总是成倍地赋予对方自身的数目以及性的特性。

这方面，一个范例是（尽管同样拒绝月亮与太阳、神与女神合一的思想）毕达哥拉斯学派人们的观点。这个学派的人们早就用一个图表设定了整个世界中的十个普遍对偶：（1）女性与男性；（2）曲线与直线；（3）无限与有限；（4）多与一；（5）左与右；（6）动与静；（7）弯与直；（8）不相等与正方形；（9）好与坏；（10）黑与亮。当然，通过这些对偶范例，毕达哥拉斯图表不是提供其色彩斑斓的价值概念，而是提供"左右四肢"（Links – Rechts – Glieder）的各自对应物，尤其是，明晰解释两种特性的合并，即月亮与太阳的"朔望"。借助于此，毕达哥拉斯图表可以举行强化十倍的盛大婚礼，就是说，各自举行范畴的形式特性婚礼。

但是，鉴于宇宙的恋爱反响，也许在天与地之间存在多于"朔望"的另一种意义。换言之，在此除了存在形式的特性以外，也许还存在作为其他惊人意义的"时代一对"（Äonpaaren）。在太阳与月亮这一纯粹的崇高一对的相遇中，诺斯替派学派的智慧一定梦想数字以外的其他意义。在西门·马古斯 100 年后，按照当时的情况，诺斯替主义者瓦伦提努把天上

---

① "永旺"（Äon），在希腊语里，最初用作"时代"，后来用作"永恒时间"。"塞皮罗特"（Sephirot）指的是时间。根据卡巴拉神秘主义理论，认识之树意味着作为小宇宙的"灵魂"地形图以及作为大宇宙的"宇宙"地形图。具体而言，认识之树由 10 个数字以及连接这些数字的 22 个路径乃至扣子组成。——译者

光的流溢过程命名为女性—男性范畴（这也是语法学上的女性—男性）：静态（sigē）—深渊（bythos）；真理（aletheia）—精神（nous）；活力（zoē）—光辉（phōs）；共同体（ekklesia）—人（anthrōpos）等。同样，直到第八亦即最后一对范畴都以雌雄同体的形式显现。因此，只有真正崇高的一对才能把向下流下来的理念向外分发，并把向上流出的理念向外排出。

根据诺斯替派的流溢说以及卡巴拉神秘主义的理论，爱绝不是一个私人的世界事件。如果直到最后，在此被命名为"塞皮罗特"的"时代一对"都作为"女性—男性"一对存在，那么情况更是如此。在此我们发现，作为最后的阐明，所谓"结合"（coniunctio）意义上的地上反光甚至就是圆圈中的一个"哟特"（Jot）①：从诺斯替派视角上看，这必定是神的标志本身，而从基督教视角上看，这是一种恐怖行为。然而，这个标志指向最高的"朔望"。进言之，这个标志清楚地表明，根源存在与固有的自身存在融为一体、同居共生。

7

对于超越界限的东西三缄其口，这是一件很麻烦、很费周折的事情。与上述日月之间的崇高一对相比，**基督教的**对偶形成具有十分不同的面貌。首先基督教对人人可及的爱的理解就与众不同。因为即使是迄今最崇高的一对所孕育的门第高贵的爱情也被视为无足轻重或鸡毛蒜皮的小事情。天荒地老，日月争辉，所有人为之骄傲的是，他们尽可亦步亦趋，远远地仿效太阳与月亮的爱情，但是，并非每个人都能享受这种圆满而甜蜜的爱。尤其是，崇高的一对总是带有异教徒的特征，而从前那种星相学上的天上婚礼一直为基督教所鄙弃和拒绝。因此，在基督教思维中，只有诺斯替派还会注意到太阳与月亮的婚礼。

由于上述背离，基督教把下述这种偏激行为宣布为合法：即负重者和艰辛者的神圣婚礼完全不同于其他婚礼，尤其是完全不同于一种灵魂的（pneumatisches）圣礼。人们千方百计地把新约圣经的各个玛利亚，特别是抹大拉的玛利亚安置在耶稣身旁，但是，这种做法完全是枉费心机、徒劳无益。在基督教教派中，这种现象也仅限于诺斯替派内部。所谓"相

---

① "哟特"（Jot），德语字母 J（j）的名称。——译者

信智慧吧"(Pistis Sophia)① 这一赞歌不是涉及圣洁的处女玛利亚,而是涉及美丽的、有罪的玛利亚。不过,听起来,这首赞歌让人觉得一切恋人实际上不只是枉费徒劳:"卓越的玛利亚,你是极度幸福的,你是为一切种类所赞扬的神圣的充满(Pleroma)。"

尽管在诺斯替派中,这样的提升拔高几乎没有形成任何学派,但是,最初也不乏抹大拉的玛利亚与耶稣的种种传闻。② 不仅在伪经《埃及福音》中,而且在伪造的圣经中,耶稣也说道:"我是为了解决女性事业而来的。"一有机会,就会发生某种虚构的"相遇"(Rencontre),例如,诸如施洗者约翰一类的先知至少能够与异教徒的公主莎乐美相遇③,尽管莎乐美是杀人凶手,她杀死了他心爱的男人,但是,到头来她却毫无忏悔之心。

在这多少有些咄咄逼人的案例中,我们可以领悟到下述事实:在基督教爱的象征、婚姻圣礼中,占有一席之地的不是太古的夏娃,而是太古的亚当。就像伊娜依娅—索菲亚一样,夏娃也不是被盛情召回家的高贵女性。就是说,夏娃的图像横遭破坏,面目全非,即使在未被削弱的情况下,充其量也就是被视为下贱的丫鬟仆女。

抛开诺斯替派教徒,基督教徒并非强调男性与女性,而是强调男性与女人。因此,他们竭力避开肉体中所有形式的太阳与月亮的结合(coniunctio solis et lunae),纷纷倡导基督教的祭礼图像:**基督教与共同体之间的婚礼**。如果基督教是指掌管共同体的首脑,那么共同体就是指追随基督教的妇女。在此,完全排除了任何宇宙背景,取而代之的是基督身体背

---

① "相信智慧吧"(Pistis Sophia),这是诺斯替派一首赞歌的题目。在此"智慧"是指像马利亚一样的女性。诺斯替派哀叹耶稣之死,渴望耶稣基督与智慧女性(作为"伊娜依娅"的索菲亚+抹大拉的玛利亚)的神秘合一。——译者

② 据新约圣经记载,抹大拉的玛利亚是一个被耶稣拯救的妓女。她用忏悔的眼泪为耶稣洗脚,用浓密柔软的黑发来把它们擦干;在耶稣被钉上十字架行刑的日日夜夜里哀哭、祈祷,喂他喝水;耶稣死后,她进入停尸的墓穴预备亲自为其用油脂净身,却意外发现耶稣死而复活。然而,包括《埃及福音》在内的各种伪经都认为,耶稣与抹大拉的玛利亚的关系要亲密得多,例如声称,他们可能结为夫妇,成为彼此最忠诚的信仰伴侣和绝佳伉俪,如此等等。——译者

③ 在众多关于莎乐美的作品中,英国唯美主义作家奥斯卡·王尔德(Oscar Wilde,1856—1900)的独幕剧《莎乐美》堪称登峰造极、无与伦比的典范。故事取材于《圣经》故事:希律王的养女莎乐美爱上了被监禁的先知施洗者约翰。对于她的百般诱惑,先知无动于衷。最终,莎乐美为希律王跳舞而换得施洗者约翰的头颅,她杀死了所爱的男人,她吻了他的脑袋。目睹这一可怕场景,希律王杀死了莎乐美。这部作品发表于1891年,之后许多音乐家为这部作品作曲配乐。——译者

景。如果不是这样，基督和教会就呈现出一幅被贬低的、极度扭曲的面貌。这一点对作为首脑的男人而言同样适用。例如，圣经中如是说："又当存敬畏基督的心，彼此顺服。……""因我们是他身上的肢体。为这个缘故，人要离开父母，与妻子连合，二人成为一体。这是极大的奥秘，但我是指着基督和教会说的。"①

因此，我们可以说，由于基督教思想的影响，从前受制于星座的陌生天空如今为基督之身所代替。这样，宇宙意义上现存的（或者所谓现存的）**尺度和目标**就完全被翻转了。"为要成全圣徒，各尽其职，建立基督的身体，直等到我们众人在真道上同归于一，认识神的儿子，得以长大成人，**满有基督长成的身量**。"② 从前人们把爱之夜的月亮荒芜地区解释为女性生殖器（W）与男性生殖器（M）的结合。当然，耶稣自己也并未完全消解太阳与月亮之间的这种炽热的爱，但是，这种行为在基督教婚礼中，已不再占有任何重要位置，或者干脆默默无闻、沉默不语。前述《以弗所书》中的相关段落，也仅仅适用于下述情况，即仅仅间接地暗示或比喻基督的肉体与其共同体中的个体结婚。在此，尤其强调基督的身体就是**教会**，因为"如果不是唯一的基督徒，就没有基督徒"（unus Christianus nullus Christianus）。

然而，在基督教世界观中古老的爱的形象并未完全绝迹：虽然作为基督形体的相爱夫妇丧失了外部高空，但是，他们却获得了内在深度这一意味深长的意义。例如，基督教世界观绝不显现宇宙全体或灵魂登陆之间业已澄清的紧张关系，但是，后来许多作家在各种恋爱及其伟大图像中生动地描写了这种紧张关系的形态。莎士比亚妙笔生花，栩栩如生地描写了安东尼与克利奥帕特拉之间的爱情，此情此景，万古流芳，足以让人联想起作为太阳的赫利俄斯与作为月亮的赛琳娜之间的相遇。

然而，奥赛罗③与苔丝狄梦娜的爱情则触及了另一领域。在第一幕最

---

① 《以弗所书》5 章 21 节；5 章 30—32 节。

② 《以弗所书》4 章 12 节。

③ 《奥赛罗》（Othello），莎士比亚四大悲剧之一，故事梗概如下：奥赛罗是威尼斯公国的一员勇将。他与元老的女儿苔丝狄梦娜相爱。但由于他是黑人，婚事未被允许。两人只好私下成婚。奥赛罗手下有一个阴险的旗官伊阿古，一心想除掉奥赛罗。他先是向元老告密，不料却促成了两人的婚事。他又挑拨奥赛罗与苔丝狄梦娜的感情，说另一名副将凯西奥与苔丝狄梦娜关系不同寻常，并伪造了所谓定情信物等。奥赛罗信以为真，在愤怒中掐死了自己的妻子。当他得知真相后，悔恨之余拔剑自刎，倒在了苔丝狄梦娜身边。——译者

后紧要关头，奥赛罗对爱之夜唱道："瞧，七女神①想要触动大海。"在这种深沉的男女之爱中，喧哗的空间归于终止，世界变得深沉而寂寞。这里呈现出基于某种圣礼的**灵魂的**（Pneuma）优势。虽然这种基于圣礼的两人合一并不像世界一样硕大无朋，但是，这种合一依然作为星相框架保持不变。在此，我们觉察到一种可以重新踏入的深度，而这种深度并非仅仅是维纳斯所引导的内容的新的扩展。

42. 再论逻各斯神话或人与精神：费尔巴哈的理论：神为什么是人？基督教神秘主义②

（一）我们的东西依然闪烁

但是，一个人总是向外搬出，其原因在于内面。起初，这种内面还很虚弱，闪烁不定，以至于在外部环境中几乎不见踪影。但是，一旦外部的东西以莫大的力量对抗我们，我们只好屈服或顺应这种赤裸裸的外部力量的威胁。在这种情况下，我们不得不放弃尚未得到充分发展的自身存在。假定某个原始人听了一则关于灵魂的故事。无论如何，在自身内部他都发现不了某种灵魂的东西，因为这种东西是不可视的东西。但是，指着刚刚飞过的一只鸟儿，他会对自身的部族大声喊道，自己的灵魂飞走了。这时，原始人感受到一种亲切的"无我"状态，确切地说，感受到未被觉察的内面为飞鸟所携带乃至拐走。

然而，从远古时期人类就不得不在严酷的外部威胁下学会生存，例如，可怕的雷鸣闪电、阴森可怖的暴风骤雨以及出没无常的毒蛇猛兽、妖魔鬼怪。尽管如此，在原始人那里，一种独一无二的人的恐惧踪迹已经悄然而至，这种恐惧时而是一种坏消息，时而是一种迷乱癫狂的情绪。例如，在漆黑的夜里，在空无一人的地方雷声滚滚，或者在大白天，在大庭广众之下电光闪闪。从一开始，原始人就尝试利用魔法，并且借助于祈祷来抑制内心的恐惧，从而继续发出新的希望之光。这样，从一开始，人们

---

① 七女神（Prejaden），指希腊神话中的七女神，分别为阿芙罗狄蒂（Aphrodite）、雅典娜（Athena）、赫拉（Hera）、普西芬妮（Persephone）、海斯提阿（Hestia）、德墨特尔（Demeter）、阿特姆斯（Artemis）。——译者

② 在本章中，布洛赫通过回溯费尔巴哈的人类学理论，指出了宗教，特别是基督教的人类学特征，由此进一步阐明了"神为什么是人？"这一马克思主义宗教哲学的核心命题。——译者

就用魔法向外部周围呼唤某种悦人的、使人感兴趣的消息。这时候，人们几乎没有抓住人的内面，也正因如此，人们长期缺乏对这一特有内面的重视。

虽然原始人相信，外部灵魂深居高处，出现在某个遥远的天体中，但他们还是禁不住朝上面大喊大叫。对于恐惧的想象，尤其是对于被爱的想象，通常并非仅仅在称作宗教的领域里发生有益的影响。一如在非同寻常的情况下，对于恐惧和爱的想象适用于一切人一样，这一点甚至也适用于对太阳和月亮的第一次虔诚的、感受真切的仰望。过去，对于极其遥远的彼岸之光，人所关注的是如何才能求得宽恕，并对原野上的牧者说道："别怕！"但是，时至今日，仰望上头的人的内面不再后退了。

（二）费尔巴哈与"人类学的东西"

按照上述方式打开的、付出的、装饰的东西特别称心如意。在此，"手中的麻雀比屋檐上的鸽子好"这句谚语并不正确。自古以来，贫困者只有在梦中才能品尝吗哪（Manna）。毫无疑问，人们把愿望图像描绘得五颜六色，眼花缭乱，尤其在完全背离其主人的人们的目录中，这幅图像显得更加绚丽多彩、光彩夺目。这些愿望图像多半有助于人们转移**特有的**贫困，带给他们些许彼岸世界的慰藉。

但是，在贫困消失的地方，其他饥饿却继续存在下去。人们难免会设想附近不易获得的某种远方的东西，在这种情况下，饥饿无异于对可望而不可即的远方的东西的渴望。通过把某种愿望图像迁移到彼岸世界，人们试图寻求宗教意义上的过度安慰。虽然这幅图像终归是某种匮乏的图像，但它毕竟是强烈的内在渴望所造成的图像。因为迁入虚幻的彼岸世界的东西正是宗教徒未曾实现的愿望。单纯的贫穷至少折射出强烈的内部光辉，但是，在一无所有，家徒四壁的人那里却存在着丰富的想象力光辉。就是说，客观上，一个穷困潦倒的人，试图在彼岸世界里挥霍这种贫困。否则，他就缺少迁入彼岸世界的材料，对此，青年黑格尔在《基督教的肯定性》①中，借助诸多**主体化的逻辑意义**，对其加以深刻说明："除了以前的尝试，今天仍然显著地保留着在天国中被挥霍的东西，

---

① 黑格尔的《基督教的肯定性》（*Positivität der christlichen Religion*）一文，发表于1795年，后来被费尔巴哈等人广泛引用。——译者

即宝物。至少从理论上，我们应当要求把这些宝物作为人的所有物归还人类。但是，怎样一种时代才有力量确认这种权利，并且把这些宝物变成人的财产呢？"

因此，在诸多天国的阶梯下面，人们把这种收回诉求坚持到底——接着，费尔巴哈试图把天国的宝物归还于人——当然，人们已经想到了这一点。这导致"对宗教的人类学批判"，即神的形象，亦即从天国收回的这个出让物乃是我们自身的世界。神的形象乃是单纯的人的形象的倍增以及移置天国的人的本质而已。虽然如此，就人的愿望内容而言，迄今人与自身的"本质"仍然处于严重分离状态，就像神话里的假定一样，人太过神话般地凭空取消人的"本质"。根据费尔巴哈的观点，神的崇拜者总是按照自身的相似模样创造神。神是残酷的、亲切的，神无法无天、无所不能。他像地球一样悄声细语，像太阳一样光芒万丈，并且，永恒不朽，世代相传，尽可能逃脱沧桑巨变。

这样，费尔巴哈就诉诸情感，彻底收回了教会神，这也意味着，从人类学视角使人不再着魔于星相神话的纯粹上头，同时想把它一劳永逸地带给主体。因此，费尔巴哈一再强调：

> 人们相信诸神，并非仅仅因为他拥有想象力和感情，而是因为他还拥有追求幸福的冲动。人们相信一种永生有福的存在，并非仅仅因为他拥有一种极乐超生的想象，而是因为他自身渴望成为一个极乐超生的存在。他之所以相信圆满的存在，是因为渴望他自身成为圆满的存在。他相信一个不朽的存在，因为他自身不想死。人自身缺少什么，他就想望什么。他想望诸神拥有这种东西。诸神乃是实际地被设想的存在，是变成实际存在的人的愿望。某个神乃是在想象中称心如意的幸福冲动。①

在此，我们发现如下显而易见、富于启发意义的事实：费尔巴哈闯入宗教之中，尤其是闯入基督教之中，把保存在彼岸世界保险箱中的"宝物"归还给了我们。在这一点上，与异教徒的宗教，即占主导地位的广

---

① L. 费尔巴哈：《关于宗教的本质》（*Ludwig Feuerbach, Über das Wesen Religion*, Werke, Ⅷ, 1851），《选集》，第 8 卷，1851 年，第 257 页。

袤的"群星崇拜宗教"（Gestirndienst – Religionen）相比，基督教具有一个显著优点，那就是很少有那种"人的模拟因素"（mensch – analogen）。

问题在于，在费尔巴哈的"宗教的人类化"本身中，这些"群星崇拜宗教"的素材是很难被补偿为"人的幸福冲动"乃至"人自身的本质冲动"等愿望图像的。因此，在费尔巴哈那里，旨在脱离天国的大部分主张都与"基督教的本质"有关，而完全不涉及各种"群星崇拜宗教"（大体上，只是在后期著作中，这位人类学家才转向了这类非基督教宗教）。当然，正如马克思指出的那样，费尔巴哈关于宗教的人类化也只不过是"闷热的爱的露水"，一旦这种作业侵入供奉巴比伦城邦之神马杜克、阿兹特克族氏族神成茨利普茨利等的神像商店，就如蛰居于一片陌生的蛮荒地带，毫无用武之地。例如，对于诸如"你会成为神一样的存在"一类的作业，这些"群星崇拜宗教"就一窍不通，沉默不语。

但是，引人注目的是，在此如此收回了的人显得静悄悄，毫无声响。费尔巴哈并没有从社会视角思考人与其本质的分离问题。就是说，他并没有触及自我异化的经济根源。出于同样的原因，在此，他所说的"人"依然是如此一般的、静态的抽象类型。在他那里，迄今人并不显现为"一切社会关系的总和"（马克思语）。更引人注目的是，虽然费尔巴哈闯入自身特有的彼岸世界的实体化中，但是，这一途径并没有使人的内在世界变得丰富起来。如前所述，当费尔巴哈从唯心主义角度谈论此岸的愿望图像时，谈到了本地化的神性存在。如果是这样，"人对人是人"（Homo homini homo）这一口号就没有超越自由主义手边信手拈来的愿望总和。费尔巴哈决定性地试图把移入彼岸的人的愿望图像重新定向为人自身的愿望图像。他的这种尝试简直无与伦比、无人能及。对此，可以稍加夸张地、甚至情不自禁地说，再也没有人像费尔巴哈一样**从方法论视角**敏锐地洞悉基督教中激进的人的路线。

正因为这一点，费尔巴哈的纯粹"人属"（Menschgenus）概念才凭借强大的"**主体—节日**"（Sujekt – Feier），向我们抛出高价，让我们望而生畏。诚然，费尔巴哈从彼岸收回了的这种人的东西不仅被理解为自然主义、尘世中心主义的东西，也被理解为普遍的市民阶层的东西。如果彼岸世界中一切实体化的实现充其量是一种幻想，那么宗教中所蕴含的某种**愿望理论**就包含主体尚未逊位的某种乌托邦的行为，即一种**超越的**行为。宗教幻想的主体越是意识到自身,越是成为强有力的主体,它就越是丰富地规定自身的等级。这种等级不仅涉及业已消失的天国,也涉及生气勃勃的自然。这样一来,人的宗教愿望图像就显现为仅仅与人相关的潜在性。在此,虽然所谓"潜在性"(Potenz)并不是超自然的东西,但却是内在于自然的、完全超越的东西。

最后,费尔巴哈这样写道:"因此,对彼岸世界的信仰乃是对旨在克服自然界限的那个主体性自由的信仰——所以,是对人自身的信仰。"①此外,他甚至说道:"宗教的秘密就是人的本质自身的秘密。"尽管费尔巴哈关于人的概念被误认为是静态的"人属"概念,但是,他的上述经典表述也几乎停留在迄今从未面对面一窥其貌的"隐匿的人"的前庭中。毫无疑问,除了这种人类学的主体性之外,在费尔巴哈那里,还给无神论赋予了一种特殊的音色,如果费尔巴哈不是从"人类学"视角批判基督教,那么这种最后的特殊的音色就是全然不可想象的。费尔巴哈敏锐地把握了摆脱了彼岸世界的现实,但是,在这种彼岸世界的现实中,并非像他所理解的那样**只有从着魔状态中清醒的东西**(Nichts – als)以及**唯一的自然**(Nichts – als – Natur)。恰恰相反:人创造了彼岸世界,并且用虚幻的愿望图像、愿望达成来填满这个可望而不可即的世界。其原因在于,对于人而言,"除了自然别无其他"并不充分,尤其是,因为人自身的特有本质尚未拥有现实性。这样,一方面,费尔巴哈的无神论要求摧毁使人精疲力竭的幻想;另一方面,激励人们把从神学角度规定的无限性重塑为从人的角度规定的一种有限性。

费尔巴哈从一开始就倡导启蒙主义,借助于此,他让此岸世界的学生坐在彼岸世界候补者的座位上。然而,这个彼岸世界的意义多于一个"自由王国"(神的子孙)的幻影,而费尔巴哈力图把这样一个彼岸世界变成**更美好尘世的**候补者。虽然星相神话无所不包,意义广泛,但是,对于费尔巴哈来说,这种神话并不能提供像基督教神话一样的、甚至像"神子"立场一样的意味深长的空间。尽管所有其他宗教都庆祝和选择作为自然的尘世,但其耐人寻味的空间却十分有限。

---

① L. 费尔巴哈:《关于宗教的本质》(*Ludwig Feuerbach*,*Über das Wesen Religion*,Werke,Ⅶ,1851),《选集》,第 8 卷,1851 年,第 252 页。

(三) 人类学批判与神秘的东西的奇特相遇①

一旦追踪某种思想，就会同时产生别的思想。但是，由此发生的相似感情并非总是憎恨。众所周知，现实中存在彼此相关的两种对立思维，特别是，如果人们把这两种对立思维推向极端，他们就会导致碰撞与冲突。然而，在此我们所意欲的碰撞是费尔巴哈与德国神秘主义。不过，这两种思想成分复杂，情况殊异：即尽管从一切基督教形态的根源上看，这两种思想都令人反感，但是，在反对基督教教会这一点上，至少都具有思想上的亲缘之处和相通之处。

正如在第17章中业已指出的那样，哥特弗里德·凯勒在长篇小说《绿衣亨利》②的"冰冻的基督"一章中，首次提出了费尔巴哈无神论与德国神秘主义之间的共同点。凯勒试图通过小说中两位大师的相知相遇指出这种共同性。在作品中，一个信奉费尔巴哈哲学的漫游传道者踏上了某一旅程。在这之前，他与一个无拘无束的神甫助手结束了一场关于自由精神的激烈辩论，但是，这个神父助手却逐一记起这场辩论，令人惊愕地吟诵安格鲁斯·席勒修斯③的《天使漫游人》。这时，读者们接触到这样一个惊人事实，那就是，无神论者费尔巴哈与神秘主义者安格鲁斯·席勒修斯各自以人类学为基础，解除宗教及其形而上学基础："我知道，如果没有我，神就一会也不能生存/如果我破灭，他必定因困境而抛弃精神。"在这部神秘莫测的巴洛克诗集的结尾部分，人们拿不准，他们是进入到神之中，还是从神那里走出来。"如果你想进一步阅读，那就自己成为书本，自己成为存在吧。"

凯勒通过比较无神论与神秘主义，让登场人物说出如下冷静而充满哲理的话："一切几乎都给人这种印象：如果安格鲁斯今天还活着，我们只须改变若干外部命运即可。这样，一个敏锐地观察神的诗人同样成为我们

---

① 在此，布洛赫试图寻找费尔巴哈无神论与德国诗人安格鲁斯·席勒修斯神秘主义观点之间的共同点。两人的共同点在于，两人都真诚地探寻了作为人的神和作为神的人的耶稣基督的真面貌。——译者

② 《绿衣亨利》，哥特弗里德·凯勒的自传体小说。这部小说与歌德的《威廉·迈斯特》、阿尔伯特·斯蒂夫特的《夏天以后》（*Nachsommer*,1857）并列为德国三大教养小说。——译者

③ 安格鲁斯·席勒修斯（Angelus Silesius,1624—1677），德国辩论神学家、神秘家、医生、诗人、天主教司铎。作品大都以圣歌、圣诗等题材表现神秘主义神学思想，晚期作品对其他教派提出某些攻击性的主张，主要神学作品有《心灵的热忱或灵修的牧人诗歌》（*Heilige Seelen-Lust oder Geistliche Hirten – Lieder*,1657）等。——译者

时代强有力的、充满活力的哲学家。"在凯勒那里,这个时代哲学家就是费尔巴哈。的确,在另一段文本中,安格鲁斯的"醒来吧,冰冻的基督"这一神秘主义立场也与无神论者费尔巴哈的立场一脉相通、珠联璧合:在此,诗人大胆打破上头的偶像以及对外部自然的崇拜,犀利地透视了"人子"这一新的颠覆性的神的概念。

这一纯粹的基督教遗产结果可以追溯到公元前4世纪。叙利亚的埃弗雷姆①一反传统,另辟蹊径,重新解释了基督的出生日(dies natalis),而这一点后来对东方教会产生了决定性影响。"今日神性已经奠定了人性本身的印章。因此,人们乐意拿神性的印章炫耀自己。"不过,埃弗雷姆的这种观点也与11世纪坎特伯雷安瑟尔姆的发言相关:"神为什么存在?"在此,安瑟尔姆不是质问这个"为什么",而是努力支付古老的原罪代价。正如上述17章业已指出的那样,宇宙万有中,唯有神才能付清这一巨大的原罪。但是,据说正是人付清了这一原罪,所以耶稣成了同时支付原罪的神和人。

然而,事实上,"神为什么存在?"这个质问不是点燃了来世的愿望之火,而是点燃了尘世的愿望之火,即作为超越者的人化,这一质问与人的最内在的内在性密切相关。换言之,这个古老的、偏离的尘世愿望恰恰把超越者的图像加以人类学化。安瑟尔姆的"神为什么存在?"这一质问不啻把人心中沸腾不息、滚滚而来的愿望置于石灰水中,使之凝结成永恒的结晶岩体。因此,安格鲁斯·席勒修斯想必从"人类学"视角解读了费尔巴哈和青年黑格尔的著作。与他们相似,他也要求把彼岸世界中被挥霍的宝物归还给不再贫困潦倒的主体:"我像神一样富有,我不会是任何微小的尘埃/相信我吧,作为人的我/虽然我与神毫无共同之处。"

也许,有人认为,费尔巴哈的人类学思想一步步褪色为抽象的"人属"图像,最终陷入了浅薄的自然主义。然而,不可否认,费尔巴哈的思想承载着令人惊异的主体火花,而这一主体从神之中搬出来,但也从单纯的外部存在中搬出来,赋予内在性以新的意义。进一步讲,这种内在性绝不是宇宙论上经久不变的内在性。"我的第一个思维是神,我的第二个

---

① 叙利亚的埃弗雷姆(Ephrem der Syrer, 306—373),禁欲主义者,被誉为叙利亚教会最伟大的神学家,因为生活在东西方教会分裂之前,故被东西方教会尊奉为圣者。他的神学思想很少受到希腊文化的影响,非常接近旧约圣经的原始风味。主要作品有用古叙利亚语写成的《天堂赞美诗》(*Hymns on Paradise*)等。——译者

思维是世界,我的第三个和最后的思维是人。"① 归根结底,这意味着当时在机械唯物主义盛行之际,宗教批判不仅应当呈现在一门自然科学之中,也应当出现在一门人类学之中。唯其如此,才能从神学错觉中折断一朵现实之花。

如上所见,尽管费尔巴哈自己进行思想上的超越,但是,作为主体性,他的无神论思想并非与神秘主义邪教毫无一致之处。正如费尔巴哈所言,如果宗教的秘密就是人的秘密,那么作为愿望理论以及乌托邦现实关系的总和,这个人尚未展开,有待进一步发掘和拓展。

(四) 基督教神秘主义客观意向中的"自由精神""坚强精神"(参见第17章)②

> 在此,向您恳求,
> 让我像你一样
> 存在吧。③

如果人们对外部世界充耳不闻、熟视无睹,那是很糟糕的。这样,当周围的事物变得极其恶劣时,人们就不知所措,四处逃窜。语源学上,"神秘主义"一词源自 myein,意思是"闭眼"。就此而言,似乎神秘主义对外部事物视而不见、听而不闻,至少基督教—神秘主义似乎对周围不可忍受的事物、对上头的压迫视而不见、若无其事。事实绝非如此。从14世纪起,德国神秘主义者就来源于愤世嫉俗的、叛逆反抗的贫民运动,即民众运动。正是在这种方兴未艾、如火如荼的民众运动中,德国神秘主义者承担起了越来越多的社会责任和义务。

因此,有时出于政治理由,有时出于教会理由,人们经常告发持异端

---

① 这是被经常援引的费尔巴哈人类学的一句名言。这与费尔巴哈本人的生命轨迹也十分吻合:1804—1823年,他沉思"神";1842—1830年,他沉思"理性";1830—1840年,他沉思"人"。——译者

② 在此,布洛赫指出了神秘主义中所蕴含的人的要素,即自由的精神。神秘主义渴望通过深入钻研真正意义上的内面,最终发现灵魂的火花乃至微光。例如,迈斯特·艾克哈特试图从信仰的内面发现人性,从而使人性摆脱了天上的神权。——译者

③ 语出迈斯特·艾克哈特(Meister Eckhart,1260—1328)的传道:《心灵贫困的人幸福》(Beate pauperes spiritu)。原文用中古高地德语写成。——译者

者。不过，这两种理由往往纠缠在一起，很难从内涵上区别开来。从罗拉德派①、伯格音运动②到再洗礼派都传承了"自由的、坚强的、充满精神的兄弟"原则。这之后，激进胡斯派对所有当权者都持一种敌视态度。尽管异端教派的诉求并未得到任何清偿，但其诉求一再出现于历史之中。诗人莱瑙的《阿尔比派》③是一部独一无二的长诗，而这部长诗最后以"等等"字眼结束，让人听上去意味深长，回味无穷。

作为一种严肃郑重的态度，"闭眼"意味着回想基督教—神秘主义的意义，因而关系到旨在唤醒另一种感觉的意图。为了解答下述疑问，神秘主义者锐利地磨练自身的新的感官。例如，神秘主义者致力于如何才能测量或抛弃在悲惨的外部世界和生命中所维持的天国。这样，神秘主义者在作为君主的神面前也会闭起眼睛。因为作为一个觉醒的主体，人并不感到觉醒的君主乃至权力之神十分陌生，更不把他们理解为与我们相距甚远的、高高在上的客体。相反，对于真正的神秘主义者来说，神是我们最深邃的主体本身。神不是对象，而是关于我们自身的悲惨、我们自身的漫游、我们自身被压迫的荣耀的最深邃的状态。

因此，这一点很能说明问题，那就是，直到赴死，神秘主义者塞巴斯蒂安·弗兰克④和托马斯·闵采尔都冒着生命危险，忠实于自己的信念："神是位于灵魂根基的一个无可言表的叹息者。"神秘主义者认为，只有深入探讨灵魂深处，才能到达神的荣耀，因为主的荣耀仅仅存在于主体的**渴念**之中，仅仅存在于这种主体根基的**深度**之中。人与神之间存在着全然无法识别的基础。对此，迈斯特·艾克哈特事先将其命名为人神的、神人

---

① 罗拉德派（Lollarden），中世纪晚期英格兰威克利夫的追随者。这个贬称源自中部丹麦，意思是"说话含糊不清的人"，更早用于被怀疑为异教徒的欧洲群体。第一批罗拉德派由赫里福的尼古拉领导，1500 年前后，罗拉德派开始复兴，到了 1530 年，老的罗拉德派与新的新教徒的力量开始合并。罗拉德派的传统有利于亨利八世的反教权立法。——译者

② 伯格音运动（Beghinen），13—14 世纪在西欧蓬勃发展的以世俗女性为主体的修道运动，它以 1230 年教皇训谕为标志进入兴盛期，自 1311—1312 年维埃纳会议后遭到冲击和破坏。——译者

③ 奥地利浪漫主义诗人莱瑙（Nikolaus Lenau, 1802—1850）的长诗《阿尔比派》发表于 1842 年。阿尔比派系中世纪西欧反对正统基督教的一个派别，是"纯洁派"的一支，因 12—13 世纪流行于法国南部图卢兹的阿尔比城而得名。——译者

④ 塞巴斯蒂安·弗兰克（Sebastian Franck, 1499—1542），德国年代学家、神学家、出版家和神秘主义者。主张宗教宽容，受到马丁·路德的影响，皈依改新教。弗兰克始终如一地反对罗马教皇与天主教会，后执笔德西德里乌斯·伊拉斯谟（Desiderius Erasmus, 1466—1536）年表时，被驱逐出境，死于瑞士巴塞尔。

的"微光、小城堡和要塞"。换言之,这种人与神之间全然未加识别的基础也是"一同领悟"(Synteresis),即真正的"自我观察"。通过这种方式,神秘主义者不断交换主体与神之间"被揭示的面貌",从而进一步发现"自身性"乃至"同一性"。

与此相应,在与基督教逻辑相关的《关于永恒诞生的讲道》[①] 中,迈斯特·艾克哈特把令**一切事物沉默不语的**、显现在漆黑夜里的**隐秘语言**描写为这个样子:

> 你瞧,正因为它深藏不露,我们必须去寻找它。当使徒保罗被移入到能够倾听神的声音的第三天国时,他看见了一切,并且满载而归。当时,使徒保罗把所见所闻全都牢记心上。但是,对他来说,他在第三天国中的所见所闻,所思所感,其内部如此深邃,其基础如此深远,以至于他的理性根本无法到达那里。一切全都渗透自身内部,而在外面什么也没有留下。然而,使徒保罗确信自己的所见所闻,所思所感,所以,他这样说道:"**我确信,任何死亡,任何艰难都不能分离我在我心中发现的东西。**"对此,后来一位异教徒大师向另一位大使说出了十分漂亮的话:"我将在自身中觉察到某种东西,而这东西在我的理性中闪闪发光、熠熠生辉。也许,我感受到它是某种东西,但它究竟是什么东西,我无法把握它。我只是以为:如果我能够把握它,我就会知道世上的一切真理。"这时,另一位大师回答说:"好吧,听我说!如果你把握了那东西,从中你就会得到关于一切善的总体内容,进而拥有永生。"在此意义上,圣奥古斯丁这样说道:"我将在自身中觉察到某种东西,它使我的灵魂预先表演、预先发光。如果这东西在我心中日臻完善、持之以恒,它就是永恒的生命。"

正如我们可以看见,上述引文全都建立在纯粹逻各斯神话基础上,因而与人的"内部"(Innen)密切相关,须臾不可分离。但是,这种内部并非始终停留在自身之中,相反,它在自身之中,纯然是为了通过参与

---

① 迈斯特·艾克哈特的传道文:《永恒诞生》刊发于 1948 年(Meiter Eckhart, *Ewige Geburt*, Frankfurt/M, 1948),法兰克福/美因,1948 年。

"巨人"的内部领域,完全冲破诸如星相天国一类的所有外部领域。无论如何,通过微光的一种潜移默化作用,基督教—神秘主义拥有了最宝贵的思想内容,即通过**永不消逝的微光**,抓住信仰人的内心世界。这种微光是**地形学上崭新的、承载着具体的乌托邦的希望实践**。

在主体存在近处的最切近领域中,隐藏着我们自身尚未显现的瞬间。这正是忍受当下的、现实的"现在和这里"。用奥古斯丁的话来说,尚未显现的瞬间是"未固定的现在"(Nunc stans),而为了这一瞬间,我们处在转化过程之中。一方面是,旨在炸毁世界的这种纯粹逻各斯神话;另一方面是,旨在顺应世界的那种星相神话。两者之间的差异如此殊异,绝无回旋调和的余地。无怪乎,从基督教创始人以来,神秘主义者不是致力于揭示太阳圆周,而是致力于揭示人的面貌。

当然,神秘主义也带有若干无法解决的天上要素或天国残余(Hochdrobeb-Reste)。例如,有时艾克哈特就把这种残余称作"神上面的神"。现在,在空间上,仿佛神秘主义的最切近的东西既是最遥远的东西,也是最高的东西。换言之,神秘主义所谓依然被隐匿的瞬间甚至尚未成为合乎时间的东西,而是首先接受了被动延续的时间。然而,艾克哈特的"神上面的神""光所寓居的最高的黑暗"等恰恰隐匿在人的至深的内在性中。正像基督诞生于马厩里一样,神圣的话也从这种卑贱的地方诞生。与"父神""群星外壳""至高处掌管命运的伟大之神"不同,作为命运之语,基督乃是人之神。

神秘主义不是指向某种超然冷漠的宇宙的东西,而是指向最温暖的人的亲近性以及以后的成长发育。因此,在艾克哈特那里,基督的逻各斯非常微小。逻各斯不仅道化肉身,也显现具体的人性:"天国无法拥抱的东西,如今位于玛利亚的怀抱中。"因此,对于基督徒们,关于人子的神秘主义理论教导这样一种道理:"全力提升人的主体性,炸毁并下降天国。"永恒的光照耀他们(Et lux aeterna luceat eis)①。这样,神秘主义就通过内在灵魂的超越行为,拒绝接受与人毫不相干的超越者,由此点燃了旨在对抗"一切灵魂中的神"(omnia saecula saeculorum)的火焰。

---

① 语出意大利作曲家威尔第(Giuseppe Verdi,1813—1901)的《安魂弥撒》(*Messa da Requiem*)的歌词。——译者

43. 在逻各斯神话中继续起作用的结果：圣灵降临节，"来吧，圣灵"，没有自然的王国形态

（一）祖先与目标

一个腰杆笔挺地走路的人，总是高高地昂起头。这样，他能够自由地环顾四方。这种姿势比他因肉体压力而被向下挤压自由得多，是的，在后一种情况下，他总是被卷入周遭的一片纷乱之中。一个笔挺走路的人，很久以前就无拘无束、自由自在，很少被束缚在既定的周遭里。其理由在于，当这个人笔挺走路时，目视前方、一往无前，他的双手不再需要干预周围的事物。

不过，一个笔挺走路的人也会入乡随俗，渐渐融入环境。按照某种尺度工作，不仅忍受各种痛苦，同时也预先确定食粮，尽量利用环境等。但是，他多半我行我素，对传统不再忠心耿耿。最终，他完全记不起"**从何而来？**"这一历史传承问题，而是以崭新的姿态思考新问题。他辨明"**向何而去？**"，试图补充未被炸毁的过去的东西。在他的意识中，伴随祭礼而来的不再是对祖先的无尽缅怀和回眸，而是全然向前的、目标明确的展望。他之所以举行这种祭礼，不是为了乞求庇护，而是为了驱逐鬼神。就打破习以为常的风俗习惯而言，祭礼具有"耕作"（cultivare）的意义。因此，作为耕作，祭礼不仅是种植，也是新的种植。

但是，通过上述方式，这一点成为可能的了，那就是，不仅是氏族祖先退出历史舞台，迄今业已形成的所有祖先崇拜也已经或应当销声匿迹。于是，将设置一切或使其显露的开端统统免除掉，取而代之的是，继续出现的东西、尚未设置但正在形成的东西。因此，现存的世界不仅没有消失，也尚未被冲破。就像我们在江河中看见的一样，现存世界会因激流漩涡而回返自身，形成一个圆圈。一个笔挺走路的人所追求的目标是"江口"（Mündung）、飞跃以及发生在人之中、但尚未形成的目标。为此，必须对很久以前所设定的目标进行一番宗教意义上的省察与转向，唯其如此，才能萌发"向何而去"这样一个指向未来的崇高目标。

以古希腊世界为例。在长期流传下来的"全体性"（Pan）当中，就存在一种新的意识形成。例如，赫拉克利特的"一切皆流，所以运行着永恒的活火"这一格言就属于这方面的杰出范例。看上去他关于火的意识同样处于静止状态，但是，这一意识却无情地耗尽祖先崇拜以及"世

界是一又是一切"的原始设定。最终,在此一切都复归如初,这样一来,在此目标依然付之阙如。但是,如果一条河流最终复归于与现存河口完全不同的河口,那将会导致怎样一种结果呢?

由此可见,尽管人们对一成不变的东西早已耳熟能详、习以为常,但"向何而去"这一空间问题至少是开放的、指向的。恰恰在这一开放而指向的空间中,几乎从未为人所孜孜以求的某种"开始"(Anfang)得以渐渐发展起来,并且,最终能够被视为可发展的东西。

(二) 关于开始、路程以及结束的预备的紧张(参见第15章)①

一旦相信开始乃是创造,就产生某物,进而呈现出某种微小的"事后"(Nachher)。于是,当太一破天荒地第一次高高在上时,渐行渐远的一切就逐渐亏空而衰减。事实上,并没有什么太祖的创造,然而,新柏拉图主义以及后来的诺斯替主义的流溢说却设想了关于原始之光的浇铸理论。但是,这个形成世界的光的浇铸也会经过丰满荡漾而跌落下来。由于时空距离,原初之光日渐虚弱,最终变成一片黑暗。在此,光的唯一目标是回归,即通过世界而回升到基础源泉。这种对阿尔法(开始)的强调可追溯到柏拉图,但是,在老学园派那里,例如在斯彪西波②那里,通过强调路程(Weg),即进化论观点而淡化了对这种初始阿尔法的重视。

面对这种源远流长的流溢说,亚里士多德、莱布尼茨、黑格尔尖锐地提出了关于进化的"中途说"和"生产说"(Hervorbringungtheorie)。根据这一理论,太一及其圆满只能是最终结果,而不可能是发展的出发点。因为按照亚里士多德、莱布尼茨、黑格尔的观点,发展中的开端是不确定的、未完成的状态。换言之,所谓发展的开始仅仅接近柏拉图所到处"寻找的"(suchendem)那个厄洛斯,而与其中"寻找了的"(gesuchten)理念观察乃至所有生成彼岸的固定的完满性相距甚远。

---

① 在此,布洛赫拒斥基于神正论的创世记(阿尔法)中心主义,强调了基督教弥赛亚思想中的末世论(欧米茄)。——译者

② 斯彪西波(Speusippos, B. C. 347—B. C. 247),柏拉图的外甥,雅典学园派第二任主持者。斯彪西波基本上继承了柏拉图的理念学说,但同时特别重视柏拉图学说中的毕达哥拉斯主义因素,并重视伦理学研究。他从毕达哥拉学派的数的理论中导出"一"是万物的本原,从"一"中导出数、大小和灵魂。他认为,神是无处不在的,是统治万物的原始生命力。——译者

因此,在此人们完全撇开圣经而仅仅思考基督教哲学的立场,从而着力表现与"溢出"(Emanation)、"进化"(Evolution)有关的开始、路程、结束之间的紧张关系。从进化观点(sub specie evolutionis)考察,诸事物的阿尔法至少是不完满的。就像种子一样,原始根据也不应被理解为现存的神。因此,在如此注重流溢说的诺斯替派那里,尤其在巴西里德[①]那里,原始之光是从上至下地,即仅仅从日月时代中形成的纯粹的天国提桶中一桶桶地浇铸的。无论从宇宙论视角看,还是从神谱历史本身看,原始之光都向某一欧米茄方向发展,这一点也发生在诺斯替主义对世界的观察之中。值得注意的是,在希腊思想家当中几乎完全缺乏未来主义的、弥赛亚主义的意向。在他们看来,在原始地存在的某物与末世论地必须到达的完满性之间,存在着一种不可调和的矛盾,这一点是不言而喻的,也是适当的。

后来,在圣经中,这一"阿尔法—路程—欧米茄"问题以最尖锐的方式凸显出来,集中体现了世界创造与世界拯救之间的紧张对峙。在圣经中,我们所遭遇的不是溢出(用原型表示,就是流溢之光),而是**创造**(Schöpfung),至少不是外在的**进化**,而是一种飞跃,即**迁入**崭新的地方(用原型表示,就是出走埃及)。因此,所谓开天辟地的创世原则与"重新驶出这个世界"的古代创世理论绝非一回事,不可混为一谈。

如果从神话角度考察作为替罪羊的天国之蛇,创造者就无法解除对其作品的责任。如上所述,天国之蛇并不是被诽谤的原则,而是内在的创造能力。例如,有道是:"我乃我所是。"(Ich werde sein, der ich werde.)旧约圣经中的先知以及新约圣经中指向未来的新东西——凡此种种都绝不意味着与"父神"(Vatergott)和睦相处,绝不意味着不折不扣地回归到实体化的"创造主"(Deus creator)所期待的欧米茄。具有典型意义的是,耶和华所承诺的"迦南"遥遥无期,迄今从未兑现,所以说圣经中的每一种不满、每一种预先推定的诉求仅仅出于两种动机:或者对创世神话一无所知,或者以充满启示录的救赎乌托邦取代它。

对此,如果现在人们为了形而上学的目的而重新利用圣经批判,那么

[①] 巴西里德(Basilides,85—146),亚历山大的诺斯替主义者,亚历山大诺斯替派的代表人物,后被视为异端者。著述甚多,大都流传下来。他认为,黑暗掌控光、色彩和影子的反应。之所以存在不完满的世界,是因为存在黑暗。这种立场与波斯阿胡拉·马兹达(Ahura Mazda)的宇宙观很接近。——译者

作为开端的阿尔法本身就绝不显现为根源性的东西，而仅仅显现为某种附加的枝节末梢的东西。但是，在圣经文本中，我们强烈地意识到，未来的意识，特别是出走埃及的故事，不仅获得了真正的解放意义，而且具有比创世故事更久远、更广泛的历史渊源。众所周知，耶和华把以色列带出了埃及，其中隐藏着以色列根源性的告白。与此相反，如同神学家诺特①所确认的那样，创世主"只不过是后来附加于文献抄本中的东西，本质上，纯属祭司们的编辑作品"，因此，这类概念是"从摩西五经文献形成以前的领域中析出的东西"②。

所谓天地创造故事与耶和华（等于普塔）有关，而且，这个故事的素材不是来源于以色列，而主要是来源于埃及。在祭司法典中，这个故事被用作装饰古代特殊门廊乃至基石，特别是被用作点缀古色古香的经典元素。毋庸置疑，祭司们之所以编造创世说，不仅是为了消除人们对耶和华善良的严重怀疑，也是为了排除人们对其能力的严重怀疑。显而易见，其中也包含祭司们这样一种不可告人的意图：恐吓普通人，让他们对耶和华心存一种畏惧感。这一点，充分体现在《约伯记》中耶和华施加于约伯的种种威胁和恐吓之中：试想一下，在对抗地球巨兽③时，耶和华神振聋发聩的发言。当他开天辟地之时，这种可怕的怪兽究竟在哪里？与此同时，在旧约圣经中，祭司们完全无视先知们的预言性发言，将其当作无足轻重的东西搁置一旁。④ 最终，取而代之的是，太初之神的作品、大功告成的宇宙等，而在这些故事后面总是承载着星相神话要素，根据所谓新的天和新的地的神话，祭司们一再从乌托邦视角论证神权政治的合法性。⑤

如果我们从头至尾地阅读圣经，我们就会领悟到这样一条演变线索：

---

① 诺特（Martin Noth,1902—1968），德国路德派神学家，主要从事旧约圣经和以色列历史研究，代表作为《以色列的历史》（*Geschichte Israels*,1950）。——译者
② M. 诺特：《摩西五经的传统历史》（Martin Noth, *Überlieferungsgeschichte des Pentateuch*, 1948），第48页。——译者
③ 旧约圣经《约伯记》41章中一种海中神秘巨兽（Leviathan），在中文版圣经里一般译作"鳄鱼"，但是，根据原文的描述，它显然不是我们所知道的普通鳄鱼，而是一种闻所未闻的超级怪兽。——译者
④ 《以赛亚》45章12节："我造地，又造人在地上，我亲手铺张诸天，天上万象也是我所命定的。"
⑤ 《以赛亚》65章17节："看哪，我造新天新地，从前的事不再纪念，也不再追想。"

即太初（阿尔法）传统中的超强要素渐渐退潮，取而代之的是，在一种行之有效的弥赛亚主义中**接近人的要素**。这样，弥赛亚主义思想就日益带有某种指向未来的特征。在悲惨的社会状况中，人们所吸收的不是业已发生的创世记的形成，而是尚未发生的目标。这样的目标比全部耶和华的作品更加卓越，这就像"迦南"所意欲的新家乡比"埃及"的经验更优越一样。因此，一个面向未来的逻辑深入人心、家喻户晓，而这一逻辑不再凭借"退行"阶段，而是凭借预言的、带有完全不同的"进化"阶段。如果不是这样，我们就会把新酒倒入许多旧袋子里。

（三）降临节，"来吧，圣灵"中所传达的创造①

在此，映入眼帘的是这样一个疑问，即化为泡影的幻梦与被攫住的精神之间究竟有多么切近的关系？圣灵赐予耶稣使徒的口才，总是含糊不清、模棱两可。也许，只有为信仰所痴迷的人们才能理解其中的堂奥。对于停留在外部领域里的人而言，说这种方言仿佛"充满了甜蜜的葡萄酒"，而且不是从事某种新的"永恒时间"的游戏，而是从事一种众所周知的异教徒的、放荡不羁的游戏。用巴德尔的表达方式，降临节与某种纯粹"神经精神的唤醒"结合在一起，尽管某些使徒持有保留意见："说方言的，是造就自己，作先知讲道的，乃是造就教会。"② 但是，应当承认，一个人用方言说话至少有助于改善他自身。首先降临节与迄今不常有的宗教仪式的"弓形结构"（Bogen）有关，或者也与"假象弓形结构"（Scheinbogen）有关。试想一下，狂欢之夜，狂乱魔女们的手舞足蹈，甚至狄俄尼索斯的节日狂欢：参与依然受苦受难的神圣的灵魂本身——这是值得载歌载舞、举城欢庆的。

"五旬节到了，门徒都聚集在一处。忽然从天上有响声下来，好像一阵大风吹过"（这里等于灵魂），"充满了他们所坐的屋子；又有舌头如火焰显现出来，分开落在他们各人头上。他们就都被圣灵充满，按着圣灵所赐的口才说起别国的话来。"③ 这段引文与迄今所有心醉神迷的节庆都迥

---

① 在此，布洛赫试图从圣灵中发现弥赛亚主义的未来指向特征。真正的开始不是从一开始就被确定为创世记，而是与创世的根本理由嫁接并向目标无限开放的过程之路。——译者

② 《哥林多前书》14章4节。

③ 《使徒行传》2章1—4节。

然不同：在通向以马忤斯的路上以及提比哩亚海①上，复活的耶稣向门徒显现，但是，与此不同，在此耶稣的显现不具有任何梦游症的特征，从中并未发现任何旨在麻痹意识的要素。②确切地说，上述引文反映了一种极端的逻各斯神话，即从神子中出现的作为"神—圣者—精神"的第三者。特别是，在《约翰福音》16章13节③中，耶稣被追忆为"真理的精神"，借助于此，耶稣被预示为圣灵。

特别是，彼得关于《降临的讲说》蕴含着至高的未来意义，这一点意味深长，耐人深思。在此，彼得引用先知约珥的话，暗示了全新的灵魂存在："神说，在末后的日子，我要将我的灵浇灌凡有血气的。"④所谓降临的奇迹如此广泛深刻，以至于将迄今为止的所有泡沫踪迹一扫而光，借助于此，真正的降临节被延期到"末后的日子"，即人类历史的最后时间。这样，逻各斯神话就高奏全胜的凯歌，某种名副其实的（真正的）"圣灵的时代"得以占有一席之地。于是，虽然教父奥利金没有完全接受圣灵和本真意义，但是，他照样谈论作为神圣灵魂的"第三福音"。最终，在圣灵中，约雅金·弗洛尔发现了充满革命意义的异端思想，进而用眼前**启示性**的永恒时间，即非国家的、非教会的逻各斯取代了纯粹**支配性**的圣父的永恒时间。

与降临有关，开始与结束的问题重新使我们激动不安。具体地讲，这个问题与圣父的作业有关。耶和华神自诩是宇宙万物的造物主，是无限伟大的原始创造主，可是，他果真像人们所祈祷的那样，除恶扬善，引领历史，拯救人类吗？事实上，耶和华神嫉妒成性、醋意十足，对每一个类似普罗米修斯的叛逆姿态、巴别塔的建造行为以及与此相关的事情都抱有极其强烈的妒忌心，简直耿耿于怀，怒气难咽。在《约伯记》中，一个反抗的人被比作一只微不足道的小罐，而这只小罐则倒打一耙，喋喋不休地

---

① 提比哩亚海（Tiberiassee），又名加利利海（See Galilee），虽然称海，其实是一个淡水湖，所以又叫基尼烈湖（《民数记》34章11节）或革尼撒勒湖（《路加福音》5章1节），湖形如竖琴，水产丰富。提比哩亚海低于海平面约210公尺，长21公里，宽12公里，平均深24公尺。——译者

② 详见《路加福音》24章13节。——译者

③ "只等真理的灵来了，他要引导你们进入一切真理。他不是凭着自己说话，而是把他听见的都说出来，并且要把将来的事告诉你们。"在此，布洛赫暗示"以眼还眼、以牙还牙"的"报血仇者"这一原型。——译者

④ 《使徒行传》2章17节。

抱怨陶工，并对其极尽嘲笑挖苦之能事。①

但是，如果我们从降临的视角进行考察，就会感受到某种截然不同的创造性存在的召唤。这不是全知全能的圣父的召唤，而是完全不同的创造性存在的召唤。这种召唤正是从符拉巴努斯·毛鲁斯②的赞歌中发出的召唤："来吧，圣灵。"（Veni creator spiritus）后来，古斯塔夫·马勒以此为根据，在第八浮士德交响乐③中，进一步形象地展示了这首赞歌的内涵。在此，尽管原封不动地保留着创造的意义这一原初的天国范畴，但是，这一范畴也离不开降临时期唯一保留下来的、与此相反的**拯救的意义范畴**。然而，在此恰恰在主本身的创造意义上省略了一件重要事项，那就是，在真正意义上，总是创造性地起作用的神圣的灵魂。作为一个主体，圣灵"教导我们内面的灵魂"（spiritus intus docens），把圣灵倾泻在我们的内心世界中。

对于上述内容，我们也可从当下视角作出进一步说明：根据诸如"来吧，圣灵！"一类的未来指向性要求，创造之始的伟大瞬间消失在**无限小的**存在之中。换言之，圣父所具有的单纯所需的、单纯出发的开始很快被分化为圣灵这一无限微小的存在。在此，所谓"开始"总是指世界以前的开始，而这种开始并非指完全脱离一般神话创造的、独自完满形成的东西。恰恰相反，这是未知的开端，作为 X 本身，这种开端压根就是尚未发生的事件，即尚未探索的、尚未客观化的事件。这样，开始就通过掌管所有瞬间的那个黑暗，即"**瞬间中尚未存在**"（Nicht–da von Augenblick），通过世界的步伐而依然缓慢地向前移动。

在一切事物本身以及过程步伐中都存在着旨在寻找某物的、尚未客观化的阿尔法，而这种阿尔法正是变革世界的冲动和驱动力。在此，所谓"过程步伐"（Prozeßgang）是指谋求实际"进化"的行为，这时候，阿尔法就作为世界过程及其实验形态的被隐蔽的原始契机或动机而起作用。于

---

① 参见《以赛亚》45 章 9 节。——译者
② 符拉巴努斯·毛鲁斯（Rabanus Maurus，780—856），学者、修士、富尔达修道院院长，美因茨大主教，被誉为 8 世纪晚期至 9 世纪加洛林文艺复兴转变时期最重要的圣人之一。著有 22 卷《关于宇宙》（De universo）的作品。——译者
③ 奥地利作曲家古斯塔夫·马勒的《第八交响曲》，降 E 大调，创作于 1906—1907 年，1910 年 9 月 12 日由马勒指挥在慕尼黑首演。这首交响曲编制庞大，因需要千人演奏演唱，故称《千人交响曲》。《第八交响曲》不但规模庞大，内容也有所突破，个人的悲剧因素减少很多，取而代之的是贝多芬式的博爱、欢乐和幸福。——译者

是，阿尔法最终到达具有决定性意义的前线，而这种前线乃是对"无"或"全有"、"挫折"或"实现"等仍然持开放态度的世界的实验（Experimentum mundi）。事实上，世界全体乃是仍在进行极端试验的"可能的拯救实验室"（laborierenden Laboratorium possibilis）。

但是，我们必须更加清楚地认识到中途（Unterwegs）和结束的意义。某些亘古如斯的混沌观念存在于星相神话以及诸如此类的"永恒的铁的法则"中，但是中途和终末并不是业已存在于某种一成不变的、与世隔绝的状态中。恰恰相反，中途和结束仍然存在于向前的、开放的巨大地形图之中，存在于诞生、具体的布置、试验性的实现等有效的客观—现实的可能性之中。换言之，恰恰在一切瞬间的未来地形图中，在其尚未展开的间接性中、非中介、非客体化中、非显现的现在和在此中，这个未知的开始（阿尔法）悄然生长、壮大、成熟。

正是在这一瞬间黑暗中，在这个最切近的近处以及最内在的内在性中，隐藏着不可思议的神秘及其秘而不宣的世界之谜：世界究竟为何存在，为什么目的而存在？这样，这个此在之谜连同其"解决办法"都存在于这个世界之谜中。所谓天国的绚丽生活从未在尘世中实现，也许，这种虚幻生活处在极其遥远的世界以前的超时空之中，或者处于高高在上的超越世俗的超越者的空间之中。恰恰作为最内在的内在性，这一事实仅仅在未曾发现的、极度隐蔽的瞬间中，继续深入酝酿发酵。围绕这一内在性的无知，真正的冲动根据趋向这个世界的显现，而这种显现恰恰是痛苦、源泉以及经常乌托邦地承载其质料的质。①

因此，作为尚未创造的东西，真正的世界在**新的东西**中孕育**本质性的东西**。这是"无—尚未—全有"的全面展现，这与清一色古董品的神话，例如某个"创造者主"的特别圆满的开始完全不同，不可混淆。恰恰相反："现实的起源不在于开始而在于结束"。最终，一旦恰当地了解到"向何而去""为何"，我们就开始照亮其"从何而来"，进而到达我们自身的目的。"这样，在世界中就会出现某个只在童年时代出现而尚无人到

---

① 在此，布洛赫援引德国神秘主义哲学家雅可布·伯麦的专门术语，深入阐明了世界创造的原始根据。在阐明世界的根源时，伯麦曾使用一系列具有感性光辉的语言，例如，"痛苦"（Qual）、"源泉"（Quelle）、"折磨"（Qualen）等。——译者

达过的地方：家乡。"① 总之，创造是出走，它绝不能作为既定东西的补充而加以重构。(creatio est exodus, non est restitutio in integrum.)

（四）作为荒凉和空虚的又一次"世界的开始"，在启示录的"揭示"中既没有月亮也没有太阳；基督形态的王国人物图像②

因此，我们不仅应当与单纯的开始和过去的事实保持距离，而且应当抛弃无数单纯的开始和过去的事实。每次我们经历的瞬间黑暗都是我们尚未拥有的某种东西，因而它仍然处于未知的内在状态中。它一再冲击着我们，但它恰恰是尚未发生的、尚未被把握的存在。因此，一切现实的开始同样都是未来的始点。即使活跃在过去，一切开始也都是内在于过去的、继续先现的（vor-scheinend）的未来。这样，在此未来本身朝向隐蔽的侧面，开放性地拉开每次经历过的瞬间黑暗，这表明未来的内容不是一成不变的，而是处于持续的漂浮、摇荡之中。

这个黑暗中的"事实"（Daß）表明，压根就存在某物。这个某物进一步通过尝试性的中介作业、创造某种存在者，牵引出强有力地推动某物的东西以及过程化的"事实"：这个**事实**尚未被挫败，但这种可能性视域肯定不是业已赢得的世界过程。在此，成就的事实冲动（Daß-Anstoß）、继续推进的趋势（Tendenz）、尚未实现的潜势（Latenz）等持续地交织勾连在一起。这种相互交错和内在协同表明，迄今所有"什么"和"某物"都千差万别、参差不齐，与尚未验明的目标内容不相符合，甚至格格不入。然而，作为一种创造，这种目标内容从一开始就刺激和推动虚无世界的孕育成长。

德国神秘主义者雅可布·伯麦深入钻研开端中的真实的"原始根据"（Urgrund），从中敏锐地识破了世界创造的深刻内容。与此相比较，宏伟的祖先崇拜、祭司法典中所谓六日创世以及对耶和华神全能的极度神化等就显得十分肤浅，甚至滑稽可笑。根据伯麦的观点，世界创造并不是从一开始就是既定的事实，相反，它是随着质料的变化，渐渐随物赋形的。后来，德国哲学家谢林洞悉了本真的，意即非本真的阿尔法，其深邃的思想

---

① E. 布洛赫：《希望的原理》（Ernst Bloch, *Das Prinzip Hoffnung*, 1955），法兰克福/美因1959年，第 1628 页。

② 在此，布洛赫一边批判旨在强调"开始的"命运的封闭的"星相神话"特征；一边肯定旨在强调"开放的"动态的基督教"逻各斯神话"特征。——译者

意义跃然纸上:

> 无拘无束的存在到处都仅仅是自身不知所云的东西。一旦它自身成为对象,它就已经是一个受拘束的存在了。如果你们把这句话、应用到当前的问题,那么,在自身的纯粹本质中——所有特性的裸露性——主体就**作为**"无"而存在。迄今主体仅仅是它自身,而且,只要主体仅仅是它自身,它就是关于一切存在或反对一切存在的一种完全的单纯性。但是,主体不可避免地打扮自己[①],因为主体仅仅在成为客体**这一点**上才存在。在此,主体的必要前提是,在自身**之外**,任何东西都不能使其成为客体。然而,**由于**主体打扮自己,它不再作为"无"存在,而是作为"某物"存在。换言之,通过这种自我打扮,主体成为某物。因此,在自我打扮中,存在某种存在的根源或客观存在乃至对象性存在一般。但是,**作为**自身所是的某物,主体从未获得自身,因为恰恰由于打扮自己,它无奈**变成**另一种东西。这是存在所处的一个基本矛盾,我们可以说,这是一切存在中的不幸——如果主体**放任**自己,主体就作为"无"存在;如果主体打扮自己,主体就变成他者或与自身不一致的东西。在这种情况下,主体不再具有从前无拘无束的存在特征,相反,它变成束缚自身手脚的存在。
>
> 正如我所称呼的一样,最初**存在的东西**,即第一存在(primum existens)同时也是第一偶然的东西(原始偶然)。因此,这一切结构都是随同第一偶然的东西显现,即随同与自身不一致的东西而开始。换言之,这一切结构都随同一种**不和谐**而开始,而且必定如此开始。[②]

由此可见,这里涉及一种拉动以前的和拉动以后的事实——"主体"(Daß "Subjekt")。在这种情况下,阿尔法就出现在一个令人刮目相看的显要位置上,其地位不啻古埃及神普塔或祭司法典所引用的世界创造主。谢林的文本是真正意义上的思辨文本,但是,任何地方它都不带有虚构臆

[①] 德语 sich anziehen(穿衣,打扮),也有"拉动、拉紧"的意思。——译者
[②] 谢林:《慕尼黑新哲学史讲义》,《选集》,1861 年,第 10 卷(Schelling, *Münchener Vorlesungen zur Geschichte der neuren Philosophie*, Werke X, 1861),第 100 页。

想的特征。在此,谢林有意识地利用拟人化的比喻,例如"裸露性""穿衣"等。尤其是,这方面,谢林借助于一系列可能的双关语,例如穿衣、脱衣,或者拉动自身的重力以及被拉动、被拉回等,他把这个穿衣等同于某种偶然的东西。这样,谢林十分形象地阐发了世界创造的原始根源:由于拉动和不一致,在"什么""某物"序列中,原始存在不断产生辩证法的不和谐。进言之,对于"什么""某物"序列,原始存在还带来了同样伪装的或客观化的世界冲动的"自我打扮"。

很能说明问题的是,黑格尔也多半拒绝了创造神的残余。在他那里,所谓创造神只不过是被切断的开端问题本身而已。在此,像"无"一样,虽然"绝对"本身被设定为十分渺小的东西,然而,它在自身中,事前(ante rem)就包含着全部创造。在此,作为他者的形态,这种绝对决意在自然中"释放"自身。在此,所谓"决心""释放"截然不同于神的创造行为,但是,它们代替了所谓"一切特性的裸露",从而也包含着古老而强大的原始阿尔法(Ur – Alpha)的行为,即像"创造者神"一样,规划一幅极其宏伟的、十全十美的世界图像。如果不是这样,这个古代无限伟大的神性存在——虽然再也不能按字面"产生吧!"(Fiat!)创造事物——至少也会像王侯将相一样,随意创造"决心""释放"等溢出理论范畴。

与此相比,这个新东西的出走标志(Exodus – Zeichen)发挥着全新的作用。新东西是从某一纯粹匮乏的阿尔法逐步朝向圆满发展的,而这一点对于人和中途都具有极其重要的作用。借助于此,宇宙从一开始就缩小了自身范围,即一个过分完成的宇宙拥有其永恒的、铁一般的圆满法则,并且从创世纪以后,它就没有出现任何新的东西。由于绝对化的创造产品,除了创造神话,星相神话也始终处于闭关自守状态,并为此热烈鼓掌叫好。

与上述内容有关,在世界创造的根源方面,**基督教**的逻各斯神话最终能够以"千年王国说"这一最本真的、自身所特有的方式发挥影响力。这样,这种神话也就严重损坏了"看起来,一切都好"这一创造主的发言以及异教徒的宇宙欢呼声。逻各斯神话特征是把从未期待过的历史运动带入世俗领域里。因此,在基督教逻各斯神话中,**新的东西被辨明为与星空中的既定命运影响毫无关系。简言之,基督教逻各斯与彻底规划时间,强调黄道带十二宫的星相神话截然有别。**

于是，与漫游"基督国度"（civitas Christi）的哲学家奥古斯丁一道，逻各斯神话开始第一次处在世界史的概念及其末世（Eschaton）中。在《约翰启示录》21 章 4 节中，这个末世以极富幻想和激进的方式显现，并且带着一个发人深省的解放口号："因为以前的事都过去了。""以前的事"特别关涉死亡，但是总体上关涉过去的天与地。因此，死亡也是其中的一部分。逻各斯神话就以这种充满幻想的方式指向极富爆炸性的变革。这种神话恰恰渴望从启示录角度破晓的新天。一旦这个日子到来，其中普照天下的就不再是太阳而是羊羔，占统治地位的就不再是静态的自然，而是"王国"的末世。

44. 反论：星相神话属于此岸世界，斯宾诺莎的泛神论，"神或自然"中不可反驳的遗产，"王国"乌托邦中与基督教思想一道起作用的自然问题[①]

1

人总是腾空他背后的地球，因此出现了若干填满这个领域的尝试。由于背后的地盘迅速缩小，周围变得一片漆黑，所以地球内部的空间需要付出昂贵的代价。受到星相神话的影响，我们天然的周遭总是带有一点神秘意义，但是，由于受到逻各斯神话的影响，这点神秘意义转瞬即逝，无影无踪。例如，山岳、山谷、暴风、雷雨以及随后出现的一碧蓝天等，人们对这一切所赋予的迷信的魔力，某种程度上可以说是异教徒的魔力，显得陈腐不堪，毫无新意，早已成为过时的东西。从圣经视角看，这种魔力与光并没有什么关系，充其量是一时的精神沉沦而已。

但是，我们周围实际存在的自然依然如故，须臾没有离开自身的场所。从前，人们认为，自然是地地道道的暂时存在、我们的背后、前阶段等。换言之，去除糠秕，取其精华，即本质上从糟粕中分离出生命、人等。通过筛选排空或起码的否定，纯粹的"多石地带"就下移到最下层阶段，而这一点对于狂热追求利益的逻各斯神话而言，可谓贡献良

[①] 在本章中，布洛赫逐一探讨了逻各斯神话与自然之间渐行渐远的关系以及带有星相神话最后残余的斯宾诺莎的泛神论。由此进一步谨慎探求的是所谓能够包含基督教乌托邦之可能性的新的自然。——译者

多，大有神益。人们欢欣鼓舞，大声呼唤，应当轻快地把地球变成"臣仆"。人们完全把自然当作一个下层奴隶而推掉，充其量人们单纯地把自然视为维持人类之根的盆栽土壤而已。例如人们声称，月亮和太阳同样无关紧要，或者，声称其固有特性外在于人类历史，外在于人的活动。换言之，从一开始人们就把月亮和太阳预定为给其他的"被造物"照亮。总之，自然注定为人效劳，例如，太阳作为日光、月亮作为夜光效劳于尘世生活。

但是，从另一种层次看，即从拟人化的层次看，自然并非为自身的优越目的而效劳，正如教会严肃郑重地宣称的那样，即使凭借某一教会所规定的逻各斯神话也绝不能使自然失去自身所固有的魔力。究其原因，在于教会拒绝承认如下严酷事实：仿佛"必然"（Ananke）概念纯属星相神话，但它后来蜕变为物理学的必然性，最终造成了第一个机械的、自由奔放的自然理论。然而，"必然"概念恰恰适用于德谟克利特，而不适用于托马斯·阿奎那。

针对于此，当今占统治地位的逻各斯神话将宇宙视为自身原则下面的、外部的领域。其结果，宇宙并非由于自然科学的澄明而丧失自身魔力，反倒由于受到教会的巨大影响而显现为群魔乱舞、妖孽横行的空间，这其中充满了可怕的幽灵、野性的猎手，从而为一切灾难敞开了大门。因此，基督教哲学家罗吉尔·培根①、阿尔伯特·马格纳斯②等中世纪哲学家纷纷转向自然，对自然空间表示极度怀疑，这并不是毫无理由的。甚至伽利略③作为祛魅者并未受到人们的普遍致敬。同样，开普勒也不是从超

---

① 罗吉尔·培根（Roger Bacon,1214—1294），英国方济各会修士、哲学家、炼金术士。他学识渊博，著作涉及当时所知的各门类知识，并对阿拉伯世界的科学进展十分熟悉。他提倡经验主义，主张通过实验获得知识，著有《大著作》等作品。——译者

② 阿尔伯特·马格纳斯（Albertus Magnus,1200—1280），德国经院哲学家、神学家和科学家。阿尔伯特对亚里士多德的作品撰写了评注，并试图调和亚里士多德学说与基督教神学。阿尔伯特进行了科学观察，并且撰写了有关植物学和其他科学领域的论著。在《关于动物》（De animalibus）一书中，他从动物分类学视角说明了113只四足动物、114只野兽、140只海兽、16只爬虫类、49只昆虫等。——译者

③ 伽利略·伽利莱（Galileo Galilei,1564—1642），意大利物理学家、数学家、天文学家和哲学家，他的科学成就包括改进望远镜和天文观测以及支持哥白尼的日心说等。他最早运用科学实验和数学分析方法研究力学，从而为牛顿的第一运动定律、第二运动定律提供了方法论依据。伽利略被誉为"现代观测天文学之父""现代物理学之父"以及"现代科学之父"。——译者

越的逻辑，而是从《**世界的和谐**》① 中，即从《**宇宙形象的和谐**》中导出了自己的理论。

毫无疑问，逻各斯神话是完完全全按照事物的固定状态所设定的东西，它只容许若干超越者化的例外情况。这些例外情况是指圣经中出现的无数异彩纷呈的自然图像，在旧约圣经中，为了表现美与崇高，只好大量使用比喻，而这些比喻源于纯粹的自然素材显现。然而，基督教教父们几乎普遍憎恨抽象而狂热的人的肉体，十分敌视崇拜自然的诺斯替派。

从亚里士多德的形式—质料说出发，托马斯·阿奎那重树了对质料概念的信任，因为从理念（形体）到人的形体，整个生成过程都包含着作为隐德莱希（entelechetisch）的质料。在托马斯·阿奎那看来，在自然领域里，质料发挥着不可替代的载体作用，但是，从天使直到其他假定的超越者，自然王国的最后部分却完全被切断了。至此，按照他的观点，物质世界中所存在的仅仅是"附属形态"（formae inhaerentes），即质料化的形态，而绝不是天上世界的"被孤立的形态"（formae separate）。的确，这一点尤其鲜明地表现在赞美一切启示的下述托马斯·阿奎那的警句中："恩宠不是破坏自然，而是完善自然。"（Gratia naturam non tollit, sed perficit.）②

尽管如此，在此仍然缺乏一项至关重要的东西，那就是，在宇宙中，甚至在其特有的可能隐匿中，人如何才能稳妥地**着陆**自身的一系列目的。与星相神话所描写的情况不同，自然在任何地方都没有为高耸的穹顶所切断。恰恰相反，自然本质上通体透明，从中折射出人的历史的一种请求。但是，在托马斯·阿奎那那里，自然依旧是暂时的对象、前阶段，"充其量"，自然不过是在圣诞节或复活节里，在最低层次上，"无意识地"与人一道庆祝基督教神秘节日的对象而已。正是在此背景下，托马斯·阿奎那说道："恩宠不是破坏自然，而是完善自然。"不过，正像在《浮士德》结束部分里赫然显现的晶莹透明的"山脉"一样，自然不是处在"神的国度"（Civitas dei）之前，而是处在神的国度之外。

---

① 德国天文学家约翰内斯·开普勒的《世界的和谐》（*Harmonices Mundi*）发表于 1619 年。该书主要介绍了几何与物理世界的和谐和全等，最后一章提出了开普勒第三定律。——译者

② 这句话载于托马斯·阿奎那：《神学大全》（Thomas Aquin, *Summa Theologiae*, Bd. 1,1,8, ad2.）。——译者

2

　　如果我们平静地观察以后的思想家们，就会发现上述思想变得愈发清晰明了。如果我们聚精会神地考察自然赐予人们的特征、持续绵延的外部特征及其不可阻挡的魔力，情况就更是如此。鉴于所谓自然的艺术形态，人们首先把自然视为美的造型。例如，根据**费希特**的观点，自然的艺术形态属于非我（Nicht-Ich）。据此，他把自然理解为完全被翻改重筑的东西，即把它变成了完全听命于人的臣仆，并且合乎逻辑地一贯对自然冷眼相待，不屑一顾。

　　与此相对照，康德虽然不想留下独立于创造性意识的外部领域，但是，他在自然美与崇高感方面表现出奇特的二重态度。康德主要不是从人的"精神"形态的好处出发观察自然，而是从"风景"，即"自然美"的角度出发观察自然。照此说来，在这一观察范围内，艺术家本身是独创性的，因为在此他本身不是按照人工规则劳作的人，但他也不是类似逻各斯神话的狂热追随者，更不是一个"天国的宠儿"。因此，与艺术美不同，在此自然美作为一种典范的尺度凸显出来。换言之，在此自然美本身不是关于灿烂星空的美，而是古代星空图像这一不受诱惑的普遍尺度。确切地说，根据康德的理解，尤其在雷雨、大海以及山脉等自然现象中，我们之所以感到一种莫名的崇高感，正是因为这些自然现象让我们感受到一种压迫感和庄严感，从而向我们转达"我们未来自由的一种预感"。这一点可以追溯到人之中某种道德的、类似逻各斯的本性，但主要还是出于人对自然怀有的一种虔诚感。

　　不过，激进"**泛逻辑主义者**"黑格尔反其道而行之。他一边原封不动地复述圣经内容，一边追踪这种自然和精神的秩序。在他那里，所谓这种秩序又重新远远超越了单纯的美学论题。在此，自然美完全被置于艺术美之下。自然全体只不过是一种"巴库斯神"而已，除非消亡殆尽，否则自然是不可约束、不可把握的。因此，地球全体变得暗无天日，毫无未来，"在精神的气息面前，它作为离世的巨人置于我们的脚下"。凭借这种逻辑，黑格尔最终得出了如下结论：质料"不拥有真理，这一事实应该是质料的唯一真理"。一旦主体精神这一灵魂以及客观而绝对的精神走出质料，质料就成为这种没有真理内涵的空壳。

另外，黑格尔认为，世界建筑物由充盈的内在性组成。① 如果这个建筑物不是纯粹精神的建造，而是**世界**精神的产物，那么这个建筑就更是由这种内在性组成的。自古以来，世界精神就致力于与此岸世界协调一致，对于诸如黑格尔这类表面上的纯粹理想主义者来说，这种同一化的努力不仅持续关涉所有部门领域，也涉及伟大的、全体领域。因此，他认为，近代最伟大的宇宙思想家**斯宾诺莎**是可信任的。这样，在黑格尔那里，最终呈现出一副惊人的杂交面孔：一方面是，强调主体的"费希特"；另一方面是，强调世界全体的"斯宾诺莎"。换言之，黑格尔哲学不仅包含了"自由"的冲动，也一并包含了无所不包的、统摄一切空间的实体概念。

作为欧洲最后一位宇宙思想家，斯宾诺莎经常把自己装扮成卡巴拉主义者，但他始终受制于星相神话残余的影响。在他那里，完全缺乏那种圣经的、超自然的彼岸世界。在他看来，仿佛从未存在过所谓彼岸世界的善与恶，因而这类说法纯属无稽之谈，充其量是不适当的情感和理念而已。在他看来，除了自因，自然本身并不具有任何其他的目的。自然完完全全是非人格的东西，它仅仅以自给自足的命运平静地卷入神的怀抱中。自然就这样被规定为非人格的东西，这是迄今在任何一个哲学家那里都未曾发现的自然规定。

根据斯宾诺莎的观点，目的压根就属于去伪存真的历史、逻各斯以及末世论等本质，这与所谓自然方式的"命运之爱"（amor fati）相距甚远。不过，在"永恒的观点之下"（sub specie aeternitatis），斯宾诺莎把后者，即仅仅把自然方式规定为"应在的"（seinsollenden）、唯一适当的安宁（Ruhe）。因此，在此实体就成为顶峰中的世界太阳这一最后的最高概念。所以，在这种泛神论中，即在那永恒的"从……的延续"（sequi ex）中，并不投下任何浓重的阴影。在此，对斯宾诺莎来说，"从……的延续"（sequi ex）不仅应从欧几里得几何学方法论视角加以理解，而且应该说，正是实体空间的星空本身溢入自身世界的派生了的个体模式中。

总而言之，在此整体上一切运动都重归于宁静。独一无二的宇宙笼罩在总体太空之神之中，从而超越了由此可思维的一切精华的逻各斯。由于

---

① 黑格尔把世界精神规定为"历史中的理性"（Vernunft in der Geschichte）乃至"历史的理性特征"（Vernünftigkeit der Geschichte）。这一点尤其明显地表现在他死后刊行的《哲学史讲演录》（*Vorlesungen über die Geschichte der Philosophie*,1837）一书中。——译者

全体本身反正都会被装满，所以世界是超时间的、无限的。在斯宾诺莎那里，世界的空间仍然是环绕我们的大星空领域，但是，在无数其他实体中，世界的空间并不是排他性的唯一实体标志（Attribut）。在斯宾诺莎主义中，世界重复演奏最强的宇宙之音，而这种宇宙音调与圣经中人之为人的开放时间以及出走的逻各斯截然对立，毫无瓜葛，并且在任何地方，代替世界中心的末世论的中心都不是遥不可及、高不可攀的。

因此，无独有偶，与斯宾诺莎一道，歌德只相信世界的虔诚。对斯宾诺莎的神，他这样写道："世界在自身内部，在世界之中保护自身，这对它是再适当不过了。"① 根据大数法则（Gesetz der großen Zahl），全体中的所有东西都应当凭借伟大、凭借伟大本身的深度做到绝对整齐有序、杂而不乱。对此，歌德这样写道："一切拥挤的行动、一切角斗都是主上帝中的永恒的安宁。"无论如何，在此重新牵涉到灵魂中的自然的**地形图**（Topos），但是，主要还是牵涉到某个**终极自然**中的灵魂。**简言之，在任何情况下，都绝不会牵涉到仅仅在自身中编造逻各斯的王国**。

由此发生最后一个问题，那就是，也许**全新命名的**自然实体首先被编入某个末世论的逻各斯王国中。换言之，迄今"自然"这一外部领域好似一阵风一吹而过，或者作为不可视的"思维的学问"② 而被视为无大地、无空间的领域，抑或被理解为内容上完全缺乏素材的唯心论。但是，一个实际地被查明的世界恰恰不仅会成为环绕我们的自然景观，也会成为本真的世界实体本身。

毋庸置疑，现存自然拥有自身所不隶属的某个位置。究其原因，首先因为现存自然与人的一系列目标及其最终未来的趋势和潜势等之间存在着十分巨大的互不相称性。当然，人类所追求的一系列目标绝不会由于某种古代星相神话的天文学观点而消耗殆尽，也不会由于古代希腊世界观的纯粹全体性而化为乌有。在与我们发生更深的中介之前，在可能的"自然的人化"之前，外部世界就已经独立于人而存在，但这绝不意味着，现

---

① 引文出自歌德《普罗米温》（Johann W. v. Goethes, *Proemion*, in *Goethes Gedichte*, Bd. 1, Zürich, 1961），苏黎世，1961年，第509页。——译者

② "思维的学问"（Noologie），源于希腊文"思维"（noein）。思维的学问被理解为"关于世界和灵魂之研究的学问"，后来为苏格兰哲学家托马斯·里德（Thomas Reid, 1710—1796）所进一步继承和发展。——译者

存自然对我们，恰恰与我们的最深处"全然"（toto coele）不相称，甚至格格不入。试想一下，人们业已加工过的原材料的单纯现象，依然远远地令我们惊愕不已的自然美，自然崇高的应答现象等，凡此种种现象都显示出不同凡响、别具一格的魅力，其精彩逼人、引人入胜的程度完全超出了那种超然冷漠、拒人于千里之外的不相称。从乌托邦视角看，尽管歌德、斯宾诺莎的思想甚至还不是有意识的泛神论，但是，他们的思想仿佛意味着，"自然或神"（Natura sive deus）从现在业已存在的自然的人化行为中夺取一切幸福图像。①

但是，我们不仅可以把充满惊险和曲折的人的历史，而且可以把与持续的不一致保持距离的那个物理世界的进程以及形态建造理解为一个实验，即可以把它们统统理解为关于尚未熟悉的、尚未形成的、尚未成功的范例的一个实验。就"质料"（Materie）这一建材而言，它并不是单纯的被物化的大木块，相反，根据更正确的亚里士多德的定义——即不是根据长期地极端思辨化的定义——它是"动态存在"（dynamei on）的基质，即"可能性之中的存在"（In Möglichkeit - Seins）。

3

如果从末世论视角考察，尽管基督教逻各斯与现存世界并无直接关系——尽管存在心灵主义无世界性的所有诱惑——但这种逻各斯仍然以某种方式将自身的新天新地目标加以理想化，或者神秘化。在圣经中，自然乃是以启示录方式爆炸的空间。那么，这种新的自然能否重新获得过去的自然所隶属的那个位置？在此，自然的地形图恰恰植根于一种充分地从逻各斯视角神话化的图像中，不过，这种地形图不仅停留在逻各斯神话化的图像中，也停留在新的耶路撒冷这一**物理学**之后（Meta - Physisch）的末世图像中。

如圣经所述，在新天新地中没有月亮和太阳，只有人子的灿烂光辉普

---

① 布洛赫反对像培根、黑格尔一样把自然视为一种粗野地、无意义地活动的能量。恰恰相反，布洛赫试图像雅可布·伯麦、谢林一样从自然中发现美的动因。因此，他把斯宾诺莎的"神或自然"（Deus sive nature）这一用语倒过来说成"自然或神"（Natura sive deus）。由此出发他所强调的"并不是改进人对自然的量的作业，而是追求质的作业"。为此，布洛赫提出了旨在谋求人与自然共生共存的"同盟技术"（Allianztechnik）这一马克思主义生态学理论的决定性概念。归根结底，"同盟技术"是与基于驯兽师视角的片面的"征服技术"（Eroberungtechnik）正相反的技术。——译者

照天下。为了"王国",大地和天空未免遭到了破坏,但是,同样为了自身的末世论真理,最终显露出应在的"自然"这一真面目。唯有这一点才是借以摆脱"**宇宙还是逻各斯**"这一最后的二者择一的幻影。尤其是,这一幻影乃是与以前的现实正相反对的全新图像,即促使被选择的人完全献身于出走(Exodus)的图像,因而最终被设想为与启示录相吻合的**创世记图像**。然而,圣经所劝告的模式同样起着这样一种作用,那就是,"自然或神"在完全不同层面上殊途同归,最终也带其回家,即得以补救完善,真正成为"完美的东西"。与此相关,我们无需费神考虑神话,而是可以径直说:在此,**作为家乡,新世界**将会置身于我们周围世界的遗产以及家乡的新东西中。如果被揭示的新世界的面貌得不到保证,家乡就不会拥有王国的任何主体或核心内容。

当然,就像帕特摩斯岛①上的神秘声音一样,就像在人的空间后果中从启示录角度加以解释的东西一样,这地方也会呈现为一个十分遥远的场所,一个万籁俱寂、天水相映的场所。换言之,这个新的空间之所以难以置信,是因为它混合着对未来新生活的狂躁幻想与内在记忆(Eingedenken),即只能从取代宇宙的"基督徒之城"中得出的那种不朽追忆。但是,就像在《约翰启示录》21 章 23 节关于"新的耶路撒冷"中一样,任何地方都没有重现关于基督教乌托邦、世界没落乌托邦、新迦南乌托邦等的某种欧米茄,所以,在此便通过最强有力的超越活动,把这种欧米茄设置成完全无超越的东西。宗教充满着乌托邦,并且完全占有乌托邦的核心部分,因为这个欧米茄产生于"自由基础上的自由的人民",形成于"一如向外扩展之国的自然中的基督之国"(civitas Christi natura ut illius civitatis extensio)。这幅图像与所有基督"幻影说"②都截然对立,因为按

---

① 帕特摩斯岛(Patmos),又译作拔摩岛,位于爱琴海南部、左泽卡尼索斯群岛的最北部,面积仅有 13 平方公里。约公元 90—95 年圣约翰(St. John)被流放到帕特莫斯岛,在那里,他接受并撰写了《启示录》,从此人们一直把帕特摩斯与圣经《启示录》联系在一起。——译者

② "幻影说"(Doketismus),源自于希腊语(dokeō),原意是看见,又称"假现说",是早期基督教对基督的表述之一,与诺斯底主义有密切的关系,后来被定为异端学说。当时,这一派的代表人物大多是虔诚的犹太人或专门从事柏拉图哲学研究的希腊人。他们相信耶稣是个完全的神,所以不可能曾经为人,耶稣不过看似像人而已,并没有真正存在的肉体。他们认为真正的耶稣并未过过人间的生活,是一种似真非真的存在,他只是投射在人间的一个影子、幻象或幻影形体,因此耶稣在十字架上受苦以及而后的复活、升天等都只不过是耶稣的化身及假象而已。马吉安是第一个提出这个学说的人。——译者

照这种学说，对于改变**作为全体的**世界而言，重要的仅仅是纯粹的精神而已。然而，在这种情况下，人将不再为现实的世界所缠绕，而是为某种陌生的灵魂所纠缠。

45. 并非并行，但令人惊异的特性：人类学和唯物论都闯入"神性超越者"而占据神的位置[①]

人的内部被命名为灵魂，而作为灵魂，人的内部只为自身而编织。尽管人的内部与肉体紧密联系在一起，但是，并非内部的清晰可见跟肉体的朦胧不清一模一样。人们经常把灵魂与可捕捉的、可把握的外部物质截然对立起来：一方面，把存在于人的内部的某种只可意会不可言传的东西视为灵魂；另一方面，把人周围到处散落的可视的外部存在视为物质。仅仅朝向内部，走神秘莫测之路，被命名为唯心论；反之，仅仅朝向存在于外部的、全然没有内部的素材，声称唯有这种素材才是破谜之路，则被命名为唯物论。

不过，现在我们要重新说起费尔巴哈。虽然他一点都不愿意停留在唯心论层面上，但是，他却相反地朝向下述警句："人就是他所吃的东西。"如前所述，他的第一个思维是神，第二个思维是精神，他的第三个也是最后的思维是人。因此，这种立场与其说是从唯物论角度澄清、解释自身的态度，不如说从机械论角度首先说明自身的出发点。然而，马克思仍然在费尔巴哈的影响下规定"人"，并且主要从历史角度把人解释为："所谓彻底，就是抓住事物的根本。但是，人的根本就是人本身。"[②] 后来，当马克思从单纯的、抽象的类的"人"中，推论这一他的座右铭时，当他把这个"类"（Genus）精确地表述为"社会关系的总和"时，至少在经济学地、社会地扩展的唯物论中，与人有关的观点就不可避免地被弱化乃至终止了。这样，历史的唯物论就高耸在纯粹自然科学的唯物论之上，就

[①] 众所周知，灵魂与人类学有关，质料与唯物论有关。不过，在布洛赫看来，庸俗唯物论把灵魂与质料绝对对立起来的做法是极其错误的。因为在自然中有可能存在作为主体的灵魂。据此，他提出了这样一种辩证观点：尽管人类学与唯物论并不完全一致，但是，二者相辅相成，可以联手夺取基于神正论立场的神的位置。——译者

[②] 参见马克思《黑格尔法哲学批判导言》，载于《马克思恩格斯选集》第 1 卷，人民出版社 1995 年版，第 9 页。——译者

像后者必定不仅借助于机械运动，也借助于人的社会生产方式而辩证地、历史地存在一样。

但是，现在我们继续讨论下述问题：正像市民阶层的一般观点所表明的一样，人们只知道机械的质料概念。例如，人们不是对这一点，即与"灵魂"有关的人类学特性和与"外部素材"有关的唯物论特性的并存性和依赖性感到惊愕不已吗？尽管眼下已经出现关于亚原子的唯能说，但是，人们仍然把外部素材仅仅视为星相神话残余的一个大木头。正因如此，在这个大木头中，既不会有人的适当位置，更不会有人子的立锥之地。然而，在唯物论历史上，这种纯粹机械的物质概念并非闻所未闻、绝无仅有的物质概念。本质上，这种物质概念与"僵死"（tote）紧密结合在一起，即把物质的运动还原为压迫和碰撞，从而使其多半失去活生生的质的要素。

严格地讲，德谟克利特的立场与伊壁鸠鲁的立场也存在显著差异：前者至少允许人的"灵魂"拥有特有的原子，他把这种原子命名为"火的原子"；后者则在德谟克利特机械的"必然性"中附加了某个"原子的自由坠落"，即对机械"垂直坠落"的一种偏离，亦即出于自由意志的例外情况。亚里士多德首次赋予质料概念以"客观—现实的可能性"概念，而这一概念直到不久前才重新被确认为极其重要的概念。在亚里士多德那里，素材除了属于显现现象的机械条件之外，即除了属于这一"朝向可能性的存在"（kata to dynaton），即"根据可能性"（Nach Maägabe Möglichen）之外，尤其还属于这个真正的"动态存在"（dynamei on），即"可能性之中的存在"（In - Möglichkeit - Seins）本身。可惜，这个"可能性之中的存在"被视为某种被动的、无规定的、蜂蜡一样的东西，从中，"行动的理念形态"（tätige Ideenform）犹如一枚图章给一切形态规定压上印痕。

然而，不久从亚里士多德的素材学说这一前提中，产生了一个"亚里士多德左翼"。这个学派从质料概念中剔除了被动性，并对这一特性附加了被压印理念的能动性。这样的世界素材（Weltstoff）就真正地成为"万物之母"（mater - ia）。作为万物之母，世界素材像母亲的子宫一样自己受孕、结果，作为自给自足的母腹，世界素材足以成为全部"被生的自然"（natura naturate）或世界的"能生的自然"（natura naturata）。这种观点特别明显地表现在阿拉伯亚里士多德学派的阿维森纳[①]、阿威罗伊[②]的思维中。按照他们的原则：形式仅仅"在质料中成长"（eductio formarum ex materia）。显而易见，这种自然观不是一种被动的、丧失了质的要素的机械自然观，但是，这种自然观也是几乎**不再需要超越的"父神"**的自然观。

于是，由此出发人们构思了一种完全内在的世界实体，而这种"生命"（Leben）的自然观点从帕拉塞尔士[③]、乔尔丹诺·布鲁诺[④]、斯宾诺莎一直延伸到歌德。所谓作为生命的自然是指在与人情投意合的宇宙中，与人心心相印的某种存在。乔尔丹诺·布鲁诺把它命名为"英雄人"（uomo eroico），帕拉塞尔士则把它命名为"内在的火神"（vulcanus interior）。是的，作为生命的自然意味着某种闯入被废除的超越者中的存在，并且意味着至少与超越者（借助于泛神论）展开论战。对此，歌德这样写道："一个向外冲撞的神是什么？……自然在自身内部，在自然之中保护自身，这对它是再适当不过了。"然而，作为"能生的自然"，在此这种自然"仅仅以另一种语言说话"。一个看见这种自然的人，能够看见圣父。据此，歌德认为，自然与圣父融为一体。在此，自然与人类学观点并无直接联系，但它却是完全脱离超越者而存在的一种**主体**。实际上，这种主体无异于从内部推动世界的**自然**主体。

[①] 阿维森纳（Avicenna,980—1047），阿拉伯医生和哲学家，阿拉伯名字是伊本·西纳（Ibn Sina）。他的著作达200多种，最著名的有《哲学、科学大全》，在当时被誉为最高水平的百科全书；另一部巨著是《医典》，这些书几乎包括了科学和哲学的所有领域。在哲学上，他代表亚里士多德左翼，继承和发展了亚里士多德的观点，特别是亚里士多德的"形式—质料说"。参见 E. 布洛赫《阿维森纳及其左翼》（Ernst Bloch, *Avicenna und die aristotelische Linke*, Frankfurt/Main, Suhrkamp Verlag, 1963），法兰克福/美因，苏尔卡姆普出版社1963年。——译者

[②] 阿威罗伊（Averroës,1126—1198），阿拉伯哲学家、法学家，最重要的伊斯兰思想家之一，阿拉伯名字叫伊本·鲁世德（Ibn Rushd）。阿威罗伊将伊斯兰的传统哲学和希腊哲学，特别是亚里士多德的哲学，融合成自身的思想体系。其评论、注释对后来的经院哲学作出了重大贡献。哲学史上，阿维森纳—阿维塞卜洛—阿威罗伊的亚里士多德左翼传统彻底颠覆了以托马斯·阿奎那（1224—1274）为代表的亚里士多德右翼的形式—质料关系，一劳永逸地用物质概念代替了纯粹形式或神的位置。——译者

[③] 帕拉塞尔士（Paracelsus,1493—1541），中世纪瑞士医生、炼金术士、占星师、神秘主义者。著有《外科大全》（1536）等。——译者

[④] 乔尔丹诺·布鲁诺（Giordano Bruno,1548—1600），意大利思想家、自然科学家、哲学家和文学家。布鲁诺反对地心说，宣传日心说和宇宙观，捍卫和发展了哥白尼的太阳中心说。由于批判经院哲学和神学，1592年被捕入狱，最后被宗教裁判所判为"异端"，活活烧死在罗马鲜花广场。主要著作有《论无限宇宙和世界》《诺亚方舟》。——译者

亚里士多德左翼就以这种方式赋予了质料以全新的创造形态。然而，属于亚里士多德右翼的伟大思想家托马斯·阿奎那却最尖锐地拒绝了阿维森纳、阿威罗伊的质料概念。他拒绝最高存在中的质料的内在性，不厌其烦地教导人们："地上的一切残余物"，即"附属的形态"（forma inhaerens）都由质料组成，这一点仅仅延伸到人，即肉体与灵魂的所有地上单元。但是，这种"附属的形态"已经不适用于人们所声称的人与神之间的中间环节，即超世俗的天使们，因为据说天使们正是纯粹"被区分的形态"（formae sparates）。根据托马斯·阿奎那的观点，作为"能生的自然"，质料与被设想的神这一天上的主人毫不相干，从而质料绝不能闯入独断专行的超越者之中。因此，在后期斯宾诺莎那里，在从前宣称诸如创造神一类的地方，同样不是宣告人子的存在，而是宣告作为全体的世界：我代替圣父，"在实体的观点下"（sub specie substantiae）存在。

不过，激进超越者思想家普罗提诺不是很久以前就把某种"精神质料"（Hylē noētikē）设定为作为最高本质的"乌西亚"（Usia）吗？西班牙犹太哲学家阿维塞卜洛①与这种悖谬的新柏拉图主义并非相距遥远，他不是接受超尘世的天使，而是接受人间的精灵（乔尔丹诺·布鲁诺援引过他的著作，称他为自己的一位思想先驱）。这样，在自己所尊奉的神面前，阿维塞卜洛就不得不设定质料。在他那里，作为无限排除了质的要素的东西，质料总是被视为某种外在的东西。由此可见，非机械的唯物论尚未如实地把握质料。因此，所谓质料还是"灵魂"这一问题本身就是不充分的。至少在阿维森纳、阿威罗伊那里，逻各斯和宇宙有时是通过**超越者的反命题**来交换其人类学的、泛智慧的面貌（pansophischen Gesichter）的。此外，斯多亚学派在其"隐秘的唯物主义"（Kryptomaterialismus）中已经赋予"种子逻各斯"（Logos spermatikos）② 以一种生命以及指示目标的力量。

---

① 阿维塞卜洛（Avicebron,1021—1058），西班牙出身的犹太哲学家、诗人，本名所罗门·伊本·加比罗尔（Solomon Ibn Gabirol），著述甚多，但流传下来的只有拉丁语译本《生命的根源》（Fons vitae）。阿维塞卜洛的质料概念可以概括为如下三点：第一，在宇宙论上存在质料；第二，物质的本质中存在多样形态；第三，物质的本质具有某种行为能量。对此，托马斯·阿奎那作出如下反驳：第一，精神质料与实在事物不同；第二，物质的本质中并不存在多样形态；第三，阿维塞卜洛第三要点并不适应于一切事物。——译者

② "种子逻各斯"（Logos spermatikos），又译作"远初之道"，在基督教意义上，可视为"灵魂的微光"（Seelenfünklein）。——译者

当然，基督教形态化的逻各斯从未将从星相神话视角所绝对崇拜的现存宇宙被保留为"某一个欧米茄"（irgendein Omega）。否则，也许就不会存在基督教意义上的宇宙的**启示录**。基督教的乌托邦记忆源于对人子的觉察、渴望和回忆，不言而喻，这种记忆比任何**乌托邦的全体**都更加激进地牵入实体化的超越者之中。一旦从那个主体化的根源出发，将基督教的乌托邦牵入神性存在中，生命和希望之光就超越一切事态，到处都散发出明亮的光辉，进而也照明"自然或神"的观点。

尽管如此，与凭借纯粹的、承载主体的基督教相比较，反叛的无神论恰恰通过"代替神的全体"这一泛神论立场变得更加锋芒毕露、家喻户晓。不过，在独创性的反超越者（或解放）中，斯宾诺莎主义绝不会用其"命运之爱"（amor fati）代替下述口号："看哪，我把一切都更新了。"这种逻各斯的口号不仅远远超越了"能生的自然""自然主体"，也远远超越了古老的星相神话的必然性和从属性。

第七章

生命勇气的根源

46. 并非足够

从我们的内部有什么东西在向外推动我们。有什么东西业已存在于我们的内心，抑或反正有某种活跃的、从而忍饥挨饿的东西，这就足够了吗？同我们一样，动物也渴求饮食、伙伴、保护等，但是一旦这些渴望得到满足，它们就归于终止，一切都很快趋于缓和消解。但是，与动物不同，人继续要求某物，为了得到充分满足，人利用一切手段，千方百计绕弯子。这时候，在他的脑海中不断浮现新的"向何"（Wohin）、"为何"（Wozu）。作为第一动因，饥饿本身在我们之中永无完结，它继续打发我们，让我们品尝更多的满足。

有时，偶尔获得的东西也面临得而复失的危险。对于不再四处漂泊不定而是过着正常定居生活的此在来说，他心中对新事物的渴望越发强烈，如火如荼。当然，这种渴望也可能指向一款新型汽车，也可能指向尚未付清的东西。这种愿望图像跟胆怯懦弱的人打死也合不来，但这种图像跟在业已熟悉的轨道上斗争和前行的人同样格格不入。我们内心深处的某种东西在指示我们上路，我们无需凝视这条路，我们只需停留在这条路上，就已经足够了。通常恰恰缺乏坚定不移的、令人满意的远景目标。这目标坐落在人的头部的上方，绝非偶然，而他所见到的最好的东西无非是他所期盼的东西。当然，也有可望而不可即的例外情况，在这种情况下，人们只是画饼充饥、聊以自慰罢了。

47. 人在哪方面可以采取开放态度？

虚弱的东西总是来回摇摆不定。怯弱者很容易附加说："不应这样，不应这样"，以便以后不会说："本该这样说或本该那样说。"相反，除此之外，偶尔也有像烂梨一样软乎乎的态度，持这种态度的人，对任何事情都不置可否，认为只有处事圆滑、两面讨好才是明哲保身之道。小心谨慎、善于谋略的人，对于不那么确定、心里没底的事情总是缺乏忠诚，甚至背信弃义。但是，恰恰相反，沧海横流方见英雄本色，在危难险境中，勇敢奔赴未完成的工作的人才是令人可尊敬的励志态度。与此相对照，胆怯懦弱的人试图逃避这种危险，而每个受益者都想隔岸观火、坐享其成。

但是，如果你故步自封、裹足不前，那是动摇者们巴望不得的。而在摇摆不定者当中，正是那些停顿者才半途而废，分文不得，以致会满盘皆输，血本无归。在风云变幻的岁月里，虽然硬币发生某种效应，但是一旦流通不畅，忠于职守者就开始灰心丧气，旋即打退堂鼓，甚至无奈地说声：拜拜。他们并不熟悉自己的工作，但不惜草率上阵，冒险一搏，因为他们心怀梦想，不愿放弃。即使他们的一份工作早已泡汤，他们也苦苦坚持，执着于某件事。越是知其不可而为之，就越是以惨败而告终。

正如箴言所言，从前看似隐秘的、坚如磐石的东西，反倒像空头支票一样苍白无力，极不可靠。这种空头支票很容易与常规化的立足点结合在一起，例如，与下述清规戒律结合在一起："圣经上如是说"；"党永远是对的"；"主的话不可更改或加以诡辩"等。然而，受到这一切陈规陋习担保的人，因循守旧、故步自封，完全缺乏冲撞和进取精神。尤其是，这种人缺少创新思维：前怕狼后怕虎，一味追求无核心、无躯壳的整体，于是，他便作为空洞的整体而轰然摔倒在地上。实际上，真正意义上的立足点决不以未成熟性，即不以从"上头"① 直接下达的骗人的花言巧语为前提。

恰恰相反，生命的立足点以对更美好生活道路上所持的不满态度为前提，而这种永不满足的希望正是希望之人的一个坚实的立足点。最好的东西必定是勤奋工作，即立足当下，趁热打铁，预见新东西，以便不仅能够

---

① 此处，"上头"泛指独裁者、高级教士以及神正论意义上的"圣父"等。——译者

兑现最初承诺的东西，同时也可以信守诺言。对于我们来说，在任何地方，那个依然敞开的空间都尚未完结。如果这个空间充满了虚假不实的东西，人们就会上当受骗，最终坠落下去。因此，虚假不实的东西绝不可能成为我们的安身立命之所。我们不能卑躬屈膝，苟且偷生，我们不能以虚构的、陌生的确信大摆宴席，歌舞升平、豪饮达旦，我们不能由于预定的安全信仰而偏离既定的希望之路。高枕无忧、荣华富贵，这种人生态度不是通过斗争争取美好的生活，而是茫然憧憬未来，仿佛天上掉馅饼、某个地方早已存在所有美好的东西本身一样。

在任何地方，斗争都还没有获得支撑点（Halt），从而一切都依然悬而未决。重要的是，除了"尽管如此"（Trotzdem）这一否定和反抗的态度之外，还有始终如一的开放性、发酵中的东西、路程的可能性以及所蕴含的"先现的东西"（Vorscheinenden）。在此，恰恰出现某种内心深处的呼喊，这表明我们所需要的并非盲目的信仰，而是这样一种恒久的希望，即永不满足、积极工作，一边熟悉客观趋势，一边超前筹划、预先把握，得以构思具体的乌托邦方案。这样，我们不是一味地从美好的、完成的东西中寻求保护，而是果断地抛弃官方规定的，即错误的立足点。作为一种完结的类型，业已完结的美味佳肴只会进一步刺激我们的食欲，但绝不能持久地满足我们的食欲。

48. 真正的启蒙既不会成为无聊陈腐的东西，也不会成为无背景的东西[①]

思维中不乏毫无意义的东西，但是，思维并不因为这个"无"而上当受骗。通过拆开二重性的东西，通过分解过去的烟雾，我们试图重新开始。任何东西都不应与指向过去的精神结合在一起，因为作为习以为常的东西或富于魔力的东西，这种精神就像镣铐一样束缚和阻碍着我们。指向过去的精神经常用伪善的传统把自己巧妙地包裹或装饰起来，并且美其名曰："那些美好的时光"，然而，那些时光压根就不尽如人意。在信仰问题上，所谓过去的好时光随身携带诸多虚假不实的东西，尤其是与诸多过

[①] 在本章中，布洛赫把基督教的无神论思想认定为一种具体的乌托邦因素，进而将这一思想与社会主义理想联系起来。——译者

时失效的东西结合在一起,可惜,这东西阴魂不散,依然行使绝对有效的统治权。

与此不同,由于尚未清偿其内容,依然有效的东西始终萦绕于我们的思维之中。这东西不是与过去相联系的思维,而是与未来相联系的思维,从而,这是在我们自身的自由之路上所发生的思维。于是,十分悖谬的是,与基督教图像结合在一起的多样内容可以显现在众所周知的解放理论及其关联性之中:这东西不再是在过去的连续性中被回忆的东西,而是在未来的视域中重新遭遇的东西。这不是显现虚构的冒险故事,也不是显现源于恶劣去魅的残渣余孽,而是显现其本真的基督教思想乃至弥赛亚主义的基本特征。这种思想内容远远超越单纯的文化遗产或某种巨大的文化创造物,事实上,这种文化创造物的强力与深度恰恰与宗教意识形态及其剩余紧密联系在一起。在此,我们所意欲的复归压根就是某种土生土长的东西。例如,我们不得不从出走埃及的解放图像中,从巴比伦的毁灭图像中,从自由的"王国"中发现自由本身。

的确,正如对于反动的非法走私者一样,对于极其恶劣的去魅态度,列宁也完全有理由这样说道:

> 这里存在两种不同的事情:其一是,一个煽动者为了明白易懂,为了着手自己的叙述,为了真实地突出自己的观点,这样(借助于宗教上流传下来的概念)说话;其一是,一个作家开始传教"神的构成",换言之,一种由神性构成的社会主义。……"社会主义是宗教"这一论点,对某些人来说,是从宗教转到社会主义的一种方式,而对另一些人来说,则是离开社会主义而转到宗教的一种方式。①

列宁明确区分了上述两种见解,这是十分正确的。因为在亲马克思主义中,我们恰恰遇见了恶劣的去魅现象。例如,许多人误以为,在两种身体部分,即政党与宗教之间,就像小鸡破蛋壳而出一样,从教会中出现政党。这种思维无异于把政党与教会仅仅视为"从对话视角中介了的"毫无价值的半人马星座。

---

① 列宁:《论工人政党对宗教的态度》(Lenin, *Über das Verhältnis der Arbeiterpartei zur Religion*, 1909)。

但是，不可混淆的是这样一个事实，那就是，在他们的无神论观点中，最初的去魅态度恰恰见之于古代宗教反叛原型中的那种态度之中。同时，还应当指出，这种态度本身源于各种反叛态度和行为，例如，摆脱所有压迫神话的态度、摧毁所有压迫神话的意向以及粉碎所有试图摆脱压迫的行为等。借助于此，迄今主教会一无所获。相反，主教会却乐意寻找异端者，就像对待无神论者一样，以渎神罪对他们处以火刑。不言而喻，作为现存体制的批判者，异端者主要从原始基督教立场批判教会，具有强烈的反民族压迫和社会压迫的倾向，与此相对照，① 虽然教会从前构筑了良好的建筑基地，但是因其"内在的恶劣良心"②，将异端者判定为核心危险所在。正因如此，俄国圣公会对输入海克尔"世界之谜"的反应显得比较克制，而对托尔斯泰原始基督教的反叛性记忆，或者对陀思妥耶夫斯基作品中的梅什金公爵③却惊慌失措、怒不可遏。在此，主教会（Herrenkirche）在自身特有的世界中构筑了一座固若金汤、不可动摇的堡垒。

与主教会相反，马克思主义——尽管它与转到罗马国家宗教的基督教一道，共享很多扭曲变形的图像——通过自身中所包含的各种原型，例如"自由""王国"以及"被统治的命运"等达到自身真正的显现路线、丰满充盈以及总体性。换言之，马克思主义并非借助于19世纪实证主义或自然主义而**达到**这些目标，因为这些思潮不仅完全排除了"超越者"（Transzendenz），也完全排除了与此完全不同的马克思主义的生命要素："超越的行为"（Transcendere）、"过程"等。在这个过程中，从前从宗教视角理解的**诸自由原型**显现为与历史同一的主体的可能性并通过解放而显现为真正意义上的最后的原型。换言之，从神学意义上看，这些原型不可能是最后的原型，但从可追求的终极目标意义上看，这些原型又确实是最后的原型。

---

① 原始基督教（Urchristentum），产生初期的基督教，公元1世纪20—30年代出现在巴勒斯坦犹太人中。拿撒勒人耶稣基督被罗马总督彼拉多处死后，众多信徒视耶稣基督为领袖，延续其传道运动。原始基督教与后来的罗马国教及现今的基督宗教不尽相同，区别尤其表现在其体系和系统化教义等方面。狭义上，原始基督教特指耶稣的十二门徒（十二使徒）以及他们同时代人的基督教学习和讲道；广义上，原始基督教泛指耶稣被钉死后到公元325年第一次尼西亚公会议之间，长达三个世纪之久的基督宗教。——译者

② 此处"内在的恶劣良心"，其意思不甚清楚，但根据上下文，我们可以推测，借以暗示教会"为了维护现行体制而与权利和金钱相妥协"。——译者

③ 梅什金公爵，陀思妥耶夫斯基作品《白痴》（1868）中的主人公，是作者心目中一个理想化的基督式人物，纯洁、善良、坦率，充满悲天悯人的情怀。——译者

但是，唯有抖落甜蜜的欺骗性，上述诸原型才能得以贯彻落实。光是口头上空喊口号的基督徒无权实践这些原型。"一个人有两个儿子。他来对大儿子说：'我儿，你今天到葡萄园里去做工。'他回答说，'我不去'，以后自己懊悔，就去了。又来对小儿子也是这样说。他回答说'父啊，我去'，他却不去。"耶稣把这个比喻告诉给高级祭司和教会年长者，这里暗示这样一个道理："税吏和娼妓倒比你们先进神的国。"① 而且，下述警句包含着对另一个场所的惊人预言："所以，凭着他们的果子，就可以认出他们来。凡称呼我'主啊，主啊'的人，不能都进天国；唯独遵行我天父旨意的人，才能进去。当那日，必有许多人对我说：'主啊，主啊，我们不是奉你的名传道，奉你的名赶鬼，奉你的名行许多异能吗？'我就明确地告诉他们说：'我从来不认识你们，你们这些作恶的人，离开我去吧！'"②

第一个果子就是众所周知、家喻户晓的福音，即20世纪真正的、闻所未闻的社会主义变革。然而，这棵结果子的树却令人惊异地基于传统宗教基础上。换言之，这棵树处在老是拒绝别人的人一旁，处在无神论一旁，处在主体一旁。进言之，这个主体除了摆脱出于超越者幻影的那种对超越者的畏惧之外，也摆脱了实体化的父权主义。

但是，一棵新树并不因此就意味着植根于平庸性的土壤上。在此，所谓**"平庸性"**（Trivialität）来源于很容易把一切固定化、静态化的启蒙主义。同样，一棵新树也不会矗立在指向虚无主义的超越者之中。在此，所谓**"虚无主义"**（Nihilismus）十分危险地散布一种没有任何内涵的浅薄的无神论。虚无主义既不与人的自由运动相遇，也不与其希望的资源相遇。在人的内容与世界的内容中，除去从乌托邦视角奠基的超越的特征，平庸性就成为可怜巴巴的东西，而虚无主义则发挥类似地狱的效应。

虽然在平庸性中畏惧（Furcht）得以废除，但是，却付出了另一种偏狭的代价：发育不全。在虚无主义中，畏惧同样被废除，但是，付出了更高昂的代价：绝望。然而，**具体的**去魅并非借助于平庸性而载入史册，而是借助于惊愕（Betroffenheit）而载入史册，这种惊愕恰恰发生于在任何人的知性和视野中都尚未出现的东西中，即发生于尚未形成的东西所蕴藏

---

① 《马太福音》21章28节。
② 《马太福音》7章20节。

的东西中。不仅如此，具体的去魅也不是借助于虚无主义而载入史册，而是借助于有牢固基础的希望而载入史册，因为虚无主义并不具有最后的决定权。虚无主义乃是没落资产阶级的一种瘟疫现象，毫无疑问，虚无主义不仅反映资产阶级的没落情绪，也反映机械唯物论中的错误前提。因为虚无主义原封不动地接受宇宙中无目标、无目的这一机械唯物论的主张。

因此，这个"此在"（Dasein）作为素材运动的单纯循环是毫无意义的：因为凭借这种把素材本身绝对化的去魅方式，人们只会想起诸如狗、猴子、原子一类的东西。与此相反，辩证唯物主义（它的门牌上写有这样的题词：机械主义者禁入）除了熟悉物理的、化学的观点之外，还熟悉一系列连续的出发点和生产发源地：例如，犹如细胞般微小的领域、经济的人以及上层建筑与下层建筑的交叉关系等。作为世界本身的解释，辩证唯物论恰恰熟悉众多质料连续不断地从量到质的变化过程。辩证唯物论尤其通晓"自由王国"这一人性的、质的现实**问题**。

总之，辩证唯物论是一切平庸性和虚无主义的解毒剂，或者，在宗教中，辩证唯物论是旨在激活一切非鸦片的、非压迫偶像的因素的催化剂。借助于此，辩证唯物论倾听和把握这个世界中强大的趋势之声；借助于此，辩证唯物论让我们依照其"向何""为何"来工作，并且意味着，让我们从死的宗教中占有活生生的东西：没有超越者的超越的行为，即主观与客观均有保障的希望。如果我们不像鸦片中毒的傻瓜那样痴痴地期待彼岸的灿烂天国，那么留给我们的恰恰是这种希望。因为在这种希望中恰恰蕴含着关于完整的现实世界或新的地球的号召和指示。

但是，归根结底：借助于此，人们恰恰丢弃对诸图腾神的畏惧，而且唯其如此，人们才能丢弃这种畏惧，才会出现**与勇敢的人相适合的秘密**。这种秘密恰恰被编入"虔诚"（Ehrfurcht）这一崇高情绪中。虔诚与平庸乃至虚无主义相距甚远，因为虔诚情绪体现着对其中没有畏惧感的无名恐惧的接受，体现着对充满人性因素的神秘情绪的接受。虔诚是与那个崇高（Erhabenheit）相关的概念，作为一种预见，它传达着我们未来的自由。虔诚标志着完全没有自我异化的一种超越行为，并且作为与这种超越（Übersteigens）、超过（Überbietens）相关的概念，虔诚不是标志着对某种实体化的神像的畏惧，而是标志着对我们所意欲的复活日趋势的畏惧。

从中，我们的避难所不再是畏惧和无知，而是希望中所蕴含的求知欲以及求知的可能性。**这个弥赛亚主义的拯救是为每个革命行为所保存的红色秘密，是为每一个全面完整的启蒙运动所保存的红色秘密。**作为一座金库，天国除了保证酬劳善行之外，不应有其他额外的动机。如果每个人都合乎道德地行动，天国就应当灭亡，它就应当是空虚的东西。但是，如果人们想要坚持不懈地将始终如一、方向明确的"至善"（Summum bonum）保存为自身的系列目标，他们就必须把天国视为从乌托邦视角所意欲的我们的自由的王国。换言之，作为我们指向的自由的王国，天国位于我们所梦想的**地理学的**乌托邦之中。

无神论是具体的乌托邦的前提，但是，具体的乌托邦同样是无神论的不可忽略的内涵。无神论与具体的乌托邦具有相同的根本行为，这就是，摧毁现存的权力取向的宗教，翻转异端的宗教希望，把头足倒立的人颠倒过来。具体的乌托邦乃是世界中关于潜在的趋势内容的哲学与实践。因此，在此所选定的合格的质料微乎其微，微不足道，以便不具有任何自我异化，但是，在此最终选定的质料像欧米茄一样硕大无朋，无与伦比，以便赋予大胆的乌托邦以一种真正意义上的遥远的可能性，即这个世界的一种意义。这是弥赛亚主义的界限概念，但是，也正因此造成了一种人化知性，带有某种**内在的**夸张特性。这正是人的解放作品的总体性。

49. 在诸如神本质一类的反击中，启蒙和无神论并不与"恶魔般的东西"相遇[①]

自古以来，邪恶就不被视为软弱无力的东西。生活在太古时代的人们就已经感受到了像幽灵一样的邪恶的巨大威胁。但是，时过境迁，这种感觉渐次发生了变化，因为人们不仅逐渐确信自身的能力，借助于此，似乎也使外部的威胁变得不那么危险。人们抛弃未成年的、老一套的生活方式，开始敢于利用他们特有的知性。这方面，影响最广泛、最引人注目的时代当推启蒙主义时代。所谓"启蒙"（Aufklärung）仅仅意味着"驱散

[①] 在本章中，布洛赫指出了善与恶以及与此相关的各种偏见。作为一个实例，布洛赫集中批判了阿多尔诺的厌世主义以及现存教会趋炎附势、讨好现存体制的立场。前者否定宗教的信任和希望这一肯定功能，从而属于被物化的绝望态度；后者扶持失败主义，妨碍革命工作，其实质是一种被物化的确信。我们不应把"恶"与"善"绝对对立起来，贬低一个，抬高另一个，而应学会在罪恶中发现肯定要素和批判特性。——译者

阴霾，从黎明走来"。在 18 世纪启蒙主义时代，人们最清楚地意识到了这一点，与此相适应，当时的市民阶层意旨在摆脱由来已久、积重难返的沉闷的、压抑的、黑暗的东西，趋向光明，迎接未来，追求一种健康而丰富的新生活。

尤其是，在诸侯和教士消失的地方，其他此在显得格外明亮而亲密，人们恍然大悟，看清真相，原来当权者和教士们是多么的专横跋扈、多么的骄奢淫逸。当然，艰难时世，兵荒马乱，各种恶劣的事情比比皆是，例如，贫穷、疾病、战争、罪恶、阴森可怕等，但是，对世界的虔敬感，使他们径直从这一切恶劣现象中掉转目光。在他们看来，这一切阴暗面只不过是中世纪残余势力的欺骗和恶劣事例而已。这样，也就有效地降低了从前那种对幽灵的巨大恐惧。然而，取而代之的是，对巫婆的令人毛骨悚然的追逼和判刑，而这种迫害可谓雪上加霜、祸不单行，更加激化了现实的祸害弊端。

在此，启蒙主义被保存为这样一种奇异特征，那就是对黑夜完全持一种敌视态度。从中，看上去，启蒙主义最恶劣不过的是，它激励这种畸形怪物或包含这种畸形怪物。换言之，启蒙主义不是对人施以魔法，即不是出于迷信而迷惑人，而是仅仅把昔日无所畏惧的人召唤为聪明伶俐的人。例如这种聪明的人"反对黑夜恐惧的诱惑"，在漆黑的夜里，渴望寻求新的知识和世界的目标。例如，在《魔弹射手》①中，当伙伴们对野狼峡谷地狱般的怪物感到万分恐惧时，卡斯帕安慰他们说道："一个聪明的人完全不介意这类东西。"这一点进一步意味着：即使是地狱般的怪物龇牙咧嘴、张牙舞爪，它也是愚蠢的、爬行的、暂时的图像。因此，地狱图像遮不住正直的、明智的、康迪特②式的人的灿烂图像以及诸如此类的自然的

---

① 《魔弹射手》(*Freischütz*)，德国歌剧作曲家 C. M. 韦伯（1786—1826）的代表作，全剧共三幕，于 1821 年 6 月 21 日在柏林皇家歌剧院作首演。在德国民间传说里面，Der Freischütz 指的是百发百中的射手，因为他拥有神奇的魔弹。剧中魔弹射手卡斯帕是一个将灵魂卖给魔鬼查米尔的坏猎人。为了挽回自己的阳寿，他让查米尔制造了 6 颗百发百中的魔弹。然而，第 7 颗是无法控制的。卡斯帕以为，可以用马克斯的灵魂换回自己的阳寿。结果，确实被魔鬼戏弄，被第 7 颗魔弹击中身亡。——译者

② 《康迪特或乐观主义》(*Candide, ou l'Optimisme*)，1759 年法国启蒙运动时期哲学家伏尔泰（1694—1778）以匿名发表的一部讽刺小说。这部中篇小说以一位名为康迪特的青年揭开序幕，他在伊甸园乐土过着受庇护的悠闲生活，并被他的老师潘格罗士灌输了莱布尼茨式的乐观主义。然而，安逸的日子突然终止，伴随自身缓慢而痛苦的理想幻灭，康迪特见证、体验了世间的巨大艰难。在此，作者以幽默和讽刺的笔调，批判了莱布尼茨的乐观主义，揭露了贵族的傲慢、宗教审判官的专横，抨击了战争的残酷和奴隶制的邪恶。——译者

光明之日。

的确，1755年里斯本发生了大地震①，震惊了全世界，人们突然意识到，在所有可能的世界中，这个世界并非神创造的最好的世界。如今"恶"不再是偶然现象，即不再是只在神缺席时发生的个别现象。充其量，为了重新弥合在"自然和平"（Naturfrieden）之中瞬间燃烧的火焰，从专制主义视角理解的圣经早就提供了一种有悖于古老的启蒙主义本身的理解方式：即大部分灾祸通常都是天国的温和之神对人的惩罚。但是，里斯本的冲击尚未销声匿迹，源自启蒙主义的普遍乐观主义就开始风行一时，其影响远远超出了法国大革命的范围。为了安抚民众、稳定人心，当权者们不惜一切代价，把"启蒙之光"当作供品赐给普通老百姓。

这样，就发生了一桩具有决定性意义的事件：人们把所谓恶魔般的东西视为某种具有有神论特征的东西。自启蒙主义时期以来，人们就尤其立足于启蒙主义立场，把恶魔般的东西视为消耗的、邪恶的、敌对的东西，进而从一切规定中将其作为无价值的东西剔除掉。但是，问题在于，恶魔般的东西不是从文学上令人感兴趣的模式中销声匿迹，而是在更广泛的层面上，从哲学视角澄明的概念中销声匿迹。启蒙主义认为，自古以来，人们就把与光的东西相反的东西确定为可视透明的面貌，进而把它变成了一种斗争对象。换言之，启蒙主义旨在把与光相反的黑暗东西变成可视透明的东西。

但是，准确地说，在此所谓澄明并不意味着为了上述目标而到处举报和谴责。在启蒙主义乐观主义立场上看，恶只不过是软弱无力和微不足道的东西，邪恶的存在仅仅意味着，一个圆满的世界中存在着单纯的美的缺陷。然而，正因如此，就彻底查明邪恶场所和斗争场所而言，下述概念还很不充分，例如，妄想、攻击冲动以及各种**主观**方面，包括建立在阶级差别基础上的生产方式和交换方式的非人性行为，包括各种客观方面的压迫结构和战争行为等。显然，单凭这些概念并不能从因果关系视角解释奥斯维辛大屠杀一类的骇人听闻的历史事件，是的，凭借这些概念只会重新经历一次语言的解释。

然而，19世纪叔本华是唯一着手把"物自体"（Ding an sich）改写

---

① 1755年11月1日葡萄牙里斯本与周边地区发生8.5—9级大地震，当时死亡人数超过10万人。——译者

为"生命意志"(Willen zum Leben)的哲学家。他认为,在描写可怕的黑夜的地方,可用自身作为意志的世界进行交换,但是,他的黑夜描写并没有达到栩栩如生、令人张口结舌的恐惧状态。只有但丁[①]在地狱之门,淋漓尽致地描写了这种不寒而栗的恐惧:"放弃一切希望。"(Lasciate ogni speranza.)甚至叔本华也认为,通过纯粹地消灭生命意志,尽可废除作为某种单纯假象的悲惨世界。

此外,从黑暗趋向光明乃是人的普遍本性使然,人们不惜通过贬低、省略来发泄对黑暗的憎恨,或者至少将其相对化,以证明仿佛启蒙主义不仅业已获得了"整个天国"(Toto caelo),而且业已获得了整个地狱(Toto inferno)。在此,异乎寻常的是,即使在具有早期启蒙主义特性的神话中,邪恶也被兑换为恶魔。因为在童话中,主人公必须鼓足勇气,以便确信恶魔愚蠢至极。

在另一个层面上,即在启蒙主义中,与此相似的要素也在起作用,后来,在最伟大的作品和哲学中,启蒙主义把这种恶魔要素缩小化了。在这种情况下,被缩小的恶魔要素被视为二元论的、非摩尼教的、尽可能被贬低的要素,例如,在若干伟大的作品中,各种恶魔人物纷纷登场,但最终将其相对化为辅助人物,即为无可争辩的主人公的胜利竭尽犬马之劳的配角。最终,墨菲斯特在半路上也呈现出愚蠢恶魔的面目,可是从前他不是被缩小为可怕的混沌之子,而是被缩小为奇异的存在。

尽管克洛普托克、歌德在文学创作中都利用过恶魔题材,但是,黑格尔在文学作品中,不仅试图否认至少是某种神话题材的恶魔,甚至试图否认恶魔这一题材本身可应用于某一文学创作中。尽管强调辩证的"否定",可是,他却如是说:"恶魔并不是邪恶和错误,因为在恶魔本身中就包含着特殊的主体。作为邪恶和错误,恶魔们具有普遍特性。"[②]

但是,错误的东西和邪恶的东西影响很大,它们足以成为一个神话人物乃至一个美学上平庸的、实体化的人物。在黑格尔的否定辩证法中,这一点涉及他所极端强调并一再确定的"否定的痛苦和真诚"。在黑格尔看来,虽然"神并不居住"在这个领域中,但是,到处都准备好了从乐观

[①] 但丁(Dante Alighieri,1265—1321),文艺复兴时期意大利文学家、诗人、代表作有《神曲》(Commedie,1320)、《新生》(Vita nuova,1295)等。——译者

[②] 参见,K. 罗森克朗茨《丑的美学》(Karl Rosenkranz, Ästhetik des Häßlichen, Nachwort der Neuauflage ders. von 1990, Reclam Leipzig),莱比锡,雷克拉姆1990年。——译者

主义视角担保的成果通道，而通过这些通道，否定性东西本身得以"扬弃"。死刑执行官也会说道："最贫穷地方正是神最接近的地方。"甚至在基督被钉死在十字架之后，换言之，恰恰在最极端的"差异之夜"之后，人们凭借泛逻辑主义的保证（panlogischer Garantie），很容易得出了基督复活的结论。在圣经中，我们再次发现："在光的观点下看吧（sub specie lucis），一切都好。"此外，不可克服的思维、圣经乃至神权政治的发言，全都为启蒙主义清一色的乐观主义之光所深深浸润，进而统统被编入虔诚世界的快乐之中。换言之，按照黑格尔的观点，从启蒙运动以来，在"看哪，一切都好"这句话中，内在世界被本地化了。

但是，即使启蒙主义没有把其中任何内容加以世俗化，它也无法为解释各种邪恶准备好地盘。换言之，启蒙主义完全无助于解释里斯本大地震、奥斯维辛大屠杀本身，甚至对于解释诸如中圈套、陷重围、自投罗网一类的雕虫小技也无所裨益。面对这一切大大小小的事件，一方面，人们对神的怀疑与日俱增；另一方面，人们对自身对手的可怕信任也与日俱增：然而，现在——**这里正是问题所在**。对于伏尔泰的康迪特来说，与其说，里斯本事件容易使人坚持对白昼世界的一种启蒙主义的乐观主义态度，不如说，它容易使人把恶魔存在视为一种无可逃避的既定事实。至少伏尔泰讲究分寸，不走极端，并没有把恶魔缩小化到不可视的地步。事实上，凭经验把握撒旦这一障碍物要比凭信仰把握有神论要艰难得多，因为后者既涉及特别奇异的小天使，又涉及完全不可知的最高神。

的确，与嘟嘟囔囔、不断寻求庇护的可鄙的人相比，一个生气勃勃、充满活力的人心地善良，城府最深，他对一切都放任自流，任其自然。启蒙主义并没有把一切美化得让人浑身不舒服，心生厌恶，它只是向人们身上泼洒通常的眼泪和别开生面的凉水而已。那么，对我们来说，启蒙主义果真富于人性，果真有益于健康吗？凭借启蒙之光，人们意识到所谓地狱只不过是眩晕和迷信而已，但是，他们却无力熄灭脚下火刑台上的火焰。尽管如此，地狱的可怕图像源于愚蠢和无知，而这种愚昧无知只适合于利用这种图像到处招摇撞骗的伪教士们。在此，唯有启蒙主义的亮光、普照周围的阳光才能突破这种阴森可怖、毛骨悚然的图像。

尽管如此，我们依然可以确信下述简短的结论：在腐败及其痛苦不再蔓延丛生的地方，人本身是善的，自然到处都是完美的，就像一座公园保护人所忽视的一切一样，这种乐观主义理念成了人的生命的一个重要组成部分。更富于启发意义的是，贵族的恬静而超脱的人生态度：憧憬甜蜜的生活（dolce vita），在田园空间中，过一种无忧无虑、美妙和谐生活。对于现存的大千世界，伟大的、精力充沛的莱布尼茨仅仅谈到了所有**可能**世界中的最好的世界。但是，与此相对照，沙夫茨伯里①却热情地赞美事物的普遍和谐关系，一再强调世上万物竞相攀升，趋向更美好的目的形式。

至少，后者即沙夫茨伯里所确信的乐观主义生生不息，历久弥坚，在过去数百年中，一直支配着普通人无差别的进步信仰立场。这种过分的乐观主义信仰蒙蔽了人们的眼睛，使得人们看不见否定之否定所绝不能克服的无数干扰性要素、毁灭性要素。试想一下，近现代史上接踵而至的一连串悲剧性历史事件。在这被践踏的种子中，并未结出任何果实。由于一连串战争，本质上，风驰电掣、勇往直前的火车头未能把世界历史"翻转过来"。其结果，整个世界堕落为奥斯威辛集中营，其中，不仅没有任何拯救，甚至也没有任何赎回。

但是，在厄运降临之前，人们同样有这样一种想法，那就是，这一切可怕的事件与邪恶本身并无关系，而且，这些事件的后果被渲染得太过分了。这意味着下述主要论点：只要恶魔还在路上，就存在**像启蒙思维一样注视邪恶的、如此无害的东西本身**。例如，墨菲斯特无关痛痒地、径直地说道："你们在看一个跟别人毫无二致的男人。"乍听起来，他的这番话似乎很在理，但是，骨子里却隐藏着与地狱判官一般阴险毒辣的敌意。通常人们觉察不到或尚未觉察到这类恶魔的特性，全然意识不到任何禁忌和神圣："不要近前来，当把你脚上的鞋脱下来，因为你所站之地是圣地。"② 就是说，西奈山上摩西所接触的燃烧的荆棘丛绝不是耶稣被钉死在十字架上的那个各各他。因此，浮士德与墨菲斯特之间的相遇不同于摩西与耶和华之间的相遇。同样，撒旦面前的礼仪也不同于有神论的礼仪。

在此，我们不妨运用现象学的表达方式，以便解释清楚现代文学与历史中"恶魔般的东西"所意欲的意义。如果这种恶魔般的东西发生"叠层结构"（Kaschierte）和效应，并且，如果以后不再予以形而上学的详尽

---

① 沙夫茨伯里（Shaftesbury, 1671—1713），英国哲学家、伦理学家、美学家以及自然神论者。——译者

② 《出埃及记》3章5节。

阐明，这种"被遮掩性"就会获得成功。换言之，"本质上"，某种恶魔般的存在"所意欲的东西"甚至诱导人们不相信他们自身。因此，这种东西与"神性"（无论是多神教还是一神教）所意欲的东西，即自身"宣称的"信仰截然有别，不可混为一谈。与此相反，即使没有对所谓"神性的东西的"信仰，邪恶的东西、恶魔般的东西以及渴望荒废一切、摧毁一切的东西也照样毫发无损，获利良多。凭借自身经验上显现的东西以及自身事实上的资料，这种获利简直绰绰有余、应付自如，就是说，不仅通过**遗觉的**观看，而且通过**现实的**现象学，这种获利可谓游刃有余、如鱼得水。

那么，上述启蒙主义所特有"疑难问题"（Aporie）对于谋求解放的最强大的"光的行为"（Lichttat）是如何作用的呢？换言之，为什么上述内容与旨在废除地狱恐怖的启蒙主义"无—神论"（A—Theismus）姿态显得很矛盾？首先，无神论促使人们一笔勾销了对神的不可识破的恐惧，其次，无神论帮助人们戳穿了各种蒙昧主义者的骗人把戏，例如，为了维持自身的权力，封建当局总是冒充神的意志，以神的名义为非作歹、无恶不作。无神论具有犀利的识破力，有助于人们破除对"上帝耶和华"（Gottherrn）本质的恐惧，促使人们首先批判人的幼稚性和自我异化。

然而，无神论的这一人道主义功能、这种脱神学政治论的要素如此强大，如此不言而喻，以至于为了解放恶魔般的东西，人们不惜一再令人惊愕地利用无神论中的乐观主义要素。这种情形常见于后来把"无神论者"（Atheist）与"反基督者"（Antichrist）混为一谈的人们那里。[1] 例如，尼采起初能够炸毁人生而固有的神学覆盖物，后来还能够识破借以炸毁一切地狱的东西。因此，在尼采那里，一种无神论之所以充满乌托邦的大胆和勇气，正是因为古老的神的信仰死了：

也许，我们正在逼近这一事件的**下一个结果**，并且对于我们而

---

[1] 实际上，在无神论者当中，也不乏持有虔诚信仰的人，例如费尔巴哈就认为，人有别于动物，人生来就是虔信宗教的。与费尔巴哈相对照，诸如海克尔一类的物理学家否定灵魂，把信仰归结为一种虚构。在他们说来，人的肉体由氧、碳、水等元素组成，其中，灵魂并不以任何物质形式存在。布洛赫强调，问题在于，当权者为了政治目的而滥用这种浅薄的唯物论，抛出了"无神论＝反基督"这一口号，宣称在东欧无神论一统天下，而在西欧基督教信仰一统天下。这种论调的背后隐藏着把宗教信仰极端化，进而把东西欧一分为二的阴险企图。——译者

言,这一结果的后果与我们所期待的东西恰恰相反。这种结果绝不是悲哀的、阴郁的,而是诸如幸福、轻快、明朗、鼓励、黎明一类的难以言状的新的光……事实上,在"神死了"这一消息中,我们哲学家们以及具有"自由的精神"的人亲历了新的黎明的晨光普照。这样,我们的内心中流淌着一股感谢、惊讶、预料、期待等暖流。最终,我们的视域豁然开朗,仿佛重新敞开了一道新的地平线,我们这才意识到从前的视域并不明亮清晰。最终,我们的航船扬帆启程,开离港口,我们的航船冒着各种风险,重新驶向无边无际的海洋。现在为了认识行为,允许尝试任何冒险活动。浩瀚的**海洋**,我们的**海洋**重新敞开在那里。也许,历史上从未有过这种"开放的海洋"。①

然而,尼采乃至最初的抽象无神论的所有思维都采取了某种令人惊愕、令人怀疑的方式,所以,**在神之死这一结局上**,我们处于令人忧虑的萎缩状态之中。这本身正是启蒙乐观主义给否定因素以大力支持的东西。在此,无关紧要,反之亦然:或者恶魔般的东西被转移为有神论的橡木,或者有神论的橡木被转移为恶魔般的东西。在如此简单地根除"神实体"(Gotthypostase)的地方,究竟还剩下什么?进言之,对神实体的辩护能力关系到每一种监护约束、僧侣统治集团、"主—奴"静态关系等。

在神话中,敌对者属于隐蔽的、超自然的被造物,但他反正都不是可忽略的存在,因而他绝不是作为统治原型的宙斯。作为人的原型,如果普罗米修斯(稍加变动等于约伯)不是从原型角度起而反抗,那么当权者的神又停留何方、身居何处呢?在此,甚至这一点也一目了然:无论是平庸浅薄的乐观主义还是轻易制造这种罪恶的启蒙主义,都从那种无神论中找得到某种避难所。因为尽管无神论谈论关于神的想象及其超越地制造的实体,但它"同样"把所有罪恶排除在任何讨论之外。借助于此,如今**在形而上学视野中**,也出现了过分简单地否定恶魔般的东西的倾向。

然而,对恶魔般的东西的形而上学视野绝不是单纯神话学的视野、更

---

① Fr. 尼采:《快乐的科学》,《选集》第二卷(Nietzsche, *Fröhliche Wissenschaft*, Werke Ⅱ, 1960),1960 年,第 206 页。

不是重新加以实体化的神话学的视野，而是最彻底的、直抵**深层**的视野，直抵充满恐惧和拯救的视野，即横穿背后世界的视野。在这种视野中，罪恶绝不是可夸大的，更不是可孤立化的。既不能像今日流行的作法那样把罪恶高扬为绝望，也不能像阿多尔诺的行话那样认为"善的时尚是不真实的"[①]。与上述抱怨本身有关，阿多尔诺试图用那种纯粹否定的辩证法将马克思乃至黑格尔加以相对化，并且宣称任何斗争、甚至"革命的代数学"（Algebra der Revolution）都不再可靠有效。

然而，阿多尔诺的"**物化了的绝望**"（verdinglichte Verzweiflung）几乎是无效的。尽管立场殊异，但在一无是处**物化了的绝望**中，我们得不到任何有益的教诲。例如，自古以来，教会和官方就以顺应时势主义的态度，一再劝告人们"放心吧"。天主教教会热衷于向信徒灌输事先设定的确信，然后从机构、教会的角度竭力巩固一套等级森严的祭司制度。这样，教会总是大获成功，如愿以偿地将所有制等级化，并拥有等级森严的僧侣统治制度。归根结底，天主教会同样发挥一种失败主义的、严重阻碍革命的恶劣效果。

阿多尔诺的物化了的绝望与现存教会的物化了的失败主义各自属于某种过分夸大的思维。前者过分夸大腐朽的否定性，后者过分夸大浅薄的否定性，究其根本，两者都借助于偏狭、黯淡和拙劣的隐蔽性。尼采注意到，凭借无神论炸毁的也正是这种见不得阳光的阴暗面。其实，大谬不然。恰恰相反，同样在那反面，按字面所否定的地方，说不定静态恰恰蕴含着最深邃的真理。按字面意思，尽管两种思维都对某种开放的东西、果敢斗争的姿态以及活生生的希望表示敬意，但是，在此它们所表达的更多是装饰性的几句花边话，并无实质性内容。前者，即阿多尔诺借以唤起绝望的思维乃是一种软弱无力的思维，在某种程度上，可以说是赏心悦目、充满诱惑力的香水而已；后者，即教会的立场只不过是传统布道结束语的预定说，即冥思苦想地设定了的银柜而已。

[①] 语出 Th. W. 阿多尔诺的《否定的辩证法》（*Negative Dialektik*, 1966）一书，20 世纪 60 年代，这句话在西德曾经风靡一时。现代社会的崩溃局面如此可怕，以至于人们难以分辨善与恶。有鉴于此，阿多尔诺主张"善的非本真性"。但是，这种说法渊源于克尔凯郭尔和海德格尔对"善"的一词的误用。在现实生活中，人能否按照自身的意志生活，在人生歧途中，能否贯彻自身的意愿，重新定位人生航标？对此，像克尔凯郭尔和海德格尔一样，阿多尔诺也作出了"否"的回答。据此他断言，从一开始，人的愿望行为本身就是一种徒劳的妄想。——译者

然而，在作为尚未到达的东西以及到达后感受到的"尚未"的意义和概念上，希望的明亮绝非宛若星辰、遥不可及。因为就像在绝望或确信方面发现的明亮一样，至少这种明亮也是悬而未决、飘忽不定的。这一切都将有益于必须实施的斗争和必须赢得的历史过程。因此，在所有**被检验的希望**中、在所有现实的，即**战斗的乐观主义**中都活跃着寻找和消灭某物的通道。在历史过程中，往往适得其反，某种理应消灭的东西反倒疯狂生长。这纯然是反乌托邦的能力，完全与光的乌托邦的胜利能力、胜利可能性背道而驰、南辕北辙。

在那里，我们所寻求的阴暗的、充满艰险的大地与可能的拯救，即我们"非冥想的"行为难解难分地交错在一起。在此，并没有上头的任何担保的拯救计划，相反，在此只有"严酷而危险的运行、痛苦、漫游和错觉以及对隐匿家乡的苦苦寻觅。在此，充满着悲剧性的烦扰、一连串沸腾而爆裂的飞跃，各种惊心动魄的突围行为以及孤独的承诺，而这些极限行为仅仅非连续性地装载着光的良心"①。

邪恶并不想望人所信仰的东西。因此，就自身纯粹的神话实体而言，即对反对这种实体的现实斗争而言，邪恶本身对于我们十分重要。迄今人们要么把恶魔要素缩小为单纯的有无问题，要么在通常意义上，将其归结为单纯的陪衬物或干脆把它遗弃在深层维度中：

> 在此，靠鲁莽的、充满复仇的手，我们究竟拥有了什么？那是内心中阻碍前行的、迫害我们意志的感情。进言之，那是蒙蔽我们眼睛的蜘蛛，撕咬和被撕咬的东西，毒蝎，扼住咽喉的天使，掌管偶然、不幸以及死亡的恶灵，谋杀犯所散发的恶臭，所有意味深长的存在的无家可归，在所有天命面前，愚钝的、浅薄的、几乎没有说服力的山脉划分（Trennungsgebirge），施以"虔诚的"泛逻辑主义魔法的魔术师们——凡此种种，有朝一日都不会成为设立法庭，审判我们在历史中所犯过错的原则。很久以来，这些恶魔般的因素始终未经深入探究，时至今日仍然受到超理性过程的庇护。尽管曾经被逐出天国，但

---

① E. 布洛赫：《作为革命神学家的托马斯·闵采尔》（Ernst Bloch, *Thomas Münzer als Theologe der Revolution*, 1962），1962 年，第 14 页。

由于我们的狂妄自大，我们的内心中依然带有这些恶魔般的因素。①

一旦我们非神话地标明恶魔般的因素乃至否定性，那么，这种因素和特征就在变化过程中起到异乎寻常的促进作用。恰恰作为解决办法以及拯救过程，这种因素和特征说明过程的理由和动机。如果不存在邪恶和否定性，换言之，如果压根就不该存在这些东西，过程就绝不是过程。事实上，自始至终，失败乃至毁灭的盖然性都持续威胁着过程本身。

> 从一开始，这种否定性因素就是中介了的"已知的希望"（docta spese）的危险范畴或客观的无保证性。在这个世界上，并不存在作为固定结果的坚如磐石的"无状况性"（Situationslosigkeit）。在阴暗的意义上，诸如可决定性、新东西、客观可能性等也绝不会失效。正因如此，失败乃成功之母，任何输掉了的战役都可以成为对下一次战役的更好的探索。但是，在那种明亮中，甚至在所有明亮夺目中，也不存在任何无状况性。在此，所谓"明亮"（Helle）系指没有异化的此在，明了的、成熟的、归化的价值。因此，乐观主义只能被正当化为战斗的乐观主义，而绝不能正当化为无可争辩的乐观主义。对于世界的贫困而言，乐观主义以最后的形态，即不单纯是作为卑鄙的形态，而是作为低能的形态起作用。②

在《希望的原理》中，笔者曾经这样写道：

> 在其具体形态中，乌托邦乃是关于寻求"全有"（Sein des Alles）的实验意志。在这种意志中，某种存在激情在起作用，这种激情决定性地转向误以为业已完结的、成功地存在着的世界秩序、甚至超世界秩序。但是，从中这种激情作为某种尚未存在以及指向"至善"（Summum bonum）的希望起作用。在充分利用通过历史而继续前进的那个"无"（Nichts）之后，存在的激情依然凝神注视毁灭的危险，

---

① E. 布洛赫：《乌托邦的精神》（Ernst Bloch, *Geist der Utopie*, 1918），1918 年，第 414 页。
② E. 布洛赫：《希望的原理》（Ernst Bloch, *Das Prinzip Hoffnung*, Frankfurt/Main, 1959），法兰克福/美因 1959 年，第 1624 页。

甚至高度重视经常被视为假说的**某种无的可能定义**。在此，战斗的乐观主义事关人类前途命运的大局：如果没有这项工作，无产阶级和资产阶级就会在同样的野蛮中归于没落；而且，如果没有这项工作，在广度和深度中，浩瀚海洋就见不到绵延的壮丽海岸，漫漫长夜就找不到阳光灿烂的东方，以致人类就面临毁灭的危险。这种定义标志着历史过程的绝对的徒劳无益、自取其辱，而这一点就像什么也未曾发生一样，把一切事物都排除在可能性之外。只有在肯定的意义上，"旨在**成就一切的一切的定义**"才是适当的。因此，最终留给我们的是这样一种抉择："绝对的无"（absolutem Nichts）与"绝对的全有"（absolutem Alles）之间不可翻转的二者择一。"绝对的无"意味着乌托邦的无可挽回的挫败；在自由王国的"先现"（Vor-Schein）意义上，"绝对的全有"则意味着确定不移的实现或与乌托邦同一的存在。①

上述引文中提到的存在是这样一种存在，即它以恰当的意义，最终使我们豁然开朗、心明眼亮。然而，在对这种存在的持续省察中，也存在这样一种以偏概全的危险，即一概否认否定性的东西，以至于在考察史前世界中，不是秉持一种"泛逻辑主义"立场而是秉持一种你死我活的斗争立场，或者信守"若是结局好，一切都美好"②的陈词滥调。是的，也许"什么""为何"正是希望原理的战斗的、辩证法的特权，即它所追求的终极内容是一切**假设**（Postulat）以及一切可能性的完满实现。换言之，为了获得这一终极内容，我们不应追逐过眼烟云、转瞬即逝的东西，而应当以悬而未决、绝地放手一搏的心态，首先追求"无"，亦即与"可能的全体挫败"的交往。

其实，作为未偿付的终极样本，这种尝试性的希望的欧米茄一向存在于启示录之中，但是，不可否认，如果没有邪恶的阴暗背景，我们就无法完成其胜利的"先现现象学"（Vor-Schein-Phänomenologie）。试想："死亡啊，你的芒刺在哪里？地狱啊，你的胜利在哪里？"③ 总之，否定的

---

① E. 布洛赫：《希望的原理》，第364页。
② 语出英国戏剧家威廉·莎士比亚。——译者
③ 语出《哥林多前书》15章55节，后因被写入勃拉姆斯的《安魂曲》而著称于世。——译者

要素不仅**存在于人的意识中，也存在于客体本身中**，在此意义上，元宗教的启蒙性四面八方、前前后后到处都蕴含着邪恶的东西。正因如此，不仅存在得以明亮清晰，而且最终得以把现实的明亮与黑暗之间的无可比拟的斗争排除出去。因为当否定的东西以及肯定的东西近乎绝对化时，斗争肯定会失去本来的地位和意义。这种情况无异于关于"人的自然化与自然的人化"（Naturalisierung des Menschen, Humanisierung der Natur）这一历史过程要么业已失败，要么业已赢得。

事实恰恰相反，在这个世界上，显然还存在巨大的乌托邦的显现，从中，我们不仅可以感受到未经克服的否定性的东西，还可以感受到某种趋势—潜势的最佳状态。无神论推动人们揭示了"神性的东西"以及君主乃至最高权力存在借以实体化的现实地形图，从而它的价值得到了补偿。借助于此，无神论向人们明确指明了从中寓居的关于"神性的东西"的最后秘密，即纯粹的"人的秘密"（Menschengeheimnis）。这意味着什么？宗教的本真遗产是对尘世美好生活的渴望和憧憬。因此，"基督教以及以后的基督教思想中所剩下的正是我们人类应当追求的自由的王国"。

50. 生命勇气中的道德因素和终极根源①

在心灵深处，某种萌发和活跃的东西不断蠕动、升高。自古以来，某种向外冲撞的东西就拥有脉搏，即使在心脏形成之前，这种脉搏也已经存在。现在、现在、还是现在，怦怦乱跳，一再地反复不已。就在这种激烈的跳动中，日子飞也似地流逝了。仿佛这种跳动绝不中断，永不止息。据此，尤其是健康的人无忧无虑地生活。在此不必一一列举一个人身体以外流失的东西，这些未能汇聚到整体中来的东西使得身体无法完全地享受时日。

但是，在此一个人的生命与一条大河的特性毫无相干，因为滔滔大河一泻千里、连绵不绝。在此，下述警句不再有益，也不再毫无疑问："人活着是因为他活着，并且不是为了生活。"相反，对于我们大有裨益的是

---

① 在本章中，布洛赫探讨了生命的勇气：一方面，生命的勇气与斯多亚学派所倡导的人的直路有关；另一方面，生命的勇气与基督教思想中新的生命以及永生之火花有关。前者指向过去，带有拥护现世体制的倾向，而后者指向未来，带有叛逆的、反体制倾向。——译者

诸如"向何""为何"一类的追问，因为这类追问并不像滔滔大河那样奔流不息，而是作为一种不再流淌的冲撞，在我们的意识中，带来阵阵非连续性的冲击。凭借新的根源，冷不丁地突然要求与我们说话的正是"**生命的勇气**"（Lebensmut），而这种勇气不再是不言而喻的。即使在习以为常的健康状态中，不仅不同寻常的亲密态度，就连正在进行的此在的习惯也同样会渐渐减弱，最终引发一种异常严重的危机效应。其结果，人的价值就像股票价格一样一路狂跌，就像无人问津的商品一样一落千丈，这种命运恰恰反映了资本主义社会内部连年亏损、资不抵债的人的现实处境。人们时常感到，他们只是单纯的商品，充其量是朝不保夕、不再有用的廉价劳动力。

如果这一点也被运用到资本主义繁荣时期，它就会造成这种情况，即所有被剥削者在剥削者之下，所有被雇佣者在雇佣者之下变成一种可交易的赤裸裸的商品。在这种人的异化乃至人的此在的荒漠中，人的特别的生命勇气究竟是什么？难道这是借以忍受资本主义制度下的自我异化以及千篇一律的压迫人、麻痹人的老一套生活方式的手段吗？试想每天凌晨都两眼惺忪地站在工厂门口，每天夜晚都精疲力竭地离开工厂的工人们。他们只是为了增进资本家的利润，固定不变地重复自身卑躬屈节的功能。所谓工资就是工人和雇员所生产的剩余价值重新流回他们的部分而已。而且，在资本主义条件下，工资也是用来再生产第二天劳动力的部分。

由于这种生产方式，麻痹瘫痪的劳动过程一再被切断，谁也离不开这种恶性循环。但是，在资本主义制度下，也不乏一夜暴富、飞黄腾达的人。对于这些人来说，马克思的名言继续有效："他们同是自我异化。"① 虽然因阶层不同，自我异化感有所不同，即资本家作为资本家，并且仅仅作为资本家本身才切身感受到自身的自我异化。在此，至少可以说，这个人进入较高类型的自我丧失和生命的荒芜感。因此，在为追逐利润而疲于奔命的此在那里，生命同样显得十分可怜、毫无价值。对于勉强维持生活，像单纯的小螺丝钉一样默默无闻的此在而言，漫长的、死一样可怖的

---

① 参见马克思《神圣家族》："有产阶级和无产阶级同是人的自我异化。但有产阶级在这种自我异化中感到自己是被满足的和被巩固的，它把这种异化看作自身强大的证明，并在这种异化中获得人的生存的外观，而无产阶级在这种异化中则感到自己是被毁灭的，并在其中看到自己的无力和非人的生存的现实"，载于《马克思恩格斯全集》第2卷，人民出版社1957年版，第44页。——译者

生活会有多么的无聊和厌倦。当然，在生命的尽头，每个人都笼罩在"被成就的东西"的光环之中，但是，同样不言而喻，在卑鄙龌龊的阶级分裂中，人们却一无所成，枉费一生。

甚至有句美国谚语这样说道："刽子手也必死。"（Also hangmen must die.）在此，死绝对不合时宜地呈现生命的终结，死不是以极其罕见的方式使生命丰满起来，而是使生命瞬间化为乌有。然而，即使是一个自杀者，他也只想结束生命而不愿拒绝未实现的愿望、生命的目标以及对这种生命的更多渴望。叔本华说得好，按照他的说法，自杀者并未拒绝对更美好的现实生活的意愿，相反，他只是悖谬地赞同连续的生活，即仅仅拒绝了从中形成他的生命的那些条件而已。

试想一下，终老而死、绝非自愿之死以及对这种死的确切展望。人必有一死，这在我们内心中需要多么巨大的勇气？但是，确定无疑的是，对于想要预防日常的、极其平凡的视野的人们来说，他们所需的并不是真正的生命勇气，而是所谓来回游荡的"忧郁铅锤"（Blei Schwermut）。忧郁之锤之所以漫无边际地游来游去，是因为并不是所有时代都怨声载道、民不聊生，这样很清楚，在人们心中尚未思考正在变化的近期目标。与此不同，在轰轰烈烈的革命时代，至少大多数人试图摆脱麻木不仁、耗尽一切精力的日常压迫，甚至敢作敢为，大胆摆脱这种压迫。

因此，生命的勇气中包含着矛盾和冲突性因素。当权者们总是挖空心思，千方百计，试图阻止生命的勇气中真正特性的爆发。例如，在所谓"铅锤"（Blei）时期，谋求稳定的幕后统治集团不仅欺骗人民，甚至自欺欺人，妄称生命的勇气只不过是徒劳地飞向天空的爆发行为而已。例如，马戏团游戏就被用作新的游戏，其用途在于暂时排遣带有鲜明烙印的无聊厌烦。这种游戏之所以应运而生，是因为作为一种花招，它可以稳定社会的中间阶层。这种花样要么用以麻痹尘世人们，要么用以哄骗不再相信彼岸世界之安慰的人们。

然而，由于这种假象，生命的勇气的真正根源就被掩埋在市民阶层的"中庸之道"（juste milieu）之中。但是，生命的勇气伴随着不可根除的、汹涌澎湃的道德意识。但是，生命的勇气根深蒂固、生生不息，始终伴随着向上喷涌的道德抵抗意识。因此，在其背囊中，最后的思维并非仅仅携带元帅权杖或主教权杖，而是携带与此截然相反的理智领域乃至理性存在的一切不变量。另外，通常保留在虔诚人的心目中的所谓"起来吧"这一祈祷,听起来特别虚假不实,充满了卑躬屈膝、曲意逢迎的味道。威廉·拉贝①的讽刺体裁作品就辛辣地嘲弄了这种祈祷:"主啊,今天也赐给我日常的错觉吧。"

在生命的勇气中,也不乏被打倒在地、一败涂地的事例。但是,无论如何,生命的勇气都不是诸如"西西弗斯"②神话或诸如《等待戈多》③一类荒诞派戏剧意义上的一种错觉。甚至在苦苦等待中,生命的勇气也不会破灭,因为在"也许不是错觉"这一惦念中,生命的勇气也会继续活跃、滋长繁衍。鉴于"尽管如此"(Trotzdem)这一悖论,所谓生命的勇气的根源并不是不合常理的悖论,而是自身特有的不言而喻的道理吗?如果我们连带考虑"还有更远的东西"(Plus ultra),即借以至少免除世界现状的东西,那么生命的勇气的根源就更是不言而喻、理所当然的了。简言之,如果生命的勇气不是愉快的娱乐,那么它就是义务。如果不是义务,那么地上的娱乐就停留于依然十分遥远、尚未出现的目标,亦即我们迟早都要实现的目标之中。

活着的东西总是超越自身,以便讴歌更高的生命力。每一个个体、每一个所期待的自我都不应装出一副了不起的样子。因为在生命中,自我所期待的东西一再落空,直至归于灭亡。至于周围所环绕的愿望图像也是如此。这方面,自我并不成为例外。在二重字面意义上,停留在我们自身的渴望不爱虚荣,也不自命不凡。这种渴望并不黏附在有价值的自我之上,但也不来源于依然被隐蔽的我们的核心。对于我们来说,即使有人把愿望看得很重,那也不啻私人银行账户。因此,就是过分自我中心主义的人也

---

① 威廉·拉贝(Wilhelm Raabe,1831—1910),德国写实主义小说家,他的作品敏锐地观察和描写了19世纪德国人的日常生活。主要作品有短篇小说《黑色的奴隶船》(1865)、《枞树中的埃尔赛》(1865)和《比撒的蠢女人》(1869);代表作有《饥饿牧师》(1864)、《阿布·台尔凡或月山还乡记》(1867)和《运尸车》(1870);长篇小说有《福格桑档案》(1896)等。——译者

② 西西弗斯(Sysiphus),希腊神话中科林斯的建立者和国王。相传,西西弗斯设计绑架了死神,让世间没有了死亡,从而触犯了众神。诸神为了惩罚西西弗斯,要求他把一块巨石推上山顶,由于那巨石太重,每每未上山顶就又滚下山去,前功尽弃,于是他就不断重复、永无止境地做这件徒劳无功的事。"知其不可为而为之",西西弗斯的生命就在这样一件无效又无望的劳作当中慢慢地消耗殆尽。——译者

③ 《等待戈多》(En attendant Godot),爱尔兰剧作家塞缪尔·贝克特的两幕悲喜剧,1952年用法文发表,1953年首演。《等待戈多》讲的是两个身份不明的流浪汉等待一个叫戈多的人的荒诞故事,以此衬托了人生的不幸与荒谬,揭示了人类生存环境的孤立无援和痛苦绝望。——译者

并不总是于蛰居于自身或我们自身的内部。尽管自我与另一个自我之间是不可混淆的，但是，自我动用较为发达的"如此之在"（Sosein），以自身特有的方式，能够替代所有前行的人的存在。

任何不幸事故都不能把人完全击垮。这种压不垮、打不烂的韧性正是现实生命勇气的**第一特征**，而这种特性恰恰来源于我们人之中面向**直路**（aufrechten Gang）的意志以及坚持这种道路的自信坚强的态度。换言之，无论在组织上还是政治道德上，生命的勇气都被理解为直路。这与斯多亚学派的思想密切相关，但是，它也被称之为我们刚直不阿的态度、独立自存的能力。直路并不是为了接触隐匿、暴露一切而斗争，但是，借助于此，人们坚强地面对压迫或不幸。斯多亚学派把这种赋予男性气概的阳刚之气称作"灵魂的指导原则"（Hegemonikon）①，进一步讲，这种坚强不屈的态度寓居在贺拉斯②的下述诗句中："废墟为绝不动摇的男子所支撑。"（impavidum ferient ruinae.）

的确，斯多亚学派经常用华丽的辞藻，慷慨激昂地宣扬生命的勇气，但是，这种勇气**首先**趋向**道德**的生命勇气，而这种勇气拥有其悠久的古代根源。归根结底，这种勇气素朴地教导人们过一种正直诚实的生活。虽然持这种生活态度的人尚未克服死亡，但是，在任何失败、劫难、厄运面前，他都绝不举手投降。换言之，这种生活态度并未指明某种比"不可妨碍的东西"（Unstörbares）更多的东西，但至少显示出振翅翱翔、一往无前的行为举止以及基于这种行为举止的坚不可摧的人的精神面貌。

但是，上述生活态度也表明一种轻视死亡的倾向，也许斯多亚学派甚至都无需狂热地炫耀这一倾向。因为斯多亚学派的思想并未触及死亡问题，它只是劝告人们过一种合乎道德的、合乎人的尊严的生活。当然，在斯多亚学派那里，生活态度本质上并不具有颠覆性的愤世嫉俗倾向，因为这个学派丝毫也不想超越现存的人，更不想超越世界的本性。例如，斯多亚学派宁愿把"宙斯的完备城市"冒称是世界上最完备的城市。按照这

---

① "灵魂的指导原则"（Hegemonikon），斯多亚学派用语，相当于今日的用语"理性"。——译者

② 古罗马诗人、批评家贺拉斯（Horace, B. C. 65—A. D. 8）晚年深受斯多亚学派思想的熏陶，这一点他的《颂歌》为证："即使世界没落而归于完全崩溃，废墟也为绝不动摇的男子所支撑。"（Si fractus illabatur orbis, impavidum ferient ruinae.）参见贺拉斯《卡门Ⅲ，3》（Horaz, Carmen Ⅲ, 3）。——译者

种说法，在宙斯城市的石柱上，醒目地刻上了作为被验证的男人，即带有粗糙皮肤的斯多亚学派智者。

在此，并没有被诱惑的秘密，即没有通过**基督的冲动**而进入主体的秘密。与"宙斯城市"格格不入，在基督到来之际，外部世界越发昏暗，一片漆黑。古代宗教对人持一种仇视的、恶魔般的态度，只是随着基督教的到来，人们才开始彻底重估善良的命运。通过基督教信仰，这个世界上无所期待的人们有了新的心灵寄托，其生命感恰恰获得了全新的力量。即使基督教被认为是原罪残废者，而后继者们的步伐一瘸一拐也罢。从这时起，开始了基督教徒的内在超越活动，而这种活动猛然撬开了斯多亚学派面对生命和死亡所表现出的那种坚强刚毅的姿态。这样，在我们之中仍然隐蔽的某种荣耀就开始展翅飞翔，搏击长空了。作为一种意向性的、真正不可摧毁的行为，这种飞翔足以唤起一种强烈而崇高的宗教情怀。

这样，关于生命的勇气的**最后的根源**，即第二个道德根源就加入生命的勇气的第一个根源中。这第二个根源是指逃脱恶魔的酒店的勇气。对此，基督教信仰被用作操控信仰的方向盘，而在这种目标指向的信仰中，信徒们不仅把基督升天冒充为实际发生了的神秘欲望，而且凭借超越的上头，把基督升天冒充为目标场所。尤其是，所谓基督升天为广大基督教信徒预示了一种较少神话学味道的、一种神秘莫测的生命基础。

与此相关，我们不妨重复一下艾克哈特所引奥古斯丁的一段话："在我内心中，我将感受到，我的灵魂的表演和照耀。如果这一点带给我内在的圆满性和持续性，那必定是永恒的生命。"① 诚然，"永恒的生命"这一范畴既不能为今日普通的、非神秘主义的人们照亮死亡，也不能使他们摆脱对死亡的恐怖，但是，奥古斯丁和艾克哈特同时确切地说明了人以及世界内面中的核心深蕴，即尚未显现的东西。这样，在我们的内面中，我们的核心深蕴不仅对所有我们迄今的显现享有治外法权，而且**同样**处于**消亡**状态，亦即通过上述引文中所记录的"表演的""照耀的"、**同样尚未显现**的特有的"**先现**"（Vor‑Schein）来指明最深远的生命勇气的最后方

---

① 这是迈斯特·艾克哈特在《关于沉默》的传道中所援引的奥古斯丁的一句话。参见迈斯特·艾克哈特《神秘著作：古斯塔夫·兰道伊尔译》（Meister Eckhart, *Mystische Schriften, Übertragen von Gustav Landauer*, 1978），1978 年，第 15 页。——译者

向。就是说，在某个核心展望中，我们的核心深蕴业已指明"我希望故我变化"（Spero ergo ego）。这正是关于最终目标的乌托邦的本真根源，而这种根源不是摧毁我们的真正本质，而是造就我们的真正本质。

在显现人的本质中，尽管任何一个贪图安逸的人都不能获得**确信**，但是，通过过程化，所查明和创造的东西绝不是虚幻的错觉。恰恰相反，作为核心隐蔽物（Abscondium），即同时作为强有力的推动力和预先推定，这种被查明和创造的东西将大大有助于生命之家的构筑。在此显现出奥古斯丁和艾克哈特所共同指明的人的内在核心底蕴的稀有性。就是说，凭借对这种稀有性的世俗化，两人日益逼近稀有的、强有力的东西，从而能够带给我们不是低空飞行而是高空飞行的精英意识。

但是，在前面所强调的"照耀"（Vorleuchten）、"表演"（Vorspielem）中，隐藏着某种特别重要的东西。进言之，这东西既不是把业已陈述的基础存放在深处里面的东西，也不是把这种基础存放在任何内敛的所有物中的东西。毋宁说，在此关涉某种冲动。确切地说，在此不是涉及斯多亚学派的"不动心"（Ataraxie），而是涉及"基督的冲动"（Christusimpuls）。在"表演"和"照耀"中，正是这种基督的冲动发挥着自身的强烈刺激效应。然而，基督冲动的有效性不在于"命运之爱"（amor fati）这一伟大的过去或过去完成时，而在于"神之爱"（amor dei）这一业已完成的、过分完结的崇高光辉中。

如果说前者强调"确信"（Zuversicht），后者则强调"希望"（Hoffnung）。如果说，确信压根就建立在业已界定的东西乃至"最终状态"（definitivum）基础上，希望则停留在我们绝望的中间以及十分艰难的航海之中。从上述"表演"、从那个光的"照耀"出发，希望的冲动一路陪伴我们、滋养我们。归根结底，在奥古斯丁和艾克哈特那里，作为未来，光的存在乃是希望的源泉，它来自我们普遍深度的内部，来自我们直路的坚实基础。

现在，这种**最后的**勇气，即最后的生命勇气已不再局限在中世纪陈腐的表达方式中：如今这种勇气不是丧失"世俗化"，而是越发脚踏实地、兢兢业业。在依然缺乏这种实践的地方，生命的勇气一再哺育渴望之梦。如果人们杯弓蛇影、疑神疑鬼，他们会把"对更美好生活的梦"视为一种自欺欺人的错觉，但是，如果人们深思熟虑、老谋深算，他们就会侧耳倾听：一个称心如意的世界迟早都会到来。这种态度并不借助于经验地形成的"对事物的知性适合性"(adaequatio intellectus ad rem),而是形成于对事实知性的创造性的"非适合性"(inadequatio)。自古以来,人们就不满足于不言而喻、业已形成的世界。正是从这种人性地显现的、但经验上尚未显现的明证性中,第二个即最后的生命勇气不可阻挡地流淌下来。

从康德的《一个视灵者的梦》中(并且恰恰不是从视灵者本身中),有句话与最后的生命勇气相关联,但这段话从未得到清偿。就像使用屡试不爽的解毒药一样,对于视灵者所谓"智慧越多,悲苦也越多"一类的发言,我们可以一再重复使用下述一段话:

> 我并没有发现,某种执着或者在其他情况下某种在检验前就产生的倾向,从我的心灵夺走对一切赞成与反对的理由的操控能力。但是,唯有一种执着例外。知性的天平毕竟不是完全公平的,刻有**未来的希望**这一题词的秤臂具有一种机械的优势,而这种优势造成这样一种结果,那就是,就连落入附属于它的秤盘的轻微理由也使得另一端本身较重的思辨向上翘。这是唯一无法消除的知性的不正确,事实上,我也从未想消除这种不正确。①

在那里,较之与此相反的另一端秤盘,甚至"本身较重的思辨"更容易落入希望的秤盘里。然而,对最终思维(Ein-gedenkens)的所有思辨都是对"一者"(Eine)这一作为思维的思维的考察。为此,我们必须合乎规矩地生活,形成既有活力又有秩序的组织体系。必须只争朝夕,争分夺秒,不仅拥有知识,而且拥有关于知识的良知。在圣经中,同样蕴含着"希望"这一终极意向,在此,在一片迷离混沌、令人眼花缭乱的抽象思辨中,烘托出"希望"这一红色导线。正因如此,这种思辨才越发弥足珍贵,带有沉甸甸的重量。追本溯源,我们生命的立义乃至最终环绕我们的自然的立义都来源于对"一者"的坚定不移的希望。因此,人必须站在这个世界的最前列,通过"生命以及世界的实验"(Experimentum vitae et mundi)努力发现对于我们的最终思维必不可

---

① I. 康德:《一个视灵者的梦》(Immanuel Kant, *Träume eines Geitessehers*, Werke Ⅱ),哈尔滕斯坦泰因,第357页。

少的那个"一者"。

在充满艰险与机遇的"可能拯救的实验室"（Laboratorium possibilis salutis）中，即在被称作"历史"的实验室中，人类必将推进这一课题。通过推进这一课题，我们收获末世论的成果，而这种成果既超越带有业已消失的生命以及世界之"熵"（Entropie）的未成功的东西，也超越在"元宗教"思维中表演的、照耀的那种绝对超越的生命的勇气。作为一切存在质料的欧米茄，这种成果拥有关于自为存在或王国自身的全部未解决的暗码。

具体的乌托邦常被视为绝非简单的，可惜源于《希望的原理》的过分流行的悖论。尽管如此，**具体的乌托邦借助于下述一系列手段，可以继续保持自身的真实面貌**：第一，持续关注各道路条件的中介和"长远目标"（Fernziel）；第二，不失时机地提取"所有近期目标中的长远目标"（Fernziel in jeden Nahziel）。借助于此，近期目标本质上也能够成为一个值得追求的目标，并且多少可以容易地再生产出迄今我们所成就的、缺少"目标意义"（Zielsinn）的生命。但是，目标意义被视为某种指向未来视域的东西，最终被视为等同于"完满性"（Vollkommenhei）的理念。这样，最终"完满性"可被命名为未破产的"我们的面貌"。

因此，与这个欧米茄有关的是，在此终极意义的神秘合唱等同于基督降临节。可以说，作为拯救和解决，这支合唱等同于解放了的人性。很可能基督降临节是其意义尚未被识破的最后的神话。但是，这个节日同时也是想要仅仅预示某一结果的最后的暗码：作为"永恒喜悦"的人，作为像天国的耶路撒冷一样受到祝福的自然。在一切场所中，至少弥赛亚主义要素乃是生命的最后支撑点，但同时也是源自乌托邦的、显而易见的真理的最后内容。在太过聪明的人那里，这种内容不啻是痴人说梦、愚蠢至极，而在太过虔诚的人那里，却可据此预制某种希望之梦，构筑生命之家。但是，在智者那里，乌托邦的意义乃是世界本身的尚未解决的最坚实的现实问题。

这样看来，生命也具有多种多样的意义。例如，在永不满足的欲望中，在单调乏味的劳作中，在拒斥与我们的期望完全不相称的环境中，在预见恰如其分的东西中，渐渐形成各种生命的意义。生命的渴望宛如泉水向上喷涌，但它从不在登高时迷失方向。

51. 使死的勇气成为可能的根源或启程①

人生活在死亡（Sterben）本身中，而对死亡的思考令我们黯然神伤、无言以对。关于死亡的意识无处不在、无时不有，尽管这种意识通过死亡的后果而与死亡紧密地联系在一起。因此，死亡也是生命完全被熄灭的行为，这与事前联想起来的对死亡后果的思考截然不同。但是，在对死亡后果的意识中，也存在着人们视死如归的勇气。人们不禁对死亡感到恐惧，也在死亡旁泰然自若，尽可能保持勇气。人还能感受到痛苦，这纯然是他仍然活着的标志。死亡带给人们巨大的痛苦，但这种痛苦仅仅暗示因为死亡而到来的危险，并不意味着死亡这一事实本身。实际上，死亡以前的弥留状况与死亡本身完全不同。不过，我们对辞世这一死亡本身的恐惧却远远超过死亡意识带给我们的恐惧。

虽然我们无法通过自身的肉体直接经验死亡，但在死之前，我们可以目睹别人的尸体。对于我们来说，也许再没有什么场景比目睹他人尸体时的感受更富于冲击性了。就像古代尸体墓碑一样，或许死后在高处俯瞰死神的人这样说道："现在的你是过去的我，现在的我是未来的你。"与生死、艰苦、乏味等意识相比，"终有一死"的意识属于向来必不可少的另一种勇气。

这样，在死亡瞬间中，自我不断遭遇真切的、毁灭自身的另一种恐惧。这与人的决断姿态息息相关。因为事实上动物在死亡瞬间依然站立不动。实际上，动物仅仅持有对死的行为的恐惧，而对行将到来的死亡并不抱有极大的恐惧（Todesangst）。之所以这样，是因为动物并不具有有意识地与自身相关联的自我，所以，它并不能预见自身特有的、毁灭性的死亡，对此，动物也就无所谓惶惶不可终日。与此相对照，人具有有意识地与自身相关联的自我，所以，人不仅知道死的行为可怕，也知道行将到来的死的阴森可怖。换言之，人能够深切地意识到死亡的恐怖。

在这一点上，自我显然很重要，但是，自我也绝非总是像自以为是的

---

① 在本章中，布洛赫探讨了与死亡有关的恐惧以及视死如归的勇气。在此令人惊讶的是，当星相神话中的宇宙以及逻各斯神话中作为人的本性的"基督之身"（corpus christi）与死亡相遇时，呈现出某种对立和不协调状态。——译者

那样了不起。常有恰恰相反的情况，例如，在极度虚荣的情况下，即在浸透纯粹私人感情的、非个人自我的无价值教育中就会出现这种反例。在可贵的自我中，这种单纯的私人感情（bloß Private）对死亡无动于衷，既不意欲勇气也不意欲胆怯。不过，从前这种私人情绪曾经到处都十分敏感，对自身的无价值存在斟酌再三。因此，在某种意义上可以说，私人感情根本不配做反击诸如死亡一类极端境况的一种强有力手段。但是，私人感情早就与自身的此在乃至自身对世界的影响亲密地结合在一起，从而这种感情与不同于虚荣心的、可贵的"偶然自我"（Zufalls - Ich）发生关联。因此，人更加伤心欲绝地惧怕生命的终结。尤其是，这种终结全然不切中私人感情，相反，个体把自身的毁灭当作一种**形态**的毁灭。虽然这种毁灭属于身体转变，但是，它恰恰不是所谓腐烂意义上的非形态。莎士比亚不再满足于基督教关于死亡世界的说教，他这样描述说："死去的恺撒，由尘埃和泥土塑造而成，在凛冽的北风前，也许掩盖了一个窟窿。"① 在此，平凡之人碌碌无为，死后无声无息地随风飘远，沉入九泉之下，相反，精英们自以为了不起，因为至少他们死后还能悲剧般地被感受为某种可把握的东西。就是说，恺撒代表所有被打造的英雄形态，而这种英雄形态现在却再也无法活着演变。

死亡像猛兽一样直接向我们扑来，一瞬间剥夺我们存在的一切价值。一方面，死亡绝对公平、一视同仁，适用于每一个人；另一方面，死亡以最敌视人的方式抹杀人的存在，使其化为乌有。那么，对抗死亡的勇气究竟从何而来？人之中首先存在渴望休息的情绪图像，而这种图像喜欢披上和平的外衣。在古代，死亡被表现为"睡眠的兄弟"。然而，在圣经中，死亡却表现得截然不同：由于生命的终结，死亡进一步延长了一切辛劳和被保存的经念碑。圣经记载，亚伯拉罕终老而死，并对生命感到了厌倦。这里不乏一些真正的生命哲理：既然一个人已是耄耋之年，日近黄昏，他就应当愉快地度过闷热的白日之后，平静地迎接清凉的黑夜。这样看来，"视死如归"（Todesmut）并不需要某种特别的勇气。

但是，即使在古希腊时代，那种把死亡视为"睡眠的兄弟"的说法

---

① 引文出自莎士比亚《哈姆雷特》5幕1章墓地场景中的一段话：哈姆雷特手捧一具骸骨喃喃自语："死去的恺撒，由尘埃和泥土塑造而成，／在凛冽的北风前，也许掩盖了一个窟窿。／哦，摇撼人间的地球／在天气面前紧贴着一座墙壁。"——译者

也牵强附会，不足以完全说服人。荷马文献悲天悯人，十分动情地描写了阴间冥府的阴影，而在古代晚期的文献中，作者们无与伦比、淋漓尽致地描写了对于死亡的极端恐惧。临终前苏格拉底与斐多进行的谈话①，再也不能镇住人们的心灵了。进入基督教社会以后，人间似乎迎来了幸福安康、太平盛世的好日子。然而，旧约圣经《传道书》却一针见血，辛辣地描写了下述事实：在死亡面前，个人万念俱灰、束手待毙，即使是对抗与永恒同等的存在，最终他也像野兽一样轰然倒下，凄惨地死去。

诚然，看似也有相反的情况：我们完全可以想象与死亡的遭遇，尤其是，可以设身处地地感受被钉在十字架上的基督之死。通过这种想象和感受，圣经唤起人们真正的视死如归的勇气。换言之，根据基督教教义，与基督徒的愿望图像相称，与死亡相遇的勇气是绝对无法抗拒的，也是充满胜利的喜悦。因此，基督徒们确信，他们现在之所以受洗，正是因为**基督之死担保了复活**。虽然古代晚期人们十分恐惧死亡，但是，由于相信最后的复活，人们能够视死如归，不致由于道德理由而贪生怕死。不过，这时罗马帝国的统治阶级及其利益集团极力渲染所谓"十字架的忍耐"（Geduld des Kreuzes），将其用作阶级压迫的有效意识形态。从而，罗马统治阶级变本加厉地推荐"十字架的忍耐"这一与基督教思想正相反对的教义。这种教义全然不顾基督复活、死中的光等基督教思想，公开兜售无限忍耐和绝对屈从。

但是，现在尤其引人注目的是，肯定收录于《对观福音》作者审定文本之中的所谓救世主最后的一句话②，因为这句话不仅与羔羊的忍耐相矛盾，也与对抛弃基督的那个耶和华的服从相矛盾。之前，在客西马尼园的忧虑业已表明，耶稣压根就不知道后来使徒保罗所设定的所谓"殉道说"，即主观上他根本未能领会后来保罗所宣称的那种自身之死的必然性。耶稣相信，他是在十字架上遭到了灾难性的离弃，他压根就没有想过后来随意改编的、不着边际的死而复生。

然而，基督的绝望恰恰鲜明地表现在那句控告中，而这句控告不是见之于任何希腊语圣经中，而是仅仅见之于阿拉米语圣经中："约在申初，

---

① 柏拉图的对话录《斐多篇》（Phaidon），系苏格拉底在临终前与朋友们进行的关于"灵魂不朽"的对话。——译者

② 三篇《对观福音》及《约翰福音》是在使徒保罗的书信之后执笔的。执笔圣经时，作者也几乎未曾关注耶稣基督。因为当时重要的并不是执笔文献，而是实践福音。——译者

耶稣大声喊着说：'以利！以利！拉马撒巴各大尼？'（Eli, Eli, lama asabthani）就是说：'我的神！我的神！为什么离弃我？'"① 对神的这句控告不是引自古典书目《诗篇》22 篇 2 节，而是上述耶稣基督发出的强烈控告。基督的这番话乃是针对最沉重压迫作出的最强烈抗议，是针对自身毁灭提出的极端反命题。即使是凭借约伯的声调说话，耶稣的最后这句话也丝毫没有缓和宽容的效果。恰恰相反，出于最后根源的勇气，耶稣从他自身并通过自身，将废黜的神命名为完全离弃的，即死亡之神本身。

总之，耶稣的最后一句话与后来流传的所谓"复活"简直风马牛不相及。事实上，耶稣之死令信徒扼腕痛惜，所谓复活正是通过神秘愿望而必定出现于信徒心灵中的愿望神话而已。表面上看，在人们的心灵中，最可怜的死、最悲惨的离弃催生了这种复活图像，然而，如果从理性角度考察，这种移情体验匪夷所思，越发令人惊愕不已。

至此，在宗教的结尾部分，我们考察了那种不愿如实承认死亡的勇气。如前所述，关于死亡的图像肇始于古希腊的"睡眠的兄弟"，直至中世纪这种图像才被彻底翻转过来，最终达到了基督教所谓的"复活"图像。只是，"正因为荒谬，我才相信"（Credo quia absurdum）② 这句话已不再是信不信由你的口头禅了。就是说，在这种情况下，作为"规范的中止"（intermissio regulae），愿望乌托邦不仅反对正常的害怕，也反对正常的平庸。也就是说，对复活的渴望反对单纯地被确定的丧失维度的死亡，并且作为对死亡的一种替代方案，这种渴望还持续地关注未来的开放问题，即元宗教所意欲的东西。据此，在我们进行没有超越者的超越运动的过程中，至少不应降低对死亡具有爆炸性意义的勇气。鉴于一个未完成的此岸世界，我们也应当废除彼岸世界的虚构之屋，借助于此，我们甚至可以赋予根深蒂固的勇气以美妙的东西、甚至神奇的场所。但是，我们并不是以封闭的方式牵强地赋予勇气以这种东西和场所。

---

① 参见《马太福音》27 章 46 节；《马可福音》15 章 34 节；《路加福音》23 章 46 节。——译者

② "正因为荒谬，我才相信"（Credo quia absurdum），语出中世纪教父哲学家德尔图良之口。他举例说："神之子钉在十字架上了，并不因为这是耻辱的就让人耻辱；神之子死了，正因为这是荒谬的，所以是绝对可信的；他被埋葬后又复活了，正因为这是不可能的，所以是确定无疑的"。——译者

在生命的中间，我们为死亡所环绕，那么，我们又是怎样接近死亡的呢？死亡本身近在咫尺，远在天涯。例如，瞬间发生的死亡事故，常年卧床的不治之症者等。在平常时期，即在日常生活中，通常鲜有震惊事件发生。但是，在深居养老院的重症者那里，情况就完全不同。一旦濒临生命的边缘境况，死亡就经常从形而上学角度触及他们。这时，灵魂的骷髅（facies hippocratica）被标明为一个大黑点，而这大黑点非常奇怪地一直向后望去，只是偶尔才把目光投向边上。一旦习惯性要素消失，这种情况就越发显著。如果接触基督教问答手册，即使是今日虔诚的信徒也不会将自身死后的恐惧与古代本真的**死后恐惧**及其迷信般确信的相关事物加以比较，例如，死后或许在彼岸世界中相遇的阴森可怕的事物。在受基督教按手礼或坚信礼的人们中，许多人十分频繁地想到诸如地狱惊恐、天国丧失一类的可怕事物。虽然人们通常说从彼岸来的幽灵通报的死亡是虚假的，但是这个信息绝不会是空穴来风。

公元1700年左右，一个杀人犯被处以当时最严酷的车磔之刑。令人啼笑皆非、臭名昭著的是法庭的下述提案：在瓦普几司之夜①，如果这个杀人犯参加德国哈尔茨山脉布罗肯山女妖安息日庆典，他就可被减免死罪。杀人犯断然拒绝了这一赦免提案：与其轻率地失去最后拯救的可能性，不如被处以车磔之刑。约200年后，在布罗肯山上，人们开始举行从前如此可怕的、信以为真的"瓦普几司之夜"以及假面舞会。妇女们装扮成丰胸纤腰翘臀的女妖，男士们则装扮成肥胖或瘦削的魔鬼。使徒保罗曾经这样问道："地狱啊，你的胜利在哪里？"然而，与上述情形大相径庭，在殉教者的心灵中，天国的光辉多么辉煌、多么灿烂夺目。例如，在其忌日，圣卡塔里娜（Santa Catarina）向听取忏悔的神甫出示了前夜神赐给她的玫瑰。然而，拷问她的神甫却什么也没有看见，她对惊愕的神甫这样说道："但是，理所当然，神将玫瑰仅仅赐给我。"

如今，几乎没有什么人如此执着地相信彼岸世界的存在乃至虔诚地眺望这个世界。无论如何，这种孤陋偏狭的视野大都消失无踪了，然而，在一些农村地区，肯定非同时性地存在这种情形。尽管如此，值得注意的是，现在大部分临终之人主要沉湎于回溯往事，回味他们过去的生活，而

---

① 瓦普几司之夜（Walpurgisnacht），5月1日前夜，据传在这一夜女妖们在布罗肯山上跳舞。——译者

对以后到来的未来事项往往兴趣索然，甚至对此并不怀有任何怀疑、"好奇"乃至"新的欲望"。① 即使是纯粹私人的珍贵自我，通常也采取十分利己主义的态度。凭借某种优美的特征，这种自我一味地沉浸在死后的忧虑之中。例如，他担心自己辞世后（post exitum sui）家庭或事业将会怎样？但是，他很少考虑自己将会怎样？据说，在极端情况下，即在所谓死亡的几秒瞬间，临终之人的脑海中会全景式地集中浮现自己生命中所体验的各种图像。在这一瞬间，他再次沉湎于纯粹的回忆，而不预先推定任何未来的可能性。于是，在死亡的瞬间，临终者仅仅意识到个人存在，而全然意识不到本质性的如此之在（Sosein）。

针对迄今人们所经历的生命记忆，布莱希特附加了一笔扩大了的附加费：一个道德等级高尚的个体死后并不打算进入一个新世界，而是预先思考名垂千史，万古流芳，即通过自身的此在和效应留下一个更好的世界。这个世界被视为比自身出生时的世界更好的世界。但是，这种想法同样回溯某种密闭的、完结了的东西。与此有关，一个人离开人世时，渴望为迄今为止的社会留下若干不朽的作品。当然，豹死留皮，人死留名。通过传世佳作，在这个世界上，古老的生命延续问题（Fortdauerfrage）得以与不朽发生重合。人们相信，通过对后世的影响，自身遗作可以改变世界。不过，这时所记起的图像只不过是死后余辉中变化不定的、业已封闭完结的图像，而不是可经验的新东西，即不是具有人的持续效应的、始终显现个体鲜活形态的存在。

这些事情引起许多现代人的好奇，我们应当深入研究这一重要领域。但是，迄今还很少有人专门研究"死后旅行"（Abfarht Tod）。正如怀疑主义者蒙台涅正确指出的那样，死后旅行是一个巨大的盖然性（le grand Peut-être）。通过这一论断，他不仅反对宗教传统关于死后世界的肯定教义，也反对纯粹机械论者关于死后世界的武断否定以及其他一些仓促判断。针对上述两种观点进行科学分析是适当的，同样针对机械轮的虚无主义指出其"不明晰性"（non liquet）也是适当的。因为死后材料还不足以回答上述两种观点，更不足以对生命的永续性以及非永续性雕出一座盖然性的雕像。但是，这里确实存在科学的差异，在《一个视灵者的梦》中，

---

① 在此，布洛赫有意识地把"好奇"（Neu-gier）表述为"新的欲望"（Neu-Gier）。——译者

康德明确说明了这种差异:为了拯救全体愿望领域,将死亡之后的愿望类型确认为最微小的符号就已经足够了。然而,仅仅因为我们全然缺少这种符号就武断否定全体愿望领域,这是没有根据的。

关于死后旅行,除了科学层面上的关注之外,也有意识形态层面上的关注。自文艺复兴以来,市民阶层时常关注肉体和灵魂的死亡问题。例如,这种关注尤其鲜明地表现在彭波那齐的《关于不朽》(*De immortalitate animae*, 1516)[①]一书中。另外,出于维护自身统治的需要,罗马教会从意识形态角度利用这种关注。普通百姓对令人瘫痪的地狱感到万般恐惧,而神圣罗马却承认教皇至高无上的当家权。由此普通百姓拥有了"一死百了"这样一种持久的解放感。可以说,这种想法是一种革命性的想法,因为教会并没有凄惨地描写地狱光景,所以也就不致令人沮丧地再生产"人像兽一样消失无踪"这一《传道书》的警句[②]。就是说,当时天主教会赐给普通百姓的政治福利恰恰掩盖了《传道书》这一警句中至深的悲观主义立场。由于这个缘故,理所当然,迄今为统治阶级所压迫性地利用的所有彼岸世界的恐怖图像就都一扫而光了。与此相应,天主教会试图对死亡以后的领域赋予各种价值意义。

鉴于宇宙熵或地上原子弹所致的毁灭性死亡,如今人们将死亡视为远远超出个体毁灭而将人类的一切作品都化为孤零零的、无意义的、徒劳无益的东西。因此,我们完全没有理由为纯粹机械论者彻头彻尾的辩护词欢呼雀跃、齐声喝彩。但是,也许我们完全有理由着力强化这样一点,那就是一心守望某种仍然开放着的、与任何说教都无关的东西,即"在任何情况下,都不要自暴自弃,也不要抛弃一切事物。"(Non omnis confundar, non omnia confunduntur.)这句话反映了一对恋人青春永驻、永不衰老的愿望,尤其反映了贝娅德丽彩[③]这样的女性居住的圣洁地带。这种

[①] 意大利文艺复兴时期哲学家彭波那齐的(Pomponazzi, 1462—1524)代表作。在此,作者根据阿弗洛狄西阿的亚历山大(Alexander von Aphrodisias)的亚里士多德解释,尖锐地批判了各种"灵魂不死说"。按照他的解释,摩西、基督、穆罕默德是三个最大的撒谎者,天上根本不存在所谓天使。当时彭波那齐的作品被视为异端邪说,遭到教皇利奥10世的焚毁,但不可思议的是,他本人幸免被处以火刑。——译者

[②] 参见《传道书》3章16—22节。——译者

[③] 贝娅德丽彩(Beatrice di Folco Portinari, 1266—1290),一位佛罗伦萨女士,但丁诗作中的灵感,尤其是但丁《新生》的主要创作灵感。她是幸福和爱的化身,正如她的名字那样,自然成了但丁《神曲》中的向导。——译者

存在及其余光所产生的东西绝不会熄灭，因为在业已期待的或发生的死亡中，这些东西熠熠生辉、艳光四射。

从现象学上看，在此男性要素最强烈地显示其固有意向，它比光或空间更加谋求可爱的家乡。因此，这种意向乃是超越界限的行为，亦即一种振翅翱翔的动作。换言之，死亡领域中的愿望并非偶然扩大的愿望，它与下述呼唤，即在青年歌德作品中所描述的《古兰经》摩西的呼唤毫无相干："主啊，在我的狭窄胸膛中缔造空间吧。"[1] 歌德引文中这段关于狭窄胸膛的描述与死后世界中可接触的凄惨的没落、分解等全然无关。但是，基督的复活图像却赋予我们全新的意义，因为这幅图像蕴含着无与伦比的庞大愿望方式，是以乌托邦遗产可传达的元宗教方式出现的。关于基督复活的故事首先与人的愿望图像密切关联：这里"叙述关于你的尚未发生但将会最佳地发生的故事"。（de te, homo nondum naturans, supernaturans, fabula narratur.）这个故事扑朔迷离、高深莫测，它仅仅叙述与人密切相关但迄今很少有迹可循的东西。就是说，如果撇开复活中显现的乌托邦的暗示、希望的尝试，在任何地方都不会显现指向某物的存在的强大核心。复活乃是我们的核心，它在任何地方都没有被客观化：一方面，复活纯然是指一个"隐匿的人"；另一方面，复活纯然是指唯一不二的真正的神秘莫测，即我们最贴近的直接性本身。于是，所谓"复活"既不会作为现实的东西真实地出现，也不会作为现实的东西真实地消失。

倒不如说，在与我们的本质最贴近的近处，在至深的深渊中，孕育着尚未查明的某种东西，即"强烈而隐匿的人"。作为**"尚未形成的存在"**（dies noch nicht Gewordensein），这个"强烈而隐匿的人"**对毁灭存在的死亡完全享受治外法权**。总之，迄今没有一个个体踏入我们的"存在之灶"（Herd Existierens），而这个"存在之灶"却依然摆在我们面前。它尚未被发现，但也尚未被消解。在这个世界上，只要还存在运行、过程以及过程质料，并且这些要素还作为过程继续存在下去，贯穿死亡的出发（Abfahrt）就不会把未知的内容拖入无之中。蕴藏于质料中的"能生的自然"这一客观化方式本身恰恰尚未完结，同样，"最佳地产生的自然"也

---

[1] 引文出自《古兰经》20章，下句为："请帮我做事容易些吧，请解开缚在我舌头上的绳子吧。"1772年7月10日歌德滞留于韦茨拉尔，当日在致赫尔德尔的信中，他引用了《古兰经》中这句摩西的话。——译者

恰恰尚未完结。同样，在其未来的形态化的某物中，在同一化的某物中，在实现了的某物中，也都充满着客观而现实的可能性。**事实上**，在享受治外法权的地方，恰恰为期待着的人的存在的"永不放弃"（Non omnis confundar）缔造了坚实而宽广的场所。

虽然康德不再盲信某个彼岸世界的客观性，但是，他并没有完全抛弃以往宗教关于彼岸世界的理念。在他看来，我们在另一个世界中的命运很可能取决于这一点，那就是我们是否能够管理好当下世界中我们的职位。尽管现世的职位终究会被断绝，一切功名成就终将化为乌有，但是，在通常如此棘手的此在中，善良、美丽、崇高以及深度等人的情绪强有力地唤起人们反抗死亡的勇气。作为迷人的积极情绪，这些情绪不会在死亡面前一味地期待复活，但是，这些情绪将激励这样一种期待情绪，即死亡并非万劫不复、永无天日。与我们形成了的、灭亡了的东西相比较，我们尚未发现的真正的本质无论如何都具有不可企及的地形图。在迎接实际之夜之前，人的追求行动、期待姿态、不败精神等始终拥有元宗教乃至形而上学的固定位置。

死亡环绕着我们周围的一切生命，而一切生命都注定遭遇死亡。虽然尸体得到清除、移掉，甚至在某种意义上可以说，被冲洗掉或废弃掉。然而，花朵去了哪里？肉体败坏了，随风飘散，可是，如果灵魂存在或曾存在于肉体里，它会逃逸到哪里？但是，没有生命的石碑都反正默默地伫立着，即使是死者也不再注视它，仿佛无动于衷。世上的人们盼望死者不再显现于外，但是，不言而喻，这只不过是在临终床上脆弱无助的感受，而不是对经久不变地环绕我们本身的无机界的感受。

在此，我们再次遇见出乎意外的，但与我们息息相关的领域。这领域不是别的什么领域，而是那个古老的、未解决的二者择一领域：或逻各斯或宇宙？这是尤其亲近我们的、充满炽热生存渴望的领域。究竟盖娅回归大地或飞向宇宙重要，还是复活和新的生活重要？如果后者重要，那么能否保存与星相神话截然相反的逻各斯"天国"？因此，在多少世俗化的意义上，在死亡一旁，星相神话与逻各斯神话本身之间的某种二者择一不期而遇。换言之，在死亡一旁，星相神话中犹如石头一样的存在以及逻各斯神话中犹如精神一样的、反矿物的存在不期而遇。

进一步讲，在此还有其他问题：究竟剩下什么？是人的历史还是外在的人的自然？自然之所以优越，正是由于它先于我们的历史而存在，但是，自然也正是由于这种历史才合乎逻辑地得到发掘，从而拥有了巨大的价值吗？或者，作为宇宙全体，自然并未完全消亡，相反，作为人赖以生活的无机界，自然会笼罩我们、环绕我们而继续存在下去吗？人的死亡同样不能从这样一个世界中脱落吗？

神话可以成为艺术的基础，但不可能成为哲学的基础，甚至不能构成其科学地获取的知识的基础。然而，在科学史本身中，我们同样有理由确认神话对科学的影响。在布鲁诺、斯宾诺莎以及法国唯物主义那里，星相神话日渐世俗化，导致自然事物具有优先地位。同样，在莱布尼茨、黑格尔，特别是在基督教以前的唯心主义那里，通过世俗化的过程，逻各斯神话处于支配地位，从而人的形成、人的意识具有优先地位。

但是，一旦进一步考察死亡问题，我们就可以说：逻各斯神话反对宇宙思辨（Kosmos - Spekulieren）中的静态天球，致力于人的全面解放。在逻各斯思辨（Logos - Spekulieren）中，蕴藏着为设定自由而无限接近的某种没有地形图的动态性。反之，在宇宙思辨中，蕴藏着内在地停留的、没有超越者的静态性。照此说来，在死亡的观点下（sub specie morts），下述列宁的警句是富于远见的，也是十分恰当的："聪明的唯心主义比愚蠢的唯物主义更接近聪明的唯物主义。"① 但是，正像迄今为止的人的历史只不过是以前的历史，即前史一样，作为一如既往地环绕我们的现存世界，自然原本就占有与自身不相称的某种空间。

从基督教视角炸毁这样的自然，使其成为脱胎换骨的新的空间，这正是在考察逻各斯神话时，我们所设定的自由的最后作业。这意味着一个"终末"的神话，象征着一个新的耶路撒冷。新的耶路撒冷不是存在于自然里面，更不是存在于天国上面，而是存在于与全面友好和谐的世界故乡融为一体的空间中。新的耶路撒冷恰恰标志着这种最富于思辨性幻影的图像，这座最富于人性的城市恰恰被视为宇宙中的、"空间"中的一座城市，尽管这是一座经验上无法确定的、具有启示录特征的城市。在这种情形下，"死亡消失了"，究其原因，并非因为那里浇注了永远疏远空间的精神的解放，而只是因为那里按字面意思浇注了一个新的地球。

毫无疑问，在所有乌托邦中，《约翰启示录》所描写的乌托邦是最富

---

① 参见《列宁全集》第38卷，人民出版社1959年版，第305页。——译者

于神话色彩、最匪夷所思的奇谈怪论。尽管如此，令人惊讶的是，恰恰在这方面，这种奇谈怪论并没有像其他方面一样遭到阉割：即"地上的乳房"（die irdische Brust）不是在超越的虚幻黎明中沐浴，而是在更美好的地球的红色黎明中沐浴。于是，它就设想剩下的"灵魂"及其拯救，在灿烂的沐浴之后，这座乳房就"像一个美丽的新妇"芙蓉出水、容光焕发。至此，至少这个宗教的假象图像就已经足够了：无论如何，在所有人的核心中，都有某种东西对死亡享受治外法权，那正是他之中压根就尚未形成的东西，而且，他的固有版图是："我希望故我变化"，即尚未发现的同一性。

52. 饥饿，"关于某事的梦""希望之神"，为了我们的事物①

> 正像在一种富于弹性的物体中，存在比谋求的东西更大的维度一样，在单子中也存在自身的未来状态。……我们可以说，就像在其他任何地方一样，在灵魂中也育着带有未来的现在。——莱布尼茨，致培尔，1702年

我们没精打采地活着，然而，某种东西在撞击我们，而撞击方式显露出"饥饿"（Hunger）的迹象。同样，对于饥饿中的"无"（Nicht）而言，这种"无"在自身中同样是无法承受的，因为很长时间它都不持有任何东西。这个"无"，即作为"空虚的无"被推进到"尚未的存在"（Noch Nicht）及其未持有的某物中，以便营造某物、寻找某物。当我们的意志受到干扰或阻碍时，对这个某物的指定就显得虚弱无力，但是肉体的饥饿并不因此减弱。缺乏面包的地方，并不缺乏这种缺乏的意识，所缺少的仅仅是看得见、摸得着的面包而已。

但是，"为何"（Wozu）这一问题，不仅表明人必须吃的缘故，也表明对辛劳生活的总体追问。不过，一旦拥有日用面包，而"为何"和"向何"（Wohin）中的某物得不到满足时，上述带来生活的勇气的那个

---

① 在本章中，布洛赫阐明了"隐匿的人"（homo absconditus）不仅是真正信仰（基督教）的秘密，也是真正思想（马克思主义）的核心内容。——译者

"为何"就最终变得可疑了。只要贫穷压倒其他一切问题，那么对其他一切目标的关注就都归于无效；在廉价出租房或破烂贫民窟里，这种关注被视为奢侈的东西。进一步讲，当涉及诸如追逐利润一类的截然不同的终极状况时，对其他目标的关注就变得更是毫无价值。不仅通过资本家的追逐，而且通过资产者的煽动，利润追逐（虽然带有部分异国色彩，但大部分依然基于贫穷）充满了对"为何"和"向何"的追问，按照马克思的说法，"资产者鼠目寸光，毫无远见"。

钱使人容光焕发，现金更加使人喜笑颜开。成效取决于余额，在这张会计凭证上绝不会出现任何其他匮乏的持有。当然，也有例外。殊不知，有个做生意的朋友打拼一辈子，最终也没得好死。不巧，葬礼之后，这个朋友的故事也照样发生在自己的身上。从而，在此对生命意义与目的的固有追问绝不是一个令人喜悦的追问。在此，这个追问显现为某种梦幻般的原始状态，由于到处都缺乏"为何一般"（Wozu überhaupt），所以我们到处都彷徨苦闷、烦躁不安。

较之上述情形，无法安静的生命饥饿是无与伦比的。在我们内部，生命的勇气像火山般连续不断地爆发，正是这种勇气把现实的人的"持有"（Haben）一再作为"非有"（Nicht-Haben）、"尚未持有"（Noch-Nicht-Haben）提出来。因此，人总是追问生命的意义问题。饥饿的意义是什么，死亡的"非意义"（Nicht-Sinn）是什么，凡此种种都不是通过"人民的鸦片"所能平复和镇静的。同样，这些问题也不是通过彼岸世界的弥补、抵消所能平复和镇静的。相反，这些问题只能通过不知疲倦地研究不可贿赂的、不可操控的意识形成以及对乌托邦需要的真实传达才能找到最终解答。这种解答不会出现于迄今总是为统治阶级辩护的意识形态中，相反，只能出现于道德上对终极乌托邦的不懈渴望和恒久期待中。这种期待和渴望充满了血迹斑斑、尸横遍野的人类历史，但是，由于"非家乡"（Nicht-Heimat）这一陌生的现实，美好的憧憬也经常使人茫然若失、心烦意乱。正因如此，圣经中的目标回响，那个颠覆性的激进之梦当然不是源自麻痹人的意志的鸦片，而是源自未来的警觉、光的维度，恰恰借助于这种维度，世界已经怀孕，得以怀孕。

马克思曾经谈论过这种与众不同的梦，即作为未来而存在于当下本身的梦，亦即不可忽略的、萌芽状态上预告未来的梦。马克思的思维既不属于令人瘫痪的历史主义思维,也不属于轻率鲁莽的雅各宾派①的思维。马克思这样写道:"世界早就在梦想一种一旦认识便能真正掌握的东西了。那时就可以看出,问题并不在于给过去和未来之间划下一条不可逾越的鸿沟,而在于实现过去的思想。而且人们最后发现,人们不是在开始一件新的工作,而是在自觉地从事自己的旧工作。"②

但是,在这个"关于某事的梦"(Traum von einer Sache)和意识中,最重要的问题是,通过实践让这种梦和意识付诸实现的东西,归根结底,在马克思那里,这东西就是预先认识到的自由王国。我们唯有直起腰杆,两腿笔挺地行走才能到达自由王国,但是,我们还必须与艰辛者和负重者以及被侮辱者和被蔑视者一道,在希望中获取必胜的力量和勇气才能到达自由王国。在上述乌托邦中,"关于某事之梦"的问题从来都不是一边只会暗自窃笑,一边却贪婪攫取剩余价值的问题,但也不是主观上孤寂地一成不变的、没有中介的、与趋势格格不入的错觉。拥有尚且看不见的东西,这是每个饥饿中的人所追求的。很显然,他的具体的意识和超出具体目标以外的活动都与此相关。

但是,这方面——甚至在马克思关于萌芽状态的意义的句子中——包含着这种具体的乌托邦的悖论,即乌托邦的东西最终恰恰不是作为具体的东西而终止,而是相反地作为现实的东西展现自身。因为按照事物的变化之流(rebus fluentibus),"关于某事的梦"**属于事物本身中的客观而具体的部分**,是在其发展过程中以及在其**热切盼望的潜势中依然悬而未决的**事物。至此,我们触及了所谓"消失点"(Fluchtpunkt),事实上,触及了尚未得到的一般性的"引力"(Anziehungspunkt)。在此,所谓"一般性"(Überhaupt)存在于类似过程的远景意义中。从前,这种一般性与神有关,但是,从无神论视角看,它与终极欧米茄有关:被填满的瞬间、我们内在性的末世、我们匿名存在中的林中空地等。

---

① 雅各宾派(Jakobinertum),法国大革命时期参加雅各宾俱乐部的激进派政治团体,成员大多数是小业主,主要领导人有罗伯斯庇尔、丹东、马拉、圣鞠斯特等。1793 年 6 月 2 日,雅各宾派推翻吉伦特派统治,通过救国委员会实行专政。1794 年春,罗伯斯庇尔先后将埃贝尔派和丹东派主要成员送上断头台。由于雅各宾派的极端暴行和内部分裂,导致了 7 月 27 日的热月政变,7 月 28 日罗伯斯庇尔、圣鞠斯特等 22 名雅各宾派政治家被送上断头台,从而结束了雅各宾派政权。——译者

② 马克思:《致卢格》(Marx, *Brief an Ruge*, 1843), MEW., Bd. 1 (Berlin, 1976), S. 346. 中文译文参见《马克思恩格斯全集》第 1 卷,人民出版社 1979 年版,第 418 页。——译者

这样，向前的目光就取代了向上的目光。因此，所有从前从宗教视角使用或高调命名的感情，例如，谦卑、在诸侯面前卑躬屈膝，祈祷中乞求等充其量仅仅作为祷文仍被记起。是的，在圣经中，"希望"无疑是最本真的情绪，但是作为一种奴性，这种情绪对我们并没有多大价值。因为在此希望造就仆人；在此，希望对准来自上头的"神粮"（Manna）。只有当怀有这一希望的人感觉到超越并挺起胸膛的时候，他才能接受施舍，把所谓人因为原罪而无足轻重的念头抛之脑后。他把神赐视为美好的东西，而不是像路德一样觉得受之有愧。

的确，有希望的地方也有宗教，但是，有宗教的地方并非总是有希望。就是说，我们不可从意识形态角度抵押希望，而是要从下至上地依次构筑希望。毫无疑问，圣经中存在部分神权政治因素，但是，对于纯洁的本性而言，圣经仍然带有开放的解答："永乐必归到他们的头上。"① 永恒的喜悦是指从人的深处（de profundis）中明晰了的人性，尤其是指从乌托邦视角所透露的人性。在此，说得很清楚，这种深处显然不是源自人的卑劣性，而是源自人的崇高深度。正是在最极端的、最为乌托邦式的、启示录般的层面上，"关于某事的梦想"由一个人所特有的憧憬的地平线被带入到对他来说完全陌生的和异质的空间里。

但是，在此意义上，源自人的深度的永恒喜悦与那种神权政治的陈腐意义截然不同，因为神权政治世界观仅仅注视根本不出现人的那个上头的天国。在此，毋宁说，永恒的喜悦与圣经的真正新东西的特征、字面上的"出走"以及"王国"有关。通过希望，永恒的喜悦精确地制造宗教的遗产，从而它并不随同神之死而消失。因此，在迄今业已形成的所有纯粹事实性中，我们无法想象神，但是，我们可以致力于作为与希望相称的、作为存在特性的"某个未来神的想象"（Gottvorstellung ein Futurum）。这种对未来神的想象与所有其他神的图像完全不同，不可同日而语。

重要的是，为了人的事物，为了我们的世界。在"关于某事的梦"中，虽然没有神，但必定存在其希望的精髓。正是由于希望的缘故，这个世界才拥有对前线、开放性、新东西、存在的最终质料、作为乌托邦的存在等的唯一展望。因此，这种展望不是要求和感受任何赞歌，而是讴歌和体验正相反对的新世界："我**渴望**那地方／而且我相信，我从今以后的航

---

① 《以赛亚书》51章11节。——译者

向和把手/大海在蔚蓝色的天空里敞开心扉/我的热那亚船乘风破浪，驶向那地方。"① 尼采的这首诗描写了作为伟大试验的全部人类历史。

人的实验最终要求这一点："发现这件事，发现人的权利，为此，我们合乎规矩地生活，我们开辟令人振奋的人间正道。为了这件事，我们停留在组织里，抽出时间与之打交道。我们将渴望之屋建造在蓝天里。我们一边将渴望之屋建造在蓝天里，一边寻求真正的东西、现实的东西。在那纯粹事实消失无踪的地方，'新生活开始了'（incipit vita nova）。"② 再没有什么东西比"隐匿的人"（homo absconditus）及其实际秘密本身所承载的世界更切近、更遥远的了。例如，"怎么""为什么""为何"等就是这个世界所特有的现实问题。然而，不仅在我们的内心及其对世界的认识中，而且在世界自身及其最独特的过程中，这些问题的深层部分都尚未得到解答，因此，翘首期待令人满意的同一化的解答。

53. 结论：马克思与异化的解除

人必须寻找自身，这是一个多么古老而又常新的问题。这个问题意味着我们不再像一个孩子一样被监护。我们绝不能被用作单纯的手段，例如，不能像动物一样为了陌生的目的而背负沉重的负担。不仅如此，我们也不能在战争中兵戎相见，同类相残，鲜血横流，惨叫地倒下，昏死在地上。

我们星期日的文书们③一会掌管世界，一会掌管精神，忠于主人，向统治者祈福。牧者们狂热地崇拜将第一个基督教持异端者钉在十字架上的当权者：这往往是他们的特权。与此相反，他们规劝穷人、被剥削者、被

---

① 这里作者援引的是尼采未完成的诗篇：《约里克·哥伦布》（*Yorick Columbus*, 1884），全文如下："女朋友，他说道/不要相信任何享乐者/他经常凝视蓝天/为离得最遥远的东西所诱惑/对我珍贵的是最陌生的东西/热那亚已经沉没而消失/心脏啊，保持冷静，手啊，紧握方向舵/我渴望那地方/而且我相信，我从今以后的航向和把手/大海在蔚蓝色的天空里敞开心扉/我的热那亚船乘风破浪，驶向那地方/一切东西新又新/那远处，时间与空间在闪耀/最美丽的某个怪物/永恒地向我微笑。" Er. 尼采：《全集》（Er. Nietzsche, *Sämtliche Werke, Kritische Studienausgabe*, Bd. 11, München, 2005），批判研究版，第 11 卷，慕尼黑，2005 年，第 63 页。——译者
② E. 布洛赫：《乌托邦的精神》（E. Bloch, *Geist der Utopie*, 1918），1918 年。
③ "星期日文书们"（Sonntagschreiber），此处暗讽主持星期日圣徒纪念活动的宣教官。——译者

利用者默然忍耐、逆来顺受，并且不得诉诸任何暴力。但是，他们并不阻挠压迫者的暴力。压迫者每天都对平民百姓施以高压恐吓，而当他们忍无可忍、奋起反抗时，压迫者就予以无情的揭露和残酷的镇压。一旦这种反抗被制服，牧者们就把压迫者所使用的瓦斯和手枪称作只是一种防御手段，而把平民百姓的起义称作大逆不道的恐怖行为。牧者们极力用意识形态的帷幕掩盖上头的暴力，他们既证明打开保险的手枪有效，又证明崇拜神的方式和欢呼方式有效。"他们用珠宝把祭坛装饰得眼花缭乱，然而，穷人食不果腹，饥肠辘辘"。① 很久以前，先知阿摩司就曾经这样徒劳地说道，他的这番话现在仍然富于现实意义。

除了宗教之外，艺术和哲学也亦步亦趋，热衷于装饰祭坛。艺术和哲学"在思维中表现"自身的时代，凭借假面具和辩护词，二者经常把人的注意力转向别的地方，就是说，艺术家和哲学家们要么美化虚假意识的迷雾，要么为其重新增色添彩。但是，即使没有这样的事情，即使没有特有的粉饰和美化，在最常见的意义上，艺术和哲学作为意识形态也为当时占统治地位的阶级辩护。因此，在纯粹的、过分纯粹的精神荷包蛋中，尤其包含着一种迄今未曾识破的晚期资本主义意识形态的重重迷雾。只是通过马克思，人们才辨认了这种意识形态的模糊片段：即这些片断反映了当时阶级社会条件下与日俱增、不断扩大的人的自我异化。

在垄断资本主义社会里，人的异化现象达到了触目惊心、无以复加的地步。一切人与事物都完全变成了商品，而且这种虚假意识日益膨胀，在此导致最惊人的自我异化、自我挥霍，以至于使人陷于极度陌生的、漂泊游荡的、丧失本质的境地。人类学的、宗教的批判洞悉将偶像和偶像崇拜从天国还原到尘世，而这种还原并非没有理由。马克思谈论商品的"拜物教特征"、意识形态的"错觉"是有其充分理由的。据此，我们终于恍然大悟，为何商品、意识形态具有超越的本质。在此，具有典型特征的是，这一切异化分析连同从异化状态中召回人的主体的尝试都始于宗教批判。这正是青年黑格尔敏锐识破的我们在"天国挥霍了的珍宝"，也正是并非十分深刻，却扣人心弦的费尔巴哈"关于宗教的人类学的批判"。

但是，马克思的著作突破了黑格尔、费尔巴哈宗教批判的范围，他另辟蹊径，从政治经济学角度阐明了神秘天国的异化掠夺过程。例如，他把

---

① 旧约圣经：《阿摩司书》，8章4节。

上述掠夺过程辨认为一种尘世现象，即作为纯粹尘世存在形式的商品以及以物化的劳动力凌辱生产者的利润追求。在此，我们绝不能忘记这样一个事实，那就是，如果马克思没有事先潜心研究宗教并得出相关宗教批判的结论，那么他那里就绝不会出现至关重要的异化学说和商品批判。据此，马克思不仅在尘世找回了在天上挥霍掉的宝物，而且像费尔巴哈一样，从作为单纯抽象的"类"的人的概念中，他锐利地捕捉到了异化现象。马克思不是把批判矛头指向天国本身，而是把批判矛头指向全部上头的意识形态，并且不是告发抽象的人，而是告发现存的全部资本主义关系，尤其是这种关系的牺牲品艰辛者和负重者。这些人是最广泛地被异化的人（无论他们是否已经认识到这一点），然而，正是在使人备受奴役、离弃本质的这种关系中，产生出推翻这种关系的一种可能的杠杆，"下一个继承人"（nächsten Erben）。

这样，马克思致力于侦探式地识破迄今为止的全部历史和意识形态，毫无疑问，这项工作属于马克思主义思维中的"寒流"（Kältestrom）。但是，我们所寻求的"为何"（Wozu）与人所持有的长远目标有关，这项识破工作无疑属于本源的马克思主义的"暖流"（Wärmestrom）。① 不可否认，依照基督形状，这项工作属于第一次形成的"自由王国"（Reich der Freiheit）本身的基本文本。这一马克思思想的寒流与迄今为止的大部分历史有关，它传达这样一种内容："思想一旦离开利益，就一定会使自己出丑。"② 进一步讲，下述句子就不再与抽象的乌托邦变革有关，从而最终客观地承载着被中介的内容："工人阶级不是要实现什么理想，而只是要解放那些由旧的正在崩溃的资产阶级社会本身孕育着的新社会因素。"③

后来，恩格斯有诸多理由，在自己的著作中附加一个富于冷静清醒的味道的标题《社会主义从乌托邦到科学的发展》。然而，当然在这里，恰恰在此，省略了马克思意义上的"**暖流**"，其结果，重新报道了从乌托邦到科学的一个太大的进步。因此，准确地说，"暖流"也需要自身的科

---

① 马克思思想的"寒流"（Kältestrom）与"暖流"（Wärmestrom），布洛赫哲学术语，前者指理论层面上的纯粹理性批判，例如，马克思的《资本论》；后者指道德层面上的实践理性批判，例如，马克思的《1844 年经济学哲学手稿》。——译者

② 《马克思恩格斯全集》第 2 卷（MEW., Bd. 2, Berlin, 1976），柏林 1976 年，第 85 页；另参见《马克思恩格斯全集》，第 2 卷，人民出版社 1957 年版，第 103 页。——译者

③ 马克思：《法兰西内战》（K. Marx, *Bürgerkrieg in Frankreich*, MEW., Bd. 17）；另参见《马克思恩格斯选集》第 3 卷，人民出版社 1995 年版，第 60 页。——译者

学，但是，这种科学不是没有任何乌托邦的科学，而是最终作为具体的乌托邦的科学。具体的乌托邦（konkreteUtopie）与其说是一个自相矛盾的形容词，不如说是一个坚不可摧的拯救。具体的乌托邦不仅对于社会主义宣传鼓动具有决定性意义，而且对于贯彻社会主义也具有决定性意义。确切地说，我们应当通过具体的乌托邦，继续工作，继续发挥聪明才智，连续不断地拯救我们文化中与我们息息相关的所有"剩余"（Überschusse）。首先我们要拯救这种剩余中的各种艺术比喻、各种宗教象征，即伴随过时的意识形态而未被耗尽的所有比喻和象征。

一位老智者曾经这样抱怨说："拯救人比养活人更容易。"① 在未来的社会主义社会里，如果所有客人都坐在饭桌前，或者都能够坐在饭桌前，人们就会把上述翻转传统的悖论当作特别似是而非的东西而加以拒斥，并提出反命题："养活人比拯救人更容易。"这意味着，必定存在一个更美好的世界，我们应当改变现存世界。这本身与我们自身、死亡以及红色秘密一道也是不言而喻的课题。因为持续不断的自我异化不仅是产生于虚假社会的一种现实，也是与其唯一诱因一道必将消失的东西。马克思说道："所谓彻底，就是抓住事物的根本。但是，一切（确切地说，社会的）事物的根本就是人本身。"②

在新约圣经《约翰一书》3章2—3节中，重又说道："我们将来如何，还未显明。但我们知道主若显现，我们必要像他，因为必得见他的真体。凡向他有这指望的就洁净自己，像他洁净一样。"在此，"他"（Er）意味着，人在未来与自身相统一的存在，即作为未来同一性的存在。在此，尽管这个"他"与所谓天上的父不无关系，但是，凭借自身的本质同一性，他所意欲的是人子——即作为我们真实的、直到历史之末才可显现的极端化的、同一化的存在。如果我们一同阅读马克思的文本段落与约翰书信段落，或者交替阅读这两个文本段落，就会发现两者思想上的共同特性。于是，两个文本不约而同地落在异化这一现实问题上：就像侦探式大曝光一样，尽可能阐明人的异化并扬弃异化乃是一种颇具风险的社会活

---

① 这是犹太教拉比伊利泽尔（R. Elieser）的话。1917年俄国十月革命后，这句话被广泛引用，用来形容布尔什维克国政所遇到的各种难关。不过，这句话也为日后所谓"对于信者而言，使徒保罗的话比耶稣的教诲更迫切"这一主张埋下了伏笔。——译者

② 这是马克思《〈黑格尔法哲学批判〉导言》中的一段话，参见《马克思恩格斯选集》第1卷，人民出版社1995年版，第9页。——译者

动,即乌托邦之光。从基督教上看,在神的名义下所思考的东西最终成为人;在哲学上看,所有黑格尔式现象学的背后都隐藏着一个秘密:本质同时也是主体。

上述两个文本的相聚相合看似十分奇特,但实际上却再平常不过。因为与其说这两种观点遥距万里,天各一方,不如说他们都植根于尚未开花的那个人的根源中。或者,即使在历史中,人已经像鲜花一样盛开,他所显现的形象也依然带有某种陌生的根源。例如在19世纪,在思想层面人们显得很深刻,但在现实层面人们却显得很平庸。这个时期人们思考了一切形而上学的死亡问题,例如,这种思维包括各种奇异的无神论思维乃至所谓"主以及国家"(Dieu et l'état)等必须加以解除的异化现象。在此,庸俗马克思主义者大可搁置一旁,超越者的保管者大可弃置不顾。"这里是罗得岛,跳吧"(Hic Rhodus, hic salta),于是,无需任何基督教教义的问答手册,人们就进行诸如舞蹈、飞跃、探险等新东西一类的冒险活动。

现在我们不妨考察一下,马克思《1844年经济学哲学手稿》中漫无目标却意味深长的交叉段落。在此,马克思利用交错配列的修辞学形式——近来,几乎人人皆知,毋庸赘述,但也因此隔靴搔痒,难入堂奥——甚至谈到了"自然界的复活"(Resurrektion der Natur)。① 不甚清楚,马克思如此表述,究竟出于幽默,还是出于将压抑的现在与过去区分开来,抑或是出于近乎谜一般的轻快活泼。不过,这种交错配列的表述却蕴含着如此出类拔萃的乌托邦意识,足以唤起同时代人的恼怒和狂热。众所周知,马克思把这句话表述如下:"人的自然化与自然的人化"(Naturalisierung des Menschen, Humanisierung der Natur),在马克思那里,这话正是一种对罕见的长远目标的解答。应该说,这一表述尤其属于马克思思想的暖流,因为这一表述中包含着借以摆脱异化的极端的思维翻转。

通常人们把所谓"自然化"理解为"健康的身体中的健康的精神"(mens sana in corpore sano),而把所谓"人化"理解为以自然的支配地位为前提,通过后来的田园般的语调来改善某物。但是,事实上在此存在某种紫外线般蔽而不明的论点,而在这个论点中包含着许多潜在的但很少为

---

① K. 马克思:《经济学—哲学手稿》(K. Marx, Ökonomisch - Philosophische Manuskripten, MEW., Bd. 1),柏林,1967年,第538页;另参见马克思:《1844年经济学哲学手稿》,人民出版社2000年版,第83页:"因此,社会是人同自然界的完成了的本质的统一,是自然界的真正复活,是人的实现了的自然主义和自然界的实现了的人道主义。"——译者

人陈述的内容。首先，雅可布·伯麦在自己的神秘主义中涉及过这一论点中的喷涌内容；其次，弗朗茨·巴德尔在"人的太阳"（Menschsonne）的绽开部分，也涉及过这一论点中的喷涌内容。① 马克思并不需要这种人与自然的相遇，但是，被简化的马克思主义却尤其需要这种相遇。

那么，基督教呢？在基督教情况下，这种相遇与马克思主义有什么不同吗？正是通过人与自然的交错配列表述以及二者的真实的红色秘密，今日基督教才终于能够识破超越者的本来面目。"人的自然化"，意味着利用自身的力量（Seinmächtigkeit）掌握我们的"此时此地"（Hic et Nunc）。为了一个没有任何异化的生活，将我们并入大自然的怀抱中，从而使我们自由自在地生活在最终查明的这个世界上。"自然的人化"，意味着为使尚未封闭的宇宙成为家乡（Heimat）而开放我们自身。在圣经中，从神话学角度将家乡描写成幻影似的"新的地，新的天"。此外，在所有自然美以及自然质的要素中（通过自然画和自然诗的中介），家乡也为人们所感知，甚至通过飞跃，家乡也从必然王国出发逐步移近人。然而，这种富于质感的、爆炸性的家乡视域不是出现在古典时代，而是出现在基督教时代。例如，在阿尔弗雷德·丢勒的作品《与人物一道出现的启示》（*apocalypsis cum figuris*）② 中，至少以幽灵般的幻想图像呈现了基督教界。作为一种更具体的乌托邦尝试，这幅画集中体现了最极端的边缘图像。不言而喻，这种尝试只有在某种趋向内在思维的飞跃中才是可思考的。在尘世意义上，我们进一步释放"先现"（Vorschein），而自由使我们绰绰有余，应付自如，并且使我们更加扎实稳固地从事工作。

但是，除了道德之外，如果自由不包含"向何""为何"以及"一般性"等这种最幸福的界限图像，就不会出现任何可传达的人道主义。同样，人道主义的自由也处在世界中尚未查明的"隐匿的人"的延长线（Elongatur）以及世界的实验之中。在此，不仅人性毁灭的可能性绰绰有余，而且旨在毁灭地球的迥然不同的宇宙也绰绰有余。因此，如果人性仅

---

① 如前所述，像雅可布·伯麦一样，弗朗茨·巴德尔也是从人的内在理性中类推出神性特征的神秘主义者。在他说来："人的思维在神之中，与神一道并通过神而得到改进。"巴德尔：《选集》（F. Baader, *Sämtliche Werke*, Bd. 18），第18卷，莱比锡，1851—1860年。——译者

② 《与人物一道出现的启示》，系阿尔弗雷德·丢勒的两幅版画，1498年收录于作者的版画集。其中，一幅描画了诸正义判官驾云来到世间，惩罚世上的一切罪恶；另一幅描画了七天使击溃世上一切魔鬼。——译者

仅停留在时髦的口号层面，那么普罗米修斯的全部精神、寻求自由王国的努力充其量只不过是美丽动感的面容而已。但是，如此一来，谁也不会有意识地到那里去。

然而，迄今整个世界这一单纯事实连同这一事实上的可能毁灭是难以置信的。唯一可信的是，与这个世界相联系的过程以及反叛者的声音。在巡抚彼拉多面前，这个反叛者能够站在新东西和党性的高度上，用一种完全不同的口吻说道："凡属真理的人就听我的话。"① 耶稣受审的场所就是进行斗争、区分以及汇聚暖流的地方。因此，这是站在世界过程（Weltprozesses）的前线上，对人性发出的强烈呼唤和刻骨铭心的深切挂念。就我们人的本性这一治外法权而言，"永不放弃"（Non omnis confundar）这句话同样也是适用的。虽然人的最近目标是"从手到嘴"这一最直接的食欲冲动，但是，我们不可这般无所用心、津津有味地吃完嘴里的东西。的确，我们的历史与其说是通往某种终极目标的长远关系，不如说是通往某种日常忧虑的近期关系。尤其是，由于太多的理由，各种意识形态、错觉、神秘主义、基督教教会的神权政治，包括所谓"超越存在说"（即在痛苦的彼岸中，超然而固定地驻扎在最上面的存在）都已过期或无效。

真正的马克思主义鄙视上述业已过时的奇谈怪论，但是，认真对待真正的基督教。马克思主义与基督教之间的对话并非仅仅促使对方的立场陷于瘫痪，或者达成某种妥协让步。相反，如果在基督教意义上，真正意欲艰辛者和负重者的翻身解放；如果在马克思主义意义上，自由王国的深度真正停留在人间天堂上，或成为以事实证实的革命意识的内容，那么农民战争中所呈现的革命与基督教的联合（并非最后一次）必将获得成功。

在农民战争伟大斗士弗洛里安·盖尔②的长剑上曾刻有如下字样："没有十字架，也就没有（胜利的）花环。"（Nulla crux, nulla corona.）也许，这正是一个最终摆脱了异化的基督教的口号，而且，其中这个依然深入人心的、绝不会耗尽穷竭的解放激情同样在自身的深度中，再一次提供了被意识到的马克思主义的口号。"跟随者必将活下来！"（Vivant se-

---

① 《约翰福音》18章37节：彼拉多就对他说："这样，你是王吗？"耶稣回答说："你说我是王，我为此而生，也为此来到世间，特为给真理作见证；凡属真理的人就听我的话。"——译者

② 弗洛里安·盖尔（Florian Geyer, 1490—1525），德国中南部地区弗兰克尼亚贵族、外交官和骑士。在德国农民战争期间，成为一位著名的农民领导人。——译者

quentes！）于是，马克思主义与基督教思想的"无条件的梦"（Traum des Unbedingten）就在相同的步伐和行动计划中携手并肩、打成一片。一方面，人不应当继续生活在异化状态中；另一方面，人应当预感和发现自身更美好的世界。在未来的实验和世界的实验中，人的这两种使命是绝对必要、不可或缺的。

附录一

"体系的时代终止了"

——与 A. 赖夫的谈话①

[德] E. 布洛赫/文 梦海/译

赖夫问：布洛赫教授，我想把我的问题基本限定在今日哲学思维的难题上。近几年来，特别在哲学家中间，深入细致地讨论了关于"哲学的终结"问题。在此，如果我可以列举几个标题，那么它们就是：《哲学终结了吗？》（雅斯贝尔斯，1961）；《哲学的终结与思维的任务》（海德格尔，1969）；《哲学还为什么目的》（哈贝马斯，1971）等。

不仅如此，不久前，在备受人们关注的《神话哲学》一书中，科学新闻工作者维利·霍希克佩尔还谈过古典时期的理性思维，将现代哲学的解体过程与神话的解体做了比较。他的新著《哲学史中的中间世界》指出了一条通向那种哲学的道路："哲学要么在哲学史教科书背景中被完全排挤掉，要么就像折叠课文中所说的一样，恰恰为了获得自身的包含未来的意义，把自身当作过去尾声的初级阶段来送交审判。"

由此出发，我想问您：今天，关于与此相似的、可比较的哲学"中间世界"的生存情况究竟怎么样？就古典时期、中世纪或文艺复兴时期而言，您是如何发现这个中间世界（Zwischewelten）是包含未来的世界的？或者，就像我们相信大部分哲学代表人物一样，哲学实际上已经终结了吗？

布洛赫答：正如您所知道的那样，我并不认为"哲学终结了"。这一

---

① ＊本文译自 K. 布洛赫、A. 赖夫编：《思想就意味着超越：纪念恩斯特·布洛赫 1885—1977 年》，科隆，法兰克福/美因，欧洲出版社 1987 年，第 17—26 页。——译者

点与信仰一般也全然无涉，虽然"哲学终结了"，这是我们现在所拥有或曾经拥有的最强烈的信仰内容之一。也许，这与谣传者的天赋秉性相关。在他们那里，再没有什么东西是独树一帜、别开生面的，他们是一群拙劣的模仿者，他们总是把同一个题目弄得刷刷地响。不仅书名雷同，内容简介也很容易叫人搞错。因此，对于他们来说，哲学终结了。但是，我认为哲学是能够忍受这种终结的，因为哲学已经终结过不知多少次了。

也就是说，其他人跟哲学一道终结了。他们的问题是无法解决的，如此难解难分，以致备受折磨，无法自拔。反之，哲学成了一个时髦的口号。政治家和诸如此类的人们都很喜欢使用"哲学"一词，究其原因，不是因为哲学终结了，而是因为他们想要装扮自己，摆架子。所以我发现，哲学——自从19世纪下半叶以来，它就已经频繁地终结过——依然活着，即使由于机械唯心主义，哲学显然空转过、停转过也罢。

在此，我提请您记起一本书，这是由一位没有哲学教养的动物学家海克尔写的书。也许此书因其平庸肤浅而引起很大轰动，不过，它却冠有一个全无终结味道的标题：《世界之谜》。此外，还存在若干之谜。我们本身就是一个谜，各种政治事件也是一个谜。世界充满着人们不理解的事物，例如，为什么它不继续进展，或者为什么它继续飞快地陷于虚假，或者并非整个世界都处于哲学的境况之中，以至于不存在一种完结的解决方案——这也不是哲学的任务，而是哲学本身对世界之谜、世界问题的一种描述。在某种程度上，世界本身还不知其头脑在哪里。一如既往地存在着伟大的惊异和巨变，正像如亚里士多德所言，（thaumazein）作为哲学之始，"惊异"总是继续前行，因此这一点几乎是无所谓的：一个缺乏天赋秉性的人为一个廉价的时髦狂所杀害。

哲学源远流长、绵延不断，其渊源就像自身的问题本身一样古老悠久。哲学问题不仅仅是哲学问题，而是从中所反映和探讨的世界存在问题。即使人们说不再存在哲学，一个完整的世界（正如它在此存在一样）连同其空间也还是一个哲学之谜。我们在其中所谈论的那个瞬间本身就是哲学之谜。哲学正是蕴藏在这个瞬间中，而不是蕴藏在某个模仿者的意见之中。对于他们来说，哲学终结了，因为在他们那里再没有什么东西是新颖别致、引人注目的。如前所述，在表面上行将终结或终结的哲学时代（哲学本身如此频繁地终结过）里，这样的预言完全不靠谱，根本不值得相信。而且，在取代哲学的地方，不是出现了一大堆新的哲学问题吗？例如，某种头痛眩晕、某种精神错乱、某种问题部门以及某种可疑存在不正是新的哲学问题吗？这与现代物理学到底有何关系？这与生物化学到底有何关系？如果哲学"终结了"，这些科学将被置于何处？如果一个人想要知道什么是哲学问题，他只需走进新物理学，那里有数不尽、记不完的哲学问题，而这些问题都是单凭物理学基础无法回答、无法表述，更无法解决的问题。

问：1971年，汉斯·萨尼尔[①]在题为《论哲学的未来》的一篇报告中，令人印象深刻地解释说："若干年以来，我们有证人表明，个别人物所代表的哲学思维模式是如何渐渐失去其力量的……就其个人化思维的最后塑造而言，哲学似乎消逝无踪了。"这一解释把我们导向下述问题：如果未来哲学不再是"个人化的"东西，即为所谓哲学思维之独特形态所约束的东西，那么哲学又怎么能够谋得相应地位或谋得相应效应呢？

答：凭借事业本身获得自身的效应。这方面，我们刚才谈论过。但是，在此不是通过制定关于哲学家的传记。显然，这一点完全无所谓，即康德何时买过一具新的盥洗盆，或者，叔本华在法兰克福餐馆进午餐时，不是订一份鱼而是订了一份荤菜。如果这些鸡毛蒜皮的事情也成为哲学，那么哲学事实上就真的已经终结了。唯当不贩卖陈词滥调、不表现平淡无奇，不使用专有名词时，一种哲学才开始变得生动有趣，引人入胜。这就是说，一切美妙事物都曾作为"惊异"业已存在，人们到处重新找到它。现在这个人是否就意味着柏拉图、亚里士多德、苏格拉底、叔本华或黑格尔等人，这几乎是无关紧要的。如果我们听了直摇头，执着地寻求四处为人所追问、提问的问题的答案，那么情况会怎样呢？

您只需想象一下黑格尔的情形，就足够了。他已过时到无以复加的地步，如今再没有人知道他的名字，19世纪40—50年代，人们甚至连他的姓名也写不正确。然后呢？人们随处吐唾沫的地方正是黑格尔。与此相对照，顷刻间，其他哲学家同样谜一般地被重估一番。例如，奇怪的是，这个人不是尼采而是叔本华。名气较小的哲学人物，如斯本格勒，早就无影无踪了。这其中就蕴藏着一个哲学之谜本身。这何以可能？

[①] 汉斯·萨尼尔（Hans Saner,1934— ），1962—1969年任卡尔·雅斯贝尔斯的私人助手，现任巴塞尔大学音乐学院教授，著有《俄耳甫斯的阴影》《风格的混乱》《象征、孤独和交往的力与无力》等。——译者

为什么叔本华再也不触怒人呢？他可是使数千人因纯粹悲观主义而失去理智的人。这本身就是一个哲学问题。而且，如果哲学是否死了这一问题不被平庸化，那么，这个问题也同样是一个哲学问题，或至少是一个首要的社会学问题，人们就不会人云亦云，而是认真思考这个问题。糟糕的、无意义的哲学总是不动脑筋思考，而是照本宣科，夸夸其谈。充其量，关于哲学过期的全部流言蜚语只不过是一个无才小子一时的欢乐而已。在高温假期，他在学校课程中，看到了消除疑难课题的答案和位置。在哲学领域里，我们也有高温假期。

问：弗里德里希·恩格斯早就说过，当人们开始辩证地即哲学地思考自然科学和社会科学时，全部"哲学的琐碎事"都会成为多余的东西，并且在实证科学中消失殆尽。因此，恩格斯的预言并不意味着一切传统哲学、一切传统哲学思维活动的终结？

答：岂能终结呢？辩证法像赫拉克利特一样古老，并且还要古老得多。赫拉克利特来自爱菲斯，生活在公元前6世纪至公元前5世纪，他的影响广泛深远，部分地在黑格尔那里达到了顶点：矛盾属于事物本身，而在事物本身中若没有矛盾就没有真理。相反，辩证法使马克思主义成为可能，使马克思主义有别于实证主义所谓纠缠不清的事实。因为在马克思主义中，用卢卡奇的出色表述，所谓"事实"（Tatsachen）乃是物化了的过程因素。事实乃是物化了的发展因素，因为我们的全部生活状况，我们的经济状况都被物化了。

哲学，尤其是马克思主义哲学的使命在于识破、解除这一由来已久的欺骗和僵死不变的固定状态。但是，现在辩证哲学跟马克思主义还不是同一个哲学，在此，作为一个哲学家，马克思主义者也面临一个亟待解决的、必需查明的矛盾。为此，他必须牵肠挂肚，置身于矛盾之中，促成事物本身的矛盾臻于成熟，从中发现主体因素，据此大声呐喊："干革命！"

问：自康德、黑格尔以来，实际上再也没有产生什么独立的、坚定的思想体系，您如何解释这一事实？

答：在康德、黑格尔之前，也有过这种情况。此外，我想指出，我不再使用"思想体系"（Denksysteme）一词。我认为，体系的时代终止了，因为这种体系是以某些完结的、解决的、约定的东西为前提条件的。我已经说过，世界本身并不知道它的头脑在何处。由此可见，不存在所谓体系，有的只是某种开放体系的悖论，但这不是糟糕透顶意义上的矛盾，而是包含了真正的辩证意义上的矛盾。那么，"体系"一词就讲这么多。

您根据什么认为今天并不存在任何思想体系？我认为，例如，就一个哲学家来而言，海德格尔……

问：……带有体系？

答：有时，甚至海德格尔走得如此之远，以致根本不需要什么体系。在此，某种哲学沉思也失去了控制。这种思维抚摩一下脸，摇了摇头；早在2500年前，人们就开始在存在与存在者中制造了多余的分裂，这是无法令人满意的。但是，现在这种情况重新强盛起来，突然露面了。在海德格尔那里，与某一世界相称，存在一个安全处，给他提供哲学主题。

还有叔本华：其实，他以这种激进而可怕的方式，第一次描述了悲观主义。正如他所说："没有一句叔本华的话是真实的。"但是，一切事物在可能性之中运动，并且出于渴望而成为真实东西。重新扬弃事物本身的不可认识性，这是我们每一天、每一瞬间所渴望的。反之，在黑格尔那里，一切看起来都处于美妙的秩序之中，因为一切都从容不迫地朝前运转和行进——当然，因而这一切也都是可说的。然后，还有尼采其人其说；此外，我不知道还应当列举谁。即使是在普通百姓那里，也存在一种哲学情绪，也许，这种情绪是从儿童时期拯救出来的，或者，也许是擦枪走火，歪打正着，突然点燃了智慧的火焰。

在第五至第八世纪，在欧洲并不存在哲学。这时期约有300年之久。因此，哲学就被驳倒了吗？甚至历经300年哲学也没有被驳倒。而后在第九世纪，哲学又重新通过一部仿佛是无关紧要的作品而悄然出现，而这部作品带有一个机敏的标题：《论自然的区分》。作者是司各脱·爱留根纳。突然，有个人开始摇了摇头，寻问某事——于是，古典时期的源泉重新涌现出来了。

全部哲学靠这种持续不断的亲缘存在、惊异而生活。这方面，答案同样是不充分的，不成熟的。在某个世代中，反常的是，事物一再发生飞跃，并且一再呼唤恢复秩序；于是，这种呼唤被称作社会变革。但是，社会变革的理论乃是马克思主义理论。

问："每一种思想、每一种认识都为某种'为何'（Wozu）服务；……无论是否愿意，思想都倾向于某种正常的实践，倾向于某种有益的实践。"对我说来，眼下这段出自您的书本前言的引文恰恰具有特殊的意义：今天"每一种思想、每一种认识"到底为哪一种"为何"服务？在科学领域里，几乎每一种思想、每一种认识不都是突然转变为一种否定的、即反人类的实践吗？

答：我尤其赞同您的最后一句话。可惜，这句话本身就不言自明。但是，这个为何正是在我们之中熊熊燃烧的问题。人们不再熟悉，也不想熟悉这个问题，即不想在某种目的论观点之下，思考和追问问题：为何？但是，重要的是，这个问题完全没有得到解答，或在其解答中产生了对世界的错误看法，这叫谬误，而且，这种谬误长此以往是令人无法忍受的。当一个人弄虚作假、一夜暴富时，他就受到良心的谴责，变得越发难以忍受。因此，如果他一定程度上意识到了自身的错误，但不能改正和消除错误，他就是掩耳盗铃、自欺欺人。所以，虽然我们并不熟悉狗的语言，但是，我们可以肯定，"为何"的问题同样仅仅是出现于人而不出现于动物的问题。

相比之下，人做事情全然出于"为何"。因为人总是把所谓意义问题挂在嘴边：我为何做了这件事，或者，由此产生什么结果？也就是说：历史不是在机械论意义上而是在目的论意义上发生。"为何"是这样一个问题，那就是，它给我们提出世界本身的问题。我到底为何在此？在此朝向什么？尤其是：在此我期待过什么？在此我期望过什么？这些根本问题显现在我的哲学思维的尝试中。根本问题依然是希望。希望完全不同于"确信"（Zuversicht），也完全不同于绝望，但希望并非处在中间，而是不停地处在运动之中，并且不断碰撞和寻找新的角落，以便发现出口。

问：您援引马克思的话说道："统治阶级的思想在每一时代都是占统治地位的思想。当社会衰落时，非本质的、始终非本质地形成中的思想就传播开来……"

您的观点是，在东方和西方，国家衰落、社会没落等现象同样表现在它的精神衰落中，表现在思想体系的没落中吗？

答：确实存在哲学的某种衰落，对于这一论断，我是没有任何异议的。但是，对于诸如"哲学行将终结"或"终结了"一类的论断我不持同一个判断。等一下——这一论断突然令人很愉快，或者为了我的缘故，也令许多人不快。这种现象，即与青年人（他们部分地由于占统治地位的思想而感到失望）一道同时发生的哲学的衰落并不存在。现在这种情况怎样呢？听起来很奇怪，就像怀疑哲学属于哲学史的一部分一样，哲学"终结了"这句话本身也是一种哲学语句。但是，谁妄言废黜哲学，谁也就因此说出了没有效应的某一哲学语句。十年，或二十年，它总会有效，但除此之外就无效了。

问：在转向东方哲学和宗教体系的过程中，不是十分清楚地表达了精神的衰落，表达了当下欧洲和西方思想的没落吗？

答：我不会这么说。当我们业已把这些东方哲学称之为哲学时，它至少载有某种幻想，至少载有它本身不太感兴趣的东西。至此，晚期资本主义的瓦解现象尚未潮水般地渗透进来。但是，此外我对此一无所知。当我说，至少这些哲学还载有幻想时，我指的当然不是在此到处乱跑、胡乱行骗的印度小丑，而是指一种古老的神话传统。神话没有粗话，因为马克思就已经把一个神话人物普罗米修斯称作哲学日历里的最高贵的圣徒。因此，神话并非总是最糟糕的东西，神话能够保存幻想。神话之所以干枯，是因为幻想干枯。

人们应当了解依旧"非同时地发生了"的地区，在这一地区，仍然存在我们在童年时代感受过的那种强烈的新鲜刺激。所有小孩都是哲学家，借助于此，他询问并对世界感到惊讶。现在，还有一些拥有哲学的民族和文化。他们的回答和解决办法未必就是我们的回答和解决办法，但他们的良知——尽管没有足够的知识，但具有一种良知——他们的良知仍然是哲学意义上的解答，而这种解答意欲理解某物。他们的回答和所谓的解决办法并不是我们的事情，但其中也不乏苏格拉底、柏拉图、亚里士多德、黑格尔、康德等人所独特地再现的某种亲缘特征。

问：您会赞同现代科学理论的数据，即赞同最终的可靠性和最后根据外在于人的意识领域吗？

答：这种可靠性和根据总是部分地位于人的意识之外，但正如某一中世纪的神话所表明的一样，它也位于某个存在领域，即位于"铭记"（Eingedenken）之内。这是一个真正哲学意义上的范畴：铭记是没有被遗忘的某物、使命、先决条件。问题的脉动如下：这是**真**的，或者这真，或者这**真**的吗？总之，对人来说，怀疑动机、浮士德式的动机或多或少、或好或坏都是先天的。这种动机继续存在下去——这本身就是哲学的开端，例如，在康德那里，这还是哲学的一个主要部分——并且不可敷衍了事的部分。这样，就加入了以前从未有过的新问题：例如，我们刚才触及到的现实问题，这个问题是一个全新的问题。一个现实问题也就是事情本身和事情本身之中的问题。究其原因，不是因为我们**不理解**它，而是因为**它**不理解它本身。

我说过，世界还不知道它的头在哪里。这是一个现实问题，并且在哲学史中多半也是一个崭新的问题：也就是领先于逻辑的难题，作为科学的难题。正因如此，出现某种怀疑的复活。但是，这一次不是为了垂头丧气，而是为了快速奔跑，为了闯入与我们十分类似的东西之中。而且，为了鲜明而奇特地表达我自己，最终，浮士德式的独白也能够为自然本身所谈论。这一独白不是单纯局限在人类方面，而是超出既定范围，事情本身也部分地显得如此，仿佛……我们观察马克斯·恩斯特①的绘画。在此，难道他所描画的不是现实问题吗？难道诸绘画不是描述绘画本身，以便使它们如此这般地得到描画吗？这一切现实问题将继续存在，并且存在于一个新领域。尽管这不再属于哲学，但对描述来说，这是完全无所谓的，因为事情本身持续存在。

问：在人类历史中，在现实的客观认识上，以前就存在下述两方面十分重大的尺度吗？即一方面，这一现实的同时性受到轻视；另一方面，这一现实的目标受到控制吗？

答：我不知道，是否这一尺度如此巨大。首先，也许这一点主要适合于自然科学。我并不是说这一尺度仅仅"局限于自然科学"，因为自然科学是一个辽阔的、富于成果的领域。此外，今非昔比，我们科学的大部分服务于（在这种情况下，如果可以预设形容词"所谓的"话）意识形态，亦即为当下状况辩护，不惜发明五花八门的新花招。例如，意识形态图像向来为利润旨趣服务，借助于此，它以自身意义来解释事情，而且完全拒斥其他问题的提法。

值得注意的是，人们不是早已识破这些新花招，而是早已相信这些新花招。例如，甚至在诸如生态学一类的一件好事上，也不晓得这里究竟有多少是意识形态。例如，生态学的大资本中会有什么东西？肯定有某物存在。自从一个世纪以来，生态学的事实就令人不安地警钟长鸣，为什么这以后，这一难题恰恰在最近十年里以不同形式像火山般突然爆发呢？因为其中隐藏着意识形态。但是，一种健全的怀疑能够经常识破各种花招。一

---

① 马克斯·恩斯特（Max Ernst, 1891—1976），德裔法国作家、雕刻家和超现实主义运动真实派的创始人。主要作品有：《这里一切仍在漂浮着》（1920）、《自然历史》（1926）、《大树林》（1927）、《圣安东尼奥受诱惑》（1945）、《皇帝和皇后在游戏》（1944）等。——译者

下子，昭然若揭，水落石出，某物完全不是真的，而反面却是真的。一个人必须有个好记性，这样，他就会注意到，多年前听起来别开生面的话，常常是同一个人说过的话。甚至，他会注意到，一个人光明正大，他却一无所知。还有更多的例子，比方说在药理学中。也就是说，在许多人那里，"利润旨趣"（Profitinteresse）比健康旨趣和认识旨趣要强烈得多，其结果，是人的认识旨趣下降了。

问：有一种观点认为，自然人发展了能动的哲学需要，因此在一定程度上，他们说，哲学"存在于我们之中"，而今天这种哲学需要却为现代社会学的某些代表人物所否定。他们解释说：我们称作登陆于此的哲学是一种特殊的西方文明的产物，对于我们文化圈的彼岸而言，它只具有部分的类似性和共同之点。不仅如此，在我们的文化圈里，这种哲学本身也不是共有的知识财富，而仅仅是为若干民族交替所拥有的知识财富……

答：不是物以稀为贵吗？或者，很幸运，一个人恰好出生在哲学全盛期的某一时代里？此外，欧洲文化"圈"真是大得足以维护哲学的生存吗？在印度，或在其他所谓第三世界的国家，哲学不是按照通常的方式存在，即没有任何其他反证。如果人们长久地谛听，倾听脉搏的跳动，他们就会觉察到自身的哲学，只是这种脉搏不说我们的语言罢了。这是哲学思维活动的另一种形式，在人们开始哲学思维之前，在希腊这种形式也持续存在了几个世纪，而在希腊殖民地早已有了哲学家。这个"第三世界"早就受到人们的广泛尊敬。突然，在雅典开窍了。但是，哲学并不是硬币。哲学意味着比钱币重要得多的东西。正如在一块掉落下来的钟表的情况下一样，如果哲学降落下来，那并非不幸，而是一种标志，即思维、思考是不死不灭的。而且，当社会学家姗姗来迟，甚至其名字本身还不足一百年时，"能问"（Fragkönen）、"必问"（Fragmüssen）、"自我惊讶"（Sich-Verwundern）等哲学字眼是决不会这么轻易地被敷衍掉的。

因此，我想用一句古老的拉丁语"sursum corda!"（内心向上！）来说：——但这话不是神学的，而完全是超越的，这是一大区别所在——环绕我们的最近处，充满着**一般**哲学问题。这个"一般"（Überhaupt）乃是"为我之在"问题，即"我们意志的面孔"。

在这件事上，我们大有可为。而且，这件事越是长久地被冷落而在空洞的图像和陈词滥调中归于毁灭，就越是适用于科学意义上使世界变革成为可能的所有人们。也就是说,我们需要传播现实的看法,需要牢记伊萨克·巴别尔①的格言:"陈词滥调是反革命的行为。"

(原载: *Denken heißt Überschreiten*: *in memoriam Ernst Bloch* 1885—1977/ K. Bloch, A. Reif (Hrsg.), Köln, Frankfurt/Main, Europäische Verlagsanstalt1978, SS. 17—26.)

---

① 伊萨克·巴别尔(Isaak Babel,1894—1941),苏联短篇小说家,主要作品有:《骑兵队》(1926)、《晚霞》(1928)、《玛丽娅》(1935)等。——译者

附录二

恩斯特·布洛赫年谱

1885 年 7 月 8 日　生于德国路德维希港一个犹太铁路管理员的家庭。

1902—1903 年（17—18 岁）　德国路德维希港高级中学求学。与恩斯特·马赫、特奥多尔·利普斯、爱德华·封·哈特曼、威廉·文德尔班等哲学家书信往来。

1905—1906 年（20—21 岁）　在慕尼黑利普斯教授指导下研究哲学。

1905—1906 年（20—21 岁）　在维尔茨堡研究哲学、音乐、物理学。

1908 年（23 岁）　以《关于李凯尔特的批判讨论与现代认识论问题》为题获得博士学位。

1908—1911 年（23—26 岁）　在布达佩斯与卢卡奇结识。参加柏林大学格奥尔格·齐美尔的研讨班。继续从事始于 1907 年的关于"尚未被意识到的东西"的研究。

1912 年（27 岁）　与卢卡奇旅行意大利。在海德堡参加马克斯·韦伯的研讨班。构思"认识对象的乌托邦趋势"主题。

1913 年（28 岁）　与里加出身的埃尔泽·封·施特利茨基结婚。

1918 年（33 岁）　《乌托邦的精神》出版。执笔逻辑学手稿，后因纳粹遗失。

1921 年（36 岁）　《作为革命神学家的托马斯·闵采尔》出版。妻子埃尔泽逝世。

1922 年（37 岁）　与法兰克福出身的画家琳达·奥本海默结婚，不久离异。

1926 年（41 岁）　与科拉考伊尔、阿多尔诺、本雅明等人结交。

1928 年（43 岁）　与布莱希特、库特·魏尔、奥托·克勒姆勒等人结交。

1930 年（45 岁）　《痕迹》出版。

1930—1933 年（45—48 岁）　执笔《这个时代的遗产》。

1934 年（49 岁）　与罗兹出身的犹太建筑师皮奥特考斯卡结婚。

1935 年（50 岁）　参加巴黎反法西斯小组。《这个时代的遗产》出版。

1936—1938 年（51—53 岁）　执笔《物质概念的历史与内容》。

1938—1949 年（53—64 岁）　移居美国。执笔《希望的原理》（最初书名为《关于更美好生活的梦》）、《天赋人权与人的尊严》《主体—客体：对于黑格尔的解释》。

1948 年（63 岁）　被聘东德莱比锡大学哲学教授。

1949 年（64 岁）　与妻子卡萝拉·布洛赫、儿子扬·罗伯特·布洛赫移居莱比锡。发表就任演讲：《大学，马克思主义，哲学》。《主体—客体：对于黑格尔的解释》《希望的原理》第一卷、第二卷，《克里斯蒂安·托马修斯》《阿维森纳与亚里士多德左翼》出版。

1955 年（70 岁）　获东德民族奖。任东德科学院正式会员。

1956 年（71 岁）　匈牙利起义，文化部长卢卡奇被捕。波兰骚乱。苏共二十大与脱斯大林运动。在柏林大学黑格尔逝世 125 周年纪念大会上发表演讲：《黑格尔体系的威力》。出席科隆哲学协会。

1957 年（72 岁）　与德国统一社会党发生多次冲突。被勒令退休。在莱比锡大学日趋孤立。

1958 年（73 岁）　出席黑格尔协会，访问法兰克福。与法兰克福苏尔卡姆普出版社签约出版《痕迹》。

1959 年（74 岁）　参加西德莱茵河畔法兰克福黑格尔大会。首次与美茵河畔苏尔卡姆普出版社签约出版《希望的原理》三卷。苏尔卡姆普出版社签约出版全集。

1960 年（75 岁）　旅行西德。在图宾根、海德堡、斯图加特演讲。被聘为图宾根大学客座教授。

1961 年（76 岁）　旅行拜罗伊特。与维兰特·瓦格纳结交。柏林墙修建。决定不返回莱比锡。发表图宾根大学就任演讲：《希望会成为失望吗？》。《天赋人权与人的尊严》出版。

1964 年（79 岁）　　获第一届德国工会联盟文化奖。

1967 年（82 岁）　　获德国书页和平奖。

1969 年（84 岁）　　被授予南斯拉夫萨格罗布大学名誉博士学位。

1972 年（87 岁）　　《唯物主义问题》出版。

1975 年（90 岁）　　《世界的实验》出版。被授予索邦大学、蒂宾根大学荣誉博士学位。

1977 年（92 岁）　　《哲学史中的中间世界》出版。《趋势—潜势—乌托邦》（全集补充卷）出版。8 月 4 日因心脏麻痹逝世于图宾根。